빅터 니더호퍼의
투기 교실

빅터 니더호퍼의
투기 교실

찰리 멍거 조지 소로스도 극찬한 천재 투기꾼 이야기

빅터 니더호퍼 지음 | 신가을 옮김

액티브
ACTIVE

나는 투기꾼이다

고대 그리스어 '파르마콘'은 약도 독도 될 수 있는 처방을 의미한다. '투기의 기술'도 양의적이다. '돈을 버는 마법의 약'이 되기도 하지만, 때론 '죽음에까지 내모는 독'이 되기도 한다. 완전무결한 비기는 없다. 어제까지 돈을 벌어주던 투자 방법도 바로 지금부터 효력이 사라지기도 한다. 시장 간, 국가 간 상관관계는 수명이 짧고 불안정하다. 돈이 되는 연결고리는 변해가고 먼저 손을 내민 소수만 돈을 번다.

《빅터 니더호퍼의 투기 교실》의 가르침은 비법이 아닌 투기 그 자체의 생명과 소멸이다. 자기 삶 속의 투기와 관련한 쓴맛과 단맛을 녹여냈다.

'투기꾼(speculator)'을 제목으로 사용한 책은 거의 없다. 투기거래로 추앙받는 제시 리버모어의 책도 제목은 투기꾼이 아닌 '주식거래인(stock operator)의 회상'이었다. 빅터 니더호퍼와 함께 일했던 조지 소로스 역시 《금융의 연금술》에서 재귀성 이론과 투자철학을 강조했지, 투기꾼임을 자처하지는 않았다. 빅터 니더호퍼는 피하지 않고 정면으로 투기꾼임을 자처한다. 투자가 아닌 투기다.

빅터 니더호퍼는 심지어 투자와 투기는 물론, 도박조차 별 차이가 없다고 한다. 어떤 시장이든 돈을 벌기 위해 무엇이든 산 뒤 팔아서 한탕하려고 하는 사람이 다수라면 그 차이가 없기 때문이다. 블랙잭 게임에서 카드카운팅을 통해 도박을 하는 것이 시장에서 한탕 노리는 행위에 비해 훨씬 투자에 가깝다고 그는 주장한다. 실제로 어느 투자 행위를 주관적 판단으로 투기와 구분할 뿐이지, 실제 이 둘의 차이를 가르기는 그리 쉽지 않다. 둘 다 계산된 행동이기 때문이다.

니더호퍼는 하버드 경제학과를 거쳐 시카고대학에서 박사학위를 취득했고, 이후 U.C. 버클리에서 조교수로 재직했다. 그의 하버드 시절의 일화는 유명하다. 찰리 멍거도 《Poor Charlie's Almanack(가난한 찰리의 연감)》에서 놀랍게 여기며 소개한 '니더호퍼링(Niederhoffering)'이 그중 하나다. 학업 외 온갖 활동을 하며 공부할 시간이 부족했던 니더호퍼의 대학 성적은 매우 우수했다. 놀랍게도 그 비법은 공부를 열심히 해서가 아니라 남들이 모르는 좋은 기회를 포착했기 때문이다.

하버드 대학원생들은 대개는 뛰어났고, 교수들의 강의와 연구를 도와주는 꼭 필요한 존재였다. 상호성 편향(reciprocity tendency)에 의해 교수들은 대학원 고급과정에 있는 이들에게 관행적으로 A학점을 주었다고 한다. 니더호퍼는 학부생임에도 대학원 과정을 수강해서 높은 학점을 받았고, 그 결과 경제학과 전체에서 2등을 차지했다고 한다. '강의 니더호퍼링하기 기술'은 남들이 놓친 약한 고리를 찾아내 역발상으로 좋은 성적을 받아낸 전략이었다. 무리가 주는 안락함에서 벗어났던 그의 '투기 전략'은 이미 학창 시절에 싹을 키운 것이다. 엘리트 코스를 걸어왔지만, 이와는 결이 다른 투자의 길에 나선 그가 이해되는 학창 시절 일화다.

교수가 된 뒤에도 '모든 정보는 가격에 반영되어 있다'는 랜덤워크 이론과 정면으로 배치되는 강의를 한다. 주가는 무작위적이 아니라 비무작위적으로 움직인다고 반론한다. 지금은 매년 예일 허시의 《Stock Trader's Almanac(주식 트레이더 연감)》에 업데이트되는 요일 효과와 계절성 같은 비무작위적 흐름이 니더호퍼가 주장하던 것이다. '어닝 서프라이즈가 주가에 미치는 영향' 같은 패턴도 주가의 비무작위적 흐름이다. 지금도 크게 다르지 않다. 여전히 아카데미즘은 시장의 소음과는 거리가 먼 이론의 엄밀함 속에 갇혀 있다.

살아 있는 시장을 향한 추적이 니더호퍼의 일생이었다. 변화하는 생태계처럼 시장도 끊임없이 변해가고 거기에는 일정한 패턴이 생겼다가 사라짐을 그는 입증하려 했다. 그 틈새에 돈을 벌 기회가 있고, 스스로 그 변화에 맞춰 투자를 했다. 그는 강의 중에 학계를 폄하했고 벤저민 그레이엄을 평가절하했다. 오히려 월가에 어슬렁거리는 투기꾼들을 사례 분석으로 인용했다. 강의 태도와 강의 내용의 부적절함을 나열한 학생의 투서로 인해 그는 버클리 교수직에서 물러난다.

투자는 정의롭지만 투기는 정의롭지 않은가? 투자와 투기를 가르는 정확한 선은 있는가? 니더호퍼의 말대로 "내가 하면 투자, 남이 하면 투기, 세상 사람들이 하면 도박"이다. '투기(speculation)'라는 단어는 배 뒤에서 고기를 낚아 올리기 좋은 지점을 찾는 로마의 '스페쿨라레(speculare)'라는 직업에서 유래했다고 한다. 저자는 책 말미에 낚시에 관한 책을 소개하며 투기와 낚시법이 얼마나 유사한지를 이야기한다. 낚시를 잘하려면 날씨와 조류, 무엇보다 어류의 생태계를 더 많이 알면 알수록 유리하다. 어떤 물고기가 어떤 환경을 좋아하는지, 무엇을 먹는지를 알아야 좋은 목에서 적절한 시간에 낚싯바늘을 던질 것이다. 만약 물고기가 잘 안 잡히면 무언가 바꾸어야 한다. 미끼를 바꾸든지, 아니면 나보다 나은 사람에게 배우든지 말이다.

결국 성공한 투기꾼은 금융 생태계를 이해하고 진화해서 생존한 이들이다. 다윈의 《종의 기원》이 책 중간중간에 인용된 것은 우연이 아니다. 금융시장도 일반 투자자, 펀드매니저, 스캘퍼 등등이 변화하는 환경 속에서 진화하며 생존한다. 시장 참가자들은 모두 연결되어 있고 먹는 자와 먹히는 자가 분투한다. 저자는 '동작이 큰 굼뜬 대중'이 먹잇 감이라며 자신이 투기꾼으로 살아남은 이유는 그런 대중과 반대로 거래하려고 노력한 덕분이었다고 한다. 하지만 그가 그렇게 성공한 투기꾼이었는지에 대해서는 반론이 따를 수 있다.

그의 투기 일생에서 가장 빛났던 시기는 1990년대 중반이다. 큰 자신감을 내비치면서 1996년 7월 16일 화요일 대학살 사례를 언급한다. 태국 증시가 폭락했지만 결국 다음 날 자신은 매수에 나섰고 멋지게 투기에 성공했다는 일화다. 니더호퍼는 1994년 엔화와 달러의 상관관계를 이용한 거래로 슈퍼스타가 되었고, 이후에도 굴곡은 있었지만 우수한 성과로 1997년 '세계 헤지펀드매니저 1위'로 선정된다. 하지만 투기꾼으로서 전설이 되는 순간에 그는 파산한다. 공교롭게도 그가 파산한 것은 태국 투자 실패 때문이었다.

1997년 7월 1일 중국은 홍콩을 되찾는다. 그다음 날인 7월 2일, 태국 중앙은행은 달러에 고정되었던 고정환율제를 포기한다. 밧(baht)화는 폭락했고, 이후 사태는 말레이시아와 인도네시아를 거쳐 홍콩과 한국으로 번졌고 일본마저 위태로운 상황으로 치달았다. 아시아 금융위기의 시작이었다. 당시 니더호퍼는 태국 증시에 투자한 것으로 알려졌다. 아시아 금융위기의 한가운데서 위기로 향하기 시작한 그의 펀드는 1997년 10월 대규모 파생 매매 실패와 함께 청산당한다.

이후 재기에 성공해 2000년대 다시 엄청난 수익률로 시장 전면에 나섰지만, 2007년 출현한 금융위기의 파고를 이겨내지 못하고 파산한다. 1997년과 2007년 폭락 장은 고스란히 니더호퍼의 치욕으로 남았다. 1997년 10월 27일 미국 증시가 7% 폭락한 날 니더호퍼는 항복한다. 이 책 원고가 마무리된 뒤였다.

책은 흥미롭고 유쾌하다. 음악, 스포츠, 경마, 독서 등 저자의 다양한 경험을 투기와 연결해 색다른 시선을 보여준다. 책을 이끌어가는 주요 인물은 세 명이다. 저자인 빅터 니더호퍼가 있고, 리버모어와 함께 일했던 실패한 투기꾼 할아버지 마틴 니더호퍼, 그리고 동료로 함께 일했던 성공한 투기꾼 조지 소로스가 있다. 세 명과의 일화를 통해 그는 투기의 본질을 생활 주변에서 풀어낸다. 니더호퍼는 소로스 밑에서 10년 동안 트레이더로 일했다. 책 중간중간에 소로스와의 대화가 나온다. 트레이딩을 하면서, 또 테니스를 치면서 그가 소로스와 나누었던 유익한 대화를 적었다. 그들은 균형보다 불균형으로 시장을 바라보았고, 이런 불균형에 투기의 기회가 있음을 이야기한다.

소로스는 여전히 부를 유지하는 성공한 투기꾼으로 남아 있다. 또 한 명의 주인공 빅터 니더호퍼의 할아버지는 제시 리버모어를 따랐지만 1929년 대공황 시기에 파산한다. 그 경험 때문에 할아버지는 강세장이 찾아와도 돈을 벌지 못했다. 자그만 이익에 만족하는 할아버지의 투자 방식을 니더호퍼는 선호하지 않았다. 파산의 경험 때문이라고 할아버지의 투자방식을 평가절하했지만, 그도 '블랙스완'을 피하지 못했다.

실패한 투기꾼이었다고 해서 그의 책이 유용하지 않다고 볼 수는 없다. 제시 리버모어는 1929년 폭락 전에 적어도 세 번 파산했고 1930년대 초 다시 망한 후, 책을 팔아 마련한 자금으로 다시 베팅했지만 실패해 결국 1940년 자살했다. 기복이 컸던 제시 리버모어의 투자 여정은 성공적이지 않았다. 하지만 《제시 리버모어의 회상》이 그 어떤 책보다 시장 참여자들에게 추앙을 받고 있다. 《빅터 니더호퍼의 투기 교실》도 그렇다. 투기를 향한 그의 여정은 다소 생뚱맞고 결과적으로는 자기 과시로 가득하다. 차분한 클래식 음악과는 거리가 먼, 록 밴드의 시끄러움이 느껴진다. 클래식이든 로큰롤이든 다 같이 인간의 마음을 위로하고 또 고양하는 음악이다. 니더호퍼는 일관되게 삶과 투기를 연결했고, 주변 모든 대상을 활용해 지속 가능한 방법론을 찾아갔다. 하지만 록스타처럼 뭔가 정돈되지 않고 공격적이다.

"시장 간 연결고리를 찾는 데 내 인생을 바쳤지만, 제대로 연구할 수 있는 도구나 지식이 부족했다"는 그의 독백처럼 그도 정답을 찾아내지는 못한 듯하다. 아니 그는 "비밀 따위는 없다. 투기꾼이 저지르는 실수를 목록으로 만든다면 권위자에 대한 맹목적인 믿음에 기반을 둔 매매 전략이 상위권에 오른다"고 말한다. 맞다. 이 책은 투기법이 아닌 투기가 작동하는 방식을 집요하게 추적했다.

시간의 수레바퀴는 계속 돌아가고 시장은 끊임없이 진화한다. 이를 이해해야만 투기에서 승리할 수 있다는 그의 통찰은 직관적이고 명쾌하다. 금융시장이 생긴 이래 많은 이가 수수께끼 같은 이 투기시장에 매료되어 왔다. 니더호퍼는 투기시장의 한가운데서 돈을 벌고 잃었던 자신의 삶을 가감 없이 보여준다. 이 책을 여는 순간, 니더호퍼가 모니터를 응시하고 투기를 결정하는 순간을 느낄 수 있을 것이다. 바로 그때 질문해야 한다. "지금 나는 투자자인가, 투기꾼인가?" 이 책을 읽기 전에는 쉽게 결론을 내기 힘든 질문이었을 것이다. 하지만 책을 읽은 뒤라면 답할 수 있다. "나는 투자자이면서 투기꾼이다."

투기는 파르마콘적으로 양의적이다. 정답은 없다. 수치와 통계를 바탕으로 변화를 먼저 인지하고 변화하는 금융 생태계에 적응해야 한다. 진화해야 투기에서 생존할 수 있다.

윤지호(이베스트투자증권 리테일사업부 대표)

통념에 도전하는 색다른 지혜

주식 투자자와 금융의 세계에 관심이 많은 사람은 《제시 리버모어의 회상》을 읽었거나 적어도 한 번쯤은 들어보았을 것이다. 트레이더 대부분이 추천하고 트레이딩 고전으로 인정받고 있는 이 책은 20세기 초에 제시 리버모어가 월스트리트에서 경험한 내용이 주를 이루는데, 20세기 후반부 버전이 궁금하다면 《빅터 니더호퍼의 투기 교실》을 꼭 읽어보기를 바란다. '투기'에서만큼은 이 책이 제시 리버모어의 책을 능가하는 내용과 체계를 갖추고 있다.

《빅터 니더호퍼의 투기 교실》은 《제시 리버모어의 회상》과 달리 니더호퍼 본인이 직접 썼다. 단순한 트레이딩 범위를 넘어서는 책으로 한 시대를 풍미한 '투기꾼'의 삶과 사고방식을 탐구할 수 있는 생생한 회고록이다. 단순히 트레이딩 전략만 제시하는 것이 아니라 인생이라는 롤러코스터에서 경험한 승리와 실패를(실패도!) 숨김없이 공유한다. 무엇보다 시종일관 마음을 사로잡는 매력이 가득한 책이며 다음 내용이 궁금해서 도무지 책장을 덮을 수 없는, 강한 흡인력을 지닌 책이다. 물론 유익한 교훈도 한가득 담겨 있다.

내가 책에서 배운 내용은 아래와 같다.

첫째, 색다른 지혜(unconventional wisdom)다. 니더호퍼는 기존의 통념에 도전하면 시장에서 과소평가되어 있는 수익 기회를 찾을 수 있다고 강조한다. 실제 그는 자신의 펀드와 조지 소로스의 펀드를 운용하면서 역발상 전략을 사용해 뛰어난 성과 기록을 보유하고 있다. 모든 사람이 믿는 것이 현실과 매우 다를 수 있다는 것이 금융의 역사에서 자주 증명되지 않았는가!

둘째, 위험 수용 및 관리. 니더호퍼는 트레이딩에서 운의 역할을 인정하면서도 리스크 관리의 필요성을 강조한다. 사실 이게 투자에서 제일 중요하지 않을까? 그런데 리스크 관리에서는 리스크를 필요 이상으로 키우지 않는 것도 중요하지만, 가끔은 리스크를 떠안아야 하는, 그래서 큰 금액을 집중해서 투자해야 하는 상황도 있다고 강조한다. 무슨 말인지 모르겠으면 책을 읽어보시라!

셋째, 백 테스트(back test)! 니더호퍼는 트레이딩 전략에서 엄격한 백 테스트의 중요성을 누차 강조한다. 통계적 방법을 사용해 트레이딩 전략을 분석하고, 언제 그 전략이 망할 수 있는지 아는 것, 그리고 어떻게 거기에 대비하는지가 시장에서 승패를 가른다고 말한다. 치마 길이와 수익률, 13일의 금요일 효과, 월요일 효과 등등 니더호퍼가 실제 행했던 많은 백 테스트 결과가 나온다. 거의 매일 백 테스트를 하는 나 같은 퀀트 투자자로서는 가슴이 뛰는 대목이다.

넷째, 다각적인 접근. 저자는 트레이딩만 잘하는 것이 아니라 스쿼시도 미국 챔피언을 10년간 지키고 세계 챔피언에도 오르는 등 세계 정상급 선수다. 베스트셀러도 썼으며 수많은 학술 논문도 발표했다. 대부분의 트레이더는 금융이라는 좁은 세계에서만 사는데, 니더호퍼는 다양한 분야에서 다양한 경험을 쌓는 것이 성공 투자에 어떻게 기여하는지를 보여준다.

다섯째, 지식의 추구와 배움의 기쁨. 이 책은 누구에게나 배움의 기쁨을 주는 책이다. 스포츠, 게임, 과학, 음악, 생태학 등 여러 학문이 어떻게 긴밀히 연결되었는지를 발견하게 한다. 니더호퍼의 통찰력, 그리고 그가 보여주는 여러 학문의 연관성은 주식시장에 대한 교훈뿐만 아니라, 세상이 작동하는 원리 또한 터득하게 한다. 또 주식 투자를 하면서 난제를 만났을 때 해결책을 찾기 위한 노력을 멈추지 말고 계속 새로운 지식을 갈망하며 본인의 전략을 개선하는 데 시간을 아끼지 말 것을 강조한다. 과학자처럼 끊임없이 배우고 미지의 것을 받아들여 소화할 때 누구나 위대한 투자자가 될 수 있다는 이야기다!

요약하면 《빅터 니더호퍼의 투기 교실》은 지속적으로 우수한 성과를 얻고자 하는 주식 투자자에게 매우 유익한 트레이딩 교과서일 뿐만 아니라, 월스트리트에서 한 시대를 풍미했고 스스로 '투기꾼'이라 자처하는 유명 트레이더의 회고록이다. 감동적인 소설처럼 때로는 스릴 넘치는 추리소설처럼 읽을 수 있는 대단히 흥미로운 책이다. 또한 내가 알기로 '투기'에 관해 이토록 의미 있는 책은 최초인 것 같다. 트레이딩을 더 잘하고 싶거나 트레이딩에 입문하고 싶은 사람은 물론이고, 단순히 금융세계에 관심이 있는 독자 또한 이 책을 흥미롭게 읽을 수 있을 것이다.

강환국(《하면 된다! 퀀트 투자》 저자)

들어가며

선생님들한테 이런 소리 듣는 것도 이제 신물이 난다.
"넌 그러면 안 돼. 아버지가 경찰이잖아. 그러니까 모범을 보여야지."

— 아서 니더호퍼(Arthur Niederhoffer),
아들에 대해 쓴 글에서

"비켜! 자네가 감당하기엔 파도가 너무 커. 파도가 자네한텐 시장만큼 버겁다고!" 헝가리인이 외쳤다. 나는 지금 딸 케이티(Katie)와 함께 롱아일랜드 사우샘프턴에서 대서양 파도를 맛보고 있다. 허리케인 앤드루(Andrew) 때문에 1992년 8월 주말 내내 무자비한 파도가 닥쳤다. 우리 부녀는 돌아섰다. 우리를 초대한 전설적인 투기의 술탄, 영국은행을 충격에 빠뜨린 사람, 무적의 조지 소로스(George Soros)가 꽉 끼는 수영복을 입고 서 있다. 부유하고 유행을 즐기는 유럽인들이 그렇듯 조지도 휴가 때는 파격적인 의상을 즐긴다.

한때 내 상사였던 이 억만장자는 내가 자기 여름 별장에서 휴가를 보내고 있는데도 나한테 소리를 질렀다. 이건 너무 심했다.

"아뇨." 내가 재빨리 응수했다. "위대한 프랜시스 골턴(Francis Galton)은 이렇게 말했죠. '손을 모래에 파묻은 채 물을 마주 보며 앉아 있다가 파도가 부서져 몸 위로 굴러가게 만들어라.'" 나는 어린 시절 사우샘프턴에서 지내는 그런 호사는 누리지 못했다. 하지만 나처럼 브루클린 브라이튼 비치 옆에서 자란 가난한 노동자들에게는 거기 공기도 여기만큼 향기롭고 거기 햇빛도 여기만큼 반짝이며 거기 파도도 여기만큼 컸다. "큰 파도라면 제가 꽉 잡고 있죠. 제가 대세를 거슬러서 틈새에서 먹고살잖아요."

언제나 탈출 경로를 염두에 두어야 한다. 이것이 미덕이다. 나는 이 사실을 잘 알고 있었기에 이렇게 덧붙였다. "해안에 있는 착한 사람들이 한 줄로 서서 손을 꽉 잡고 어려움에 처한 약자를 구할 테죠. 무엇보다 파도가 물러갈 때까지 조지가 날 기꺼이 붙잡아 줄 텐데요, 뭐."

허세였지만 전율을 느꼈다. 나는 투기꾼이고 큰 움직임을 뒤집어서 하루하루 먹을 양식을 구한다. 경제라는 큰 틀에서 보면 수요와 공급의 균형을 맞추는 기능을 한다. 나는 가격이 비쌀 때 팔고 가격이 떨어지면 산다. 가격이 꽤 올랐는데 '소비자들'이 현금을 주고 상품을 가지려고 하면 나는 소비자에게 현금을 받고 상품을 내준다. 그리고 가격을 일시적으로 끌어내려 공급 부족을 방지하고 소비자들이 더 비싼 값을 지불할 필요가 없도록 한다. 반대로 가격이 하락해 '생산자들'이 상품을 팔아 현금을 간절히 챙기기 원할 때, 나는 생산자에게 현금을 주고 상품을 취한다. 불경기에 생산자들이 파산하는 것을 막고, 가격을 일시적으로 끌어올려 물자 낭비와 부패를 막는다. 말하자면 움직이는 냉장고, 혹은 예상치 못하게 길어진 항해에서 음식을 배급하는 선장 노릇을 한다.

하지만 지금 우리가 맞서 싸우고 있는 파도는 20년 만에 찾아온 최대 규모 허리케인으로, 가차 없이 해안을 강타하고 있다. 뭔가 심상치 않은 일이 벌어지고 있다는 점만은 분명했다. 조지에게 이런 속마음을 털어놓지는 않겠지만.

오늘날과 같은 정보 경제에서도 악천후는 시장에서 격렬한 움직임을 일으키곤 한다. 화산, 눈보라, 지진은 모두 전 세계 주식시장과 금융 시스템에 영향을 미친다.

아니나 다를까, 허리케인 앤드루가 닥치고 이틀 동안 시장은 조지가 예측한 대로 끔찍하게 흘러갔고 나 역시 하마터면 파묻힐 뻔했다. 보험회사들이 폭풍 피해 배상금을 지불하려면 채권을 팔아야 하기 때문에 채권과 주식시장은 폭락했다. 세상만사 다 연결돼 있다. 채권이 2% 하락하자 달러도 비슷한 수준으로 하락했다. 주식시장과 채권시장이 급락하면 외국인에게 미국 자산은 투자 매력이 떨어진다.

나는 허리케인이 일으킨 파도의 흐름을 되돌리려고 했다. 하지만 자칫 물에 빠질 뻔했다. 우물로 가는 물길을 너무 자주 돌리려다 우물이 바닥을 드러낸 가난한 농부 같았다. 이 무렵 조지 소로스는 나를 '낙오자'라고 부르기 시작했다. 그러면서 이렇게 말하곤 했다. "고깝게 생각하지 말고 듣게, 빅터. 진지하게 오늘은 이만 가게 문 닫을 생각 없나?"

날씨와 관련된 움직임 외에도 나에게 닥친 재앙은 또 있었다. 시장이 크게 움직일 때 '그들' 때문에 나는 언제나 잘못된 쪽에 서게 된다. 1995년 1분기 동안 나는 달러를 매수해 보유하고 있었다. 그런데 엔화 대비 달러가 20% 하락하면서 '그들'이 내 발목을 잡았다. 또한 그해 후반기에는 달러가 20% 상승하면서 하락분을 전부 만회했지만 나는 잘못된 방향을 보고 있었다[아프리카계 유대인 로바골라(LoBagola)는 해마다 마을로 몰려오는 코끼리의 움직임에서 유사한 경로를 발견했다. 나는 이 사람을 기리기 위해 이런 시장 동향을 연구하는 작업을 '로바골라 분석'이라고 부른다].

한 친구가 이 책의 초안을 읽더니 어쩔 줄 몰라 하며 이런 편지를 보냈다.

심히 걱정돼서 답장하네. 자네가 파산하는 건 시간문제야. 뻔해. 도대체 내가 왜 선물시장에 돈을 거는 그런 도박을 해야 하지? 혹시라도 내가 그런 어리석은 짓을 한다고 쳐. 하필 니더호퍼한테 돈을 맡겨야 할 이유가 있을까?! 심한 말 같겠지만 사탕발림보다는 이렇게 솔직하게 말하는 편이 나은 것 같아서 하는 말이야.

성공한 사람들을 보면 거래는 탄탄하고 성과는 안정적이다. 그런데 이런 사람들이 대개 그렇듯, 나 역시 손실을 강조하는 경향이 있다. 한 번의 잘못된 행동이 돌이킬 수 없는 참사로 이어지는 분야가 있다. 이런 분야에서 성공하려면 겸손은 꼭 필요한 자질이다. 그런데 손실을 떠올리면 겸손한 마음가짐을 유지할 수 있다. '절대 침몰하지 않는' 타이타닉호에서 구명정 훈련을 한다는 건 '상상할 수 없는' 일이다. 잘 알고 있다(혹시나 해서 이야기하지만 우리 회사 사무실마다 입구에 타이타닉호 사진이 걸려 있다). 이유는 또 있다. 손실 본 이야기를 하면 시기 질투를 받을 일도 줄어든다. 시기 질투는 우리 문화에 널리 퍼져 있고 투기거래자를 향한 질투는 유달리 심하다.

나는 북미 스쿼시 챔피언에 오른 것을 계기로 약점을 강조하는 태도를 처음 배웠다. 내가 겸손한 태도를 유지하자 상대 선수들은 방심한 나머지, 내가 미국 챔피언으로 군림한 10년 동안 한 경기도 지지 않았다는 사실을 간과했다. 성공만큼 사람을 후퇴하게 만드는 건 없다. 그런데 1996년 중반 현재, 신용등급 평가업체 대다수는 3년째 나를 1위로 평가하고 있다. 나에게 계좌 관리를 맡긴 첫 번째 고객인 팀 혼(Tim Horne)은 14년이 지난 지금도 일을 맡기고 있다. 혼은 초기 자금으로 10만 달러를 투자했는데 수수료를 전부 제하고도 연간 약 30%의 복리 수익을 올려 밑천이 현재 600만 달러까지 불어났다.

역시 사업 초기에 고객이었던 폴 시프리노(Paul Cifrino)는 1995년 6월에 이런 편지를 보냈다. "당신은 성과가 탁월한 편이니 수익을 추가로 배정받지 않을까요?" 그러면서 시프리노는 "수익을 자선에 쓰라"고 끈질기게 요청했고, 기부금을 받을 수취인을 지정하라고 했다. 투기거래를 하다 보면 얄궂은 일이 다반사로 생기는데, 하필이면 시프리노가 편지를 보낸 다음 날 나는 20%나 손해를 보았다.

나는 효율적 시장, 랜덤워크, 합리적 기대 따위는 믿지 않는다. 무엇보다 내 트레이딩 경험이 이 이론들을 반박하고 있다. 나는 통계적 '이례 현상', 다변량 시계열 분석, 지속적 심리 편향의 계량화를 토대로 거래한다. 내가 읽는 신문은 단 하나, 〈내셔널 인콰이어러(The National Enquirer)〉뿐이다. 텔레비전도 없고, 뉴스도 챙겨 보지 않으며, 거래일에는 누구와도 대화하지 않는다. 그리고 100년이 채 안 된 책은 잘 읽지 않는다. 지난 15년 동안 내 계좌로, 또는 고객을 위해 매달 (때로는 하루에) 액면가로 10억 달러에 달하는 선물을 거래해 왔다. 수익을 낼 때도 있고, 손실을 볼 때도 있었는데, 손실을 볼 때는 종종 수백만 달러를 날리기도 했다. 때로는 하루 만에 내 유동자산과 고객 순자산의 25%가 넘는 금액이 날아가기도 했다.

통계로 따지면 지금까지 200만 건에 가까운 계약을 거래했고, 계약당 평균 70달러의 수익을 올렸다[슬리피지(원하는 가격과 실제 체결 가격이 달라서 발생하는 체결 오차 비용 - 옮긴이) 약 20달러까지 감안해 계산]. 이 정도 평균 수익은 약 700 표준편차만큼 무작위성에서 벗어난 것이며, 이런 결과가 순전히 우연히 발생하는 빈도는 사고 차량에서 나온 자동차 부품들이 저절로 맥도날드 음식점으로 조립될 가능성만큼 희박하다.

독자들을 위해서나 나를 위해서나 내가 가진 돈벌이 비결을 여기에 풀어놓을 생각은 없다. 만약 나한테 시장을 여는 도깨비방망이가 있다고 해도 나눠줄 마음은 추호도 없다. 이 세상에는 돈만 있으면 할 수 있는 일이 수두룩한데 나도 그렇고 내 친구들, 그리고 내가 만나본 그 누구도 돈이 썩어나지는 않는다. 달리 말하면 아무리 돈이 많아도 부를 축적하는 비밀을 남한테 발설해서 스스로 불리한 처지에 빠질 수는 없다. 만약 돈 버는 비결을 남에게 알려준다면 내가 가진 '우세'를 망각 속에 던져버리는 꼴이며 하루하루 입에 풀칠하려고 아등바등하는 처지로 돌아갈 뿐이다. 사람은 빵만으로 살 수 없지만, 다른 사람들이 내 요리법을 사용해 빵을 굽지 않아야 내가 잘 먹고 잘 살 수 있다.

시장에서 효용이 거듭 검증된 비결과 시스템이 있다고 하자. 내가 그걸 공개하려고 해도 파트너, 가족, 직원 들이 나서 극구 뜯어말릴 게 분명하다. 온갖 말로 타박하며 죄책감을 느끼게 만든 후에 결국 외부 변호사를 데려와 면담하는 자리를 마련하지 않을까. "빅터, 직원들이 만든 제품을 불법 도용하면 어떻게 되는지 흥미로운 판례들이 많습니다. 선생님도, 선생님 상속자들도 관련 판례를 숙지하는 게 좋을 겁니다."

아니, 책 한 권 팔자고 용한 돈벌이 방법을 누설할 사람이 천지에 어디 있겠는가. 게다가 오늘날 투기 지망생들에게 팔리는 시스템 대다수는 심각한 문제가 있다. 판매되는 지식 대부분은 과학적 근거가 없다. 사람들이 추천하는 기법에는 일화를 통한 증거 말고는 통계로 입증될 만한 데이터가 없다. 이런 기법은 사후 약방문이며 미래를 예측하는 데는 무용지물이다. 드물지만 진정한 스승이 있어 거듭 검증되고 체계적이며 정의가 명확한 비밀을 공유하기도 하지만 이번에는 주기가 변해버린다. 이럴 때는 대세를 거슬러야 한다. 오늘 괜찮아 보이는 것도 내일이면 시장이 변하면서 삐걱거리고 이후 기대수익, 확률, 최소저항선(고점 평균을 연결한 추세선 - 옮긴이)이 바뀐다. 어떤 시스템이든 내가 쓸 무렵이면 더 이상 통하지 않는다.

이런 시스템을 그대로 따라 하면 돈을 법니다, 하면서 여러분에게 내놓을 건 없다. 하지만 훨씬 소중한 것을 보여주고자 한다. 바로 더욱 값진 성공으로 이끄는 사고방식이다. 나는 괜찮은 제자였고, 스승들은 최고였다. 평범한 사람들, 억만장자, 군계일학 경찰, 떠돌이, 거래소 의장, 사설 베팅업자, 노벨상 수상 과학자, 저명한 통계학자, '시장의 연인' 그리고 게임 세계 챔피언 들이 내 스승이었다. 하지만 나에게 체스를 가르쳐준 사부이자 국제그랜드마스터인 아서 비스기어(Arthur Bisguier)가 말했듯이 "교훈을 활용하려면 거기에 교훈이 있다는 것부터 알아야 한다." 이 책에서 나는 위대한 영웅들이 가르쳐준 교훈을 공개할 참이다.

살아가면서 부딪히는 평범하고 단순하며 단조로운 사건이 투기꾼을 성공으로 이끈다. 게임, 음악, 자연, 불길한 영혼, 말, 섹스는 훌륭한 스승이다. 성공한 투기꾼은 현재의 가격을 필연적인 수준으로 빠르게 옮긴다. 신속함과 사촌뻘인 추진력은 모든 분야에서 유용하다.

이 책에서 대들보가 되는 큰 주제가 있다면 아버지 아서 니더호퍼에게 배운 교훈이다. 온유함, 다정함, 지성, 그리고 불꽃처럼 톡톡 튀는 창의성으로 아버지는 모든 이에게 사랑받는 존재였다. 아버지는 내가 투기판에서 살아남고 성공할 수 있도록 가르침을 주었고, 나는 이 교훈들을 여러분께 전달하고자 한다. 아버지가 나와 함께 했던 수많은 게임, 아버지가 지켜왔고 내게 남겨준 가르침, 아버지가 매일 나와 함께 읽은 책들, 내게 들려준 이야기들, 그리고 경찰과 경찰 가족에 관해 쓴 책 몇 권. 이런 것들이 모두 내가 아버지한테서 얻은 가르침의 원천이다.

한쪽 끝에 아버지로부터 물려받은 자산, 트레이딩 전문 지식, 그리고 부모로서 직접 나를 길러준 손길이 있다면, 다른 쪽 끝에는 내 친구 조지 소로스에게 배운 교훈이 있다. 이 둘은 성격이 정반대로, 아버지가 돌아가신 1981년에 조지와 인연이 시작되었다. 누구나 인정하듯 조지는 역사상 가장 위대한 투기꾼이다. 1980년대에 상품시장과 채권시장에서 나는 조지를 대리해 매매를 실행했고 조언도 제공했다. 또한 수많은 시장에서 파트너로 활동했고 펀드 브로커 역할도 했다. 게다가 우리 둘 다 테니스를 좋아했고 자식(둘이 합쳐 총 열한 명)을 끔찍이 아꼈기 때문에 서로 더 친해질 수 있었다.

그런데 아버지와 조지는 달라도 너무 달랐다. 아버지는 뉴욕에서 보스턴까지 차를 몰아 나를 데려다주었고 밤을 새워 다시 뉴욕으로 돌아가서는 나 대신 기말 리포트를 타이핑했다. 스쿼시 경기를 마치고 힘들어하는 내가 쉴 수 있도록 말이다. 조지는 평생 기저귀 한 번 갈아본 적이 없다. 아버지는 찢어지게 가난해서 주식 같은 건 살 여유가 없었다. 조지가 인터뷰에 응하거나 강연에 나온다는 소문이 돌면 시장에서 수백억 달러가 심심찮게 왔다 갔다 한다. 친척이 오거나 사돈의 팔촌이라도 공항에 오면 아버지는 15년 된 차를 몰고 직접 마중을 나갔다. 조지는 친한 친구들 장례식에도 참석하지 않는다(그래도 수십억 달러를 자선 활동에 쓰면서 홀로 남은 과부들을 비롯해 많은 이를 위해 남몰래 후원하고 있다). 내가 만난 사람 중에 아버지는 가장 사람 냄새 나는 사람이었고 조지는 가장 위대한 인도주의자였다.

평범한 일상의 경험이 불멸의 지혜를 만나 싸게 사서 비싸게 파는 것의 본질을 맛보고 배우는 여행을 떠나보려 한다. 여러분도 함께하기를.

빅터 니더호퍼
코네티컷주 웨스턴
1996년 11월

차례

일러두기

1. 투기(speculation)의 사전적 의미는 '기회를 틈타 큰 이익을 보려고 하는 행위, 시세 차익을 얻기 위해 하는 매매 거래'로, 국내 투자자 사이에서는 부정적 인식이 강하다. 그러나 이 책 저자 빅터 니더호퍼는 '투자와 투기는 종이 한 장 차이'이며 투기를 통해 '수량, 품질, 시기 측면에서 공급과 수요의 균형을 잡는 방향으로 시장가격이 형성되고 위험을 전가하는 효과'가 발생한다고 설명한다. 그런 의미에서 저자는 조지 소로스를 비롯한 여러 투자자를 speculator로 칭하고 있다. 'speculation, speculating, speculator'를 문맥에 따라 '투기, 투기거래, 투기거래자, 투기꾼' 등으로 옮겼지만 저자의 의도는 국내 독자의 일반적인 인식과는 차이가 있음을 밝힌다.
2. 옮긴이 주석은 본문에, 지은이 주석은 책 뒷부분에 미주로 처리한다.
3. 단행본은 《 》, 잡지(일·월간지, 비정기간행물), 영화와 TV와 음악은 〈 〉, 기사와 논문은 ' '로 표기한다.
4. 해외 단행본 중 국내 번역서가 있는 경우는 《노인과 바다(The Old Man and the Sea)》, 번역서가 없는 경우는 《The Brooklyn Reader(브루클린 리더)》식으로 표기한다.
5. 고유명사 중 인명, 기업명 및 단체명, 주식명은 처음 나올 때만 원문 병기하는 것을 원칙으로 한다.

인트로:
늙은 투기꾼과 엔화

Victor Niederhoffer

The Education of a

SPECULATOR

차라리 녀석처럼 물고기가 되고 싶군. 노인은 생각했다.

녀석은 온 힘을 다해 오로지 내 의지와 머리에 맞서 싸우고 있어.

— 어니스트 헤밍웨이(Ernest Hemingway),

《노인과 바다(The Old Man and the Sea)》

이 몸은 늙은 트레이더. 현물시장에서 엔화를 거래한다. 한때는 이 바닥에서 제일 잘나갔다. 이 분야에서 최고로 손꼽혔고 신문마다 내 사진이 실렸다. 사무실은 찾아오는 고객들로 문전성시. 멀끔하게 생긴 외환 브로커들이 다가와서는 자기 고객들이 어느 수준에서 손절매하는지, 중앙은행들이 어느 수준에서 사고파는지 귀띔했다. 관능적인 목소리로.

그런데 도저히 수습할 수 없는 지경이 되었다. 엔/달러 환율이 93일 때 달러를 매수하고 엔을 팔았는데 불과 몇 시간 만에 환율이 88로 떨어지고 말았던 것이다. 아주 쫄딱 망했다. 은행에선 대출을 거부했고 고객들도 떠났다. 지금도 고객이 몇 명 있긴 하지만 그마저도 주식시장에 올인하기 싫어서 남은 사람들뿐이다. 1929년이나 1987년처럼 주식시장이 붕괴하면 어쩌나 겁이 나서 남아 있는 사람들 말이다. 이들은 대박을 바라며 나한테 잔뜩 기대하고 있다. 단, 조건이 있다. 위험도 감수하지 말고, 자산 손실도 없어야 한다는 것이다. 할 수 있다. 그런데 이들은 내가 도박하는 꼴을 못 본다. 하지만 도박 없이는 일확천금을 거머쥘 방법이 없다. 위험이 있는 곳에 기회가 있기 때문이다. 아무튼 쓴맛을 여러 번 보자 나는 잔뜩 풀이 죽었다.

내 곁에는 로페즈(Lopez)라는 조수가 있다. 멕시코 출신 학생으로 나이는 열여덟 살. 일을 배우고 싶어서 무급으로 일하고 있다. 컴퓨터 프로그램도 돌리고 내가 피곤하면 차도 갖다 주면서 정신을 차리게 해준다. 이제 로페즈는 낮이면 더 잘나가는 회사에 가서 트레이딩 일을 하고 퇴근 후에나 온다. 로페즈는 이렇게 말한다. "선생님, 오늘 밤에는 와서 도와드릴게요. 같이 해서 돈도 꽤 벌었잖아요."

"아냐, 이젠 번듯한 회사에 있겠다, 그냥 거기 있어."

"하지만 똑똑히 기억하는걸요. 달러가 열흘 내리 약세였는데 선생님은 계속 달러를 매입하셨죠. 이후 달러가 강세를 보여서 손실을 전부 만회하고도 남았고요."

"맞아. 그런데 이제 달러가 강세 일로인데 우리는 팔고 있네. 일본은행(Bank of Japan)과 미 재무부에서 달러 강세를 원하고 있어. 세상 사람들 전부 강달러를 바라는데 나 혼자 거기 맞서고 있지. 벌써 3억 달러나 공매도했는데 어째 상황이 불리하게 돌아가네."

"차 좀 갖다 드려요? 달러가 연일 강세네요. 프로그램 좀 돌려볼게요."

"그래라. 같은 트레이더로서 하는 말인데." 내가 말했다.

"선생님, 약세 패턴이네요. 팔까요?"

"안 돼. 전부를 걸기엔 자넨 너무 젊어. 파도가 거셀 땐 진득하니 관망하는 법도 배워야지."

뉴욕은 저녁 7시지만 아시아는 아침이라 날이 훤하다. 흰 셔츠를 입은 사람들이 전투를 준비한다. 고객들은 수출로 벌어들인 수익을 헤징할 목적으로 달러를 매도한다. 은행은 고객이 달러를 매도하기를 기다렸다가 달러를 사들인다. 은행들이 내 머리 꼭대기 위에 있다. 나야 모니터 앞에 앉아서 이틀 밤낮을 눈이 빠져라 화면만 보고 있다. 이제 사흘째다. 은행 사람들은 밤마다 동기 동창이나 정부 부처에 있는 친구들과 사케를 마시면서 곧 어떤 발표가 있을지, 어느 수준에서 사고팔지 알아낸다. 내부자 무리에 끼지 못하는 가련한 인생들이 수치가 유출되었다며 조사를 요구해도 중앙은행에서 유출은 불가능하니 조사가 필요 없다고 하면 그만이다.

일본에 갔을 때 보니 쪽잠용 호텔이 있었다. 사무직 직장인들이 취해서 집까지 무사히 가기 힘들겠다 싶으면 쪽잠을 청하는 호텔인데, 작은 관처럼 생겼다. 집에 가면 아내가 안마를 해주고 옷을 갈아입힌 다음 고속철도에 남편을 실어 보내는데 직장까지 두 시간이 걸린다.

아내가 아이들을 데리고 메인주에 갔다. 아내가 걱정한다. "이제 그만 마무리하고 쉬어. 올해는 글렀어."

"아냐, 약세야." 내가 대꾸했다.

물이 꽤 깊다. 어쩌면 너무 깊은지도 모르겠다. 좀 있으면 일본이 무역수지를 발표한다. 흑자 폭이 감소하면 미국은 러스트벨트에서 미국인의 일자리를 지키기 위해 달러 가치를 떨어뜨리지 않아도 된다. 그렇게 되면 달러 가치는 상승하고 자산 대비 열 배 넘는 달러를 공매도한 나는 끝장이다. 벌써 흑자 폭이 감소했다는 소문이 돌고 있다. 일본은행에서 발표가 몰고 올 파장을 줄이려고 이런 소문을 미리 흘리고 있다고 한다. 일본은 해마다 500억 달러에 이르는 대미 무역흑자를 기록해왔다.

미 국무차관은 이 정도 대미 흑자는 용납할 수 없다고 말했다. 하버드에 다니던 시절, 이 사람하고 알고 지냈는데 당시에도 경제학자로 통할 정도로 똑똑한 양반이었다. 그런데 이젠 윗사람한테 이로운 말이 아니면 입도 벙긋하지 않는다. 먹고살려면 민주당에 유리한 게 뭔지 알아야 한다. 위대한 소로스는 민주당 지지자다. 그리고 나 같은 사람은 꿈도 못 꿀 만큼 돈이 많다. 내가 소로스만큼 부자가 되지 못한 건 대학 졸업 후 시카고로 간 탓일지도 모르겠다.

혼잣말로 중얼거리며 자문자답한다. "밀턴 프리드먼(Milton Friedman), 조지 스티글러(George Stigler), 조지의 아들 스티브 스티글러(Steve Stigler),

짐 로리(Jim Lorie), 이런 골수 자유주의자들을 안 만났더라면 좋았을걸.”

“바보야! 친구라면서 그딴 식으로 말해도 돼? 네가 좋아하는 사람들이잖아!”

“좋아해, 우러러본다고. 하지만 그 사람들 때문에 가난해졌는걸.”

“가난이 뭔 대수라고!”

트레이딩하는 날이면 입을 꾹 다문다. 잡음이 들리면 당장 해야 할 일에 집중할 수 없기 때문이다. 스쿼시를 할 때는 시합 전에 손에 양말을 끼곤 했다. 악수하려는 사람들 때문에 집중력이 흐트러지면 안 돼서 생각해 낸 방책이었다. 하지만 지금은 마음을 가라앉힐 때 혼잣말을 중얼거린다. 목소리는 높이지 않는다. 미치광이라 생각할 사람이 주변에 없어도 말이다.

밤에 트레이딩할 때는 음악을 듣곤 했다. 지금은 CD플레이어가 고장 났지만 손실을 보는 와중에 새 걸 사느라 돈을 쓰고 싶진 않다. 게다가 음악을 트는 사이 엔화가 크게 요동칠지도 모르는 일이다. 음악 때문에 잠깐 자리를 비운 사이에 달러가 폭락하면? 내가 하는 일이 그렇지 뭐. 오늘은 운이 따라줘야 한다. 그래도 운에 기대느니 지식과 전략을 활용하는 편이 나으리라.

음악이라… 내가 의기소침해 있으면 회사 트레이더들이 온갖 장송곡을 튼다. 모차르트(Wolfgang Mozart) 〈레퀴엠(Requiem)〉, 베토벤(Ludwig van Beethoven) 〈월광(Moonlight)〉 소나타. 달러를 공매도하지 말고 샀어야 했는데 그걸 왜 못 했을까? 울고 싶다. 베토벤 〈장송곡(Marcia Funebre)〉은 4마디 안에 높은 C#에서 낮은 G#으로 갔다가 다시 돌아오는 완벽한 순환구조가 있다. 엔/달러 환율이 105에서 80으로 떨어졌다가 93까지 회복한다. 다시 105로 돌아가면 어쩌지?

지금 순환이니 음악이니 하는 생각을 하고 있을 때가 아니다. 지금 생각해야 할 건 단 하나, 엔화뿐이다.

이제 유일한 희망은 무지막지한 말레이시아 중앙은행인 뱅크네가라

(Bank Negara)다. 뱅크네가라는 마치 해적 같다. 난폭하게 거래하고 포로 따위 잡지 않는다. 유유히 나를 짓밟고 동료 트레이더들을 짓뭉갠다. 뱅크네가라는 판판이 달러와 채권 약세에 걸었다가 지금까지 100억 달러를 날렸고 말레이시아는 국가 부도 직전까지 갔다. 말레이시아 사람들은 뉴욕 시간으로 오후 7시면 우르르 시장에 몰려온다. 이들이 오스트레일리아, 뉴질랜드, 싱가포르에 있는 해외 지점 50곳에 모두 연락해 동시에 달러를 판다면 나도 여봐란듯이 만회할 텐데.

사람은 자고로 희망을 버리면 안 된다. 하지만 체계적 지식은 갖추고 있어야 한다. 콩값이 오르고 금값이 내리면 엔화가 어떻게 될지 나는 잘 알고 있다. 그러니 운때만 맞으면 언제든 크게 한몫 챙길 수 있다.

소로스는 달러를 사들여 쟁여놓고 있다. 소로스는 정부나 사업가들이 무슨 꿍꿍이인지 파악하고 언제나 그에 맞게 대처한다. 게슈타포가 유대인을 강제수용소에 가둘 때 소로스의 아버지는 아들에게 살아남는 법을 가르쳤다. 내 아버지는 메모리얼병원에서 항암화학요법 주사를 맞다가 항암제에 심장과 폐가 손상돼 돌아가셨다.

간밤에 소로스와 테니스를 쳤다. 소로스가 지금도 테니스나 치고 있으면 좋으련만. 당분간은 달러를 더 살 수 없을 테니 말이다. 아버지가 소로스와 테니스 시합을 하면 소로스를 이길 수 있을지 궁금하다. 아버지와 내가 복식조로 호흡을 맞추면 지는 법이 없었다. 그런데 소로스와 복식조를 이루면 십중팔구 진다. 소로스가 돈을 주고 프로 선수들을 초대해서 맞상대로 삼기 때문이다. 지금은 외환거래소, 재무부, 추세 추종자들, 은행, 정치인, 정책 입안자 할 것 없이 모조리 내 반대편에 서 있다. 아버지나 소로스, 동료 트레이더 생각이나 하고 있을 때가 아니다. 지금 해야 할 일은 오로지 하나뿐이다. 모니터를 들여다봐야 한다.

도쿄은행(Bank of Tokyo)에서 93을 깜박인다. 오스트레일리아 시드니 웨스트팩(Westpac of Sydney)은행이 92.75를 제시하며 물 밖으로 튀어 오른다. 그런데 물고기가 너무 커서 눈 깜짝할 새 사라진다. 딴 놈들이 순식간에 채갔다. 도쿄 DKB은행(DKB Bank of Tokyo)이 93을 제시한다. 아쉽다. 무슨 일이 벌어지고 있는지 은행들이 항상 제일 먼저 눈치채는 듯하다.

바로 그때 마르크/달러 환율이 급락하면서 마르크 대비 달러가 약세를 보인다. 스위스유니언뱅크(Union Bank of Switzerland)가 달러를 내려서 내놓는다. 나는 이렇게 중얼거린다. "스위스가 정직하니 은행도 정직해야지." 마르크화와 엔화는 종종 동반 행보를 보인다. 유럽이 잠들면 뱅크네가라는 틀림없이 달러를 타격하겠지. 거래량도 어마어마하다. 1.50, 1.49, 1.48. 마르크/달러 환율이 계속 떨어진다. 이제 엔화로 눈을 돌리라고, 제발. 엔화 대비 마르크도 약세를 보일 터. 엔화는 저평가되었어. 어서 사라고. 먹음직하다고.

내가 돈 많은 유력 인사라면 얼마나 좋을까. 굴지의 은행들이 나한테 조언을 구하겠지. 그러면 가격에 직접 영향을 미칠 수 있을 테고. 큰 물고기처럼 나도 텔러레이트(Telerate, 시장 데이터를 실시간으로 제공하는 회사. 2005년에 로이터에 인수되었다. - 옮긴이)에서 매수 주문을 내겠지. 은행과 직접 거래할 수도 있을 테지. 무엇보다 좋은 건 로이터(Reuters) 거래 시스템. 동시에 은행 네 곳에 접속해 은행들이 엔화 가격을 움직이기 전에 선수를 칠 수 있다. 로스차일드(Rothschild)라도 벌벌 떨겠지. 식자들과 훌륭한 책에 관해 토론도 하고 말이야. 하지만 썩어빠진 현실에선 브로커를 상대해야 한다. 매매하려면 중개회사에 수수료도 내야 한다. 그러니 언제나 출발선부터 뒤처지는 셈이다. 은행들은 내가 중개회사를 통해 거래한다는 사실을 알고 있다. 브로커가 나 대신 전화하면 은행들은 진로를 바꿔 먼저 선수를 친다. 나는 은행을 따라잡을 수 없다. 내가 갑부라면 원대한 계획이 물거품으로 돌아가는 일은 없을 텐데.

이제 브로커를 통해 93.50에 달러를 매도해야겠다. 원하는 수준에서 달러를 가져가게 만드는 거야. 내가 매도한 줄 모르겠지. 제발 사라. 어서, 멋지다고! 이렇게 싼데 안 받을 리가 없을 터. 하지만 시장은 요지

부동이다.

도이체방크(Deutschebank)가 슬슬 움직인다. 달러를 1.4850에 내놓았다. 좋아. 독일에서 달러를 매도하면 곧 일본도 뒤따를 테지. 전화벨이 울린다. 내가 93.50에 내놓은 달러를 사들이고 있다. "신중하게 매도하게." 브로커에게 당부한다. "놀라서 달아나면 안 되니까 수십억 달러씩 쪼개서 팔자고."

매수세가 끊긴다. 달러야 내려가라. 제발 뒷걸음질 치거라. 해치지 않을게. 한갓 노친네일 뿐이야. 주문을 다시 최대 규모로 키우고 기다린다. 겁내지 말거라. 93.50으로 제발 돌아와. 일본아, 내 달러 좀 사. 빳빳한 새 돈이 수백만 달러라고. 냄새 좀 맡아봐. 어서 어서 먹어, 먹으라고.

좋았어! 전화기 석 대가 동시에 울린다. 녀석들이 미끼를 물었다. 나는 1억 달러나 되는 낚싯줄을 풀었다. 누군지 모르겠지만 대단한 녀석이다. 내가 던진 미끼를 정어리인 줄 알고 덥석 물었겠다. 94에 더 풀참이다. 물어라. 그쪽은 가격 따위는 문제가 아니잖아. 일본은행 말고 나랑 거래하자고. 내가 내민 달러 거절하잖아? 아침 되면 나가떨어진다고! 유럽 증시가 빠지면 결딴나지.

사랑한다, 엔. 일본이라는 나라처럼 너도 질서정연하고 충직하지. 도쿄에서 식구 열한 명이 먹을 음식을 사려고 했지만 달러를 안 받더라. 그래도 널 미워하지 않아. 자, 내가 내놓은 달러를 사. 넌 외국인이 더럽다고 생각하지. 손님들로 붐비는 식당에서 신발을 안 벗으니까. 하지만 난 신발을 벗는다고. 내 달러를 93.50에 사주기만 하면, 그래서 환율이 91로 떨어지기만 하면 암석정원을 만들고 앉아서 신도(神道) 신들에게 기도할게.

알고 있어. 엔화는 달러 대비 약세를 보일 거야. 오사카 지진으로 산업체들이 파괴되는 바람에 생산을 못 하게 됐지. 그러니 해외 물품에 대한 수요가 증가하고 달러가 어마어마하게 필요할 테지. 지금 일본 경제는 불황이야. 물건값이 비싸서 서방에서 일본 물건을 사줄 형편이 안 되거든. 하지만 당장은 엔화 가치를 살짝 올려보자고. 엔화가 계속 강세를 보일 거라고 착각하게 만들자고. 나중에 매도에 나서면 그때는 엔화가 더 심하게 내려갈 거야, 응?

아무 일도 일어나지 않는다. 달러는 꾸준히 상승 기조다. 잔고가 점점 쪼그라들고 있다. 계속 이러면 어쩌지? 달러가 조금이라도 더 오르면 중개회사에서 마진콜을 할 텐데. 94.00, 94.25, 94.50. 또 400만 달러가 날아갔다. 하락세로 돌아서자, 달러야. 내려가라고. 센 척하려면 달러를 더 파는 게 좋겠어. 내가 지금 얼마나 위태한지 놈들은 모를 테지. 좋아. 시장에 100억 달러를 내놓자. 이만하면 달러도 맥을 못 추겠지.

마치 작은 잉어나 되는 듯 시장이 내가 내놓은 매물을 꿀꺽꿀꺽 삼킨다. 달러가 95.00이라도 일본 추세 추종자들이 죄다 달려들 기세다. 그러면 나는 거품에 익사하고 만다. 일본인은 영리하다. 아홉 살짜리가 하버드나 윌리엄스대학 학생도 못 푸는 문제를 푼다. 그런데 우르르 몰려다니는 습성이 있다. 모난 돌이 정 맞는다고 일본인은 절대 튀지 않으려고 한다. 달러가 계속 오르면 일본에 있는 트레이더들은 죄다 시장에 뛰어들어 달러를 매수할 것이다. 그러잖아도 비싼 달러에 거품이 더 낀다.

로페즈가 곁에 있으면 좋으련만. 차가 당긴다. 화요일 오후 8시, 달러가 신고점을 찍는다. 앞으로 어떻게 돌아갈지 두고 봐야 한다. 로페즈는 내가 돈 날리는 꼴을 숱하게 보았다. 지금은 딴 곳에서 일하고 있지만. 다시 젊어지고 싶다. 젊으면 돈을 날리더라도 재기할 수 있다. 그런데 지금은 다시 일어서기가 너무 힘들다. 아내와 외출하면 사람들이 부녀지간이냐고 물어본다. 앞으로 처자식을 먹여 살리려면 반드시 살아남아야 한다.

제발, 이렇게 빈다. 이제 그만하고 좀 내려오렴. 창피하다. 미신 같은 거 안 믿는 사람이 이렇게 빌다니. 프랜시스 골턴은 기도 같은 건 안 했다. 골턴은 자신이 다른 생명체들과 유전형질을 공유한다는 점을 염두에 두었고 그래서 사람이 경건했다. 그런데 사제라고 남들보다 오래 사는 건 아니다. 내가 아무리 기도한들 달러가 떨어질 리 없다. 나는 한낱 인간이니 그저 일이나 할 뿐.

달러가 조금이라도 더 오르면 고객들이 날 가만두지 않을 터. 동료들은 날 보고 이렇게 말하겠지. "내가 뭐랬어. 오르니까 공매도하지 말랬지." 그러곤 입을 다물겠지만 집에 가면 식구들한테 일러바치겠지. "돈을 날렸어. 큰일이야. 빅터가 또 사고 쳤지 뭐."

이제 도쿄에서 달러시장이 열린다. 내가 계속 매도해야 달러가 오르지 않을 것이다. 그런데 달러가 하락해야 나도 환매에 나설 텐데. 진퇴양난이다.

늙으면 혼자 있으면 안 된다. 여섯 딸과 함께 메인주에 있어야 했다. 하지만 이러고 앉아서 잠깐 자리를 비운 사이 달러가 하락하면 어쩌나, 볼일도 못 보는 신세.

일본 재무성 장관은 일본에서 대출금리를 하향 조정할 위험은 없다고 말한다. 대출금리는 지금도 고작 1%다. 나로선 잘된 일이다. 대출금리를 높이면 달러는 내려갈 테니 말이다. 일본인은 대출금리를 낮추기 전에 꼭 세 번 부인하는 습성이 있다. 이번이 세 번째다. 이 사실을 모르는 트레이더는 없기에 달러는 오르고 있다. 94.50을 찍는다.

일본이 곧 무역흑자 폭을 발표한다. 흑자 폭이 감소하면 나는 파산이다. 일본에 있는 트레이더들은 벌써 수치를 다 알고서 상황을 주무르는데 내가 무슨 수로 버티겠는가. 직통 전화가 울린다.

"빅터, 손절가는 설정해 놓았나요?" 브로커가 묻는다. 말해주면 즉시 가격은 그 수준으로 오를 테고 그렇게 되면 나는 황천길로 직행이다. "손절가 같은 거 안 써요." 힘주어 대답한다. "죽을 때까지 엔화 끌어안고 있을 겁니다." 이번에는 나긋하게 말한다. 엔화도 나와 함께하겠지. 나도 엔만큼이나 참을성이 많다. 10년 동안 매일같이 스쿼시를 한 끝에 큰 대회에서 우승하지 않았는가 말이다. 지금까지 한숨 안 자고 52시간째 모니터를 들여다보고 있다. 포기하지 않겠다.

나한테 엔화는 벗이다. 게다가 밖에는 보름달이 떴다. 달이 꽉 차면 종종 추세가 바뀐다. 달은 여인, 농작물, 범죄, 조수간만에 영향을 미치듯 시장에도 영향을 미친다. 달을 죽일 수 없듯 달러를 죽일 기회가 없을까 두렵다. 아무튼 노력이나 대처 부족으로 실패하지는 않을 참이다.

배가 고프다. 점심 먹은 뒤로 아무것도 못 먹었다. 모기들이 방충망을 뚫고 들어와서 온몸 구석구석을 물어뜯는다. 컴퓨터 화면을 더 열심히 보면 상황이 유리하게 반전될까? 나한테 남은 건 이것뿐이다.

갑자기 달러가 미끄러진다. 대장님께 대하여 경례! 정부 대변인 아니냐는 말을 듣는 현인위원회(Eminent Persons Council) 의장이 일본에서 발표하고 있다. 의장은 균형 환율이 80이어야 한다고 주장한다. 달러가 떨어진다. 94, 93, 92. 좋았어! 달러를 보유한 측이 필사적으로 달러를 털고 빠져나오려고 한다. 나한테는 타고난 재주가 있는데 바로 시장이 겁에 질려 달러를 털려고 할 때 사들이는 것이다. 그리고 사람들이 물건을 팔려고 하면 그때 달러를 되돌려준다. 결국 달러도, 물건도 다 내 차지가 된다.

쥐도 새도 모르게 4억 달러를 매수해야겠다. 안 그러면 시장이 요동친다. 그런데 지금 나는 혼자다. 게다가 내 동태를 파악하는 즉시 브로커들이 재빨리 앞질러 달러를 사들일 것이다.

전화기 두 대를 집어 든다. 그러곤 세 번째 전화기 스피커를 누르고 말한다. "엔화 125억, 달러 매수매도 호가는?" 잠시 뜸을 들인 뒤 또 말한다. "달러 사겠소." 단 두 마디로 엔화를 주고 달러 3억 7,500만 달러어치를 매수했다. 이제 안심이다.

아내에게 전화한다. 입은 바짝 타고 궤양 때문에 위가 뒤틀린다. "내일 메인으로 갈게." "살아 있는 거지?" 아내가 묻는다. "서로 죽였어."

라켓볼 코트에서 공을 좀 치다가 일을 마무리하고 전표 정리도 끝냈

빅터 니더호퍼의 투기 교실

다. 그래도 할 일이 남았다. 아직 25억이 남아 있기 때문이다.

사무실로 돌아와 보니 상어 떼가 다녀간 모양이다. 무역흑자 폭이 발표되고 달러는 93으로 오른다. 고작 25억에 25만 달러나 날렸다. 하지만 방금 300만 달러를 벌었으니 대수랴. 그냥 재미 삼아 40억 더 던진다.

그런데 상어 떼가 맹렬하게 덤벼든다. 내가 빠져나가서 꼭지가 돈 듯하다. 일본은행이 달러를 사들인다. 결국 소문이 사실이었다. 가격이 94로 치닫는다. 적의를 품은 채 단호하게. 어쩐지 일이 너무 잘 풀린다 했다. 재미 삼아 그 짓을 왜 했을까? 재미 삼아 트레이딩하는 법은 없었는데 말이다. 제법 심각하다. 방금 100만이 날아갔다.

넋이 나갔다. 포지션을 모두 정리하고는 이렇게 중얼거린다. "달러를 그렇게나 많이 파는 게 아니었어. 자넬 위해서나 날 위해서나."

《노인과 바다》에 나오는 어부처럼 이런 생각이 든다. '자넨 보통내기가 아니었어. 미안허이. 내가 지나쳤어. 나 때문에 우리 둘 다 망가지고 말았어. 그래도 자네나 나나 상어를 많이 죽였지. 딴 녀석들도 무수히 박살 냈고. 물고기 친구, 자넨 얼마나 죽여봤나?'

나는 달러를 놓고 사투를 벌였다. 내가 환매한 직후 영국은행(Bank of England), 독일중앙은행(Bundesbank), (재무부를 대변하는) 연방준비위원회(Federal Reserve, 연준)가 모두 달려들어 달러를 사들였다. 이튿날 아침, 달러는 98까지 올랐다. 만약 환매하지 않았더라면 전 재산이나 마찬가지인 4,000만 달러가 공중에 날아갔을 터.

아픈 데가 쿡쿡 쑤신다. 비행기 추락 사고에서 유일하게 살아남은 생존자가 된 듯한 기분이다. 진이 다 빠진다. 자리를 뜨기 전에 팩스를 확인한다. 변호사가 쪽지를 보냈다. 어떤 기관에서 지난 10년 치 서류를 들여다보려고 한단다. 화물차 두 대 분량이다.

상어들은 언제나 주위를 빙빙 돌며 내 살을 뜯어 먹고 있다. 저승사자들, 썩 꺼져! 네놈들은 절대 못 가져가. 내 거야. 내가 싸워서 얻은 거라고. 그래도 상어는 물러설 줄 모른다. 녀석들은 강하기 짝이 없고 마음먹은 대로 한다. 그래도 기운이 남아 있는 한 계속 싸울 테다. 나는 결단했고 할 수 있는 일은 많다.

　사무실을 나가는데 파트너들이 들어온다. 거래 뒷정리를 하고 포트폴리오를 재조정하려는 모양이다. 차를 몰고 떠나는데 파트너들이 수군대는 소리가 들린다. "정말 대단한 트레이딩이었어."

1장
브라이튼 비치 훈련소

Victor Niederhoffer

The Education of A

SPECULATOR

이 드라마는 코니아일랜드 월볼(american handball, 작은 고무공을 사용하는 미국식 핸드볼.
단식 두 명, 복식 네 명이 한다. - 옮긴이) 코트에서 펼쳐진다.
월볼 세계의 중심에서 크니시(밀가루 반죽 속에 감자, 고기 등을 넣어 튀긴 유대인 전통 음식 - 옮긴이)
하나만큼 떨어진 곳, 사람들이 널빤지 산책로에서 라임리키 칵테일을 마신다.

— 마이클 디센드(Michael Disend),
《The Brooklyn Reader(브루클린 리더)》

CHAPTER

낙오자들

내 인생은 도시 끄트머리에서 시작되었다. 나는 1943년 전 세계 낙오자들의 수도, 브루클린 브라이튼 비치에서 태어났다. 브라이튼 비치, 이름만 들어도 사람들은 눈살을 찌푸리고 낄낄거리며 놀린다. 평생 들러리 노릇이나 하는 떨거지 인생들이 모인 곳, 그리고 '놈팡이' 다저스 야구단을 떠받드는 도시다.

월드시리즈는 1903년 도입되었는데, 다저스는 브루클린이 연고지인 구단답게 1955년까지 내내 우승과 인연이 없었다. 그동안 일곱 번이나 월드시리즈에 올랐지만 번번이 물을 먹었다. 1955년 마침내 양키스를 누르고 우승했지만 2년 뒤 연고지를 로스앤젤레스로 옮겼다. 쓰레기 매립장 위에 지은 홈구장 에베츠 필드는 철거되었고 그 자리에는 주택 단지가 들어섰다. 1951년 나는 다저스 리그 우승에 돈을 걸었다. 당시 브루클린 다저스는 13게임 차로 앞서 있었다. 아무튼 니더호퍼 집안다운 선택이었다. 리그 우승팀을 가리는 플레이오프에서 상대팀 선수인 바비 톰슨(Bobby Thompson)이 홈런을 치는 바람에 다저스는 우승을 놓치고 만다.

브루클린은 전차 노선 규모가 세계 1위인 곳으로, 주민들이 전차를 피해 다녀야 해서 '다저스(dodgers는 '피하는 사람들'이라는 뜻이다. - 옮긴이)'라는 이름이 붙었다. 무임승차한 꼬마들은 전차 뒤꽁무니에 있다가 경찰서가 가까워지면 뛰어내렸다. 경찰에게 잡히면 자칫 곤봉으로 두드려 맞을 수도 있었기 때문이다. 당시 브루클린은 묘지, 양조장, 혼잡, 변화, 반항아, 낙오자의 도시였다. 그 시절 전쟁영화에는 벤슨허스트(브루클린 남서부 주택가 - 옮긴이) 출신의 순진한 청년이 어김없이 등장했다. 영화 속에서 청년은 껌을 씹으며 담배를 얻어 피우고 브루클린 억양을 썼는데 그런 청년이 안 나오면 영화가 안 될 정도였다. 연극도 마찬가지였다. 등장인물이 맨해튼을 떠날 때는 꼭 이렇게 신세타령을 했다. "이제 브루클린으로 돌아가야 해."

'브루클린 폄하 발언 방지협회(Society for the Prevention of Disparaging Remarks Against Brooklyn, 1941년 설립된 단체로 100만 명 가까운 회원이 있었다고 한다. - 옮긴이)'는 1946년 4만 명에 달하는 회원을 거느렸는데 모욕성 발언이 3,000건에 이른다고 주장했다. 놀랍지 않다.

문명 가장자리에는 주류에서 밀려난 인생들이 모여든다. 짓밟힌 사람, 해변에서 빈들거리는 사람, 노름꾼, 사기꾼, 몸이 성치 않은 사람, 정신이 온전치 않은 사람, 밑바닥 인생, 마약상, 길거리 악사. 브라이튼에는 이런 사람이 유난히 많았다. 그러나 무엇보다도 브라이튼이 반갑게 맞이하는 이들이 있었으니 바로 평범한 노동자 가족이다. 고가 전철은 노동자 가족을 이 허름한 문명의 끄트머리에 내려놓는다. 이들은 이글이글 타는 태양 아래 하루 종일 일하다가 싸구려 술을 퍼마시며 악다구니를 친다. 그리고 5센트짜리 표를 끊어 끝도 없는 고된 일이 기다리는 일터로 돌아간다.

하잘것없는 사람들

브루클린은 길거리에서 벌어지는 시합으로 유명했는데 이 시합이 내게 살아남는 법을 가르쳐주었다. 1951년 여느 때와 다름없는 일요일이었다. '우유 배달부'가 거금의 판돈을 놓고 열두 살짜리 호위(Howie Eisenberg) 삼촌과 한판 겨룬다. 판돈은 50달러. '사자왕 루이(Louie the Lion)'가 판돈을 모자로 덮어놓았다. 우유 배달부가 잠깐 중지하자고 하면서 하늘을 올려다본다. 천둥을 품은 구름이 드리우고 공기는 끈적거린다. 우유 배달부가 샤워를 해야 하므로 잠시 쉬자고 말한다. 시합 시간이나 일시 중지 횟수에는 정해진 규칙이 없기에 심판이 싸움을 중지한다.

심판은 몸집이 아담한 샘 실버(Sam Silver)가 맡고 있다. 덩치가 선수들 절반밖에 안 된다. 샘은 위대한 유대인 배우 토마셰프스키(Tomashevsky), 유대인 영화배우 찰리 채플린(Charlie Chaplin), 전설적인 야구 심판 빌 클렘(Bill Klem, 37년 동안 메이저리그에서 활약한 전설적인 심판. 심판 중 최초로 콜과 함께 팔로 제스처를 취했다. - 옮긴이)을 흉내 낸다. 빌 클렘은 25센트짜리 외야석에 앉은 관중도 타석에 들어선 타자만큼 심판이 어떤 판정을 내렸는지 알 권리가 있다고 생각했다. 오늘날 레슬링 심판처럼 샘 역시 경기가 끝날 무렵이면 선수들에게 얻어터져 푸르죽죽했다. 당시 길거리 싸움에서는 선수들이 주먹으로 심판을 때렸기 때문에 선수들이 쫓아오면 샘은 걸음아 날 살려라 달아나야 했다.

시합이 세 시간이나 지연된 끝에 우유 배달부가 기다리던 폭우가 마침내 쏟아졌고 판돈을 정산했다. 호위 삼촌과 나는 판돈을 날렸다.

41년쯤 지나 똑같은 일이 벌어졌다. 1992년 4월 13일이었다. 나는 채권시장에서 공매도 포지션을 취했고 마감에 빠져나올 요량이었다. 그런데 시카고에서 상수도 본관이 터져 시카고상품거래소(CBOT)가 물에 잠긴다. 사상 초유로 매매가 취소되었다. 사흘 뒤 거래소는 정상 운영되었지만 내가 투자한 밑천은 몽땅 날아가고 말았다. "딸 때가 있으면 잃을 때도 있지." 누가 이런 말을 하면 나는 항상 이렇게 덧붙인다. "비 때문에 망할 때도 있고."

내가 깨달은 게 있다. 고용수치나 소비자물가지수(CPI)처럼 시장을 뒤흔드는 발표 전후에는 예상과 다른 결과가 나올 수도 있다는 것. 바로 교착 상태다. 시장가 매수 주문은 일 중 고점에서 체결되고 시장가 매도 주문은 일 중 저점에서 체결돼 어떤 포지션을 취하든 증거금이 다 날아간다.

거리에 올즈모빌(Oldsmobile) 자동차가 보이자 우리는 걸음을 멈추고 감탄한다. 차 주인이 내린다. "100달러에 팔게. 그래도 니들은 한 푼도 안 들 거야. 벨몬트경마대회에서 확실한 건수가 있어서 내가 몽땅 걸 참이거든. 돈을 따면 5% 줄게. 중단승식 경기(연속되는 두 경주의 우승마를 맞히는 베팅 방식 - 옮긴이) 전에 현금만 줘." 우리는 돈을 마련해 왔고 찍은 말도 1착으로 도착했다. 그런데 원금을 회수하지는 못했다. 경마장으로 가는 길에 차가 주저앉아 버렸기 때문이다.

거래를 하다 보면 딜러들이 떨이 물건이 있다며 전화를 건다. 단기채를 장기채로 바꾸면서 오프더런 채권(채권이 새로 발행될 때 그 이전에 발행된 채권. 대체로 유동성이 떨어져 가격이 낮다. - 옮긴이)이 남았다는 것이다.

지금 사면 2주 동안 무이자 대출을 제공하니 한 푼도 안 든다고 한다. 그리고 2주 뒤면 틀림없이 수익을 챙기고 손을 털 수 있다고 꼬드긴다. 내가 사자마자 오프더런 채권 매물이 시장에 우수수 쏟아지고 전화를 끊기도 전에 자산은 반토막 난다.

그 시절 내가 어울리던 사람들은 햇볕에 그을리고 주름이 쭈글쭈글했다. 그들을 부르는 별명에는 사연이 담겨 있다. '억울한 어빙' '부키 (Bookie, 베팅을 받아 배당률에 따라 돈을 지급하는 사설 베팅업자 - 옮긴이)' '짐승' '화성인' '거친 손' '인디언' '겁쟁이 필' '좀도둑' '이발사' '백정' '우유 배달부.' 물론 '피난민'도 있다. 브루클린은 시종일관 미국에서 이민자가

빅터 니더호퍼의 투기 교실

가장 많고 주택 건설 건수도 가장 많은 곳이다.

요약하면 나는 별 볼 일 없는 사람들과 함께 자랐다. 영락없이 숄롬 알레이쳄(Sholom Aleichem)이 《Fiddler on the Roof(지붕 위의 바이올린)》에서 그린 카스릴레브카 마을에 사는 사람들이다.

세상 한 귀퉁이에 처박혀 주변과 고립된 마을은 고아처럼 외로이 서 있다. 마치 꿈을 꾸는 듯, 마법에 걸린 듯, 홀로 가라앉아 있다. 소음과 부산함, 혼란과 떠들썩함, 탐욕에서 동떨어진 채. 인간이 만들어놓고 문화, 진보, 문명이라는 거창하고 그럴듯한 이름으로 포장하는 시끌벅적함 말이다. 그런데 여기에 가난이라는 꺼풀을 덧입히면 바로 [브라이튼 비치]로 바뀐다.[1]

대서양은 건강에 좋은 미풍과 짭짤한 공기로 이 하잘것없는 사람들을 선선하게 식혀준다. 그런 다음 다시 북서쪽으로 16킬로미터쯤 날아가 월가 고층 빌딩에 있는 고매하신 금융계 양반들이 마시게 해준다. 까마득히 높은 곳에 둥지를 튼 금융계 인사들은 바닷바람을 자신들이 처음 마신다고 착각한다. 하지만 그 작자들이 마신 공기는 이미 지저분한 브루클린을 거친 탓에 김이 새고 시큼하게 변해 있다. 허먼 멜빌(Herman Melville)은 이렇게 썼다. "마찬가지로 수많은 분야에서 평범한 사람들이 지도자를 이끄는데 지도자들은 이 점을 알아채지 못한다."[2] 이 말은 브라이튼에도 적용된다. 새, 다람쥐, 별꽃은 물방울 하나만 똑 떨어져도 폭풍우가 다가오고 있음을 감지한다. 인간은 빗방울이 창문에 후드득 떨어지면 그제야 안다. 땅끝이자 인생 막장인 브라이튼 사람들은 갑자기 수입이 줄어들면 위기가 왔구나 눈치챈다. 금융계 인사들은 〈월스트리트저널(The Wall Street Journal)〉에 김이 다 빠진 소식이 실리면 그제야 깨닫는다.

어린 시절에는 맨해튼과 월가가 꽤 멀게 느껴졌다. 브라이튼은 내게 하버드였고 교실이었다. 전공과목은 투기거래. 놀이와 시합, 흥정, 음악,

섹스, 그리고 각종 동식물까지 실생활에 적용되는 요긴한 지혜를 가르쳐주었다. 쌀 때 사서 비싸게 판다는 투기거래의 밑바탕을 이때 배웠다.

브라이튼 족보

할아버지 마틴 니더호퍼(Martin Niederhoffer)와 할머니 버디 니더호퍼(Birdie Niederhoffer)는 주거용 부동산업을 했다. 그런데 제1차 세계대전이 끝나고 가세가 기울자 생활비를 아껴야 했다. 브라이튼 비치 지역에는 값싼 아파트가 있고 대서양과도 가까워 휴가비를 절약할 수 있다며 이곳으로 왔다. 브라이튼 비치에 온 뒤 1917년 아들 아서(Arthur)를 낳았다.

외할아버지 샘 아이젠버그(Sam Eisenberg)와 외할머니 거트루드 아이젠버그(Gertrude Eisenberg)는 의사의 지시에 따라 브라이튼 비치에 정착했다. 외할머니가 갑상샘 수술을 받은 후 의사가 요오드가 많은 바닷가가 건강에 좋으니 살 만한 곳을 찾아보라고 권했다. 1924년 딸 일레인(Elaine)이 태어났다.

어머니와 아버지는 1939년에 만났다. 당시 어머니는 고등학생으로 학교신문인 〈링컨로그(The Lincoln Log)〉 편집일을 했다. 제인 니더호퍼(Jane Niederhoffer)도 같이 편집일을 했는데 숙제를 할 때면 걸핏하면 박식한 오빠한테 물었다. 제인의 오빠는 유명한 선수로 브루클린대학 미식축구팀에서 뛰고 있었다. 얼마 못 가서 어머니도 두 사람의 공부 모임에 꼬박꼬박 함께했고 사랑이 싹텄다. 일레인과 아티(Artie, 아서의 다른 이름)는 1943년 결혼했고 정확히 9개월 뒤 내가 태어났다.

아티는 누구나 살면서 한두 번쯤은 만나는 사람이다. 모두에게 사랑받고 존경받는 그런 사람 말이다. 신화에서 아버지와 가장 닮은 인물을 찾자면 노르웨이 신화에 나오는 빛과 미의 신 발데르(Balder)다. 발데르는 지혜롭고 정의로울 뿐만 아니라 신실하고 소박하며 관대했다. 그리

빅터 니더호퍼의 투기 교실

고 신들 중 가장 정이 많고 온화했다.

아버지는 1939년 브루클린 법과대학에서 법학 학사학위를 받고 뉴욕주 변호사시험에 합격했지만 경기가 여전히 침체된 상황이라 직장을 잡지 못했다. 뉴딜 정책이 시행되고 8년이 지난 후에도 실업률은 18%였다. 일자리가 필요했던 아버지는 1940년 뉴욕경찰국에 들어갔다.

경찰, 소방, 위생국은 1,000달러가 넘는 연봉에, 연금도 제법 두둑한데다 안정적이어서 썩 괜찮은 직장이었다. 뉴욕에서 경찰관 300명을 뽑는다고 하자 지원자 3만 명이 시험을 보러 몰려왔다. 아버지는 상위 100명 안에 들었고 순찰경찰관으로 코니아일랜드에 배치되었다. 그리고 야간경비원으로, 또 〈뉴욕타임스(The New York Times)〉를 배달트럭에 싣는 일로 가욋돈을 벌었다. 결국 아버지는 브루클린대학과 뉴욕대학에서 다시 공부를 시작했고 최우등으로 졸업하면서 박사학위를 취득했다. 20년간 복무한 뒤 부서장으로 경찰에서 은퇴했고 이후 응용범죄학 전문대학인 존제이칼리지 설립에 관여하며 대학교수로 일했다. 아버지가 저술한 《The Gang(더 갱)》(아버지답게 박사학위 지도교수를 책임저자로 인정하심) 《Behind the Shield(방패 뒤에서)》《The Ambivalent Force(애증이 엇갈리는 집단)》《The Police Family(경찰 가족)》는 아직도 이 분야 걸작으로 꼽힌다.

부모님은 조그만 아르데코 스타일 아파트를 구해 브라이튼 비치에 정착했다. 전용 해안, 널빤지 산책로, 고가 철도, 약 7,000제곱미터에 이르는 공립초중등학교가 브라이튼 비치 4대 명물로 꼽혔는데 부모님이 사는 아파트는 여기서 한 블록 떨어진 곳에 있었다.

해변에서 백미라 할 만한 곳은 '전용' 클럽인 브라이튼 비치 바스였다. 거물인 조셉 P. 데이(Joseph P. Day)가 도박사들과 멋쟁이들이 모이는 근거지로 이곳을 개발했는데 나도 '전용' 해변 한 곳을 즐겨 이용했다.

부모님은 은퇴 이후 25년 동안 여생의 대부분을 이 해변에서 보냈다. 해변은 바다에서 90미터까지 펼쳐졌으며 동쪽으로 1킬로미터쯤

가면 부자들이 사는 맨해튼 비치가 나오고, 서쪽에는 축제 분위기인 코니아일랜드 비치가 있었다. 브라이튼은 가난한 사람들도 부자들과 같은 공기, 쾌적한 경치, 맛있는 음식, 스포츠를 즐기도록 자비를 베풀었다. 3킬로미터에 이르는 인접 해변들, 상쾌하고 짭짤한 공기, 잔잔한 파도, 보드라운 모래와 일렁이는 파도에 반사되는 햇빛, 탁 트인 공간, 색다른 땅으로 항해하는 호화 해양 정기선, 바다 위로 지는 석양은 돈 많고 권세 있는 사람도 매우 만족할 만한 장관이었다. 음식으로 말하자면 어떤 임금도 이 해변에서 맛볼 수 있는 음식처럼 맛있는 수라상은 받지 못했을 것이다. 해변 식당에서 내놓는 스탈 부인(Mrs. Stahl)의 크니시 식당 룬디(Lundy)의 굴 요리, 네이선(Nathan)이 만든 프랑크푸르트 소시지, 휴머레테스 아이스크림, 셀러리 맛이 나는 셀레이 음료, 라임리키 칵테일, 맥아유 음료, 에그크림, 따끈한 프레첼, 순대, 그리고 해변 곳곳에 있는 과자점에서 파는 와플까지 말이다.

급히 연락할 일이 있으면 상류층은 개인 우편 서비스나 로이터나 로스차일드 전령 비둘기를 이용했지만 서민들은 과자점에서 전화를 걸 수 있었다. 운동으로는 콘크리트 위에서 하는 패들테니스와 월볼이 있었는데 잔디 코트에서 하는 테니스나 스쿼시 대신으로 브라이튼에서 즐기는 운동이었다. 보잘것없는 브라이튼 사람들은 슬레이트나 잔디 위가 아니라 콘크리트 벽이나 시멘트 바닥에서 공을 치고, 오거스타나 페블비치처럼 매끈하게 다듬은 골프장이 아니라 금방 망가지는 장식용 풍차들이 걸리적거리는 코스에서 퍼팅을 했다.

널빤지 산책로

작은 유대인 마을인 브라이튼에서 시작되는 널빤지 산책로는 월볼 코트를 살짝 굽이치듯 지나서 수족관을 따라가다 멋진 코니아일랜드까지 이어진다. 1939년 만국박람회 때 세운 낡은 낙하 놀이기구가 마치 고대인이 만든 우주의 상징물처럼 우뚝 솟아 있다. 끝없이 펼쳐진 가늘고 기다란 널빤지 산책로 너머로 태양이 서서히 지면서 황금빛이 폭발하듯 번쩍인다. 얼마 못 가 뒤엉킨 몸들과 파도, 그리고 흘러간 역사의 유물들 위로 목걸이처럼 어른거리는 불빛만이 남아 코니아일랜드를 비춘다.

낙오자는 자기보다 위에 있는 사람들을 남의 눈을 피해 몰래 쳐다보곤 한다. 켕기는 거라도 있는 것처럼 말이다. 브루클린에 관한 단편소설이나 추억담을 보면, 산책로가 십자로 교차하는 널빤지 아래나 솟아오른 롤러코스터 밑에서 몰래 훔쳐보는 이야기가 어김없이 등장한다. 브루클린에서 체험하는 본능적이면서 생생한 경험은 관음인 듯하다.

> 나는 (널빤지 산책로 아래, 흐르듯) 새어나오는 불빛을 쫓으며 놀았다. 불빛을 가로막기도 하고 모래를 끼얹기도 하면서… 그것도 싫증 나면 기둥 사이를 이리저리 갈지자로 다녔다. 사냥감을 쫓는 인디언처럼 널빤지 사이로 벌어진 좁다란 공간을 올려다보며 속옷을 안 입고 나온 여자들을 찾아다녔다. 심장이 쿵쾅거렸다.[3]

관음증보다 더 나쁜 건 이 독특한 문단에서 암시한 행동들이었다.

> 널빤지 아래 외진 곳, 자그맣고 어둑한 세상에서는 다른 일도 벌어지고 있었다. 좀 더 은밀한 행위였다. 그리고 이 행위에는 널빤지가 제공하는 특별한 그늘이 필요했다. 사생활을 보호하는 그늘 말이다. 어떤 사람들은 이곳을 지하 호텔이라고 불렀다.[4]

우리 집안에서 설화처럼 내려오는 사건이 있다. 젊은이(나는 아니다)가 경솔하게도 어떤 성인 남자와 은밀한 행위를 하다가 아버지에게 들켰다. 아버지는 상대 남자를 곤죽이 되도록 팼고 남자는 초주검이 되었다.

나는 아버지 같은 강골은 못 된다. 하지만 브로커들이 내 고객의 주문을 받아서는 공개 시장에서 거래하지 않고 그늘진 곳에서 자기들끼리 사바사바해서 거래하면 그런 못된 작자들은 혼꾸멍내지 않을 수 없다. 나는 몰래 훔쳐보는 건 별로였다. 어린 나이에도 부끄러운 행동이라는 생각이 들었다. 요즘 전 세계 딜러나 트레이더 중 절반은 조지 소로스와 드림팀이 뭘 매수했는지 알아내려고 눈이 시뻘건데 내가 보기엔 이런 간사한 관심도 비틀린 형태의 시장 관음증이다. 남의 대화를 엿듣고 쓰레기를 뒤지고 전화벨 소리로 동향을 짐작하고, 엘리베이터 앞에 감시용 보초를 세우고, 권위자가 진행하는 세미나에 참석하고, 성공 비법을 알아내려고 예언자를 찾아간다. 이런 사람들은 밖에 나가서 햇볕도 쬐고 기운도 차려야 한다.

산책로 양옆에는 가족, 일꾼, 그리고 평생 일이라곤 안 할 사람들이 있었다. 이들은 몸을 씻고 바위 위에 올라와서는 비스듬히 누워 젖은 몸을 데웠다. 모래밭에서 뒹굴면서 헐벗다시피 한 상태에서 은밀한 행위에 탐닉했다. 독립기념일인 7월 4일이면 530만 제곱미터에 이르는 해변에 300만 명이 몰리지만 두 명이 몸을 욱여넣을 공간은 언제나 있었다.

은빛 파도 위로 하늘이 갑자기 어두워진다. 빗줄기가 쏟아지거나 바람이 불면 놀란 사람들이 허둥지둥 해변에서 빠져나온다. 대부분은 널빤지 산책로를 천장 삼아 그 밑에서 모래가 묻은 몸을 오들오들 떨며 비바람이 지나가길 기다렸다. 브라이튼 거리를 지나 무어 양식으로 지은 웅장한 건물들 사이에 있는 작은 아파트로 돌아가는 사람들도 있었다. 이런 큰 건물 로비에는 장식품으로 위풍당당한 범선이 놓여 있곤 했다. 소동이 벌어지면 나는 카페에 들어가 카드 다섯 장으로 하는 포커게임에 끼어 푼돈을 챙겼다.

겨울이면 사람들은 세찬 바람에 맞서 둘둘 감싼 채 해변에 놓인 의자 위에 몸을 움츠렸다. 북극곰 수영대회가 열리면 '북극곰들'이 대서양에 뛰어들었다. 겨울철에는 올림픽 규모보다 세 배나 큰 수영장 물을 빼서 패들테니스 코트로 만들었는데, 부모님은 이렇게 만든 드높은 콘크리트 벽 속에서 패들테니스를 쳤다.

뒤웅박 팔자

해변 마을이 으레 그렇듯 브라이튼도 걸핏하면 팔자가 뒤바뀌었다. 20세기로 접어들 무렵 이 지역은 부자들이 찾는 휴양지였다. 다른 특징도 많지만 무엇보다 브라이튼은 전 세계의 경마 수도였다. 십스헤드 베이, 그레이브센드, 브라이튼 비치 등 경마장이 세 군데나 있었다. 브라이튼 비치 호텔, 맨해튼 비치 호텔, 오리엔탈 호텔 같은 특급 호텔은 부자들과 한량들에게 숙소를 제공했다. 프랑크푸르트 소시지를 처음 고안한 코니아일랜드 펠트먼즈 오션 파빌리언 호텔에는 독립된 식당이 아홉 군데나 있었는데 식당마다 전용 밴드가 따로 있었다. 다이아몬드 짐 브래디(Diamond Jim Brady), 밴더빌트(Vanderbilt) 가문, 벨몬트(Belmont) 가문, 레너드 제롬(Leonard Jerome) 같은 유명한 투자자들도 널빤지 산책로에서 부를 과시하면서 말을 타고 샴페인과 메추라기 요리를 먹으러 갔다. 지미 듀란트(Jimmy Durante), 에디 캔터(Eddie Cantor) 같은 연예계 인사들은 흥청거리는 사람들, 경마장에서 흘러나온 사람들이 꽉 들어찬 음악당에서 공연했다.

그런데 1910년 도박이 불법으로 규정되면서 그 시절은 막을 내렸다. 경마장은 오토바이 경주장으로 개조되었고 이후에는 주택단지로 개발되었는데 이 사업을 계기로 브루클린은 여러 해 동안 신규 주택 건설 기록을 갈아치웠다.

자동차는 브라이튼에서 빈부가 서로 섞이는 데 일조했다. 부자들은 자동차로 외진 곳까지 갈 수 있게 되었고 1920년 직통 지하철이 놓이면서 대다수 주민은 가고 싶은 해변에 갈 수 있게 되었다. 교통편, 프랑크푸르트 소시지, 수박, 맥아유 모두 가격이 5센트였다. 브라이튼은 '부자들의 낙원'에서 '5센트 제국'이 되었다. 햇빛이 쨍쨍한 주말이면 수많은 인파가 지하철을 타고 해변에 도착했다. 이들에겐 무엇보다 탈의실이 필요했다. 광란의 20년대가 저물 무렵 탈의장이 서른 군데 생겼는데 모두 널빤지 산책로와 연결돼 있었다.

해변에는 나무와 금속 기둥이 직각으로 죽 늘어서 있었는데 어떤 기둥은 높이가 9미터에 달했다. 브라이튼 비치와 코니아일랜드 지하철 노선에는 낡아빠진 나무 선로가 놓여 있었는데 이 선로를 지탱하는 기둥들이었다. 지하철이 10분마다 코니아일랜드로 들어오거나 맨해튼으로 돌아가면 노선 옆에 있는 방갈로와 아파트가 흔들거렸다.

고가 철도 밑에는 과일이나 빵, 가공육을 파는 노점상, 식당, 할인 옷가게 들이 줄지어 들어섰다. 그런데 3년을 주기로 빈자리 없이 꽉꽉 차기도 하고 텅텅 비다시피 하기도 했다. 브라이튼(작은 오데사)은 이제 러시아 이민자들이 다수를 차지하고 있지만 상점에는 여전히 손님들이 몰렸다.

1929년 유례를 찾기 힘들 정도로 시장이 폭삭 무너지면서 대공황이 닥쳤고 그 여파는 1946년까지 계속되었다. 브라이튼 경제는 또다시 위축되었다. 할아버지도 대공황 기간에 알거지가 되었다. 할아버지는 광란의 20년대에 시장가치로 따져 보유 자산의 5%에 해당하는 자금을 꾸준히 부동산과 주식에 투자했다. 처음 시장이 200포인트 폭락해 다우존스지수가 200선 아래로 떨어졌을 때는 많은 사람이 버텨냈고 할아버지도 버텼다. 이후 1년 동안 시장이 비틀거리는가 싶더니 1932년 5월에는 다우존스지수가 다시 75% 하락해 50선까지 주저앉았다. 그때부터 할아버지는 돈키호테가 돼서 집세 징수원을 요리조리 피하는 한편 다시 일어설 밑천을 구하느라 쉴 새 없이 헤매고 다녔다. 어울리게도 할아버지는 스페인어로 《돈키호테(Don Quixote)》를 읽으셨고 내용을 곱씹으며 울분을 삼켰다. 할아버지 같은 사람들을 거리를 떠도는 '구제불능'이라고 했다.

빅터 니더호퍼의 투기 교실

할아버지의 사연은 구구절절하긴 했지만 브라이튼에선 흔해빠진 이야기다. 가까스로 피신한 할아버지와 할머니는 브라이튼 1번가에 정착했다. 코니아일랜드와 경계를 이루는 마지막 거리인 1번가에 37제곱미터짜리 아파트를 월세 25달러에 얻었다. 내가 투기에서 방어 자세를 취하는 건 어쩌면 자연스러운 현상 같다. 변덕 심한 운명에 취약했던 경험이 윗대부터 핏줄을 통해 유전되었고 또 그런 환경에서 자란 탓이다.

증권사 지표

나는 기다리다가 상황이 정말 암담하다 싶으면 그제야 매수한다. 시장에서 봉이 되기는 싫기 때문이다. 거리에 피가 흥건한 것만으로는 충분하지 않다. 네이선 로스차일드(Nathan Rothschild)는 대포가 발사될 때 사고 트럼펫이 울릴 때 판다고 했다. 로스차일드라면 그 정도로 충분하겠지만 나처럼 가진 게 쥐뿔도 없는 사람은 그렇게 섣불리 행동하면 안 된다.

1996년 3월, 대만 거리에 대포 쏘는 소리가 들렸다. 중국이 대만 대선을 겨냥해 미사일을 발사한 것이다. 분석가들은 대만 주식시장을 끌어내리려는 시도였다고 판단했다. 홍콩 주식은 하루 동안 7.8% 하락했고 대만 주식시장은 5% 하락했다. 나는 즉시 중국 뮤추얼펀드로 피했다. 일주일 사이에 미사일이 발사될 때마다 대만 시장은 상승하기 시작했다. 미사일 사태 이후 한 달 동안 대만 증시가 전 세계에서 가장 호황이었다.

타이타닉호가 침몰할 때 "바다에는 등골이 서늘해지는 소리가 일제히 울려 퍼졌다. 울음소리, 비명, 고함 소리가 뒤섞여 있었다. 인간이 상상하기 힘들 정도로 악몽 같은 소리였다."5 시장에서 "우레 같은 굉음이 나면서 증기가 칙칙 빠지고" 뒤이어 "울부짖으며 칭얼거리는 소리가 계속 들리면서" 잡지 기사들이 끝장이라고 선언하면 뛰어들 시점.

내가 판단하기에 진입하기 딱 좋은 시점이다. 오사카 지진 여파에다 1995년 중반 베어링스(Barings)은행이 파산하면서 일본 시장은 휘청거렸다. 한때 1만 5,000에서 놀던 닛케이지수였지만 어떤 잡지는 커버스토리에서 적정 가치를 8,000선으로 전망하며 악담했다. 증권사들은 갈팡질팡했다. 나는 각자도생해야 할 상황이라고 직감하며 뛰어들었다.

공황장이 되면 증권사들이 줄줄이 무너지는데, 이런 줄도산 사태는 왕왕 시장이 바닥을 쳤다는 신호다. 1995년 베어링스사가 몰락하면서 닛케이도 바닥으로 미끄러졌다. 1987년 시장이 무너지며 바닥을 쳤고 미국 투자은행들이 브리티시페트롤리엄(British Petroleum) 신주 인수 과정에서 수익이나 손실을 볼 때마다 시장은 벼랑 끝에서 위태롭게 이리저리 비틀거렸다. 유명한 투자자이자 〈배런즈(Barron's)〉 원탁회의 배석자인 짐 로저스(Jim Rogers)는 이렇게 말했다. 매수할 때는 주식시장이 문을 닫는 지경처럼 시장이 아예 철저히 붕괴하는 편이 편하다고. 1996년 초 로저스는 파키스탄 주식을 차곡차곡 사 모으고 있다고 실토했다. 파키스탄증권거래소가 막 문을 닫았기 때문이다. 1996년 중반 파키스탄 주식시장은 35% 정도 상승했다.

제럴드 로브(Gerald Loeb)는 이 방정식과 반대되는 일면을 제시했다. 로브가 있던 증권사는 1929년 시장 붕괴 사태가 절정에 달했을 때도 호사를 누렸다. 로브 출장 중에도 주식거래 건수를 조금도 줄이지 않았다.

당시 유명한 투기거래자이자 증권거래소 전문가인 마이크 미한(Mike Meehan)은 1929년 RCA(1919년 설립된 미국 전자회사 - 옮긴이) 주식이 훨훨 날 때 증기선에 처음 사무실을 열었다. 바로 노스 저먼 로이드(North German Lloyd)사의 호화 특급 여객선 브레멘(Bremen)이었다. 나는 1929년 10월 초 이 여객선을 타고 유럽으로 향했다. 중역회의실이 원양 항해에 나선 건 어쩌면 이때가 처음이었으리라. 최소한 아직까지는 비행기에 사무실을 연 회사는 없다.

당시에는 나도 낙관주의에 푹 젖어 있었다. 나는 주식시장 컨트리클럽을 창

표 1-1. H&Q의 성과, 1991~1996

(단위: 100만 달러)

	연 성과					6개월 성과	
	1991년	1992년	1993년	1994년	1995년	1995년	1996년
수익	81.8	125.5	110.5	119.3	220.0	86.8	204.5
순이익	-9.9	9.7	15.3	15.9	49.4	18.5	47.6

설하려고 물밑 작업을 하고 있었다…. 근사한 증권사 사무실 역시 앞으로의 동향을 엿볼 수 있는 지표였다. 팜비치에 건물을 지었더니 명물이 되었다. 비바람을 맞은 진짜 나무를 대서양 연안에서 공수해 와 내부 자재로 썼다. 테라스, 분수대, 야자수가 있었고 물론 진짜 벽난로도 있었다. 그리고 고객에게 교통편이 필요할 때를 대비해 차도 두어 대 대여했다.[6]

이 직후 로브는 골프 컨트리클럽에 증권사를 열고 기업공개를 통해 주식을 금방 다 팔아치웠다. 로브가 청약자를 모은 시기는 1929년 시장 붕괴 이후였다. 로브는 증권사 수익이 절정일 때 주식을 팔고 증권사들이 적자를 낼 때 주식을 사라고 권한다.

1996년 7월 주식시장 공황 당시 증권사와 주식이 어떤 연관관계를 보였는지 두 가지 사례를 통해 살펴보자. 마치 연속되는 두 경주의 우승마를 맞히는 중단승식처럼 짜릿하다. 기술주와 보건주 분야에서 선도적인 투자은행으로 손꼽히는 H&Q가 상장한다고 발표했다. 손익계정 수치를 들여다보면 흥미진진하다(표 1-1 참조).

상장 계획이 발표되자마자 나스닥지수는 15% 넘게 폭락했다. 1996년 7월 말 시장은 반등했고 주식은 다시 상장되었다.

두 번째 경주를 살펴보자. 태국 SET지수가 직전 2개월 동안 30% 하락하자 증권사 직원이 창문으로 뛰어내려 자살했다. 태국에 있는 아주 박식한 내 파트너 무스타파 자이디(Mustafa Zaidi)가 바로 전화했다. "빅터, 자네가 들어야 할 소식이 있네." 자이디가 전해준 정보 덕에 나는 운 좋게 두둑이 챙겼다. 태국 주식 보유 물량을 두 배로 늘렸는데 다음 3거래일 사이에 SET지수는 5% 상승했다.

로브의 현명한 조언에는 분명 진실이 담겨 있지만 문제는 이런저런 말도 다 맞는 말 같다는 점이다. 즉 이런저런 가설마다 타당성을 입증하는 일화나 사건은 존재하기 마련이다. 1996년이 되자 다우존스지수는 하루에도 100포인트 상승하거나 하락하며 요동쳤다. 다수 신문이 기사를 내며 이렇게 주장했다. '알다시피 시장이 하락하기 전에는 증권사 수익이 감소'하는데 증권사 수익이 늘고 있으므로 시장은 탄탄대로다. 이런 조언이 무슨 소용이 있을까? 데이터나 거듭 입증된 원칙 없이 어찌 옥석을 가릴 수 있을까?

리버모어가 남긴 교훈

나는 어릴 때부터 합당한 조언 같아 보여도 덥석 받아들이지는 않았고 꽤 조심성이 있었다. 할아버지는 1900년대 초반 월가 '신동' 제시 리버모어(Jesse Livermore) 밑에서 일하는 행운을 잡았다. 두 사람은 뉴스트리트에 있는 사설 중개소에서 종종 함께 매매했다. 그러다 음악 공연장이 밀집한 거리에 자주 다녔는데, 할아버지가 워터슨앤드벌린(Waterson & Berlin) 음악 출판사에서 리버모어에게 젊고 아리따운 여성들을 소개했다(명을 재촉하는 성향이긴 했지만 리버모어는 여자를 좋아했다). 워터슨앤드벌린은 어빙 벌린(Irving Berlin)이 소속된 회사로 할아버지가 최고재무책임자(CFO)로 있었다.

할아버지에게 리버모어는 우상이었다. 할아버지 눈에 신동 리버모어는 눈을 가리고 체스를 두는 선수나 키보드 없이 곡을 쓰는 작곡가였다. 리버모어는 시세 테이프를 보지도 않고 시세 테이프에 주가가 찍히는 소리만 듣고도 주식을 거래하곤 했다. 그래도 리버모어는 겸손했고 ("틀렸을 때 해야 할 일은 이제부터 그만 틀리는 일뿐이다"), 융통성이 있었으며

("범사에는 다 때가 있는 법이다"), 분별력이 있었다("곡식을 거래해서 시장을 이길 수는 있지만 곡물시장을 이길 수는 없다").[7]

신동은 남다른 통찰력이 번뜩일 때마다 망설임 없이 급소를 찔렀다. 1907년 시장이 급락하자 뉴욕증권거래소(NYSE)는 신동에게 공매도를 자제해 달라고 애걸했다. 리버모어가 가차 없이 정확하게 매도하면 주식시장이 흔적도 없이 사라질 판이었기 때문이다. 나중에 소로스처럼 시장이 살아남는 것이 자신의 이익에 부합한다는 것을 깨달은("나 역시 시장의 플레이어다") 그는 바닥에 떨어진 공매도를 아낌없이 감췄다. 얼마나 신중했는지, 자신의 잠재적 약점뿐만 아니라 헌신적인 아내의 약점까지 고려한 것이다.

빚을 전부 청산한 뒤에 상당한 액수를 연금에 넣었다. 다시는 돈 때문에 궁지에 몰리거나 노심초사하는 일도, 자금이 거덜 나는 일도 없게 하자고 다짐했다. 물론 결혼한 후에는 아내 몫으로 꽤 큰 금액을 신탁했고 아들이 태어나자 아들 명의로도 얼마간 신탁을 했다. 주식시장에 들락거리다가 돈을 날리면 어쩌나 생각하니 두렵기도 했지만 인간이란 손 닿는 곳에 돈이 있으면 쓰기 마련이므로 단단히 조치를 취했다. 신탁해 두면 아내와 아이 몫은 내 손을 피해 무사할 수 있었다.

지인 중에 가족 앞으로 돈을 신탁했지만 자금이 필요하자 아내를 구슬려 돈을 빼냈다가 날려먹은 사람이 한둘이 아니다. 그래서 나나 아내는 아무리 신탁 자금을 건드리고 싶어도 절대 건드릴 수 없게 못을 박아두었다. 나나 아내가 아무리 돈을 빼려고 해도 뺄 수 없었다. 시장에서 자금이 필요해서 내가 돈을 빼려고 해도 돈은 안전했고 아내가 제아무리 애정 공세로 내 맘을 움직여도 절대 그 돈은 건드릴 수 없었다. 여지 따위는 아예 싹을 잘라버렸다![8]

리버모어의 통찰력과 지혜는 시간이 흘러도 빛을 발하기에 표 1-2에 몇 가지 제시한다. 요즈음 시장 마술사들이 쓴 책이 인기몰이를 하는

표 1-2. 제시 리버모어가 전하는 지혜

신중하게 때를 분별해 매매할 것

범사에 때가 있는 법이거늘 나는 그걸 몰랐다. 절대 호구 잡힐 부류가 아닌 사람들이 월가에서 추풍낙엽 신세가 되는 이유도 때를 분간하지 못하기 때문이다. 평범한 바보는 어디서나 늘 헛다리를 짚고, 월가를 배회하는 바보는 하루가 멀다 하고 뻔질나게 매매를 하려 든다. 그러나 날마다 주식을 사거나 팔아야 할 이유가 생길 리도 없고, 매번 현명하게 매매할 만큼 혜안을 갖고 있는 사람도 없다. (21쪽)

시장과 시장 참여자들

"증권거래소라는 사업체가 결단코 하지 않을 일 한 가지가 있다면 수수료를 나눠 먹는 겁니다. 만약 소속 회원이 외부 비회원과 거래하면서 적정 수수료인 0.125보다 적게 받는다면 거래소 이사들은 차라리 살인, 방화, 중혼죄를 저지르라고 하겠죠. 수수료라는 한 가지 규정에 증권거래소 밥줄이 달려 있으니까요." (47쪽)

브로커들과는 잘 지냈다. 브로커가 갖고 있는 계좌와 내역서가 내 기록과 맞지 않을 때도 있었는데 그럴 때는 한결같이 나한테 불리한 방향으로 달랐다. 어쩜 이렇게 기막힌 우연이 있을까. 우연은 개뿔! 그러면 나는 싸웠고 대개 기어이 목적한 바를 이루었다. 브로커는 늘 내가 가져간 돈을 다시 뺏고 싶어 했다. 내가 번 돈을 그들에게 잠깐 빌린 돈이라고 생각하는 듯했다. (53쪽)

실수와 지혜

실수를 저지르지 않는 사람이 있다면 한 달 만에 천하를 제패할 것이다. 그러나 실수에서 배우지 않는다면 어떤 복도 누릴 수 없다. (97쪽)

물론 현명한 데다 운까지 좋다면 같은 실수를 두 번 저지르지 않을 것이다. 그러나 애초에 저지른 실수의 형제, 자매, 사촌 들이 널리고 널려서 언젠가 유사한 실수를 또 저지르게 된다. 실수라는 가문은 워낙 식솔이 많아서 내가 어떤 바보짓을 할 수 있을지 궁금할 때 주변에 언제나 하나쯤은 어슬렁거리고 있다. (119쪽)

실수한 자신을 용서하는 길은 실수를 발판으로 삼아 다음에 수익을 얻는 길뿐이다. (147쪽)

투기거래자와 감정

문득문득 떠오르는 생각이지만 투기는 자연법칙에 거스르는 사업 같다. 왜냐하면 평범한 투기거래자라도 자신의 타고난 본성에 맞서 전투 진용을 갖춰야 하기 때문이다. 인간이라면 누구나 약점에 무너지기 쉬운데 투기거래에 성공하려면 이는 치명적인 요소다. 보통은 이런 약점들 덕분에 동료들이 내게 호감을 갖기도 한다. 그리고 주식이나 원자재 매매에 비해 위험한 축에도 안 드는 다른 분야에서는 이런 약점 때문에 일이 틀어지지 않도록 철저히 대비한다.

투기꾼의 불구대천의 원수는 언제나 인간의 내면을 뚫고 나온다. 이것들은 희망과 두려움이라는 인간 본성과 떼려야 뗄 수 없다. 투기거래 중에 시장이 불리하게 돌아가면 매일 오늘이 마지막이겠지 하고 막연히 바란다. 그저 그런 필부들이 하는 식대로 주식으로 도박을 한다면 봉변을 피할 수 없다. (130~131쪽)

자료: 에드윈 르페브르(Edwin Lefèvre), 《제시 리버모어의 회상(Reminiscences of a Stock Operator)》 (New York: John Wiley & Sons, 1994). Reprinted with permission of Expert Trading, Ltd.

데, 리버모어의 글은 이런 책에서 금과옥조 같은 글귀만 모아놓은 듯하다. 이런 난다 긴다 하는 마술사들이 관리하는 펀드들이 현재 시중에 판매되고 있다. 안됐지만 정상을 유지하려면 늘 새로운 마술이 필요하다.

할아버지는 신동의 천재성을 추억하고 회상했지만 한 가지 문제가 있었다. 쓰라린 현실은 지워버린 것이다. 리버모어는 1929년 폭락 이전에 적어도 세 번 파산했다. 1930년대 초 마지막 남은 돈을 걸었다가 쪽박을 찼다. 리버모어는 다시 밑천을 마련하려고 10년을 더 월가를 맴돌았다. 극심한 빈곤에 허덕이다가 마침내 자신의 지혜를 담은 책을 팔아서 다시 일어서려고 했다. 이 시도조차 물거품으로 돌아가자 자포자기한 리버모어는 1940년 셰리-네덜란드 호텔 휴대품 보관소에 여덟 장짜리 유서를 남기고 권총으로 머리를 쏴 자살했다.

언제나 느끼는 바지만 월가에 내려오는 격언이나 금언, 조언은 곧이곧대로 받아들이지 않는 편이 현명하다. 증권사와 관련해 제럴드 로브나 짐 로저스가 그럴듯한 이론을 제시하지만 이런 이론들을 음미할 때는 철저히 수치화하고 검증, 분석해야 한다. 이것이 최선이다.

증권사 수익과 증시의 연관관계에 관한 가설을 검증하기 위해 나는 가장 먼저 미국 최대 증권사인 메릴린치(Merrill Lynch)의 월별 주가 데이터부터 모았다. 메릴린치가 뉴욕증권거래소에 상장된 1972년부터 1995년 말까지 주가 데이터를 수집하고 월간, 연간 상승 폭을 계산해서 S&P500과 비교했다. 이를테면 1995년 메릴린치 주가는 35.75에서 51로 상승해 43% 올랐다. 1995년 S&P500은 459에서 615로 올라 34% 상승했다. 따라서 메릴린치의 상승 폭이 9%포인트 더 컸다. 로브의 가설이 참이라면 이 수치는 앞으로 S&P가 반대로 방향을 튼다는 예측 지표가 된다.

메릴린치가 월간 수익에서 S&P를 초과하는 수익을 보인 후 7개월을 조사했더니 S&P 수익과 메릴린치 수익은 0.05 양의 상관관계에 있었다.9 메릴린치가 순항하면 뒤이어 S&P도 성적이 좋았고 메릴린치가 부

그림 1-1. 메릴린치 초과수익과 이듬해 S&P 성과, 1972~1995

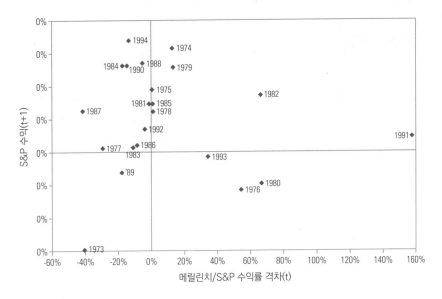

진하면 뒤이어 S&P도 부진했다. 메릴린치가 월간 최대 초과 상승 폭을 기록한 열 번의 사례에서 S&P는 이후 6개월 동안 평균 3% 상승했다. 메릴린치가 월간 최대 초과 하락 폭을 기록한 열 번의 사례에서 S&P는 이후 6개월 동안 평균 4% 하락했다. 최소한 메릴린치가 증권주 대표주 자라고 보면 아쉽게도 월별 성과로 따질 때 증권사 성과와 S&P가 반대로 움직인다는 가설은 근거가 없다.

그런데 한 가지 흥미로운 사실이 드러났다. 메릴린치가 1년간 초과 상승 폭을 보이면 이듬해 S&P와 상관관계는 -0.3으로 음의 상관관계 였다. S&P 대비 메릴린치 수익이 30%포인트 이상인 해는 5개 연도였고 5개 연도 중 3개 연도에서 이듬해 S&P는 하락했다. 나머지 17개 연도에서 S&P가 하락한 연도는 2개 연도였다. 연간 성과로 따질 때 메릴린치가 S&P 대비 30% 이상 초과수익률을 보인 이후 이듬해 S&P지수가 하락할 확률은 다른 해에 비해 열한 배 높았다. 이는 증권사 성과 호조가 S&P에는 불길한 징조임을 드러낸다. 그림 1-1은 이 관계를 차트로 보여주고 있다.

라켓 훈련

나는 태어날 때부터 라켓을 손에 쥐고 놀았다. 아주 어릴 적 사진을 보면 아기 침대나 유모차에서 제일 잘 갖고 놀던 장난감이 탁구채였다. 길 수 있는 나이가 되자마자 부모님이 하는 패들테니스 시합에 참석했는데 이를 계기로 스포츠에 입문하게 되었다.

브라이튼 비치에 있는 패들테니스 코트는 겨울이면 문을 닫았다. 인근에는 비바람이 들이치지 않는, 올림픽 규모보다 세 배 큰 수영장이 있었는데, 겨울이면 힘이 넘치는 사람들이 이 수영장에 네트를 걸고 시합을 계속했다. 부모님 역시 마찬가지였다. 해안선에서 불과 90미터 정도 떨어진 곳, 대서양에서 불어오는 차가운 바람을 막아주는 이 수영장에서 부모님은 공을 쳤다.

부모님은 수심이 얕은 수영장 끝에 네트를 설치하고 수심이 깊은 쪽 끄트머리에 나를 앉혀두었다. 경사진 시멘트를 기어올라 부모님이 있는 곳까지 기어가는 데 5분이 걸렸기 때문에 그사이 몇 포인트 정도 주고받았다. 내가 부모님 있는 곳까지 가면 부모님은 다시 나를 수심 깊은 쪽 끄트머리로 옮겼다. 어린 시절 겪은 이 '시시포스' 시련은 앞으로 내가 투기를 하면서 얼마나 고생할지 미리 알려주는 예표였다. 시합이 끝나면 아버지 도움으로 나도 채를 잡았고 어머니가 내 쪽으로 공을 던졌다. 공이 날아오면 아버지는 "때려!" 하고 소리치면서 포핸드를 완벽하게 치도록 가르쳐주었다.

날이 밝으면 투기거래를 하기 위해 또 책상에 앉는다. 그럴 때마다 계속 헛손질하던 어린 시절이 떠오른다. 지금까지 수천억 달러를 굴리며 최소 5,000일 동안 싸움터에 나갔지만 단 하루도 흡족한 날이 없었다. 돈을 벌면 늘 더 공격적으로 투자하지 않았다며 자책했다. 패배는 병가지상사, 허구한 날 일어나는 일이지만 돈을 날리면 단 한 푼이라도 속이 쓰렸다. 시장에서 물러나 관망했더라면 좋았건만 왜 나는 그 정도 지각도 없었을까? 아니 그보다 아버지가 살아 있어서 완벽한 매매에 적합한 시장과 거래 규모, 방향을 가르쳐주면 얼마나 좋을까.

수영장 바닥에서 시작된 '던지고 치는' 훈련은 마침내 진짜 테니스 코트로 옮겨갔다. 이 전통을 여섯 딸과 함께 이어가고 있는데 달라진 것이 있다면 크기가 4분의 1인 카본 재질 미니라켓으로 장비가 개선되었다는 점이다. 그런데 아이들도 그렇고 나도 그렇고 임기응변에는 재주가 있었다. 1995년 8월 정부 관계자들이 내부자 거래를 하는 바람에 골로 가기 일보 직전까지 갔다가 겨우 수습하고는 서둘러 추운 메인주 바이널헤이븐으로 퇴각했다. 거기서 가족이 다시 모였는데 테니스를 치기에는 너무 추워서 라켓은 가져가지 않았다. 세 살짜리 딸 키라(Kira)는 그래도 테니스를 치겠다며 떼를 썼다. "아빠, 프라이팬으로 치면 돼요." 아버지가 살아 있었다면 이렇게 말했을 터. "비키, 챔피언감 나셨어." 하지만 아버지가 없으니 아버지를 기리는 뜻에서 독자 여러분이 흐뭇하게 웃어주리라 믿는다.

여섯 살이 되자 주변에 또래 애들 중에는 나를 대적할 만한 상대가 없었다. 내기 시합에서 몇 센트 따려면 균형을 맞추기 위해 왼손 백핸드로 치거나 상대에게 한 게임에 15포인트를 먼저 내줘야 했다. 어린 나이에 출발부터 불리한 역경을 딛고 일어나는 법을 배운 셈이다. 다시 일어서는 것보다 더 중요한 것은 애초에 구덩이에 빠지지 않는 것이다.

나는 소싯적에 브루클린 다저스 에이스였던 투수 위트로 와이엇(Whitlow Wyatt)을 보고 배웠다. 와이엇에게는 남들보다 앞서기 위한 세 가지 법칙이 있었는데 야구 선수나 라켓볼 선수, 월볼 선수뿐 아니라 관중도 이 법칙을 요긴하게 쓸 수 있다.

단 한 순간도 긴장을 늦추지 말라. 계속 승자가 되려면 긴장을 늦추면 안 된다. 어떤 타자를 상대하든 마치 처음 상대하는 것처럼 공을 던져라. 그러면 신중하게 투구하게 된다. 두 번째 법칙. 어떤 타자를 상대하든 장타는 맞지 않겠다는 각오로 투구하라. 그러면 스트라이크존 구석을 찌를 수 있고 타자의 약점을 더 세심하게 살필 수 있다. 내가 마음에 새기고 있는 세 번째 법칙, 타자

그림 1-2. 키라와 골트의 라켓볼 훈련

위는 키라(프라이팬을 잡고 있음), 아래는 골트(Galt)

빅터 니더호퍼의 투기 교실

의 타율이 아무리 낮아도 전력투구하지 않고 설렁설렁 여유를 부리면 안 된다. 방심하는 순간 타자는 쳐낸다.[10]

투기거래가 있는 날이면 주의를 산만하게 하는 일들 때문에 긴장이 풀리기 일쑤다. 이런 일을 최대한 줄이기 위해 전화도 안 받고 점심도 안 먹고 방문객도 받지 않는다. 사업하는 사람이라면 하루에도 작성해야 할 서류가 산더미지만 수표에 이서도 하지 않는다. 특히 지긋지긋한 세금 관련 서류는 절대 뒤적이지 않는다. 정신을 산란하게 만드는 이런 일들이 쌓이면 결국에는 시장에서 항복하게 된다. 내가 꼬마였을 때 위대한 야구 선수가 또 있었는데 바로 테드 윌리엄스(Ted Williams)다. 타율 4할을 유지해야 하는데 8월에 있을 생일 때문에 주위에서 법석을 떠는 통에 집중이 안 되었던 모양이다. 그러자 윌리엄스는 그냥 생일을 10월로 옮겨버렸다. 나는 다른 트레이더들처럼 타고난 재간이나 꾀도 없고 연구조사에 능하지도 않지만 집중하는 데는 소질이 있다.

자라면서 코트 종류를 가리지 않고 부모님과 함께 테니스 연습을 계속했다. 비결이 있었다. 겨울이면 넵튠 애비뉴에 있는 코니아일랜드 코트에서 매일 연습했다. 눈 치우는 삽을 들고 코니아일랜드 코트로 갔고 기온이 영하로 떨어지면 장갑을 꼈다. 아쉽지만 나는 뛰어난 테니스 선수는 되지 못했다. 열한 살 때 뉴욕시 18세 이하 주니어 테니스 선수권 대회에서 우승한 것이 최대 업적이었다. 그저 그런 대학팀에서 2위 정도 하는 선수와 비슷한 수준이다. 어떤 샷이 대단한지 이해하고 있고 칠 수도 있을 것 같은데 그냥 그럴 만한 실력이 안 된다. 친구가 클럽 프로 선수들과 시합하는 자리를 만들면 그때마다 힘없이 나가떨어지는데 얼마나 창피한지. 친구가 만병통치라는 투자 기회나 전략을 홍보하는 사람을 소개해 줄 때도 늘 그런 기분이다. 나로선 불감당이다.

어릴 때 받은 라켓 훈련은 스쿼시에서 더 유용했다. 운이 좋았던지 라켓 스포츠 역사상 가장 훌륭한 코치인 잭 바너비(Jack Barnaby)의 지도를 받게 되었다. 내가 나쁜 버릇을 들이기 전에 바너비 코치가 바로잡아 주었다.

운동선수로 진로를 정한 뒤 내가 사용한 훈련 방식은 좀 특이했다. 일주일에 나흘은 나 자신을 상대로 연습했다. 훈련 시간이면 매일 한 가지 스트로크를 연습하고 또 연습했다. 다른 선수들은 대개 시합을 했다. 나는 먼저 정교한 포핸드 샷들을 하나하나 전부 쳤다. 그다음 똑같은 샷을 백핸드로 연습했다. 그런 다음 똑같은 샷을 반복하되 뒷벽에 대고 쳤다. 마지막으로 나 자신을 상대로 시합했다. 포핸드 선수, 백핸드 선수가 되거나 공격형 선수, 수비형 선수가 돼서 혼자서 1인 2역을 하며 시합했다. 한 발짝도 뗄 수 없는 상태가 될 때까지 숨을 헐떡이며 코트 앞뒤를 종횡무진 누볐다. 훈련 일지를 꾸준히 기록했는데 오스틴 프랜시스(Austin Francis)가 쓴 《Smart Squash: Using Your Head to Win(영리한 스쿼시: 머리를 써서 이기는 법)》 속에 이 내용이 실렸다. 일지를 다시 살피면서 계산해 보니 나는 3,500일 동안 최소한 시합 1회 분량을 연습하거나 한 차례 시합을 치렀다. 예외는 없었다.

이때 한 훈련이 투기거래에 도움이 되었다. 파트너인 폴 뷰티(Paul Buethe)는 고객으로 만들고자 애쓰던 사람에게 이렇게 말했다. 자기가 아는 사람 중에 나만큼 골똘히 집중하고 꾸준히 일하는 사람을 못 봤다고. 과분한 칭찬이다.

라켓 스포츠에서 내가 롤모델로 삼은 인물은 언제나 '악어' 르네 라코스트(René Lacoste)였다. 1928년 윔블던에서 우승한 직후 라코스트는 단연코 최고의 테니스 관련 서적으로 손꼽히는 자서전에서 윔블던 센터코트에서 있었던 일을 이렇게 회상했다. 서브를 넣으려는데 상대가 허리를 굽혀 절했고 경기장에 있는 사람들도 일제히 자리에서 일어섰다. 메리 왕비(Queen Mary)가 경기장에 막 들어섰기 때문에 관중이 관례에 따라 예를 표하기 위해 일어섰는데 라코스트는 까맣게 모르고 있었다. 1만 8,000명에 이르는 윔블던 관중은 왕비가 도착했다는 것을 알았

다. 하지만 라코스트는 오로지 서브만 생각했다.11

프랑스 오픈에서는 '악어'가 아주 유리했다. 대회 기간에 비가 수시로 내렸고, 비가 올 줄 알았던 팬들은 언제나 우산을 챙겨 경기장을 찾았다. 예측대로 폭우가 내리면 우산을 펼치느라 경기장은 소음과 움직임으로 어수선했다. 이럴 때면 라코스트는 항상 몇 포인트를 따는 유리한 상황이 되었다. 상대는 소음에 정신이 팔렸지만, 경기에 집중한 라코스트는 소란스러운 경기장 상황을 알아차리지 못했기 때문이다.

우위를 다투는 시합은 투기거래를 꿈꾸는 사람들에게 특히 유용하다. 어린 시절은 결국 게임을 통찰하고 성찰하는 기회라고 할 수 있다. 탐구하는 마음을 가지고 계속 기록하다 보면 어떤 기술들이 승리를 안겨주었는지 배울 수 있는데 이래서 게임이 멋지다.

행크 샤트킨(Hank Shatkin)은 시카고상품거래소(CBOT) 청산회원사 소유주이자 한창때 증권거래소 장내 브로커를 100명 넘게 거느리던 백전노장이다. 샤트킨은 투기거래를 꿈꾸는 사람들에게 최고의 훈련은 경쟁 스포츠라고 믿는다. 거래소 객장에는 프로 운동선수 출신들이 즐비하다. 시카고상품거래소 곡물 판매장에는 시카고 컵스(프로야구), 시카고 베어스(프로미식축구)에서 뛰었던 전직 프로 선수 회원이 최소 여덟 명이다.

때때로 프로 선수들이 뒤엉키면서 아수라장이 되기도 한다. 1995년 9월 25일 목요일, 채권을 주로 거래하던 시카고상품거래소의 한 회원이 오후 근무를 제쳐두고 중요한 시카고 컵스 경기를 보러 갔다. 투수 랜디 마이어스(Randy Myers)가 홈런을 맞자 화가 머리끝까지 난 그 트레이더가 그라운드로 뛰어내려 마운드로 돌진했다. 마이어스를 흠씬 두들겨 팰 작정이었다. 하지만 마이어스는 침착하게 트레이더를 바닥에 쓰러뜨리고 옴짝달싹 못 하게 잡은 다음 혹시 총은 없는지 확인한 뒤 경비원에게 넘겼다. 이후 마이어스는 투구를 이어갔고 팀은 12 대 11로 이겼다. 마이어스는 강인했고 시카고에서 선물 트레이더로 일할 자질이 충분했다.

멋진 신사

브라이튼 출신 운동선수들은 노동자 계급이라는 점을 뿌듯하게 생각했다. 손을 쓰는 직업에 종사했고 노동하는 손을 시합에서 쓴다는 사실에 긍지를 느꼈다. 이들이 선택한 종목은 월볼과 패들볼이었다.

오전 경기가 진행되는 동안이면 '우유 배달부'는 늘 지쳐 있었다. 시합 전에 온 동네에 배달할 우유병을 말이 끄는 짐수레에 실었기 때문이다. 단식 선수로 첫손 꼽히는 빅 헤르시코비츠(Vic Hershkowitz)는 다른 선수들보다 유리했다. 소방서에서 소방관들을 위해 4면이 벽으로 된 코트를 제공했기 때문에 빅은 일하면서 연습을 할 수 있었다. 훈련이라면 최고의 복식 선수인 모이 오렌스타인(Moey Orenstein) 역시 유리했는데, 큰손 사설 베팅업자들 밑에서 베팅 모집원 겸 수금원으로 뛴다는 소문이 돌았다. 아버지는 '거친 손' '배관공'과 함께 복식조를 이뤘다. '거친 손'은 건설 현장 인부였는데 손이 거칠거칠해서 그런 별명이 붙었다.

돈이 걸린 내기 시합이 벌어지면 선수들은 그동안 쌓인 스트레스를 마음껏 풀었다. 이런 내기 시합에서는 으레 주먹다짐이 최소한 두 번은 오가고 심판이 최소 세 번은 교체되었다. 하여튼 그렇지 않은 경기가 드물었다. 경기 규칙상 샷을 날린 다음 몸을 움직이지 않은 채 상대 선수가 공을 받아 치지 못하게 막으면 득점하기 때문에 선수들은 늘 푸르죽죽하게 멍이 들었다. 막고 있는 상대를 비키게 만들려면 몸으로 부딪쳐 밀어내거나 공으로 위협해 공간을 확보하는 수밖에 없었기 때문이다. 까맣고 딱딱한 공이 60센티미터 떨어진 곳에서 시속 160킬로미터로 날아와 등에 꽂히면 찌르는 듯 아팠다. 선수들이 관중이나 심판과 입씨름을 벌이는 통에 경기가 몇 시간씩 연장되기 십상이었다.

빅터 니더호퍼의 투기 교실

예전 프로 스쿼시는 월볼, 농구, 축구처럼 어느 모로 보나 몸싸움이 심했다. 그러자 어떤 천재가 '잉글리시 렛(English Let)'이라는 규칙을 생각해 냈는데 공이 몸에 맞으면 거기서 랠리가 중단되고 공으로 상대를 맞힌 선수에게 득점을 인정하는 것이었다. 그러자 즉시 선수들은 상대에게 공간을 내주기 시작했다. 이리하여 오늘날 스쿼시는 신사의 게임이 되었다. 내게는 잉글리시 렛이 중요한 규정이었다. 1971년 전국대회 결승전에서 11 대 3으로 이기고 있었다. 상대가 앞을 가로막고 있어서 나는 공으로 상대를 세게 맞혔다.

"11 대 3에서 이러기야?" 상대가 소리쳤다.

"14 대 0이라도 해야지." 나는 이렇게 대꾸하면서 유능한 수금원이 돈을 거둘 때 짓는 표정을 흉내 냈다. 돈을 잃은 도박꾼이 순순히 돈을 내도록 만드는 그런 표정 말이다.

브로커들이 특정 가격에 매매하기로 합의를 본 뒤 거래를 취소하거나 체결하지 않을 때도 비슷한 감정을 느낀다. 내 사무실을 보면 적어도 직통 전화 석 대는 항상 테이프로 꽁꽁 싸맨 상태다. 최근에 합의를 위반한 브로커들이 더 이상 나와 거래할 수 없도록 하기 위한 조치다. 스쿼시 경기 승패로 내 재산이 늘거나 줄지 않는 것처럼 브로커들이 이런 행위를 해도 내 재산에 미치는 영향은 미미하다. 하지만 나는 게임의 규칙을 유지하고 과거 영광을 현재에 되살리고 싶기 때문에 이런 행위를 용납할 수 없다.

그런데 전투적인 다른 선수들과 정반대로 행동하는 사내가 있었다. 자신에게 불리한데도 공이 아웃이라고 외치고, 말다툼도 하지 않고, 내기도 하지 않고, 상대가 잘하면 언제나 찬사를 보내는 그런 사람이었다. 아버지는 스포츠맨십의 본보기로 널리 인정받았다.

아버지와 나는 패들 복식 경기에서 열심히 싸웠지만 졌다. 상대는 말도 안 되게 속임수를 쓰는데도 아버지는 우리가 유효한 샷을 날려도 계속 "아웃!"이라고 했다. 나는 참다못해 아버지를 향해 소리를 질렀다.

"아버지, 이 얘긴 꼭 해야겠어요. 시합에 몇 푼 걸었는데 아버지가 계속 우리한테 불리한 판정을 하는 바람에 돈을 날렸어요. 아버지는 저한테 협조하셔야죠. 지금 다른 사람 조력자 노릇할 때가 아니라고요."

"그래서? 이건 그냥 게임이야. 한두 점이 그렇게 절실하고, 그 한두 점으로 승패가 갈린다면 넌 이길 자격이 없어. 상대에게 유리하게 해석해. 그러면 상대도 최상의 경기력을 발휘할 수 있어. 그래야 너도 기분 좋을 거 아니냐."

나는 소로스에게 아버지가 얼마나 대단한 사람이었는지 신이 나서 떠들곤 했다. 어느 날 소로스에게 아버지와 복식조를 이뤄서 경기했던 이야기를 들려주었다. 소로스 책상과 내 책상에 놓인 빨간색 직통 전화기 덕에 우리는 자주 연락하는 사이였다. 내 얘기를 듣더니 조지는 헝가리어로 뭐라고 중얼거렸다. 나도 아버지와 결이 같은 사람이라는 의미로 받아들였다.

3주 후, 소로스는 내가 맡았던 거래 전체에 대해 회계 감사에 돌입했다. 소로스는 이렇게 설명했다. "빅터, 자네를 전적으로 신뢰해. 그래도 우린 너무 가까이 지내니까 서로 보호하는 차원에서 이렇게 해야 할 것 같네. 지난번에 손실이 난 거래 전표를 자네 계좌에서 내 계좌로 옮기려고 했지. 그때 자네가 전화했던 회사가 어디더라? 게리(Gary), 일주일 안에 감사를 끝내고 쿠라카오(Curacao)에게 직접 보고하게." 소로스는 나중에 통화할 때 중얼거렸던 헝가리어를 번역해 주었다. "그 인간이 정직하다고 떠벌릴수록 혹시 내 지갑에서 은화가 없어지진 않았는지 서둘러 돈을 센다."

내가 보기에 소로스는 이런 의심하는 태도를 자신에게도 적용했기 때문에 전설적인 인물이 된 듯하다. 그런데 정직하다는 자화자찬에 가까운 이야기를 했다는 것만으로도 소로스의 더듬이가 작동하기에 충분했다. 나도 마찬가지라는 점, 인정해야겠다. 누군가 "솔직히 말해서" "거짓말 하나 안 보태고" 이런 말을 하면 지갑을 꽉 쥔다.

아버지 말씀을 이해하는 데 시간이 걸렸고 적용하는 데는 더 시간이 걸렸다. 하지만 아버지 철학이 내 안에 완전히 뿌리내린 것은 17년 후인 1966년이었다. 당시 나는 뉴욕 하버드 클럽 6층에서 열리는 해리 콜스(Harry Cowles) 스쿼시 토너먼트에 출전했다. 클럽에는 일반인은 범접할 수 없는 분위기가 풍겼다. 영국인들은 예로부터 일상적인 활동에 내기를 걸어 진부한 일상에 자극과 재미를 느끼는 경향이 있다. 준결승전이 열리기 전날 저녁에는 연회에 이어 영국 전통에 따라 (영국인은 대회 전 열리는 연회에서 건배만 최소 여덟 번 한다. "하느님이여 여왕 폐하를 지키소서!") '캘커타 경매'로 대회 분위기를 고조시킨다. 이 경매에서 준결승 진출자들은 입찰자들에게 '매각되었고' 수익은 결승 진출자 두 사람이 나누어 가진다. 나는 호위 삼촌과 돈을 합쳐 '내가 결승에 진출한다'에 걸었다.

다음 날 내 상대는 버펄로 출신 미국인 성공회 목사 바비 헤더링턴(Bobby Hetherington)이었다. 내가 만난 스포츠맨 중에 헤더링턴 목사만큼 멋진 분은 별로 없었다. 목사는 대회에서 2번 시드를 받았는데 첫 게임은 아주 격렬했고 내가 15 대 9로 이겼다. 관중석에는 호위 삼촌이 앉아 스쿼시 경기를 관람했다. 삼촌이 관중석에서 스쿼시 경기를 관람한 것은 그때가 처음이었다. 삼촌은 베팅액 일부를 다른 사람에게 팔아서 기대수익 일부를 포기하고는, 쉬는 시간에 나한테 급히 내려왔다.

"빅, 뭐 하는 거야? 상대가 9점을 땄어. 그런데 심판이 판정하기도 전에 네가 먼저 불리하게 판정해서 8점이나 내줬잖아. 계속 이런 식이면 캘커타 판돈을 다 날린다고."

"삼촌. 스쿼시 경기에서는 이렇게 해야 돼요. 아버지도 이렇게 하셨잖아요."

삼촌은 관중석으로 달려가면서 내가 시합에서 공정한 대우를 받도록, 그리고 2게임, 3게임에서 적정 환급금을 받을 수 있도록 확실하게 해두었다. 착잡해하던 삼촌 표정이 아직도 눈에 선하다.

나는 공정하게 거래하려고 노력한다. 아무리 돈벌이가 돼도 주식을 띄우는 홍보나 판촉 일은 거들떠보지 않는다. 또 판정을 내릴 때는 상대편에게 유리하도록 한다는 것을 원칙으로 삼고 있다. 아버지가 내게 일러준 이유들 때문이다. 물론 서둘러 밝혀두지만 나라고 남들보다 더 정직하지도 않고, 그렇다고 더 거짓말을 많이 하지도 않는다. 흥미롭게도 지금까지 사업가를 수없이 만났지만 자신이 정직하다고 생각하지 않는 사람은 단 한 사람도 없었다. 심지어 최악의 사기꾼들조차도 자기가 정직하다고 생각했다. 틀림없이 누군가는 나 역시 똑같은 놈이라고 생각하겠지만 말이다. 상대방을 사기꾼이라고 생각하는데, 만약 상대가 그런 내 마음을 눈치채면 그 사람하고 사업이 더 진척되기는 어렵다. 사업에서 성공하려면 즉시 법적 조치를 취하거나 대립하기보다는 기꺼이 협상에 참여하고 상생할 길을 찾으려 노력해야 한다.

성질머리 죽이기

내기라면 사족을 못 쓰는 것 말고도 나한테는 나쁜 버릇이 또 있었다. 바로 욱하는 성질이다. 심판이 불리한 판정을 내리면 냅다 악다구니를 부렸다. 아버지와 같이 복식조로 경기하기가 싫었다. 왜냐하면 점수판에 1점을 올리려면 사실상 2점을 얻어야 했기 때문이다. 내가 결정적 득점 샷을 날려도 아버지는 툭하면 상대편 득점으로 선언했다.

처음 맞붙은 내기 게임에서 지고 말았다. 그러자 나는 상대에게 방해 동작을 했다고 욕을 퍼붓고는 라켓을 상대 머리 위로 던졌다. 상대는 어른이었다. 그러고는 모자에서 그 쿼터에 걸린 판돈을 꺼내 달아났다.

아버지가 바로 뒤쫓아 왔다. 브루클린에서 유명한 장소인 널빤지 산책로 밑에서 아버지에게 붙잡혔다. "또 이딴 식으로 창피하게 행동하면 해변으로 가는 열차표는 압수야. 당장 돌아가서 사과하지 않으면 혼쭐날 줄 알아. 창피한 것도 창피한 거지만 넌 분통을 터뜨려서 상대 선수를 도왔어. 상대는 더 열심히 뛴다고." 그러면서 아버지는 왼 주먹으로 내 어깨를 딱 치셨다. 아버지는 브루클린대학 레슬링팀과 미식축구팀에서 선수로 뛰었는데 45년이 지난 지금도 아버지한테 맞은 데가 얼얼하다.

이 일이 있은 후 상대가 심판을 닦아세우느라 진을 빼면 내가 그 경기를 이겼고 이런 식으로 이기는 경우가 비일비재했다.

투기거래에서 내가 실수하면 가장 만만한 희생양은 주문을 받아서 체결하는 장내 트레이더들이다. 생돈을 날리면 장내 트레이더에게 화풀이하고 싶은 마음이 굴뚝같다. 형편없는 체결로 손실이 커지면 더욱 그렇다. 체결을 신통치 않게 해놓고도 장내 트레이더들은 걸핏하면 구차한 변명을 늘어놓는다. 파렴치한 짓을 감추기 위해서다. 이 한심한 작자들에게 내가 할 수 있는 가장 모진 말은 이 정도다. 입을 떼려고 하면 '아직도 어깨가 욱신욱신 쑤시기' 때문이다.

그래, 니더호퍼네. 이 점을 알아줬으면 해. 자네가 방금 내 의뢰인에게 한 짓이 얼마나 잘못됐는지 충분히 설명할 수 있을 만큼 험한 단어가 영어에는 없다네. 의뢰인은 화가 머리끝까지 났어. 틀림없이 거래를 끊고, 나와 직원들을 상대로 당장 소송을 걸 거야. 브로커와 청산회원사 대표, 그리고 관련된 직원들에게 곧 영장 송달리가 집에 나타나더라도 놀라지 말라고 예를 갖춰 경고하게나.

순전히 브로커들이 체결을 형편없이 하는 바람에 돈을 날릴 때가 종종 있다. 내 동생 로이(Roy)는 음성 합성기를 통해 위 메시지가 전달되도록 컴퓨터를 설정했다. 게다가 상대의 기를 꺾는 어조와 속도로 나가도록 해두었다. 한번은 국제통화시장(IMM)에서 거래하는 통화 브로커가 컴퓨터 음성 메시지에 응답하면서 이렇게 말했다. "온통 우리가 실수했다는 이야기뿐이지만 그래도 직접 목소리를 들으니 반갑네요."

"원래 제가 좀 그렇죠." 로이가 컴퓨터에 입력했다.

이런 맥락에서 존 매켄로(John McEnroe)의 별난 행동도 내 눈에는 딱히 기행으로 보이지 않았다. 매켄로는 코트에서 제꺽하면 역정을 부렸는데, 브라이튼에서 이런 행동은 월볼 선수에게 '필수'였기 때문이다. 잭 크레이머(Jack Kramer)는 13세 이하 캘리포니아대회에서 심판에게 테니스 라켓을 던졌는데 당시 상황이 아직도 기억에 생생하다. 아버지가 심판을 향해 걸어가자 크레이머는 기뻐하면서 속으로 이렇게 생각했다. '드디어 나를 위해 아버지가 나서는군. 심판을 혼내주시겠지.'

이어서 심판이 선언했다. "게임 끝. 스미스(Smith) 승리. 4 대 6, 4 대 3, 기권승." 잭의 아버지는 잭에게 다가와 라켓을 움켜잡더니 허벅지에 대고 부러뜨렸다. 아버지는 아들에게 여름 시즌 남은 기간에 못 뛰는 건 물론이고 한 번만 더 망신스럽게 처신하면 다시는 경기에 못 나간다고 으름장을 놓았다. 잭이 한번은 나에게 이렇게 말했다. 수없이 시합했지만 심판과 입씨름은 그때가 마지막이었다고. 많은 경우 프로 선수는 훈련을 받을수록 결국에는 상대를 무시하고 업신여기게 된다. 물론 상대를 얕잡아 본다고 처벌을 받지는 않는다. 하지만 투기를 비롯해 각종 분야에서 성공하려면 기량을 쌓는 훈련보다 분노를 조절하는 자제력 훈련이 더 요긴하다. 잭과 내가 경험한 것처럼 말이다.

군더더기 없는 동작

아버지가 오후 4시 근무조여서 자정에 퇴근하면 나는 아버지와 함께 밤마다 소박한 의식을 치렀다. 아버지는 퇴근길에 동네 과자점에서 바나나 아이스크림 한 통과 빵집에서 커피 데니시를 사 왔다.

간식 잔치가 끝나면 아버지는 침대 머리맡에 앉아서 어린 아들과 아버지가 흔하게 나누는 이야깃거리를 놓고 대화했다. 바로 스포츠다. 아버지는 어떤 일이든 꾸준히 최고의 자리에 있으려면 최소한의 노력으

　빅터 니더호퍼의 투기 교실

로 최대한의 성과를 끌어내는 실속 있는 사람이 돼야 한다고 당부했다. 그러면서 마티 라이즈먼(Marty Reisman)을 예로 들었다. 최근 라이즈먼은 브로드웨이 54번가에 있는 로런스 탁구 클럽에서 딕 마일스(Dick Miles)를 상대로 판돈을 크게 걸고 시합했는데 우리는 그 시합을 지켜보았다.

라이즈먼의 스트로크는 신기에 가까웠다. 블랙잭 딜러가 테이블 위에서 카드를 뒤집듯 백핸드로 공을 비비듯이 쳤고, 포핸드를 칠 때는 경례하듯 공을 위로 감아 돌렸다. 백핸드와 포핸드 모두 훌륭했고 자세는 완벽하게 균형이 잡혀 있어 앵글샷이든 드롭샷이든 언제든 되받아 칠 수 있었다. 한때 라이즈먼은 50경기를 치르는 동안 한 번도 드롭샷에 당하지 않았다. 숙적인 미국 챔피언 딕 마일스를 상대할 때면 라이즈먼은 탁구대에서 3미터나 물러나 수비하곤 했다. 특히 라이즈먼은 정확한 샷과 드라이브를 마음대로 구사하는 능력이 장기였다. 라이즈먼은 1949년 스톡홀름에서 열린 세계탁구선수권대회에서 준준결승전을 마쳤는데, 같은 시각에 시작된 옆 테이블 경기는 겨우 첫 득점이 난 상태였다. 오해가 있을까 봐 덧붙이자면 옆 테이블 경기는 20분이나 공방이 오간 끝에 첫 득점이 났다.

테니스 선수 켄 로즈월(Ken Rosewall), 춤꾼 프레드 아스테어(Fred Astaire), 농구 선수 마이클 조던(Michael Jordan), 골프 선수 샘 스니드(Sam Snead), 미식축구 선수 게일 세이어스(Gayle Sayers), 복싱 선수 슈가 레이 레너드(Sugar Ray Leonard) 등 챔피언은 누구라고 할 것 없이 동작이 간결하고 군더더기가 없다. 이 위대한 챔피언들이 활약한 분야는 다양하고 폭넓지만 이들의 기량을 묘사한 글을 보면 비슷한 용어들이 등장한다. 이들은 전혀 힘들이지 않고 움직이며 비 오듯 땀을 흘리지도 않는다. 그리고 비단처럼 매끄럽고 나비처럼 가볍게 날아다닌다.

야구 역사상 가장 위대한 홈런 타자 조시 깁슨(Josh Gibson)을 설명하는 문장에는 우아한 동작에 대한 찬사가 이어진다. [베이브 루스(Babe

Ruth)가 백인 조시 깁슨인지, 조시 깁슨이 흑인 베이브 루스인지 옥신각신하지만]
조시 깁슨을 가르친 첫 번째 코치였던 주디 존슨(Judy Johnson)은 깁슨을
이렇게 묘사했다.

> 깁슨이 공 치는 모습을 보고 있으면 그저 즐거웠다. 힘은 조금도 들이지 않았
> 다. 요즘 타자들은 타석에 들어서면 온갖 잡다한 동작을 하면서 준비한다. 깁
> 슨은 그냥 걸어가서….12

스포츠에서 군더더기 없는 동작, 즉 동작의 경제학에 대한 이야기가
끝나면 아버지는 에밀리 디킨슨(Emily Dickinson)의 시로 화제를 돌렸다.
나는 이의를 제기했다. "아빠, 디킨슨은 시인이에요."

"맞아. 하지만 운동선수라면 누구나 군더더기 없는 디킨슨의 표현을
연구해야 해. 단어에서 얻는 통렬한 효과들이 모여 쉼 없이 시 전체를
쌓아 올리지." 아버지는 이렇게 응수했다. 브라이튼 비치에 자주 출몰
하는 운동선수 중에 '우아한 동작'으로 회자되는 선수가 몇 명 있었다.
빅 헤르시코비츠는 공을 칠 때 몸을 날릴 필요가 없었다. 항상 공이 올
위치를 선점하고 있었기 때문에 시속 160킬로미터 속도로 무리 없이
좌우로 공을 날렸다. 좌우 어느 한쪽을 훨씬 더 잘 쓰는 선수는 어쩔 수
없이 약한 쪽에 공이 오지 않도록 경기를 운영했지만 빅은 매번 가장
빠른 길을 택해 공을 날렸다.

"라켓 스포츠에서 제일 큰 걸림돌은 겉멋 든 스트로크야. 백스윙이
너무 커. 크로스 코트로 드라이브를 날릴 때 마치 군인이 구령에 따라
180도 회전하듯 몸이 돌아가. 공을 친 뒤 팔을 뻗는 팔로스루 동작도
과도해. 계속 동작이 커지다가 라켓 면이 마치 국기에 경례하듯 하면서
멈추거든. 서브할 때는 최대한 공을 높이 띄운 다음 점프하지. 네트에
붙어 있다가 머리 위로 날아가는 공을 뒤쫓아 가거나 베이스라인을 향
해 달리면서 다리 사이로 공을 치면 재미있을지는 몰라도 차분하게 해.

땅에 바짝 붙어. 발볼을 바닥에 붙이라고. 간결하게 하란 말이야. 자질구레한 동작은 싹 없애고 기본에 집중해. 공에서 눈을 떼면 안 돼. 공을 보내고 싶은 곳에 라켓을 옮기라고."

스쿼시 경기에서 나한테 어떤 약점이 있었는지, 그리고 적절한 해결책은 무엇이었는지 생각난다. 경기장 앞뒤 벽은 메아리 효과가 나는 메아리방 역할을 한다. 관중석에서 누가 무슨 말을 하면 아무리 속삭이듯 말해도 소리가 들린다. 스쿼시광이 권해서 스쿼시를 처음 접하는 사람이 내가 경기하는 모습을 본다면, 경기 시작 몇 초 만에 틀림없이 이렇게 말한다. "저 사람이 니더호퍼!?? 움직이는 게 코끼리 같은데!"

나는 어떤 샷이든 좀 여유를 두고 쳐서 서투른 기량을 보완하려고 한다. 그래서 항상 틴라인(앞벽 바닥에서 48센티미터 위에 있는 선 - 옮긴이)보다 최소한 15센티 정도 위쪽을 겨냥해서 친다. 그런데 상대 선수들은 틴라인에 바짝 붙여서 2.5센티미터 정도 위쪽에 친다. 이러면 모 아니면 도다. 즉 점수를 따거나 자칫 잘못해 틴라인에 걸리면 점수를 잃는다. 투기거래도 마찬가지다. 나는 절대로 시장이 오른 당일 매수하거나 시장이 내린 당일 매도하지 않는다.

한번은 나이 지긋한 사람이 하는 말을 듣고 어깨가 으쓱했다. "덩치 큰 니더호퍼가 경기하는 모습을 처음 보는데 동작이 어색하고 둔한 게 꼭 미식축구 수비수 같구먼. 그런데 가만 보니 호너스 와그너(Honus Wagner)가 떠올라. 야구 역사상 최고의 선수지. 어떤 포지션에서도 뛸 수 있었고 도루를 700번이나 성공했지. 그리고 여덟 번이나 리그 타격왕에 올랐어. 저 녀석은 타고났어. 성질머리 때문에 망하지나 않으면 좋겠어. 온유하기로 둘째가라면 서러운 와그너를 본받아야 할 텐데."

물론 나는 대학 시절 심판과 설전을 벌이다 놓친 경기가 허다했고 패한 다음에는 괴로워서 손으로 벽을 내리쳤다. 이런 일을 수없이 겪고 나서야 비로소 성질 죽이는 법을 배웠다. 내 경우 성과를 내려면 가진 에너지를 전부 쥐어짜야 했다. 종류를 막론하고 내가 뛰어본 분야는 다

그랬다. 그래서 에너지를 낭비하면 경쟁자만 유리했다. 따라서 에너지를 절약할 수 있는 심리적 장치를 늘 가동해야 한다. 라켓볼 선수 마티 호건(Marty Hogan), 야구 선수 베이브 루스, 트레이더 조지 소로스 등 내가 만난 몇몇 천재를 제외하면 어떤 분야든 이런 에너지 절약 장치가 없는 사람이 성공하는 경우는 보지 못했다.

윌리 서튼에게 배울 점

1951년 10월 3일, 나는 속죄일을 지키고 있었다. 속죄 의식 중 랍비는 등을 돌리고 있었고 나는 뉴욕 자이언츠와 브루클린 다저스가 내셔널리그 우승을 놓고 다투는 마지막 플레이오프 경기에 몰래 귀를 기울이고 있었다. 나는 순자산의 100%를 부키와 함께 다저스에 걸었다. 부키는 새로 판에 끼는 사람들에게 내깃돈을 받으면서 경기가 어떻게 돌아가는지 들으려고 라디오 가까이에서 속죄했다.

1951년에는 자이언츠와 다저스가 리그 우승을 다퉜는데 플레이오프 마지막 경기인 3경기에서 우승팀이 결정되게 되었다. 양키스 팬이었던 호위 삼촌은 다저스가 낙승하리라 믿었다. 다저스 에이스 돈 뉴콤(Don Newcombe, 시즌 성적 20승 9패)이 폴로 그라운즈에 등판할 예정이었다. 브루클린은 바로 전날 자이언츠를 10 대 0으로 완파했다. 삼촌은 꼼꼼하게 따지고 분석하는 일은 딱 질색이었다. 늘 이렇게 말하곤 했다. "그런 일을 할 수 있는 사람은 부키뿐이야. 부키 손바닥 안이지."

아무튼 삼촌은 전 재산 800달러를 몽땅 다저스에 걸었다. 거기에는 내 돈 2달러도 들어 있었다. 9회 말 다저스가 4 대 1로 앞서 있었다. 나는 삼촌과 함께 다저스가 이기면 얼마나 딸지 계산했다.

속죄일 예배에 휴대용 라디오를 숨겨서 들어갔는데 실황 중계를 자세히 듣고 싶어서 도중에 슬그머니 빠져나왔다. 그런데 경기 흐름이 바뀌었다. 자이언츠 앨빈 다크(Alvin Dark)가 단타를 치고, 뒤이어 돈 뮬러

(Don Mueller)도 단타를 쳤다. 다크는 3루까지 진루했다. 뉴욕 자이언츠에서 타점 선두인 몬테 어빈(Monte Irvin)은 파울을 쳐서 아웃되었다. 몇 분 뒤 화이티 록맨(Whitey Lockman)이 여유 있게 서서 들어가는 2루타를 쳐 다크는 득점하고 뮬러는 3루에 안착했다. 누상에 주자 2명, 4 대 2 상황에서 랠프 브랜카(Ralph Branca)가 마운드에 오른다. 상대 타자는 바비 톰슨. 우리는 작은 모자로 라디오를 덮고는 숨을 죽인 채 귀를 라디오에 바짝 댔다. 톰슨이 2구를 쳤고 이 공은 관중석으로 날아간다. 홈런. 5 대 4 자이언츠 승리. 러스 호지스(Russ Hodges)가 마이크에 대고 외쳤다. "자이언츠 우승입니다! 자이언츠 리그 우승!"

삼촌과 나는 5분 사이에 몰락해 쪽박을 차고 말았다. 삼촌과 내가 실의에 빠진 그 순간, 부유한 월볼 선수이자 체스 선수 한 사람이 버러 홀 술집(Borough Hall bar)에서 슬픔을 삼키고 있었다. 다저스 광팬인 듯 비탄에 잠긴 이 남자는 사소한 것도 절대 운에 맡기지 않았다. 위대한 영웅들이 다 그렇듯이 말이다. 그는 모험을 감행하기 전에 필요한 장비와 해야 할 일을 철두철미하게 연구하고 분석했다. 누구인고 하니 치고 빠지기라면 역사상 최고로 손꼽히는 유명한 은행 강도 윌리 서튼(Willie Sutton)이었다.

윌리는 얼마 전 펜실베이니아 교도소를 탈출해 브루클린 플랫부시와 4번가 인근에 숨어 있었다. 푸에르토리코인 거주지에 있는 아파트였는데 언제나 그랬듯 그 동네로 간 것도 다 속셈이 있었다. 이 동네 사람들은 스페인어로 된 신문만 읽을 테니 뉴욕 주요 일간지에 실리는 '수배' 사진은 안 볼 확률이 높다는 것까지 계산한 행동이었다. 윌리는 감옥에서 독학으로 스페인어도 배웠다.

자이언츠가 다저스에 역전승한 날 윌리는 텔레비전으로 경기를 보고 있었다(비번인 경찰이 경기장에 많이 갈 줄 알고 경기장에는 가지 않았다). 나중에 윌리는 당시 경기를 이렇게 회상했다.

1951년 플레이오프 마지막 경기에서 바비 톰슨이 브랜카를 상대로 홈런을 쳤다. 브루클린 경찰청에서 한 블록 떨어진 술집에서 지켜보았다. 톰슨이 베이스를 도는 꼬락서니를 보고 있자니 경찰청에 가서 자수하고 싶었다. 내 인생에서 그 정도로 낙담했던 적은 없었던 것 같다. 다저스 팬이 되면 수명이 몇 년은 단축된다. 1952년처럼 다저스가 이길 때도 팬들은 속이 썩어 문드러졌다.13

역사상 가장 걸출한 은행 강도이자 탈옥의 명수로 꼽히는 윌리가 자수하고 싶을 정도로 그 경기는 충격 그 자체였다. 하물며 삼촌이나 나처럼 평범한 인간들은 오죽했겠는가. 오늘날에는 일본 최고 인기 야구팀인 자이언츠의 성적이 닛케이 주가지수에 영향을 미친다는 게 정설이다. 자이언츠가 승승장구하면 닛케이 평균 주가는 강세를 보일 확률이 높다. 아마도 오늘날 미국의 어떤 야구팀도 1950년대 브루클린 다저스나 현재 일본 리그 자이언츠처럼 추종자를 많이 거느린 팀은 없을 것이다. 시카고 불스의 승패가 시카고상품거래소에서 거래되는 미 국채에 어떤 영향을 미치는지 연구해 보면 흥미로울 듯하다.

"어떤 분야든 성공하려면 외골수처럼 온정신으로 집중하고 세세한 것까지 살펴야 한다." 윌리 서튼은 이 원칙을 그대로 구현한 인물이었다. 윌리는 은행을 털기 전에 몇 주, 몇 달 동안 사전조사를 실시했다. 경찰 제복을 입기도 했는데 변장이 어찌나 완벽했는지, 지나가는 사람들이 민원을 제기하면 응대하고 교통정리도 했다.

아버지는 윌리 서튼의 자서전 《Where The Money Was(돈이 있던 곳)》 몇 페이지를 보여주셨다. 윌리는 자신이 했던 훈련 방식을 이렇게 떠올렸다.

다양한 역할을 해보니 재밌었다. 흉내 내려는 직업이 무엇이든 언제나 그 역할에 맞도록 복장을 철저히 갖췄다. 경찰복을 입는 순간 경찰이 된 듯한 기분

빅터 니더호퍼의 투기 교실

이었다. 차는 보통 한두 블록 떨어진 곳에 주차해 두고 은행까지 걸어갔는데, 걸어가면서 본능처럼 눈으로 가게 문을 확인했다. 이따금 누군가 길을 묻는 통에 발걸음을 멈춰야 했다. 주차금지 구역에 차를 몇 분만 세워도 괜찮겠느냐고 묻는 운전자가 두 명 있었다. 그냥 뛰어가서 물건만 잠깐 가지고 나오면 된다고 하면서. 그럴 때면 따끔하게 훈계했다. 지금 경찰관에게 시 조례 위반 행위를 허용하라고 부탁하는 겁니까? 그러고는 이렇게 귀뜸했다. "혹시 이 블록에서 돌아다니다가 돌아오시면 저는 여기 없을지도 모릅니다."

필라델피아에서 제복을 입고 북적북적한 교차로를 건너고 있는데⋯ 지나가던 경찰 순찰차가 불러 세웠다. 경감이 내리더니 옷깃 단추가 풀렸다고 호통을 쳤다. "예, 경감님. 지당하신 말씀입니다. 경찰 체면에 먹칠하는 일입니다." 너무 창피했다. 털려는 은행이 바로 맞은편에 있는데 경찰이 막아서 짜증이 나서가 아니라 상사의 질책을 받았기 때문이다. 경찰 흉내를 때려치우고 도둑질을 했지만 그때까지는 양심이 제대로 박힌 경찰이었다.[14]

"우리에겐 계획이 있었다." 서튼이 가장 좋아하는 경구였다. 은행 강도 계획과 실행이라면 대다수 경찰은 서튼과 견줄 사람이 없다고 생각한다. 서튼은 위험 요소를 계산했고 은행이 갖춘 보안 시스템의 약점을 찾으려고 항상 애썼다. 서튼이 처음 시도한 강도 행각은 열 살 때 백화점을 턴 일로, 치밀하게 계획된 사건이었다. 감옥에 갇히자 서튼은 어떻게 탈출할지 매 순간 골똘히 연구했다. 직접 탈출을 감행하기도 하고 교도소 시설의 건축 설계도를 연구하기도 했다. 법적 절차를 통해 나갈 방법을 궁리하기도 하고 판례도 연구했다. 학교 근처도 못 갔지만 교도소 도서관에서 심리학, 문학, 철학, 의학, 법을 공부했다. 변호사들도 포기하고 한참이 지나 서튼은 10년 동안 판례를 찾고 또 찾은 끝에 사면되었다. 마침내 법률 공부가 결실을 맺는 순간이었다. 투기거래든 어떤 일이든 제대로 하려면 윌리 서튼만큼 목숨을 걸어야 한다.

동업자 삼총사

아직 꼬맹이였을 때 일이다. 나는 친구 둘과 함께 어떻게 하면 용돈을 벌까 작당 모의했다. 브라이튼 비치 바스는 공공 해변에 인접해 있었다. 메모리얼데이나 7월 4일 같은 국경일이면 200만 명 이상이 해변을 찾았다. 굿 휴머(Good Humor) 아이스크림을 파는 소년들은 아이스크림과 얼음을 어깨에 메고 다녔는데 무게가 23킬로그램이었다. 제과점에서는 목마른 사람들을 위해 병에 든 탄산음료를 팔았다. 우리 셋은 한 팀이 돼 일광욕하는 사람들이 해변에 두고 간 병을 수집했다. 나는 스티비(Stevie), 르네(René)와 함께 한 조가 되어 바지런히 움직였다. 병 보증금은 2센트로, 운수대통한 날이면 15달러나 20달러(지금 돈으로 약 300달러)를 벌 수 있었다.

그런데 봉변을 당하는 수도 있었다. 어쩌다 애무에 열중하는 연인을 방해하면 엉덩이를 걷어차이기 일쑤였다. 게다가 수거한 병은 씻어야 보증금을 받을 수 있었다. 하지만 이 사업에서 가장 큰 위험 요소는 누구를 동업자로 선택하느냐였다.

노획품은 골판지 상자에 넣어 다녔다. 어느 날 더위에 지친 나머지 시원한 음료수와 커스터드로 기운을 차리려고 동업자들과 널빤지 산책로에 올라갔다. 동업자들이 음료를 주문하는 사이 나는 상자를 안고 있었다. 상자가 점점 무거워졌지만 잠결이라 눈치채지 못했다. 그러다 간신히 정신이 들었다. 커스터드 가판대 주인이 내 팔을 잡더니 소리쳤다. "경찰!" 경찰 하나가 급히 달려왔다.

빈 병은 상자 밖에 죽 널려 있었고 상자 안에는 음료가 꽉 찬 병들이 있었다. 미션크림소다, 호프만오렌지소다, 버논진저에일, 닥터브라운셀러리토닉.

"얘, 겨우 여덟 살, 아홉 살인데 벌써 도둑질이구나. 커서 뭐가 될지 상상만 해도 끔찍하다. 소년범죄 기록부 작성하고 부모님께 연락해야

빅터 니더호퍼의 투기 교실

하니까 이름 말해."

"전 훔치지 않았어요." 내가 해명했다. "친구들이 골탕 먹이려고 일부러 이렇게 해놨다고요."

"그렇다면 절교하는 게 좋겠구나."

아버지에게 자초지종을 말하자, 아버지는 예전에 소 도축장에서 일할 때 이야기를 들려주었다. 도축장에는 소를 몰아넣는 역할을 하는 거세한 수소 한 마리가 있었다. "몰이용 수소가 도축장으로 가는 경사로를 기어오르지. 마치 세상에서 가장 좋은 곳으로 가는 것처럼 말이야. 다른 소들과 수소들은 모두 녀석을 따라가지. 하지만 어찌 된 셈인지 녀석은 항상 경사로 바닥으로 다시 미끄러지면서 쏙 빠지는 거야. 그때쯤이면 다른 소들은 칼 밑에서 최후를 맞이하지. 살다가 몰이용 수소 같은 '친구'를 숱하게 만날 거야. 오래 살고 출세하려면 그런 사람을 멀리해야 해. 미심쩍으면 그 친구가 처음처럼 경사로 끝에서도 너와 함께 있는지 살펴보거라."

시장 역시 '배신자 유다(Judas)' 소처럼 사람을 구렁텅이로 몰아넣기 일쑤다. 주식시장은 한 방향으로 몇 차례 과격하게 움직이면서 잘못된 포지션을 취하도록 투자자를 꿘다. 마찬가지로 화면에 깜박이는 시장가는 시장이 활기차고 괜찮아 보이도록 인위적으로 조작된 수치일 수 있다. 많은 시장에서 이런 일이 일어난다. 이럴 때면 사무실에 있는 남자들은 일제히 '음매' 하고 울면서 이렇게 말한다. "경사로가 멋진데."

일찍이 브라이튼에서 동업자들에게 된통 당한 뒤에도 나를 도축장으로 이끌려고 했던 '친구들'을 숱하게 만났다. 대개 세금 관련 혜택을 제공한다고 운을 떼며 투자하라고 권했다. 친구는 자신도 평생 모은 돈을 업계 일류 펀드매니저에게 투자할 계획이라고 말한다. 이런 말을 들으면 안심도 되거니와 세금을 최대한 줄이고 싶은 욕심도 있어서 나는 서둘러 투자 경사로를 따라 올라간다. 그리고 자금을 투입한다. 하지만 자금을 투입한 후에야 알게 된다. 친구는 끝내 투자하지 않기로 결정했다는 사실을. 물론 이번 건수가 시시해서가 아니라 다른 기회가 와서 거기에 자금을 다 쏟아부었다고 한다. 뻔한 결과지만 십중팔구 나는 투자금을 몽땅 날린다. 거기다 애초에 구미가 당긴 이유가 추가 수익에 대한 세금 공제였는데 세금 공제도 못 받는다. 무엇보다 이 점이 고약하다. 호구야 어차피 널리고 널렸지만 세금 우대에 혹해서 큰돈을 날리는 호구가 가장 흔하다.

동업자들은 곤경에 처한 나를 모른 척하더니 내기 시합을 제안했다. 너그럽게도 날린 돈을 되찾을 기회를 주는 듯했다.

나와 스티비가 한 팀이 돼 르네 팀을 상대했다. 나는 왼손, 왼손잡이인 스티비는 오른손, 르네는 양손을 모두 쓰기로 했다. 서브권은 2개씩, 점수는 21점제로 하되 우리가 15점 핸디캡을 받았다. 경기는 성사되었고 판돈이 모자에 들어갔다. 심판도 정했다. 그런데 얼마 못 가 문제가 불거졌다. 파트너가 오히려 짐이 되는 통에 골탕이 이만저만 아니었다. 녀석이 서브할 때마다 공이 쇼트라인 앞쪽에 떨어져 범실이 되었다. 공이 자기 쪽으로 와도 바닥에 그냥 구르도록 놔둬 상대에게 득점을 허용했다. 나는 결국 파트너를 코트 밖으로 쫓아냈다. 나는 상대 선수뿐 아니라 파트너까지 상대해야 했고 17점을 먼저 주는 불리한 경기를 하고 있었다. 왜냐하면 2점을 뺏기고 나서야 어찌 된 영문인지 알아차렸기 때문이다.

결국 18 대 18 동점을 만들었지만 경기는 거기서 중단되었다. 적수 두 사람은 나보다 덩치가 훨씬 컸고 내가 판돈을 따게 놔둘 리가 없었다. 그래도 어쨌든 1 대 2로 싸워서 따라붙었다. 이런 쾌거는 처음이었고 나는 이 경험을 통해 많은 것을 배웠다.

첫째, 태업이나 고의 패배는 시합에서 생각보다 훨씬 흔하다는 사실이다. 미리 짜고 치되 겉보기에는 정직한 경기처럼 보이는 방법은 얼마든지 있다. "이봐, 젊은이. 이 게임에서 50점 차로 이겨서 상대는 망신살이 뻗치고 자네는 내년에 학점 미달로 쫓겨나는 게 좋을까? 아니면 상대 체면을 조금만 세워주고 설렁설렁 해서 40점 차로 이겨 돈을 버는 게 좋을까?" 이쯤 되면 점수 차를 줄이는 게 나아 보인다.

둘째, 어떤 판에 돈을 걸 때는 아무리 확실해 보여도 틀어질 가능성이 있고 그렇게 될 확률도 제법 높다. 겉보기와는 상황이 다른 경우가 왕왕 있다. 믿기지 않을 정도로 너무 좋은 제안은 실현되지 않을 가능성이 높다. 데이먼 러니언(Damon Runyon)은 이렇게 표현했다.

아들아, 네가 아무리 멀리 가고 아무리 똑똑해도 항상 명심하거라. 언젠가 어디선가 어떤 사내가 다가와서 봉인 테이프도 떼지 않은 멋진 새 카드 한 벌을 보여줄 거야. 그러면서 카드 더미에서 스페이드 잭들이 튀어나와 술을 콸콸 부어준다고 하면서 돈을 걸 테니 내기하자고 할 테지. 하지만 아들아, 사내와 내기하면 안 돼. 내기에 응하면 틀림없이 술독에 빠질 테니까.[15]

2장
공황, 그리고 재수 옴 붙은 인간

Victor Niederhoffer

The Education of A

SPECULATOR

토네이도가 벌판에서 몰아치듯 공황이 월스트리트를 휩쓴다.

— 뉴욕의 한 브로커,
《The Art of Investing(투자의 기술)》

스콧 조플린(Scott Joplin)은 1908년 〈월스트리트 누더기(The Wall Street Rag)〉를 작곡할 당시 섬세한 귀로 월가에서 나는 소리를 듣고 있었다. 조플린은 악보에 이렇게 적었다. "월가에 공황이 불어닥치면 브로커들은 수심에 잠기네."[1]

C장조 밑음으로 시작해 3½옥타브에 걸쳐 쏟아지듯 나오는 당김음과 감화음은 공황에 허덕이는 월가에서 들려오는 어지러운 불협화음을 포착하고 있다. 1907년 공황 당시 월가에서 영감을 받은 곡이 틀림없으리라.

1907년 10월 공황이 최고조에 달했을 때 콜금리는 연 150%에 달했고, 미국 전역에서 뱅크런과 파산 사태가 줄을 이었다. 은행에 예금이 있거나 지불보증수표를 소지하고 있어도 5% 비용을 내야 돈을 빼거나 현금으로 바꿀 수 있었다. 월가에는 예금자들이 빼곡히 모여 은행을 향해 돈을 내놓으라고 아우성이었다. 미국 전역에 있는 주식시장과 거래소가 문을 닫았다. 조플린이 쓴 악보 표지 삽화를 보면 겁에 질린 사람들이 안식처인 트리니티교회에서 나와 미친 듯이 뉴욕증권거래소와 재무부 분국으로 몰려간다.

제시 리버모어는 1907년 10월 24일 공황이 절정에 달했을 당시를 생생하게 묘사했다. 그날 뉴욕증권거래소에서는 땡전 한 푼 빌릴 수 없었다. 리버모어는 상황을 이렇게 비유했다.

교실에서 하는 실험 중에 유리로 만든 종 안에 쥐를 넣고 공기를 빼내는 실험이 있어. 산소가 차츰차츰 줄어들면 가련한 생쥐는 호흡이 점점 가빠지다가 급기야 옆구리를 낡은 풀무처럼 팔딱거리며 산소를 빨아들이지. 눈알이 튀어나온 채 숨을 헐떡이다가 결국 질식해 죽고 말아. 지금 머니포스트(거래소 객장에서 대출이 이루어지는 곳 - 옮긴이)에 모인 인간들을 보면 불쌍한 실험실 생쥐가 생각나지 뭔가! 돈이 씨가 말랐다고. 주식을 사줄 사람이 없으니 돈을 마련할 길이 없어. 굳이 표현하자면 월가는 지금 빈 깡통이야![2]

다우존스지수는 1월 7일 96.37에서 고점을 찍었다가 11월 16일 바닥을 찍으며 53까지 폭락했다. 특히 당시에는 투기거래자들이 증거금 10%만으로 움직였으므로 주가가 평균 45%나 주저앉으면 타격이 아닐 수 없었다.

1907년 업계 환경은 시장을 움직이는 힘이 그다지 변하지 않았다는 사실을 다시 한번 일깨워 준다. 1906년 샌프란시스코 지진과 화재, 1904년 시작된 러일전쟁으로 생산자본에서 수십억 달러가 빠져나갔다. 1890년 베어링스은행은 파산 직전에 몰렸는데 이 사태 역시 머리 위에 다모클레스의 칼(기원전 4세기 시라쿠사를 지배한 디오니시우스가 연 잔치에서 신하 다모클레스는 군주가 누리는 권세를 찬양했다. 그러자 군주는 말총 한 올에 칼을 매달고 그 밑에 다모클레스를 앉힌 다음 권세는 언제든 끝날 수 있다고 충고했다. - 옮긴이)이 기다리는 현실을 일깨워 주었다. 유례없는 활황과 전례 없는 곡물 풍작으로 금리가 상승했다. 주식은 발행하는 족족 날개 돋친 듯 팔리며 주가는 사상 최고치를 기록했다. 그러나 1907년 3월 14일, 고공 행진하던 주가가 10~25% 하락했고 다우존스지수는 83에서 76으로 떨어졌다.

빅터 니더호퍼의 투기 교실

1907년 공황장 당시 정치와 주식의 관계를 보면 오늘날 하락장의 배경과 섬뜩할 정도로 닮았다. 세계 전역에서 주가가 뚝뚝 떨어지자 〈이코노미스트(The Economist)〉지는 "1857년 이래 이 도시를 강타한 가장 큰 금융 재앙"이라고 표현했고 대통령은 행동에 나섰다.3 지난 10년 동안 탐욕이 시장을 휩쓸었고 양심을 내팽개친 부자들은 어마어마한 수익을 쓸어 담았다. 이런 상황에서 시어도어 루스벨트(Theodore Roosevelt)는 이렇게 말했다. "막대한 부를 가진 악당들이 (공모해) 가능한 최악의 경제 위기를 초래했다." 오늘날 대중영합주의자가 쓸 법한 말이다. 1995년 멕시코가 구제금융을 받을 때 재무장관은 이렇게 말했다. "폭락으로 손해를 입을지도 모르는 부자들이야 어찌 되든 눈곱만큼도 신경 쓰지 않습니다." 재계 거물이 JP모간(J.P. Morgan)을 위해 특전을 부탁하자 루스벨트 대통령 역시 놀라울 정도로 비슷한 말을 했다. "돈 많은 자네 친구들이라면 내 알 바 아니네." 대통령의 일거수일투족은 시장에 지극히 부정적 영향을 미쳤다. 대통령이 단지 '정직이 최선의 정책'이라고 선언했을 뿐인데도 방방곡곡 금융기관에서 뱅크런 사태가 벌어졌다.

19세기 월가를 휩쓴 공황은 마치 난파선 위를 덮친 파도처럼 확실히 시장을 가라앉혔다. 헨리 클루스(Henry Clews)는 이렇게 썼다. "1837년 가격은 0으로 내려앉았다." 클루스는 몇 페이지 뒤에 1857년에 발생한 공황은 훨씬 더 심각했다고 무심하게 언급한다.4 뉴욕의 한 브로커는 공황에 대해 이렇게 적었다. "서부 대초원으로 소 떼를 몰고 가다 보면 갑자기 난처한 지경에 빠지거나 소들이 멋대로 내달리는 상황이 발생한다. 그런데 공황은 비교도 되지 않을 정도로 더 아수라장이다."5 19세기 공황 당시 일어난 끔찍한 사태들을 표 2-1에 정리했다.

주가 평균이라는 유의미한 통계가 존재하기 전 시대는 이런 일화만으로 상황을 짐작하기에 충분하다. 그러나 어떤 사건, 특히 공황처럼 폭넓게 영향을 미치는 사건은 명확하게 규정하고 계량화해야 한다. 무

표 2-1. 19세기에 발생한 주요 경제공황

연도	도화선	주요 사건
1812	영미 전쟁	거래 마비, 90개 은행 파산, 금리 상승.
1837	잭슨 대통령 합중국은행 유지 실패	철도주 주가 0으로 떨어짐.
1857	보험회사 오하이오라이프(Ohio Life) 도산	철도회사 4분의 3이 법정관리에 들어감.
1861	남북전쟁 발발	거래 일시 중단.
1869	블랙프라이데이(Black Friday) 금값 폭락	금값 하루 만에 30% 하락.
1873	제이쿡(Jay Cooke & Co) 도산	뉴욕증권거래소 폐쇄, 주식 최소 50% 하락. 1907년 공황보다 훨씬 혹독.
1884	과도한 투기	주가가 3분의 1가량 하락해 '진구렁에 빠짐.' '생지옥.' 단 30분 만에 주가 10% 하락.
1890	베어링스사 아르헨티나 채권 인수 관여	금리 183%까지 폭등. 빌라드(Villard) 주가, 34에서 7로 폭락.
1893	금 대비 은의 비중을 늘리려는 움직임에 시장 동요	공황으로 800개 은행 파산. 다우존스지수 고점에서 50% 하락해 저점 기록.
1901	노던퍼시픽(Northern Pacific) 철도회사 주식 매집	주가가 한 시간 만에 3분의 1 하락. 이런 지독한 폭락은 처음. 월가는 지옥이나 다름없음.

엇을 공황으로 정의할지 논하자면 다양한 기준이 있을 수 있다. 나는 일일 다우존스지수 종가가 달력상으로 과거 30일 동안 주요 최고 종가보다 최소 10% 하락했을 때를 공황으로 규정하기로 했다(중복 허용되지 않음. 최소 10% 하락한 날 다음 날부터 새로 30일을 검토). 표 2-2를 보면 공황은 1930년대에 38차례 발생하면서 정점을 찍었고 1980년대에 마지막으로 네 차례 발생했다는 사실을 확인할 수 있다. 1990년대 들어 공황은 사실상 자취를 감췄다.

표 2-2. 공황 발생 빈도, 1890~1996

해당 연도부터 10년간	공황 발생 횟수
1890	11
1900	9
1910	7
1920	9
1930	38
1940	4
1950	2
1960	3
1970	9
1980	4
1990~1996	1

공황이 지난 후 매수

누구도 공황을 일으키는 원인을 규명하지 못했다. 그런데 공황에는 생물학자들이 양의 피드백(positive feedback, '공작 꼬리가 큰 이유')이라고 부르는 어떤 형태, 혹은 소로스가 말하는 재귀성(reflexivity)이 개입한다. 내가 소장하고 있는 책 중에는 100년 넘은 책이 꽤 있는데 그중 한 권에서 전형적인 시나리오를 이렇게 설명하고 있다.

내가 월가에서 목격한 공황 사태에서 최악으로 손꼽을 만한 사건이 눈앞에서 일어났다. 어느 날 거래소 객장에 앉아 있는데 그토록 고요한 객장은 겪느니 처음이었다. 만사 순조롭고 쾌활했다. 주식시장은 차분했고, 철도주도 수익이 좋았다. 사방이 다 밝고 명랑했다. 회원이 거래소에 왔는데 엄청난 물량을 굴리는 회사에 소속된 회원이었다. 이 회원이 200주를 팔려고 내놓았다. 한 사내가 맞은편에 앉아서 거래를 지켜보았다. 그러더니 혼잣말로 중얼거렸다. 나도 저 주식을 좀 갖고 있는데. 만약 저 종목을 다량 보유한 이 사람이 전부 매각하려고 한다면, 뭔가 문제가 있는 게 틀림없어. 나도 팔 수 있을 때 보유분을 모조리 팔아치워야겠어. 사내는 시장에 주식을 던졌다. 다른 사람들도 뒤따랐다. 시장은 마구 동요하고 분위기는 격앙되었다. 다른 주식들도 영향을 받았다. 공황이 널리 퍼지고 파멸은 피할 수 없었다. 나중에 밝혀진 사실이지만 공황을 촉발한 브로커는 매도 주문을 받았을 뿐, 아무런 문제도 없었다.[6]

공황에 대한 규정이 다양한 것과 달리 공황 이후 찾아오는 현상에는 어느 정도 합의가 있다. 즉 공황 이후에는 안정과 회복이 찾아온다. 자금력이 달리는 개미들은 쓸려나가고, 헐값으로 떨어진 주식을 찾는 사람들이 물건을 줍는다. 월가의 생리를 꿰뚫고 있던 스콧 조플린은 이 사실을 똑똑히 알고 있었다. 조플린이 출판사와 저작권료 협상 과정에서 이런 지혜를 얻었는지, 아니면 할아버지 마틴(출판사 최고재무책임자)이 경험을 통해 조플린에게 길잡이 역할을 했는지는 모르겠다. 어쨌든 조플린의 곡 〈월스트리트 누더기〉는 시작 후 단 16마디째에 이런 문구가 주석으로 달려 있다. "호시절이 도래함." 선율은 장조로 바뀌고 처음처럼 다시 중간 음역대로 돌아간다. 공황에서 돈을 버는 검증된 방법이 있는데 만약 조플린이 음악에 몰두하지 않았다면 틀림없이 이 방식으로 돈을 벌었을 것이다.

공황이 지나가면 월가에서 잔뼈가 굵은 영감들이 지팡이를 꺼내 들고 비틀거리며 월가로 나온다.

그런데 한쪽 발을 무덤에 걸치는 나이가 될 때까지 월가에서 충분히 경험을 쌓아야 마음먹은 대로 돈을 벌 수 있다. 이 나이가 된 월가 노장들은 대개 안락한 집에서 오래 휴식기를 갖다가 공황이 찾아오면 그제야 지팡이를 짚고 슬슬 나선다. 공황이 덮치면 지팡이를 짚은 영감들이 월가 증권사로 걸어가는 모습이 보인다. 이따금 공황이 1년에 한 차례 이상 찾아올 때도 있다.

빅터 니더호퍼의 투기 교실

아무튼 노장들은 언제나 은행 잔고를 다 털어서 괜찮은 주식을 사는데, 바로 이런 비상사태에 대비해 모아둔 돈이다. 공황이 맹위를 떨치는 사이 이처럼 주식 현금 매수가 이루어진다. 주식을 충분히 매수해 '쓸어 담는' 정도가 되면 공황은 서서히 힘이 빠진다. 공황이 힘이 다 빠지면, 규칙성을 보이는 주기에 따라 필연적으로 나타나는 사건이 반복된다. 이렇게 다시 나타날 사건을 예상하며 그동안 현명하게도 유유자적 손 놓고 있던 늙은이들은 재빨리 차익을 실현하고 장기 투자용으로 상승세에 있는 부동산을 더 구입한 후에 은행에 수익이나 여분의 수익을 예치한다. 그러고는 일선에서 물러나 근사한 집과 행복한 가족의 품에 안겨서 또 다음 주기가 오기를 조용히 기다린다.[7]

1931년부터 1932년까지 이어지던 혹독한 공황이 끝났다. 그러자 노장들은 다리를 절며 월가를 들락거렸는데 보람이 있었다. 예를 들면 1940년부터 다우존스지수를 보면 공황 종료 한 달 후에는 평균 1% 상승했고, 3개월 후에는 평균 3% 상승했다.

1987년 주가 대폭락 이후 S&P지수가 하루 동안 큰 폭으로 주저앉으면 바로 이때가 지팡이를 꺼낼 적기였다. S&P가 7.50포인트 하락한 뒤 이튿날 S&P 평균 이동 폭은 1.39포인트였다(표 2-3 참조). 무작위로 하루를 고르면 이튿날 이동 폭은 0.12포인트, 하루 7.50포인트 이상 오른 뒤 이튿날에는 0.88포인트 움직였다(이 기간 7.50포인트 이동은 약 1.5%에 해당).

그런데 1987년 이후에는 변동성이 높은 데다 S&P가 300포인트 상승했기 때문에 결과는 무작위로 선택했을 경우와 대동소이했다. 1996년 중반 시장이 크게 움직였던 경우를 조사하다 보면 흥미로운 현상이 나타나는데, 7.50포인트 움직인 횟수가 정상 빈도보다 세 배 더 잦다. 위기에 대비해야 한다.

채권시장에도 공황이 발생한다. 1987년 대폭락 이후 채권 가격이 가장 큰 폭으로 하락한 시점은 1996년 3월 8일로, 3포인트 이상 폭락했다. 채권시장 참가자들은 충격에 빠졌다. 그날 나는 안식처인 집을 떠

표 2-3. 1987년 주가 대폭락 다음 날 S&P지수 변동

	평균 포인트	상승률(%)	횟수
7.50포인트 하락 후	1.39	0.55	31
7.50포인트 상승 후	0.88	0.60	30
무작위	0.12	0.52	2,164

났다. 그리고 이럴 때면 늘 신중하라고 잔소리하는 식구들을 피해 시장에 뛰어들었다. 그동안 채권을 매입해서 100% 수익이 났는데 이 수익을 다음 날 증거금으로 넣었다. 만약 이튿날 잔고를 몽땅 털어 주식을 살 만큼 배짱이 두둑했더라면, 차익으로 은퇴하고도 남았을 것이다. 주가는 개장과 동시에 50포인트 하락했다가 173포인트 상승하며 다우 역사상 최대 상승 폭을 기록했으니 말이다.

이렇게 급하게 뛰어들 때는 곧 있으면 으리으리한 집에서 조용히 지내겠다 기대하지만 그렇게 안 되는 경우가 많다. 1988년 8월 미 연준이 대출금리를 인상한 뒤 시장이 공황에 빠지자 나는 매수에 나섰다. 매를 번다. 꼼꼼하게 검토한 결과, 공황 이후 채권 매수 전략은 수익성이 없었다. 채권을 샀다가 빚까지 질 뻔했다. 1995년 3월, 엔화 대비 달러 가치가 하루 사이에 5% 폭락하자 나는 달러를 매수했다. 1987년 10월 19일 주식시장 대폭락 때, 나는 힘닿는 대로 최대한 사들여 롱포지션을 취했다. 이 기간에 지팡이에 의지해 슬슬 산책이나 하거나 클라리넷을 연습한다면, 은행에 맡길 돈이 더 많아질 것이다. 이 업계에 처음 발을 들였을 때는 공황으로 우량주가 타격을 받으면 얼씨구나 하며 매수했다. 하지만 수수료를 너무 많이 떼이는 데다 선물시장이라는 멋진 세계를 알게 되면서 그만두었다. 뉴욕증권거래소에 상장된 개별 주식을 낱낱이 조사해 10% 이상 하락한 뒤 '재빨리 차익을 실현'할 수 있는 경우를 하나하나 세어보면 흥미진진할 것이다. 표 2-4에서 알 수 있듯 아쉽게도 1990년대 들어 공황은 거의 자취를 감추었다.

표 2-4. 다우존스지수 10% 폭락, 1890~1990년대

관측 횟수	폭락한 날짜	주가지수	3개월 후 주가지수	관측 횟수	폭락한 날짜	주가지수	3개월 후 주가지수
1	1890/11/10	62	66	34	1929/10/03	330	247
2	1893/05/09	59	48	35	1929/10/28	261	258
3	1893/07/17	52	51	36	1929/10/29	230	262
4	1893/07/26	43	56	37	1929/11/13	199	272
5	1895/12/21	49	54	38	1930/05/05	260	220
6	1896/07/14	49	49	39	1930/06/14	244	240
7	1896/08/06	44	55	40	1930/06/18	219	234
8	1897/11/05	46	50	41	1930/09/27	213	160
9	1898/02/24	45	52	42	1930/10/17	187	163
10	1899/11/13	64	63	43	1930/12/16	158	184
11	1899/11/18	58	63	44	1931/04/16	163	142
12	1900/01/02	68	66	45	1931/04/29	144	136
13	1900/05/15	57	59	46	1931/05/29	128	142
14	1903/07/21	51	45	47	1931/07/27	140	101
15	1903/09/24	47	48	48	1931/09/12	124	79
16	1904/12/12	66	78	49	1931/09/21	111	78
17	1907/03/13	83	79	50	1931/09/30	97	77
18	1907/08/12	71	57	51	1931/11/21	97	83
19	1907/10/11	64	64	52	1931/12/04	87	86
20	1907/10/29	57	62	53	1931/12/14	77	81
21	1910/01/03	88	85	54	1932/02/09	72	57
22	1910/07/22	70	86	55	1932/03/31	73	43
23	1916/12/18	98	96	56	1932/04/08	63	41
24	1917/09/04	81	71	57	1932/04/29	56	53
25	1917/10/31	75	80	58	1932/05/25	49	73
26	1919/08/20	98	108	59	1932/07/04	43	71
27	1919/11/28	104	91	60	1932/10/05	66	62
28	1920/02/04	97	94	61	1932/10/09	58	62
29	1920/08/07	84	85	62	1932/12/13	60	54
30	1920/11/17	75	76	63	1933/02/14	57	81
31	1920/12/22	67	77	64	1933/08/04	93	93
32	1921/06/06	71	69	65	1933/09/27	93	97
33	1926/03/20	145	153	66	1933/10/21	84	106

관측 횟수	폭락한 날짜	주가지수	3개월 후 주가지수	관측 횟수	폭락한 날짜	주가지수	3개월 후 주가지수
67	1934/05/10	94	90	83	1962/05/24	623	616
68	1934/07/26	86	93	84	1962/06/21	550	592
69	1937/09/07	164	128	85	1970/05/05	710	725
70	1937/09/25	147	127	86	1970/05/26	631	760
71	1937/10/18	126	132	87	1973/11/14	870	810
72	1937/11/20	120	128	88	1974/07/10	762	648
73	1938/03/23	114	127	89	1974/08/22	705	615
74	1938/03/29	102	136	90	1974/09/13	627	593
75	1939/03/29	132	130	91	1974/12/05	587	753
76	1940/05/14	128	123	92	1978/11/13	792	830
77	1940/05/21	114	125	93	1979/11/06	806	882
78	1941/02/14	118	117	94	1980/03/12	810	873
79	1946/09/03	179	168	95	1984/02/08	1156	1,176
80	1950/07/12	199	229	96	1987/10/16	2247	1,956
81	1957/10/22	420	446	97	1987/10/19	1739	1,936
82	1960/09/28	569	616	98	1990/08/16	2681	2,550

쓰러진 거인

공황은 주식시장, 채권시장뿐만 아니라 인생사 모든 분야에서 발생한다. 알렉상드르 뒤마(Alexandre Dumas)는 《삼총사(The Three Musketeers)》 첫머리에서 심드렁하게 말했다. 17세기 프랑스는 공황이 일상이어서 시민들은 항상 소총과 흰 단검을 가까이 두고 있었다고. 19세기 주식 관련 서적을 보면 1929년과 1987년 미국에서 있었던 시장 붕괴가 하찮게 보이는 그런 일화들이 줄줄이 나온다. 19세기에는 공황이 일상다반사인 데다 그 정도도 극심했기 때문에, 점잖고 웅장한 뉴욕증권거래소 객장에선 하루가 멀다 하고 주먹다짐이 오갔다. 1893년 에드워드 G. 릭스(Edward G. Riggs)는 한 평론에서 뉴욕증권거래소의 실상을 이렇게 묘사했다. "10년 전만 해도 브로커들은 생각이 다르면 걸핏하면 주먹싸움으로 해결하곤 했다. 특히 1884년 공황이 닥친 일주일 동안에는 매일 난투극이 벌어졌다. (틀림없이 공황 발생 빈도가 줄어든 덕택이겠지만) 이후 브로커들은 성질이 좀 누그러진 듯했다."[8]

나는 구체적으로 한 달 동안 최고 종가보다 10% 이상 하락했을 때를 공황으로 규정하고 있지만, 1864년 공황이라는 태풍의 눈을 제대로 묘사한 글을 보면 당시 상황이 어땠는지 감을 잡을 수 있을 듯하다. 1864년 공황은 당시 걸출한 낙관론자인 앤서니 모스(Anthony Morse)까지 무릎 꿇게 했다.

토네이도가 덮치기 직전 같은 오싹한 정적이 뒤따랐다. 이윽고 갑자기 폭풍우가 몰려온다. 거래소 객장은 삽시간에 외눈박이 거인의 작업장으로 변모한 듯 보였다. 거대한 로봇 망치 100개가 부지런히 망치질을 하자 기둥이 하나하나 쓰러지고 둥근 천장이 마침내 무너졌다. 고집 세고 교활한 마술사가 황금빛 희망을 품고 건설한 마법의 궁전은 구름처럼 사라졌다.

하루 종일 공황은 쉴 새 없이, 거침없이 맹위를 떨쳤다. 저녁이 되자 거래소는 난장판이 되었다. 쫄딱 망한 투기꾼 무리가 휘청거리며 연단으로 몰려들었다. 이들은 돈을 잃어 반쯤 넋이 나간 채 술에 취해 해롱거리거나 미쳐 날뛰었다. 실내에는 고함 소리와 욕설이 울려 퍼졌다. 난간 너머 객장 밖 공간에는 피곤에 찌든 얼굴들이 우글우글했다. 얼굴에 적힌 단어는 하나뿐이었다. "도망쳐!" 문간에는 과부가 입는 상복을 걸친 여인이 서 있었다. 눈은 이글거리고 몸은 고통으로 잔뜩 움츠러들었다. 여자는 90에 팔리던 포트웨인(Fort Wayne) 철도회사에 마지막 남은 돈을 탈탈 털어 넣었다고 했다. 여자는 그곳에 잠깐 서 있다가 축축하고 차가운 밤 속으로 사라졌다. 영원히.

쏟아지는 온갖 저주를 뚫고 '모스'라는 소리가 들렸다. 인간 본성이 바닥까지 드러나는 순간이었다. 완패한 이 금융전문가를 향해 온갖 상스러운 욕설이 쏟아졌다. 모스는 루시퍼처럼 하루아침에 명성의 절정에서 몰락했다. 불과 어제만 해도 모스를 하늘 높이 치켜세우던 사람들이 이제는 앞다퉈 모스에게 악다구니를 퍼부었다.[9]

한때 왕이었던 자가 몰락 후 어떻게 되었는지 후일담이 들렸다. 몇 년 후 모스는 쫄딱 망해 트리니티교회 밖에서 구걸하는 신세가 되었는데 어느 날 뉴욕증권거래소에 있는 모습이 목격되었다. 모스를 본 거래소 회원은 동료 회원들에게 이 소식을 전했고 모스가 나타났다는 소문이 쫙 퍼졌다. 모스가 한창때 주가를 끌어올리곤 했던 포트웨인, 레딩(Reading), 올드서던(Old Southern) 주식은 즉시 5% 올랐다. 아마도 벙커 헌트[은 매집에 나섰다가 파산한 헌트 형제 중 넬슨 벙커 헌트(Nelson Bunker Hunt)를 가리킴. 헌트 형제는 은 매집에 나섰는데 한때 민간이 보유한 은 총량의 3분의 1을 보유했다고 한다. 이후 은값이 폭락하자 상품시장은 공황에 빠졌다. - 옮긴이]가 은 시장 본산인 뉴욕상품거래소를 방문한다면 헌트 몰락 이후 예전 절반도 못 되는 수준에서 빌빌대는 은값과 금값도 오를지 모른다.

한때 거래소 회원이었지만 이제는 땡전 한 푼 없이 월가를 떠도는 사람을 유령이나 죽은 오리라고 부른다. 트리니티교회 묘지 관리인은 혹시 이런 사람이 오는지 망을 보는데 눈 깜짝할 사이에 사라진다고 한다. 돈도 없는 귀신이 월가에서 어떻게 사느냐고 묻는다면 돌아오는 대답은 한결같다. "그건 사는 게 아니죠. 그저 존재할 뿐입니다."

릭스는 19세기 공매도로 이름을 떨친 사람들을 다음과 같이 묘사했는데, 예언에 가까운 경고로 100년이 지나도 신랄한 맛이 살아 있다.

> 그들은 시장에 조금이라도 영향을 미치는 요인과 특징을 모조리 분석하고 자세히 탐구했다. 그리고 반드시 성공하겠다는 각오로 나섰지만 지금은 처량하게 거리를 떠도는 유령이 되었다. 이제 환갑이 됐으니 이스트사이드에 있는 숙박업소에서 생을 마감해야 한다.10

나는 상품거래소의 회원권을 팔았지만 아직은 유령이 아니다. 여전히 델모니코(Delmonico)나 포시즌스(Four Seasons)에서 식사할 정도로 여유가 있으니 말이다. 하지만 스퀴시라면 유령이라고 할 수 있다. 내가 했던 게임인 하드볼 스쿼시는 영원히 사라졌고, 편안한 생활을 추구하는 추세에 맞춰 부드러운 공으로 대체되었다. 가끔 친구 부탁으로 스쿼시 복식 토너먼트에 출전하기도 한다. 우리 팀은 늘 1번 시드를 받고 10점 핸디캡을 안는다. 이런 시합에 나설 때면 내 경기력은 월가를 떠돈다는 '유령들'보다 못하다.

아버지는 종종 이스트사이드 숙박업소에서 죽은 유령의 시체를 치우고 유류품 정리하는 일을 했는데, 이스트사이드 숙박업소란 바우어리 거리에 죽 늘어선 싸구려 여인숙을 완곡하게 표현한 말이다. 이런 일이 생기면 여인숙 주인들이 종종 밀린 방세를 받기 전에는 시체를 내주지 않았기 때문에 협상에 요령이 필요했다. 신화적인 인물인 앤서니 모스가 죽자 모스 덕에 수백만 달러를 번 오랜 벗 몇 명이 방세를 갚기 위해 나섰고 장례식도 치렀다.

"비키, 공황에 휘말리면 어떻게 할 거냐?" 아버지는 종종 물었다. "전쟁, 연준의 정책 변경, 지진, 증권사 파산, 암살 등등은 예측이 아예 불가능하잖아. 컴퓨터가 뽑아내는 결과물에도 이런 요소는 포함되지 않고." "아주 묵사발을 만들어놔야죠." 내가 답했다.

아버지는 내 말이 좀체 미덥지 않은 듯했다. 공황 기간에 매수하기가 오랜 세월 검증된 전략이라지만 실은 얼마나 위험한지 아버지도 겪을 만큼 겪었기 때문이다. 시장이 온통 쑥대밭이 되었던 1931년, 아버지는 열세 살이었다. 그해 4월 16일 163을 기록했던 다우존스지수가 1932년 7월 4일에는 43을 찍었다. 그사이 겹치는 기간 없이 10% 폭락이 16차례나 이어졌다. 할아버지는 이처럼 회오리바람이 몰아치는 와중에 매수했다. 그런데 은퇴해서 대궐 같은 집에서 쉬기는커녕 공공 해변에나 가야 했다. 아버지는 타일렀다. "살살 하렴."

공황이 한창 기승을 부릴 때면 나는 시장에 뛰어들고 싶어 안달이 난다. 하지만 그럴 때면 언제나 비참하게 망해버린 매매 위로 거센 대서양 파도가 덮치는 소리가 들린다.

공매도했어요?

1931년 공황의 여파로 조부모님은 남은 생애 동안 가난뱅이 신세를 면치 못했다. 지금도 기억하지만 조부모님은 브라이튼 비치 바스 연회원비 25달러를 긁어모으려고 악전고투했다. 1950년대, 나는 음악 과외를 마치면 매주 할아버지 댁에 갔다. 주식시장에서 벌어진 전쟁 이야기가 듣고 싶어서였다. 스승인 아널드 피시(Arnold Fish) 집에서 음악 수업을 받는 것으로 일과가 시작되었다. 아널드는 줄리아드음악학교에서 이론을 가르쳤다. 수업이 끝나면 선생님과 나는 야외 탁구대에서 음악과 스포츠, 주식시장의 연관성에 대해 토론하곤 했다. 1950년대는 1990년대만큼 시장이 마구 출렁거렸고 장삼이사 대중은 수익을 챙겼다. 다우존스지수는 1940년대를 200으로 마감하고 1950년대를 679.4로 마감했다. 지수가 240% 상승하면서 수많은 종목의 주가를 끌어올렸다.

할아버지는 주식시장 상승기에 걸핏하면 무일푼이 되었다. 시장이 상승하면 1930년대 같은 폭락 사태가 다시 찾아오리라 예견하며 매번 공매도했기 때문이다. 내 주변에도 비슷한 병에 걸려 희생된 친구들이 지천으로 널렸다. 이들은 1990년대에 1987년 대폭락 사태가 재연되기를 기대하며 공매도에 나섰다. 심리학자들은 대학 연구실에서 이런 사고방식을 연구한다. 내 연구실은 조부모님이 살던 브라이튼 1가 아파트였다. 그곳에서는 대서양과 코니아일랜드가 보였는데 그 점만은 대학 연구실보다 나았다. 일주일 용돈 1달러를 받고 나면 투기거래에서 해야 할 것과 하지 말아야 할 것(하지 말아야 할 것이 더 많았다)을 배울 수 있었다.

"여보, 오늘 시장은 어땠어?" 할머니가 물었다.

"많이 올랐지." 할아버지는 대답했다.

"어, 뭐라고 하더라. 맞다. 공매도했어?"

"공매도가 뭐예요?" 내가 물었다.

"글쎄, 장사를 하다 보면 납품업체나 도매업체는 물건을 사기 전에 먼저 특정 가격에 팔겠다고 합의를 해야 하지. 먼저 팔고 나서 공개시장에서 필요한 것을 산단다. 주식시장도 마찬가지야. 누군가에게 주식을 빌려서 그 주식을 팔고, 나중에 주식을 되산단다. 그때 더 싼 값에 살 수 있기를 바라는 거지."

"너무 복잡해요." 내가 말했다.

"맞아, 그래서 큰손들이 아주 유리하지. 주식을 빌릴 연줄이 있거든. 평범한 사람은 할머니처럼 공매도가 뭔지도 몰라." 종종 지혜가 듬뿍 담긴 할아버지 말씀이 떠오르곤 한다. 대중은 매수 후 매도밖에 없는 것처럼 세뇌된다. 그래서 먼저 팔지 않고 일단 사고 본다. 거래가 성사되려면 누군가는 반대편에 있어야 한다. 그 사람들이 바로 프로다. 대다수 시장 상황에서 프로들이 어떻게 나올지 예상할 수 있다. 프로들은 매수부터 하려는 본능을 받아들인 대중을 공격한다.

"어제 주가가 많이 떨어질 때는 오른다고 하더니 오늘은 훨씬 올랐는데 내린다고 예상하네. 왜지?"

"글쎄, 어제 제너럴모터스(General Motors)가 파업에 돌입했는데 다들 일이 잘 해결된다고 하더군."

"하지만 다른 사람들이 우르르 다 같이 하는 행동은 뭐든 틀렸다고 툭하면 얘기했잖아."

"여보, 당신은 요리하고 피아노 연주에만 신경 써. 밥벌이는 내가 책임질게. 그게 내가 해야 할 일이니까."

"여보, 제너럴모터스 사태는 해결 안 된다고 알려주려고 했어."

"어째서?"

"전쟁이 끝나고 8년간 호황이었지. 노동자들은 기세가 올랐지만 그만큼 지쳤어. 노조 간부들도 노동자를 위해 열심히 일하는 모습을 보여줘야 하고. 그러니 왜 타협을 하겠어?"

시장이 극심한 공황에 빠지면 할아버지는 1931년 대학살을 떠올리면서 공황 후 첫날 공매도하는 투기거래를 즐겼다. 내게 두세 번 이상 저지르지 않는 실수가 있는데 바로 이런 거래다. 나는 주식은 웬만하면 공매도하지 않는다. 브로커들은 온갖 이유를 짜내서 계좌 잔고에 대한 이자 지급을 거부한다. 공매도하면 금리도 낮아지고 배당금도 못 받고 위험에 따른 할증 수수료가 부과되기도 한다. 소로스는 언젠가 나한테 이렇게 털어놓았다. 온갖 투기거래를 해봤지만 돈을 제일 많이 날린 거래가 공매도라고. 내가 겪은 바도 비슷하다. 주식시장이 멸망한다는 비관론자들이 쓴 책을 보면 개인 투자자에게 공매도를 권한다. 이 충고대로 하다간 노숙자 쉼터로 직행하기 딱 좋다.

대리인

중세시대 귀족은 꼭 해야 하지만 직접 나서기에는 귀족 체면에 안 맞는다고 생각하는 거래가 있으면 대리인을 내세웠다고 한다. 니더호퍼 가문은 이럴 때 귀족을 대신해 흥정을 붙이고 거래를 성사시키는 대리인 역할을 했다. 사정은 조금도 변하지 않았다. 지금 내가 그런 일을 하고 있기 때문이다. 중앙은행, 정부, 전자결제 서비스회사, 그리고 위대한 조지 소로스 같은 큰손 투기거래자를 대신해 지금 내가 그 일을 하고 있다. 소로스는 처리 과정에서 얼마간 돈을 아껴주고 겸손한 태도를 버리지 않으면 황송하게도 일부 거래를 내 손에 맡긴다.

이민자 가정에서 장남으로 태어난 할아버지는 기대를 한 몸에 받았다. 할아버지는 초등학교와 중고등학교를 순조롭게 마치고 시티칼리지에 진학해 회계학을 전공했다. 그러다가 언어학에 관심을 갖게 되었고, 결국 여러 언어를 자유자재로 구사하게 되었다. 학비에 보태려고 출판사에서 경리로 일했는데 멋쟁이 한량으로 유명했다. 무성 영화에는 피아노 음악이 들어가곤 했는데 새로 채용한 비서는 무성 영화에 넣을 피아노 음악을 연주했고 아주 예쁜 데다 키는 할아버지보다 20센티미터나 더 컸다. 할아버지 키는 158센티미터였다. 아무튼 사무실에는 할아버지가 변태라는 소문이 벌써 파다했다. 할아버지는 비서가 출근한 첫날 비서를 불러 받아쓰게 했다. "버사(Bertha) 양, 지금 하나 물어볼 텐데 다시는 묻지 않을 겁니다. 결혼해 줄래요?"

"어머니께 여쭤봐야겠어요."

"아니, 지금 당장 대답을 들어야겠는데."

"할게요." (버사는 나중에라도 어머니와 의논하겠다고 생각했다.)

할아버지는 곧 부동산과 주식시장 투기에 손댔다. 플랫부시 애비뉴와 애비뉴 K 모퉁이에 있는 꽤 큰 부동산을 샀고, 주식시장 증거금 계좌에는 수십만 달러가 있었고 일류 기업인 듀퐁사(DuPont & Company) 주식도 있어서 한때는 100만 달러 가까운 재산을 모았다. 운이 없었던지 1929년 대폭락, 그리고 이어진 대공황으로 할아버지는 알거지가 되고 말았다. 할아버지 가족은 하루 벌어 하루 먹는 처지가 되었다. 1918년, 1921년, 1924년에 자식이 태어났지만 1929년 이후에는 아이를 낳을 형편이 안 되었다.

대공황으로 전 재산을 날린 수많은 사람이 그랬지만 할아버지도 파산법정을 뻔질나게 드나들었다. 혹시 압류가 걸린 집을 공짜나 다름없는 헐값에 살 수 있을까 해서다. 할아버지가 법원 계단을 오르내리는 사이, 어린 아들들은 입에 풀칠을 하기 위해 이 집 저 집 전전하며 물건을 팔았다. 할아버지는 법원에 드나들면서 한갓진 일자리도 얻었다. 소송 당사자 두 사람 다 영어를 할 줄 몰라서 판사가 급히 법정에 통역할 수 있는 사람이 있는지 물었다. 판사는 이디시어와 스페인어를 할 수 있는 사람이 필요했는데 할아버지는 나중에 이렇게 말했다. 이디시어도 스페인어도 유창하지는 않았지만 이럭저럭 헤쳐 나갈 정도는 되었다고.

HAT 100주 주세요

할아버지가 주식시장에서 좌충우돌한 이야기는 우리 집안에 전설처럼 내려온다. 할아버지는 TIN, HAT, 포린파워(Foreign Power), 월리처(Wurlitzer), 앨러게니(Allegheny), 내쉬(Nash), 아스팔트(Asphalt), 맨빌(Manville), 네온(Neon), 혼앤드하다트(Horn & Hardart), 쿡(Cook), 벤도(Vendo), 차머즈(Chalmers) 등등 이제는 존재하지 않는 일류 기업들을 줄줄이 읊었다. 모두 1920년대 시장에서 기준이 되는 기업이었다. 그런데 1920년대 이후 많은 투기거래자가 그랬듯 할아버지 역시 어제의 우량주가 오늘은 낙오주가 되는 일이 비일비재한 현실에 적응하지 못했다. 이후 30년 동안 주가는 평균 약 80% 하락했다. 돌이켜보니 할아버지가 애착을 가졌던 기업 네 곳 중 세 곳 정도가 파산했다. 어제의 지위나 명성은 영원하지 않다는 보편적 명제를 보여주는 실례가 아닐 수 없다. 업계는 항상 변하며 소비자들의 선호도 또한 바뀐다.

19세기 말 다우존스지수를 구성하는 12개 기업 중 단 한 곳, 제너럴일렉트릭(General Electric)만이 세월의 풍상을 이겨내고 아직도 우리와 함께하고 있다. 다른 기업들은 망각 속으로 사라지거나 합병돼 소멸했다. 할아버지는 디즈니(Disney), 월마트(Walmart), 탐브랜드(Tam Brands), 캐피털시티즈(Capital Cities), 머크(Merck), 녹셀(Noxell) 같은 상장주를 멀리하라고 나한테 신신당부했다. 이 주식들은 30년 동안 주가가 4,000~1만% 상승했다. 피터 린치(Peter Lynch)는 마젤란펀드(Magellan Fund)가 눈부신 성과를 거두는 데 기여한 대박 종목 40개를 꼽는데 이런 주식들이 그 안에 포함된다.

1960년대와 1970년대에 나는 뉴욕증권거래소 주요 상장회사들을 돌아다니느라 바빴다. 당시 합병회사를 설립했는데 회사가 하는 일이 상장회사와 소수가 지분을 가지고 있는 비상장회사를 연결하는 일이었기 때문이다. 아울러 적극적으로 투자 자문 서비스도 제공하고 주식거래 업무도 했다. 종목을 추천하는 컨설턴트라면 대부분 비슷하겠지만 나 역시 상장회사의 이름, 업종, 주가수익률을 훤히 꿰고 있었다. 30년이 지나 상장주 목록을 훑어보니 이 회사들 중에 아직 상장주 명단에 있는 회사는 10%도 되지 않는다. 예전에 잘나갔지만 지금은 망한 회사도 있고 이름을 바꿨거나 다른 회사에 인수된 회사도 있으며 현재 유행하는, 전망이 눈부신 회사로 바뀐 회사도 있다. 한때 고공비행하던 제조사들은 이제 죄다 서비스, 통신 등 소위 뜨는 업종으로 갈아탔다. 이처럼 급변하는 자본수익 시장에선 회사의 운명도 한 치 앞을 내다보기가 어렵다. 따라서 나는 어떤 틈새 먹거리가 아무리 탐스럽고 월가의 총애를 아무리 많이 받아도 웬만해서는 회사 장부가치나 수익을 초과하는 비싼 값을 치르는 그런 짓은 하지 않는다.

할아버지는 철도주 동향을 파악하는 일로 하루를 시작했다. 19세기에는 철도주가 시장을 주도했고 신흥 산업주들보다 훨씬 비싼 가격에 팔렸다. 할아버지가 총애하는 주식은 필라델피아앤드레딩(Philadelphia & Reading), 뉴욕앤드뉴헤이븐(New York & New Haven), 뉴욕센트럴(New York Central), 볼티모어앤드오하이오(Baltimore & Ohio)였다. 거대한 바위처럼 안정적이던 이들 종목은 세기 전환기에 대단한 인기를 구가했고 대다수 종목은 주가가 수백 달러에 달했다. 하지만 이후 70년 동안 철도주는 꾸준히 하락했다. 위험한 상대와 거래할 때는 적당히 거리를 두어야 한다.

그랬다. 이 철도회사들은 워싱턴 행정부에서 독점적 지위와 우편물 운송을 보장받았다. 그러나 이것 때문에 회사는 지나치게 몸집이 커졌고 회사를 휘청거리게 할지도 모르는 임금에 합의하고 노조의 작업 규정을 너무 선뜻 받아들였다. 항공사, 그리고 다른 형태의 육상 운송과 경쟁하게 되자 결국 철도회사 대다수는 타격을 입었다. 세금 공제를 위해 설정하는 막대한 자본 손실을 감당할 수 있거나 토지를 보유한 회사들만 살아남았다.

자라 보고 놀란 가슴

이제야 깨달았지만 대공황으로 전 재산을 송두리째 날린 할아버지 세대는 당시 상황을 아직 생생하게 기억하고 있고, 그때 기억으로 심리적 내상을 입었다. 엉뚱한 회사에 꽂혀서 종목을 잘못 고른 탓도 있었지만, 할아버지 세대의 은행 잔고가 더욱 쪼그라든 것은 이때 상흔이 남긴 심리적 병폐 탓이기도 했다. 할아버지 세대는 1929년 주가가 하루에 25~50% 하락하는 사태도 겪었고 그 여파로 1931년 주가는 또다시 78%나 폭락했기 때문에 그런 시대가 다시 온다고 예상했다.

1987년 10월 19일 주가 붕괴를 제외하면 장장 65년 동안 그런 시대는 오지 않았다. 지나친 경계는 실패로 이어진다. 할아버지는 처음 매수가보다 10~15% 오른 주식이 있으면 쥐꼬리만 한 수익에도 주식을 전부 팔아치우곤 했다. 또다시 폭락으로 밑천을 전부 날리지 않겠다는 심산이었다. 할아버지는 입버릇처럼 말씀하셨다. "수익을 챙기면 절대 파산할 일이 없지." 이 규칙은 세 번 중 두 번은 수익을 올리는 데 효험이 있었다. 하지만 할아버지가 오랫동안 매달리고 의지하던 종목들은 공공사업 독점 영업권이 사라지면서 서서히 휴지 조각이 되었고 이렇게 발생한 손실로 수익은 잠식되었다.

그래도 13세 성인식 기념으로 손자에게 1거래 단위인 100주 정도는 사줄 돈이 있었다. 나한테 싹수가 보이긴 보였나 보다. 내가 패들볼 내기에서 번 돈으로 동네 중국식당에서 식구들에게 무구가이판을 한턱 샀다는 소문도 돌았다.

첫 주식

할아버지는 1달러 넘는 주식은 살 형편이 안 되었다. 그래서 뉴욕증권거래소에서 가장 싼 벵게트 광업(Benguet Mining)을 골라서 나한테 주

빅터 니더호퍼의 투기 교실

었다. 당시 이 주식은 50센트에 거래되고 있었다. 나중에야 알았지만 최소 고정 수수료인 주당 6센트에 호가 스프레드 16분의 1까지 더해 시작도 하기 전에 밑천이 25%나 쪼그라들었다. 개미 투자자에게 홍보하고 판매하는 대다수 맞춤 거래가 이런 형태에 가깝다.

1954년은 전형적인 전후(戰後) 경기를 보인 해였다. 다우존스지수는 281에서 404로 44% 올랐고, 상장 종목의 절반 정도가 50% 이상 뛰었다. 뱅게트와 주가 수준이 비슷한 다른 주식들, 베네피셜파이낸스(Beneficial Finances), 벤딕스(Bendixes), 베스츠(Bests), 베들레헴(Bethlehems)도 일제히 쭉 상승했다. 그런데 뱅게트는 꿈쩍도 하지 않았다. 4년 동안 50센트에 고정되어 있었다. 마침내 기적이 일어났다. 주가가 1달러까지 올랐다. 할아버지의 조언에 따라 나는 서둘러 수익 50달러를 챙겼다. 주식은 내가 팔고 나서 몇 주 더 1달러 언저리에서 맴돌다가 꾸준히 오르더니 3년 만에 30달러가 되었다.

쥐꼬리 수익

나는 투기거래를 하면서 같은 실수를 거듭 되풀이했다. 목표 수준을 라운드 넘버(100, 150, 1,000처럼 0이나 00 등으로 끝나는 숫자. 가격 저항선이나 지지선으로 작용하므로 시장에서 중요한 수치로 간주된다. - 옮긴이)에 설정하고 주가가 이 수치에 도달하면 보잘것없는 수익을 챙기면서 매도해 버린 것이다. 많은 사람이 이런 실수를 저지른다. 이유는 많은 사람이 무리 없는 적당한 목표를 세우고 이 목표에만 시야를 고정하기 때문이다. 기민한 프로들은 어중이떠중이들이 세운 목표 수준을 알고 주가가 이 수준에 도달하기 직전에 반대 포지션을 취한다. 그러면 어중이떠중이들은 현재 주가 수준 대비 그리 나쁘지 않은 가격 수준에서 포지션을 청산해야 한다는 압박을 받는데 프로는 이런 어중이떠중이들의 심리를 꿰뚫고 있다. 이런 청산 압박 때문에 주가는 대체로 목표가에서 멀어진다. 하지만 가격이 이런 프로들의 행태를 극복하고 목표가에 도달할 수만 있다면 주가는 얼마 안 가 크게 움직인다.

나는 목표 가격 언저리에서 발생하는 다양한 비무작위(nonrandom) 현상을 계량화했다. 우선 라운드 넘버를 돌파한 상품과 주식의 행보를 조사했다. 조사 결과 돌파 이후에 조정이 있으면 이후 시장은 강세를 보이는 경향이 있었다.

나는 직업상 역추세 매매를 추구하는데 언행일치가 힘들 때가 있다. 종종 상품이나 주식이 라운드 넘버를 상향 돌파한다 싶으면 그 직후 바로 팔고 싶은 유혹에 빠진다. 이럴 때 벵게트를 다시 떠올리면 조급하게 수익을 챙기고 싶은 충동을 억제할 수 있다. 하지만 가끔 성공할 뿐 대개는 도움이 안 된다. 예를 들어 이런 실수를 늘 범한다. 6개월 보유 끝에 1994년 닛케이지수가 1만 8,000을 찍자 나는 5% 수익을 챙겼다. 매도 후 사흘 동안 닛케이는 1,000포인트 더 뛰었다. 2주 뒤에는 2,000포인트 더 올랐다. 지난 5년 동안 닛케이에서 이런 실수를 네 번이나 저질렀다. 도대체 언제 정신 차릴까?

말아먹다

첫 번째 주식을 매도하자 주머니에 100달러가 들어왔다. 이제 두 번째 투자에 나설 때다.

증권사에 도착하자 할아버지는 시세표시기가 있는 방으로 나를 데리고 갔다. 일종의 특별 선물이었다. 지금 미국에서는 사라졌지만 아시아 일부 지역에는 아직도 이런 방이 있다. 불빛이 희미하게 비치는 방에는 의자가 25개 정도 놓여 있고 행색이 꾀죄죄한 남녀들이 녹초가 된 채 의자에 앉아 있었다. 이들은 화면에 주르륵 지나가는 시세표시 테이프를 노려보면서 종이에 ○와 ×를 갈기고 있었다. 뒤에서는 시세가 잘 보이지도 않았다. 누가 소리쳤다. "철강! 매수세가 달려드는데."

당시 US스틸(U.S. Steel)은 100달러에 거래되고 있었는데 할아버지는 US스틸이 언제나 안심하고 매수할 수 있는 우량주라고 귀띔했다. 이 주식의 장부가치는 150달러였기 때문에 터무니없이 저평가된 상태였다. 보수적으로 봐서 자산 전량을 감가상각 수행 이후 잔존가치에 매각한다고 해도 회사의 청산가치는 여전히 현 시장가보다 최소 50% 이상 높았다. 아니, 석탄 매장량만 주당 200달러의 가치가 있었다. 그런데 그날 이후 US스틸은 100달러를 넘기지 못했다. 1988년에는 10달러 언저리까지 쪼그라들었다가 이후 40달러까지 서서히 회복했다.

"할아버지, 앞으로 어떤 주식이 뜰까요?" 내가 물었다. "대학 졸업 후를 대비해서 안전하게 투자할 종목이요."

"기술, 상표명, 독점 사업권, 투명하고 우수한 경영진을 봐서 웨스턴유니언(Western Union)을 골랐단다. 메신저 보이 통신망, 전신선, 상표명 어느 모로 보나 돈을 찍어내는 조폐공사와 비슷한 독점권을 행사하고 있지. 아무도 경쟁할 엄두를 못 내." 웨스턴유니언은 당시 60달러였고 이후 꾸준히 하락해 현재 2달러까지 추락했다.

"소비재라면 터커태피(Tucker Taffee)를 고르면 돼. 미국인은 두 가지를 좋아하거든. 달달한 과자, 말캉말캉한 사탕." 할아버지는 터커가 연간 광고 예산으로 수백만 달러를 쓰고 있고 시장가치는 1억 달러가 넘는다고 지적했는데, 당시로서는 허쉬(Hershey)를 훌쩍 뛰어넘는 수치였다. 하지만 이 회사 역시 꽝이었다. 몇 년 후 터커는 파산을 선언했고 나는 뉴햄프셔 햄프턴 비치에 있는 허름한 가게에서 터커의 최후를 목격할 수 있었다. 가게 앞에 낡은 마요네즈 병이 놓여 있고 소녀 둘이서 병에 든 설탕물로 막대 사탕을 만들어 손으로 일일이 포장하고 있었다.

어려운 시절이 닥치다

당시 아버지 역시 재정난에 허덕였다. 아들이 꼬맹이 티를 벗자 부모님은 집안 형편에 대해 언질을 해야겠다고 판단했다. 부모님은 종종 나를 앉혀놓고 아버지가 환갑이 될 무렵이면 빚보다 재산이 많았으면 좋겠다고 이야기했다. 당시 총부채는 2만 5,000달러로 아버지 연소득의 다섯 배에 달했고 이렇다 할 재산도 없었다. 여동생과 내가 받는 음악 레슨비에다 조만간 대학 등록금으로 한 해 3,000달러가 나간다고 생각하면 자식은 도움이 되지 못했다. 어머니는 살림살이에 보태기 위해 뉴욕시 공립학교 교사가 되었다.

할아버지 댁도 별반 나을 게 없었다. 공매도한 종목들은 쫄딱 망했다. 1960년대가 되자 할아버지는 매수에 나섰는데 일부러 딱 맞춘 듯이 1962년 상반기 6개월 동안 주가는 23%나 폭삭 주저앉았다. 할아버지는 미련을 못 버리고 몇 가지 하락 종목을 붙잡고 있었는데 33년 전 가격에 필적하는 수준까지 떨어졌다. 이후 할아버지는 내가 투기하는 모습을 보면서 대리만족하거나 1929년 시장 붕괴 이전에 날렸던 거물들을 추억할 뿐, 주식시장에 기웃거리지 않았다.

사라진 행운을 찾아서

"그럼 잘들 있게나. 우린 산책하러 간다네."

오전 내내 시세 테이프를 보고 난 뒤 할아버지는 나를 데리고 월가 일대를 돌아다녔다. 덕분에 나는 월가 사람들이 건물에서 쏟아져 나와 점심 끼니를 대충 때우고 어슬렁거리는 모습을 볼 수 있었다.

월가 11번지에 있는 뉴욕증권거래소 청동 문들을 지나 그 이름도 찬란한 수많은 증권회사를 지나가며 구경했다. 지금은 그때 증권회사 대다수가 파산하거나 새로운 회사에 합병되면서 기억에서 사라졌다. 할아버지는 23번지에 있는 월가의 신성한 대성당, JP모간은행을 보여주었다. 어찌나 위풍당당한지 굳이 수고스럽게 정면에 회사 이름을 걸어놓지도 않았다. 유리문에는 금박을 입힌 숫자 23만 보였다.

할아버지는 버킷숍에서 처음 매매를 시작했는데 그 버킷숍이 뉴스트리트에 있었다. 뉴스트리트로 들어서자 어떤 노인이 은 손잡이가 달린 흑단 지팡이에 의지해 힘겹게 연석을 따라 걷고 있었다. 할아버지가 노인을 향해 고개를 끄덕였다(지팡이 전략은 오랜 세월 검증된 돈벌이 방법의 상징에서 탈락했다. 1930년대에 덴 경험 때문에 할아버지는 '지팡이 전략'을 멀리하게 되었다).

"멋진 지팡이에 속으면 안 된다. 저기 피치(Fitzie)라는 영감은 30년대에 전 재산을 날렸는데 지금은 모간은행에 수시로 출몰하고 있지. 저 영감, 1920년 모간은행에서 폭탄 테러가 발생했을 때 현장에 있었거든. 누군가가 손수레에 폭탄을 설치해 은행 밖에 뒀는데, 저 노친네 하마터면 죽을 뻔했어. 지금도 저기 건물 벽에 움푹움푹 파인 자국이 있지.

이후 피치는 줄곧 운수가 사나웠지. 그날 폭탄에 한쪽 다리가 날아가고 행운도 날아갔어. 그날 이후 잃어버린 행운을 찾아 헤매고 있단다. 저런 사람을 소위 죽은 오리라고 불러. 하지만 한때는 월가에서 노인을 떠받들었지. 새까만 피어스애로(Pierce Arrow) 자동차를 굴리고 유니언스퀘어를 바라보는 호화로운 저택도 있었지. 저택은 금박과 대리석으로 정교하게 장식돼 있었어. 뉴저지에 말 사육장도 갖고 있었고. 뉴포트에 정박해 둔 요트로 롱아일랜드해협까지 누볐지. 그러다가 감당할 수 없는 처지가 되고 말았어.

과도하게 빚내서 매매하는 사람은 누구나 그 지경이 돼. 숙명이지. 당시 주식 증거금 요건은 약 10%였는데, 노인은 열 배 레버리지를 최대한 활용해 포지션을 취하고 매매했어. 그러다가 어떤 주식이 매집되고 있다는 소문을 듣고 도박을 했지. 하지만 빠져나오기도 전에 패거리가 호흡기를 뗐고 영감은 배와 함께 가라앉았어. 결국 빚을 갚으려고 거래소 회원권을 팔아야 했지. 진작에 알았어야 해. 피도 눈물도 없는 냉혈한 패거리가 숨통을 쥐고 있다는 사실 말이야. 전문 투기꾼들은 킁킁거리며 냄새를 맡아서 무리하게 투기하는 사람을 찾아내지. 그러곤 발밑에 있는 개미처럼 짓밟아 버린단다. 그런 사람들한테 당하지 않도록 조심하거라."

"그런 사람들이 누구예요?"

"잘 들어. 그 사람들은 융(Carl Gustav Jung)이 말한 '집단 무의식'이야. 시장의 집단 무의식이지. 비키, 그들은 주식만 조종하는 게 아냐. 옥수수, 밀, 가축도 같은 방법으로 공급을 막아버리지. 거래할 때는 매집을 조심해야 한단다."

1979년 말 나는 은화를 온스당 5.50달러에 잔뜩 공매도했는데 그때 할아버지 말씀이 떠올랐다. 은값은 매일 상한가를 치면서 사정없이 오르더니 10달러를 훌쩍 넘겼고 나는 죽을 둥 살 둥 겨우 빠져나왔다. 그나마 금을 매수해 '헤징'해 둔 덕에 겨우 목숨은 건졌다.

월가 기둥뿌리의 몰락

뉴욕증권거래소 모퉁이를 지나는데 할아버지가 인접한 건물에 있는 펜트하우스 아파트를 가리켰다. "저기가 악명 높은 리처드 휘트니(Richard Whitney)가 살던 곳이야. 리처드는 증권거래소 의장이었고 1920년대 후반과 1930년대 초에 월가의 기둥이었지. 형 조지 휘트니(George Whitney)는 JP모간과 제휴했고 리처드는 '모간 브로커'였단다. 루스벨트 첫 임기 중에 증권거래위원회(SEC)가 설립되었는데 리처드는 월가의 이익을 옹호한 인물로 유명했지. 조 케네디(Joe Kennedy, 매사추세츠 출신 투자자이자 정치인. 위스키 유통업으로 부를 쌓았다. - 옮긴이)가 SEC 초대 위원장으로 임명됐어. 주류 밀매업자에 주식시장 조종이라면 악랄한 위인이었으니 조에게 맞설 사람은 별로 없었지. 그런데 리처드는 달랐어. 조에게 대들었지. 리처드는 하버드에 있는 포셀리안(Porcellian), 뉴욕시 니커보커(Knickerbocker), 링스(Links) 같은 최고 클럽에서 내로라하는 회원이었는데 사는 것도 호사스러웠어. 뉴욕 타운하우스 외에도 뉴저지주 파힐스에 200만 제곱미터에 이르는 부동산을 소유하고 있었는데, 지방 행정 기관인 타운십위원회 위원이었고 에식스 헌트 클럽에 폭스하운드도 여러 마리 소유하고 있었어. 관리인, 목동, 마부, 기수, 정원사, 사육사 등 농장 인부 급여만 해도 한 달에 1,500달러나 나갔지. 말, 귀한 에어셔 닭, 순종 버크셔 돼지를 길렀어. 누구도 의심할 수 없었지. 미국 금융업에 기품이 있다면 리처드가 그 기품을 대표하는 인물이며 고결함의 표본이라는 사실 말이야.

그런데 알고 보니 리처드는 사업 감각이라고는 털끝만큼도 없는 위인이었어. 형이나 모간은행, 그리고 자신에게 돈을 빌려줄 만큼 어리석은 사람들에게 수백만 달러를 빌렸지. 그 돈을 아메리칸 콜로이드사(American Colloid Corporation), 저지라이트닝 제조사인 디스틸드리큐어즈사(Distilled Liquors Corporation) 같은 쓸모없는 주식에 몽땅 묻었지 않겠니. 금주법이 풀리면 온 나라가 뉴저지 애플잭(사과를 발효시켜 만든 술 - 옮긴이)을 어마어마하게 소비할 거라는 생각에 전 재산과 경력을 건 거야. 월가는 리처드가 궁지에 몰리면 모간의 사업 파트너인 형 조지가 동생을 구해주겠거니 하면서 수수방관했어. 1936년이 되자 디스틸드리큐어즈 주식을 사는 사람은 사실상 리처드밖에 없었어. 주가가 계속 주저앉자 리처드는 증거금 요구에 응하고 주식을 더 사려고 돈을 계속 빌렸고 급기야는 공금까지 횡령하는 지경에 이르렀어. 자신이 주가를 떠받칠 수 있다는 무모한 희망에 부풀어서 말이지.

결국 모래성은 와르르 무너져 내렸지. 리처드는 자신이 이사로 있던 증권거래소 퇴직금 펀드에 손을 댔어. 과부가 된 회원의 아내나 고아가 된 회원 자녀를 돌보기 위해 설립한 펀드 말이다. 거래소 회원들은 범죄 사실을 알자 더 이상 너그럽게 봐주지 않았어. 갑자기 친구들은 하나같이 고개를 절레절레 흔들며 말했어. 안됐지만 자신들도 어쩔 수 없다고. 리처드는 심지어 회계를 맡고 있던 뉴욕요트클럽의 자산도 유용했어. 경찰이 들이닥치자 리처드는 샴페인 병 크기를 부르는 정확한 명

칭을 가르쳐줘야 했어. 귀찮지만 노블레스 오블리주 정신을 발휘해 설명했지. '여러분. 2쿼터 병, 6쿼터 병이 아니에요. 매그넘(1.5리터짜리 병 - 옮긴이), 제러보엄(보통 포도주병 4~6개 분량의 대형 포도주병 - 옮긴이)이라고 합니다.' 경찰은 샴페인 외에도 양복 47벌, 지팡이 12개, 여우 사냥용 분홍색 승마코트 네 벌을 확인하고 기록했어. 판사는 휘트니에게 5년 형을 선고했고 휘트니는 싱싱(Sing Sing)감옥에 수감됐지. 동생이 풀려나자 조지는 동생을 직접 매사추세츠로 보냈어. 리처드는 거기서 낙농장을 관리하다가 폭발물 공장에서 일했다더라."

재수 옴 붙은 놈

"빅터, 너도 알 거야. 월가 한쪽 끝에는 묘지가 있고 반대쪽 끝에는 강이 있단다." 브로드웨이와 월가 교차로를 향해 가면서 할아버지가 이야기했다. 근처에는 알렉산더 해밀턴(Alexander Hamilton)의 유골이 묻힌 묘지가 있었고 할아버지, 나, 그리고 묘지 위로 신고딕 양식으로 지은 화려한 트리니티교회가 어렴풋이 보였다. 1846년 트리니티교회가 건설될 때 교회 첨탑은 맨해튼에서 가장 높은 구조물이었다. 이 교구는 1697년 영국 성공회로 편입되었는데, 1705년 앤 여왕(Queen Anne)이 식민지에 하사한 월가 노른자위 부동산 상당 부분이 아직도 교구 소유다. 할아버지의 수업이 계속되는 사이 거뭇거뭇한 트리니티교회 돌 틈에서 성찬 예배를 끝낸 성직자들이 호화로운 예복을 입고 나왔다.

방금 정오 예배에 참석했던 신도들, 막 죄 사함을 받은 월가 투기꾼 무리가 거대한 청동 문을 나와 햇빛 속으로 쏟아졌다. 주의 영광을 노래하는 교회 오르간이 웅장하고도 구슬픈 선율을 연주하고 무리는 선율을 따라 떠다녔다. 그 순간, 잊을 수 없는 존재가 나타났고 이 존재는 내게 평생 동안 구원의 통로가 되었다. 역사를 바꾼 여느 사건들처럼.

쫙 빼입은 군중이 휩쓸듯 지나갈 때, 시커먼 묘지 단철 문 근처에 갑자기 유령 같은 오싹한 형체가 나타났다. 구중중한 행색, 낡아빠진 외투, 충혈된 눈. 곁에 있던 할아버지가 뻣뻣하게 굳은 채 말했다. "당장 물러가게, 폴리(Paulie). 오늘은 줄 게 없네." 할아버지는 내 팔꿈치를 잡더니 유령을 피해 갔다. 폴리가 졸졸 따라오더니 합병 어쩌고 하면서 비밀 정보가 있다고 속삭였다. 수법이 먹히지 않자 폴리는 단념하고 떠나가는 신도들을 향해 중얼거렸다. 하지만 거기서도 별 반응이 없었다. 내가 묻기도 전에 할아버지가 이야기했다.

"폴리야. 불길한 유령이지. 빅, 저런 재수 없는 놈이 주는 비밀 정보는 절대 덜컥 받으면 안 돼. 재수 옴 붙은 저주받은 유령이라 부정 타거든. 폴리는 일류 증권사에서 제일 잘나가는 채권 브로커였어. 그런데 갑자기 일이 꼬이기 시작했지. 땅 짚고 헤엄치면서 돈을 벌었는데 연준이 대출금리를 인상하는 바람에 삽시간에 채권 계좌가 거덜 나고 말았어. 그러자 폴리는 주식시장을 기웃거렸어. 신생 컴퓨터회사들에 엄청나게 투자했지.

1950년대에 돈을 제일 펑펑 쓴 증권거래소 회원이라면 폴리도 몇 손가락 안에 꼽혔어. 파크 애비뉴 아파트에서 파티를 열었는데 대단했지. 하지만 운수가 또 사나워졌어. 고객에게 버로스사(Burroughs, 1886년 설립된 업체로 초기에 계산기를 제조하다 이후 컴퓨터 분야로 진출했다. - 옮긴이) 주식을 90 언저리에 사라고 했어. 그런데 무너질 때까지 버티다가 결국 8에 전부 팔아치웠지. 200이 넘는 가격에 텍사스 인스트루먼츠(Texas Instruments)를 샀는데 주가가 25 아래로 떨어졌어.

그러자 마지막 고객까지 연을 끊고 떠나버렸지. 폴리는 이 회사 저 회사 옮겨 다녔는데 다니는 곳마다 해고됐어. 실업자 신세가 돼 하루 종일 페더럴홀국립기념관 계단에서 지인들에게 인수주 정보를 주고 겨우 입에 풀칠을 했어. 할아버지가 하는 말 믿어야 한다, 빅. 불길한 유령을 보면 묻지도 말고 서성거리며 듣지도 마. 불운은 전염된단다."

내가 즐겨 읽는 월가에 관한 책이 있는데 거기서 가렛 개릿(Garet

Garrett)은 부정 타는 유령을 이렇게 규정했다. 이제는 표준이 되다시피 한 정의다.

> 그 사람을 보면 좋은 기운이 떠나버렸다는 느낌을 받았는데 내 촉은 결코 틀리지 않았다. 사내를 모르는 사람이 없다. 한때 뉴욕증권거래소 회원이었고, 아니 회원의 아들이었다. 누구더라, 20년 전 굴드(Gould) 밑에서 브로커를 했던 사람의 아들이었다. 사내는 속전속결로 유명하니 미리 조심하고 경계하지 않으면 쉽게 당하고 만다. 과거사라면 모르는 게 없고 일이 그렇게 돌아간 경위를 죄다 파악하고 있지만, 현재와 미래라면 치명타를 입게 되는 전략만 떠올리다가 돈을 꾸는 형편이 된다.[11]

전설적인 로스차일드 집안은 제아무리 혈통이 고귀하고 신원보증서가 흠 하나 없이 깨끗해도 '재수 옴 붙은 놈'과는 거래하지 않으려 했다. 누가 보면 미신이라고 하겠지만 로스차일드는 부정 타는 놈인지 아닌지 판단해서 상대를 믿어도 좋을지 결정했고 이런 판단을 하는 데 아무 거리낌이 없었다. 불운이 순전히 우연 탓일 수도 있다. 로스차일드 가문도 이 사실을 모르는 바는 아니었다. 그러나 불행은 탐욕, 경솔함, 비겁함, 고약한 성미, 또는 도덕적 타락에서 싹트기 십상이다. 성공한 투기꾼들이 으레 그렇듯, 로스차일드 사람들도 스스로 행운을 만들었다.

내가 보기엔 지나가는 길마다 쑥대밭이 되는 그런 사람들이 실제로 있다. 이 핑계, 저 핑계 대지만 아무튼 이들과 손잡은 사람은 누구나 돈과 지위를 잃었다. 그게 현실이다. 나는 이런 불길한 유령을 일찌감치 알아보고 사업이든 사사로운 일이든, 재수 옴 붙은 인간은 멀리한다. 나한테 사업 수완이라는 게 있다면 이처럼 재수 옴 붙은 인간을 피하는 능력이다. 내 사업 파트너들도 요령을 터득했다. 사업 설명회에 참석해 앉아서 듣다가 주최 측이 설명회를 열기 전에 연이어 악운에 시달렸다는 사실을 알게 되면 사업 파트너가 쪽지를 건넨다. '재수 옴.'

나는 인생살이에는 부정 타는 영이 있다는 교훈을 받아들였고 친구 여럿에게 이야기했다. 그리고 주위들은 말을 인용해서 이렇게 덧붙였다. "증기기관차에만 불길한 기운이 있는 게 아니래. 불길한 기동차도 있고 시장에는 하락에 거는 족족 된통 당하는 재수 없는 하락론자도 있어. 불길하기 짝이 없는 놈과 거래를 텄는데 덩치 큰 그놈도 보통내기가 아니더라고."

그러면 친구는 잠시 생각에 잠기며 한결같이 이렇게 말한다. "우리 부서에도 재수 옴 붙은 놈이 있긴 해." 혹은 이렇게 말한다. "종목을 추천하는 컨설턴트 중에 그런 인간이 있어. 그 작자한테는 내가 무슨 종목을 사는지 알려주지 않을 거야. 부정 탈까 무섭거든." "돈도 챙기고 불길한 영도 피하면 그만한 게 없지." 내가 이렇게 대꾸하면 친구들이 머리를 긁적이며 자리를 뜬다. 나는 거래소 객장 안팎, 스쿼시 코트나 법원 안팎 등 일상 모든 분야에서 불길한 영을 수없이 만나고 있다.

하버드 클럽에 붙은 불길한 영

짐 로리는 멘토이자 내가 투기사업에 뛰어들도록 이끌어준 아버지 같은 존재다. 1986년에는 이반 보스키(Ivan Boesky)를 만나도록 자리를 마련해 주기도 했다. 짐은 주식거래에서 보스키가 펼치는 전략이 내가 당시 개발하고 있던 선물거래 전략과 맞아떨어진다고 여긴 듯하다. 당시 보스키는 전성기를 구가하고 있었다. 보스키는 뉴욕 하버드 클럽에서 조찬회의를 소집하곤 했는데 회의를 할 때면 탁자에 서류를 올리는 행위가 금지돼 있었다. 따라서 정확한 수치나 분석에 방해받지 않고 고려 중인 원대한 계획을 심도 있게 논의할 수 있었다.

높이 솟은 아치형 천장에 참나무로 장식된 식당은 차분한 분위기였다. 덕분에 그곳에 모인 인사들은 중후하고 고매한 인품을 가진 사람 같았고, 하버드가 배출한 수많은 정치인의 초상화, 그리고 여기저기 걸려 있는 사슴 머리는 남성미를 뿜어낸다. 사슴 머리에는 뿔이 가지처럼 갈라져 있고 두 눈은 마치 노려보는 듯하다. 월가를 끔찍하게 싫어했고 혈기왕성했던 루스벨트가 쏜, 구경이 넓고 우레 같은 소리가 나는 총에 당했으리라. 하루가 멀다 하고 팜비치로 휴가를 떠나고 매일 스쿼시 코트에서 뛴 탓에 보스키의 얼굴은 불그레 반짝였는데 이 방은 붉게 빛나는 그 얼굴과 완벽하게 어우러졌다.

보스키가 회원 자격을 얻은 건 아마도 하버드 평생교육 프로그램에서 수업을 들었다는 인연 덕분인 듯했다. 이 정도 연줄로도 하버드 클럽이 두 팔 벌려 보스키를 환영하기에 충분했다. 재정 상태가 늘 간당간당했던 하버드 클럽은 당시 재정난이 극심한 상태여서 유대인 스쿼시 선수(미천한 이 몸)도 회원으로 받았다. 비록 훌륭한 외교관이었던 찰리 어포드(Charlie Ufford)라는 친구가 나서야 했지만 말이다. 이 친구가 개입한 덕에 상황이 나한테 유리하게 기울었다. 어포드는 1965년 스쿼시 선수권대회 준결승 다섯 번째 게임에서 내 머리 위로 로브를 날려 결정적 순간에 점수를 따냈다. 스쿼시라면 산전수전 다 겪은 나를 상대로 최고 득점을 올린 셈이었다.

하버드 클럽에서 보스키를 알현할 기회는 없었다. 그런 대우를 받을 만큼 내가 중요하지 않았기에 보스키가 윤허하지 않은 까닭이다. 아무튼 나는 차익거래자인 보스키의 사무실에서 열리는 '조찬' 모임에 초대받았다. 은쟁반 위에 얹은 베이글이 나왔다. 사무실 벽에는 보스키 사진이 빼곡했다. 대학 졸업식에서 연설하는 사진, 정계 거물들과 악수하는 사진, 보스키가 후원하던 교회 신자 스무 명이 억센 팔로 의자에 앉은 보스키를 높이 들어 올리고 있는 사진, 《Merger Mania(합병 붐)》 책을 들고 있는 사진, 분홍색 롤스로이스 운전석에 앉아 있는 사진 등등. 바닥까지 내려오는 치마를 단정하게 차려입은 비서가 커피를 따랐다. 보스키는 아침으로 자몽 주스 한 잔과 데니시 페이스트리를 먹으면서 과음과식하지 않는 식습관이 얼마나 좋은지 이야기했다. 그러면서 스

빅터 니더호퍼의 투기 교실

쿼시 코트에서 내가 이룬 성취를 기리는 의미라고 말했다.

전화벨이 울렸고 수화기 너머로 이런 소리가 희미하게 들렸다.

"75 불러보겠습니다." 자리를 비켜주려고 일어났다. 그러자 보스키는 '차익거래 상황'을 들어보라면서 그냥 앉아 있으라고 손짓했다. 문득 트리니티교회가 드리운 싸늘한 그림자 속에서 비밀 정보를 주겠다고 했던 유령이 떠올랐다. 보스키가 긴장한 목소리로 상대방에게 속삭였고 나는 조용히 나왔다.

좋은 기운을 퍼뜨리는 사람

내 성격에서 자부심을 느끼는 일면이 있다면 불길한 영과 정반대로 동료들에게 좋은 기운을 발산한다는 점이다. 내 사업 파트너들은 백만장자가 된다. 비서들 중 다섯은 억만장자가 되었다. 거래에서 손해를 보던 와중에 척을 지고 떠난 고객 몇 사람을 제외하면 나와 손잡은 고객은 단 한 명도 돈을 날리지 않았다. 비록 복식 선수로는 낙제점이었지만 어쨌든 각기 다른 파트너 세 사람과 함께 복식조를 이뤄 전국대회를 제패했다.

예전에는 운이 따른다고 하는 사람이 있으면 면밀하게 관찰했다. 그리고 운이 따르는 사람을 쫓아다니며 일거수일투족을 그대로 따라 했다. "만약 그 사람이 넥타이를 귀밑에 묶는다 해도 똑같이 따라 할 거야." 거래할 때면 나는 넥타이도 안 매고 신발도 신지 않는다. 〈파이낸셜 트레이더(Financial Trader)〉는 나를 '신발 없는 트레이더'라고 불렀다. 시카고상품거래소 주변에서 사람들이 양말만 신고 뛰어다니면 내가 운수 좋은 사내로 제대로 인정받았다는 의미가 아닐까?

운수 사나운 시절

할아버지는 주식시장에 관해 설교할 때면 이렇게 마무리했다.

"빅, 주식 투기에는 몇 가지 뼈대가 되는 규칙이 있어. 예로부터 내려오는 진실하며 검증을 거친 기준에서 벗어나지 말아야 해. 그리고 남을 속이면 안 돼. 이익을 챙기면 절대 파산할 일이 없단다. 재수 옴 붙은 것들은 멀리하고 금요일은 피하도록 해. 이 바닥 고참들은 아직도 기억하고 있어. 1869년 9월 2일 검은 금요일, 금값이 폭락해 증권시장이 공황에 빠졌지. 그러자 한때 부유했던 사람들이 숱하게 창문에서 뛰어내렸지. 무엇보다 13일의 금요일에는 절대 주식이나 채권을 사면 안 돼."

재수 옴 붙은 것들을 멀리하라는 말씀은 지당해 보였다.

나는 마지막 금기 사항을 오랫동안 지켰다. 하지만 설사 할아버지가 지키던 미신이라도 검증을 거쳐야 한다. 할아버지가 경고한 대로 '13일의 금요일' 법칙이 있는지 1996년 9월 13일 금요일까지 17년 치를 분석해 보았다(표 2-5). 결과를 보니 눈이 휘둥그레졌다.

채권은 13일의 금요일에 3분의 1포인트 상승했다. 전반적인 채권 가격의 변동성을 고려한다면, 우연한 변동만으로 이 정도 움직일 확률은 1,000분의 1도 되지 않는다. 주식을 분석한 결과는 너무 들쭉날쭉해서 신뢰할 수 있는 추정치를 얻기 어려웠다. 그런데 1989년 10월 13일 금요일, 다우존스지수는 190포인트 하락해, 하루 낙폭으로는 사상 세 번째를 기록했다. 21번 있었던 나머지 13일의 금요일에는 평균 5포인트 상승했다. 채권 하락에 돈을 거는 사람이라면 13일의 금요일을 조심해야 할 근거가 충분하다.

13일의 금요일은 흔히 경적도 울리지 않고 다가와서는 획 지나간다. 1996년에는 12월에 한 번 남아 있고, 1997년에는 6월에 한 번, 그리고 1998년에는 2월, 3월, 11월에 1번씩 총 세 번 13일의 금요일이 닥친다.

표 2-5. 13일의 금요일 효과

12일 목요일 종가와 금요일 종가 변동	채권 선물 변동 폭(포인트)	다우존스지수 변동 폭(포인트)	S&P 선물 계약 변동 폭(포인트)
1980/06/13	1.19	5.80	개시 전
1981/02/13	0.00	-7.60	개시 전
1981/11/13	-0.19	-4.66	개시 전
1982/08/13	0.78	6.47	2.50
1983/05/13	-0.16	4.35	0.70
1984/07/13	0.44	5.30	0.70
1985/09/13	0.81	-4.71	-1.00
1985/02/13	0.56	23.97	3.25
1986/06/13	2.00	36.06	5.10
1987/02/13	0.16	17.58	5.30
1987/03/13	0.28	-8.68	-1.40
1987/11/13	-0.35	-25.53	-2.00
1988/05/13	0.47	21.39	3.80
1989/01/13	0.82	-1.61	1.00
1989/10/13	0.34	-189.96	-30.00
1990/07/13	0.34	10.04	1.40
1991/09/13	-0.09	-23.56	-4.20
1991/12/13	-0.50	20.35	3.20
1992/03/13	-0.22	27.28	1.40
1992/11/13	0.00	-6.22	0.20
1993/08/13	0.28	0.56	0.40
1994/05/13	0.79	6.84	1.10
1994/10/13	0.35	4.92	1.19
1995/01/13	1.00	49.46	4.80
1995/10/13	0.46	29.63	4.85
1996/09/13	1.47	66.58	10.75
평균	0.42	2.59	0.57

은퇴하면 너도나도 남쪽으로

트리니티교회 첨탑 아래서 불길한 영을 만난 지 30년쯤 지난 어느 날, 나는 할머니를 뵈러 마이애미에 있는 콜린스 애비뉴 요양원에 갔다. 할머니는 당시 92세로 '울피즈(Wolfie's)'에서 콘비프 샌드위치를 먹는 것이 소원이었다. 울피즈는 9번가와 콜린스 애비뉴 사이에 있는, 유대인이 운영하는 유명한 유대식 식품점이었다. 나는 할머니를 휠체어에 태우고 네 블록을 이동해 가게에 갔다. 가게에 들어가니 손님 넷 중 셋이 휠체어에 앉아 있었다.

할머니와 함께 할아버지가 주식시장에서 펼친 활약에 대해 회상했다. 에어리덕션(Air Reduction), 앨리스차머즈(Allis Chalmers), 아메리칸캔(American Can). 할아버지는 20세기 초 굳건한 종목이었던 이들 주식을 할머니에게 물려주셨는데, 이런 상황에 처한 노인들이 으레 그렇듯 할머니는 매입가보다 오른 종목은 팔고 페이머스아티스트(Famous Artists), 포시즌스너싱(Four Seasons Nursing), 레빈-타운센드(Levin-Townsend)처럼 매입가보다 떨어진 종목은 그대로 보유했다. 그런데 팔아버린 종목은 이후 몇 년 사이 네 배 정도 뛰었고 보유한 종목은 끝내 휴지 조각이 되었다. 할머니에게 울피즈 주인이라면 불티나게 팔리는 파스트라미를 비축해야 하는지, 아니면 햄을 쌓아두어야 하는지 물었다. 이런 관점에서 보면 어떤 종목을 털어내고 어떤 종목을 보유하거나 더 사들여야 하는지 쉽게 알 수 있다.

최근 성과가 좋지 않은 종목과 성과가 좋은 종목을 비교해 상대적 수치로 나타낼 수 있는데, 이 수치를 통해 유사과학에 가까운 분석이 쏟아졌다. 1990년대에는 이런 연구를 인용해 주식이 악재에 과민 반응한다는 명제를 입증하려고 시도한다. 대개 행동재무학(Behavioral finance)이라는 신흥종교에 빠져 있고 미국국립과학재단에서 종종 자금을 지원받는 학자들이 이런 시도를 하고 있다. 1960년대에 이 연구가 한창 유행했는데 상대적으로 더 강세인 종목을 사는 편이 수익 면에서 낫다고 주장했다. 요즘은 '어울리는' 주식 쌍을 찾는다고 난리법석이다. 즉 과대평가된 주식을 팔고 저평가된 주식을 사는 전략이다. 주식선물 매입 시 종종 이 전략이 활용된다. 내가 자신 있게 예측하건대 서로 다투고 있는 이 두 가지 접근법 중 어느 한 가지 방식이 우수한 수익률을 보일 때마다 다른 접근법을 택하면 확실하다. 학계에서 주창하는, 이미 널리 공개된 기술적 분석과 반대로 가면 언제나 제대로 방향을 잡은 것이다. 교수조차 좋은 것은 혼자만 알 정도로 약삭빠르기 때문이다.

나는 해마다 하늘이 두 쪽 나도 아이들에게 괜찮은 주식을 사주는데 이 이야기를 할머니에게 했다. 내가 주식을 사주면 아이들은 고가, 저가, 거래량, 수익률 등을 기록한 주가표를 통해 스스로 주가 흐름을 추적할 수 있다. 1992년에는 IBM을 사주었는데 뿌듯했다. 110일 때 매수했는데 최근에 무려 140에 거래되었기 때문이다. 아이들에게는 이렇게 말했다. "그냥 푹 묻어두면 절대 잘못될 리 없단다." 몇 달 후 IBM이 52로 추락하자 아이들이 전화했다. 그러면서 IBM을 매수한 후 혹시 3 대 1로 액면분할이라도 했는지 물었다. 입이 열 개라도 할 말이 없었지만 1950년대 할아버지가 가족에게 했던 충고를 되새기며 겨우 이렇게 얼버무렸다. "최종 청산 배당금을 포함해 배당금 추이가 가치를 결정하는 가장 중요한 요인이란다. IBM은 수십 년 동안 배당금을 꾸준하게 지급했으니 걱정하지 마." 2주 후 IBM 이사회는 배당금을 40% 삭감하기로 의결했고, 주가는 46으로 떨어졌다.

할머니는 털어놓았다. 할아버지가 주식에 투자하는 모습을 볼 때면 두려웠다고. 할머니는 할아버지가 짐작하는 것보다 시장에 대해 아는 게 훨씬 많았다. 하지만 할아버지가 물려준 얼마 안 되는 주식 포트폴리오를 관리할 수 있는 훈련이나 교육은 전혀 받지 못했다. 1920년대에는 보편적 인식이 이랬기 때문이다. '월가는 여자가 설칠 곳이 아니다. 여자는 정신적 자질이 부족하기 때문이다. 여자는 남자 외에는 중심을 잡아줄 장치가 없으므로 역경이 닥치면 바로 죽는다.' 할아버지 역시 그렇게 생각했다.

울피즈를 떠나 요양원으로 돌아가는 길에 할머니와 함께 할아버지를 추억했다. 할머니가 몸을 돌려 이렇게 말했다. "비키, 네가 걱정되는 구나. 요전 날 시장이 폭락하면서 사납게 날뛰는 것 같던데. 선물에 꽤 투자한 건 아는데 혹시 주식을 공매도했니?"

미처 대답하기도 전이었다. 할머니는 삽시간에 얼굴이 창백해지더니 눈까지 부릅떴다. "안 돼, 폴리. 한 푼도 없어. 저리 가! 빅, 서둘러. 방으로 가자. 전화할 데가 있어." 내가 재빨리 휠체어를 밀어 속도를 내는 사이 할머니는 계속 말씀하셨다. "뒤돌아보지 마. 그럼 가버리겠지. 보통 모퉁이 전자시세표시기 밑에 있는 뮤추얼펀드 사무실에서 얼쩡거리거든. 내가 몇 푼 쥐여주곤 했어. 브라이튼에서 살던 시절, 그이가 월가에 있던 시절 알던 사람이니까 옛정을 생각해서. 그런데 문득 이런 생각이 들더구나. 나는 사회보장 대상자이고 가진 거라곤 쓰레기 잡주뿐인데 저 사람이 나보다 형편이 낫구나. 그래서 이젠 돈 안 줘."

뒤돌아보니 폴리가 종이컵으로 스포츠 재킷을 문지르며 주름을 펴고 있었다. 그러자 종이컵 안에 든 동전이 짤랑거렸다. 20세기에 사는 불길한 영과 유령은 뉴욕의 쌀쌀한 바우어리가보다 따뜻한 마이애미를 좋아하나 보다.

빅터 니더호퍼의 투기 교실

3장
델포이 신탁과 과학

Victor Niederhoffer

The Education of A

SPECULATOR

주기적인 저인플레이션 압력이 끝났을지도 모른다는 신호가 점차 강해지고 있지만,
미국에 인플레이션 상승 주기가 임박했다고 단정하기는 이르다.

— 제프리 H. 무어(Geoffrey H. Moore) 박사,

전 국제경기순환연구소 소장

3

아, 고대 그리스의 영광이여. 페리클레스, 프락시텔레스, 아이스킬로스, 사포, 소포클레스의 황금시대. 엘레우시스의 밀교와 헤라클레이토스의 수수께끼. 올림포스 아래 백리향 향기를 머금은 바람이 불고 올리브나무는 바람에 흔들린다. 피리 소리를 내며 우는 참나무, 구슬픈 염소 울음소리, 달콤한 꿀과 톡 쏘는 요구르트, 피레우스만에서 그물을 당기는 어부들의 외침.

고대 그리스가 남긴 유산은 우리 생활 곳곳에 우리와 함께 있다. 연극, 문학, 건축, 철학, 자연과학에는 그리스 전통이 깊이 스며들어서 그리스 전통 없는 문화는 상상조차 할 수 없다. 그리고 우리 시대의 걸출한 예측 기법 역시 못지않게 그리스 전통에 은혜를 입고 있다.

태곳적 '거룩한 길' 위에 우뚝 솟은 성스러운 파르나소스 봉우리들은 아테네를 벗어나 수수한 아름다움을 뽐내는 포키스로 이어진다. 옛날 옛적부터 있던 계곡길이 서쪽으로 꺾이고 언덕으로 오르는 지점에 서면 갈림길이 나온다. 신화에 등장하는 길이다. 신탁을 듣고 마음이 흔들린 젊은 오이디푸스는 코린토스에 있는 부모에게 돌아가지 않기로 다짐하고 테베로 가는 왼쪽 갈림길, 비참한 운명으로 가는 길을 택했다. 언덕 너머 오른쪽 갈림길을 따라가면 황톳빛 파이드리아데스, '빛

나는 쌍둥이 절벽' 아래 가파른 낭떠러지에 있는 델포이로 내려간다. 델포이 태양신의 신전은 안개로 뒤덮인 언덕에 매달린 채 깊이 1.6킬로미터 협곡을 아찔하게 내려다본다. 협곡은 햇빛이 눈부신 코린트만으로 이어지고 코린트만은 진한 포도주 같은 지중해를 굽어본다. 보라! 델포이에 있는 무시무시하고 불가사의한 아폴론 신전, 세상의 배꼽 옴팔로스를.

아득히 오랜 옛날, 황금빛 아폴론이 이곳을 발견했고 여기서 비단뱀을 죽였다(델포이의 옛 이름이 파이토, 즉 비단뱀이었다). 아폴론은 산허리 텔푸사에서 솟아나는 샘물로 갈증을 풀고는 샘에 깃든 요정 나이아스에게 구애했다. 나이아스는 나긋나긋 상냥했지만 주저했다. 아폴론은 신탁을 전하는 영매로 피티아(뱀 여인)를 세우고, 신전과 영매를 돌볼 사제들을 찾아 바다에 뛰어들었다. 돌고래 형상으로[일설에 의하면 돌고래(dolphin)에서 '델포이'라는 이름이 유래했다고 한다] 바다를 누비던 아폴론은 크노소스섬에서 미노아 사람들을 배에 한가득 태우고 왔다. 앞으로 자신을 숭배하게 될 자들이었다.

어느 날 목동이 풀을 뜯도록 염소 떼를 풀어놓았더니 유달리 기운이 넘쳤다. 살펴보니 갈라진 바위틈에서 증기가 모락모락 나오는데 염소들은 이 증기에 취한 상태였다. 피티아 역시 이 증기에 한껏 고취된 상태에서 예언한다. 사람들은 사원을 찾아와 애원하며 간절하게 매달린다. 그러면 피티아는 중독성 강한 월계수 잎을 씹어 황홀경에 빠져서는 속세와 동떨어진 리듬을 타며 불가사의한 예언을 세차게 내뱉는다. 신전은 명성이 자자했다. 예언이 정확하기도 했지만 두려움마저 느끼게 만드는 피티아의 모습, 신령한 산 내부에서 휘몰아치며 나오는 증기와 증기 한가운데서 미친 듯 울부짖는 피티아, 그리고 피티아의 예언을 6음절 시(詩)로 해석하는 사제들의 능력, 이 모든 것이 신비로웠다.

시작은 그다지 요란하지 못했지만 이후 2,000년이 넘도록 그리스인들은 중요한 문제가 생기면 델포이 신탁에 의지했다. 그리고 신탁은 오늘날에도 살아 있다. 사소한 별자리 운세부터 시장을 뒤흔드는 앨런 그린스펀(Alan Greenspan)의 발언까지 말이다. 조셉 폰텐로즈(Joseph Fontenrose)는 신탁의 영향을 적절하게 요약했다.

> 델포이 신탁은 고대인과 현대인의 상상력을 모두 사로잡았다. 델포이는 기원전 16세기부터 그리스에서 가장 인기 있는 신탁 장소였으며, 그리스는 물론이고 그 너머에 사는 고객들까지 불러들였다. 명성이 얼마나 대단했던지 기원전 500년 이후 대다수 헬라 사람은 세상이 생겨날 무렵부터 델포이 신탁이 있었다고 믿었다. 언제 어디서 생겨났든 델포이 신탁은 곧 명성과 신망을 얻기 시작했고 돈 많고 권세 있는 고객들이 그리스 방방곡곡, 그리고 멀리 떨어진 곳에서 찾아오기 시작했다. 개인뿐만 아니라 도시들도 신탁에 귀를 기울였다. 기원전 700년경에는 헬라 문화권 전역에 명성이 퍼졌다. 그리고 우리가 알기로는 적어도 서기 275년 무렵까지 델포이에서 신의 응답이 있었다.[1]

델포이 신탁은 단순한 신탁이 아니었다. 일종의 '공연'이었다. 신전을 관할하는 나라가 있다고 해도 어차피 델포이는 독립된 존재였으며, 지리적으로도 그리스 마을들에서 가기에 아주 편리한 중심지에 있었다. 두 갈래 오솔길과 코린트만을 통하면 수월하게 델포이에 갈 수 있었다. 델포이를 본 사람들은 이구동성으로 말한다. 다듬지 않은 거친 아름다움, 입이 떡 벌어지는 협곡, 반짝이는 개울, 그리고 눈 쌓인 파르나소스 산허리에서 울려 퍼지는 메아리. 이렇게 위엄 넘치는 풍경에 둘러싸여 있는데 누가 감히 예언의 정확성에 트집을 잡겠는가?

델포이는 문화의 중심지이기도 했다. 춤추는 여인들을 새긴 기둥, 쌍둥이 조각상, 낙소스의 스핑크스, 눈길을 사로잡는 청동 마부 등 멋진 예술 작품 다수가 델포이에 모여 있다. 델포이에는 금고 두 개가 있었는데 그 안에는 분명 어마어마하게 값어치 있는 것들이 보관돼 있었으리라. 4년마다 피티아 경기가 열리면 모든 그리스인이 보러 왔다. 은으로 된

커다란 그릇에는 질 좋은 포도주가 가득했고 신들에게 헌주를 바쳤다.

델포이 신전에는 공연 같은 요소에 더해 오늘날 볼 수 있는 것과 비슷한 인맥 쌓기 기술도 등장했다. 신탁은 1년에 9개월만 한 달에 단 하루 들을 수 있었다. 나라에 중대사가 있으면 언제나 신탁의 반응을 살펴야 했다. 사람들이 빽빽하게 모여 혼잡했기 때문에 기다리는 사이 고객들, '상담사들'은 세상 돌아가는 소식도 듣고 거래를 트기도 하며 일자리도 구했다.

델포이의 마케팅 솜씨는 오늘날 코카콜라(Coca-Cola), 나이키(Nike), P&G(Procter & Gamble) 같은 기업에 결코 뒤지지 않는다. 나는 하버드 졸업생 자격으로 어떤 모금 단체에 자주 가는데 이 단체는 모금 잘하기로 전 세계에서 손꼽히는 곳이다. 이 단체는 기부할 만한 사람들에게 최상급 와인을 주고, 자금 조달에 일조한 정치인들에게 명예학위를 아낌없이 뿌리는 한편 영향력 있는 인사들에게 공로패를 쥐여준다. 여기가 어디지? 서기 2000년 매사추세츠주 케임브리지인가, 기원전 800년 그리스 델포이인가?

알쏭달쏭 신탁

신탁을 처음 전한 무녀는 처녀들이었다. 그런데 상담사 하나가 무녀를 유혹하는 일이 있자 나이 든 여인으로 골라서 무녀로 세웠다. 무녀는 신성한 월계수 잎을 씹고 맑은 샘물을 마시며 신들의 제단에 있는 꺼지지 않는 불에 보릿가루를 태우며 의식을 준비했다. 그런 다음 갈라진 틈 위에 놓인 세발의자에 앉았다. 무녀가 갈라진 틈에서 나오는 증기를 들이마시고 옹알이하듯 마구 중얼거리다가 외치면 의식을 주관하는 사제가 시 형태로 정리해 상담사에게 전달했다.

점괘를 뽑는 방법은 다양했다. 때로는 새의 비행을 징조로 삼기도 하고, 어떤 때는 소 내장이나 점치는 조약돌로 점괘를 뽑았고, 꿈에서 실

빅터 니더호퍼의 투기 교실

마리를 잡기도 했다. 그러나 통상 쓰이는 기법은 직관적 방식으로, 접신을 통해 직접 나오는 광란 같은 예언이었다는 점에 학자들은 동의하고 있다.

예언 자체는 애매모호한 구절로 전달되는 경우가 많았다. 몇 가지 유명한 질문과 답변을 소개하겠다.

Q. 민주주의로 체제 개혁을 어디까지 밀어붙일 수 있겠나이까?
A. 배 한가운데 앉아 곧장 노를 저어라. 아테네에는 조력자가 많으니라.

Q. 비데이전쟁(Viday's War)을 수행하는 가장 좋은 방책은 무엇이나이까?
A. 아미트리테스의 파도가 신성한 해안에서 내 테메노스들을 씻을 때 비로소 도시를 점령할지니라.

Q. 전투에서 패배한 후 구원은 어디에 있나이까?
A. 염소 한 마리가 네다 근처에서 물을 마실 때, 아폴론은 더 이상 마소네를 보호하지 않을지니. 파멸이 가깝기 때문이니라.

Q. 국가는 어떻게 부를 추구하나이까?
A. 돈을 사랑함이 스파르타를 파괴할지니라.

한 가지 점괘는 들어맞고 한 가지 점괘는 빗나갔지만 다시 수습한 사례도 있다. 후대도 알 수 있도록 이 사건은 지금까지 전해 내려온다. 리디아 왕으로 큰 부자였던 크로이소스는 고레스 왕을 상대로 전쟁을 일으키고 싶었다. 크로이소스는 신탁에 물어 승인을 받기 전에 신탁을 전하는 무녀 중 용하다는 여섯 무녀를 시험해 보기로 했다. 크로이소스는 무녀들에게 동시에 사절을 보내 크로이소스가 100일을 가야 닿을 수 있는 곳에서 무엇을 하고 있는지 물었다. 크로이소스는 비밀이 새어 나가지 않게 조심하면서 도무지 짐작하기 어려운 행동을 하고 있었다.

무녀들은 즉각 정확하게 맞혔다. "위아래에 놋쇠를 놓고 껍질이 딱딱한 거북과 새끼 양의 고기를 삶고 있느니라." 시험을 마치자 크로이소스는 이렇게 물었다. "점차 세력이 커지고 있는 페르시아의 고레스 왕에 도전해 전쟁을 해도 되겠나이까?" 완벽한 6음절 시구로 점괘가 나왔다. "할리스강을 건너 크로이소스는 위대한 제국을 파괴할지라." 점괘가 맞긴 했는데 문제가 있었다. 파괴된 것은 크로이소스의 제국이었다.

크로이소스는 델포이 신전으로 사절을 보내 해명을 요구했지만 무녀들은 도리어 공세를 취했다. 신탁을 전하는 자가 이렇게 말했다. "또한 크로이소스는 하등 불평할 권리가 없나니… 만약 현명했다면 다시 사람을 보내 멸망한다는 제국이 고레스의 페르시아제국인지 자신의 제국인지 물었어야 했거늘. 그러나 신탁을 이해하지도 못하고 깨달음을 얻으려고 애쓰지도 않았다면 결과는 오로지 자기 책임이니라."[2]

크로이소스에 대한 델포이 신탁이 빗나갔다는 사실이 드러나자 당대 그리스인들이 느낀 환멸은 이루 말할 수 없었다. 그리스인들이 느낀 배신감을 묘사하면서 프레데리크 포울센(Frederick Poulsen)은 리스본이 파괴될 때 볼테르(Voltaire)와 동시대인들이 받은 충격이 그나마 비슷하다고 말한다. "뇌물을 바쳐서 먹혔다는 사실이 드러나면 명성에 얼마나 금이 가겠는가. 하지만 크로이소스 사건은 그 정도가 아니었다. 이일은 신탁의 명성에 아주 먹칠을 했다."[3] 오늘날에 비유하자면 일부 권위자들이 다우존스지수가 1,000으로 폭락한다고 예측했는데 4,000 언저리에 도달했을 때 장기 하락론자들이 느낄 환멸과 참담함에 견줄 수 있다. 그러나 전성기에 신탁은 곧 진리로 통했으며 혼미하다는 이미지와는 거리가 멀었다. 빈틈없는 플라톤(Platon)조차 그렇게 믿었다. 그렇다면 델포이는 어떻게 명성을 얻었을까?

표 3-1. 신탁이 역사로 검증된 비율

	신탁 비율(%)
명령	30
진술	40
금지	25
예측이 아닌 미래에 관한 단순 진술	3
명확한 예측	2

학자들은 델포이 신탁의 성공 비결을 밝히기 위해 수천 년 동안 노력해 왔다. 그리스 연구 분야에서 손꼽히는 학자 요제프 팔텐라스(Joseph Faltenras)는 연구비를 지원받아 60년 동안 연구한 끝에 최종 결과물을 내놓았다. 이 걸출한 분석에서 팔텐라스는 신탁이 내놓은 점괘 중 역사를 통해 검증된 것들을 분류했다(표 3-1 참조).

명확한 예측은 신탁에서 겨우 2%라는 점에 주목하라. 여기에 성공 비결이 있다. 애매모호하게 예언해서 성공했다기보다는, 신탁에는 애초에 예측이 드물었고 진술은 오류를 입증하기가 어렵기 때문에 성공이 보장되었다. 표 3-2에 델포이 신탁에 견줄 만한 시장의 신탁을 정리했다.

예언은 없고 헛소리만 잔뜩

그렇다면 델포이가 주는 교훈은 무엇인가? 신탁이니 예언이니 점괘니 하는 건 다 상술이다. 우리는 중고차 판매점이나 동양의 양탄자 경매장에 가면 의심의 눈초리를 거두지 않고 경험에서 얻은 지식을 총동원해 깐깐하게 살핀다. 신탁과 예언 역시 똑같은 태도로 판단하고 재야 한다. 자체 보고서인데 예측 정확도가 전설에 남을 만하면 그런 보고서는 대충 에누리해서 봐야 한다. 델포이에서는 신성한 의식, 건축물, 전망 같은 요소들이 어우러져 영험하다는 믿음이 싹트고 자란다. 예술품,

표 3-2. 델포이 신탁과 오늘날 시장에서 들리는 신탁

전형적인 델포이 신탁	오늘날 시장의 신탁
명령 노인들이 오랫동안 목욕한 곳, 결혼하지 않은 여자들이 피리 반주에 맞춰 일제히 춤추는 곳, 여성스러운 남자의 강당에서 헤라를 숭배하라.	포트폴리오에서 채권 투자 비중을 5% 줄이고 귀금속과 주식 투자 비중은 현재 자본의 5%만큼 늘려라.
진술 신들은 통제할 수 없는 모든 행위를 용서한다. (술에 취해 여자와 성관계한 사제에게 말했다.)	거래량이 아주 많다. 거래량이 증가하면 주식시장도 상승한다.
금지 로마인이여, 자제하고 정의가 끝까지 버티도록 하라, 팔라스가 너를 상대로 더 무시무시한 전쟁을 일으키고 네 시장을 텅 비게 만들고 네가 막대한 자산을 잃고 집으로 돌아가지 않도록.	50일 이동평균(29), 200일 이동평균(18)에서 크게 벗어나 내 입맛에는 너무 위험하다.
예측이 아닌 미래에 관한 단순 진술 만약 그(사형선고를 받고 도망치던 아테네의 칼리스트라토스)가 아테네로 간다면, 그는 사면받을 것이다. (그는 갔고 처형되었다.)	우리는 플레밍(FLM)을 24에 매수했다. (현재 주가는 14.25로 38.40% 손실 발생) 플레밍은 계약 위반으로 1억에서 2억 달러의 배상금을 지불해야 할지도 모른다는 무익한 소식에 추락했다. 플레밍 CEO는 '황당한' 판결이라고 말하며 항소를 제기했다.
명확한 예측 호노리우스는 영예롭게 통치할 것이다.	이상적인 상승 목표와 지지 수준을 감안할 때 다우존스지수는 고점(3,000)에서 최소 91.5% 하락해야 하지만 고작 98.3% 정도로 하락할 전망이다.

운동경기, 잔치, 거룩한 성소, 그리고 친분을 쌓고 교류할 기회 역시 방문객을 끌어들이는 데 한몫했다. 예언이 지닌 위엄과 모호성, 그리고 신중함은 예언을 '평가'하지 못하게 미리 뇌관을 제거하기 위한 겉포장이자 선전 수단이었다.

나는 연구 결과를 바탕으로 새천년에 신탁사업을 꾸릴 때 채택해야 할 몇 가지 지침을 개발했다.

- 고객들이 사는 동네에서 멀리 떨어진 곳, 감탄사가 나오는 멋진

장소를 선택해야 한다(잭슨홀, 산타페, 뉴헤이븐, 케임브리지가 안성맞춤이다).

- 권위자, 가급적 100세 가까운 사람을 수장으로 내세워야 한다.
- 예측보다 인맥 쌓기를 앞세워야 한다.
- 예측은 드물게 해야 한다. 발표하는 자리나 설명하는 자리에서는 진술과 지시, 경고에만 충실해야 한다.
- 꼭 예측을 해야 한다면 향후 일어날 가능성이 희박한 사건을 전제 조건으로 해야 한다. 궁지에 몰리면 전제 조건이 없는 예언을 하되 두리뭉실하고 애매한 방식으로 틀을 짜야 한다. 그래야 '결과'와 상관없이 적중했다고 주장할 수 있다.
- 신비로운 분위기를 조성해 현실에 뿌리를 둔 비교는 애초에 싹을 잘라야 한다.
- 다른 사람이 예측을 평가해 치명적 성적표를 내밀기 전에 예측한 사람이 예측의 정확성을 평가해야 한다.
- 사후 분석을 통해 예측 중 하나가 적중했다면, 다양한 매체가 참석하는 기자회견을 열어 방법론을 자세히 설명해야 한다.
- 청중이 홀딱 잘 넘어간다면 깜짝 놀랄 만한 예언을 하되, 예언하는 측에서 결과를 미리 알고 있어야 한다. 사전 확인이 불가능하다면 예언 시점을 애매하게 얼버무려서 사건 발생 전에 한 예언처럼 보이게 해야 한다.
- 공개 모임이 있을 때마다 새로운 예측 기법을 개발해 제시하라. 고객이 이전에 했던 예언의 정확도보다는 방법론을 평가하느라 시간을 쓰게 만들어야 한다.
- 와인, 섹스, 운동경기, 노래로 혼을 빼놓아야 한다. 서면 보고서에는 예측한 빈도보다 지시하고 설명한 빈도를 기록해야 한다.

오늘날 시장 권위자들은 델포이 모델을 따를 뿐만 아니라 모든 면에서 델포이 모델을 확장하고 혁신하며 개량해서 써먹고 있다. 이들은 대체로 지시와 설명을 벗어나지 않도록 활동 반경을 엄격하게 제한한다. 일류 권위자라는 사람들은 월가에서 멀리 떨어진 곳, 맑은 개울이나 웅장한 산 근처에 산다. 이 사업을 일구는 최전선에는 자체 평가가 있다. 시장에서 나오는 메시지는 으레 이런 고리타분한 문구들로 어지럽다. '예상대로' '내가 암시했듯이' '지난주 판단은 정확하게 들어맞았다' '우리는 수익을 챙겼다' '강세 진영에서 우리가 선두에 있었지만.'

좀 더 미묘하게 표현하기도 한다. '필연적인 특정 요소가 있다' '물론 검증되었으며 예상대로 지금까지는 무너지지 않고 버티고 있다' 'X 개념을 밀어붙인 권위자는 극소수였지만 소생(小生)은 감지하고 있었고 일찌감치 (어떤 날짜에) 예측했다.' 1996년 미국노동통계국은 인플레이션 기록에 더해 인플레이션 예측까지 권한을 확장했다. 그리고 생산자물가지수(PPI) 예측에 관해 자화자찬하면서 이런 상투적인 문구를 썼다. "예언 가능했던 것처럼 에너지 가격 상승세는 소멸되었다."

애매한 점괘

델포이 후손들에게도 살아남기 위한 기술이 있는데 가장 요긴한 것이 이전에 적중률이 높았던 예측을 내놓는 것이다. 초보적인 변종이지만 매일 신문에서도 이런 수법을 만날 수 있다. 권위자는 무슨 일이 일어났는지 관찰한 다음 세 갈래로 된 점괘를 내놓는다. 이런 식이다. "내일 시장이 상승할지, 하락할지, 제자리걸음을 할지 합의된 의견이 없다."

더 교묘한 접근법은 예측을 범위의 관점에서 정리하는 기술로, 오늘날 전문가의 90%가 이 방식을 따르고 있다. "내일 달러화는 박스권에서 움직이되 오늘 종가에서 2페니히 범위 내에서 변동하리라 예상된다. 이 수준에서 목표가는 1.48, 그다음에는 1.80과 1.95를 삼을 수 있다." 이 예측에는 장점이 있는데 과거에 적중률이 95%에 달했다는 점이다. 예측한 대로 시장이 움직이면 적절한 후속 조치는 다음과 같다. "예측대로 달러는 어제 박스권에서 거래되었다." 이 분야에서 주목할 만한 기술은 또 있다. 바로 '사시사철' 통하는 예측이다. "고용보고서가 예상을 훨씬 상회하지 않는다면 내일 채권은 상승한다." 델포이식으로 하면 이렇다. "염소 한 마리가 오면 너는 목숨을 부지할지니."

오늘날 우리에게 내려오는 신탁에 대해 논하자면 반드시 미 연준에 대한 분석이 수반돼야 한다. 연준은 위세와 영향력에서 델포이에 필적하는 기관이다. 경제가 앞으로 나아갈 방향을 예언하고, 계속 과학으로 포장하기 위해 표에 새로운 지표를 잔뜩 넣고, 심의는 비밀에 부치며, 내놓는 발언은 모호하다. 게다가 의장의 풍모는 도인 같고 의전은 까다롭고 복잡하다. 이렇듯 델포이와 연준은 서로 어깨를 나란히 한다.

그렇게 중요한 기관인데 심의 공개를 이렇게 한사코 거부하는 기관이 또 있을까? 연준이 모든 회의의 녹취록을 보관하고 있다고 내부 고발자가 폭로하자 그제야 마지못해 녹취록 공개에 동의했다. 5년 만이었다. 연준은 정책 취지를 발표하는 자리에서 "준비금에 대한 압박 강도를 조금 높인다"며 알아듣기 힘든 말 뒤에 숨었다. 조 단위를 주무르는 기관이 이런 식으로 숨을 수 있었겠는가?

연준이 풍기는 분위기만 얼핏 살펴봐도 세세한 것들이 보인다. 대리석으로 치장한 웅장한 사원 같은 연방준비은행, 식당에서 제공되는 고급스러운 음식, 내부 전당에 줄지어 있는 미술품들, 알 듯 모를 듯 얼버무리는 발언, 수도사 같은 태도, 끝 모를 권세, 끊임없는 정치적 음모, 그리고 독립성과 특권을 유지하려는 필사적인 노력. 논객들이 연준 의장을 보는 시각은 한결같다. 수수께끼 같고 수도승 같은 사람, 감정에 흔들리지 않는 사람, 속을 알 수 없고 종잡을 수 없는 사람, 완고한 사람, 규율이 몸에 밴 사람. 윌리엄 그라이더(William Greider)는 800쪽에 달하는 글에서 이 신비로운 기관을 분석했는데, 세속과 거룩이 절묘하게 어우러진 모습을 그린다.

미 연준은 신성한 사원이 아니었다. 일곱 명의 연준 이사도 성스러운 의식을 행하는 사제가 아니었다. 그럼에도 사원이나 사제를 대할 때 느끼는 그런 감정을 오늘날 사람들은 연준을 대할 때도 느낀다. 돈과 거룩한 분위기, 이성의 영역을 벗어나 짓누르는 듯한 무거운 의미들을 대하면서 말이다. 연준의 의사결정은 과학 이론에 매진하는 세속적 합리주의의 요체였다. 그러나 연준은 여전히 신비로운 성결함을 상징하는 현대판 사원이다. 고대 사제들이 하던 기능을 연준 간부들이 하고 있기 때문이다. 다시 말하면 그들은 돈을 창조한다. 중앙은행은 합리적 방식을 채택하고 있다고 주장하지만 언젠가 죽을 운명인 비천한 인간은 볼 수도 해석할 수도 없는 놀라운 권위, 비밀, 신비라는 신전 장식물 속에 스스로를 꽁꽁 싸매고 있다. 마치 신전처럼 연준 역시 대중에게 책임을 지거나 대중을 의사결정에 개입시키지는 않지만 대중을 위해 목소리를 낸다. 연준이 선포하는 천명(天命)은 사람들이 이해할 수 없는 불가사의한 언어지만 사람들은 알고 있었다. 연준의 말은 중요하며 그 말에는 권세가 있다는 사실을.4

연준을 분석하려고 하면 한 가지 문제가 가로막는다. 각종 경제 지표 간의 상응관계, 또는 차이, 그리고 정책 기저에 있는 원칙 등등을 제대로 분석하려면 박사 논문 한 편은 써야 한다는 점이다. 연준 직원들에게 가장 흔한 학력이 논문 없는 박사 과정 수료다. 그러니 최소한 논문 통과 빼고 박사 과정을 다 수료할 때 들이는 노고가 필요하다. 그런데 앨런 그린스펀은 62세에 의장직을 맡으면서 무슨 영문인지 꼬리표를 떼고 앨런 그린스펀 '박사'가 되었다. 내가 알기로 그린스펀의 논문을 본 사람도, 읽은 사람도 없다. 그런데 정치, 경제, 금융, 학계, 이타주의, 성장, 디플레이션, 환율 안정의 경계선에 언제까지나 두루 발을 걸치고 있는 상태를 감안할 때 함부로 넘을 수 없는 문턱이 있다는 점은 연준에 어울려 보인다. 연준을 위해 성의 있는 사명선언문을 입안하려면 골치깨나 썩어야 한다. 연준을 떠난 후 대다수 연준 이사들에게 열려 있

빅터 니더호퍼의 투기 교실

는 진로가 하나뿐이라니 다소 위안이 된다. 바로 예전 동료들이 무얼 하고 있는지 서로 알아맞히는 것이다.

연준에서 뿜어내는 말을 죄다 델포이에 옮겨놓아도 위화감이 전혀 없다. 1996년 6월 연준은 경제가 어느 방향으로 가고 있는지, 동향이 분명해지면 어떻게 대처해야 하는지 전혀 갈피를 못 잡고 있었다. 그럼에도 여느 때처럼 뭔가 중요하고 그럴싸한 말을 하는 것처럼 보여야 했다. 최근 공개시장위원회가 내놓은 성명은 가장 영험한 사제가 뱉은 신탁이라고 해도 부족함이 없다. "경제는 앞으로 나아갈 적절한 추진력을 갖고 있는 듯했고, 부양책은 이제 더는 필요하지 않아 보였다. 하지만 경제는 어느 방향으로든 급격히 변할 수 있다." 신성한 소들이 엘리시온(그리스 신화에서 영원한 생명과 행복을 누리는 낙원 - 옮긴이) 들에서 풀을 뜯을 때 경제는 요동칠 것이다.

요지경

시장을 예측한다는 전문가들은 하나같이 델포이에 뿌리를 두고 싹을 틔운다. 가지가 많이 뻗어 나왔고 대다수 투자자문업체와 소식지 글쟁이들은 봄날처럼 싱싱하다. 최근에 내가 발견한 품종 몇 가지를 소개하되 각 품종의 정체성이 드러나는 고유한 구절을 곁들였다.

- **신비주의**: "고점 1포인트 이내에서 61% 피보나치 되돌림(Fibonacci retracement, 지지선과 저항선을 결정하기 위한 기술적 분석 방법으로 차트에서 고점과 저점 사이의 차이에 주요 피보나치 비율을 곱해 그 수준을 정한다. - 옮긴이)이 발생했다. 채권은 1993년 10월에 고점을 찍고 13개월 후에 바닥을 쳤으며, 13개월 후인 1995년 11월 현재 다시 신고점을 갈아치웠다."(피보나치 되돌림 주요 수준은 23.6, 38.0, 50, 61.8, 100, 161.8 등 너무 많다. 따라서 사후 분석으로 고점이나 저점이 1포인트 이내에서 발생할 확률이

반반이라는 점을 여기서 언급하지 않을 수 없다.)

- **찬밥 신세**(외로움, 속 쓰림, 울화): "이것은 분노에 찬 책이며 마땅히 화낼 만하다. 그동안 우리는 주야장천 이야기했다. 다우존스지수가 계속 사상 최고치를 경신하고 있지만, 구독료를 내는 우리 구독자들은 에번즈빌에서 광고란이 5년 만에 계속 최저 수준에 머무르고 있다고 보고했다. 판지시장은 조정 동향을 반영해 거침없는 하락세를 이어가고 있다. 선물은 존재조차 없다. 현물뿐이다."

- **딴 세상 사람**(경제에 대한 통찰력을 얻기 위해 2년간 신문도 안 읽고 텔레비전도 안 봄): "뉴저지 쇼핑몰 주차장은 주말 내내 텅텅 비어 있었다."

- **수학자**(고등수학, 미적분, 카오스이론, 진화 프로그램 적용): "우리는 매키-글라스(Mackey-Glass) 방정식이 석유시장의 순환 주기 길이를 세밀하게 추정할 수 있다는 것을 발견했다."

- **전통주의자**(갠, 리버모어 등 위대한 역사적 인물의 지혜에 의존): "나는 생존 인물 중 갠-엘리엇(Gann-Elliott) 분석 전문가로 첫손 꼽히는 로버츠 대령(Colonel Roberts)과 이야기를 나눴는데 로버츠도 같은 의견이다."

- **워싱턴에서 얼쩡거리는 사람**(이전에 정부에서 일했거나 적어도 워싱턴에서 열린 회의에 참석했던 사람): "워싱턴 회의에서 내가 만난 소식통들에 따르면 (대통령이) 임기가 끝나기 전에 사임할 가능성이 60%라고 한다."

- **상관관계 전문가**(항상 새로운 규칙을 만들어 견강부회): "콩이 시궁창에 처박히고 나면 으레 채권이 대폭 상승한다."

- **독불장군 예술가**(대세를 거스름, 괴짜, 돈 따위에 매수되지 않음): "세계일주 유람선을 예약했다. 내가 돌아올 무렵 다우존스지수가 1,000을 넘는다면 내 예측은 빗나가게 된다. 돌아오면 아이들에게 나무집이나 지어주려고 한다. 그게 아니라면 나는 황금기를 맞이할 것이다."

- **내부자**(소로스가 매수하고 있기 때문에 시장이 상승했다고 믿음): "드림팀
  이 발 빠르게 매수에 나선다."

나는 1980년대 권위자들의 사사로운 습관과 특이한 발언을 모아서
정리해 두었다. 비록 많은 대가가 유명을 달리했고 대중의 총애를 잃거
나 철창신세가 되었지만 이 발언들은 시대를 초월한다고 생각한다.

우리 트레이딩룸에는 대가들의 지혜가 담긴 구절, 대가들의 사진과
사인이 잘 보이는 곳에 떡하니 걸려 있다. 이 분야에서 성공하려면 반
드시 기가 한풀 꺾여야 하는데, 이런 전시물을 보면 왠지 풀이 죽기 때
문이다. 그리고 이 몸이 최초로 인정하건대, 이 원리는 '딴 세상 사람'도
예외가 아니다.

빛 좋은 개살구

해리 브라운(Harry Browne)이 유명세를 얻은 것은 1970년대 베스트셀러
《How You Can Profit From the Coming Devaluation(임박한 가치 하락장에서
수익 챙기는 법)》덕이 컸다. 해리 브라운은 《Why the Best Laid Investment
Plans Usually Go Wrong(최상의 투자 계획이 늘 실패하는 이유)》이라는 책도
썼는데 이 책은 기원전 500년 크로이소스 왕 시대 이후 자기 고과가 어
디까지 발전했는지를 오늘날 관점에서 간파하고 있다. 브라운의 분석
은 거의 모든 자기 가치평가에 적용되므로 음미할 만하다.

> 성과가 탁월하기로 손꼽히는 한 사람은 해마다 소식지 1월 호에 40건에서
> 50건에 이르는 전망을 내놓는다. 그리고 서두에서 지난해 전망이 적중했는
> 지 여부를 검토하고 점수를 합산한다. 놀랍게도 거의 언제나 87% 정도 적중
> 하는 듯하다. 상상이 되는가? 87%의 확률로 정확하게 예측할 수 있다면 도
> 대체 돈을 얼마나 쓸어 담는다는 말인가?

이 사람은 1월의 평가에서 지난해 예측을 전부 복기하지는 못하는데 그 점은 지면이 부족한 탓이라고 하자. 대신 점수표를 제공하는데 적중한 예측도 많지만 빗나간 예측, 판단하기 애매한 예측도 많다. 그리고 전망 중 몇 가지만 구체적으로 언급한다. 충분히 예상 가능한 행보지만 대체로 지금 뒤돌아봐서 특히 날카로웠던 한두 가지 예측을 인용한다.

독자가 설득당하는 지점은 빗나간 것으로 판명된 몇 가지 전망을 언급할 때다. 그러면 독자는 이 사람이 솔직하고 정직하다고 생각하게 된다. 적중할 뻔했지만 살짝 빗나간 예측을 '틀린 예측'으로 취급하기 때문이다. 이렇게 함으로써 자신의 재능이 우리 같은 평범한 사람보다 훨씬 우월하며 심지어 자신의 기준이 훨씬 엄격하다는 것을 과시한다. 예를 들어 1985년 1월에 자신의 1984년 전망에 대해 논하면서 그는 다음과 같이 말했다.

'빗나간 예측. 금값 고점은 다소 지나치게 낙관적('450'이라고 말했는데 겨우 '406'이었음). 은도 마찬가지. 고점을 11.50으로 예상했는데 10.85밖에 안 됨.'

전체 예측에서 13%만 빗나가고, 빗나갈 때도 그렇게 아슬아슬하게 빗나가는 사람이 천재가 아니면 무엇이랴. 평가 당시 금값이 300달러로 떨어졌으니 고점 406에서 무려 106달러나 차이가 난다. 그러니 앞서 겨우 10% 차로 빗나간 예측이 얼마나 대단해 보이는가.

(하지만) 87%는 고사하고 40%도 적중하지 못했다. 게다가 지난해 했던 전망을 정확하게 복기하지도 않는다. 이를테면 그럭저럭 나쁘지 않았던 금값 전망을 겸손하게도 거의 빗나간 예측으로 분류했는데, 원래 내놓았던 금값 전망은 1년 후에 자신이 설명한 내용과 달랐다('450'이라고 말했는데 겨우 '406'이었음). 원래 내놓았던 전망은 '금 전망: 유망한 고점: 450~500달러'였다.

예측 당시 금은 이미 연고점인 406달러를 기록했다. 따라서 고점을 10%에서 19% 놓쳤고, 연중 나머지 기간에 금값이 하락세를 보이리라는 것도 예상하지 못했다.[5]

빅터 니더호퍼의 투기 교실

긴긴밤

델포이와 오늘날 시장 예측에서 늘 써먹는 수법은 서로 겹치는데, 결코 우연이 아니다. 정치나 과학도 마찬가지지만 투기판 역시 불확실성, 위험, 단편적 지식이 지배한다. 불확실성과 모호성을 줄이기 위해 예측의 타당성을 검증하는 체계적 방법론이 개발되었다. 아리스토텔레스(Aristoteles)의 황금기에 잠시 태동했지만 델포이가 제지하고 깔아뭉갠 탓에 과학적 방법론은 1600년 과학혁명이 도래할 때까지 빈사 상태였다.

논쟁은 관찰과 측정값이 아닌 논리로 해결되었다. 모든 물질은 흙, 공기, 물, 불로 이루어져 있다고 생각했다. 사실 18세기에도 유럽의 표준 교과서는 여전히 이 신조를 가르쳤다. 연금술사들은 값싼 금속을 금으로 바꾸려고 시도했다. 점성가들은 행성의 움직임에서 인간의 행동을 예측하려고 했다. 코페르니쿠스(Nicolaus Copernicus)가 지동설을 주장하고 100년이 지나서도 많은 이는 지구가 우주의 중심이라고 믿었다.

생물학자들은 생명체가 저절로 생겨났다고 생각했다. 흙에서 벌레가 생기고 더러운 식탁보나 침대 시트에서 쥐가 자란다는 식이다. 3세기 그리스 의사인 갈레노스(Galenos)는 개를 해부해 인체 해부도에 활용했는데, 갈레노스의 작업을 토대로 인체 해부도를 만들었다. 갈레노스는 혈액이 간에서 흘러나와 심장 심실 사이를 흐른다고 생각했다.

환자가 질병을 치료받으려고 하면 점성술사와 연금술사로 진단팀이 구성되었는데, 이들은 행성의 배열이 잘못되었거나 신이 못마땅하게 여겨서 병이 생겼다고 판단했다. 또한 인체 장기는 모두 별자리에 좌지우지된다고 생각했다. 몽테뉴(Michel De Montaigne)는 1576년 유명한 수상록인 《Apology for Raymond Sebond(레몽 스봉을 위한 변명)》에서 파라셀수스(Philippus Paracelsus)가 주창한 새로운 의학을 언급하면서 이렇게 불만을 토로했다. 그 이전까지 의학은 "사람을 죽이는 일 말고는 아무짝에도 쓸모가 없었다."

이런저런 분야에서 타당한 과학 원리가 개발되었지만(아르키메데스는 물리학의 아버지다), 진리를 발견한들 부질없었다. 손쓸 도리가 없을 정도로 거짓이 함께 뒤섞여 있었기 때문이다. 알렉산드리아에서 큰 화재로 그리스 작품을 소장한 유일한 도서관이 불타버렸고 잊을 만하면 야만인 침략자들이 책을 모조리 파괴해 버린 것도 한몫했다.

서광이 비치다

1590년대 갈릴레이(Galileo Galilei)를 필두로 새로운 증거들이 속속 나오면서 상황은 역전된다. 가장 유명한 실험은 '피사의 사탑' 일화로, 갈릴레이는 교수와 학생 들이 지켜보는 가운데 피사의 사탑 꼭대기에서 10파운드짜리, 1파운드짜리 쇠공을 떨어뜨렸다. 아리스토텔레스 물리학에 따르면 10파운드짜리 공이 1파운드짜리보다 열 배 빨리 떨어져야 했다. "납덩이 같은 중량 있는 물체가 아래로 낙하하는 속도는 크기에 비례한다."[6] 갈릴레이가 떨어뜨린 공 두 개가 동시에 '쿵' 하며 땅에 떨어지자, 아리스토텔레스 물리학은 순식간에 수명이 다하고 말았다.

갈릴레이가 실제로 이 실험을 수행했는지를 놓고 왈가왈부 말이 많다. 갈릴레이 전기작가인 빈센조 비비아니(Vincenzo Viviani)는 1654년에 갈릴레이가 이 실험을 했다고 말한다. 그러나 갈릴레이 동시대 사람들은 갈릴레이가 이 실험에 대해 언급한 적이 없다고 한다. 어쨌든 갈릴레이가 과학적 방식을 개척했고 이 실험이 과학적 방식을 활용한 생생한 사례였다는 데는 이견이 없다.

과학계에서 이루어진 진보의 상당 부분이 어둠을 뚫고 떠올랐다. 이 사실을 입증하려면 멀리 돌아볼 것도 없이 중세만 살펴봐도 족하다. 칠흑같이 어두웠던 100년이 지나고 경이로운 빛줄기가 솟아났다. 갈릴레이가 공식으로 만든 역학 원리, 하비(William Harvey)의 혈액 순환 발견, 길버트(William Gilbert)의 자기장 발견, 뉴턴(Isaac Newton)의 중력 발견, 케플러(Johannes Kepler)의 관측과 태양 주위를 타원형으로 도는 행성 궤도 증명, 얀센(Zacharias Janssen)이 발명한 현미경 등 새로운 기구의 등장, 네이피어(John Napier)의 로그 발명, 데카르트(René Descartes)의 해석 기하학 공식 등등이 어둠을 밝혔다. 발견, 발명, 도구, 기술은 새로운 소통 방식이 되었다. 에스티엔(Henri Éstienne) 같은 출판업자도 등장했다. 옥스퍼드 보들리언(Bodleian), 파리 국립도서관(Bibliothèque Nationale)과 밀라노 암브로시아노(Biblioteca Ambrosiano) 같은 훌륭한 도서관들이 건립되었다. 유럽 대도시에서 주간지가 간행되었다.

에어리얼 듀랜트(Ariel Durant)와 윌 듀랜트(Will Durant) 부부는 과학혁명을 요약하면서 이렇게 말한다.

> 과학은 이제 철학이라는 태반에서 떨어지기 시작했다. 과학은… 나름의 독특한 방법론을 개발했고, 지구에 사는 인류의 삶을 개선하고자 했다. 이 운동은 이성시대의 심장부를 차지했지만 경험이나 실험과 별개인 '순수이성'을 맹신하진 않았다. 예전에는 이성이 신화라는 거미줄과 함께 뒤엉킨 경우가 허다했다. 이젠 전통과 권위뿐만 아니라 이성 역시 하찮고 비루한 사실들에 대한 연구와 기록을 통해 검토되고, '논리'가 뭐라고 말하든 과학은 수량으로 측정되고 수학으로 표현되며 실험으로 증명될 수 있는 것만 수용하고자 했다.[7]

과학에서 이루어진 해방으로 역사는 더욱 찬란해졌다. 하지만 아인슈타인(Albert Einstein)이 말했듯이, "만약 과학적 방법론의 본질을 알고 싶다면 과학자가 하는 말을 듣지 말고 과학자가 하는 행동을 주시하라."[8]

그들도 별다를 것 없는 사람

사람들이 생각하는 과학자란 공평무사한 초인이다. 어지러운 다툼을 초월해 있으며 어떤 결과가 나오든 진리를 추구하면서 불평 없이 기꺼이 궁핍을 감수하는 그런 사람 말이다. 과학은 아마도 수도원, 혹은 적어도 대학, 즉 광기 어린 군중으로부터 멀리 떨어진 고요하고 평온한 환경에서 생겨났다는 것이 지배적인 견해였다.

위대한 수학자 앙리 푸앵카레(Henri Poincaré)는 과학자의 역할을 숭고하게 여기면서 이렇게 간결하게 설명한다. "과학자는 가능성이 아니라 실제를 다룬다. 있을 수 있는 세계가 아니라 존재하는 세계와 함께하는 것이다. 과학자에게는 오로지 한 가지 열망밖에 없다. 바로 진리를 알고 싶은 소망이다. 과학자가 두려워하는 것은 단 하나, 거짓을 믿는 것이다."9

오늘날에는 과학적 절차를 더욱 현실적 관점에서 바라본다. 《베니스의 상인(The Merchant of Venice)》에서 샤일록이 묘사했듯, 과학자도 여느 사람과 마찬가지로 "같은 음식을 먹고, 같은 무기에 상처 입고, 같은 질병에 걸리며, 같은 수단으로 치유되고, 같은 겨울, 같은 여름에 몸이 차가워지기도 하고 더워지기도 한다." 바늘에 찔리면 과학자도 피를 흘린다. 내가 아는 과학자가 많은데 그들 역시 슈퍼마켓에서 할인받으면 좋아하고, 매력 넘치는 이성이 있으면 넋을 잃고 쳐다보며, 보통 사람처럼 홈팀을 응원한다. 키보다 깊은 물에 들어가면 과학자도 걷지 않고 헤엄을 친다. 장부가치가 없는 주식을 사들여 왕창 손실을 보면 과학자 역시 괴로워하며 몸부림친다. 짐 왓슨(James Watson)은 영화로도 제작돼 인기를 얻은 《이중나선(The Double Helix)》이라는 책에서 과학자도 인간이며 분별이 없고 명성과 돈, 그리고 인지도에 진심이라는 사실을 솔직히 인정했다. 과학적 발견으로 가는 사다리를 오르면서 과학자들은 맨 먼저 꼭대기에 도달하려고 정신 나간 사람처럼 아웅다웅한다. 짐은 이 평가가 자신에게도 그대로 해당한다고 겸허하게 인정한다.

짐은 아내 리즈(Liz)와 25년째 부부로 지내고 있는데, 결혼 전 사람들은 아내를 클리피(Cliffie)라고 불렀다. 리즈 말에 의하면 짐에게 여제자가 몇 명 있었는데 먼저 사귀자고 한 제자는 리즈가 유일했다고 한다.

나도 짐 부부도 떠돌이 킬리(Keeley)와 아는 사이였는데 킬리 연구실을 드나들다가 짐 부부와 친구가 되었다. 리즈가 내게 《The Search for DNA(DNA를 찾아서)》 서평을 보내주었는데 밑줄 친 구절이 있었다. 밑줄 친 부분에서 평론가는 이렇게 썼다. "여가 시간이면 왓슨은 주기율표에 들어갈 원소를 검토하기보다 어떻게 하면 스미스(Smith) 교수 집에서 집안일을 하는 아리따운 외국 아가씨와 한번 자볼까 궁리한다."

20세기 미국이 배출한 가장 위대한 이론물리학자로 손꼽히는 리처드 파인먼(Richard Feynman)은 열여섯 살 연하인 입주 도우미와 결혼했다. 필시 강의를 준비하던 중이었겠지만 파인먼은 레이크 제네바에서 파란 비키니를 입은 그녀를 보고 반했다. 파인먼의 업적 중 가장 중요한 발견으로 약한 상호작용, 액체 헬륨의 초유동성, 그리고 양자 전기역학(이것으로 노벨상 수상) 분야와 관련이 있었다. 파인먼은 브라질에서 강의할 때 포르투갈어를 배우기도 했는데 여자들에게 집적거려서 어찌해 볼 요량으로 수작 걸 수 있는 만큼만 배웠다.

파인먼은 물리학계 밖에서도 독특했는데, 캘리포니아공대 캠퍼스 인근에 있는 토플리스 바(상반신을 노출한 여자들이 시중 드는 술집 - 옮긴이)에서 강의를 준비하곤 했다. 금고를 따고 마야 상형문자를 해독하고 누드화를 그렸으며, 봉고드럼을 연주하고 연극 무대에서 연기하고 온갖 잡기를 즐겼다. 파인먼은 의회에서 O링(o-ring)과 얼음물 한 컵을 사용해 챌린저호 참사의 원인 일부를 명확하게 입증했는데 이 모습은 피사의 사탑에 선 갈릴레이를 연상시킨다. 〈뉴욕타임스〉에 따르면 파인먼은 '이론 물리학자와 곡예단 이발사'라는, 조합 불가능한 것들이 합쳐진 인물이었다. 캘리포니아공대 세미나에서 파인먼은 학생들과 교수진에게 〈피지컬 리뷰(The Physical Review)〉에서 논의된 문제는 무엇이나 제기하라고 요청하고 그 자리에서 즉시 처리 방식과 해결책을 제시하곤 했다. 파인먼은 1988년 사망하기 한 달 전 이렇게 말했다.

"게임이야. 심각할 거 없어."

훌륭한 노름꾼, 훌륭한 음악가, 훌륭한 과학자, 훌륭한 투기꾼. 알고 보면 이들 모두 한 몸처럼 똑같은 인간일 때가 많다.

방법론

《옥스퍼드 영어사전(Oxford English Dictionary)》은 과학적 방법을 이렇게 정의한다. "17세기 이후 자연과학의 특징이 되는 절차를 가리키는 방식으로 체계적 관찰, 측정, 실험, 공식화, 시험, 가설 수정으로 구성된다." 험프리 데이비(Humphrey Davy)는 실험을 통해 유사성을 확인하고, 윌리엄 스탠리 제번스(William Stanley Jevons)는 다양성에서 동질성을 발견하며, 월터 페이터(Walter Pater)는 개략적이고 일반적인 정보를 분석해 더욱 정밀하고 미세한 사실들을 분류한다. 허버트 스펜서(Herbert Spencer)는 현상들 사이에서 순서를 찾아 일반화해 묶는다.

이런 방법론들을 훑어보면 과학적 방식의 묘미가 드러난다. 분류, 관찰, 질문, 시험, 측정, 정보 수집, 실험, 모형화, 이론 수정 등은 대다수 과학 연구에서 공통적으로 나타나는 특징이다. 전문가라는 관점에서 과학자는 범죄 현장에서 발견된 정보와 증거를 분류해 범인을 찾는 탐정, 또는 슈퍼마켓에서 사과를 베어 먹고 만지고 색깔과 모양, 단단한 정도를 살피면서 살지 말지 결정하는 장 보는 사람에 비유된다. 또는 미로를 통과하려는 쥐에 비유되기도 한다. 윌리엄 S. 벡(William S. Beck)은 과학적 방법을 영리하게 묘사했는데, 과학 분야에서 앞서가기를 원하는 사람은 누구나 이 말을 골수에 새겨야 한다.

> 과학자는 오히려 미로 속에 갇힌 쥐, 피터와 같다. 둘 다 관찰, 통찰, 가설, 시험을 통해 전진하며, 둘 다 순전히 육감만으로 가설을 세우기도 한다. 가설 정립은 진정 과학에서 창의성이 작용하는 일면이다. 어쩌면 피터와 뉴턴이 가장 뚜렷이 구별되는 지점이 바로 이 현상일지도 모른다.[10]

빅터 니더호퍼의 투기 교실

과학자는 어린아이처럼 끊임없이 호기심을 가져야 한다. 천문학자 칼 세이건(Carl Sagan)은 이렇게 썼다. "만약 여러분이 가설을 세우고 가설이 이치에 맞는지 우리가 알고 있는 다른 지식에 부합하는지 확인하고, 가설을 확증하거나 가설의 위상을 축소하기 위해 쓸 수 있는 시험을 생각하며 시간을 보낸다면, 여러분은 과학을 하고 있는 것이다."[11] 과학자는 한 가지에 대한 답을 발견하면 어린아이처럼 반드시 다른 질문을 줄줄이 던져야 한다.

과학적 절차는 어떤 현상에 대한 불확실성의 여지를 줄이는 과정으로 구성된다. 또는 위대한 논리학자이자 철학자이며 소로스의 멘토인 칼 포퍼(Karl Popper)가 말했듯이, 과학적 과정은 틀린 개념을 뒤집으면서 앞으로 나아간다. 잘못된 개념을 제거하는 한 가지 방법으로 피드백이 있다. 단순한 가설은 오류를 입증하기 쉽기 때문에 복잡한 가설보다 선호된다. 가설은 반증될 수 있는 경우에만 과학적이다. 달리 표현하자면 만약 가설이 모든 것을 설명하고 아무것도 배제하지 않는다면, 그 가설은 자연에 존재하는 모든 상태에 부합하므로 과학적이지 않다.

응용과학

일부 과학자는 회계사나 재고조사 담당자처럼 정보를 수집하고 분류한다. 어떤 과학자는 철학자나 시인처럼 심오한 질문을 생각해 낸다. 어떤 과학자는 탐험가처럼 대담하고 용감하다. 파인먼 같은 괴짜도 수두룩한데, 이런 유형에게 과학은 게임이다. 나는 과학적 방법론을 응용해 생계를 꾸리기로 일찌감치 마음먹었다. 내가 하게 될 일도 농업이나 도구, 인쇄기 발명만큼이나 의미 있고 유용하며 고귀해 보였다. 그리고 응용과학 분야는 틈새시장을 찾을 수 있을 만큼 충분히 넓어 보였다. 나는 스포츠 경기 관련 데이터를 수집하고 적절한 확률을 공식으로 정립하는 한편, 경기에 베팅하고 결과를 바탕으로 이론을 수정하며 훈련

했는데 이 훈련을 발판으로 미래를 도모할 수 있을 듯했다.

다행히 이 방법을 적용할 수 있는 한 가지 영역을 발견하게 되었다. 암흑시대의 과학기술에서 한 걸음도 나아가지 못한 영역, 셈과 질문보다는 선입견과 논리가 지식 축적의 토대를 이루는 영역. 바로 시장을 기술적으로 분석하는 영역이었다.

사실, 이 분야에 본격적으로 눈을 돌리게 된 데는 계기가 있었다. 1980년이었다. 출판업에 종사하는 친구가 심령술사를 고용했다고 말했다. 친구는 직원 100명을 거느리고 있었는데 직원들이 주식과 시장을 선택하는 데 심령술사의 도움을 받을 참이었다. 이 심령술사는 숟가락 구부리기, 촉진으로 질병 진단하고 치유하기에 능했고 시장 예측에도 능수능란했다. "자네도 심령술사를 만나보고 숟가락 구부리는 모임에 나오면 좋겠어. 친분도 쌓고 말일세. 시장에서 고전하고 있다던데 혹시 모르잖아."

나는 친구 해리(Harry)에게 이렇게 말했다. 심령술에 의존해 주식을 고르는 사람들과 친구 하면 되겠다고. 19세기의 빌 게이츠(Bill Gates)이자 뉴욕센트럴철도(New York Central Railroad)를 설립한 코닐리어스 밴더빌트(Cornelius Vanderbilt)도 심령술사들과 가까이 지내면서 종목을 고를 때 심령술사들에게 의지했다. 말년에 밴더빌트는 심령술에 푹 빠져서 중대사를 결정하기 전에 고대 그리스인들이 델포이에 가듯 무당에게 묻는 게 상책이라고 여겼다.

"그런데 그 심령술사도 그렇고 유리 겔러(Uri Geller)도 중요한 학술 연구기관에서 검증을 받았어. 기존의 물리적 법칙으로는 그들의 힘을 설명할 수 없다고 선언했다고." 해리가 응수했다.

"해리, 여러 가지 상황에서 학계 과학자들을 만나봤는데, 장담하지만 과학자들 역시 우리처럼 순진하고 천지 분간을 못 해. 어느 날 저녁 마술사가 코끼리를 눈앞에서 사라지게 만든다고 쳐. 과학자는 눈속임이라고 생각하면서 웃어넘기겠지. 그런데 이튿날 무당이 손에 들고 있던

3센티미터짜리 열쇠를 굽힐 수 있다고 하면 '굽힐 수 있다'에 그동안 과학계에서 쌓은 평판과 명예를 몽땅 건다니까."

유리 겔러는 출판업자의 단짝 친구들과도 막역한 사이였다. 유리 겔러의 염력을 거론하면서 마틴 가드너(Martin Gardner)는 스탠퍼드대학 부속 학술기관들이 얼마나 순진한지 지적한다. "게다가 심령술사 한 명이 숟가락을 구부릴 수 있다고 하자. 심령술사들이 떼를 지으면 탄두에서 핵폭발도 일으킬 수 있다. 율리우스 카이사르(Julius Caesar)는 신탁을 받았다. 히틀러(Adolf Hitler)는 점성술사들을 데리고 있었다. 우리 군대에는 스탠퍼드연구소(Stanford Research Institute, SRI)가 있다."[12] 내가 선호하는 신문인 〈내셔널 인콰이어러〉는 1995년 11월에 이렇게 보도했다. "정말 막대기로 수맥을 찾을 수 있다. 뮌헨대학 물리학자인 디터 베츠(Dieter Betz)는 최근 권위 있는 스탠퍼드대학 〈과학탐사저널(Journal of Scientific Exploration)〉에 발표한 연구 결과에서 놀라운 사례들을 자세히 설명하고 있다."

나는 못 미더운 마음을 잠시 접어두고 일단 숟가락 구부리기 만찬에 회사 직원을 보내겠다고 해리에게 약속했다. 해리의 신앙요법 치료사가 주최하는 만찬이었다. 나는 친구인 떠돌이 수의사 '보 박사(Dr. Bo)' 스티브 킬리(Steve Keeley)를 만찬에 보냈다. 이 떠돌이는 걸을 때도 뒷걸음질하면서 걸었고 글씨도 거울에 비춰야 바로 보이게 거꾸로 썼다. 그래서 떠돌이가 작성한 보고서를 다시 타이핑하게 했다.

보 박사 보고서

이스트사이드 고급 아파트에서 열린 만찬에 참석했다. 나 말고도 15명이 더 있었다. 진행자는 가슴골이 훤히 드러나는 착 붙는 실크 드레스를 입고는 다양한 영적 능력을 발동해 우리가 성공할 수 있도록 도왔다. 탁자 밑에서 이따금 진행자가 내 몸을 슬쩍슬쩍 문질렀다. 마음이 흔들렸고 하마터면 유혹에 넘어갈 뻔했지만 내게는 해야 할 일이 있었다. 때때로 방 어딘가에서 소음도 들리고 집중력을 흩트리는 일도 일어나곤 했다. 그러다 이내 다른 곳에 있던 누군가가 놀라서 "저절로 휘었어요"라고 소리치고는 괴이한 모양으로 휘어진 숟가락을 내보이곤 했다.

나는 다른 사람들이 딴 데 정신이 팔려 아무도 보지 않을 때 숟가락을 문질러서 데웠다. 그런 다음 손가락 두 개로 직접 구부렸고 세상 기괴한 모양을 만들었다. 사람들이 주위에 우르르 몰려들더니 입에 침이 마르도록 칭찬했다.

그 방에 있던 열다섯 명 중 열네 명이 돈을 받고 짬짜미했거나 어떤 방식으로든 진행자와 연루돼 있다고 추정한다. 짬짜미 공모자 중 한 명이 어떤 업종에서 일하느냐고 물었다. "저는 보라고 합니다"라고 대답하지 않고 대신 늘 내가 하는 식대로 이렇게 대답했다. "전 부자가 아니지만 부자를 대신해 일합니다." 이렇게 대답하니 사람들은 나를 더더욱 중요한 인물로 생각했다. 만약 근거와 투명성 면에서 심령술사의 주식시장 예측이 이 집회와 다를 바 없다면, 여러분은 머지않아 파산할 것이다.

보고서를 읽고 다짐했다. 내 재산을 지키려면 사업 문제로 결단을 내려야 할 때 사이비 과학이 아니라 과학적 방법론에 의지하겠노라고.

반짝 유행, 특히 유사과학

마틴 가드너는 〈사이언티픽 아메리칸(Scientific American)〉에서 게임 분야 편집자를 지냈는데, 한때 나는 가드너의 글을 읽으며 사이비 과학을 여러 해 동안 연구했다. 하버드대학 신입생이라면 누구나 가드너가 쓴 《Fads and Fallacies in the Name of Science(과학의 탈을 쓴 반짝 유행과 유사과학)》를 읽어야 했다. 이 책은 대단히 참신할 뿐 아니라 광범위한 내용을 다루고 있어 몇 문장으로 요약하기가 어렵다. 하지만 가드너의 글을 읽으면 누구나 초능력, 심령 에너지, 예지력, 신앙요법, 비행접시, 선각자, 오르곤 에너지 집적기, 아틀란티스 따위가 헛소리라는 것을 깨닫게 된다. 가드너가 폭로한 자동차 열쇠 구부리기 기술이 대표적인 사례다.

자동차 열쇠는 대부분 쉽게 구부러진다. 특히 깔쭉깔쭉한 부분이 깊게 파인 기다란 열쇠는 더 쉽게 구부러진다. (연예인) 겔러는 힘이 센 것에 자부심이 크다고 한다[푸하리치(Puharich)의 말에 의하면 겔러는 바벨로 근력 운동을 한다]. 만약 손가락 힘이 강하면 자동차 열쇠를 손가락 위에 가로질러 놓고 엄지손가락으로 세게 누르기만 해도 대부분 구부릴 수 있다. 단단한 열쇠는 끝부분을 탁자 측면이나 다리, 의자 측면 또는 가까이에 있는 단단한 표면에 대고 꾹 눌러야 한다. 어떤 경우에도 1초도 안 돼 구부릴 수 있다. 물론 아무도 보지 않을 때 구부려야 한다. 눈속임을 위해 (연예인) 겔러는 방을 이리저리 돌아다니고 실험 하나가 끝나면 재빨리 다음 실험으로 넘어가면서 최대한 사람들을 정신없게 만든다.[13]

대서양 건너 사정을 살펴보자. 《Oxford Companion to the Mind(옥스퍼드 정신편람)》는 초자연적 현상과 초심리학에 7,000여 단어를 할애하고 있다. 반면 '기억'에는 6,750여 단어, '의식'에는 3,800여 단어, '창의력'에 1,050여 단어, '상관관계'에는 68개 단어를 할애하고 있다.[14]

영국인은 소비자 대중이 가려워하는 곳을 긁는 데는 도가 튼 모양이다. 《옥스퍼드 정신편람》은 유령, 공중부양, 독심술, 영계와 교류를 시도하는 모임, 수맥 찾기, 망자와 소통하기, 예지 같은 전형적인 초자연 현상을 조사했다. 50년에 걸친 연구 끝에 편집자들이 내린 결론은 처음부터, 또는 나중에 불가사의한 현상으로 분류된 현상 중 학계에 널리 수용된 사례는 단 한 건도 없다는 것이다.

입증 가능하거나 반복 가능한 초자연적 효과는 단 하나도 발견되지 않았고, 수많은 실험을 거쳤지만 확실한 결과를 보여주는 어떤 특징이나 법칙도 발견되지 않았다.[15]

크리스토퍼 스콧(Christopher Scott)은 초자연적이며 불가사의한 현상을 믿는 사람이 많은 세태를 어떻게 설명할지 규명하는 한편, 의혹의 눈초리를 받는 이 분야에 대해 방대한 연구를 계속했다. 그러면서 지혜롭게도 이렇게 지적했다. "자기 자신을 속이거나 타인까지 속이려는 연구자들, 부질없는 희망을 붙잡고 있거나 혹은 뻔히 알면서도 사기를 치는 연구자들이 소수지만 끊임없이 등장한다. 우리는 그냥 이런 사람은 어디에나 있기 마련이라고 생각하면 된다."16

초자연 현상에 몰두하다 보니 문득 이런 생각이 들었다. 가드너와 옥스퍼드가 기록한 엉터리 과학자들의 수법이 시장 '도사'들이 써먹는 수법과 사실상 똑같다는 것이다. 물리학자 존 휠러(John A. Wheeler)는 심령 현상을 논하면서 적수를 완전히 제압하기가 어렵다고 토로했다.

> 사람들은 망상에 빠져서, 혹은 사기에 넘어가서 일상에서 일어나는 자연스럽기 그지없는 물리 현상과 생명 작용을 심령 현상으로 오해한다. 그런데 이처럼 오해로 입증된 현상을 살펴보면 어김없이 새로운 '병적' 현상 세 가지가 고개를 내민다. 희생자는 쉽게 속아 넘어간 자신이 창피한 나머지 타인에게 사기꾼의 만행을 알리지 못하고 주저한다. 또 "도둑이야, 도둑"이라고 외치면 비겁한 고자질쟁이로 보일까 봐 다른 사람들에게 경고하지 않는다. 따라서 속이는 쪽은 자신감을 갖고 대상을 바꿔가며 계속 남을 속일 수 있다.17

제너럴일렉트릭의 어빙 랭뮤어(Irving Langmuir)는 사이비 과학이 보이는 징후를 소개했는데 휠러는 이를 다음과 같이 다섯 가지로 정리한다.18

1. 관찰되는 최대 결과는 강도를 거의 감지할 수 없는 원인물질에 의해 생성되며, 결과의 규모는 원인의 강도와 실질적으로 무관하다.
2. 결과의 규모는 겨우 탐지 가능한 수준에 머무른다. 또는 결과의 통

빅터 니더호퍼의 투기 교실

계적 유의 수준이 매우 낮으므로 수많은 관측이 필요하다.

3. 아주 정확하다는 주장(이 있다).

4. 경험과 상반되는 번드르르한 이론들.

5. 비판을 받으면 즉석에서 생각해 낸 핑곗거리로 임시변통한다.

번화가에 판치는 사이비

나는 시장에 관한 문헌에 파묻혀 지냈다. 그러다 보니 시장을 분석한 글에서도 비슷한 징후가 보이면서 사이비 과학 냄새가 폴폴 풍겼다. 구별되는 특징은 다음과 같다.

1. 권위에 호소한다.

2. 계량(counting)이 없다.

3. 예측의 틀이 테스트할 수 없는 형태다.

4. 생각할 수 있는 거의 모든 상황에서 참이 보장되는 항진명제(恒眞命題) 예측이다.

5. 우연 변동(이유 없는 무작위 원인에 의한 변동 - 옮긴이)을 감안하지 않는다. 즉 실제 차이가 아니라 우연에 따른 격차일 가능성을 무시한다. 무작위로 구성된 집단이 다양한 조건에 노출되면 평균과 변동성에 차이를 보인다. 그러나 격차나 차이는 조건이 실제로 어떤 영향을 미쳐서가 아니라 무작위 표본변이 때문일 수 있다. 이 점이 바로 통계 분석의 핵심이다.

6. 편집증적 태도가 있다.

7. 대안이 될 수 있는 설명을 묵살한다.

8. 정확도를 자체 평가한다.

9. 구닥다리를 개조한 시스템이다.

내 책상을 거쳐간 최근 자료에서 몇 가지 사례를 선정하고 내가 만든
목록 중 9개 항목의 특징을 뽑아 표 3-3에 정리했다.

표 3-3. 현대 시장의 과학

인용	과학적 결함
다시 한번 박스권 시나리오로 돌아왔다. 흥미롭게도 닛케이는 지난주 내내 매수세가 활발했고 이는 12월까지 상승 폭을 키울 수 있음을 시사한다. 주요 저항선이 돌파되면 달러 추가 매수를 촉발할 수 있으며, 이로써 상승세가 확인될 것이다. (은행 소식지 기술적 분석)	미미하나마 시장 간 분석이 존재한다. 그런데 닛케이 강세가 달러시장에는 강세로 작용하는가, 약세로 작용하는가? 만약 닛케이가 상승한다면 닛케이 또는 엔 선물 주가 채널은 상승할 가능성이 높은가, 하락할 가능성이 높은가? 저항선 돌파는 달러 매수 신호다. (2, 3, 4, 5, 7, 9)
이번 상승은 4월 저점에서 나온 더 큰 삼각형 패턴의 E 파동이 분명하며, 달러가 아직 버티고 있는 이유다. 마르크/달러 환율을 지지선 1.3730까지 밀어붙이려는 시도는 실패했고 이중바닥이 남았다. 이 중요한 지지선은 급격하고 추진력 있는 상승파동의 원천으로 작용하고 있다. (은행 소식지)	증명되지 않고 검증되지 않은 엘리엇 이론에 호소하고 있다. 삼각형은 여러 가지 방식으로 해석될 수 있으며 특히 삼각형 모양이 흐트러진 후에는 더더욱 그렇다. 이중바닥은 강세인가 약세인가? 반등 후 상승파동은 시장 조건에 상관없이 항상 추진력을 발휘하는 것으로 정의된다. (1, 2, 3, 4, 5, 7)
공매도한 이들은 지금 무슨 생각일까? 틀림없이 시세보다 높은 수준에 매수 스톱을 설정해 포지션을 보호하려 할 것이다. 이것이 평범한 처세술이다. 그렇다면 이들은 매수 스톱을 어디에 설정할까? 바로 메워지지 않은 갭 안이다. 그렇다면 여러분은 어떤 전략을 세워야 하는가? 갭 바로 위에서 그들에게 던져야 한다. 주가가 스톱을 건드리면서 스톱에 따른 대량 매수가 발생하면 시장이 감정적으로 반응해 크게 상승한다. (데이트레이딩 시스템 소식지)	소식지는 자신들은 영리하므로 한 발짝 앞서 있다고 주장한다. 그리고 공매도 포지션을 취한 사람들은 작성자의 편견이 개입된 차트에서 보이는 패턴이나 시각 신호에 반응하며, 패배하는 방법론을 실행하는 사람들이 상당수 존재하므로 이들의 전략을 파악하면 확실한 수익을 거머쥘 수 있다고 장담한다. 아울러 차트 특정 지점에서 감정에 치우친 매수가 발생하며 이 시장 현상은 형태 변화 없이 영원히 지속되리라 가정한다. 또한 공매도한 이들은 누구나 속셈이 뻔하며 평범한 처세술을 쓰는 무리는 짐짓 겸손한 체하며 유혹하려고 시도한다고 주장한다. 그러나 가격 급상승 시 매도 포지션을 취하는 기법은 먼저 급상승을 어떻게 전략화하고 시별할지에 대한 문제를 제기한다. (1, 2, 3, 4, 6, 7, 9)
디버전스, 거래량, 통계, 캔들차트 형태 같은 방법론을 검증하고… 각 주식을 거래하는 최상의 방책을 체계적으로 발견한다. (새 장난감을 손에 쥔 어린아이 같은 금융 칼럼니스트가 나오는 광고)	포괄적인 후행 연구가 결과를 좌우하는가? 개량 작업이나 변수 조정을 고려할 때, 우연 변동으로만 이런 결과가 나올 수 있는가? 백테스트 결과가 향후 시장 여건에도 적용 가능한가? (2, 3, 4, 8, 9)

인용	과학적 결함
1.4250으로 빠르게 상승하면서 미국 달러화에 대한 단기 전망이 매우 부정적인 전망에서 박스권으로 바뀌었지만 주간 저점은 여전히 1.3945 언저리로 전망된다. 즉 달러는 1.4250에서 벽에 부딪혔고 1.4275 이하에서는 큰 폭 수익이 기대되지 않는다. 우리는 주시해야 할 주요 방향 전환 수준을 1.4075/95로 보고 2주 이내에 1.36을 바라보고 있는데 이 전망은 아직 유효하다. (차트 분석가 소식지)	소식지는 달러 상승이 얼핏 강세처럼 보이지만 동시에 약세일 수도 있다고 주장한다. 그러면서 저항 수준을 뚫고 더 상승하지 않는다면 저항선에 머물 것이라고 전망한다. 기특하게도 소식지는 미래를 예측하고 있지만 달러가 저항 수준을 돌파해 상승하면 예측은 어긋난다. (2, 5, 7, 9)
1.42 돌파는 매우 험난하겠지만, 일단 돌파하면 1.46에 도달한다. 강세 돌파가 발생할 때까지 우리는 미 달러 약세 전망을 단호하게 유지하며 목표는 다음과 같다. (은행 발표)	강세 아니면 약세라는 하나 마나 한 소리. 게다가 자기만 이런 전망을 하고 있다고 은근슬쩍 내비치고 있다. 이런 가격 채널 기반 예측은 혹 적중하더라도 통상적 변동성에 따른 우연일 뿐이다. (2, 3, 4, 5, 6, 7, 8)
우리는 오랫동안 지켜온 외가격 풋옵션 매도 전략을 고수하고 있다. 이 전략은 무리가 놀라서 우르르 달아나면서 시장이 하락한 뒤에 실행하는 것이 최상이다. 또는 우리 친구 빅 니더호퍼에 따르면, 과거 한 방향으로 돌격했던 코끼리 떼는 종종 지나온 길을 따라 돌아온다. (팩스 레터)	하락이나 상승 이후에 대체로 풋은 과대평가되는가 과소평가되는가? 수상쩍은 투기꾼 니더호퍼는 한때 스쿼시 코트의 전설이었지만 지금은 그저 트레이딩하는 평범한 인간에 불과하다. 니더호퍼는 로바골라 분석이 경험으로 입증된 실증적 타당성이 있다는 어떤 증거도 제시하지 않았다. 그런데도 니더호퍼의 연구에 의존하면서 이 점을 언급하지 않았다. 무작위로 가격을 추출해도 같은 방향으로 연속해서 움직이는 가격 패턴이 나타난다. (1, 2, 3, 4, 6, 7, 8, 9)
시장금리를 낮추려는 일본의 움직임으로 5%포인트의 금리 차이가 쭉 유지되고 있으며 이는 달러화에 유리하다. 엔화의 추세 전환이 임박했다. (은행 논평)	줄어든 금리 격차가 인플레이션 기대치나 생활비 변동 폭보다 큰가, 작은가? 금리 격차가 통화 강세로 이어진다는 증거는 무엇인가? (1, 2, 3, 7)
대형주 위주인 닛케이225의 시가총액은 3조 2,000억 엔으로, 마땅히 있어야 할 지점보다 10% 정도 높다. 일본 경제 상황은 보기보다 나쁘다. 주식 전략가는 주가이익배수(PER)가 여전히 50에 이르므로 닛케이가 14% 하락해야 적정 평가된 수준이라고 지적했다. 지수가 1만 2,000 정도라고 해도 주식이 싸다고 단언할 수 없다. (경제 잡지 커버스토리)	PER이 높으면 향후 가격 동향은 상승일까, 하락일까? 최근 PER 변동 양상은? 같은 배수라도 나라마다 내용이 다를까? 주가순자산배수(PBR)로 전망하는 것이 더 적절할까? (이번 하락 전망 직후 25% 상승했다.) (1, 2, 7, 9)

별것이 다 징조

통계에 관심이 없거나 카드 게임이나 도박을 하지 않으면 많은 현상이 실은 무작위로 설명될 수 있다는 점을 파악하기가 어렵다. 간단히 말해 우리가 실생활에서 관찰하는 현상은 모집단에서 추출한 표본이다. 비록 무작위로 뽑은 표본이지만 표본에서 관측된 값들의 평균은 모집단 평균과 다를 확률이 높다. 시장이 보이는 여러 현상에서 차이가 관측되는 이유는 단지 추출한 표본 수가 많고 모집단 내 변동성이 높아서 생기는 표본변이 때문이다.

예를 들어 세계적으로 유명한 슈퍼볼 지수를 생각해 보자. 독일은 슈퍼볼 지수를 매의 눈으로 지켜본다. 미국 슈퍼볼 우승팀이 원래 내셔널 풋볼 리그(NFL) 소속이었던 팀이면 강세 신호로 간주한다. 원래 아메리칸 풋볼 리그(AFL) 소속이었던 팀이 이기면 약세 신호로 간주한다. 표 3-4에서 NFL 또는 AFL 소속팀 우승 이후 12개월 동안의 주식 동향을 요약했다.

결과는 놀랍다. 원래 NFL 소속이었던 팀이 승리한 이후 12개월 동안 다우존스지수의 총변동 폭은 4,412.08이었다. 평균 변동 폭은 다우존스지수 259포인트였다. AFL팀이 승리했던 몇 년 동안 다우존스지수의 총변동 폭은 -7.3이었다. 우승팀이 어느 리그 소속인가에 따라 다우존스지수가 움직인 평균 변동 폭을 살펴보면, 이렇게 큰 차이가 우연히 발생할 확률은 300번 중 1번뿐이다. 하지만 동등한 타당성을 지니면서 역시 표준 예측 지표가 될 수 있었을 다른 스포츠 행사가 얼마나 많았을까? 월드시리즈? NBA 챔피언십? NHL 스탠리컵? 새해 첫날 열리는 대학미식축구 경기? 시카고 불스나 뉴욕 양키스의 한 시즌 승패 기록? 어떤 스포츠 행사든 우승팀은 다우존스지수를 예측하는 독립 지표가 될 수 있다.

질문을 좀 바꿔보겠다. 해마다 다섯 개 주요 스포츠 행사에서 열 팀이 우승을 놓고 다툰다. 그렇다면 열 팀 중 어느 한 팀의 우승이 해당 연도 다우존스지수 상승 폭에서 최소 250포인트와 연관돼 있을 가능성은 얼마나 될까? 모의실험이 내놓은 해답은 50%에 가깝다. 혹 다우존스지수는 예측하지 못한다 해도, 채권은 어떨까? 채권은 또 우승팀에 따라 어떻게 움직일까?

표 3-4. 다우존스지수(DJIA) 변동 지표로서 슈퍼볼

슈퍼볼 연도	슈퍼볼 우승팀	이후 12개월간 다우존스지수 변동 폭
1967	NFL	119.42
1968	NFL	-174.13
1969	AFL	69.02
1970	AFL	38.56
1971	AFL	51.28
1972	NFL	129.82
1973	AFL	-169.16
1974	AFL	-234.88
1975	AFL	236.17
1976	AFL	152.24
1977	AFL	-173.48
1978	NFL	-26.16
1979	AFL	33.73
1980	AFL	125.25
1981	AFL	-88.99
1982	NFL	171.54
1983	NFL	212.10
1984	AFL	-47.07
1985	NFL	335.10
1986	NFL	349.28
1987	NFL	42.88
1988	NFL	229.74
1989	NFL	584.63
1990	NFL	-119.60
1991	NFL	535.20
1992	NFL	132.20
1993	NFL	452.90
1994	NFL	80.35
1995	NFL	1,356.81
1996(09/01)	NFL	341.27

랜덤워크 모델이나 효율적 시장 모델이 기술적 분석가들이 발견한 수많은 현상 또는 좀 더 격식을 갖춰 학계가 후행 연구로 발견하는 이례 현상과 일치하는 경우가 왕왕 있다. 슈퍼볼을 분석해 보면 그 이유가 드러난다.

예전에는 누가 역대 최고의 스쿼시 선수였는지 질문을 받곤 했다. 그럴 때면 나는 언제나 이렇게 대답했다. "잭 바너비, 제 코치님이시죠." 시장이 무작위로 움직이는지 누가 물으면 역시 내 대답은 늘 똑같다. 시장의 무작위성을 실감하려면 1995년 3분기 동안 엔화가 보인 추이를 살펴보면 된다. 이 기간에 엔화는 목요일 종가 대비 금요일 종가가 16주 연속 하락한다. 상승·하락을 따지는 50 대 50 상황에서 전일 종가 대비 16주 연속 하락할 확률은 6만 5,536분의 1이므로 이런 엔화 추이는 언뜻 보기에 이례 현상 같다. 표 3-5에 변동 폭을 포함한 데이터를 제시했다.

지난 10년을 살펴보면 주요 시장에서 일일 가격이 이렇게 오랫동안 연속으로 한 방향으로 움직인 경우는 없었다. 하지만 요일에 상관없이 지난 10년 동안 가격이 이처럼 16주 연속해서 한 방향으로 움직이는 개별 기회는 모두 2,500번이었다. 게다가 5개 주요 시장을 아우르고 상승과 하락 양 방향 움직임을 모두 합치면 고려해야 할 2,500개 개별 가능성이 최소 10쌍 생긴다. 따라서 확률은 (보수적으로 잡아도) 약 2만 5,000배 정도 높아진다. 더욱이 일주일 간격으로 특정 요일만 따로 살피는 방식은 데이터를 분류하는 수천 가지 방법 중 하나라는 점을 고려하면, 원래 극히 희박했던 확률은 훨씬 높아진다.

한편 이 확률을 1996년 엔화 동향에 대입해 보아야 한다. 1996년 3월 1일 금요일부터 1996년 7월 19일 금요일까지 엔화는 20주 중 19주에서 하락세를 보였다(뉴욕거래소 목요일 종가 대비 금요일 종가 기준). 표 3-5는 1995년 17주 동안을 추적하고 있는데, 이와 유사한 패턴을 보인다.

1995년 9월 30일까지 9년 동안 일부 주요 시장에서 특정 요일에 가격이 연속으로 가장 길게 상승 또는 하락한 일수는 표 3-6과 같다.

시장별로 2,250거래일을 고려했기 때문에 결괏값은 우연에 가깝다.

투기거래자라면 누구나 시장이 연달아 상승 또는 하락하거나 상승과 하락이 번갈아 나타나는 현상을 보게 된다. 많은 경우 한 시장이 계

표 3-5. 엔화 한 방향 연속 변동(금요일 거래), 1995/06~10

목요일 날짜	목요일 종가	금요일 종가	변동 폭
06/29	12,093	12,058	−35
07/06	11,988	11,789	−199
07/13	11,674	11,627	−47
07/20	11,587	11,531	−56
07/27	11,579	11,568	−11
08/03	11,249	11,142	−107
08/10	10,990	10,854	−136
08/17	10,504	10,435	−69
08/24	10,528	10,505	−23
08/31	10,431	10,422	−9
09/07	10,254	10,182	−72
09/14	9,897	9,748	−149
09/21	10,293	10,162	−131
09/28	10,283	10,126	−57
10/05	10,161	10,045	−116
10/12	10,185	10,001	−84
10/19	10,039	10,057	+18

속해서 다른 시장을 앞에서 이끌기도 하고 뒤처지기도 한다. 혹은 한 달 또는 한 해 간격으로 뒤처지며 유사한 움직임을 보이기도 한다. 초보들은 이런 현상을 목격하면 왕왕 시장의 비밀을 푸는 열쇠를 발견했다고 철석같이 믿는다. 그래서 이런 상관성이 계속된다는 쪽에 흔쾌히 거액을 건다. 학계에서는 이런 결과를 이례 현상이라 부르며 사람들은 1월 효과를 노려 12월에 주식을 사는 등 순진한 방법으로 서둘러 수익을 불리려고 한다.

더 간단하게 설명해 보겠다. 우리는 모두 우연한 현상이 발생할 수 있는 많은 경우에 노출된다. 따라서 우리가 관측하는 이런 상관성은 오로지 우연 탓일 가능성이 꽤 높다.

통계학자들은 다중 비교를 통해 검정할 때 '본페로니 조정(Bonferroni

표 3-6. 주요 금융시장 최장 기간 일일 연속 변동, 1987~1995

	연속 상승		연속 하락	
	일수	시작일	일수	시작일
원유	10	1988/02/28	9	1987/11/09
채권	9	1992/09/08	13	1990/04/24
스위스 프랑	9	1994/06/21	9	1993/10/25
S&P	10	1987/01/15	8	1991/09/11
엔	12	1993/02/22	11	1992/02/25
독일 마르크	11	1994/05/03	7	1993/06/22
금	8	1988/05/23	9	1988/02/03
콩	7	1994/11/09	7	1992/08/07

adjustment, 다중 비교 시 유의 수준을 보정해 오검출을 제어하는 통계학적 방법 - 옮긴이)'이라는 절차를 활용한다. 간단히 말해 1,000회 비교할 경우 사후 데이터를 검토할 때 유의 수준에 1,000을 곱해 통계적으로 유의미한 결과, 즉 차이가 순전히 우연에 의해 획득될 확률을 높여야 한다. 공원 벤치에 앉아 빨간 머리 소녀 무리나 키가 작은 무리가 있는지 확인하려고 기다리는 사람들이 있다고 하자. 이들이 은연중에 고려하고 있는 비교의 수는 수백만 가지에 달한다. 따라서 이들이 기다리는 무리를 발견한다면 이는 특이한 우연의 일치일 가능성이 높다.

이와 비슷하게 무작위로 뒤섞을 때 우연히 군집화 결과가 나올 가능성을 과소평가하는 경향이 있다. 이 효과를 확인하기 위해 먼저 색깔이 다양한 사탕을 커다란 유리 항아리에 넣고 골고루 섞어보자. 유리병은 마치 멋진 모자이크처럼 보이는데 이 모습을 본 대다수 사람은 경탄하면서 중력이나 상반된 전하를 가진 두 물체 사이에 존재하는 인력 때문이라고 짐작한다. 나는 집에서 색깔이 다양한 콩알 모양 젤리 다섯 봉지로 실험해 보았다. 아이들이 탄성을 질렀다. "끼리끼리 모였어. 빨간색, 검은색, 흰색이 전부 같이 모였어." 그러나 젤리 무게가 다르다는 사실을 알아차리자 김이 새고 말았다. 나는 색깔이 다양한 엠앤엠즈 초콜릿으로 뒤섞기 실험을 반복했다.

무작위 배열에 질서를 부여하는 경향은 주가 변동란을 볼 때도 나타난다. 신문에 알파벳순으로 나열된 주가 변동란에 상승과 하락이 표시되는데 독자는 여기에 일정한 질서를 부여한다. 통계학자들은 이런 경향을 집군효과라고 부른다. 집군효과로 돈을 벌려면 친구와 같은 돈을 걸고 이기는 사람이 다 따는 조건으로 내기하되 스물세 명 이상이 모인 방에 생일이 같은 사람이 적어도 두 명 있다에 돈을 걸어라. 물론 투기 거래자라면 결코 생각 없이 가볍게 도박을 하지 않으므로, 딴 돈은 의미 있는 일에 기부하라.

심령 현상을 다루는 무게 있는 학술 연구는 대개 따뜻한 기후나 시적인 풍경을 배경으로 이루어지고 있다. 공시성(共時性), 유의미한 우연, 의미 있는 사건이 다른 사건을 수반하는 현상, 숨어 있는 기억, 의식 분열, 기타 등등. 이런 연구는 앞으로도 쭉 인기를 끌 것이다. 비슷한 맥락에서, 누군가에게 전화를 걸었는데 그 사람 역시 내 번호를 누르고 있었거나 마침 내 생각을 하고 있었을 수도 있고, 붐비는 극장에 내가 가장 좋아하는 역사적 인물을 쏙 빼닮은 사람이 있을 수도 있다. 가족 중 누군가는 몇 킬로미터 떨어진 가족에게 나쁜 일이 생기면 알아채고, 소로스가 허리가 아프면 십중팔구 시장이 불리한 방향으로 대폭 움직인다.

4장
손실, 회복, 추세, 날씨

Victor Niederhoffer

The Education of A

SPECULATOR

계속 지던 선수도 가끔 이길 때가 있는데 처음 한 번 이기면 또 이긴다.
그동안 패배 때문에 내면에 정복 욕구가 더더욱 커졌기 때문이다.

— 르네 라코스트

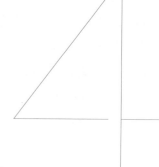

지는 길

패배로 가는 길은 부지기수지만 승리로 가는 길은 아주 드물다. 참패하는 규칙을 모조리 숙달한 다음 이 규칙들을 피하는 데 집중하는 것이 승리하는 최선의 방법일지도 모른다.

현대에 접어들면서 전문화가 점차 심화되자 패배자에서 벗어나지 못하는 경우가 흔해졌다. 생각해 보라. 농구팀 워싱턴 제너럴스는 1971년 이후 할렘 글로브트로터스(Harlem Globetrotters, 묘기 농구단 - 옮긴이)를 이기지 못했고, 시카고 컵스는 1908년 이후 월드시리즈를 제패하지 못했고, 뉴욕 메츠 투수 앤서니 영(Anthony Young)은 1995년 20연패를 기록했다. 한때 세인트루이스 카디널스 소속이었던 밥 위커(Bob Uecker)는 평생 타율이 2할이었다. 재능에 비해 2할도 과했지만 말이다. 그래도 텔레비전 광고업계에서 위커는 수요가 있다. 사람들이 위커를 보면서 나보다 못난 사람도 있다며 좋아했기 때문이다.

나는 운이 참 좋았다. 지는 일이라면 이골이 난 삼촌 집에서 4.5킬로미터 떨어진 곳에서 자랐으니 말이다. 삼촌 호위 아이젠버그는 결승전에서 십중팔구 미끄러지는 남자였다. 그런데 삼촌은 '2등은 대단한 순위(Second Place Is Some Place)'라는 글에서 2등을 옹호했다. 한이 서려 있는 몇 구절을 보면 삼촌의 울분을 느낄 수 있다.

정말이지 USHA 전국 원월 토너먼트(1-wall tournaments) 대회가 생기면서 나는 패배자로서 진가를 발휘할 기회를 얻었다. 1960년에 나는 24시간 간격을 두고 단식과 복식에서 2위를 하는 위업을 달성했다. 마치 셰익스피어(William Shakespeare) 희극에 등장하는 욕심 많은 팔스타프(Falstaff)가 된 듯했다.

손아귀에 잡힐 듯 말 듯 승리가 눈앞에 어른거렸다. 그런데 기특하게도 냉정을 유지했다. 늘 우승 문턱에서 좌절했고 이번에도 하늘이 개입해 결승전에서 이기지 못하리라는 걸 알았기 때문이다. 어땠냐 하면 심판이 터무니없는 판정을 내렸고 이후 오스카(Oscar)가 자비롭게도 도저히 받아 칠 수 없는 공을 날려 경기를 끝냈다. 우승이 없는 내 기록은 여전히 오점 하나 없이 깨끗했다.

세 번째 게임에서 18 대 18 동점이 되었다. 주님은 인간의 나약함을 가장해 다시 한번 개입하셨다. 주님의 사절들(주심과 선심)이 자그마치 세 번 연속 말도 안 되는 판정을 내렸다.

결승전 첫 번째 게임을 이기고 두 번째 게임도 20 대 12로 앞서 나갔다. 나는 탄도 낮게 회심의 일구를 날렸다. 상대가 받을 수 없는 공이었다. 오호통재라! 한 점 흠 없는 완벽한 실패 기록은 이제 산산조각이 나는 듯했다. 그런데 산통이 깨졌다. 아니, 최소한 주심이 그렇게 출중한 사람만 아니었어도 실패 기록은 여기서 끝났을 텐데.

내가 늘 2등으로 대회를 끝내는 비장의 무기는 컨디션 조절 실패였다. 분하게도 1970년 대회에서는 이 비장의 무기가 너무 일찍 나와버렸다. 앙숙인 마이크 딕먼(Mike Dikman)을 준결승에서 만났는데 1게임을 이기고 2게임도 20 대 12로 앞서고 있었다. 그런데 두 번째 게임을 날려버렸다. 1971년 USHA 원월 단식 준결승, 3게임 중 2게임을 먼저 이겨야 하는 경기에서 또 패배한 것이다. 내 인생에서 최대 업적을 세우는 순간이었고 이건 숙명이었다.

역대 최다 우승 복식 선수를 내 수준으로 끌어내린 것에 만족하지 못하고 나는 많은 이가 최고의 복식 선수로 꼽는 선수를 수소문하고 다녔다.

좀 더 현명한 사람이라면 처참한 실패 기록에 만족하면서 자신이 가진 월계관에 안주했을 텐데. 인간계 패자들은 그저 우러러보기만 할 뿐, 결코 달성할 수 없는 처참한 실패의 월계관 말이다.[1]

두 가지 예시면 충분하리라. 첫 번째는 1966년 브루클린 브라운스빌 보이즈 클럽에서 열린 전국 유대인 원월 복식 챔피언십이었다. 3전 2선승제, 1게임 21득점 경기에서 호위 삼촌은 1게임을 먼저 잡았고 두 번째 게임을 20 대 8로 앞선 상태에서 서브권을 갖고 있었다. 월볼협회 회장인 미키 블레크먼(Mickey Blechman)도 참석할 정도로 중요한 대회였다. 삼촌은 경기가 시작되기도 전에 심판 수준이 구리다며 공개적으로 협회장을 맹비난했다. 삼촌은 귀여운 여자 친구와 함께 할리데이비슨 더블이글을 타고 경기 시작 불과 5분 전에 코트에 도착했다. 삼촌은 여자 친구에게 마지막 포인트를 서브 에이스로 장식하겠다고 약속했다. 둘만 아는 특별한 비밀이었다.

숨을 헐떡이던 호위 삼촌은 시속 200킬로미터짜리 서브를 넣으려고 뜸을 들였다. 공을 세 번 퉁겼는데 매번 더 높이 퉁겨 잡더니 속도를 높이면서 서비스 라인을 향해 갔다. 마치 원반을 던지기 직전 원반던지기 선수 같았다. 시장도 비슷하다. 시장도 급등하면서 치명적인 주먹을 날리기 전에 소폭 상승하면서 힘을 축적하듯 잽을 여러 차례 던진다.

갑자기 블레크먼 회장이 관중석에서 득달같이 내려오더니 기세등등하게 외쳤다. "반칙!" 좋은 평판을 유지하고 싶었던 블레크먼 회장은 서브하기 전에 공을 세 번 이상 퉁기지 못하도록 최근 월볼 규정 1013조를 개정했는데 삼촌이 그만 깜박한 것이다. "타임아웃을 부르면 돼요." 삼촌이 소리쳤다. 그러나 부질없는 짓이었다. 삼촌은 15분 동안 블레크먼을 쫓아다니며 마치 《탈무드》를 놓고 논쟁하듯 핏대를 올리며 입씨름을 했고 남은 에너지를 다 써버리고 말았다. 삼촌은 집중하지 못한 데다 진이 다 빠져서 두 번째 게임을 21 대 20으로 내주고 말았고 세 번째 게임은 21 대 3으로 참패했다.

나는 호위 삼촌에게 아슬아슬한 상황일 때 왜 심판들이 툭하면 삼촌에게 불리한 판정을 내리는지 물었다. 삼촌은 대놓고 이렇게 이야기했다. "심판이란 부끄럽고 하찮은 존재야. 직접 경기를 뛰어서 이길 수 없지. 그래서 싹수 있는 젊은 선수들을 찍어 누르고 애매한 상황이 생길 때마다 불리한 판정을 내리지."

미국과 영국에서 열리는 탁구대회의 단골 우승자이자 선수권대회에서 수십 차례 우승한 마티 라이즈먼은 심판과 다투고도 무사히 빠져나가는 재주가 있었다. 라이즈먼은 경기 초반에 심판에게 이렇게 말했다. "편견에 사로잡힌 자식. 내 점수 도둑질할 생각 말고 조심하쇼." 마티는 심판을 깔보는 것도 모자라 가라테로 치는 동작까지 하면서 경고에 힘을 실었다.

나는 마티에게 삼촌이 심판 때문에 겪는 불운에 관해 이야기했다. 그러자 마티는 이렇게 대답했다. "그 심정 이해해. 탁구에도 돈과 영광을 모조리 자신을 위해 빼돌리려는 편협한 관료들이 꼬이지. 나는 생각이나 감정을 숨기지 않고 대들었어. 그러다가 곤욕을 치른 적이 딱 한 번 있는데, 해외선수권대회에서 아마추어협회 회장에게 무심코 판돈을 받아달라고 했지 뭔가. 뜨거운 현장 열기에 취해서 회장을 사설 베팅업자로 착각했거든. 그런데 이 한심한 작자가 앙갚음하려고 내가 집으로 가는 배에 오를 때까지 별렀단 말이지. 그러고는 나한테 전보를 보냈지 뭔가. 아마추어 경기에 출전 정지라나 뭐라나. 하지만 이듬해 영국인들이 나를 복귀시키지 않으면 관계자 교통비를 지급하지 않겠다고 했어."

30년이 지나 돌이켜볼 때 심판들과 언쟁해서 손해는 안 봤는지 물었다. 마티는 아쉬워하며 인정했다. "글쎄, 한창때 3년 동안 출전 정지를 당하지 않았더라면 좋았겠지."

호위 삼촌과 마티는 '배짱 있게' 부딪쳐야 한다고 믿었다. 두 사람은 심판을 어떻게 생각하는지 숨김없이 까발렸다. 그때 심판들 속이 어땠을지 가히 짐작이 간다. 선수로 실패하고 심판으로 전향한 이들은 가슴에 사무친 쓰디쓴 응어리가 있을 터. 이런 선수 출신 심판들에게 심판 자질에 문제가 있다고 공개적으로 질책하면 이 응어리가 노골적인 증오로 돌변하지 않겠는가 말이다. 관중 수천 명이 보는 앞에서 나보다 덩치가 두 배나 큰 남자에게 모욕당하는 상황이 즐거울 리 없다.

호위 삼촌은 아버지와 정반대로 대처했다. 한번은 아버지가 샘 실버를 불렀다. 몸집이 왜소한 실버는 브라이튼 비치에서 경기가 열리면 자주 심판을 보곤 했다. "샘, 자네 판정은 훌륭했어. 그런데 제대로 인정을 못 받는 것 같아서 안타깝네. 식구들하고 생선 정식 먹으러 가는 길인데, 같이 가지 않겠나?" 나중에 아버지에게 왜 그랬냐고 물었다. 더구나 실버는 삼촌이나 내가 시합하면 불리한 오심을 밥 먹듯이 했기에 더 이해할 수 없었다. 아버지는 이렇게 대답했다. "항상 심판과 친구가 되거라. 심판과 친해져서 나쁠 게 없어. 그러면 굳이 일부러 해롭게 하지는 않을 테니 도움이 될 거다." 나는 상품거래소와 상대할 때 이 충고대로 하고 있다. 1년에 두어 번은 객장을 찾아서 장내 트레이더, 직원들과 이야기를 나눈다. 다음에 내가 주문하면 자기들이 손해 보면서까지 좋은 조건에 주문을 체결하지는 않더라도 적어도 일부러 나한테 불리하게 하지는 않을 테니 말이다.

일을 막 시작할 무렵에는 이 처세술을 지키지 않았다. 당시에는 마음껏 내 의견을 표출해도 괜찮을 정도로 여유가 있었기 때문이다. 자율규제기관이 업계를 규제할 수 있는 독점권을 신청하자 나는 반발하면서 워싱턴 정부에 편지를 썼다. 규제 독점권이 생기면 혁신과 다양성이 억제된다, 게다가 가격이 인상되고 비용은 증가하니 독점권은 불필요하다는 취지였다. 나는 이렇게 훈계했다. "여기서 지대추구 행태가 감지됩니다." 나는 인가제의 폐해를 논하는 몇 가지 냉철한 근거를 추가하면서, 이발사들이 경쟁을 억제하려는 속셈으로 인가제를 추진했듯이 선물업계 역시 인가제를 통해 경쟁을 억제하려 한다고 지적했다.

협회는 인가제 요청이 정당하다며 당당하게 말했다. 인가제 요청을 지지하는 서신이 수백 통 쇄도했고 반대하는 서신은 단 한 통뿐이었다고. 인가제가 만장일치로 가결된 직후 나는 협회 회장과 마주 앉았다. 회장은 당시 연봉을 자그마치 50만 달러 넘게 받아먹고 있었다. 날강도나 다름없었다. 협회는 광고 규정 위반 건으로 나를 조사하고 있었다. 우리는 의아한 듯 서로를 쳐다보았다. 둘 다 삐져나오는 웃음을 참지 못했다.

교훈을 얻은 나는 즉시 거래하는 주요 거래소마다 회원 자격을 신청해 회원이 되었다. 회원이 되면 상황이 애매하거나 유무죄를 판단하기 어려울 때 무죄나 유리한 판정을 받을 수 있다. 나를 받아들이지 않은 곳이 딱 한 군데 있었는데 뉴욕증권거래소였다. 회원제로 운영되며 혹시나 있을지도 모르는 반역자들을 차단하는 데 200년의 노하우를 가진 뉴욕증권거래소는 위상에 걸맞게 나를 밀어냈다. 나는 체질상 그런 배타적인 단체는 맞지 않는다.

뉴욕증권거래소의 수많은 규정이 경쟁을 막고 회원들의 수익을 극대화하기 위해 고안되었다. 회원들의 수익을 챙겨주는 건 나도 좋다고 생각하지만 경쟁 제한은 영 탐탁지 않다. 나한테는 대중에게 내놓을 훌륭한 제품이 있는데 거래소 규정은 내 방식에 방해가 되었다. 경쟁을 최대한 억제하기 위해 거래소들은 모든 활동에 엄격한 자본 규정을 두고 있었다. 나는 부족한 자본을 대대적인 광고로 메우려고 했다. 진퇴양난. 사면초가. 거래소는 광고를 면밀하게 감시했고 엄격하게 규제했기 때문에 상황을 타개하기가 사실상 불가능해졌다.

거래소는 임무를 수행하기 위해 자주 감사를 실시한다. 1년에 한 번, 거래소 회계감사관 네 명이 두 달 동안 우리 사무실에 들이닥쳤다. 오해가 없도록 덧붙이자면, 수많은 감사 절차와 기준은 대중이 투자한 자금이 오남용되지 않도록 한다. 선물업계 주위에는 사기꾼이 어찌나 많은지, 기준이 없다면 광고는 얼마 못 가 경마 광고나 다름없어질 것이다. 게다가 자본 기준이 없다면 대중은 자금이 안전할지 벌벌 떨어야 하며 확신을 갖고 거래할 수도 없게 된다. 감사를 통해 고객 자금이 분리돼 있는지, 수익률 보고가 정확한지 들여다보므로 제법 규모 있는 선물거래소 회원이 파산해도 고객은 자금을 날리지 않게 된다. 대중 입장에서 감사는 이런 장점이 있다.

감사를 받으면 우리 회사는 보통 엄중히 경고하는 편지 한 통에 벌금 1,000달러를 맞았다. 규정 준수 요건을 충족하기 위해 정규직 두 명이 추가로 필요했다. 더 나쁜 건 새로운 사업을 구상하다가도 감사받을 생각만 하면 의욕이 꺾이고 만다는 점이다. 광고 문구가 잠재적 경쟁업체나 브로커들을 불쾌하게 만들면 곤란하겠지? 하면서.

결국 어떤 연성 원자재(쌀, 면화, 커피처럼 캐내지 않고 재배하는 상품 - 옮긴이) 거래소에서 벌금을 수만 달러나 때렸다. 그 거래소에서 3년 동안 한 번도 거래를 안 했는데도 말이다. 나는 검사, 판사, 배심원, 그리고 징세관 역할까지 하는 심판에게 휘둘리는 게 싫다. 그런데 당시 벌금이 결정타였다. 나는 회원권을 죄다 팔아버리고 독립했다.

다친 척하기

호위 아이젠버그 삼촌은 어느 단식 토너먼트 결승전에서 패배했다. 전형적인 패배 방식 중 두 번째 유형이었다. 호위 삼촌은 쉽게 지쳤는데, 위급하면 다친 척하고 15분간 부상 타임아웃을 이용했다. 그 시간에 체력을 회복할 수 있기 때문이다.

삼촌은 여느 때처럼 첫 게임을 이겼다. 두 번째 경기는 혼전이었다. 내내 엎치락뒤치락하다가 14 대 14가 되었다. 부상을 입을 시간이 되었다. 삼촌은 바닥에 넘어지더니 고통스러운 듯 발목을 잡았다.

그림 4-1. 힘든 경기를 펼친 끝에 패배한 호위 아이젠버그

"골절인 것 같아요. 관중석에 혹시 의사가 있나요?" 즉시 경찰인 '농부'가 달려 나와 삼촌 다리를 힘껏 마사지하고는 들어 올려 압박했다. 그리고 발목 주위에 커다란 압박 붕대를 둘둘 감았다. 100번은 감았을 것이다. 모든 일이 착착 완벽하게 진행되는 것처럼 보였다. 15분이 지났다. 삼촌은 부상을 핑계로 푹 쉬었고 서브를 넣으러 갔다. 그런데 18점을 잃었고 세 번째 게임에서 21 대 4로 지고 말았다.

"어떻게 된 거예요?" 경기가 끝나자 삼촌에게 물었다.

"쉬려고 멈췄을 때는 크게 다치지 않았어. 그런데 농부가 치료를 끝내자 꼼짝할 수가 없더라."

전문가의 조언

호위 삼촌이 패배한 경기를 살펴보다 보니 패배로 가는 법칙들이 떠올랐다. 패배하려고 기를 쓰는 투기거래자가 있다면 아주 요긴한 법칙들이다.

- 나보다 잘난 사람은 없다, 이기는 건 기정사실이라고 생각하라. 말과 행동으로 승리는 따놓은 당상이라는 것을 상대에게 확실히 알려라. 브로커에게 내가 어떤 매매를 얼마나 좋아하는지, 그리고 최근에 얼마나 기막히게 해냈는지 떠벌려라.

- 심판을 향해 비난을 퍼붓고 동기가 불순하다며 일갈하라. 애매한 상황이 되면 겁을 먹은 심판이 다시는 불리한 판정을 하지 않을 것이다. 증권거래위원회(SEC), 상품선물거래위원회(CFTC), 미국선물업협회(NFA)가 부과하는 규제가 과도하다며 꾸짖는 편지를 신문사에 보낸다. 무엇보다 국세청을 들먹이면 효과가 바로 나타난다. 이런 기관들에는 사심 없는 공무원이 많다. 논의하는 건 얼마든지 좋아할 것이다.

- 수익이 나면 익절하라. 긴장을 풀자, 내가 최고다. 잘못될지도 모른다는 생각은 절대 하지 말라. 그럴 일은 없다. 조금이라도 수익이 나면 손에 넣고 손실은 거부하라.

- 손실이 나면 몽땅 쏟아부어 만회하라. 만회한 뒤에는 쉬엄쉬엄하면서 칭찬받아 마땅한 자신을 치켜세워라. 과거에 거둔 승리를 곰곰이 생각하면서 세세한 것까지 꼼꼼하게 상기하라. 패배를 돌아보거나 당시에 무엇을 잘못했는지 알아내려고 애쓰지 말라. 그런 반성은 호구들이나 하는 짓이다. 결과가 좋지 않은 트레이더들에게 배울 필요는 없다. 손실을 본 건 단지 운이 나빴기 때문이다. 번개에 두 번 맞을 확률은 희박하다.

- 상대가 가진 기회를 얕보고 역량을 조롱해 상대를 화나게 하라. 베이브 루스처럼 정확히 어떻게 혼내줄지 알리고 어디로 칠지 가리켜라. 속내를 시장에 알려라. 브로커에게 주문하면서 라운드 넘버에 손실제한 수준을 두는 것이 최선이다. 그냥 헌트 형제에게 물어보라.

- 결승전이라고 괜히 과하게 훈련하지 말라. 다른 시합이라면 하지

도 않을 훈련이다. 유사시에는 태연자약해야 이긴다. 발표나 연준 활동은 걱정하지 말라. 몇 달러 거래하는 게 어려워봤자 얼마나 어렵겠는가?

- 한창 기세를 올릴 때 타임아웃을 부르면 상대는 어리둥절하게 된다. 내가 무슨 꿍꿍이로 타임아웃을 부르는지 몰라서 골치가 아플 것이다. 시장이 뜻대로 움직이면 즉시 청산하고 다음에 어떻게 할지 생각하라. 주식 수익을 2루타로 제한하라.

- 이성을 초대해서 내가 얼마나 잘난 사람인지 알게 하라. 그리고 결정구는 특별히 둘만 아는 비밀이라고 말하라. 거래할 때 아끼는 애인이나 배우자를 데리고 와서 거래하는 모습을 보여줘라. 일이 잘되면 여봐란듯이 뻐겨라!

- 게임 전에 반드시 사랑을 나눠라. 마음이 편안해지고 위기에 몰렸을 때 훨씬 침착해진다. 만약 이런 기분 전환이 불가능하면 술을 몇 잔 걸치거나 근사한 음식을 배불리 먹는 것도 사랑만큼 효험이 있다. 거래일 중간에 애인과 함께 휴식을 취하라.

- 중요한 경기에 실험 단계인 신기술을 적용하라. 상대는 허를 찔릴 것이다. 미심쩍으면 실제 돈이 오가지 않는 모의 거래를 생략하고 바로 시스템을 적용하라.

- 대회 기간 중 시간이 날 때 직책과 관련된 공무를 수행하도록 일정을 짜라. 위원회 직책을 수락하면 더 좋다. 트레이딩하는 동안 딴일 하는 것을 두려워하지 말라. 회의에 휴대용 호가표시기를 가져가고, 쉬는 시간에 포지션을 바꾸라.

- 폴로나 레이싱 요트처럼 돈이 많이 드는 취미에 발을 들여라. 매일 거래해 특별한 물건을 사는 데 들어가는 자금을 마련하라.

- 상황이 불리하게 돌아가도 끝까지 버텨라. 내가 제일 잘 안다. 결과가 불리하더라도 염려하지 말라. 특히 시장이 틀렸다면 수익은 다시 돌아오기 마련이다.

빅터 니더호퍼의 투기 교실

- 너무 피곤하지만 않다면 청산하기 전날 저녁에 승리를 축하하라. 겁내지 말고 거래에서 번 수익을 합산하라. 마땅히 챙겨야 할 금액보다 적게 챙기지 않도록 하라. 다음 날 거래하러 나오지도 말라. 마감에 청산되도록 브로커에게 주문하면 된다.
- 미련하게 사소한 것에 부대끼며 진을 빼지 말라. 에너지 낭비다. 티끌은 모아봐야 티끌이고 인생은 한 방이다. 우위를 점한다며 안달복달하는 일은 상대가 하도록 놔둬라. 주문 체결 걱정은 하지 말라. 호가 한두 틱(tick)이 대수인가?

이런 특정한 패배 규칙을 활용하지 않더라도, 그 밖에도 패배로 가는 길은 널리고 널렸다. 포커든 스포츠든 도박이든 투기든, 지는 게 세상에서 가장 쉬운 일이다.

쓸모 있는 패배

나 역시 패배에 굴복할 때가 있다. 실패해서 교훈을 얻은 경우를 이야기하겠다.

1987년 10월 19일, 채권시장에서 매수 포지션을 취하고 있었다. 유리한 포지션이어서 일이 술술 풀렸다. 그런데 연인 사이였던 수전(Susan)이 트레이딩룸을 지나가며 다우존스지수가 지난 금요일 108포인트 하락한 후 월요일에 벌써 300포인트나 하락했다고 지적했다. "오늘은 주식시장에서 놀지 마세요. 시장이 폭주하고 있어요." 이걸로 충분했다. 무지한 세상 사람들은 지금 공포를 느끼고 있고 수전 역시 세상 사람과 다름없다고 치부했다. 게다가 수전이 곁에 있을 때 투기하면 짜릿했기 때문에 즉시 브로커에게 S&P 100계약 매수하라고 주문했다. "체결 완료"라는 말을 듣기도 전에 300만 달러가 날아갔다. 하필이면 내가 매수한 지 1초 만에 증권거래위원회 위원장이 주식거래소가 폐쇄

될 수도 있다고 말했다.

그러자 팀 혼에게 전화가 왔다. 팀은 내 첫 번째 고객으로 밸브 제조업체 와츠인더스트리즈(Watts Industries)를 운영하고 있었는데 업계에서 역대 가장 잘나가는 회사였다. 지금은 시가총액이 7억 5,000만 달러인데 1978년 팀이 회장으로 취임할 당시는 시가총액이 1,000만 달러였다. "빅터, 금속 제조업체 상품전시회에 갔다가 참석한 사람들한테 얘기 들었어. 우린 겁나서 시장 근처도 못 가겠네. 끔찍해. 계좌에 주식 포지션이 없길 바라네." "팀, 밸브는 자네가 만들어. 투기는 내가 할게. 분업이지. 장 마감하면 전화할게."

사업하는 사람이 제품보다 시장이 걱정돼 안절부절못하다니 그렇다면… 나는 S&P 선물 50계약을 추가 매수했다. S&P 선물은 이날 80.75포인트 하락하며 마감해 계약당 4만 400달러 손실이 났다. 인생 최고의 날이 될 수도 있었는데 내가 악몽으로 만들었다. 이튿날 거래소에서 선물 보유 증거금 요건을 올렸다. 혹시나 있을 반등을 기대하며 선물을 보유할 수도 있겠지만, 기존 포지션에서 발생하는 손실, 앞으로 발생할 손실에다 증거금까지 오르자 재간이 없었다. 다행히 다음 날 S&P지수가 22포인트 상승했다. 나는 시가에 가진 물량을 다 털었다. 여기서 교훈! '감당 못 할 일은 벌이지 말라.' 어쩌면 투기거래자에게 이만큼 중요한 규칙은 없을지도 모르겠다.

1991년 1월 9일 수요일, 상황은 나무랄 데 없었다. 채권과 S&P는 매수 포지션, 원유는 매도 포지션을 취하고 있었다. 포지션마다 증거금이 50%씩 불었다. 제임스 베이커(James Baker) 미 국무장관이 타리크 아지즈(Tariq Aziz) 이라크 외무장관과 회담 일정을 잡았다. 회의는 벌써 여덟 시간째 계속되고 있었다. 포지션을 청산하는 게 어떠냐고 파트너들이 제안했다. 우리로서는 역대급 수익이었다. 게다가 무슨 일이 일어날지 모른다. 나는 이렇게 대꾸했다. "아니, 최종 합의에서 세부사항만 남은 게 틀림없어." 어쨌든 이라크의 쿠웨이트 철수 조건과 관련해 이미 꽤 진전이 있었기 때문이다.

확실히 어느 쪽도 결전을 원하지는 않았다. 그런데 정확히 오후 2시 30분에 베이커 장관이 기자회견을 열었다. "유감스럽지만" 장관이 입을 열자마자 기자들이 전화기를 향해 우르르 달려갔다. 어떤 합의도 이루어지지 않았다. 2분 만에 다우존스지수는 80포인트 폭락, 채권은 1.5포인트 하락했고 유가는 배럴당 3달러 상승했다. 베이커의 말 한마디에 내 자산 500만 달러가 움직였다. 여기서 교훈! '정치적 사건은 섣불리 예측할 수 없다. 특히 선거가 다가오거나 주식시장이 신나게 상승할 때는 더더욱 그렇다.'

1983년 2월 10일 목요일, 금시장에서 공매도 포지션을 취하고 있었다. 금은 몇 년째 약세를 보이고 있었던 터라 꽤 쏠쏠했다. 게다가 요술이라도 부리는 듯 월요일 장이 열리면 금요일 종가보다 온스당 평균 3달러씩 내려가고 있었는데 그러기를 3년째였다. 순조롭기 그지없는 상황이었다. 잘못되려야 잘못될 수가 없었다. 그날 정오에 대량으로 공매도했고 거들먹거리며 수익을 세기 시작했다.

그런데 오후 2시부터 3시 사이에 금값이 느닷없이 7달러나 뛰는 게 아닌가. 상승을 견인할 만한 이유는 딱히 없었고 펀드가 매수에 나서 시황을 조작하고 있다는 소문뿐이었다. 그런데 일요일 새벽 4시경, 미해군 전투기들이 지중해 상공을 비행하던 리비아 제트기를 격추했다. 팽팽하게 긴장이 고조되었는데 당시엔 이런 상황이 되면 적어도 금은 쭉 상승세를 이어갔다. 아무튼 이제 중동에서 핵전쟁도 가능해 보였다.

운수가 사나웠을 뿐이다. 미국이 36시간 후에 리비아 제트기를 격추할 거라고 금요일에 누가 알았겠는가. 이렇게 생각하니 조금 위안이 되었다. 그런데 나중에 알고 보니 미국 전투기들이 몇 주 동안 지중해 해당 지역에서 분주하게 돌아다녔다고 한다. 분명 이전에 미 국방부는 중동 강대국들에게 누가 '두목'인지 본때를 보여주겠다고 말한 바 있다. 어쨌든 미국 금시장은 예지력이라도 있는지 국방부가 어떻게 나올지 예상했다. 여기서 교훈! '갓 잡은 싱싱한 정보 같아도 묶어서 악취를 풍기는 정보일 수 있다.' 재앙은 또 닥쳤다. 정부가 매달 발표하는 취업자 수치가 발단이었다. 발표일(보통 매달 첫 번째 금요일)이면 종종 채권 가격은 다른 거래일 변동성을 다 합친 규모보다 더 변동성이 커진다. 어쩌면 내가 정한 중요한 규칙 하나를 어겨도 면죄부를 받을 수 있으리라. 바로 손실제한 주문은 절대 쓰지 말자는 규칙이다. 다른 트레이더들은 언제나 알고 있다. 가격은 어김없이 손실제한 수준을 향해 움직인다. 손실제한 수준에서 체결돼 손실을 보고 나면 시장은 돌아서서 원래 취했던 포지션 방향으로 마구 움직인다. 브로커에게 가는 위험을 줄여서 시장 질서에 일조했다는 것이 유일한 위안이라면 위안이다.

이번에 채권 가격은 108.4375달러였다. 나는 107.9375에 손실제한 수준을 설정했다. 취업자 수치는 오전 8시 30분에 공개되었다. 기쁨과 환희. 노동부는 강세였다. 노동부에서 인기가 많은 대통령 후보를 도우려고 실제 수치에서 20만을 뺀 게 틀림없다. 나는 돈벼락을 맞았다.

그런데 참사가 벌어졌다. 가격이 불리한 방향으로 움직이는 게 아닌가! 손실제한에 걸려서 청산되었다. 어찌 된 영문일까? 한 대형 헤지 펀드가 1,000계약 매도 주문을 냈다. 109에 팔려는 심산이었다. 그런데 브로커가 108로 착각했다. 이 정도면 군침이 도는 매물이었다. 가격은 108, 107.31, 107.27로 움직였다. 나는 손실제한에 걸려서 청산되었다. 그 직후 가격은 110까지 쭉 올랐다. 손실제한 때문에 150% 수익이 25% 손실로 바뀌었다. 세 가지 교훈이 선명하게 떠오른다.

- 주문 시 브로커에게 애매하게 말하면 불리하게 작용할 수 있다. 의사를 전달할 때는 과하다 싶을 정도로 재차 확인하라.
- 특히 기세를 잡았을 때는 절대 손바닥 뒤집듯 뒤집지 말라.
- 마진콜을 당했는데 증거금이 모자라거나 마진콜이 예상되는 경우가 아니라면 손실제한 주문은 피하라.

빅터 니더호퍼의 투기 교실

설욕 수단

　패배에 대해 알아야 할 중요한 사항이 있다. 승리가 가르쳐주는 교훈보다 훨씬 중요한 내용이다. 바로 패배 후 승리할 확률이 높아진다는 사실이다. 훌륭한 운동선수라면 누구나 알고 있는 격언이 있다. '설욕할 기회를 엿보라. 해이해지지 말라.' 선수들은 어린이 야구 리그에 참가할 때부터 이런 말을 귀에 못이 박히도록 듣는다. 이 격언의 취지를 가장 정확하게 구현한 사람은 르네 라코스트다. 윔블던에서 두 차례 우승한 업적 외에도 '악어'는 스포츠 의류 라이선스 분야를 개척한 선구자다. 라코스트는 이기는 법을 잘 안다.

　　나는 입버릇처럼 말했다. 예상치 못한 패배 뒤에는 대체로 성공이 연속으로 뒤따른다고 말이다. 이기려는 의지를 다지는 가장 좋은 방법은 가끔 패배하는 것이다. 패배를 통해 '지는 것'과 '이기는 것'이라는 두 표현이 어떤 의미에서 구별되는지, 더 확실하게 분간할 수 있다. 그리고 패배는 승리에 대한 열망을 새롭게 불태우도록 만든다. 사람은 패배보다는 성공에 훨씬 쉽게 익숙해진다. 천성이 그렇다. 계속 승리하면 의지가 무뎌지는데 이 또한 언제나 자연스러운 현상이다. 반면 누구나 알듯 패배하면 반작용으로 방금 잃어버린 것을 되찾으려는 욕망이 끓어오른다. 계속 지던 선수가 이따금 승리하는 경우를 가끔 보는데, 이는 패배를 통해 내면에 더 큰 정복 욕구가 생겼기 때문이다.[2]

　분야를 막론하고 패배가 지니는 가치에 대해 챔피언들이 느끼는 감정은 엇비슷하다. 1921~1927년 세계 체스 챔피언이었으며 손꼽히는 고수인 호세 라울 카파블랑카(José Raúl Capablanca)는 이렇게 말했다.

　　살면서 단 한 판도 지기 싫다는 오기가 생길 때가 있었다. 그러면 진다. 지고 나면 꿈나라에서 현실로 돌아오게 된다. 적절한 시기에 참패하는 것만큼 유

익한 일은 없으며, 나는 승리한 대국보다 패배한 대국에서 더 많이 배웠다.[3]

《Chess Fundamentals(체스의 펀더멘털)》에서 카파블랑카는 자신이 치른 14번의 대국에 점수를 매기고 교훈이 담긴 해설을 덧붙이는데, 해설 대상으로 선택된 여섯 차례 대국은 모두 패배한 경기다.

챔피언과 패자

위대한 챔피언은 대체로 자신이 가진 능력에 비해 지극히 겸손하며 언제나 아마추어들의 노력을 높이 산다. 훌륭한 선수는 대개 게임의 어려움을 이해하고 있으며 고수가 되는 길이 다양하다는 사실을 알고 있다. 그러므로 이들은 고수가 되는 길로 걸어가는 사람을 보면 기뻐한다. 심지어 그 사람이 애송이라도 말이다.

크게 성공했다고 자랑하고 다니는 건 자신이 없다는 소리다. 스쿼시를 잘했을 때 나는 동네방네 떠벌리지 않았다. 대신 이렇게 말하곤 했다. "라켓이 증명할 겁니다." 투기거래자도 마찬가지다. 시장 예측 전문가들이 자신이 한 예측을 놓고 평가할 때가 있는데, 그런 평가를 읽다 보면 델포이 신전과 점성술 시절로 되돌아간 듯하다. "우리가 예측한 바와 같이…" "어제 전망은 정확하게 적중했다…" "상승세가 유지되는 내내 우리는 선두에서 강세를 주장했는데…" 이런 자화자찬에는 기이한 현상이 뒤따른다. 바로 예측 전문가들이 이런 과대광고를 스스로 믿게 된다는 점이다. 심리학자들은 이런 경향을 '나는 처음부터 알고 있었다' 현상이라고 부른다. 선거가 끝나면 유권자의 99%는 당선된 후보가 이길 줄 '알았다'고 말한다.[4]

나는 조지 소로스 밑에서 10년 동안 트레이더로 일했는데, 소로스는 수익을 본 거래는 절대 입 밖에 꺼내지 않았다. 소로스가 하는 말을 듣고 있으면 투자하는 족족 손실만 본다고 생각될 정도다. 반면 밥 먹듯 손실을 보는 사람들 말을 들어보면, 판판이 수익을 챙기나 보다 착각하게 된다.

패배 후 더 잘하는 경향은 운동경기에서도 종종 관찰되며 시장 추이에서도 여실히 드러난다. 실패한 후 시장은 대체로 강세를 보인다. 예를 들어 1996년까지 10년 동안 데이터를 보면 원유는 전일 하락 후 이튿날 개장에서 마감까지 총 10달러 상승했지만, 전일 상승한 후에는 9달러 하락했다.

저녁에 손실로 큰돈을 날리면 두려워서 벌벌 떨 때가 있다. 아내한테 숨길 수도 없을 지경이 된다. 그러면 아내는 고통에 몸부림치는 나한테 쓰레기 좀 버리고 오라고 재촉한다. "여보, 못 하겠어. 도쿄에서 전화가 왔는데 매타작이네." 그러면 아내는 이렇게 말했다. "잘됐네. 하락 뒤에는 강세잖아. 밤새 불리하게 움직이다가 이튿날 멋지게 회복한 적이 어디 한두 번인가, 뭐. 식기세척기에 세제도 채워야 해. 뜨개질하듯 마음이 편안해질 거야."

한번은 다른 방법을 써보았다. "조지 소로스는 기저귀를 한 번도 안 갈았대. 기회비용이 엄청나거든. 아마 기저귀 한 번 가는 게 1만 달러는 될걸." 이렇게 말해 보았지만 수전은 꿈쩍도 하지 않았다.

스포츠와 시장에서 가장 위험한 시기는 앞서 나갈 때다. 앞서 있으면 긴장이 풀리고 방심하게 되고 그러면 자만심에 터무니없는 결정을 내리기 십상이다. 내가 큰돈을 벌게 해주면 소로스는 이렇게 충고했다.

"그만 으스대게. 내일 거래를 잘해야 자네한테도 좋을 걸세. 그러니 내일 거래나 신경 쓰게. 자네는 어쩌자고 항상 추세와 싸우나? 왜 사서 고생하지? 학대당하면 짜릿해? 내 책 안 읽어봤나? 시장은 피드백하는 경향이 있어. 양의 피드백이 발생한다고. 그래서 상황을 안정시킬 초국가적이며 이타적인 공권력이 필요하다고 하는 거야."

나는 현자들의 지혜에 의문을 제기할 깜냥이 못 된다. 카파블랑카, 라코스트, 소로스 등 세계 챔피언들의 지혜를 시험하다니, 생각만으로

표 4-1. 연도별 상품 수익률, 1986~1995(변동 폭, %)

	채권	S&P	독일 마르크	스위스 프랑	엔	파운드	금	은	구리
1986	15.2	14.0	26.5	27.3	27.0	2.3	20.4	-7.9	-6.2
1987	-10.4	1.9	23.2	27.3	30.9	27.9	21.9	24.8	136.9
1988	1.3	13.6	-11.2	-15.4	-3.0	-4.4	-15.1	-10.1	4.6
1989	10.7	27.1	3.6	-3.8	-13.6	-11.7	-2.9	-13.5	-30.4
1990	-3.0	-7.2	13.2	21.6	6.0	20.2	-1.6	-19.8	10.0
1991	9.4	26.5	-2.7	-7.3	8.2	-3.4	-10.1	-7.9	-16.5
1992	-0.1	4.7	-6.2	-7.1	0.2	-18.8	-5.6	-4.7	4.4
1993	9.4	7.3	-6.4	-1.2	11.9	-2.0	17.0	42.2	-18.5
1994	-13.4	-1.8	13.3	14.5	12.8	6.7	-1.9	-6.7	66.3
1995	22.5	34.3	7.9	13.8	-3.3	-0.1	1.2	4.9	-10.2

도 불손하다. 하지만 원숭이도 나무에서 떨어질 때가 있는 법. 게다가 체스, 테니스 또는 외교에서 잘 통하는 원칙이라도 투기판에서는 통하지 않는 경우도 있다.

내 이론을 입증할 구체적인 증거를 찾고 싶었다. 먼저 1985년부터 1995년까지 18개 주요 시장의 연도별 변화를 계산했다(표 4-1). 시장은 크게 금융(주식, 채권), 통화, 곡물, 열대작물(설탕, 커피, 코코아), 금속(금, 은, 구리), 육류(쇠고기, 돼지고기)로 나눌 수 있다. 우선 매년 18개 시장 중 가장 성과가 나쁜 시장을 식별한 뒤 이듬해 변동 폭을 살펴보았다. 최악이었던 시장은 다음과 같다. 괄호 안은 이듬해 변동 폭이다. 1986년 옥수수(22.5), 1987년 돼지고기(4.8), 1988년 스위스 프랑(-3.8), 1989년 커피(14.3), 1990년 밀(50.7), 1991년 구리(4.4), 1992년 파운드(-2.0), 1993년 구리(66.3), 1994년 돼지고기(24.6). 성적이 최악이었던 시장이 이듬해 보인 평균 변동 폭은 20.2%로, 보통 증거금이 5%라고 보면 수익이 쏠쏠했다. 통계로 보면 신뢰구간 95%에 오차한계는 4.5%에서 36%다.

시각을 더 넓혀보면, 시장이 10% 이상 하락한 해는 42개 연도였는

(표 4-1. 계속)

	면화	코코아	커피	설탕	콩	옥수수	밀	쇠고기	돼지고기
1986	-7.7	-16.5	-31.6	14.3	-9.2	-40.6	-29.2	-7.4	-0.5
1987	14.4	-4.8	-9.2	69.6	19.4	22.5	4.4	10.9	-13.6
1988	-13.8	12.9	31.3	18.7	39.1	53.4	40.8	13.7	4.8
1989	15.7	-51.6	-54.8	20.3	-29.5	-14.6	-3.2	7.0	12.1
1990	14.5	20.2	14.3	-28.4	0.2	-1.7	-33.0	1.25	4.1
1991	-25.5	4.8	-1.2	-4.0	-0.9	8.0	50.7	-12.6	-27.3
1992	-0.3	-18.3	-16.4	-9.0	0.7	-16.1	-10.0	10.6	11.7
1993	22.6	31.7	-6.8	27.6	24.8	43.3	41.5	-7.3	0
1994	31.3	4.1	160.6	43.0	-21.3	-24.7	-20.7	-2.1	-15.8
1995	-8.1	-10.3	-38.5	-16.9	32.9	62.5	35.8	-8.4	24.6

데, 시장마다 약 7년에 한 번꼴로 발생했다. 이듬해 평균 변동 폭은 11.5%였다. 다시 말하지만 이 사실은 경제 측면이나 통계 측면에서 무척 중요하다.

마지막으로 연도별 변화가 무작위로 일어나는지 측정하기 위해 순위에 일관성이 보이는지 살펴보았다. 연도별 순위 변동에 비무작위성이 보이는가? 답은 '그렇다'이다. 연속되는 연도 간 순위의 상관관계는 평균 -0.28로, 비무작위성이 두드러진다. 가련한 투기꾼이 감히 거장들에게 자료 부스러기를 진상했다. 영양가 있는 부스러기였다.

핵심 질문

투기시장에서 가장 중요한 질문. 가격은 추세에 따라 움직이는가?

나는 답을 모른다. 그러나 추세 추종자의 성과와 역발상(또는 재량) 투자자의 성과를 비교해 보면 간접 증거가 발견된다. 펀드매니저가 관리하는 투자자 계정에 대한 평가 서비스를 제공하는 MAR에 따르면,

표 4-2. 추세 추종 및 재량 트레이딩 수익률 비교

	S&P	MAR 추세 추종	MAR 재량	바클레이 추세 추종	바클레이 전체
1983	48.1%	5.3%			
1984	7.0	24.4			
1985	21.2	27.6			
1986	14.9	-0.3			
1987	1.0	64.3	86.3%		
1988	45.5	16.3	27.3		
1989	20.2	-4.6	36.3		
1990	0	28.9	21.4		
1991	26.0	19.0	14.3	4.4%	3.6%
1992	5.0	-0.3	18.5	-0.4	-1.0
1993	10.7	19.6	32.2	9.6	10.1
1994	1.0	-5.7	-1.0	2.1	-0.7
1995	35.0	20.3	12.1	3.6	13.4
1996*	11.9	-4.3	7.7	-3.0	-0.2
평균	19.2%	15.1%	25.5%	2.7%	4.2%

* 1996년 9월 1일 현재

1987년부터 1996년까지 10개 연도 중 7개 연도에서 역발상 투자자가 추세 추종자보다 성과가 좋았다. 평균을 보면 역발상 투자자의 수익률은 26%, 추세 추종자의 수익률은 15%였다(표 4-2). 하지만 역발상 투자가 우월한 성과를 보인 이 시기는 시장 규모가 훨씬 작았던 초기 몇 년 동안이다.

과거를 분석해 만든 보고서는 미래를 내다보며 작성한 보고서보다 현저하게 결괏값이 높은 경향이 있다(성과가 변변찮았던 사람은 보고할 의향이 별로 없어서 자료가 없다며 보고를 꺼리기 때문이다). 반면 성과가 좋았던 사람은 어떻게든 자신의 결과가 포함되도록 수고를 아끼지 않는다. 1987년 평균 수익률을 보면 64%, 86%인데 아마도 이런 까닭일 것이다. 바클레이(Barclay) 보고 결과는 더 현재에 가깝기 때문에 MAR 결과보다 수익률이 평균 11% 낮다.

빅터 니더호퍼의 투기 교실

표 4-3. 기간별 앞 기간과 이어지는 기간의 변동 상관성, 1987~1996

기간	은	원유	채권	S&P	스위스 프랑	엔
1일	-0.01	0.01	0.00	-0.03	0.02	-0.01
2일	-0.02	-0.11	0.00	-0.06	-0.02	0.01
10일	-0.22	0.13	-0.04	-0.06	0.01	0.18
1개월	-0.15	0.27	0.13	-0.02	0.15	0.18
1년	-0.36	-0.04	-0.89	-0.71	0.05	-0.05

주요 시장에서 다양한 기간을 기준으로, 앞선 기간과 이어지는 기간의 상관관계를 조사하면 역발상이 추세 추종보다 나은 결과를 얻는지 여부를 판단할 수 있다(표 4-3). 모든 기간에 걸쳐 은시장은 역전되는 경향이 강했으며 다른 시장은 기간을 한 달로 잡을 때 약하나마 추세가 지속되는 경향이 있다. 그 밖에 다른 기간에서는 0에 가까운 상관성을 보인다. 그러나 상관관계가 일관된 패턴을 보였더라도 유용성에는 한계가 있다. 시기에 따라 추세 추종이 나을 때가 있는가 하면 역발상이 좋은 결과를 낳는 때도 있기 때문이다. 문제는 이때를 어떻게 미리 분별하느냐다.

변동 반그늘

하버드대학 경제학자인 프랭크 타우시그(Frank Taussig)는 75년 전에 이 주제를 날카롭게 꿰뚫어보았다. 타우시그에 따르면 시장이 일정한 띠 안에 머무를 때는 띠 안에서 엎치락뒤치락 반전을 거듭하는 경향이 있으며, 띠가 붕괴될 때 추세가 지속되거나 추세를 따르는 행태를 보인다.

기술적 분석가들은 띠 윗변을 저항 수준, 밑변을 지지 수준이라고 부른다. 타우시그는 이 구간을 '가격이 변동하는 반(半)그늘'이라고 불렀다. 타우시그는 "반그늘 안쪽은 기복이 심하고 변동이 잦은데 변동 폭이 클 수도 있다"고 진단했다. 불안정성이 높아지는 상황에 대해 타우시그는 이렇게 썼다.

예상치 못한 상황 전개, 딜러와 투기거래자 사이의 계산과 추측, 낙관론과 비관론, 감정과 믿음의 물결이 요동치는 광범위한 영역이 있다. 불확실성이 지배하는 구역, 꽤 넓은 반그늘이 있다.[5]

40년 후, 폴 H. 쿠트너(Paul H. Cootner)와 시드니 S. 알렉산더(Sidney S. Alexander) 같은 학자들은 타우시그의 개념과 랜덤워크 가설을 통합하려고 시도했다. 알렉산더는 기간 요소를 무시하고 백분율로 나타낸 가격 이동이라는 '거름장치'를 통해 가격 등락을 연구했다. 비무작위성이 있는지 테스트하기 위해 알렉산더는 다양한 거름장치로 모의매매를 시행했는데, 실험 결과 5% 정도의 촘촘한 거름장치를 활용할 때 현저하게 높은 수익성으로 이어졌다(수수료 비용은 논외). 알렉산더가 내린 결론은 다음과 같다.

연구 단위를 기간인 1주나 1개월이 아니라 '변동 폭'으로 잡으면 주식시장 주가에는 추세가 '존재한다.' 즉 변화를 고려하는 척도를 바꾸면 주가 변동의 비무작위성이 드러난다. 많은 통계 연구 결과, 투기시장가격이 임의 경로와 비슷했는데 이들 연구는 일정 기간에 걸친 변화를 다루고 있다. 그러나 거름장치 작업은 연관된 시간의 길이에 관계없이 특정 규모의 변화를 다룬다. 실제로 중간 거름장치는 한결같이 수익을 내고, 가장 촘촘한 거름장치가 가장 높은 수익을 내는데, 수익이 아주 컸다.[6]

쿠트너는 특히 반그늘과 랜덤워크를 병합하려고 했다.

가격은 장벽에 부딪혀 가며 아무렇게나 걷는 것처럼 행동한다. 타우시그가 한때 제시했던 가설처럼 가격은 상한선과 하한선 내에서 아무렇게나 걷는 것처럼 움직이는 경향이 있다. … 이 추세 내에서 무작위 변동도 있을 수 있는데, 이 주변에서 랜덤워크가 발생한다.[7]

나는 여기에 전력투구했고 어떤 의미에서는 한 번도 관련 연구를 멈춘 적이 없다. 30년 전 관련 보고서를 읽은 후 깨어 있는 시간이면 가격 역전 및 돌파 현상을 계량화하는 데 바쳤다. 이 연구는 1960년대 후반 매사추세츠공과대학(MIT)에서 태동했는데 이 연구를 발판으로 코모디티코퍼레이션(Commodity Corporation) 같은 회사가 우후죽순 생겨났다. 이 이론이 생겨날 당시부터 지금까지 여러 가지 기법이 발전해 왔는데 코모디티는 이런 기법들을 활용해 10억 달러 정도를 운용하고 있다. 노벨상 수상자인 MIT 폴 새뮤얼슨(Paul Samuelson)은 1975년부터 이 회사에서 이사직을 맡고 있다. 나는 1996년 음악, 자연, 사기, 도박, 게임 등에서 발견되는 원칙을 활용해 한동안 코모디티 계열사 자금을 관리했는데 이를 계기로 폴 새뮤얼슨과 인연이 닿기도 했다.

여느 활동도 마찬가지지만 투기 역시 예술이자 과학이다. 투기에 관한 핵심 질문에 답하려고 시도하다 보면 언제나 해결한 것보다 두 배 더 많은 의문이 또 생긴다. 내가 확실하게 말할 수 있는 것은 가격이 때로는 야수처럼, 때로는 순한 양처럼, 때로는 장난꾸러기 송어처럼 움직인다는 것이다.

바람은 친구

학사 논문을 쓸 때가 되자 나는 자연스레 추세냐 역발상이냐 문제를 파고들게 되었다. 연구를 위해 하버드에서 내가 가장 좋아하는 곳, 체계가 잘 잡혀 있기로 전 세계에서 손꼽히는 하버드 도서관에 파묻혀 지냈다. 하버드는 보스턴 지역과 전 세계에 100개가 넘는 도서관을 운영하고 있다. 1,100만 권 이상을 소장하고 있으며, 대다수는 케임브리지 캠퍼스 도서관에 있다. 와이드너 도서관(Widener Library)에 있는 책을 길게 늘어놓으면 8킬로미터가 넘는다고 한다. 하버드 도서관에 있으면 마음이 편했다. 그곳에서는 역사상 가장 위대한 인물들과 소통하며 인간이 지식을 획득한 모든 분야에 대해 배울 수 있다. 그리고 태양계 어디로든 이동해 모험을 즐길 수도 있다.

1963년 어느 날 저녁, 태양, 대기, 습기, 바람, 즉 날씨에 영향을 미치는 4대 요소가 어우러져 나를 뒤흔들어 놓았다. 우리는 보스턴 유니언 보트하우스(Union Boat House)를 상대로 끝없이 리그전을 펼치고 있었는데 한 경기를 막 끝낸 참이었다. 더긴 파크에서 '하버드 테니스 스쿼시' 동아리 친구들이 사주는 밥을 서둘러 먹고 도서관이 문을 닫기 전에 달려갔다. 도서관은 10시면 문을 닫았다.

풍력을 측정하는 보퍼트계급(Beaufort scale) 7에 해당하는 바람이 불고 비도 내리고 있었다. 보스턴에서는 일상이다. 캐나다에서 내려오는 차가운 겨울 공기가 대서양 상공에서 따뜻한 공기와 충돌하고 있었다. 걸으면서 나는 언제나 바람의 세기, 보퍼트 풍력을 계산한다.

나뭇잎이 바스락거리고 미풍이 살짝 불면 2, 나뭇가지가 움직이고 작은 나무가 선선한 바람에 흔들리면 5, 나무가 통째로 움직이고 걷기 힘들면 7, 강풍이다. 그렇다면 돈방석에 앉을 절호의 기회다. 공기 중에 흙먼지가 조금만 날려도 곡식을 매수하면 확실한 패를 쥔 셈이다.

바람은 투기거래자의 친구다. 해류와 함께 지구 순환 시스템에서 핵심을 차지하는 바람은 우리 모두를 하나로 연결한다. 환경 전문가들이 즐겨 말하듯이 "우리는 결코 멀리 있지 않다." 바람은 적도나 극지방 근처의 공기가 견딜 수 없을 정도로 뜨거워지거나 차가워지지 않도록 한다. 바람은 적도의 따뜻한 공기를 극지방으로 밀어 올리면서 극지방에서 적도로 내려오는 차가운 공기와 교환한다.

바람은 또한 전 세계로 영양분을 전달한다. 사하라 사막에서 불어오는 인산염을 브라질 열대우림에 전달하고, 성장을 촉진하는 철을 중국 고비 사막에서 실어 보내 하와이에 있는 조류에 양분을 공급한다.

투기거래자인 내게 바람은 여러 번 친구가 되어주었다. 1980년 5월 18일, 어마어마한 화산재 구름이 워싱턴주 세인트헬렌스산 상공을 향해 돌진하듯 솟구쳤다. 구름은 금세 뭉게뭉게 피어오르더니 바람을 타고 아래로 퍼졌다. 하늘은 어두워졌고 지켜보던 사람들은 경악했다. 위풍당당한 바람은 재를 동쪽 그레이트플레인스까지 빠르게 실어 날랐다. '투기의 술탄' 소로스를 동경하는 어떤 숭배자는 그날 소로스와 테니스를 치면서 깜짝 놀랐다고 했다. 소로스가 화산이 시장에 미칠 영향에 대해 궁금해했기 때문이다.

나는 통계에 관심이 많고 인쇄술 발명 초기 고판본을 좋아하는데, 이번에 그 덕을 보았다. 시커먼 재가 휘몰아치는 바람을 만나면 자애로운 태양 광선이 곡식을 비추지 못한다. 이 사실을 알고 나는 서둘러 곡물을 매수했다.

특히 1815년 인도네시아 탐보라 화산 폭발은 굉장했다. 1980년 세인트헬렌스산보다 50배나 많은 화산재를 대기에 뿜어냈는데, 이처럼 대규모 화산 폭발이 발생하면 다들 제 앞가림하기에 바쁘고 각자도생해야 한다. 1816년 유럽에는 여름이 없었다.

1816년 곡물 가격은 엄청나게 치솟았다. 영국에서 9실링 0펜스이던 밀 1부셸당 가격은 16실링 6펜스로 뛰었다. 더 불길한 것은 엿기름 가격이 두 배 이상 올랐다는 사실이다. 1815년 말부터 1816년 말까지 밀 가격은 100% 상승했는데 토머스 투크(Thomas Tooke)는 이 사실을 논하면서 이렇게 말했다. "1816년 흉작으로 곡물 가격이 상승하자 농부들은 잠시 고통에서 벗어날 수 있었다."[8]

몇 가지 주워들은 일화를 '연구'랍시고 부풀리려는 게 아니다. 나는 이런 쓰레기 자료를 공공연히 비난하며 신뢰할 수 있는 출처와 방법론을 활용해 연구를 수행하고 있다. 그런데 애석하게도 화산으로 퇴적

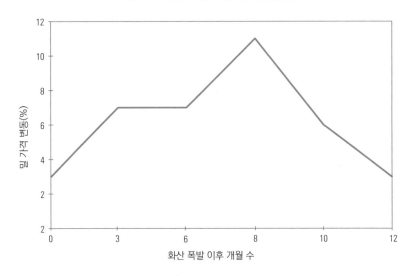

그림 4-2. 화산 폭발과 밀 가격 상관성

된 화산재의 양에 관한 통계는 입수하기가 어렵다. 화산학자들은 대체로 빙하코어나 나이테에 있는 산성 물질을 테스트해서 객관적 추정치를 산출한다. 작성된 기록과 객관적 추정치는 《Encyclopedia of Earthquakes and Volcanoes(지진과 화산 백과사전)》에 수록된 정보에 함께 정리돼 있다.

나는 위력이 가장 셌던 화산 폭발 14건을 뽑은 다음, 분화 후 12개월 동안 밀 가격 변동 폭을 계산했다. 결괏값은 그림 4-2를 참고하라. 화산 폭발 8개월 후 밀의 평균 변동 폭은 11%로, 비무작위성이 매우 높았다. 화산 폭발은 경제적으로 중요한 사건이다.

날씨와 주가 예측

브라이튼에서는 시합만 벌어졌다 하면 비, 태양, 바람이 영향을 미쳤다. 이런 브라이튼에서 자란 탓인지 나는 날씨가 미치는 영향에 민감해졌다. 그래서 그런지 도서관에 가면 버릇처럼 기상학 코너를 훑어보았다. 하버드를 본받아 여러 도서관이 학술지들을 모두 제본해서 개가식 서가에 보관하고 있었다. 소규모 대학들도 여전히 이 방식을 쭉 유지하고 있다.

세기 전환기에 발행한 기상학 저널을 훑어보니 당시 기상학을 두고 벌어졌던 논쟁이 참으로 흥미진진했다. 당시 기상학은 막 움트기 시작한 학문이었는데 초기 기상학 저자들은 예측 방법론으로 완성되는 새로운 과학 탐구 분야를 창조하려고 시도했다. 초기 기상학자들은 엄격한 계량 데이터를 통계학적으로 철저히 분석한 최초의 논문들과 '민간의 지혜', 이 두 가지를 멋지게 조합해 자료로 활용했다.

민간에는 날씨를 둘러싼 '믿음'의 영역이 있으며, 예부터 내려오는 구전 민담에서 이런 민간의 통념을 엿볼 수 있다. 〈신시내티 인콰이어러(Cincinnati Enquirer)〉 1884년 9월 호에는 익명의 독일계 미국인이 한 말이 실렸는데 인용된 문구는 날씨에 관한 민간의 통념을 보여주는 귀중한 사례다. 노인은 항아리 바닥에 3센티미터 정도 물을 채우고 조그만 나무 사다리를 넣은 다음 청개구리 몇 마리를 항아리 안에 넣어두었다. 개구리들은 노인의 기압계였다. 청개구리들이 사다리를 오르면 날씨가 맑다는 징조였다. 녀석들이 물속으로 내려오면 비가 온다는 징조였다. 노인은 더 정확하게 예측할 수 있는 징조를 제시했다.

개미를 보라. 폭풍이 오기 전에 녀석들이 어떤 행동을 보이는지 알아차렸는가? 녀석들은 마치 하루 여섯 번 왕복하는 집배원처럼, 아니 배달 시간에 늦은 택배기사처럼 허둥지둥 뛰어다닌다. 비가 오면 개들은 졸려서 행동이 느려지며 불 앞에 누우려고 한다. 닭은 먼지 속을 구른다.

딱정벌레가 밤늦게 날면 이튿날은 날씨가 화창하다. 두루미가 높이 날아도 마찬가지다. 돼지가 꽥꽥거리며 돌아다니고 먹지도 않고 머리를 쳐들면 바람이 분다. '돼지는 바람을 본다'는 속담도 있다.

백조가 바람을 거슬러 날아가고, 저녁에 평소와 달리 많은 두꺼비가 구멍에

서 나오고 벌레, 민달팽이, 달팽이가 나타나고 지빠귀가 창문을 쪼아대면 비가 올 징조다.[9]

초기 기상학자들은 빠짐없이 다 아우르겠다는 탐구 정신으로 민간에서 내려오는 사례까지 과학적으로 추론하고 분석하는 데 주저함이 없었다. 같은 저널 1885년 4월 호는 '기상 유형의 변동'을 분석하면서 기상도와 기상도를 '가장 요긴하게' 활용하는 방법에 대한 초기 연구 자료들을 검토하고 있다.[10]

기상도는 독창적인 영국 과학자 프랜시스 골턴이 발명했다. 나는 골턴이 지난 수백 년 동안 서방 세계를 빛낸 가장 위대한 지성이라고 생각한다. 고해 같은 현생에서 벗어날 때 천국으로 가는 계단에서 아래로 떨어지지 않고 끝까지 오를 수 있다면 먼저 아버지와 포옹하고 대화를 나눈 다음 몇 시간 동안 골턴의 발치에 앉아 그의 위대한 지성이 작동하는 모습을 구경하는 게 소원이다.

이 저널들을 읽으면서 깨달았다. 기상예보학이 주식시장, 특히 주가 움직임 예측과 맞닿는 지점이 있다는 사실 말이다. 같은 저널에 실린 사설을 살펴보자.

어떤 결과가 나와야 예보가 적중했다고 할 수 있을까? 이 문제는 (자연과학과 비교해 볼 때) 기상학에서 특히 중요하다. 기상학에서 예측은 특히 중요하다. 누구나 (기상) 예보 적중 여부를 평가할 수 있다. 하지만 '무엇'을 예측했느냐 뿐만 아니라 '어느 정도' 맞혔는지도 평가 기준이 된다. 폭풍을 예보했다고 하자. 그렇다면 바람이 약간만 세져도 예보가 적중했다고 할 수 있는가? 기상에 연관된 에너지는 매우 복잡다단하므로 끊임없이 변하는 섭동(攝動)이 광범위하게 발생하기 쉽다. 어느 날 보인 기상 조건이 다른 날 그대로 재현되지 않으며, 어떤 시간에 나타난 '징후'가 다른 시간에 나타난다고 해도 이어지는 날씨가 똑같지는 않다.[11]

나는 기상학 예측 방식과 시장 예측 방식 사이에 연관성이 존재한다는 점을 허버트 E. 존스(Herbert E. Jones)의 연구를 보면서 확인했다. 존스의 논문은 1930년대 〈이코노메트리카(Econometrica)〉 저널에 실렸는데 이 저널이 창간된 지 얼마 안 됐을 무렵이었다. 존스의 논문은 기상학 분야에서 개발한 통계적 예측 모델을 기반으로 작성되었다. 존스는 부유한 투자자 앨프리드 콜스(Alfred Cowles)와 함께 작업했는데, 콜스는 예일대에서 공부하면서 수학적 방법을 적용해 주가를 예측했다. 콜스는 이후 주가 예측과 관련된 현상을 연구하기 위해 '콜스 경제학 연구위원회'를 구성했다.

방법론 개발에 몰두하던 콜스와 존스는 주식시장 지수를 새롭게 구축하면 요긴하겠다고 판단했다. 그때까지 다우존스지수는 주가를 위주로 집계되었는데 시장가치, 즉 시가총액에 가중치를 두는 새로운 주식시장 지수 개발에 착수한 것이다. 두 사람은 1897년부터 1926년까지 새로운 지수를 계산했고, 콜스와 존스가 만든 데이터는 스탠더드앤드푸어스(S&P)지수의 토대가 되었다. S&P지수를 바탕으로 국제통화시장에서 거래되는 그 유명한 S&P500 선물 계약이 이루어진다.

두 사람은 다음 단계로 주가 평균과 개별 주식에서 연속되는 움직임을 계산해 반전 모멘텀이나 경향이 있는지 확인했다. 가격 움직임이 어느 정도 길게 이어지는지 다양하게 검토했는데 연구 결과는 15년에 걸쳐 일련의 논문에 실렸다. 한 논문에서 내린 결론은 두 사람의 연구 결과를 적절하게 요약하고 있다.

> 투기거래자가 이런 유형의 예측을 활용해 지속적인 수익이나 대규모 수익을 거둘 수 있다고 장담할 수는 없다. 하지만 가격이 반전되는 경우보다 가격이 같은 방향으로 연속해 움직이는 경우가 유의미할 정도로 많다는 사실은 주가에 일정한 구조가 있음을 입증하는 결정적 증거가 된다.[12]

이 분야를 지금은 합리적 기대와 효율적 시장이론이라고 부르는데, 학계에서는 한번은 구조학파로 쏠렸다가 한번은 랜덤워크 가설에 쏠렸다가 하면서 연구의 무게중심이 시계추처럼 움직인다. 구조학파는 콜스가 발전시켰고, 시장은 아예 예측이 불가능하다고 믿는 랜덤워크 가설은 쿠트너, 유진 파마(Eugene Fama), 버튼 말킬(Burton Malkiel) 등이 주창했다. 내기 탁구를 하던 시절에 얻은 무모함과 자신감으로 나는 주가에 무작위성에서 벗어난 체계적 패턴이 있는지 살피기로 했다. 다시 말하면 닥치는 대로 일어나는 무작위 현상보다는 소위 이례 현상이 있는지 검토했는데 이쪽이 훨씬 끌렸기 때문이다.

내가 주목했던 가격 이례 현상 대다수는 한 방향으로 잇달아 일어나는 움직임 및 반전과 연관돼 있다. 측정값이 너무 부정확한 경우가 많아서 합리적 신뢰 수준에서 알 수 있는 내용은 일련의 움직임이 상승인지 하강인지, 한 방향으로 계속 움직이는 기간이 긴지 짧은지, 다른 경우보다 변동 폭이 큰지 작은지 정도다. 따라서 이런 상황에서 분석할 수 있는 내용은 한 방향으로 계속 움직이는 연속되는 움직임이다. 연속되는 움직임을 조사하다 보면 자연스레 가격과 거래량 같은 두 가지 요소를 비교하는 작업으로 넘어간다. 즉 두 가지 개별 변수가 함께 유사한 방향으로 움직이는 동조 이동, 혹은 두 개별 변수가 함께 역방향으로 움직이는 역이동을 살펴본다.

양의 돌파, 음의 돌파

나는 학부 논문에서 가격과 거래량이 동조해 움직이는 현상을 분석했다. 지금 와서 보면 대책 없이 거칠었지만 우여곡절 추론 끝에 나는 이런 주장을 내세웠다. 가격이 두 번 연속 상승하고 이 상승 흐름과 맞물려 거래량이 두 번 연속 증가하면 수요에 큰 변화가 있다는 증거다. 나는 이를 양의 돌파(positive breakthrough)라고 불렀다. 그리고 두 번 연속 가격이 하락하면서 두 번 연속 거래량이 감소하면 음의 돌파 (negative breakthrough)라고 규정했다. 음의 돌파 이후보다는 양의 돌파 후 주가가 크게 오를 가능성이 높다고 예측할 수 있었다. 사실, 나는 논문에서 제2차 세계대전 이후인 1948년부터 1961년까지 월간 데이터를 사용해 이 예측이 옳았음을 입증했다. 이 기간 동안 양의 돌파가 발생한 후 다음 달에 가격이 상승할 확률은 73%였다. 음의 돌파 이후 다음 달 가격이 오른 경우는 39%에 불과했다.

형설지공의 논문

젊은 시절에는 열정이 넘쳐서 어떤 이론을 확장하는 작업이 대수롭지 않았다. 집에 있을 때는 24시간 연구했고, 스퀴시나 테니스 시합이 있을 때는 신문을 수백 장씩 가지고 다녔다. 기숙사에서는 새벽 네다섯 시까지 수많은 개별 주식과 주식시장 평균을 계산하면서 내 가설이 맞는지 검토했다. 주가 전망, 시스템, 절단분포(truncated distributions, 통계학에서 다른 확률 분포의 영역을 제한하는 조건부 분포 - 옮긴이), 해외주식, 시세 데이터도 살펴보았다. 하버드대학 경영대학원 베이커 도서관은 1890년부터 뉴욕증권거래소에서 이루어진 거래의 시세 테이프를 모두 소장하고 있었다. 거래소가 열린 초창기 시절에는 하루 최대 2만 5,000건에 달하는 매매가 이루어졌는데 합본에는 약 32쪽에 걸쳐 거래 세부 내역이 담겨 있었다.

나는 논문 여섯 번째 장을 이렇게 거창하게 마무리했다. "연구 결과 1928년부터 1961년까지 월별 S&P 가격 및 거래량이 보인 행태는 로그 랜덤워크 가설을 기각한다." 그리고 이렇게 주장했다. "최근 구조 가설을 입증하는 종목을 선택해 양의 돌파 후에 이 종목들을 사고 음의 돌파 후에 매도했다면 투기거래자는 260%의 수익을 거둘 수 있었다."13

논문은 이렇게 마무리했다. "요컨대 이 연구는 체계적이고 예측 가능한 가격 행태를 예상하는 모델이 가능함을 뒷받침한다. 이제 가설을 입증하는 부담은 전문용어로 주가 랜덤워크라고 하는, 일정한 패턴이 없는 방식으로 가격이 움직인다고 주장하는 사람들 몫이 되었다."

이론에 맞서는 사실만큼 무서운 것은 없다고 한다. 논문의 요지는 기억하고 있지만 논문 사본이 없었기 때문에 가설에 어긋나는 사례가 있었는지 확인할 수는 없었다.

영스타운주립대학 론 볼프(Ron Volpe) 교수를 만나 가깝게 지냈는데 볼프는 지난 10년 동안 내 고객이었다. 다행히 볼프는 학부 논문 한 부를 포함해 내가 출판한 연구 보고서를 전부 갖고 있었다. 이렇게 된 이상 내 이론에 대한 검증을 계속 회피할 구실이 없었다. 학부 논문에서 연구 종료 시점인 1962년 12월 이후 30년, 즉 360개월에 걸친 데이터를 사용해 내 이론을 검증해야 했다.

다시 처음으로

간단히 결론부터 말하면 내가 세운 가설은 성립되지 않는다. 주식시장 평균의 경우, 제2차 세계대전 발발 이후인 1946년부터 1991년까지 주가 예측에 도움이 될 만한 주가와 거래량 간의 연관성은 보이지 않았다. 과거 가격과 거래량 변화의 상관성을 통해 미래 가격 변화를 추론할 수는 없었다. 과거 가격과 거래량 변화의 상관성으로 미래 가격 변동에 대해 설명할 수 있는 부분은 1%도 되지 않는다. 단일 변량만 고려하든 아니면 둘 이상의 변량을 고려하든, 주가와 거래량 간 상관관계의 유의성을 측정하는 't-검정'(모수에 대한 가설검정에서 검정통계량이 t-분포를 따르는 검정을 통칭해 t-검정이라고 함. - 옮긴이)은 1을 넘지 않는다. 표 4-4를 보면 돌파 이후 주가 움직임을 전망해 주가를 예측할 수는 없다.

김이 샌다.

이렇게 투덜댈 사람도 있을 것이다. 아니, 트레이딩룸 연구실에서

표 4-4. S&P 돌파 이후 변동 폭

가격 이동	양의 돌파 이후	음의 돌파 이후
다음 달	0.90	0.80
3개월 후	0.53	1.60
4개월 후	−0.46	1.70
5개월 후	1.40	1.90
6개월 후	2.00	2.00

30년 동안 한 일이 가격 움직임은 예측할 수 있는 패턴을 보여준다는 가설을 가다듬는 것 아니었냐고.

가격 밀집 현상

나는 처음으로 돌아가 무작위 속성에 대한 연구를 계속했다. 객장에 죽치고 앉아서 시세 테이프를 분석했다.

가장 먼저 눈에 띈 사실은 소위 스페셜리스트(거래소에 등록된 회원으로 매수매도 주문을 조정해 시장가격을 안정시키고 유동성을 제공한다. - 옮긴이)라고 하는 특정 거래소 회원들이 주식시장을 조성할 수 있는 독점적 면허를 갖고 있다는 점이었다. 전하는 이야기에 따르면 스페셜리스트 제도는 19세기 말에 생겼는데, 어떤 회원 하나가 사고로 다리가 부러져 움직이지 못하게 되면서 유래했다고 한다. 돌아다니면서 다른 회원들과 자유롭게 거래할 수 없었기 때문에 회원들이 예를 들어 웨스턴유니언 같은 주식을 거래하고 싶으면 자신을 찾아오도록 했다.

대형 증권사, 전자거래 시스템, 제3시장(상장주의 장외 거래 시장 - 옮긴이), 경쟁 상대인 지역 거래소 및 해외 거래소가 존재하지만 이 제도는 생존 가치가 컸기에 오늘날까지 남아 있다. 스페셜리스트들이 통상 월가에서 가장 수익성이 높은 부류에 속한다는 사실도 비중이 가장 작기는 하지만 한 가지 이유다. 이들의 연평균 수익은 종종 투자 자본의

50%를 넘는다.

고객이 특정 가격에 체결되도록 주문하면(지정가주문) 해당 주문이 스페셜리스트에게 전달된다. 이 경우 특정 가격대에 주문이 집중되는 경향이 있는데, 특히 시가총액 규모가 큰 주식의 경우 5의 배수, 2.5의 배수, 시가총액 규모가 작은 주식(주당 10달러 미만인 주식)의 경우 0.25의 배수에 주문이 집중된다. 주가는 지정가주문이 몰리는 '마법' 숫자 사이에서 등락을 거듭하다가 밀집이 붕괴된다.

매수 주문이 들어오면 매도 지정가주문이 집중된 가격에 체결된다. 반대로, 매도 주문은 매수 지정가주문이 몰려 있는 가격에 체결된다. 예를 들어 매수 지정가가 99.5에 몰려 있고 매도 지정가가 100에 몰려 있으면, 마지막 주문이 매수인지(100에 체결) 매도인지(99.5에 체결)에 따라 가격은 99.5와 100 사이에서 등락한다. 기민하게 움직이는 스페셜리스트들에게는 이 점이 기회가 된다. 나는 1966년 M.F.M. 오즈번 (M.F.M. Osborne)과 함께한 연구에서 다음과 같이 언급했다.

단기적으로 보면 스페셜리스트의 장부에 올라간 지정가주문은 어느 방향으로든 가격이 계속 움직이는 데 장애물로 작용한다. 최고가 매수 주문, 최저가 매도 주문 등 모든 지정가주문이 체결될 때까지 무작위 순서로 들어오는 시장 주문에 따라 거래 가격은 매수호가와 매도호가 사이에서 오르락내리락한다. 앨프리드 콜스는 우리에게 보낸 편지에서 자신이 관찰한 내용을 덧붙였다. "이런 패턴을 아는 스페셜리스트들이 이 패턴을 이용해 실제로 늘 수익을 취하고 있다면, 내가 오랫동안 궁금해했던 현상이 설명됩니다. 수많은 매수 사례와 매도 사례를 분석한 결과… 100주 이상 연속으로 체결된 주문에서 평균 가격은 해당 종목의 일 중 평균 매수가 또는 매도가보다 투자자에게 살짝 불리했습니다. 이 현상은 일관되며 나는 이 점을 거듭 지적했습니다." 이는 스페셜리스트가 투자자를 위해 수행하는 주가 안정화 서비스의 대가로 받는 보상이다.[14]

최종 분석 결과에 따르면 한동안은 반전이 개별 주식의 움직임을 주도한다. 그러나 반전이 끝나고 지속성이 압도하게 되면 시장 기저에 강력한 수요나 공급이 있음을 암시한다. 그게 아니라면 어떻게 매수 또는 매도 주문이 약삭빠른 전문 트레이더, 지정가주문을 활용하는 굼뜬 투자자, 그리고 시장 조성자를 모두 압도할 수 있을까. 이들은 모두 주가 반전을 이끄는 자들인데 말이다.

투기거래자는 기저에 흐르는 공급과 수요의 힘, 승자와 패자의 감정, 날씨가 서로 어떻게 상호작용하는지 이해하려고 애쓴다.

귓구멍을 막아라

나는 어려서부터 패배에 익숙했다. 이 점에서 나만큼 운 좋은 사람도 없다. 무슨 말인고 하니 내 곁에는 호위 삼촌, 마틴 할아버지, 마티 라이즈먼이 있었다. 그리고 브루클린 다저스도. 이들이 숱한 패배를 통해 교훈을 안겼지만 내 형편은 별로 나아지지 않았다. 그렇다고 배은망덕한 인간이라고 생각하지는 말았으면 한다. 오호통재라! 그들이 준 교훈은 최소한 투기판에서만큼은 패배라는 잔인한 운명에서 나를 구해주지 못했다. 내가 걸핏하면 돈을 날리자 소로스는 나한테 '낙오자'라는 별명을 붙여주었다. 자업자득. 그런 소리를 들어도 싸다. 소로스는 이렇게 말하곤 했다. "빅터, 올해 내 돈을 5억 달러나 까먹었더군." 내가 슬그머니 튀면 뒤통수에 대고 이렇게 덧붙였다. "그래도 혹시 알아? 자네가 없었다면 내가 더 큰돈을 날렸을지."

내 입장에서 변명하자면 적어도 내 성향을 인지하고 극복하기 위한 조치는 취했다는 점이다. 처음 제대로 된 시장에서 투기거래를 시작했을 때, 밑천 4만 달러로 시작해 금방 2,200만 달러를 벌었다. 기법은 간단했다. 290달러에 금을 사고 금값이 10달러 오를 때마다 수익으로 물량을 차곡차곡 축적해 나갔다.

나를 구원한 진리가 하나 있었으니 바로 기세는 변한다는 사실이다. 나는 이 사실을 스포츠와 포커 게임을 통해 깨쳤고 호위 삼촌을 보면서 배웠다. 노름꾼은 으레 얼마를 잃으면 손 떼겠다고 다짐하지만, 만약 운이 좋아서 돈을 따면 얼마나 따면 그만둘지, 혹은 딴 돈에서 몇 퍼센트나 다시 걸지 미리 제한을 두지 않는다. 그런데 생각해 보니 제한선을 설정하지 않으면 큰 대가를 치를 것 같았다. 그래서 나는 딴 돈의 50%를 손실 한도액으로 정하기로 결정했다. 딴 돈에서 절반을 잃으면 손을 떼니 돈을 날릴 수가 없었다. 이 전략이라면 수익을 무한정 키울 수도 있고 최악의 경우라도 손에 1,100만 달러가 남게 된다.

손실의 여신은 지독한 요부다. 여신을 숭배하는 친구가 있어 요부의 손아귀에서 떼어내려 해도 요부는 숭배자를 놓아주지 않으며 숭배자를 붙잡을 수 있다면 무슨 짓이든 한다. 오디세우스(Odysseus) 이야기가 본보기다. 트로이전쟁에서 귀향하던 길에 오디세우스는 키르케를 통해 사람을 홀리는 사이렌 곁을 배가 지나가게 된다는 이야기를 들었다. 오디세우스는 사이렌이 부르는 아름다운 노래가 너무 듣고 싶었지만 사이렌의 유혹에 홀려 배가 난파되는 일은 피해야 했다. 자신이 유혹에 무너지기 쉽다는 사실을 알았던 오디세우스는 선원들에게 귀에 밀랍을 넣고 자신을 묶으라고 명령했다. 오디세우스는 알고 있었다. 사이렌의 유혹에 빠져 사람들이 말려도 소용없으리라는 사실을. 오디세우스는 자신이 나약한 존재라는 사실을 알았기 때문에 부하들에게 이렇게 명령했다. "내가 풀어달라고 빌면 밧줄을 더 단단히 묶게."

금으로 2,200만 달러를 벌자 수익을 노래하는 사이렌이 점점 더 큰 위험을 감수하라고 유혹했다. 하지만 나는 유혹에 약한 사람이었고 내가 어떤 인간인지 잘 알고 있었다. 시장이 달아오르자 상승세에 걸어 최대한도로 매수 포지션을 잡고는 전장에서 벗어났다. 그리고 돛대에 몸을 묶는 대신 라켓볼 코트에 몸을 가두었다. 비서이자 장차 아내 될 사람인 수전에게 이렇게 지시했다. "내가 두 배로 늘리고 싶다고 아무리 애원해도 듣지 말아요. 만약 수익의 50%가 손실로 날아가면 포지션을 절반으로 줄여요. 내가 풀어달라고 빌면 전부 팔아치워요."

그러고는 일이 어그러질 리는 없어 보여 안심하고 스태튼섬으로 떠났다. 온 세상이 발밑에 있는 듯 우쭐해서는 상대와 경기를 시작했다. 라켓볼 코트는 조용했고 나도 상대도 게임에 푹 빠졌다. 두 게임이 끝나고 잠시 쉬면서 브로커에게 전화했다. 헌트 형제가 청산한다는 소문이 돌면서 시장은 아수라장이 되었고 내 재산은 확 쪼그라들었다. 필경 50% 정도! 즉시 수전에게 전화했다. "풀어줘. 내가 전에 한 얘기는 깡그리 무시하라고. 아무것도 팔지 마. 반등할 거야." 수전은 나를 더 단단히 묶으면서 포지션의 50%를 매도했을 뿐 아니라 추가로 50%를 더 매도했다. 충직한 동료 수전은 내가 애초에 내린 지시대로 했다. 만약 그렇게 하지 않았더라면 (결심이 무뎌지면 더 단단히 묶으라고 부탁했기에 망정이지, 그만한 선견지명이 없었더라면) 알거지가 되었을 것이다.

하지만 패배의 여신도 응당 제 몫을 챙겨야 하겠기에 내가 번 돈에서 45%를 또 가져갔다. 정신을 차리고 보니 앞서 벌어들인 수익에서 달랑 5%만 남았고 이걸로 계속해야 했다.

노름꾼들이 으레 그렇듯 나 역시 슬픔에 잠겼다. 이후 몇 달 동안 나는 그 유명한 아이젠버그-라이즈먼 방식으로 수전을 윽박지르지 않고는 배길 수가 없었다. "천하에 몹쓸 사람. 뭣도 아닌 주제에 내 말을 깔아뭉갰겠다. 한 번만 더 그랬단 봐."

5장
승리와 자기 신뢰

Victor Niederhoffer

The Education of A

SPECULATOR

해리 콜스는 코트 깊숙한 곳에서 전면 벽을 활용했는데 그 효과는 무시무시했다. 그 전에도 그 이후에도 아무도 이 방식으로 이 정도 효과를 발휘한 적이 없다. 콜스의 이슬방울 전술은 조롱거리였지만 3차전에서 국내 챔피언을 3 대 0, 15 대 0으로 꺾자 비웃는 소리는 쏙 들어갔다.

— 잭 바너비,
《Winning Squash Racquets(이기는 스쿼시 라켓)》

엄격한 전통

늦은 밤, 일본 트레이더들은 반전을 바라며 두 시간 동안 사무실을 닫고 점심을 먹으러 가고 나는 눈을 붙이고 꿈을 꾼다. 그리고 꾸벅꾸벅 졸면서 델모니코(Delmonico)에서 파는 비프 웰링턴(쇠고기를 버섯 페이스트, 햄, 파이로 싸서 구운 요리 - 옮긴이)을 맛본다. 거래가 잘 풀리면 할아버지와 제시 리버모어는 델모니코 식당에서 축하 만찬을 즐겼다.

음악 선생님 로버트 슈레이드(Robert Schrade)의 아버지가 브람스(Johannes Brahms)의 4중주곡에 맞춰 연주하는 소리도 들리고, 위대한 스쿼시 선수인 콜스와 바너비가 훈련하는 모습도 보인다. 싸구려 여인숙 냄새도 난다. 아버지는 그곳에서 유령과 불길한 영들이 남긴 유품을 수습하곤 했다. 스콧 조플린이 피아노를 연주하고 마틴 할아버지가 아가씨들에게 추파를 던지던, 홍등가에 감돌던 달뜬 기분도 느낀다.

그렇다. 한 인간을 단련해 장차 투기거래자로 성공하도록 가르치고 기르는 건 이런 것들이다. 하버드대학이나 링컨고등학교 같은 제도권 교육은 훌륭한 군인, 진실한 신자, 그리고 순응하는 인간이 되도록 가르친다.

다행히 나는 라켓 스포츠나 음악을 어지간히 할 줄 알았고, 부모님도 내가 살아남을 수 있다는 자신감을 가지도록 든든하게 지원했다. 순응에 저항하는 정신. 이는 투기거래자로서 내 성품을 이루는 근간이 되었다.

하버드 스쿼시팀은 대학 체육 역사상 최고의 업적을 이룬 팀이다. 1996년 남자 팀은 70연승을 달성했고, 여자 팀은 40연승을 기록했다. 이들은 지난 열두 차례 벌어진 전국 대학 간 팀 선수권대회 중 11개 대회에서 우승했다. 지난 70년 동안 쭉 이런 기세였다. 모르기는 해도 이들이 사용한 전략이나 기술, 정신력 중 일부는 다른 분야나 상품거래소, 증권거래소에도 적용할 법하다.

내가 하던 하드볼 스쿼시는 도도새(dodo)와 함께 멸종했다. 이런 상황에서 스쿼시에서 배운 이야기를 자꾸 꺼내자니 좀 그렇지만 거창하게 사과하지는 않겠다. 지금도 하드볼 스쿼시를 하거나 기억하는 몇 안 되는 사람을 제외하면, 스쿼시 경기에서 내가 어떤 경험을 했는지는 하등 중요하지 않다. 나도 잘 안다. 하지만 이제는 사라진 이 치열한 게임에서 얻은 교훈은 무궁무진하다. 선수들이 네트로 분리되지도 않은 채 아주 가까이에서 크게 다칠 수도 있는 무기를 휘두르기 때문에, 살아남으려면 훌륭한 스포츠맨 정신이 요구된다. 상대방이 큰 부상을 입거나 죽을 수 있다면 스윙 자제하기, 상대나 심판이 오심할 경우 못마땅하더라도 묵묵히 수용하기, 상대에게 방해가 되지 않도록 비키기, 그리고 절대 '젠장'이라고 욕하지 않기. 선수들은 스쿼시 경기에서 이런 불문율을 배운다.

옛날 영국에서는 호주머니 사정이 좋고 여가 시간이 있는 사람은 영주들뿐이었다. 스쿼시는 이런 영주들을 숭상하는 정신이 가득한 신사들의 게임이다. 불굴의 의지, 자존감, 투지, 좋을 때나 힘들 때나 어떡하든 헤쳐 나가는 정신, 이기면 무덤덤하게 받아들이고 져도 겸허하게 수용하기, 고통스러워도 꾹 참고 티 내지 않기 등등이 스쿼시 전통이다.

하버드에서 스쿼시 전통은 1928년부터 1936년까지 코치로 있던 해리 콜스에서 시작한다. 평론가들은 콜스를 스쿼시 역사상 최고의 선수로 친다. 챔피언에 오른 제자가 승리에 도취해 기고만장하면 콜스는 소규모로 비공식 경기를 열어 세 번째 세트 마지막 경기에서 15 대 0으로 제압해 버린다.

배타적인 보스턴 하버드클럽에서 가르치다가 케임브리지 캠퍼스로 온 해리는 두껍고 하얀 무명실로 만든 긴바지를 버리고 반바지를 입는 미국 선수들, 귀족적 풍모가 부족한 선수들에게 도무지 적응할 수가 없었다. 콜스는 《The Art of Squash Racquets(스쿼시 라켓의 기술)》에서 이렇게 탄식한다.

> 지금까지 긴바지를 입고도 반바지를 입을 때처럼 훌륭하게 경기를 치렀고 지금도 수준 높은 경기를 펼치고 있다. 혹여 조금 걸리적거린다 해도 대수는 아니다. 반면 하얀 긴바지는 게임에 멋을 더한다는 것, 반바지가 채택되면서 이 멋을 잃어버렸다는 점은 의심의 여지가 없다. 이따금 국부 보호대 외에는 아무것도 걸치지 않은 채 코트에 나타나는 선수도 있다. 만약 단 한 번만이라도 관중석에서 자신을 지켜볼 수 있다면 버르장머리를 후딱 고칠 텐데 말이다.[1]

스쿼시가 점차 대중화되면서 새로운 방식들이 등장했는데 이것이 콜스가 미치는 데 한몫했음이 틀림없다. 콜스는 1936년부터 1946년까지 생애 마지막 10년을 정신병원에서 보냈다.

1936년 잭 바너비가 코치직을 물려받았는데 이 무렵 영국 전통은 미국식으로 바뀌었다. 반바지가 허용되었다. 비록 악명 높은 클럽에 가입해 세련된 사교술 따위를 배우지 않았더라도 선수들은 팀에 합류해 경기에 출전할 수 있었다. 스쿼시를 처음 접하는 학생은 교습비를 따로 내지 않아도 되었다. 잭은 한 번도 스쿼시를 접해보지 못한 학생들을 수시로 데려와서 3년 만에 전국 순위권 선수로 바꿔놓았다.

잭의 선조는 코네티컷주 하트퍼드 출신이었다. 보험업이 발달한 하트퍼드는 진지하고 실용을 중시하는 빡빡한 분위기도 있고, 날씨가 추워서 1년 내내 테니스를 칠 여건은 안 되었다. 1930년 잭이 하버드에 입학하자 어떤 테니스 선수가 겨울에는 스쿼시를 치자고 했다. 그러자 잭은 이렇게 대꾸했다. "나뭇가지를 기어오르면서 자라는 냄새 나는 조그만 호박 있잖아, 나는 스쿼시가 그 호박 이름인 줄 알았지." 잭이 나타나서 해리 콜스에게 팀에 참가할 기회를 달라고 하자 콜스는 현 전국 챔피언들 혹은 앞으로 전국 챔피언이 될 선수들로 이미 자리가 꽉 찼다고 했다.

잭이 뛸 기회를 얻을 방법은 콜스에게 개인 교습을 받는 길뿐이었다. 잭은 1년 동안 열심히 개인 교습을 받았고 나중에 제자들에게 이렇게 말할 정도가 되었다. "당시 팀에는 글리든(Glidden), 풀(Pool), 스트라첸(Strachen) 등 훌륭한 전국 챔피언들이 있었어. 근데 나는 이들과 어깨를 겨룰 정도로 실력이 늘었지." 지금 나는 잭의 팔순 생일을 기념하는 티셔츠를 입고 이 글을 쓰고 있는데 등에는 이런 문구가 적혀 있다. '우리는 나이 먹을수록 더 잘했다.' 잭은 1930년대에 자신이 펼친 경기에 대해 이야기하곤 했는데 이 문구는 그 이야기에 바치는 헌사였다. 기록을 살펴봤더니 잭이 한 이야기는 사실이었다. 잭은 매사추세츠 토너먼트에서 숱하게 결승에 진출하거나 우승했으며 시범경기에서 글리든, 풀과 맞붙어 승리했다.

1961년 나는 팀에 합류하려고 했다. 귀족 혈통은 부족했지만 투지는 차고 넘쳤다. 툭하면 잠수하듯 바닥에 곤두박질치면서 테니스공을 넘겼고, 지치지 않고 5세트 경기를 두 번 할 수 있었다. 죽을 때까지 싸우는 것이 언제나 하버드 스포츠 전통의 핵심이었으므로 딱 적성에 맞았다. 하지만 나는 규범과 전통을 지키는 데는 영 소질이 없었다. 아무튼 이 스포츠에 스며든 절제되고 근엄한 영국식 전통, 북동부 특권층 문화는 영 체질에 맞지 않았다. 나는 라켓을 만지기도 전에 잭에게 다가가 이렇게 선포했다. "테니스 말고 선생님이 지도하는 저 경기에서도 역대 최고가 될 겁니다." 잭의 사무실에는 과거 챔피언들의 실물 크기 초상화(모두 긴바지를 입고 있었다)가 걸려 있었는데 초상화들이 혀를 끌끌 차는 소리가 들리는 듯했다. 잭은 별말 없이 이렇게 응수했다. "스쿼시 코트가 어떻게 생겼는지 며칠 안에 기꺼이 보여주지." 몇 년 후 바너비는 이때 일화를 이야기하면서 너그럽게도 이렇게 말했다.

코트도 구경 못 해본 초짜 주제였기에 니더호퍼의 호언장담은 섣부른 오만인 듯했다. 하지만 누구라도 "나는 지금 우체국에 가고 있다"고 말할 수 있는 것처럼 니더호퍼는 단지 사실을 말했을 뿐이었다. 니더호퍼는 14개월 후에 전국 주니어 챔피언에 올랐다.[2]

잭은 35년 후 이런 말이 목구멍까지 올라왔지만 혀를 깨물면서 꾹 참았다고 털어놓았다. "하버드에서 40년 있었지만 자네처럼 역겹고 불쾌한 녀석은 처음이야." 잭이 혀를 깨물고 싶었던 순간은 이때만이 아니었다. 한번은 네드 비글로(Ned Bigelow) 경이 심판을 맡은 경기에서 뛰고 있었다. 잊지 못할 경기였다. 나는 패배한 후 비글로 경에게 건성으로 말했다. "고마워요!"

"내가 한 게 뭐 있다고." 비글로 경이 대꾸했다.

"두말하면 잔소리죠." 내가 되받아쳤다.

잭은 내 경솔한 처신 탓에 재정 지원이 끊겨 해마다 열리는 국내 토너먼트가 취소될 뻔했다고 말했다. 아무튼 잭은 때를 기다렸다가 몇 시간 후에야 이렇게 지적했다. "말이 심했어." "하지만 코치님, 만약 비글로가 예일대 녹을 먹는 사람만 아니었다면 제가 토너먼트를 통째로 먹고 우승했을 거예요."

자기 신뢰

자신감, 아니 '억누를 수 없는 오만'이라고 하자. 나는 경쟁하는 분야라면 어디에서나 이 자질을 발휘했다. 지금 사회과학자들이 '통제의 위치' '조화' '자기 신뢰' '자기효능감' '자아상' '내부제어' '졸'이 아니라 근원이라는 느낌' '자기 비하가 없는 상태' '자기 책임감' 같은 화려한 이름으로 부르는 자질 말이다. 사회과학이 발견한 것들을 한데 모으면 요지는 이렇다. 자신감이 부족하면 위축되고, 이는 자기 파괴적이며 반사회적 행동으로 치환된다. 투기는 우리 심장 가까이에 있는 검의 한쪽 날로, 위험 감수는 스스로를 긍정적으로 느끼는 정도에 정비례한다. 즉 긍정적 자아상과 위험 감수는 양의 상관관계에 있다.

자신감에 관해 연구할 때 심리학자들은 미리 시나리오를 짜서 진행하는 실험을 즐기는데 이 실험에는 학생, 교수, 공모자가 개입된다. 전형적인 실험을 소개하자면 이렇다. 먼저 학생에게 지능검사를 통과하지 못했다고 이야기한다. 그다음 잘생긴 '공모자'가 학생을 대화에 끌어들인다. 어찌어찌 이야기를 이어가다가 공모자가 '데이트를 신청'한다. 학생이 데이트를 수락하거나 거절하는 것이 학생의 자신감을 측정하는 종속변수다. 설정이 너무 인위적이고 편견이 많이 개입돼 있어 교수에게 실험 방식에 대해 항의하고 싶어질 정도다.

반면 야구는 미국인 누구나 즐기는 스포츠로 성적이 객관적 수치로 공개되고, 피험자들이 성숙한 어른이며 성공하고자 하는 동기부여가 확실한 환경이라고 할 수 있다. 야구 선수들은 자신감에 관해 이렇게 이야기한다.

긍정적 자아상
전광판에 걸린 숫자 8만큼 투수에게 긍정적 태도와 자신감을 불어넣어 주는 건 없다. - 짐 브로스넌(Jim Brosnan)

이기면 입맛도 돌고, 잠도 푹 자고, 맥주 맛도 더 좋다. 아내도 지나 롤로브리지다(Gina Lollobrigida)처럼 보인다. - 조니 페스키(Johnny Pesky)

슬럼프

투수가 던진 공을 기다리기로 결심한다. 공이 플레이트를 향해 출발하면 타격 자세를 생각한다. 그다음 스윙을 어떻게 할까 생각한다. 그런데 정신이 들면 공은 벌써 지나가고 없다. - 바비 머서(Bobby Murcer)

만약 공이 잘 맞지 않는다면 잘못은 타자 자신에게 있다. 이 사실을 인정한다면 어떻게 해야 할까? 야구팀에 있는 사람 전부 붙잡고 물어보라.
"내가 타석에서 뭘 잘못하는 거야?"
대답을 들으면 놀랄 것이다. 한 친구는 이렇게 말하고 또 한 친구는 저렇게 말하고 누군가는 또 딴말을 할 테니 말이다. 타격 자세를 바꿨더군. 두 발이 너무 가까워. 두 발 사이가 너무 벌어졌어. 스윙이 너무 빨라. 스윙이 너무 느려. 들은 충고를 모두 받아들이면 무슨 일이 일어날까? 투수가 던진 공에 머리나 안 맞으면 다행이다. 그러다가 어느 날 공을 맞히기 시작하면 알게 된다. 언제나 잘못은 나한테 있었다는 것을. - 루 게릭(Lou Gehrig)[3]

야구 명언에서 명쾌하게 드러나듯, 자신감이 부족할 때가 언제인지는 쉽게 알 수 있지만 자신감을 회복하는 일은 절대 호락호락하지 않다.

어이, 국가대표

똑똑한 시장 논객들은 누누이 단언한다. 투기에 성공하려면 가장 중요한 한 가지 속성이 자존감이라고. 1880년대에 발표된 한 논문은 내가 적용하는 100년 검증 규칙을 통과했다. 이 논문은 〈매거진 오브 월 스트리트(Magazine of Wall Street)〉가 1923년에야 뒤늦게 다시 찍어냈다.

(투기거래자는) 스스로 생각해야 하며 자신의 논리에 따라 행동해야 한다. 자기 신뢰는 성공의 디딤돌이다. 신문이나 브로커 또는 현명한 친구가 증권시장을 대신 분석하도록 놔두는 것은 정신적으로 나태한 습관이다. 이런 버릇이 몸에 배면 안 된다.[4]

위대한 주식 투자자들에 관한 고서(古書)를 보면 참혹한 전장에서 냉정함을 유지한 전설 같은 이야기가 허다하다. 오늘날에도 이런 전설이 많이 떠돌지만 제이 굴드(Jay Gould), 존 W. 게이츠(John W. Gates), H.H. 로저스(H.H. Rogers), 그리고 코닐리어스 밴더빌트가 전장에서 세운 업적은 아는 사람이 많지 않다. 1987년 10월 19일 주식시장이 붕괴하는 와중에 소로스와 했던 테니스 경기가 어쩌면 더 흥미진진할지도 모르겠다.

시장에서 '도륙'이 한창일 때 나는 소로스와 함께 테니스를 치고 있었다. 전날 소로스는 최소 10억 달러를 날렸다. 하지만 소로스는 조금도 신경 쓰지 않았다(아니, 그래 보였다). 그날따라 소로스는 최고의 기량을 펼치면서 나를 압도했다(나는 소로스처럼 초연하지 못했다). 소로스는 확신했다. 다음 날이면 시장은 다시 열리고 이전 같은 규칙성과 예측 가능성을 동반하면서 수익을 낼 기회가 (자신의 예측대로) 나타날 것이라고 말이다.

나는 경기 전에는 자신만만했다가 경기를 마치고 나면 풀이 죽는 경향이 있다. 수많은 대회에 출전하면서 매번 은근히 우승을 기대했고, 시장에서 첫 거래를 개시하기도 전에 투기거래자로 성공할 수 있다며 자신만만했다. 자신감의 원천을 찾자면 1930년대 브루클린대학 미식축구장으로 거슬러 올라간다.

아버지는 흔히 활용하는 전술인 싱글 윙 대형에서 풀백으로 활약했다. 브루클린대학은 당시 육군사관학교, 캘리포니아대학, 미시간대학, 노터데임대학과 경기하면서 힘들기 짝이 없는 일정을 소화하고 있었다. 강호들이 장학금을 주면서 홈그라운드로 초청했기 때문에 브루클린 미식축구팀은 원정을 다녔다. 장학금은 대공황시대에 거절할 수 없는 조건이었다. 유대인들을 상대로 100 대 0으로 이기면 얼마나 속이 시원했을지 그저 짐작만 할 뿐이다.

아버지는 브루클린 미식축구팀을 '세계 최악의 팀'이라고 입버릇처럼 말했고 자신은 팀에 기여한 바가 "털끝만큼도 안 된다"고 했다. 아버지 말씀이 옳을지도 모른다. 아버지가 대학 시절 4년 동안 뛰었던 미식축구 경기 점수를 확인해 보니 1승 1무 33패였다. 누적 점수로 따지니 705 대 8이었다. 한번은 8연패를 했는데 브루클린이 공격권을 갖고 있을 때 상대팀에게 걸핏하면 세이프티 점수(공격수가 자기 득점 지역에서 수비수에게 태클을 당해 수비팀에 공이 넘어갔을 때 수비팀이 얻는 점수 - 옮긴이)를 내주었다.

우리 집안에 전설처럼 내려오는 사건이 있다. 한번은 브루클린이 경기에서 50 대 3으로 밀리자 감독이 아버지를 경기에서 빼버렸다. 화를 참지 못한 할아버지는 감독에게 부랴부랴 편지를 보냈다. 요지는 이랬다. "니더호퍼처럼 훌륭한 국가대표 선수가 팀에 있는데, 어떻게 그런 재능을 낭비하고 다른 햇병아리 같은 선수들을 불러서 달리고 던지고 차라고 할 수 있소?"

나는 아직도 이 편지의 두 번째 페이지를 갖고 있는데, 자식을 옹호하고 감싸는 니더호퍼 집안의 가풍을 느낄 수 있다. 편지를 받고 루(Lou) 감독이 느꼈을 분노가 가히 짐작된다. 하지만 감독은 복수할 방법을 찾아냈다. 이튿날 선수들이 라커룸에 모이자 감독은 선수들 앞에서 큰 소리로 편지를 읽었다. 아버지 인생에서 그렇게 낯 뜨거운 순간은 다시없었다. 동료 선수들은 편지를 두고 지독하게 놀렸고 브루클린에서 선수로 뛰는 내내 아버지를 '국가대표 니더호퍼'라고 불렀다.

몇 년 뒤 우리 가족은 브루클린 십스헤드 베이에 있는 2,800석 규모의 해산물 식당 런디스(Lundy's)에 갔다가 아버지 옛 동료를 우연히 만

감독님은 3쿼터에서 아서를 빼버렸고 다음 플레이에서 록웰은 20야드를 뛰어 터치다운에 성공했고 팀은 패배했습니다.

경기에서 브루클린은 스무 차례나 전진 패스를 시도했는데 딱 한 번 성공했습니다. 내 아들이 던졌을 때였죠. 짧고 낮게 던져야 했는데 감독님은 제대로 던졌더라면 터치다운이 됐을 거라고 말하는군요.

뉴욕시립대 경기에서 수비는 손발이 척척 맞았습니다. 공격은 동창회 경기보다 더 형편없었죠. 공격은 예전부터 쭉 실망스러웠습니다.

감독님은 욕했지만, 브루클린 최후열 수비진이 뉴욕시립대 경기에서 한 태클 네 개 중 세 개는 아서가 했습니다. 부상도 아랑곳없이 말입니다.

몽클레어전에서는 4쿼터 중 3개 쿼터에서 공격과 수비 모두 몽클레어를 압도했습니다. 쿼터백 작전 지시는 대담하고 흠잡을 데 없었죠. 쿼터백은 블로커가 많은 스트롱 사이드에서 러닝 플레이를 요구했지만 블로커가 적은 위크 사이드에서 해도 괜찮았겠습디다. 결과론이지만 말이오. 아서를 후보팀에 넣었더군요. 제발 아서에게 공을 주어 뛸 수 있게 해주세요. 아서가 던지고 받을 수 있게 해주세요. 풋내기들 때문에 아서 앞길을 막지 마세요.

루 감독님, 행운을 빌며 감독님이 어떤 결정을 하든 악감정은 없습니다.

마틴 배상

낳다. 그 사람이 아버지에게 인사했다. "어이, 국가대표. 춘부장 잘 계시나?"

아버지가 할아버지에게 창피했다고 말하자 할아버지는 이렇게 말했다. "내가 편들지 않으면 누가 널 편들겠니?" 니더호퍼 집안에서는 이게 정상적인 부자관계다. 내 딸 골트가 장기자랑에 끼지 못하자 나도 채핀스쿨(Chapin School)에 비슷한 편지를 썼다. 선생님들을 구더기, 파괴자라고 욕했고 딸한테는 걱정하지 말라고 타일렀다. 딸의 재능은 억누른다고 억누를 수 있는 게 아니었는데 학교가 망하고 싶었는지 딸이

빅터 니더호퍼의 투기 교실

등장하지 못하게 막았다. 그 후 4년 동안 교사들은 나를 '노리에가퍼씨[파나마군 최고사령관으로 실권을 휘두르다 국가수반까지 오른 마누엘 노리에가(Manuel Noriega)에 빗댄 별명인 듯하다. - 옮긴이]'라고 불렀다.

이 편지는 《Boardroom Reports(보드룸 리포트)》에 실렸다. 아이들이 교사 때문에 기를 못 펴 속을 끓이는 부모가 많다. 편지는 미 전역에 있는 이런 부모들의 심금을 울렸다. 자녀들이 가진 개성의 불꽃이 꺼지지 않기를 바라는 부모들이 지금도 편지를 달라고 요청하고 있다. 아이가 학교에서 조그만 문제라도 있으면 나는 아이들에게 이렇게 말한다. "빨리 간단하게 몇 줄 써서 선생님께 보내야 할까 봐." 그러면 아이들은 펄펄 뛰면서 화를 내는데 그게 재미있다. 아이들은 울고불고 야단이다. 아내가 아이들을 달래는 소리가 들린다. "그냥 농담하신 거야."

'바짓바람'으로 명성이 자자한 나머지 거래소 객장까지 소문이 퍼졌다. 체결이 시원치 않으면 파트너가 브로커에게 이렇게 말한다. "장이 마감되면 니더호퍼 박사님이 이 건에 대해 할 얘기가 있으시다네."

브로커가 핑계만 대고 있으면 나는 다 들은 후에 이렇게 말한다. "우리가 이 건을 어떻게 생각하는지 분명히 전할 수 있도록 자네와 자네 상사에게 짤막한 편지를 보낼까 해." 그러면 브로커는 하나같이 이렇게 나온다. "제발 그러지 마세요. 그만하면 원하신 가격에 체결된 거나 마찬가지예요."

세월을 아끼다

자라면서 내가 출발선부터 유리했던 이유는 또 있다. 무슨 말인고 하니 사방에 책이 널려 있었다. 아이들에게는 책 제목을 읽는 것만으로도 광활한 지식의 세계를 열어주기에 충분하다. 아버지는 마침 맨해튼 출판지구가 있는 9관할 경찰서에 배치되었다. 체인점 할인과 재고 할인에 들어가기 전 며칠 동안 출판사들은 과잉재고를 폐기할 수밖에 없었다. 그러면 아버지를 비롯해 글깨나 읽는 경찰들은 쌓인 재고를 가져가겠다고 제안했다. 그러면 출판사는 포장해서 버리는 비용을 아낄 수 있었다.

66제곱미터 남짓이었던 브라이튼 집에는 책이 1만 권 넘게 있었다. 게다가 우리 식구는 일주일에 두 번 지역 도서관에 갔다. 부모님은 매일 밤 책을 읽어주었다. 아버지 장례식에는 사서 다섯 명이 도서관 최고 단골에게 조의를 표하기 위해 나타났다. 전체 자산에서 차지하는 도서의 가치, 장례식에 참석한 조문객에서 사서가 차지하는 비율을 따지면 기네스북에 오를 만한 수준이었다.

우리 집은 가난해서 텔레비전을 살 만한 여유가 없었다. 아니, 어쩌면 속세와 동떨어져 있었다. 텔레비전 앞에 멍하니 넋을 놓고 앉아서 스포츠 경기도 보고 온갖 재미있는 프로도 보고 싶었는데 나한테는 그런 사치가 허용되지 않았다. 나는 부모님을 구슬렸다. "세상에 텔레비전 없는 집은 우리 집밖에 없단 말이에요. 우리는 왜 텔레비전이 없어요? 닉스(NBA 농구팀 뉴욕 닉스 - 옮긴이)도 보고 싶고 시드 캐서(Sid Caesar, 미국 영화배우이자 코미디언 - 옮긴이)도 보고 싶단 말이에요."

씨알도 안 먹혔다! 부모님은 단호하셨다. "대신 책을 읽으렴. 다른 사람들한테 다 좋다고 해서 우리한테도 좋은 건 아니란다. 텔레비전이 없는 데는 이유가 있어요. 책은 사람들이 공유하고 싶어 하는 건 무엇이나 전달할 수 있어. 책은 사람을 웃게 만들기도 하고 울리기도 해. 그리고 세계 어디로든 데려갈 수도 있고. 책은 책이 만들어진 시대의 지혜를 기록하거든. 그러니까 책은 세상에 있는 다른 물건들처럼 퇴색되지 않아. 책은 천 가지 다른 삶을 살 수 있도록 도와주기도 한단다. 오늘 여기 있다가 내일이면 사라지는 텔레비전과 달라. 책꽂이에 가서 책을 고르렴."

"네, 하지만 텔레비전이 더 재미있는걸요."

"저런. 할아버지 댁에서 텔레비전 앞에 있는 널 보면 좀비 같아. 널

빅터 니더호퍼의 투기 교실

봐. 완전히 넋이 빠져 있어. 텔레비전은 자극이 되기도 하지만 사람을 수동적으로 만들어. 넌 가난해. 다른 사람들이 너 대신 일하도록 만드는 그런 호사는 누릴 수 없어. 명심해. 어떤 일이 일어나길 바란다면 스스로 해야 해."

"그래도 숙제 때문에 텔레비전이 있어야 해요." 이런 말까지 하면서 졸랐지만 실패했다. 일장연설이 끝나면 적당한 때를 기다렸다가 몰래 조부모님 댁으로 가서 텔레비전 앞에 착 달라붙었다. 안타깝게도 완전히 긴장을 풀 수는 없었다. 내 은신처가 발각되면 언제 아버지가 들이닥쳐 텔레비전 앞에서 끌어낼지 몰랐기 때문이다. 아니면 어머니가 텔레비전 시청을 허락하는 대가로 피아노와 클라리넷 연습을 더 하라고 명령할 수도 있었다. 당시에는 텔레비전이 없다는 것이 어린 시절에 닥친 최악의 시련이었다. 그러나 돌이켜보면 텔레비전을 못 본 덕분에 스포츠와 음악, 책을 사랑하고 차츰 흥미를 느낄 수 있었고 평생 즐거움과 오락, 휴식에 필요한 자양분을 얻을 수 있었다.

트레이더나 브로커가 으레 그렇듯 나 역시 근무시간이면 스크린에 달라붙어 고화질로 번쩍이는 가격과 스크린 아래 자막으로 흐르는 뉴스 기사를 본다. 스크린에는 최면 효과가 있다. 부모님이 걱정했던 게 이런 효과였다. 100만 명 넘는 사람이 똑같은 영상을 보고 있고, 그 영상을 나 역시 보고 있노라면 나는 개성을 잃은, 대중에 속한 한 사람이 된다. 그렇게 되면 넓은 바깥 세계를 통해 참신한 생각을 하기보다는 화면 속 편협한 세계에 빨려 들어간다. 브람스와 베토벤은 숲속에서 산책하면서 하루를 시작하곤 했다. 나도 짬을 내서 즐겨 자연과 교감한다. 아내 수전과 함께 식물원에서 긴장을 풀곤 했는데 그때가 가장 좋았다. 문제가 하나 있다면 시장을 관장하는 여신은 내가 언제 자리를 비웠는지 안다는 것이다. 화면에서 벗어나 재충전하는 짧은 시간 동안 여신은 언제나 기상천외한 방식으로 시장을 움직인다.

요즈음에는 신선한 아이디어를 얻기 위해 오래된 책이 빽빽한 도서관으로 가서 재충전하며 활력을 얻는다. 옛날 작가들은 훨씬 더 고매한 주제, 많은 사람이 공감할 수 있는 공통분모를 주제로 글을 썼다. 옛날 책들은 기운을 북돋고 활기를 불어넣는 듯하다. 시대를 초월한 지혜의 정수가 담긴 고서를 읽고 나면 현시대라는 이 덧없는 바다를 헤쳐 나갈 든든한 방향타를 잡은 기분이다. 오늘날 지식은 마치 고서라는 나무줄기에서 자라나는 가지와 같다. 나뭇잎은 지붕 위의 바이올린 연주자처럼 영원하지 않기에 투기거래자의 유일한 희망은 뿌리와 연결되는 것이다. 시장에서 거래되는 상품은 바뀌었는지 모르지만, 거래하는 자들이 느끼는 감정은 천년 전 무역상들이 느꼈던 감정과 조금도 다르지 않다. 행복, 경악, 분노, 혐오, 공포, 슬픔, 경멸.

수직선 긋기

하버드는 운동선수들에게도 학업을 강조하면서 지덕체를 겸비한 선수를 양성하는 데 주력한다. 만약 하버드가 이런 정책에 역점을 두지 않았더라면 하버드는 그저 내기 농구 시합을 할 때나 내 눈에 들어왔을 것이다. 나는 고등학교에서 테니스 훈련을 받으면서 학생들 실력이 어떤지 진면목을 처음 접하게 되었다. 테니스반에 선발되려고 도전하던 학생 하나가 들고 있던 라켓을 놓쳤다. 손에서 벗어난 라켓이 붕 날아와 나의 어머니 배를 맞혔다. 순간 거북 등딱지로 만든 두꺼운 뿔테 안경을 낀 학생들이 어쩔 줄 몰라 하며 어머니를 향해 우르르 몰려왔다. 두 명이 서로 걸려 넘어지자 어머니 주변에 학생들이 켜켜이 쌓였다. 우리는 모두 팀에 남은 자리를 놓고 경쟁하고 있었고, 날아간 라켓은 테니스 지망생들이 가진 기량과 근육 협응 수준을 여실히 드러내고 있었다. 테니스를 제대로 치는 사람은 나뿐이었다.

그런데 이 '구제 불능'들은 수학이라면 재능이 특출했다. 다섯 명은 링컨고등학교 수학반 에이스였는데 모두 4학년이었다. 학교 간 테니스 경기에서 우수 선수가 되면 교명 마크를 받는데, 아이비리그 대학에 입학하려면 이 교명 마크가 중요했다. 구제 불능들은 이 사실을 알고 있었다. 당시 하버드는 브루클린 전역에서 지원자 몇 명을 뽑았는데 다방면에 뛰어난 팔방미인이 아주 유리했다.

내 수학 실력은 구제 불능 소년들의 테니스 실력과 비등했다. 구제 불능들이 나보고 수학반에 지원하라고 했지만 망설였다. 구제 불능들은 이렇게 요령을 알려주었다. "걱정하지 마. 잘 모르겠으면 정답은 1이나 π, e일 확률이 높아. 어느 쪽이 더 정답 확률이 높은지 알아낸 다음 대충 때려 맞혀." 초등학교 때 수학 실력 덕분에 여섯 번이나 월반한 아버지께 말씀드렸더니 이렇게 일러주었다. "만약 그래도 안 되면 밑변에 수직선을 그어봐."

아름다운 공생. 나는 구제 불능들의 테니스를 봐주었고, 구제 불능들은 내 수학 공부를 봐주었다. 아무튼 4학년들은 졸업해서 몇몇은 하버드로 진학했고, 테니스 실력이 개중 괜찮았던 학생은 존스홉킨스에 입학했다. 그들이 떠난 후 나는 마침내 시(市) 대회에 참가했다.

결국 혼자 힘으로 수학 시험을 쳐야 했다. 첫 번째 문제는 "$(2 + \sqrt{5})^{1/3} + (2 - \sqrt{5})^{1/3}$의 합을 구하라"였다. 이 문제에 할당된 3분 동안 방정식을 단순하게 만들 방법을 찾지 못했다. 하지만 수학 달인들의 훈계는 기억났다. π, e가 답일 것 같지는 않았다. 순간 빛이 번쩍했다. 이 문제는 올해 출제된 첫 번째 문제였다. 게다가 첫 번째 수식이 두 번째 수식보다 크므로 0이 답일 수는 없었다. 1이라고 어림짐작으로 찍었는데 알고 보니 정답이었다.

"길이가 같은 변과 같지 않은 변을 활용해 이등변삼각형에서 동일하지 않은 한 각의 삼등분선을 구하는 공식을 산출하라." 두 번째 문제였다. 이번에도 어떻게 풀어야 할지 난감했다. 하지만 아버지의 충고를 기억하고 밑변을 향해 수직선을 그었다. 그러자 복잡해 보였던 문제는 피타고라스 정리와 삼각형 넓이 공식을 적용하는 기초 수준의 문제가 되었다. 적어도 내가 기억하기론 그랬다. 하지만 "우리는 나이 먹을수록…" 나는 이 문구를 모두에게 권하는 바다. 미약하나마 내가 독자들을 위해 할 수 있는 일이 있다면 이 주술 같은 문구를 떠올리며 '기억'과 '총기'를 유지하는 것이다. 아무튼 이 문제를 하버드대학에서 수학을 전공한 스티브 위즈덤(Steve Wisdom)에게 가져갔다. 나중에 안 사실이지만 박사 세 사람이 이 문제를 풀기 위해 밤을 꼬박 새웠다고 한다.

여기서 교훈! 아이들도 어른만큼 논리적이며 기하학적 사고에 뛰어나다. 수학 과목에서 척척박사가 되진 못했지만 수학반에서 얻은 경험으로 오래도록 바래지 않는 소중한 것들을 깨달았다. 그리고 '1 아니면 π, 아니면 e'라는 단순한 '수학 분파'는 결코 잊을 수 없다.

아연실색할 어림짐작들

그냥 어림짐작으로 대충 찍었는데 들어맞는 경우가 꽤 있다. 놀라울 정도다. 만약 누군가가 연말 주가를 예측해 보라고 묻는다면 '변동 없다'고 대답하는 게 상책이다. 주초에 상품 가격이 크게 출렁이면 주 후반기는 정확히 그 반대라고 전망하면 된다. 뉴욕증권거래소에서 하루 동안 거래되는 전체 종목에서 가격 변동 없이 종료되는 종목의 비율은 약 25%로, 무작위에 의한 확률이라고 하기에는 비율이 아주 높다. 다우존스지수나 어떤 상품이 전날 종가와 정확히 같은 수준에서 마감되는 횟수도 허다하다. 이 현상을 십분 활용하는 전략으로 등가격(at-the-money, ATM) 스트래들 매도가 있다. 예상보다 훨씬 자주 양쪽에서 돈을 벌 수 있는데, 만기에 매도가와 정확히 같은 가격이 되기 때문이다.

나는 가격 변동이 없는 종목을 좋아하는데 반갑게도 주식시장 역시 이런 종목을 좋아한다. 평균 잡아 뉴욕증권거래소에서는 1거래일에 3,100개 종목이 거래되는데 25%인 약 725개 종목은 하루 동안 가격 변동이 없다. 1년에 10일 정도는 변동 없는 종목의 비율이 15% 이하로 떨어진다. 1928년부터 현재까지 살펴보면 이는 강력한 약세 신호로, 향후 12개월 동안 S&P는 기준치보다 약 10%포인트 낮은 수준에 머무르리라 예상된다. 반면 변동 없는 종목의 비율이 30%를 넘기는 날은 1년에 10일 남짓인데, 이때는 향후 12개월 동안 S&P가 약 10%포인트 상승하며 강세를 보인다. 기댓값 차이가 최소 이 정도로 벌어지는 경우가 오로지 우연 변동으로 일어날 확률은 5,000분의 1 미만이다.[5] 분명 불가사의한 현상은 일어나고 있다.

　나는 이 결과가 수익을 관장하는 '미스터 마켓'의 성향 탓이라고 생각한다. 달리 말하면 미스터 마켓은 가격 변동 없는 종목이 많은 날을 좋아한다. 요즈음 시장 조성자는 수익을 보장받는 셈이다. 대중이 어제 종가보다 높은 가격에 매수하면 시장 조성자는 매도하고, 대중이 어제 종가보다 낮은 가격에 매도하면 시장 조성자는 매수하면 되기 때문이다. 변동 없이 마감되는 주식의 비율이 낮을 때가 있다. 대중과 반대 포지션을 취하는 전문 트레이더들은 이런 시장을 못마땅하게 여겨 주가를 끌어내리는 경향이 있다. 월가에는 고색창연한 법칙이 내려오는데, 바로 "시장이 조용하면 절대 팔지 말라"는 것이다. 이 법칙은 적어도 주식에 관한 한 아직도 유효한 듯하다. 나는 이 원칙이 다른 시장들에도 적용되는지 살펴보았다.

　내가 경험을 통해 내린 결론은 이 원칙이 채권시장에도 적용된다는 사실이다. 외환거래에서도 이전 가격으로 회귀하는 현상이 자주 발생한다. 뉴욕 시장의 가격 범위가 종종 도쿄, 유럽 시장의 가격 범위와 정확히 일치하기도 한다. 뉴욕에서 외환선물 가격이 심하게 요동치기 시작해도 도쿄나 유럽 현물시장에서 통화가격은 큰 변동이 없다. 때로는 가격이 변동 없이 머무르려는 힘이 아주 강해서 거래일 내내 달러를 저점에 사고 고점에 팔면서 수익을 내기가 불가능하다. 딜러들에게는 더할 나위 없이 좋은 상황이다.

　시장이나 투자에 관한 책을 읽다 보면 아연실색할 때가 더러 있다.

세상 사람들이 상식 수준에서 생각하는 내용을 계량화해서 검증하려는 기초적인 시도조차 등한히 하기 때문이다. 인기 많은 투자서 두 권만 봐도 무슨 뜻인지 이해할 수 있다. 한 책에서 중서부 지역 여성 무리가 사탕이나 초콜릿처럼 단것을 만드는 회사 주식을 사라고 권한다. 이유는 자신들이 단 음식을 즐기기 때문이다. 또 한 책에서 펀드매니저는 2년 동안 책을 한 권도 읽지 못해서 일을 그만뒀다고 한다. 축구 시합도 보러 갈 짬이 없는데 이것이 책을 못 읽는 것보다 더 아쉬웠다고. 아무튼 이 펀드매니저는 몇몇 기업의 주식을 매수하라고 권하는데 딸들이 쇼핑몰에서 그 회사 물건을 자주 구매한다는 점을 이유로 내세운다. 고등학교 화학 수업에서 학생이 이런 결론을 관찰에 따른 의견이랍시고 내놓는다면 어떤 성적을 받을까? 컴퓨터나 VCR을 구매할 때는 이것저것 조사하고 까다롭게 고르면서 주식을 살 때는 그 정도 신경도 안 쓰는 듯하다.

하버드 시절 미국해군연구소 소속 고에너지 물리학자인 M.F.M. 오즈번을 알게 되었는데 나로선 엄청난 행운이었다. 35년 동안 금융시장 분석가, 재무학 박사, 재무학 교수를 숱하게 만났지만 창의성과 통찰력 면에서 모두 오즈번 발끝도 못 따라간다(내 친구 한둘은 제외). 언젠가 오즈번은 효율적 시장과 합리적 기대 분야의 창시자로 인정받으리라 생각한다. 오즈번의 논문 '주식시장의 브라운 운동(Brownian Motion in the Stock Market)'은 여전히 이 분야에서 가장 중요하고 유용한 논문이다. 오즈번은 어느 날 강물을 들여다보면서 이동하는 연어의 행동을 생각하다가 이 개념을 떠올렸다. 오즈번은 연어의 행동이 주가와 유사하다는 점에 주목했다. 이어 한발 물러서서 마치 화성에서 온 관찰자처럼 객관적이고 초연한 입장에서 주가의 무작위성이라는 주제에 접근했다. 오즈번은 주가 움직임이 "수많은 분자가 한데 어우러져 추는 군무와 흡사하다"고 보았다.

내가 오즈번에게 연락해 협동 연구에 착수했는데 이후 협업 관계가

15년 동안 지속되었다. 그 과정에서 우리는 평판 좋은 경제학자나 게임이론가 들에게 재차 확인하기도 했다. 오즈번은 걸핏하면 이렇게 말했다. "누군가 마지못해 실수를 인정하겠지. 깃털이 다 붙어 있는 상태로 꽥꽥거리면서 산 채로 잡아먹히는 까마귀처럼 말이야. 어쩐지 그게 나는 아닐 것 같구먼." 오즈번이 하는 말은 빗나가는 법이 없었다. 오즈번은 오스카르 모르겐슈테른(Oskar Morgenstern, 게임이론을 경제학에 접목한 경제학자 - 옮긴이)과 설전을 벌였는데 패배한 모르겐슈테른은 납작 엎드려 봐달라고 빌었다. 비선형 투영행렬이라면 나는 까막눈인데 모르겐슈테른도 주가라면 까막눈이었다.

주식시장에 변동성이 작으면 앞서 살펴본 바처럼 강세 신호인지 아니면 예측이 힘든 무작위 결과로 이어지는지 실험했다(표 5-1). 독자 여러분과 오즈번, 그리고 나 자신에게 경의를 표하면서 테스트 결과를 보고하겠다. 결과는 일석이조다. 1.00포인트 미만으로 소폭 상승한 이후 다음 날 평균 변동 폭은 0에 가깝다. 소폭 하락한 경우도 마찬가지다. 게다가 대폭 하락한 횟수보다 대폭 상승한 횟수가 훨씬 많았다. 따라서 하락이 상승보다 더 격렬하다는 가설은 기각된다. 흥미로운 결과 하나가 딸려 나왔다. S&P가 하루 5.00포인트 이상 하락한 경우는 92회로, 이후 닷새 동안 평균 변동 폭은 2.91포인트였다. 그리고 이 닷새 동안의 총변동 폭은 무려 267.72포인트였다. 일일 변동 폭이 크면 이후 변동성이 높다는 점, 그리고 이 기간 동안 주식이 상당 폭 상승한다는 점을 고려하면 우연 변동만으로 이런 극단적 결과가 나올 확률은 열 번 중 한 번꼴이다.

하버드에 붙다

운동부에 있었던 수학 영재 동기생들은 하버드에 지원했고 나 역시 하버드에 지원했다. 진학 상담사는 나를 단념시키려고 할 수 있는 건

표 5-1. 크고 작은 일일 변동 이후 S&P 변동*

이상	이하	변동 양상	관측 횟수	익일 평균 변동	이후 5일간 평균 변동
0	1.00	소폭 상승	354	0.16	0.37
-1.00	0	소폭 하락	347	-0.10	0.83
1.00	2.00	중폭 상승	260	0.09	0.13
-2.00	-1.00	중폭 하락	227	0.12	0.70
2.00	3.00	대폭 상승	185	-0.14	0.18
-3.00	-2.00	대폭 하락	140	0.27	0.67
3.00	4.00	상당 폭 상승	118	0.09	0.42
-4.00	-3.00	상당 폭 하락	102	-0.13	0.17
4.00	5.00	급등	80	-0.04	0.63
-5.00	-4.00	급락	60	0.68	2.75
5.00	∞	폭등	106	0.76	1.05
-∞	-5.00	폭락	92	0.37	2.91

* 표시된 일일 변동 폭 이후 종가 기준 평균 변동 폭(S&P 선물 계약 1988~1996).
S&P 1.00포인트 변동은 다우존스지수 8포인트에 상응.

다 했고, 교장 선생님은 '부적합'하다는 취지로 하버드에 편지를 보냈다. 이게 오히려 역효과로 작용했다. 일부 면접관은 승진 심사에서 부당하게 물을 먹은 경험이 있어서 내 처지를 이해하고 공감했다. 여기에 내 취미가 주식 종목 선정이라는 사실까지 한몫 거들었다. 이런 취미 덕택에 언젠가 내가 사회에 크게 공헌할지도 모르기 때문이다.

브루클린 공립학교 출신으로 하버드에 진학한 학생은 극소수였는데 내가 해냈다. 우리 학교에서 SAT 점수가 1,300점이면 졸업생 중 250등이고 브루클린에는 우리 학교만큼 학업 성취도가 우수한 학교가 많다는 점을 고려하면 내가 합격한 건 기적이 아닐 수 없다.

1961년 내가 하버드에 입학할 당시 하버드는 320년째 학생들을 가르치고 있었다. 그만큼 유연하고 융통성 있고 회복력이 크다는 의미다. 하버드도 나도 뻣뻣하게만 굴지 않고 조금은 굽혔고 결국 서로 더욱 끈끈하게 어우러졌다.

요즘 학생들과 달리 1964년 졸업반 학생들은 밥벌이를 스스로 했고, 그게 당연한 일이기도 했다. 청구서가 날아오면 대신 납부해 줄 '어머니 같은 하버드'도 '동창생 인맥'도 없었기에 일을 해야 했다. 당시 학비와 기숙사비를 합쳐도 1년에 고작 3,000달러였지만 경찰 연봉 1만 달러로 집안 살림에다 내 뒷바라지까지 하기엔 빠듯했다.

집배원은 벨을 울리지 않는다

하버드에서 처음 잡은 직장은 학생우체국이었다. 우편물을 분류하고 순서대로 캠퍼스 북쪽에 있는 학과를 돌면서 우편물을 배달하고 가져오는 게 업무였다. 시급은 거금 1.80달러였다.

일을 시작하고 며칠 후 상근직 우편집배원이 되었다. 상사는 늙수그레한 아일랜드인이었는데 좀 고루한 영감이었다. 신발은 반짝반짝 윤이 나도록 닦았고 넥타이는 정석대로 매듭을 묶어 목에 딱 붙게 졸라맸다. 그날 날씨는 전형적인 보스턴 가을 날씨였다. 바람은 시속 80킬로미터로 불고 얼음처럼 차가운 비가 내리고 있었다. 비를 맞으며 배달을 가려는데 상사가 귀가 따갑도록 잔소리를 늘어놓았다. "정신 바짝 차려. 무슨 일이 있어도 절대 까먹으면 안 돼. 반드시 생물학과 왓슨 연구소에 가서 우편물을 수거해. 교수가 노벨상을 타더니 세상이 다 자기거라고 생각하는지, 원. 하루에 두 번 우편물을 수거하지 않으면 전화해서 한소리 한다니까. 지난번에 깜박하고 우편물 수거를 못 했는데 부국장이 부르더군. 죄송하다고 사과해야 했어."

나는 지시를 따르는 데는 영 재주가 없다. 돌이켜보면 우편물 집배 일이 적성에 맞지 않았던 것 같다. 큰 대학교 여자 스쿼시팀 코치나 맛 연구소 소장이 나한테 딱 맞는 직업인지도 모르겠다. 하지만 집배 일에서 나오는 돈이 꼭 필요했다. 그런데 비 때문에 정신이 없어서 그랬는지, 아니면 비서 때문이었는지, 아니면 공부 때문에 정신이 없었는지 깜박하고 짐 왓슨 연구소에서 우편물을 수거하지 않았다. 상사가 해고하면서 퉁명스럽게 쏘아붙였다. "넌 해고야. 어떻게 너같이 무능한 애를 하버드에 들여보냈는지 영원히 알 수 없을 테지. 내가 몇 번이고 몇 번이고 까먹지 말라고 했던 거기만 비를 피해 들어가면 되는데 그 정도 정신머리도 없어? 꺼져. 다시는 얼쩡거리지 마."

30년쯤 지나서 짐 왓슨과 다시 알고 지내게 되었다. 짐 왓슨과 친하고 나하고도 친했던 '투기의 술탄' 소로스와 보 박사를 통해 인연이 다시 닿았다. 아무튼 나는 왓슨에게 물었다. 전화해서 날 자르라고 닦달했는지. "아니. 실험실도 두 개나 운영하는 데다 제자나 조교 중에서 배우자감 찾느라 바빴지"라고 왓슨은 답했다

졸업은 식은 죽 먹기

하버드에 입학하면 졸업은 거의 보장되는 셈이다. 입학생 중 99%가 하버드에서 학위를 취득하는데 나머지 아이비리그 학교는 학위 취득률이 95%다. 상당수 학생이 강의에 절반 이상 출석하는 경우가 드물고, 나머지 학생들도 대다수는 과외 활동에 몰두한 나머지 전공과 관계없는 책은 말할 것도 없고 과제물 읽을 시간도 없다는 점을 고려하면 졸업률이 놀라울 정도로 높다.

나는 이렇게 높은 졸업률 덕을 톡톡히 보았다. 졸업률이 이 정도로 높지 않았다면 분명 결승선을 통과하지 못했을 테니 말이다. 나는 언제나 수강생이 많은 강의는 꺼렸다. 인기가 많아서 대강당에서 저명한 교수들이 강의하는 학부 수업은 500명에서 1,000명 정도 몰렸다. 개중에는 조는 학생도 있지만 말이다. 이처럼 수강생이 많으면 강의실에서 나는 냄새 때문에 정나미가 뚝 떨어진다. 공기 중에 이산화탄소가 계속 돌고 있어서 숨이 턱 막힌다. 좀 더 현실적인 이유를 말하자면 격렬하게 운동한 뒤에는 깨어 있기가 힘들다. 게다가 나는 의견을 주거니 받

빅터 니더호퍼의 투기 교실

거니 하는 게 좋다. 박식한 교수와 함께 걸으면서 공통 관심 분야에 대해 이야기하는 것, 이런 게 나한테는 이상적인 학습이고 토론이었다. 복사기나 데스크톱으로 출력이 가능한 요즘 같은 시대에는 학생들이 강의 내용에 의견을 표출하지 못할 이유가 없다. 강의 요지를 출력해서 미리 학생들에게 배포할 수 있기 때문이다. 그리고 인쇄된 단어는 말로 하는 강의보다 더 조리 있고 논리가 엄밀해야 하므로 출력물은 논조가 더 정확하고 명쾌해야 한다. 내가 보니 명문대학이나 파벌 무리에 속한 강사들이 유독 강의 요지 출력물을 학생들에게 주려고 하지 않는다.

많은 교수가 감언이설에 속아서 학부 과정을 가르치거나, 위반 사항에 대한 처벌로 학과 회의에서 억지로 학부 과정을 떠맡은 듯했다. 학부 과정을 맡는 경우는 또 있다. 한물간 개척자들로, 과거에 한창 날리다가 전쟁 전 이룬 업적 덕에 겨우 대학에 붙어 있는 그런 교수들이었다. 마지막으로 정계 출신, 전직 대사나 공직자 들이 있었는데, 이들은 해당 분야에서 최근 어떤 기술 발전이 이루어졌는지 전혀 모르고 있었다. 눈가림 체커(눈을 가린 상태로 머릿속에 기보를 외우면서 두는 체커 - 옮긴이)라도 잘했으면 수업 시간에 깨어 있을 수 있겠지만 당시 나는 눈가림 체커도 미숙했다. 따라서 강의 시간에 졸지 않으려면 정식 출간 전에 배포되는 서퍽 다운스 경마신문을 사서 우승마를 고르는 게 유일한 방법이었다.

밭을 일궈라

《캉디드(Candide)》마지막 단락에서 팡글로스(Pangloss)는 캉디드의 생애에 일어난 사건들, 비극과 승리를 모두 회고한다.

이 세계는 가능한 모든 세계 중에서 최선일세. 이런 최선의 세계에서 모든 사건은 서로 이어져 있다네. 왜냐하면 만약 자네가 퀴네공드(Cunegonde) 양을 사랑한다는 이유로 엉덩이를 뻥 걷어차이며 웅장한 성에서 쫓겨나지 않았더라면, 만약 자네가 종교재판에 회부되지 않았더라면, 만약 자네가 걸어서 미국 땅을 정처 없이 떠돌지 않았더라면, 만약 자네가 남작을 칼로 찌르지 않았더라면, 만약 엘도라도 땅에서 데려온 양을 모조리 잃어버리지 않았더라면, 여기서 설탕에 절인 유자와 피스타치오를 먹고 있지는 않을 테지.

"그렇고말고요." 캉디드가 대답했다. "그래도 우린 밭을 일궈야 합니다."[6]

하버드에서 학점 따는 문제를 해결하려다 보니 여러 사건을 통해 생계를 유지하게 되었고, 투기거래가 내 인생의 초석으로 자리 잡게 되었다. 하버드 입문 강좌에서 1주는 대개 저명한 교수의 강의 하나와 외국인 대학원생들이 가르치는 토론수업 두 개로 구성되었다. 이런 대학원생을 이른바 '섹션 맨(section man)'이라고 불렀는데 딱 봐도 생활비에도 못 미치는 박봉에 하루살이처럼 살고 있었다. 이들이 받는 보상은 취업시장에 나갈 때 하버드대학에서 교직을 맡았다는 경력 한 줄, 그리고 하버드가 제공하는 학위였다. 당시에도 이스턴일리노이대학은 하버드대학에서 조교수로 재직한 사람을 우대했다.

당시 하버드는 학교 위상에 부끄럽지 않은 솜씨로 조교수 급여를 박봉에 묶어두었다("하버드 교직이라는 영예를 생각해 봐"라며). 하버드는 또한 대학원생이 최소 5년 동안 다른 학교에서 가르친 경력이 있어야 채용했다. 그전부터 이 정책에 대한 평가는 아주 나빴다. 이 정책 탓에 하버드는 수리경제학자이자 노벨상 수상자인 폴 새뮤얼슨을 놓쳤기 때문이다. 폴 새뮤얼슨은 1960년대 베스트셀러 교재로 케인스 경제학을 널리 퍼뜨린 인물로 전형적인 하버드 경제학자다. 큰 정부가 어느 정도 지출을 늘리고 세금을 어느 정도 부과해야 하는지 그리고 큰 정부의 역할이 무엇인지 의견이 분분하지만, 학문적 업적으로 보면 새뮤얼슨은 당연히 하버드에 있어야 하는 인물이었다. 새뮤얼슨은 1948년 하버드대학 박사학위 주제로 소비와 투자가 생산에 미치는 상호작용 효과를 수리적으로 탐구했는데 이 논문은 여전히 경제학에서 가장 중요한 해설서로 손꼽힌다. 그래도 채용에 대한 하버드의 금기를 깨기에는 역부족이었지만 말이다.

하지만 대학원생들에게는 대가가 있었다. 박봉과 '섹션 맨'으로 학사 일정이 순조롭게 돌아가게 해준 대가로 학점을 후하게 받았다. 대학원생의 평균 학점은 A-였다. 요즘이야 학점 거품에 변별력 없는 채점에 이수 통과 여부만 판정하는 과정도 수두룩해서 평균 학점이 주식차트에 그은 선마냥 의미가 없어졌지만 당시에는 A-면 썩 괜찮은 학점이었다. 학부생이었던 나는 금방 눈치챘다. 대학원 과정만 들으면 심지어 반에서 최하 성적을 계속 받는다 해도 B+는 받을 수 있겠다 싶었다. 이렇게 하면 나처럼 어영부영 수강해도 벌충이 될 것 같았다.

이 전략은 제대로 통했다. 경제학 전공자들의 최종 성적 순위가 나왔는데 150명 중 내가 2등을 차지했다. 다른 학생들도 내가 쓰는 수법을 알아챘다. 언뜻 봐도 지적 능력이 별 볼 일 없는 학부생이 대학원 과정을 주로 수강할 때마다 "교과과정을 니더호퍼링(Niederhoffering)한다"는 말을 들었다.

몇 년 후 소로스가 연 파티에서 투입산출분석 경제학의 창시자인 바실리 레온티예프(Wassily Leontief) 교수를 우연히 만났다. 교수는 대학원 수준인 미시경제학 201을 가르치고 있었는데 내가 반에서 최하 학점인 B+를 받았다. 교수가 주창하는 기본 개념은 경제에서 산출물과 산출물을 만드는 데 필요한 투입물인 노동력과 자본은 고정된 기계적 관계라는 것이다. 미국 슈퍼마켓 진열대에는 입이 떡 벌어질 정도로 다양한 상품이 있는데 러시아는 워싱턴 정부에 똑똑한 총괄기획 담당자가 있어 상품을 관리하기 때문이라고 생각한다. 투입산출 이론 역시 이런 생각 못지않게 해괴망측하다. 듣기로는 레온티예프 스스로 투입산출 이론을 폐기했다고 한다. 마땅한 수순이다. 그럼에도 레온티예프는 내가 만나본 사람 중 영민하기로 몇 손가락 안에 들었다.

25년 만에 만난 자리에서 레온티예프는 나를 기억했다. "자네, 내 수업에서 하던 대로 소로스 밑에서 부스러기를 주워서 상품시장을 니더호퍼링하고 있군." 가끔 바닥에서 사고 천장에서 팔아서 적시에 빠져나와 꿀처럼 달달한 맛을 보면 파트너들이 이렇게 외친다. "니더호퍼링했어."

학점 니더호퍼링하기

덕 있는 행실이 다 그렇듯이 훌륭한 행실은 훌륭한 행실을 낳는다. 학점 따기 쉬운 과목을 찾아서 니더호퍼링하다 보니 재정난을 타개할 해법도 떠올랐다. 하버드에 들어간 첫 주였다. 시끌벅적해서 돌아보니 굵은 허리, 떡 벌어진 어깨에 몸무게가 족히 내 두 배는 되는 학생들이 금발 신사 뒤에 바싹 붙어 걷고 있었다. 금발 사내는 빼빼 마른 체형에 안경을 쓰고 있었다. 요란한 이 무리는 대부분 미식축구팀 선수들이었는데 비실비실한 사내를 따라 교실로 들어갔다. 어떤 선수에게 무슨 일인지 물었다.

"미식축구팀은 하루에 네 시간 정도 훈련해. 훈련하는 동안에는 몸을 혹독하게 굴리지. 영국을 숭배하는 스쿼시 선수들과는 차원이 다르다고. 연습이 끝날 때쯤이면 파김치가 돼. 의대 예과 과정은 죽인다고 해도 못 들을 거야. 저기, 우리가 졸졸 따라가는 애는 토미 터먼(Tommy Terman)인데, 학점 따기 쉬운 과목 찾는 데는 귀신이야. 터먼 아버지도 하버드에서 가르쳤는데 표준 지능검사 방식을 개발한 분이셔. 그런데 평균 학점을 기준으로 자식들에게 유산을 물려주겠다고 선언했다네. 터먼은 브리지게임부라 툭하면 타지로 가야 하거든. 그래서 학기마다 머리와 경험을 총동원해서 학점 따기 가장 쉬운 수업을 찾고 있어. 우리 미식축구 선수들도 터먼이 듣는 수업을 들으려고 터먼을 따라다니고 있고."

이후 약은 학부생들이 자연스레 이 방식을 따르면서 전통으로 자리 잡았다. 스티브 위즈덤은 나보다 약 20년 뒤에 하버드를 졸업했는데 이렇게 전한다. "프로 하키 선수인 윌(Will)은 대학 시절 학점 따기 쉬운 과목을 잘 찾기로 유명했다. 풍뎅이가 보이면 가까이에 물이 있듯, 윌이 강의실에 있으면 후한 학점이 콸콸 흐른다는 걸 알 수 있었다. 윌은 이 방면에 노력이 가상해서 유명세를 톡톡히 치렀고 학교 신문은 윌에게 '돌대가리'라는 별명을 붙여주었다."

한번은 중요한 경제학 수업을 듣는데 스티브는 강의에 출석도 하지 않았고 과제로 받은 책도 읽지 않았다. 당연히 걱정했다. 하지만 윌이 기말시험을 보려고 샌더스홀에 들어가는 것을 보자 걱정은 안도로 바뀌었다. 스티브는 분명 이런 경험을 숱하게 했으리라. 하버드에 다니는 동안 'A'보다 낮은 학점은 한두 과목밖에 없었기 때문이다.

강의 니더호퍼링하기

오늘날 강의 '니더호퍼링하기' 기술은 사실상 제도로 정착했다. 애덤 로빈슨(Adam Robinson)은 역발상을 활용해 좋은 성적을 받아내는 데는 도가 튼 사람이다. 애덤은 〈프린스턴 리뷰(Princeton Review)〉 공동 설립자이며, 시험 출제자의 의도를 판단해 점수 올리는 방법을 규명한 책을 썼는데, 연간 50만 부 이상 팔린다.

역시 이 분야의 대가인 내 동생 로이는 애덤과 함께 어떻게 하면 학기를 그럭저럭 무사히 마칠 수 있는지 요약해서 목록을 만들었다. 투기거래자, 아니 투기거래자의 자녀도 언젠가는 강의를 듣고 시험을 봐야 하므로 여기 목록을 소개한다.

1. 전공과목은 항상 듣는 사람이 적을 때 수강하라. 이전에 낙제했거나 진지하게 임할 생각이 없는 사람들이 경쟁자들이다.

2. 수업 준비를 제대로 안 했다면 초반에 일찌감치 발언하라. 그래야 과제로 내준 자료와 관련해 발언하라는 요구를 받을 확률이 줄어 든다. 만약 시험에서 준비를 못 한 문제가 나오면 스스로 문제를 내고 답을 적어라.

3. 남자 강사가 수업을 진행하는데 아리따운 여성이 앞줄에 앉아 있 으면(그 반대도 마찬가지) 그런 수업은 듣지 말라. 왜냐하면 교사는 점수를 매길 때 동성 학생보다 이성 학생에게 더 관대하기 때문이 다. 남자 교수든 여자 교수든 여자보다 남자에게 평가가 박하기 때 문에, 남자라면 과제물과 시험에서 성별을 최대한 감추고, 여자라 면 성별을 분명히 밝혀야 한다.

4. 수강 신청 인원이 줄어들고 있는 과정에 등록하도록 노력하라. 교 수는 폐강을 막기 위해 학점을 후하게 준다.

5. 가르치는 대학원생 조교수가 나나 다른 사람을 상대로 연애하자 고 수작을 걸면 그런 강의는 피하라.

6. 근무시간에 가능한 한 자주 교수를 찾아가라. 특히 3번이나 5번 항목에 해당할 경우, 교수는 잘 아는 사람에게 학점을 짜게 주기 어렵다.

7. 학기 중 개선 정도에 따라 학점을 주는 과목이라면 처음에는 살살 시작하라. 학기 중에 나아지는 것처럼 보이도록 초기 과제물과 시 험에 오류가 포함되도록 세심하게 신경 써라.

8. 교수가 가장 좋아하는 문구와 늘 쓰는 표현을 과제물과 시험에서 그대로 다시 쓴다.

9. 과거에 출제된 시험을 검토하라. 기출문제와 기출 주제가 반복되 는 경우가 많다.

나는 친구 복은 있다. 친구들 중에는 똑똑한 녀석도 많고 예리한 책 이나 논문을 쓴 녀석도 많다. 녀석들은 각자 하루하루 직장이라는 생활

최전선에서 시대를 초월한 투기 원칙을 적용하고 있다. 그런데 개중에도 애덤 로빈슨만 한 사람이 없다. 애덤 로빈슨은 우리 집 수석 가정교사가 되었다. 아이들은 출생 시 의사가 매기는 아프가점수(Apgar score)부터 GRE까지 표준화된 시험을 끊임없이 치른다. 그러니 아이 여섯 명을 건사하는 게 결코 만만한 일이 아니다.

수석 가정교사에게 표준화된 시험을 잘 치르는 최신 비법이 뭐냐고 물어보자 로빈슨은 이렇게 대답했다.

- 표준화된 시험에서 객관식 문제는 대략 정답자 수에 따라 배열된다. 이는 역발상 사고의 사례집이라고 할 만하다. 초반에 나오는 (쉬운) 문제는 많은 사람(대다수 학생)이 보기에 정답이 뻔하다. 후반에 나오는 문제는 항상 예상하지 못한 보기가 답이다. 즉 초반 문제는 항상 그럴듯한 보기가 정답이고, 후반에 나오는 문제는 전혀 정답으로 고르고 싶지 않은 보기가 정답이다. 다시 말해 초반에 나오는 문제의 정답은 '맞는 답처럼' 보이고, 후반 문제의 정답은 '오답처럼' 보인다.

- 표준화된 시험에서 '알쏭달쏭할 때는 처음 찍은 게 정답'이라는 해묵은 처방이 있지만 이대로 하면 망한다. 후반에 나오는 문제는 대다수 학생이 틀리는 문제들이다. 즉 후반 문제에서 많은 사람이 처음 답이라고 직감하는 보기는 오답이다.

- 시력검사표나 높이뛰기 대회 같은 표준화된 테스트는 어느 수준이면 무능한지를 찾기 위해 고안된 테스트다. 만점이 목표가 아니라면 문제를 전부 풀려고 하다가는 곤란해진다. 시간이 많이 걸리는 문제 몇 개는 그냥 찍고 넘어가라. 그래야 나머지 문제를 풀 시간을 확보할 수 있다. 제일 쉬운 문제나 제일 어려운 문제가 아닌 '중간' 문제에 시간을 가장 많이 할애하라.

이 원칙들은 조직화된 시장에서 거래할 때도 적용된다. 개장에는 시장과 함께 가고, 마감에는 시장과 반대로 가라. 아리송할 때는 물러서서 관망하라. 내가 훤히 꿰뚫고 있는 유동성 높은 시장에서 거래하라. 분석가 200명이 우르르 쫓아다니는 시장은 마음에 두지 말라.

내가 하버드에 다닐 때 미식축구팀 학생들은 분명 니더호퍼링하기 선구자들이었다. 혹시 오해가 있을까 봐 미식축구팀 학생들의 타고난 머리에 대해 밝혀둔다. 25기 동창생에서 축구팀에 등록된 스무 명 중 의사가 다섯 명이며, 교수도 여럿 있고, 변호사는 여섯 명, CEO가 여섯 명이다. 이런 충고를 해도 될 듯하다. 성공하고 싶다면 소싯적 아이비리그 미식축구팀이었던 양반들이 높은 자리에 있는 회사 주식을 사라.

생활비 벌기

나는 당장 터먼과 친해지는 게 좋겠다고 생각했다. 차츰 친해지면서 우정을 쌓았는데 나는 터먼에게 스쿼시를 가르쳐주었고 터먼은 나한테 돈 버는 기술을 알려주었다.

터먼은 캠퍼스 밖에 있는 아파트에 살고 있었는데 미식축구팀 친구를 잔뜩 초대해 매주 포커 게임을 했다. 터먼이 나한테도 같이 하자고 했다. 초대에 응했다.

당시에도 나는 끈질긴 구석이 있었다. 24시간 꼬박 마라톤 게임을 하는 동안 나는 24시간 내내 가장 완벽한 패를 잡을 때까지 기다렸다. 이때쯤 되면 참을성이 부족한 상대들은 필사적인 심정으로 본전을 찾으려고 한다. 따라서 아무리 액수가 커도 콜할 확률이 높다. 본전을 찾고 싶은 열망은 투기꾼이 가진 습성 중 가장 대가가 큰 습성에 속한다. 그리고 안타깝게도 가장 흔한 습성이기도 하다. 특히 돈을 왕창 날린 후에는 본전 생각이 간절해 다른 건 돌아볼 겨를이 없다.

가격이 대폭 불리하게 움직였다가 다시 제자리로 돌아올 때가 있다.

일단 제자리로 돌아오면 가격은 유리한 방향으로 더 멀리 움직인다. 그런데 알면서도 말뿐이다. 나는 며칠 만에 본전의 10%나 20%를 잃으면 본전을 거의 다 찾을 때까지 기다렸다가 안도하며 포지션을 청산해 버린다. 그런데 청산하고 나면 잠깐 사이에 가격이 계속 움직인다. 내가 평소 말하는 대로 실천했으면 엄청난 수익을 얻을 수도 있었다. 일부 투기꾼은 이런 경향을 계량화해 큰돈을 벌기도 한다.

바람에 나부끼며

한창 라켓볼을 치던 시절부터 걸리적거리는 물건이 있으면 나는 오히려 유리한 쪽으로 써먹었다. 의자가 있으면 의자에 앉아서 공을 쳤고 쓰레기통이 있으면 뚜껑을 라켓처럼 쓰기도 했다. 한마디로 그 방면에는 일가견이 있었다. 찰스강에서 하버드 인근 솔저필드 테니스 코트 쪽으로 바람이 시속 50킬로미터로 계속 불어닥쳤지만 나한테 그 정도 바람은 그냥 일상이었다. 남쪽 대서양은 대기가 좀 더 안정된 상태인데 거기에서 올라오는 바람이었다.

하버드 테니스 코트에서 나는 기가 막힌 전략을 썼다. 바로 바람 부는 날에만 1위에 도전하는 전략이었다. 이 전략으로 나는 1학년 테니스팀에서 1위가 되었다. 2위는 프랭크 리플리(Frank Ripley)였는데 기량만 따지면 나보다 훨씬 나았고 나중에 40세 이상 복식 전미 챔피언에 오르기도 했다. 아무튼 나는 대학 간 경기에서 이럭저럭 전승할 수 있었다.

테니스 코트는 대체로 남북으로 배치돼 있어서 선수들은 서브를 넣거나 로브로 공을 높게 띄울 때 태양을 직접 보지 않아도 된다. 북쪽 코트에서 경기할 때는 맞바람이 불기 때문에 상대 백핸드 쪽으로 있는 힘껏 공을 쳤다. 남쪽에서 경기할 때는 스핀 서브로 상대 코트에 서브를 넣었는데, 시속 50킬로미터로 부는 바람이 속도를 더해 서브 에이스를 따냈다.

나는 종종 트레이딩에서도 비대칭성을 감안한다. 상승세는 U자 모양으로 진행되는 경향이 있다고 한다. 따라서 일반적인 상승세라면 하루나 이틀 상승한 뒤에도 대세에 동참할 시간이 넉넉하다. 그러나 하락세는 대개 V자를 엎어놓은 형태를 보이는데 즉흥적이고 급속히 발생하기 때문에 올라탈 기회가 없다. 따라서 상승할 때를 노려 매도해야 한다고 한다.

그런데 나는 그럴듯해 보이는 통념이 있으면 적절한 계량화 작업을 꼭 거친다. 통념이라고 해서 계량화 작업 없이 내팽개치지 않도록 신중을 기하기 위해서다. 또 내가 마땅히 해야 할 일이라고 생각했다. 그래서 이 현상을 수백만 가지 방법으로 시험해 보았다. 하지만 이 현상을 뒷받침하는 어떤 증거도 찾을 수 없었다. 투기판 유언비어 하나가 또 사망 선고를 받았다.

하버드에는 바람도 많이 불고 비도 자주 와서 가을이면 테니스 시즌이라고 해봐야 며칠밖에 없었다. 테니스 시즌이 끝나면 선수들은 스쿼시로 관심을 돌렸다. 나는 스쿼시에 관한 책을 읽으면서 미리 대비하려고 노력했다. 전형적인 니더호퍼 가문 방식이었다. 어쨌든 이런 책들에는 F.D. 아므르 베이(F.D. Amr Bey) 같은 위대한 챔피언들이 라켓을 뒤로 뺐다가 머리 위 60센티미터까지 뻗은 채 전력으로 백스윙하는 모습이 묘사돼 있었다. 나는 스트로크와 팔로스루 동작을 책에 설명된 대로 그대로 따라 했다.

내가 책을 읽으면서 스윙 연습하는 모습을 바너비 코치가 보았다. 그러고는 내 모습이 물 밖에 나온 물고기 같다고 하면서 내가 읽는 책을 슬쩍 보았다. 나는 당시 미국식 하드볼 경기를 하고 있었는데 소프트볼 게임에 관한 책을 읽고 있었다. 잭은 라켓을 뒤로 뺄 때 어깨에 바짝 붙여서 백스윙을 짧게 하라고 권했다. 그렇게 하면 정확성이 높아지고 상대가 의도를 알아채지 못해서 속이기 쉽다는 것이다.

투기거래처럼 빠른 속도로 이루어지는 활동에도 같은 원칙이 적용된다. 가장 좋은 기회는 종종 별안간 번쩍하다가 눈 깜짝할 새 사라진다. 주문 한 번 넣는 데도 준비 시간이 오래 걸린다면 날쌔고 민첩한 경쟁자들과 다투면 안 된다.

코치는 내 책들을 압수하더니 사무실로 데리고 가서 따끔하게 훈계했다. "명심해, 넌 지금 골프를 치는 게 아니야. 골프는 움직이지 않고 가만히 있는 코스를 상대로 하는 경기야. 하지만 넌 상대 선수와 경기하고 있어. 혼자서 칠 때는 왼쪽 벽을 휘감듯 맞고 뒷벽에서 3센티미터 정도 떨어진 바닥에 튀는 샷이 좋을 수도 있어. 하지만 상대가 왼쪽 뒤 구석 정확한 위치에 있다면 그땐 얘기가 달라. 머리를 써, 그리고 엉덩이를 써." (잭은 '엉덩이'라고 말하면서 혹시 주위에 숙녀들이 있을까 봐 사무실을 쓱 훑어보았다.)

잭은 《이기는 스쿼시 라켓》에서 이 전략을 상세히 설명하고 있다.

나는 한때 엉덩이를 이용해 보스턴 오픈 결승에서 상대를 제압하기도 했다. 샷으로 상대를 누르고 있었다. 그러자 상대는 나를 백핸드 코너에 가둬놓고 가차 없이 깊숙한 곳을 찔렀다. 나는 닉샷(공이 앞벽에 맞은 뒤 옆벽과 바닥이 만나는 지점으로 튀는 샷 - 옮긴이)을 날려 응수했다. 스코어는 2 대 1, 13 대 11로 내가 앞서고 있었다. 어떻게 하면 2점을 더 딸 수 있을까?

나는 일단 앞벽을 향해 샷을 여섯 번 교환하기로 하고 첫 번째 찾아온 좋은 기회에 닉샷을 날리는 척했다(실제로 실행에 옮기지는 않았다). 우리는 서로 공이 멀리 튀도록 여섯 차례 랠리를 교환했다. 여덟 번째 랠리쯤에서 상대가 친 공이 뒷벽을 맞고 튀어나왔다. 나는 평소처럼 대처했지만 공을 치기 직전에 옆벽을 칠 비책이라도 있는 듯 엉덩이를 5~8센티미터 더 비틀었다. 상대는 닉샷을 예상하고 앞으로 튀어나왔고 나는 틴라인 위 30센티미터 지점에 아홉 번째 드라이브샷을 날렸다. 깔끔하게 득점. 한 점이 더 필요했다.

다시 랠리를 주고받았다. 대여섯 번 랠리를 주고받은 후에 나는 살짝 엉덩이를 움직여 코트 대각선 방향으로 세게 공을 날렸다. 깊숙이 떨어지는 평범한 샷이었지만 경기를 마무리하는 결정타였다. 상대를 세뇌하는 전략은 정상급 기량을 가진 상대에게도 통한다.[7]

상품 가격은 상품시장에서 거래하는 선수들을 농락하며 궁지로 몬다. 이런 모습을 볼 때면 잭의 엉덩이가 떠오른다. 6일 연속 시가와 종가가 하락한다. 일곱째 날, 가격이 꽁무니를 비틀면서 올라간다. 선수들은 계속 상승하리라 기대하며 덥석덥석 매수에 나선다. 그러나 그날 장은 하락으로 마감한다. 다음번에 또 꽁무니를 비틀면서 상승으로 장을 연다. 하지만 이번에는 하루 종일 심하게 출렁이다가 상한가로 마감한다.

나는 라켓 스포츠를 통해 언제 이쪽으로 살짝, 언제 저쪽으로 살짝 방향을 틀어야 하는지 배웠다. 《이기는 스쿼시 라켓》은 의심할 여지 없이 스쿼시에 관한 최고의 책이다. 나도 한 권 가지고 있는데 잭이 내 책에 이런 글귀를 적어주었다. "많은 제자를 가르쳤지만 너는 자기 몫을 할 때는 물론이고 코치 역할을 할 때도 결코 나한테 의지하지 않았다. 내가 가르치는 개념은 모두 소화해서 네 것으로 만들었고 너한테 맞게 수정했으며 내가 준 것 이상으로 발전시켰다. '자율 훈련'을 그 자체로 온전한 하나의 분야로 만들었는데 이는 아주 유익했다."

나는 초지일관 끈질기게 '자율 훈련'을 계속했고 이 버릇은 투기시장까지 이어졌다. 종종 완벽한 물결을 기다리며 72시간 동안 꼬박 앉아 모니터를 응시하곤 한다.

오만과 불경죄

기금을 모으려는 사람이라면 하버드를 보고 배워야 한다. 하버드를 졸업하고 새 주소로 이사하면 일주일 안에 하버드 기금이나 계열 단체에서 어김없이 첫 번째 우편물이 날아온다. 1년에 두 번 학부 시절 룸메이트 하나가 직접 전화해서 자금을 요청한다.

"자네 딸 골트는 잘 있는가? 지금 나이가… 스무 살이겠네. 그리고 아내… 수전은 어떻게 지내는가?" 얘기인즉슨 빌 게이츠, 워런 버핏 (Warren Buffett), 조지 소로스 또는 아랍에미리트 왕족, 혹은 세계 최고 부자 열 명 중 일곱 명이 하버드에서 초청 강연 시리즈를 곧 할 예정이거나 아니면 지금 하고 있거나 조금 있으면 마친다고 한다. 그리고 1년에 한 번 지역 하버드 클럽이나 교정에서 총장과 함께 식사하는 자리에 오라며 초청장도 날아온다. 한시가 급한 전기공사 때문이다.

기부금이 70억 달러라니 당연히 세계 어떤 기관보다 월등히 많은 액수다. 이처럼 재정이 풍족하다 보면 몸집이 비대해지기도 한다. 1990년대 초에는 스쿼시 시설을 새로 지어야 했다.

학교 측에서 연락이 와 코트가 20개 있는 복합 시설을 지으려면 600만 달러가 필요한데 전액 기부하라고 했다(코트 하나 짓는 데 30만 달러를 쓰는 곳은 하버드뿐일 듯). 새로 생기는 시설에 아버지 이름을 넣으면 좋겠다 싶어서 우선 100만 달러를 내겠다고 제안했다. 모금 담당자가 업신여기는 눈초리로 바라보았다. 떠돌이 일꾼 친구를 고급 레스토랑에 데려가면 주임 웨이터가 깔보며 쳐다보는데 딱 그런 눈빛이었다. 담당자는 역제안도 하지 않고 1, 2분 후에 내 사무실에서 나갔다.

하버드식 투자

하버드에 만연한 난공불락 오만함은 투자 포트폴리오 관리에도 침투한다. 〈포브스(Forbes)〉에 이 책을 관통하는 주제와 호응하는 놀라운 기사가 실렸는데, 이 기사에 따르면 하버드 기금 펀드가 전 세계 파생상품시장에서 몇 손가락 안에 드는 큰손이라고 한다.[8]

1995년 6월 30일 현재 하버드가 보유한 기금의 액면가는 총 353억 달러에 이른다. 순자본은 77억 달러로, 레버리지가 조지 소로스를 휠씬 능가한다. 하버드가 선호하는 전략 중 하나는 저평가된 주식을 매수하고 동일 업종에서 비슷한 주식으로 고평가된 종목을 공매도하는 것이다. 예를 들어 1995년 6월 30일 하버드는 시어스 로벅(Sears Roebuck)을 매수하고 J.C. 페니(J.C. Penney)를 공매도했다.

하버드는 주식시장에서 공매도 포지션을 10억 달러 가까이 보유하고 있는데 이처럼 쌍으로 포지션을 잡는 베팅 전략 때문에 그렇다. 시장에 있는 다른 트레이더들과 투자자들은 하버드의 공매도 포지션을 예의 주시하고 있다가 하버드가 공매도 포지션을 유지하려면 빌려야 하는 주식을 사들인다. 그런 다음 십중팔구 차입 비용을 높여 "하버드가 빌린 주식을 인도하도록 압박을 가한다."

하버드 경영대학원 교수이자 원장인 제이 라이트(Jay Light)는 이런 전략이 어떻게 리스크를 줄이는지 논하면서 이렇게 말한다.

시장이 하락하면 "포트폴리오를 국내 주식으로만 꾸리고 있었을 때보다 타격이 적을 겁니다. 최소한 더 타격을 받지는 않을 겁니다. 아니, 확실히 타격이 적을 겁니다."

하버드 시절과 지금의 나 사이에 31년이라는 세월이 흘렀다. 하지만 이 세월을 건너뛰어 이렇게 대꾸하고 싶다. "어림없는 소리." 아내가 "무슨 말이야?"라고 물었다. 나는 라이트의 글을 읽어주며 설명하려고 했는데 설명하기도 전에 웃음이 터져서 배꼽을 잡았다.

하버드는 퀸스버리 공작(Duke of Queensbery)을 기억해야 한다. 공작은 1700년대 초, 말이나 전령 비둘기의 도움 없이도 한 시간 이내에 80킬로미터 떨어진 곳에 소식을 전할 수 있다고 친구들에게 호언장담했다. 귀족 친구들은 재빨리 내기를 걸었다. 판돈이 커지자 공작은 크리켓 공 안에 편지를 넣어 크리켓 선수 스물네 명에게 공을 치도록 했는데 한 시간 내에 공은 80킬로미터 떨어진 곳까지 날아갔다.

매수도 하고 공매도도 하면서 포지션을 쌍으로 유지하려면 거래비용이 많이 들고 회사가 인수되기라도 하면 그 과정에서 주가가 상승해

(고평가된 주식을 공매도한 이후에 종종 이런 문제가 발생한다) 난처한 지경에 빠지기도 한다.

바라건대 이런 문제들 때문에 하버드 크리켓 선수들이 이정표 도달에 실패하는 일이나 없었으면 한다.

6장
게임의 속성

Victor Niederhoffer

The Education of A

SPECULATOR

꼬맹이 시절 모노폴리 게임을 하면서 나름 새로운 규칙을 더했지.

바로 투자은행 주식을 사고팔 수 있게 한 거야. 뭐, 요즘도 그러고 있다네.

— 조지 소로스,

친구에게 성공한 비결을 설명하며

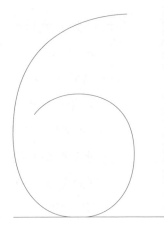

개구쟁이 비키

"비키!"

대답이 없다.

"비키!"

대답이 없다.

"그나저나 이 괘씸한 녀석, 어디 있는 거야? 비키! 안 나올래?"

부스럭 소리가 난다. 어머니가 때를 놓치지 않고 셔츠를 홱 낚아챘다. 수박 한 조각을 집으려고 멈추지만 않았어도 밖으로 내뺄 수 있었는데.

"어딜 가려고 그러시나? 이래서 되겠니, 응? 피아노 연습 해야지. 어젯밤에 하겠다고 약속했잖아."

"그렇긴 해도 엄마, 여름이잖아요. 밖에서 게임 좀 하고 연습할게요. 약속해요."

"그 소리는 전에도 들었다. 자, 앞으로 쭉 가서…"

"엄마! 뒤에!"

어머니가 몸을 빙글 돌린다. 눈 깜박할 새 문을 박차고 뛰쳐나가 냅다 달리면 그만이다.

물론 나도 안다. 아버지가 집에 오시면 해명할 게 한두 가지가 아니다. 하지만 토요일 밖에서 게임하며 놀 수 있다면 그 정도는 감수할 수 있다. 어린 시절에도 그랬지만 지금도 이 생각에는 변함이 없다.

야구 카드는 재킷에, 분홍색 공은 바지 주머니에 넣고 한 손에는 수박 한 조각을, 다른 한 손에는 구슬 한 봉지를 들고 여름날을 제대로 즐기기 위해 길을 나섰다. 그리고 대서양 연안 브라이튼 길거리에서 배움은 시작되었다.

"슐로모(Schlomo)!" 우리 집 골목에서 브라이튼 10번가 코트까지 쏜살같이 스무 계단을 내달리면서 친구를 부른다. "스투프볼에서 누가 선공을 잡을지 동전 던지기로 결정한다. 앞면이면 내가 이긴 거."

정식으로 투기거래에 종사하기 30년 전부터 나는 운이 내 편이길 빌었다. 타키투스(Tacitus)에 따르면 고대 게르만족은 종종 자유를 걸고 주사위를 던졌다고 한다. "진 사람은 굴복하고 참을성 있게 순순히 묶여서 시장에서 팔렸다. … 색슨족, 데인족, 노르만족도 비슷하게 이 내기에 빠져 있었다." 하지만 이번에는 내가 지면 슐로모 쪽으로 엉덩이를 보이고 서 있기만 하면 된다. 그러면 슐로모가 엉덩이에 대고 공을 힘껏 몇 번 던지는데 이게 내가 받을 벌이다.

스투프볼

스투프볼은 아파트 밖 계단에서 진행된다. 목표는 공이 두 번 튀기 전에 잡는 것이다. 한 번 튀었을 때 잡으면 5점, 공중에서 바로 잡으면 10점, 모서리에 맞고 튄 공을 바로 잡으면 100점이다. 먼저 1,000점에 도달하면 이긴다. 요모조모 살펴보면 다른 분야나 마찬가지로 이 게임 역시 기량과 우연이라는 변수가 균형을 이루고 있다. 모험을 걸어야 할 때는 과감하게 위험을 무릅쓰고, 신중해야 할 때는 몸을 사리면서 적절하게 균형을 잡는 것이 가장 중요한 전략이다.

샤프지수(Sharpe ratio)는 투기 게임에서 위험 단위당 보상을 측정하기 위해 개발되었다. 평가 서비스 기관과 고객 들은 샤프지수를 면밀히 지켜보면서 어느 종목이 최상인지 판단한다. 스투프볼 선수들 역시 투기판 고객 못지않게 모서리당 평균 점수를 염두에 두고 경기했다.

브라이튼에서는 스투프볼 규칙을 조금 바꾸어서 놀았는데, 소심하고 소극적으로 해야 이길 확률이 높았다. 스쿼시에서 실수 하나 없는 경기라면 내가 제일이었고 투기판에서도 실수 안 하겠다는 마음이 간절했다. 하지만 걸핏하면 12개월 연속 승승장구하다가 회오리바람을 맞고 처참하게 내리막으로 굴러떨어진다. 이 지경이 된 건 십중팔구 소심함이 좌지우지하는 변종 스투프볼 탓이리라. 특이한 움직임에는 항상 불확실성이 개입되는데 나는 가끔 이 사실을 망각한다.

스투프볼은 불확실성이 커서 그야말로 혼돈 그 자체다. 10억 분의 1센티미터 차이로 결과는 영 딴판이 되기 일쑤였다. 공이 위쪽 계단 모서리에 맞으면 현관문을 때리기 십상인데 그러면 주인이 나와서 뜨거운 물을 뿌릴지도 모른다. 만약 공이 계단 가운데 모서리에 부딪힌 후에 붕 뜨면, 길 건너 울타리가 있는 코엔(Cohen)의 집 마당에 떨어질 수도 있다. 그곳에는 도베르만이 바지를 물어뜯으려고 기다리고 있다. 우리는 죄에 합당한 처벌을 내리기 위해 규칙을 정했다. 공이 도베르만이 있는 마당에 떨어지기 전에 마지막으로 건드린 사람이 공을 찾아올 것.

아이들은 대부분 모험을 선택한다. 도베르만을 피하고 싶어서 낮게 던지면 상대가 먼저 1,000점을 얻을 확률이 높기 때문이다. 게다가 공이 낡았으면 계단 깊숙이 박혀서 안 나올 수도 있다. 분홍색 새 공을 사려면 돈이 있어야 하는데 땡전 한 푼 없다. 더 중요한 건 내가 좋아하는 여자애가 모퉁이에 있는 큰 아파트에 사는데 그 애한테 굴욕당하는 모습을 보여주고 싶지 않다는 사실이다.

이번에는 개를 피하려고 죽자 사자 낮은 쪽 모서리를 겨냥한다. 그런데 아파트 주인은 쉬고 싶어 한다. 주인은 저녁에 환경미화원으로 일하니까 지금이 쉴 시간이다. 난장판이 된다. 하락세에 돈을 건 자들은 가격이 급등하면 쓰나미가 발생했다고 하는데 그 짝이 난 것이다. 공이 문에 맞자 주인이 경찰을 부른다. 경찰은 놀이를 그만두지 않으면 가두겠다고 엄포를 놓는다. 경찰이 도착하면 그 기분이란. 당국이 별안간 감사에 나설 때 내 심정이 꼭 그렇다.

"안녕하세요, 경관님, 와주셔서 감사합니다. 일부러 그런 건 아니에요." 혼신을 다해 알랑방귀를 뀐다. 하지만 경찰과 만난 이 일화는 앞으로 게임과 투기 세계를 헤쳐 나가는 데 훌륭한 자양분이 된다. 경찰관의 표정을 살핀다. 으스대며 흡족해한다. 우리를 흔들 공권력을 가졌다는 의미다. 우리 목숨 줄을 손아귀에 쥐고 있는 정부 공무원들이 딱 이런 표정이다. 우리가 진땀을 삐질삐질 흘리며 비굴하게 사과하면 이죽거린다.

참사는 중간 지대에서

"야 금발머리! 막대기 잡아." 누가 말을 건다. "누가 양옆에 서고 누가 중간에서 원숭이 할지 정하자." 아이 둘이 양 끝에 서서 공을 던지고 잡는데 중간에 '원숭이'가 있어 공을 가로채는 놀이다.

위험한 거래에 투자된 큰돈이 중간 지대에 있는 무리에게 빨려 들어간다. 우리 업계에서는 이런 사람을 자산분배 전문가, 트레이딩 매니저라고 부른다. 이들은 최종 결정을 내리는 부담을 덜어주는 대가로 고객에게 해마다 자산의 2%에서 4%를 수수료로 뗀다. 중간 지대에 있는 이들은 전문적인 조사연구 역량과 경력을 갖추었으므로 매니저는 일정 기준을 충족하고 이들이 고른 투자자문업체는 성과가 가장 우수할지도 모르겠다. 하지만 이 업체들이 부과하는 엄청난 수수료에 중간 지대가 떼는 수수료까지 더하면 남는 게 있기나 할까?

인간은 위험한 투자를 선택할 때 무리가 주는 안락함을 좋아한다. 공격적인 대형 뮤추얼펀드가 대량 보유하고 있는 종목을 매매할 기회가 생기면 열에 아홉은 매수보다는 공매도를 선택한다. 수익은 쥐뿔도 없는데 시장에서 평가되는 가치는 박사학위 보유 직원 수의 1,000만 배에 달하는 그런 회사 주식을 누가 거들떠보겠는가? 그런데 펀드는 다양한 자산을 보유하고 있는 데다 펀드 규모와 등급 인증도 받았고 과거 성과도 괜찮으니 막상 펀드에 '투자'할 때는 위험을 인지하지 못한다. 주문을 넣을 때도 대다수 투기거래자는 중간에 머무르려는 욕구에 시달린다.

나 역시 마찬가지다. 내 경우 시장이 수직 낙하하면 너무 무서워서 매수할 엄두가 안 나고, 수직 상승하면 너무 겁이 나서 매도할 엄두가 안 난다. 상당 폭 되돌아오면 넙죽넙죽 잘도 사고팔면서 말이다. 시장이 붕괴할 때면 나는 종종 시장가 아래에 지정가주문을 남기는 것으로 타협한다. 아마 이 선택이 최악이리라. 주문이 체결되는 경우는 절반 정도인데 주문이 체결되면 추세 추종자와 위험을 회피하려는 자들이 즉시 우르르 달려와서 내 포지션을 작살낸다. 주문이 체결되지 않으면 가격은 보란 듯이 멋지게 상승한다.

골턴은 아프리카에서 소 떼를 거느리고 여행하면서 인간에게 짐승 무리 같은 습성, 아니 노예근성이 있다는 사실을 깨달았다. 저녁이면 황소들은 모두 서둘러 울타리 안으로 들어갔다. 짐을 옮기는 데 소를 이용할 때면 무리를 이끌 녀석을 찾는 게 관건이었다. 그런데 황소 한 마리가 무리에서 떨어지면 어쩔 줄 모르고 괴로워하다가 무리를 발견하면 무리 가운데로 돌진했다. 다른 건 몰라도 목동들은 이 모습에 안도했다. 한 마리라도 평온히 있는 모습이 눈에 보이면 무리 전체가 멀지 않은 곳에 무사히 있다는 의미였기 때문이다.

골턴이 내린 결론은 이렇다. "짐승이 무리를 지어 살 수밖에 없는 이유는 자신을 믿지 못하고 남을 신뢰하기 때문이다." 골턴은 사람에게도 이 명제를 적용한다. "절대다수 인간은 타고나기를 혼자 행동하며 책임지기를 꺼리는 경향이 있다. 심지어 오합지졸이 지껄이는 소리라는 것을 알면서도 민심이 천심이라며 찬양한다."

소의 본성을 보면 인간이 무리 지어 행동하는 이유를 알 수 있다. 복권 번호를 고를 때 이 습성은 해롭다. 많은 사람이 좋아하는 번호를 고르면 설사 당첨되는 기적이 일어나도 여럿이 돈을 나눠 가져야 하기 때문이다. 무리를 짓는 습성은 투기시장에서도 해롭기는 마찬가지다.

중간에서 매매하는 사람은 영락없는 파리 목숨이다. 대중 한가운데 있으면 지는 역할을 할 수밖에 없기 때문이다. 중간을 선택하면 무리 속에 있다는 편안함, 함께 있다는 안정감을 느낄 수 있으며 내가 소중하고 쓸모 있는 사람이라는 기분을 느낄 수 있다. 동시에 손해 보는 쪽이 될 확률은 한층 높아진다.

주장이 이쑤시개 몇 개를 손에 들고 있다. 모두 같은 크기로 보이지만 하나는 부러진 이쑤시개다. 나는 중간에 있는 것을 뽑는다. 아니나 다를까, 짧다. 내가 '걸렸다.'

이 게임을 보면 오늘날 목도하는 차환(refundings) 게임이 떠오른다. 나 같은 잔챙이를 가운데 두고 큰손들끼리 채권 수십억 달러어치를 매매한다. 국채전문딜러 하나가 채권을 상환하는 중에 허위 매수 주문을 내서 마치 채권 수요가 급증한 듯 꾸민다. 몇몇 건은 나도 모르게 우리 회사 이름으로 매수 주문이 나가기도 했다. 더 고약한 일도 당했다. 우리 회사 명의로 나간 허위 매수 주문이 나한테 불리하게 작용한 것이다. 시장을 장악하려는 큰손들의 허위 매수 주문이 한몫하는 바람에 내가 보유한 공매도 포지션에서 손실이 발생해 자금 압박에 시달렸다.

관련 규제 기관에서 회사까지 찾아왔는데 어찌나 잘난 체하던지. 나는 비굴한 태도로 우리 회사는 연루되지 않았다는 사실을 증명해야 했다. 그 양반들은 떠나면서 거듭 이렇게 말했다. "우리가 얼마나 공정한지 아셨죠?"

나는 테니스 시합에서 긴장하면 슬라이스로 공을 코트 가운데로 보내곤 한다. 그러면 아버지는 짜증을 냈다. 그러면서 나를 향해 손을 휘휘 가로저으며 이렇게 주문했다. "세게 쳐. 겁내지 말고 그냥 쳐."

1996년 5월 10일 나는 아버지의 조언을 따랐다. 당시 생산자물가지수(PPI)가 0.5% 상승하리라는 전망이 나왔다. 개장 때 대량 매수했는데 채권과 주식 모두 1% 급등해 떼돈을 벌었다. 나는 툭하면 배짱이 없다며 동료를 힐난한다. 구석을 노리지 않기 때문이다. 새가슴으로는 큰돈을 벌 수도 없고, 미인을 얻지도 못한다.

중간에 원숭이로 있을 때 공을 잡지 못하면 '곤죽 먹이기' 벌칙을 받는다. 아이들은 내가 미워서 주먹에 금속 씌우개를 씌운 게 틀림없다. 매타작이 끝나면 엉덩이가 항상 시퍼렇게 멍들어 있었으니까.

중앙은행들이 개입하는 바람에 형세가 나한테 불리해지면 내부 정보를 가진 누군가가 이익을 실현할 때까지 기다리려고 애쓴다. 그리고 추적자들을 피하기 위한 행동을 개시한다. 보통 저녁 시간에는 세 가지 큰 매만 피하면 되는데 일본은행, 영국은행, 독일중앙은행이다.

1995년 8월 15일 엔화 대비 달러 가치 하락을 예상하고 달러를 공매도했다가 중앙은행들의 매복 공격에 당했다. 하버드대 교수를 그만둔 뒤 미 재무부에 재직하고 있던 어떤 겸손한 양반은 급변하는 시장을 이렇게 묘사했다. "자네가 중앙은행들보다 화력이 우수할 수는 없지만, 중앙은행들이 자네를 두려워하게 만들 수는 있어."

이제 끝장이라는 생각이 들자 나는 포지션을 방치한 채 타이타닉호 사진으로 눈을 돌렸다. 그리고 비서인 로페즈에게 부탁했다. "내가 끝까지 흔들림 없이 게임을 계속했다고 아내에게 전해줘." 타이타닉 앞부분이 물에 잠기자 벤 구겐하임(Ben Guggenheim)이 같이 탄 친구들에게 남긴 유언을 되뇌며 한 말이었다. 구겐하임은 "신사답게 가라앉고 싶다"며 운동복에서 턱시도로 갈아입었지만 나는 이런 상황이 되면 헐렁

한 옷이 좋다. 꽉 끼지 않고 땀도 덜 나기 때문이다. 내가 타이타닉호에 탔더라면 (아내와 자식 여섯이 모두 구명보트를 타고 떠나도록 조치한 후) 마지막 순간들은 스쿼시 게임을 완벽하게 다듬는 데 썼을 것이다. '불멸의' 배 용골 위에는 스쿼시 코트가 있었다. 생존자 한 사람은 배가 침몰할 때 스쿼시 프로선수를 만나서 영국인다운 감수성으로 이렇게 말했다. "내일 레슨은 취소하는 게 좋겠소." 배에 타고 있던 다른 백만장자들은 배가 가라앉는 동안에도 흡연실에서 카드를 계속 들고 게임을 마무리하고 있었다. 악단은 힘이 되는 선율을 연주하다가 승객들의 마지막 동반자로 〈가을(Autumn)〉을 연주했다.

순간을 포착하라

다음 게임은 여럿이 편을 먹고 하는 숨바꼭질, 링골리비오(Ringolevio)다. 아이들이 숨는 사이 술래는 10까지 세면서 기다린다. 숨는 사람이 상대편에게 꼼짝없이 붙잡히면 '단순히 잡히는 것으로 끝나지 않는다.' 잡힌 사람은 수용소에 들어간다. 수용소에 갇힌 포로는 같은 편 한 명이 건드리면 풀려날 수 있다. 30분 뒤에 포로를 많이 잡은 쪽이 이긴다.

원숭이, 원숭이, 맥주병.
여기 원숭이가 몇 마리?

처음에는 어느 편에도 선택되지 않았다. 그러자 편 가르는 아이가 덧붙인다. "하나, 둘, 셋, 넌 저쪽 편." 음절 세는 법을 배웠기 때문에 마지막 여섯 음절을 덧붙여 내가 골목대장 에바소(Evaso) 편에 속하지 못하도록 수를 썼다. 에바소는 사람 잡는 무시무시한 태클을 하는 녀석이었다. 과학 연구나 투기거래에 임할 때나 원한에 사무칠 때는 숫자를 세면서 한숨 돌리는 것이 좋다. 하지만 나는 약삭빠르게 처신한다. 한번은 녀석들이 내 코를 부러뜨렸는데 그러자 아버지가 아이들을 전부 가 둬버렸다. 그래서 나는 꼼짝없이 걸려들어서 심한 태클을 당하겠다 싶으면 절뚝거리는 척한다. 만약 또다시 날 '굴신 못 하도록 망가뜨려 놓으면' 유치장에 갇힐까 봐 겁나서 대장은 심하게 나오지 못했다. 아버지는 브라이튼 해변 모래사장에서 헬멧도 없이 태클 풋볼 게임을 하다가 코가 다섯 번이나 부러졌는데 내가 딱 그 짝이다.

환경은 쉴 새 없이 변한다. 투기거래자는 이런 환경에 적응할 태세를 항상 갖추고 있어야 한다. 1995년 인도 파생상품 전문가와 저녁을 먹으면서 얻어들은 이야기로 나는 일확천금을 거머쥘 수 있었다. 전례 없는 대박이었다. 이 양반은 인도에서 스쿼시 선수로 뛰기도 했는데 아무튼 제곱피트당 사무실 임대료를 따지면 봄베이가 뉴욕보다 열 배 비싸다고 했다. 그런데 봄베이 주식시장은 수익 대비 미국의 절반 수준으로 저평가돼 있었다. 나는 인도 증시에서 주식을 마구마구 사들였다.

투기거래자가 링골리비오에서 배워야 할 점을 일일이 말하면 책 한 권을 쓸 정도다.

> 인내심을 갖고 기지(base)를 향해 달릴 시점을 재야 한다. 이게 가장 단순한 비결이다. 나는 영리하고 민첩하니까 상대편에게 얼굴을 보여도 된다고 자만하지 말라. 상대편이 충분히 딴 데 정신이 팔렸다 싶으면 단김에 쇠뿔 빼듯 잽싸게 포로가 된 동료들을 석방하라.

이번엔 내 전략이 통하지 않는다. 에바소와 덩치 큰 소년 셋이 나를 봤기 때문이다. 고작 9미터 앞이다. 당시 나는 동작이 굼뜬 편이었는데 살면서 점점 더 느려졌다. 그래도 예측이나 빠져나가는 데는 늘 도사였다. 탈출할 길은 하나밖에 없었다. 나는 골목으로 몸을 숨기고 울타리를 뛰어넘어 도베르만이 사는 개집으로 미끄러져 들어갔다.

콜터(John Colter)가 달아난 탈출 경로를 재현한 셈이다. 콜터는 루이스(Meriwether Lewis)와 클라크(William Clark)의 북미대륙 탐험에 동행했던 용감한 서부 개척자로, 1808년 블랙풋 인디언에게 붙잡혔다. 인디언은 콜터를 벌거벗긴 다음 도망칠 기회를 주었다. 빠져나가면 목숨을 건질 수 있었다. 대신 잡히면 인디언 500명에게 험한 꼴을 당하다가 죽어야 했다. 콜터는 25분 만에 8킬로미터를 달렸는데 도중에 추격하는 인디언 한 명을 죽이고 개울로 뛰어들었다. 그러고는 비버가 지은 집에 숨어 목숨을 부지했다. 다들 알겠지만 비버 집은 밖에서는 들어갈 수가 없다. 하나밖에 없는 입구가 물속에 있기 때문이다. 벌거숭이였던 콜터는 옷 벗을 짬도 필요하지 않았다. 밤이 되자 콜터는 비버처럼 집을 나와 안전한 곳으로 헤엄쳐 갔다.[1]

콜터를 추적하던 인디언들은 비버 집을 밟고 지나갔지만 콜터를 찾지 못했다. 사람이 물속에 있는 비버 집에 숨었으리라고는 상상도 할 수 없었으니 그럴 만도 했다. 나를 뒤쫓던 애들도 내가 도베르만 집에 들어가리라고는 생각도 못 했다. 천만다행으로 도베르만이 수박을 좋아했다.

그로부터 30년 세월이 흘러 나는 은을 공매도했다. 액면가가 무려 내 자본의 스무 배에 달하는 규모였다. 그런데 헌트 형제가 은값을 끌어올리기 시작했다. 은값은 이틀 연속 상한가를 기록하며 온스당 10달러에서 45달러까지 치솟았다. 나는 비버 집만큼이나 비좁은 탈출로를 찾았다. 먼저 현물 가격에 은을 매수했는데 그날 은값은 온스당 1달러 올랐다. 그런 다음 현물 가격에 은을 매도하고 다시 선물을 매수해서 '바꿔치기'로 공매도 포지션에서 빠져나왔다. 이런 식으로 죽을 둥 살 둥 버둥대는데 눈 깜짝할 새 은이 당일 상한가에서 하한가로 이동했다. 헌트 형제가 판다는 소문이 파다했기 때문이다. 나 자신에게 그토록 화가 치민 적이 없었다. 하지만 온스당 11달러에 환매하지 않았다면 장담하지만 지금쯤 나는 유골이 돼 주인 없는 무덤에 묻혀 있을 것이다.

투기거래에 연결된 사슬

슐로모가 카드 한 벌을 꺼낸다. "사슬 술래잡기하자. 숫자가 낮은 쪽이 술래다." 슐로모가 카드를 섞어서 아이들에게 나눠준다. 클로버 3을 잡은 에바소가 술래다. 에바소가 한 명 잡을 때마다 잡힌 아이들이 서로 팔을 걸어 사슬 덩어리가 더 커진다. 여자애들하고 같이 놀 때는 DNA나 RNA 분자처럼 사슬 속 인원을 네 명으로 제한한다. 아이들 스무 명이 잡힐 때쯤이면 아직 잡히지 않은 아이들이 사슬 뒤에서 돌아다녔는데 요즈음 생물학 책에 있는 단백질 구조와 흡사했다. 사슬 술래잡기처럼 속도와 힘도 잘 조절해야 하지만 주위에 있는 다른 아이들과 손발도 잘 맞춰야 한다. 그런데 나는 잡히면 베아트리스(Beatrice)도 잡힐 때까지 사슬 속도를 계속 늦췄다. 베아트리스가 잡히면 함께 달리고 싶었기 때문이다.

훌륭한 투기거래자는 각 매매가 길고 유연한 사슬을 이루며 연결되게 포지션을 구축한다. 호랑이 담배 먹던 시절부터 1년에 한두 번 등장하는 절호의 기회가 있다. 이 기회가 등장할 때마다 1조 달러 정도 규모로 외환선물거래가 이루어진다. 달러는 약세를 보일 것이다. 왜냐하면 선거가 다가오면 정부에서 저금리 기조를 유지해서 일자리를 늘리기 때문이다. 마르크화가 가장 큰 수혜를 입으므로 마르크화를 매수하자. 마르크가 강세를 보이면 독일 채권과 주식을 찾는 수요도 증가한다. 그러므로 독일 채권과 주식도 좀 사자. 파운드와 리라는 마르크 강세에 보조를 맞춰야 한다는 압박에 시달리지만 여의치 않다. 파운드와 리라를 팔고 영국과 이탈리아 주식, 채권도 팔자. 전체 환율 방어 시스템이 이렇게 서로 엉키면 멕시코에는 악재로 작용한다. 페소를 팔고, 내친김에 인도가 발행하는 글로벌주식예탁증서(GDR)를 공매도하고 시카고옵션거래소(CBOE)에서 텔레멕스(Telemex) 콜옵션도 매도하자.

생명의 기본이 되는 분자들이 사슬처럼 엮여 있는 DNA와 RNA는 네

가지 단위로 이루어진다. 모스부호는 단위 두 개로 구축된다. 포지션에 개별 단위가 너무 많으면 다루기 어려워진다. 만약 독일중앙은행이 달러가 상당 폭 저평가되었다고 믿고 내게 불리한 방향으로 움직인다면 사슬이 밑바닥부터 끊어질 수 있다. 포지션을 연결하는 고리가 파괴되면 치명적 결과를 초래하기도 한다.

말론 호글랜드(Mahlon Hoagland)와 버트 도드슨(Burt Dodson)은 걸출한 생물학 논문에서 암의 기전을 설명했는데 암의 기전 작용으로 생기는 과잉 확장에는 섬뜩한 울림이 있다. "때때로 세포는 성미가 고약해진다. 소시오패스가 돼 멋대로 분열하기도 하고 이웃을 밀치기도 하며 부리나케 멀리 떠나기도 한다. 이렇게 미쳐 날뛰는 세포가 바로 암세포다."[2] 이와 똑같은 표현을 쓸 정도로 독일중앙은행이 폭탄 발언을 하고 ("그들은 기자회견에서 날뛰었다"), 이 발언 탓에 달러가 폭락할 때마다 달러를 공략하면 거부가 될 수도 있다.

안타깝게도 패턴은 항상 재편성되고 재정렬된다. "섞어버려!" 우리는 동료에게 이렇게 소리치곤 했는데, 게임의 패턴을 바꿔 상대를 혼란에 빠뜨리자는 의미였다. 시장이 하는 일이 바로 이처럼 뒤섞는 것이다. 순환 주기는 끊임없이 변한다. 따라서 이 원리에 온 신경을 집중해야 믹서기처럼 뒤섞는 회오리에 말려들지 않는다.

아줌마, 제가 그랬어요

"초인종 누르고 튀기 하자." 대장이 외친다.

"난 좀도둑." 한 아이가 고함친다. 두 명이 또 외친다. 늑대도 못 먹게 양갈비를 던질 수 있는 월터 존슨(Walter Johnson, 강속구로 유명했던 미국 프로야구 투수 - 옮긴이)보다 더 잽싸다. "난 돌 던지는 사람" "난 청소부."

이 아이들은 무사하다. 나는 느려터졌다. 그래서 아파트 2층에 사는 아주머니 집 초인종을 눌러야 한다. 초인종을 누르고 아주머니가 문을 열 때까지 기다렸다가 "아줌마, 제가 그랬어요"라고 소리친 다음, 아주머니가 문을 닫고 무슨 일인지 미처 알아내기도 전에 삼십육계 냅다 줄행랑치면 된다. 용기를 끌어모아 간신히 초인종을 누른다. 젊고 예쁜 여자가 문을 연다. 내가 미처 입을 떼기도 전에 여자가 읊조린다. "아줌마, 제가 그랬어요." 김이 팍 샌다. 잔뜩 기대했는데 말이다.

게임 끝. 딜러에게 전화로 호가를 물어볼 때도 비슷한 일을 당한다. "여보세요"라고 한 다음 '1,000만 달러 매수할 때 호가'를 알아볼 참이다. 그런데 미처 운을 떼기도 전에 선물이 20포인트 불리한 방향으로 움직인다. "여보세요"까지는 말했다는 점이 다르다면 다를까. 전화가 연결되면 딜러들은 '대기 중' 상태를 만들어서 고객이 전화기 두 대에 동시에 전화를 걸어 농간을 부리지 못하게 한다.

제시 리버모어도 선수를 치는 사람들 때문에 골머리를 앓아야 했다. 리버모어는 플로리다에서 전신으로 담당자에게 철강을 팔라고 비밀리에 지시했는데 시카고의 은퇴한 상품 거래자들이 전갈을 가로채 교환원이 입력하는 모스부호를 해독했던 것이다.

1979년에서 1980년 사이 금값과 은값이 치솟았다. 이때 많은 브로커가 스파이를 고용해 벙커 브로커인 헌트의 동향을 살폈다. 스파이들은 헌트가 엘리베이터를 타고 뉴욕상품거래소(COMEX)가 있는 세계무역센터 8층에 가면 보고를 올렸다. 헌트가 8층에 도착하면 그가 미처 시세를 끌어올리기도 전에 가격이 0.5달러 올랐다.

지옥에 울려 퍼지는 음악

같이 하던 놀이도 끝나고 밤이 깊어간다. 벌써 엄마들이 휘파람을 불며 아이들에게 저녁 먹으러 오라고 손짓한다. 어떤 아주머니가 프레디(Freddie)를 부른다. 프레디가 계속 놀고 있으면 목청을 높이고 가라테 수도치기 자세를 흉내 낸다.

25년이 지난 지금 나는 시카고상품거래소 객장에 서 있다. 언제나 그렇듯이 공기 중에 광기가 서려 있다. 동심원을 빙글빙글 그리는 거래소 객장을 내려다보면 단테(Dante Alighieri)의 《지옥(Hell)》에 나오는 차곡차곡 포개진 원들이 떠오르지 않을 수 없다.

> 여기 온갖 한숨과 울부짖음, 비명 소리가
> 별빛도 없는 허공에 울려 퍼지네.
> 처음 이 소리를 듣고 나는 울었네.
> 소름 끼치는 가락 속에 온갖 언어가 들린다.
> 고통스러운 신음 소리와 분노에 찬 비명 소리,
> 힘없는 목소리, 꽥꽥대는 소리, 바람을 내뿜는 듯한 소리
> 끊임없는 소동이 내는 영겁의 아우성,
> 영원히 감싸는 시커먼 공기에 휩싸여 소용돌이치며
> 회오리바람이 불기도 전에 모래는 어지럽게 흩날린다.3

여기저기서 탄식이 들리고 직원들은 수신호로 정보를 전달하고 수수료를 뜯어낼 기회를 만든다. 그러다가 직원들이 뭐가 뭔지 모르겠다는 듯 일제히 손으로 정신없이 머리를 긁는다. 마치 저승에 있는 아케론강 둑에 도착해 어리둥절한 영혼들처럼. 아직 머리가 벗어지지 않은 짐 발두치(Jim Balducci)가 2,000단위를 매도했다.

이제 직원들이 미친 듯이 목덜미를 두드린다. 퍼붓듯 쏟아지는 불비를 뿌리치는 '난폭한 영혼들'이 생각난다. '눈엣가시' 브로커가 대량 매도했다. 이번에는 우리 회사 경쟁사인 대형 헤지펀드에서 주문을 낸다. 직원이 성호를 긋는 모양으로 손을 움직인다. 이 신호를 보내면 항상 '거룩하게' 체결된다.

내가 보니 허다한 브로커가 잔뜩 흥분해서 어떤 사내를 향해 마구 손을 흔든다. 사내가 부글부글 끓어오르는 피의 호수를 가로막고 서 있는

악마라도 되는 듯 말이다. 브로커들이 사내를 에워싼다. 죄인이 새로 오면 악마들이 죄인을 둘러싸고 신이 나서 방방 뛰듯이 사내는 바로 악마들에 둘러싸인 신참 죄인 같다. 직원들이 일제히 오른팔을 왼팔 위로 직각으로 움직이는데 크고 힘차게 율동하듯 흔든다. 나는 떨면서 안내인에게 바싹 다가간다. "저 끔찍하고 사악한 신호는 뭔가?" 알고 보니 내 브로커 '백정(Butcher)'이 쓰는 수신호였다. 주문을 처리하는 솜씨가 백정같이 무자비하다고 해서 만들어진 신호였다. '백정'이 방금 우리 회사에서 지정가주문을 받아서 체결했는데 다른 브로커들이 백정에게 콩고물 부스러기라도 달라고 애원한다. 우리 회사에서 일을 많이 맡기는 브로커가 또 있는데 이 양반 별명은 '호주머니'다. 이 양반이 쓰는 수신호는 주머니에서 지갑 꺼내는 동작을 흉내 낸 것이다.

> 쓰라린 눈물을 흘리며 얼굴을 돌린다.
> 그리고 비통에 잠겨 신에게 푸념을 늘어놓는다.
> 내 눈도 저기 매서운 문구처럼 불꽃이 튄다.
> "여기 들어와 거래하는 자, 희망을 버릴지니."

어머니는 나를 부를 때 가끔 피아노로 소나타를 연주하듯 손을 움직인다. "비키, 연습 시간이야."

30년 후 객장. 여기서 명연주자는 톰 볼드윈(Tom Baldwin)이다. 볼드윈이 1,000단위를 주무르면 객장에 있는 직원들은 똑같은 수신호를 사용해 위층에 있는 아마추어들에게 알린다. 볼드윈은 계열사를 다섯 개 거느리고 있었는데 1995년에는 내가 계열사 한 곳의 자금을 운용했다. 그런데 내가 엔화를 거래하면서 1악장부터 형편없는 솜씨로 연주하자 거래를 끊었다.

이건 아니지!

야구 카드를 던져서 앞사람이 던진 앞뒷면 개수와 맞게 하는 놀이가 있는데 내가 동네에 새로 이사 온 아이에게 도전장을 내민다. 먼저 한 명이 카드 개수를 크게 외치고 카드를 인도에 던진다. 그러면 상대가 카드를 던지되 앞사람이 던져서 나온 카드의 앞뒷면 수에 맞게 던져야 한다. 이웃에 새로 이사 온 남자아이는 킹스 하이웨이 출신인데 알고 보니 사기꾼이었다. 녀석은 모자를 쓰고 단추가 주룩 달린 셔츠를 입고 있다. 처음 일곱 번을 던졌는데 녀석이 던지는 족족 이긴다.

녀석이 던진 카드를 세려고 엎드렸다가 녀석의 술수를 발견했다. 녀석이 마지막으로 던진 카드가 이상해 보인다. 조작된 카드다. 한 면이 앞면인데 뒤집어도 앞면이다. 카드는 마분지 여러 장을 접착제로 발라서 만드는데 마분지를 분리한 다음 교묘하게 다시 붙여서 양면이 모두 앞면인 카드와 양면이 모두 뒷면인 카드를 만들어서 썼다. 한 판이 끝날 무렵이면 녀석은 입맛에 맞는 카드를 던져 매번 경기를 완벽하게 마무리한다. 속임수를 발각하자 우리는 카드를 압수하고 죽지 않을 정도로 뭇매를 퍼부었다. 요즘에는 객장 안팎에 사기꾼이 우글거린다.

1992년 시카고상품거래소에서 가발과 선글라스로 변장한 트레이더가 객장에 들어왔다. 이놈은 대량 주문을 체결해 거래에서 수익이 나면 청산회사 이름을 제대로 대고, 거래에서 손실이 나면 엉뚱한 청산회사 이름을 대는 수법을 썼다. 녀석이 채권을 공매도하자 가격이 급락했다. 나는 엄청난 손해를 보고 매수 포지션을 정리했다. 객장에 있던 눈치 빠른 사람들은 이 작자가 사기꾼이라는 걸 금방 알아챘다. 이들은 사내에게 일을 준 청산회사가 공매도 포지션을 환매해야 한다는 사실을 알고 마구 사들였다. 악당은 철창신세가 되었고 시카고상품거래소는 객장에 첨단 암호화 사진 식별 시스템을 설치해 객장 출입을 통제했다.

요즘에는 트레이더가 회사에 큰 손해를 입히면 언론에서 '악당'으로

표 6-1. 악질 트레이더 명단

이름	거래량	거래 대상	기관
니콜라스 리슨 (Nicholas Leeson)	14억 달러	닛케이	베어링스
이구치 도시히데 (井口俊英)	11억 달러	T-채권(장기채권)	다이와 (大和)
로버트 시트론 (Robert Citron)	20억 달러	채권	오렌지카운티
데이비드 애스킨 (David Askin)	5억 달러	모기지	그래닛펀드 (Granite Fund)
메탈게젤샤프트 (Metallgesellschaft)	10억 달러	원유	메탈게젤샤프트
조 제트 (Joe Jett)	10억 달러	주택저당증권	키더피보디 (Kidder Peabody)
후안 파블로 다빌라 (Juan Pablo Davila)	10억 달러	구리	칠레 정부
빅토르 고메스 (Victor Gomez)	7,000만 달러	멕시코 페소	케미컬뱅크 (Chemical Bank)
제이 골딘거 (Jay Goldinger)	1,000억 달러	채권	캐피털인사이트 (Capital Insight)
하마나카 야스오 (浜中泰男)	26억 달러	구리	스미토모 (住友)

낙인찍는다. 악질 트레이더 명단을 공개한다(표 6-1).

우리 회사 트레이더가 손실을 크게 내면 파트너들과 나한테 놈은 '악당'으로 찍힌다. 어떤 회사는 손실이 나면 악당 트레이더가 승인도 없이 거래했다면서 고객들에게 회람을 보낸다. 하지만 우리 회사는 그렇게 하지 않는다. 앞서 올린 수익도 승인이 안 난 거래냐고 물어볼까 봐 겁나기 때문이다. "아니요, 그건 승인을 받은 거래입니다, 고객님."

이판사판 도박판

공정한 행위에 굶주린 나는 호위 삼촌에게 달려간다. 그러고는 동네에서 카드 던지기 게임 2인자인 하비(Harvey)에게 도전하라고 조른다.

종목은 '벽에 가장 가까이 던지기'다.

우리 어릴 때는 모아둔 카드로 꼬마의 순자산을 판단했다. 동네 아이들도 그렇고 나도 그렇고 재키 로빈슨(Jackie Robinson) 카드를 손에 넣을 수만 있다면 대서양도 건널 기세였다. 벽에 가까이 던지기 게임은 어디서나 하지만 브루클린 방식은 이렇다. 두 명이 차도와 인도 사이 도랑에 앉아 1.8미터 정도 떨어진 아파트 벽을 향해 카드를 던진다. 카드가 벽에 가장 가까운 곳에 안착한 사람이 카드 두 장을 모두 갖는다. 나는 카드 200장을 삼촌에게 밑천으로 주었다. 총순자산의 80%가 넘는 규모였다. 삼촌은 엄지와 검지로 카드 뒤쪽 가장자리를 누르면서 벽을 향해 팅긴다. 처음에는 삼촌이 이긴다. 하지만 카드가 닳으면서 점점 팅겨 나가는 탄력이 줄어든다. 그리고 하비가 쓰는 단순한 백핸드 던지기가 더 유리해진다.

시장이나 게임이나 주기가 있어 판세는 변한다. 한 시간쯤 지나자 삼촌은 자기가 가진 카드 전부와 내 카드 199장까지 몽땅 잃었다. 이 시점에서 삼촌이 이겨서 두 장을 땄다. 딴 사람이 다음번에 몇 개나 걸지 정하는데 삼촌이 '두 장'이라고 외친다. 꼼짝없이 망했다 싶어서 내가 훌쩍훌쩍 운다. 호위 삼촌이 계속 따서 내 카드 열 장만 빼고 전부 되찾았다.

결국에는 시작한 곳에 가까워지게 된다. 혈액은 심장에서 나갔다가 다시 심장으로 돌아오고, 새는 남쪽으로 이동했다가 다시 돌아오며, 인간은 죽음이 가까워지면 태어날 때 상태와 비슷해진다. "설탕 분자를 소모하는 단백질 배열이든, 물질과 에너지를 교환하는 복잡한 생태계든 모든 생물학적 회로는 증기 엔진 같은 자동수정 경향을 보인다."[4]

던지기 한 번에 전부 걸면 어떻게 하느냐고 따지자 삼촌이 이렇게 대답한다. "만약 도박을 할 작정이라면 방법은 한 가지뿐이야. 이판사판 모험을 걸어야 해. 이윤을 짜낼 수 있는 사람도 딱 한 사람, 부키뿐이야. 어찌 됐든 총수익에서 5%를 가져가거든."

나는 이 충고를 결코 잊지 않았다. 참담한 투기거래 끝에 깡통을 차면 나는 종종 바로 시장으로 돌아와 대량 거래를 감행한다. "곧장 본전 찾으려고?" 아내 수전이 묻는다. 절박한 상황에는 절박한 조치가 필요하다. "끝장을 봐야지." 나는 언제나 이렇게 대답한다(심지어 겁이 나서 제정신이 아닐 때도 말이다). 만약 호위 삼촌이 옳았다면 43년이 지난 지금도 옳을 테니까.

카드를 되찾을 때 그 황홀한 기분이란! 무덤에서 살아 돌아오는 것만큼 만족스러운 승리도 없고, 먹었다가 다시 토해내는 것만큼 뼈아픈 손실도 없다. 심리학자들은 이 성향을 보유 효과라고 부른다. 물건을 살 때는 그냥 시큰둥했지만 일단 물건을 소유하게 되면 보유 효과가 생긴다. 즉 일단 보유한 물건을 다시 내놓게 하려면 구매 가격보다 훨씬 더 비싼 값을 주어야 한다.5

1995년 8월에 있었던 일이다. 내가 직전 15개월 동안 150% 수익을 올리다가 하루 만에 20%를 반납하자 고객들은 분통을 터뜨렸다. 1996년 3월에는 하루 만에 30%를 잃었다가 월말에 겨우겨우 손실을 5%로 줄이자 고객들은 나를 신줏단지 모시듯 했다.

동물의 본능

나는 꼬마 때 게임을 좋아했는데 어른이 된 지금도 여전히 게임이 재미있다. 동물들도 놀이를 좋아한다. 수달은 진흙 둑에서 몇 번이고 계속 미끄럼을 탄다. 불곰은 언덕에서 데굴데굴 구른 다음 다시 올라가서 또 데굴데굴 굴러 내려온다. 해달은 새끼를 공중에 붕 던졌다가 잡는다. 사자 새끼는 어미 꼬리를 갖고 놀면서 사냥감에 몰래 다가가 덮치는 법을 배운다. 고릴라는 새끼를 데리고 살살 논다. 바다사자는 돌을 공중으로 던졌다가 다시 찾아온다. 인간이 고양이를 키우는 이유의 절반은 녀석들이 노는 모습을 보기 위해서다. 녀석들은 끈도 가지고 놀고

공도 가지고 놀고, (우리가 보기에는) 징그럽지만 쥐도 가지고 논다.

인간처럼 동물도 규칙이 있는 것 같다. 요한 하위징아(Johan Huizinga)는 놀이를 논한 걸작 《호모 루덴스(Homo Ludens)》에서 이렇게 지적한다. "강아지들은 놀고 싶으면 특정한 태도와 몸짓으로 형식을 갖춰 놀자고 한다. 그리고 규칙을 지킨다. 형제를 물지 않아야 하며, 혹시 물더라도 세게 물지 않아야 하며, 귀를 물어뜯지 말아야 한다."6

인생이라는 게임

동물처럼 인간도 놀이를 통해 배운다. 놀이를 통해 배운 교훈들이 어째서 향후 직업에서 성공의 핵심축이 될까?

《허클베리 핀의 모험(The Adventures of Huckleberry Finn)》 첫머리에서 마크 트웨인(Mark Twain)은 독자에게 경고를 날린다. 이 경고를 보면 해답은 그만 찾아야 할지도 모르겠다. "이 이야기에서 동기를 찾으려는 사람들은 기소될 것이다. 이 이야기에서 교훈을 찾으려는 자들은 추방될 것이다. 이 이야기에서 줄거리를 찾으려는 사람들은 총살될 것이다."7 그러나 나는 계속 답을 찾는다. 게임이 주는 심오한 교훈을 배우지 못한 사람들이 파산해 죽을까 두렵기 때문이다.

게임을 즐기는 사람들, 그리고 대다수 학자조차도 인생은 게임이라는 사실을 인정한다. 《Games of Life(인생 게임)》에서 칼 지그문트(Karl Sigmund)는 인생을 게임에 비유하면서 인생 역시 게임과 마찬가지로 무엇을 얻고 무엇을 내줄지를 놓고 벌이는 한판 도박이라고 규정한다. 게임과 놀이는 세계를 탐험하고 세계에 맞서 씨름하는 데 도움을 준다. 기회가 오면 위험을 감수하고 게임에 뛰어들어라. 로런스 슬로보드킨(Lawrence Slobodkin)은 《Simplicity and Complexity in Games of the Intellect(지능 게임에서 단순성과 복잡성)》에서 두뇌 게임을 논하면서 게임이 단순해 보여도 거기에 문화의 정수가 담겨 있다고 설파한다. 게임에 임하는 사람의 목표는 탁월한 수준에 도달하는 것인데 인생에서 요구되는 것도 바로 탁월한 수준에 도달하는 것이다.

학문의 한 분야로서 스포츠사회학은 금광이나 마찬가지다. 인생에서도 마찬가지지만 단체 경기에서는 타인을 동지 아니면 적으로 규정하고 관계를 맺는다. 경기를 하다 보면 상호작용하는 과정에서 상호 의존하게 되는 결과로 이어진다. 그런데 애초에 상호작용은 의도를 갖고 한 행위지만 거기에서 비롯되는 상호 의존성은 의도하지 않은 결과다. 인생살이에서도 이 점을 염두에 둬야 하는데, 해석학적 사회학의 창시자 게오르크 지멜(George Simmel)과 비유 사회학의 창시자 노르베르트 엘리아스(Norbert Elias)는 게임을 통해 이를 미리 경험하고 대비할 수 있다고 주장한다.

골프, 테니스, 가라테, 낚시 등등 인생살이에 비유되지 않는 스포츠가 있을까. 그만큼 인생이라는 게임(혹은 그물망)과 스포츠를 서로 연결하는 책이나 논문은 수두룩하다. 존 업다이크(John Updike)는 이렇게 말한다. "골프가 인생이고 인생이 골프교실이다."8 피터 비야크만(Peter Bjarkman)은 야구 경기를 두고 이런 결론에 도달했다. "야구 경기도 인생처럼 계절에 따른 주기가 있고 하루하루 주기가 있다. 오래 진행되는 여름시즌에는 속도도 수시로 변하고 주기도 거듭 순환하는데 이는 일상을 사는 인간 존재의 본질이며 인간 존재를 반영하는 거울이다."9

야구를 인생에 비유하는 문구는 흔해빠져서 진부할 정도다. 내가 읽은 책 중에서 가장 재미있고 교훈이 되는 책을 꼽자면 《The Encyclopedia of Baseball Quotations(야구 명언 백과사전)》가 몇 손가락 안에 든다. 이 책은 야구를 '인생이나 대지, 숭고한 모든 것, 우주의 질서'에 비유하는 문구는 모두 '케케묵었다'며 실격 처리한다. 지당한 처사다. 하지만 윌리 메이스(Willie Mays)가 한 말은 그냥 버리기 아쉽다.

"야구는 게임이다. 그리고 야구는 사업이기도 하다. 그러나 야구는 위장된 전투이며 이것이 야구의 참모습이다. 점잔 빼고 설렁거리며 여유를 부리지만 이런 껍데기 안에는 폭력성이 도사리고 있다."10

1980년대에 예일대 총장을 지냈고 1988년 야구협회장을 역임한 바트 지아마티(Bart Giamatti)는 게임과 인생을 관통하는 본질을 제대로 포착한 듯하다. 지아마티는 협회장이 된 경위를 설명하며 이렇게 말했다. "단테라면 기뻐했을 테지만… 많은 지인이 내가 왜 야구처럼 경박한 일에 발을 들이는지 이해하지 못했다. … 그들이 이해했더라면."11

게임은 인생에 영향을 미친다. 자살이나 소매 거래는 경기와 한참 동떨어진 활동이지만 슈퍼볼이나 월드시리즈 같은 큰 스포츠 행사를 앞두고 있을 때는 자살도 감소하고 소매 거래도 줄어든다.

게임은 긴장을 늦추는 데도 크게 도움이 된다고 한다. 유럽과 남미에서는 축구 시합이 지나치게 과열돼 선수들이 죽는 일도 흔한데 이런 극단적 경우가 아니라면 말이다. 아무튼 대개는 게임이 긴장을 풀어준다. 〈내셔널 인콰이어러〉 보도에 따르면 플로리다에서 고객들이 브로커를 고문하고 살해한 혐의로 체포되었다. 선물 브로커에게 돈을 맡겼다가 손실이 나자 그런 식으로 응징했다고 한다. 공황이 그렇듯 이런 비극적인 사건도 예측 불허다. 하지만 이런 사건이 점점 늘고 있는 듯하다. 1995년 인도에서 열린 크리켓 경기에서 일곱 명이 사망하고 수백 명이 중상을 입었다. 나는 당시 인도 주식을 보유하고 있었기 때문에 생돈을 왕창 날렸다.

표 6-2에 1986년부터 1996년까지 주요 선물시장에서 나타난 공황 상승장과 공황 하락장을 정리했다. 스포츠에서도 경기 양상이 급변하면 치명적이듯, 통화가 크게 출렁이는 양상이 점점 잦아지고 있다. 이 기간 동안 5일 통화 변동 폭이 가장 컸던 사례 여덟 건 중 다섯 건이 1995년에 발생했다.

표 6-2. 주요 선물시장 1일, 5일 최대 변동 폭

(제한 변동 폭 반영 후 조정, 1986~1996)

	상품	요일	날짜	변동 폭	상승 폭	요일	날짜	변동 폭	하락 폭
1일	채권	화	1987/10/20	694	6.9375	금	1996/03/08	−343	−3.4375
	구리	수	1988/11/23	1,180	$0.1180	금	1996/06/14	−1,125	−$0.1125
	원유	월	1990/08/06	356	$3.56	목	1991/01/17	−1,056	−$10.56
	독일 마르크	목	1995/05/25	216	$0.0216	목	1995/05/11	−229	−$0.0229
	금	금	1986/09/19	184	$18.4	목	1991/01/17	−301	−$30.1
	난방유	월	1991/01/14	1,162	$0.1162	목	1991/01/17	−2,964	−$0.2964
	파운드	금	1990/10/05	548	$0.0548	수	1992/09/16	−800	−$0.0800
	은	목	1987/09/10	94	$0.94	월	1987/04/27	−186	−$1.86
	콩	목	1988/07/14	645	$0.645	월	1988/07/18	−1,095	−$1.095
	S&P	수	1987/10/21	4,200	42.00	월	1987/10/19	−8,075	−80.75
	설탕	수	1990/01/03	120	$0.0120	화	1988/07/26	−241	−$0.0241
	스위스 프랑	목	1995/05/25	334	$0.0334	목	1995/05/11	−341	−$0.0341
	엔	월	1994/02/14	454	$0.0004540	목	1993/08/19	−404	−$0.000404
5일	채권	월	1987/10/26	1,041	10.04625	목	1986/04/24	−619	−6.1875
	구리	수	1988/11/23	2,660	$0.2660	수	1987/11/16	−1,760	−$0.1760
	원유	월	1990/08/06	784	$7.84	월	1991/01/21	−1,020	−$10.20
	독일 마르크	화	1995/03/07	470	$0.0470	수	1992/01/15	−473	−$0.0473
	금	금	1986/09/05	381	$38.1	월	1990/03/26	−357	−$35.7
	난방유	목	1990/08/23	2,078	$0.2078	월	1990/10/22	−2,740	−$0.2740
	파운드	월	1990/10/08	1,022	$0.1022	수	1992/09/16	−1,876	−$0.1876
	은	금	1987/04/24	242	$2.42	수	1987/05/27	−204	−$2.04
	콩	목	1988/08/04	1,195	$1.195	금	1988/07/22	−1,410	−$1.410
	S&P	월	1987/11/02	3,750	37.50	월	1987/10/19	−11,010	−110.10
	설탕	금	1988/07/01	254	$0.0254	화	1988/07/26	−324	−$0.0324
	스위스 프랑	화	1995/03/07	711	$0.0711	월	1995/05/15	−568	−$0.0568
	엔	화	1995/03/07	808	$0.000808	수	1995/08/16	−702	−$0.000702

투기 게임

투기 게임은 인간이 알고 있는 모든 게임 중 가장 인기가 높고 널리 보급된 축에 속한다. 투기(speculation)라는 단어는 로마시대에 항해하는 배 뒤에 서 있던 스페쿨라레(speculare)에서 유래했다. 고기를 낚아 올리기 좋은 지점을 찾는 것이 스페쿨라레가 맡은 임무였다. 우리가 하는 투기 게임은 인간의 역사만큼이나 오래되었다. 구약성서에 보면 요셉은 고대 이집트에 일곱 해 풍작 뒤에 일곱 해 흉작이 온다고 경고했다. 요셉은 파라오를 설득해 풍년에 남는 농작물을 사들이거나 세금으로 거둬 창고에 비축했다. 풍년에 흉년을 대비한 것이다. 요셉은 영리한 투기로 엄청난 부와 영향력을 갖게 된다.

투기에는 우연과 기량이 결합돼 있으며 탐색, 속임수, 협력, 경쟁, 창의력, 리듬, 체력 등등의 요소가 개입된다. 요컨대 우리가 소싯적에 했던 게임에 이런 요소들이 다 들어 있다. 투기라는 게임을 간략하게 이렇게 정리할 수 있다.

- **게임의 목표**: 싼값에 사서 비싸게 팔아 수익 창출하기.
- **놀이 장소**: NYSE 또는 CBOT 같은 주식 또는 상품거래소.
- **장비**: 전화와 돈. 숙달된 선수는 대여한 시세표 화면 또는 시세표 시기.
- **놀이 방법**: 거래소가 열려 있는 동안 거래소 회원에게 매매 주문을 넣는다. 신용 거래 가능 회원이 아니라면, 일정 기간에 계좌 잔고가 회원에게 진 빚보다 적으면 패배한다.
- **전술**: 잠재적 보상과 잠재적 위험이 서로 균형을 맞추도록 유의하라. 만약 자신이 무리에 속해 있다는 것을 알게 되면 십중팔구 계획을 바꿔야 한다. 선수들 대부분은 돈을 잃기 때문이다. 판돈은 제한돼 있으므로 판돈을 따려면 동료와 협력하고 상대와 경쟁해야 한다.
- **놀이의 목적**: 19세기에 이런 속담이 널리 퍼졌다. "아이는 어리기 때문에 노는 게 아니다. 아이는 어리기 때문에 놀 수 있다." 유아는 갓 태어날 때는 무기력하지만 경쟁하고 협동하는 놀이의 세계에서 살아남는 법을 스스로 깨닫는다. 자연은 우리에게 성공으로 가는 밑거름을 제공한다. 자연은 인생이라는 게임에서 만나게 될 우

여곡절에 대비하도록 우리를 조련한다. 그러면서 우리가 성공으로 가는 토대에 집중하고, 이 토대를 벼리고 더 견고하게 다지도록 만든다. 그런데 자연이 우리를 훈련하는 이 모든 과정은 놀이를 통해 이루어진다.

사실 놀이는 매우 근원적인 행위여서 놀이를 묘사할 때 쓰는 언어에는 나름 고유한 문법이 있다. 하위징아가 이렇게 지적한 바와 같다.

> 따라서 노는 행위에는 일반적인 행동의 범주 밖에 있을 정도로 독특하고 독립적인 속성이 있다는 의미가 아닐까? 놀이는 일반적인 의미에서 '하는' 것이 아니다. 게임을 '한다'는 것은 낚시나 사냥을 '하거나' 하러 '가거나' 모리스 댄스를 추거나, 목공일을 하는 것과 다르다. 게임을 할 때는 한다고 하지 않고 '논다'고 한다.[12]

놀이는 인간 본성에 자리 잡은 아주 원초적이며 근원적인 요소로 문화의 뿌리인 언어, 신화, 의식이 놀이 속에서 자란다. 하위징아는 이렇게 설파한다. "문명화된 삶에는 법과 질서, 상업과 이익, 공예와 예술, 시, 지혜와 과학이 있다. 그런데 이것들을 꽃피운 본능적 힘에는 기원이 있다. 모두 놀이라는 원시 토양에 뿌리를 박고 있다."[13]

게임은 결코 만만하지 않다. 함께 놀거나 상대하는 적수도 나름대로 목표가 있다. 때때로 목표를 달성하려면 적수의 목표를 반드시 깨부수어야 한다. 상대의 목표는 나를 이기는 것이다. 다 같이 성공하려면 때로는 협력이 관건이다.

놀이는 근원적인 행위다. 놀이는 우리를 인간다움과 문화, 역사와 연결한다. 자연은 순환하므로 범사에 철이 있고 때가 되면 계절이 돌아오는데, 놀이는 이처럼 순환하는 자연과 우리를 연결한다.

수영, 사냥, 낚시, 치기, 던지기, 달리기, 오르기, 숨기, 계산하기, 속이기, 만들기, 노래하기 등등 놀이에 들어 있는 요소는 수많은 요리를 만들 수 있는 훌륭한 재료다. 자연은 친절하게도 이런 요소들을 맛볼 수 있는 좋은 환경을 제공하고 있다. 수영하기 좋은 물, 오를 수 있는 나무와 산, 창조의 원천이 되는 별과 하늘, 바다, 그리고 땅, 노래 선생인 새와 개구리. 인생은 그 자체가 같은 재료로 만든 훌륭한 만찬이다.

경쟁과 협동, 기량과 우연, 고정된 전략과 기회를 엿보아 그때그때 바꾸는 전략, 순환과 추세. 인생이라는 게임은 이처럼 상반된 요소를 즐겨 한데 묶는다. 때에 따라 어느 정도 경쟁하고 어느 정도 협동할지, 어느 정도 고정된 전략을 쓰고 어느 정도 기회주의 전략을 쓸지 등등 같은 기술이라도 적당한 비율은 다양하기 한이 없고 끊임없이 변한다.

변호사는 탐색과 싸움에 능하고, 건설 인부는 오르기에 능하고, 여배우는 감정을 드러내는 데 능하며, 교수는 계산에, 과학자와 디자이너는 창조에, 투기거래자는 위에 언급한 모든 것에 다 능숙하다.

호글랜드와 도드슨은 모든 생명체에 공통된 16가지 패턴을 열거한다 (표 6-3). 내가 했던 게임을 통해 나는 이 패턴들을 전부 익힐 수 있었다.

표 6-3. 생명의 16가지 패턴

생물학적 패턴	투기 패턴
1. 생명은 아래에서 위로 축적된다.	시장 조성 과정을 학습한다.
2. 생명은 사슬 형태로 조립된다.	주식-통화-채권-곡물
3. 생명에는 속과 겉이 필요하다.	딜러 vs. 대중
4. 생명은 몇 가지 줄거리를 사용해 수많은 변종을 만든다.	매일 네 가지 패턴 중 하나로 시작. · 전일 상승 마감, 오늘 상승 출발. · 전일 상승 마감, 오늘 하락 출발. · 전일 하락 마감, 오늘 상승 출발. · 전일 하락 마감, 오늘 하락 출발.
5. 생명은 정보로 구성된다.	가격은 정보를 제공한다.
6. 생명은 정보의 재편을 통해 다양성을 촉진한다.	미스터 마켓은 적수들이 최대한의 에너지를 끌어내서 쓰도록 매일 자신이 보유한 다양한 주제를 이리저리 재구성한다.
7. 생명은 실수를 통해 창조한다.	오늘 발표된 수치는 다음 달이면 하향 조정될 것이다.
8. 생명은 물속에서 발생한다.	눈이 오면 주식을 사지 말라.
9. 생명은 당을 연료 삼아 돌아간다.	대중은 달달한 주스 역할을 한다.
10. 생명에는 주기가 있다.	보름달은 극단적인 시장 움직임과 밀접하게 연관되어 있다.
11. 생명은 사용하는 모든 것을 재활용한다.	탐욕스러운 자들은 대중의 힘을 뺀 후 판돈을 뺏어 딜러와 대형 헤지펀드에게 다시 가져다준다.
12. 생명은 물갈이를 통해 유지된다.	대중은 희망이 없으면 견딜 수 없기 때문에 돌아와서 친구들에게 같이 하자고 말한다.
13. 생명은 최대화보다는 최적화하는 경향이 있다.	투기는 위험과 보상 사이에서 곡예하듯 춤을 추는 행위다.
14. 생명은 기회를 엿보아 그때그때 태세를 전환한다.	유연하고 기민한 마음이 있으면 투기판에서 페니실린이나 합성고무 같은 귀한 존재를 발견할 수 있다.
15. 생명은 협력이라는 틀 안에서 경쟁한다.	딜러에게는 투기꾼이 필요하고 투기꾼에게는 장내 트레이더가 필요하다. 돈을 날리더라도 내 몫으로 부여된 일을 다 했으니 기뻐하라. 수정에 실패한 99만 9,999마리 정자처럼.
16. 생명은 서로 연결되어 있으며 상호 의존한다.	채권, 주식, 통화, 곡물, 금속을 연결하기만 하라. 유리한 고지를 선점하게 된다.

7장
인생 필수과목: 보드게임

Victor Niederhoffer

The Education of A

SPECULATOR

대국에 앞서 이렇게 말하라. 상대의 공격에서 나를 방어할 수는 있다. 하지만 나 자신으로부터 나를 지켜줄 자는 누구인가?

— 톰 위즈웰(Tom Wiswell)

인생과 체커 게임

신경심리학자들은 가장 어릴 때 기억이 대체로 가장 즐겁고 중요하다는 점에 동의한다. 내 경우 아버지가 코니아일랜드에 있는 공원에서 체커나 체스 두는 모습을 지켜본 것이 가장 오래된 기억이다. 나에게 보드게임 없는 인생은 사랑도 예술도 없는 인생이나 마찬가지다. 보드게임이 주는 교훈이 없다면 투기 역시 사랑도 예술도 없는 인생만큼 허망하리라.

맨해튼 남부 브로드가 30번지 뉴욕증권거래소 건물에는 마침 시장이 한산할 때 체커나 체스를 둘 수 있는 큰 방이 있었다. 아버지는 체커도 두고 체스도 뒀는데 게임을 좋아하기도 했지만 그럴 만한 사정이 있었다. 대공황 기간에 보드게임은 가장 저렴하게 즐길 수 있는 오락이었다. 1944년 조지 소로스는 헝가리에서 게슈타포를 피해 숨어 있었는데, 쿠키를 걸고 아버지 티바다(Tivadar)와 체스를 두면서 지루한 시간을 때울 수 있었다. 티바다가 이겨서 쿠키를 다 먹으면 두 사람은 모노폴리 게임으로 넘어갔다. 모노폴리는 건물을 올리고 임대하며, 부동산을 합치기도 하고 팔기도 하면서 수백만 달러를 버는 게임으로 당시에는 누구나 이 게임을 통해 대리만족을 느꼈다.

조지 소로스는 미국에 와서도 체스 게임을 계속했다. 포지션도 자선 활동도 잊고 체스 한 판(첫판을 지면 두 판) 두는 게 조지에겐 낙이었다. 우리가 처음 만난 자리에서도 조지는 한 판 두자고 했다. 내가 졌다. 이후 과외도 받았지만 쓸모가 없었다. 아무리 공부해도 체스 실력이 늘지 않는다. 하지만 조지는 달랐다. 나는 국제그랜드마스터인 아서 비스기어에게 연락해 조지에게 체스를 가르치도록 주선했다. 아니나 다를까, 조지는 아서를 두 번이나 이겼다. 내 경우 룩(rook) 기물을 유리한 위치에 놓았지만 그걸로는 아서를 이길 수 없다.

체스 실력이 안 느는 이유를 알 것 같다. 나한테 익숙한 보드게임은 체커다. 체커는 기물을 대각선 앞으로 한 칸만 움직여야 한다. 체스에서는 기물이 길게 대각선으로 움직이거나 뒤쪽으로 움직이는 행마도 머릿속에 그려야 하는데 그게 잘 안 된다. 기준이 되는 특정 얼개에 익숙한 투기꾼은 새로운 경기장에 들어서도 그 얼개를 놓지 못한다. 이를테면 매수 후 보유 전략은 주식시장에서는 훌륭하지만 선물시장에서는 저승행 보증수표다. 나는 이 점을 쓰라리게 절감할 기회가 있었다.

한 투자은행 연구 담당 이사와 함께 자문위를 열었을 때였다. 워싱턴 정가와 끈끈하게 친분을 유지하고 있는 유수한 투자은행이었다. 이사가 입을 열었다. "연구 결과 근월물 원자재를 매수하면 주식과 발맞춰 바로 복리수익률 12%로 이어졌을 겁니다. 실제로 근월물 원유를 샀다면 단 12개월 뒤에 100% 수익을 얻을 수 있었죠." 이렇게 말하면서 이사는 내 쪽을 바라봤는데 업신여기는 눈초리였다. 잘나신 주류계급 출신 예일대학 스쿼시 선수들이 나를 바라보던 표정이 떠올랐다. "회의를 마치자마자 원유를 공매도할 작정입니다."

나는 이렇게 응수했다. "당신네들은 부끄러움이라곤 없군요. 지난번에도 근월물 전략 운운하는 이야기를 들었지만, 유럽 대기업 하나가 그 조언대로 했다가 20억 달러나 날렸어요. 이젠 깨달았으리라 믿습습니다. 그리고 1980년대에 줄리언 사이먼(Julian Simon)이 에얼릭(Paul Ehrlich)과 한 유명한 내기 결과도 계산에 넣었겠죠. 결국 사이먼 예측대로 원자재 가격은 대폭 하락했어요."

나는 종종 조지와 함께 체스를 둔다. 수가 훨씬 앞서는 고수들과 둘수도 있지만, 체스는 두 집안의 가풍인 부단한 투쟁과 그 과정에서 느끼는 즐거움을 다시 경험할 수 있게 해준다. 행마가 거듭될수록 점점 궁지에 몰리는 쪽은 대체로 나다. 그럴 때면 아버지가 체커판에서 어떤 행마법을 착착 구사해 내 방어진을 허물었는지 새삼 기억난다. 집안 내력에 따라 조지와 내가 맞붙으면 십중팔구 내가 진다. 이리하여 부자사이 같은 우리 관계는 유지되고 나는 아버지에 대한 추억을 간직할 수있다. 체스를 두는 동안 조지와 나 사이에 대화는 오가지 않는다. 그런데 1987년 10월 19일 시장이 폭락한 뒤 맞은 주말이었다. 조지 소로스는 온 힘을 그러모아 3판 연속 나를 때려눕혔는데 펄펄 뛰는 기세가 느껴질 정도였다.

아버지한테는 《British Guide to Draughts(영국 체커 가이드)》와 에마뉘엘 래스커(Emmanuel Lasker)의 《How to Play Chess(체스 두는 법)》가 성경책이나 다름없었는데 출근할 때도 이 책들을 끼고 나갔다. 그리고 점심시간이나 순찰차 안에서 대기하는 동안 전략과 전술을 연구했다. 퇴근하면 코니아일랜드에 있는 시사이드 파크에서 체커 게임을 했다. 아버지는 결국 더 보람차고 결실 있는 다른 분야들이 있는데 보드게임 때문에 밀려나고 있다고 판단했다. 지그베르트 타라슈(Siegbert Tarrasch)는 음악 없는 인생처럼 체스 없는 인생은 살 가치가 없다고 했다. 아버지는 이 의견에 동의했지만 거기에도 한계가 있어야 한다고 생각했다. 아버지는 당시를, 이룬 게 없는 시기라고 규정했다. 보드게임에 온통 마음을 빼앗기면 딴 일을 못 할 수도 있다. 그렇지만 보드게임은 내 인생의 밑거름이 되었다. 더할 나위 없이 훌륭한 자양분이었다.

그러나 보드게임은 한 가지 중요한 측면에서 인생과 다르다. 보드게임은 제로섬이다. 승자도 한 사람, 패자도 한 사람이다. 그러나 인생에서는 종종 둘 다 승자가 될 수 있다. 그러므로 인생에서는 적수를 상대할 때 마지막에 둘 다 잘되는 결과를 기대할 수 있다.

인생을 보드게임에 빗댄 가장 유명한 명문은 토머스 H. 헉슬리(Thomas H. Huxley)가 쓴 글이다.

체스판은 세계, 기물은 우주의 현상이며 게임의 규칙은 우리가 자연법칙이라고 부르는 것들이다. 우리는 상대의 의중을 알 수 없다. 상대가 항상 공정하고 정정당당하며 참을성 있게 임한다는 사실을 알고 있다. 하지만 내가 실수하면 상대는 결코 지나치는 법이 없고 무지에 대해서는 조금도 아량을 베풀지 않는다는 사실 역시 알고 있다. 실수하면 반드시 대가를 치른다.[1]

전 세계에서 명성이 자자한 워런 버핏 역시 흡사한 방식으로 '미스터 마켓'을 전지전능한 게임 상대로 의인화한다. 때로 미스터 마켓은 월마트 가격에 물건을 산다. 그러나 어떨 때는 티파니(Tiffany) 보석매장 가격에 산다. 이런 미스터 마켓의 기질을 이용할 수 있을까?

한발 더 나아가 상대와 대결하는 게임의 유형을 분류해 보자. 나는 체스를 둘 때마다 기물의 위치, 특히 졸의 위치가 막혀 있는지 열려 있는지 살핀다. 막힌 자리에 있으면 기물이 움직이는 경로에 상대 기물이 있거나 기물들이 밀집해 있어 운신할 공간이 거의 없다. 이때는 전략이 판을 좌우한다. 기물이 얼마 남지 않은 대국 막바지에 고생하지 않으려면 반드시 졸을 제대로 준비해야 한다. 열린 자리는 기물들이 서로 떨어져 있고 공격 또는 방어 기물로 중앙이 막히지 않은 구역이다.

시간이 생명이다. 공격적이며 계산된 행마가 승리를 이끌어낸다. 세계 정상급 체스에서 하워드 스탠턴(Howard Staunton)은 막힌 구역에서 판을 이끌었고, 폴 모피(Paul Morphy)는 열린 위치를 선택했다. 나는 막힌 위치에서 잘하는 선수를 많이 만났고 열린 위치에서 잘하는 선수도 많이 만났다. 진정한 챔피언, 10억 명 중 1명은 판세가 바뀌면 거기에 발맞춰 어떤 위치에도 잘 적응해 나간다.

바비 피셔(Bobby Fischer, 1972년부터 1975년까지 세계 챔피언 자리를 지켰던 체스 챔피언 - 옮긴이)가 위대한 이유는 막힌 위치에서나 열린 위치에서나 능수능란했기 때문이다. 세계선수권대회에서 우승한 직후 인생이라는 체스판에서 공간이 열리자 피셔는 뒤로 물러나 은퇴하는 쪽을 선택했고 종교라는 폐쇄된 위치로 들어갔다.

현재 세계에서 최대 규모 시장인 유로달러시장은 막힌 시장으로 볼 수 있다. 유로달러를 인도받으려면 최소 100만 달러가 필요하기 때문이다. 유로달러는 종종 일주일 내내 고작 5포인트 범위에서 움직이기도 한다. 따라서 전략적인 장기 거래가 적절하다. S&P 선물이나 커피시장은 열린 시장에 가장 가깝다. 가격이 종종 계약당 하루에 3,000달러 이상 움직인다.

조지 소로스가 위대한 이유 한 가지를 꼽자면 교묘하게 이리저리 전략을 바꿔가면서 뽑아낼 수 있는 만큼 최대한 뽑아낸다는 것이다. 때로는 수십억 달러를 벌기도 한다. 이 과정에서 균형을 잡고 시장에 신호를 주며 신속하게 진행하되 점잖게, 내키지 않는 듯 처리한다.

시장이 열린 상태, 즉 변동성이 심하고 영국 파운드화가 평가절하되던 시절이었다. 소로스는 레버리지를 최대한 활용한 상태에서 여차하면 전략을 수정해 당장 조치를 취할 수 있도록 준비하고 있다가 퀀텀펀드(Quantum Fund) 금고에 수십억 달러를 두둑하게 채웠다. 시장이 막혀 있으면, 즉 통화가격이 띠 속에 갇힌 듯 일정 범위 내에서 오르내리고 한두 시장에서 소폭 조정을 통해 평형을 회복하는 여건에서는 인내심을 가지고 투자해 매달 기어코 수익을 낸다.

상황마다 거기에 맞는 올바른 전술과 전략을 구사하는 것, 이것이 수수께끼 같은 인생살이의 난제다. 교육, 진로, 연애, 결혼, 가족, 주택 등 인생을 살다 보면 중요한 투기 행위를 하게 된다. 이는 개방성과 폐쇄성이 갖가지 비율로 혼합된 다양한 포지션에 비유할 수 있다. 우리가 이 포지션들을 얼마나 잘 운용하느냐가 성공을 좌우한다고 봐도 무방하다. 보드게임 고수 한두 사람에게 요긴한 초석을 배울 수 있다. 고수는 이런 포지션에서 무승부를 마다하지 않는다.

"빅터, 문이 닫혔을 때는 호각지세를 유지하고 있다가 문이 열리면 외통장군을 부르지. 그럴 때 기분이 좋아."

체커의 메카

내가 처음 보드게임을 해본 것은 1950년으로, 장소는 코니아일랜드에 있는 시사이드 파크 공공 산책로였다. 그 시절 코니아일랜드는 북적북적한 유원지였고 시사이드 파크에는 날마다 수백 명이 모여 체커를 두곤 했다. 야외 탁자에 페인트로 체커판을 그려놓았는데 뉴욕시 공원 레크리에이션국이 마련해 놓은 공짜 체커판이었다. 이보다 더 저렴할 수는 없었다. 공원에서 빈둥빈둥 하루를 보내려면 기물 24개를 살 10센트 동전 하나만 있으면 되었다.

공원에는 제1차 세계대전 이전에 이주해 온 노인이 많았다. 체커 두는 사람 절반은 스코틀랜드, 아일랜드, 웨일스 출신으로, 이런 지역은 추운 날씨와 검소한 생활이 합쳐져 체커광을 배양하기에 이상적인 환경이다. 나는 공원에 갈 때 요즘도 체커 기물을 가져간다. 스코틀랜드 사람은 소문난 구두쇠로 자기 기물을 쓰지 않으므로, 기물을 가져가지 않으면 대국을 할 수 없기 때문이다. 체커 기물이 체스 기물보다 싼데도 말이다. 브루클린은 언제나 체커의 메카였다. 25년 동안 프리스타일 세계 챔피언이었던 톰 위즈웰과 위즈웰 이전 세계 챔피언이었던 밀라드 호퍼(Millard Hopper)를 비롯해 수많은 챔피언이 시사이드 파크에서 탄생했다. 지금도 거기 가면 탁자가 있는데 자주 오는 손님들 면면을 보면 평균 연령이 90대다.

경찰이었던 아버지는 오후 4시부터 자정까지 근무하면 아침까지 푹 잤다. 그리고 일어나면 테니스를 치고 곧장 시사이드 파크로 갔다. 어느 날 아버지와 함께 공원에 갔다.

"안녕, 쉴리(Sully). 다 나았어요?"

"그럼, 이제부터 가죽 바지를 입을 거야. 안 타거든."

"무슨 일이에요, 아빠? 어디서 불이 났나요?" 내가 물었다.

"아, 쉴리는 대국에 집중하는 걸로 유명하단다. 가끔 기물을 한 번 움직이는 데 30분이 걸리기도 하지. 어느 날 쉴리가 장고에 장고를 거듭하고 있는데 누가 장난삼아 성냥에 불을 붙여 엉덩이 쪽에 놓았어. 성냥이 곧바로 피부까지 태웠는데도 쉴리는 알아채지 못한 거야. 착수한 다음 대국용 시계를 누르고 나서야 불을 껐지. 이기고 싶으면 이 정도로 집중해야 한단다."

다른 탁자에서는 길거리 체스 게임이 한창이었다. "이봐 매카시(McCarthy), 커피에다 뭐 하는 짓이야?"

"왜?"

"커피 젓는 막대는 어쩌고 지금 비숍으로 젓고 있잖아."

매카시는 수읽기에 골몰한 나머지 미처 알아차리지 못했다.

부키는 승률 계산하는 사람과 근처 탁자에서 대국을 즐겼는데, 이 양반은 예순다섯으로 별명이 '남학생'이었다. 8학년 때부터 쭉 '장부책' 만드는 일, 즉 베팅받는 일을 했기 때문이다(이제는 별명이 진짜 이름처럼 굳어져서 사람들이 아예 '남학생'으로 부른다).

어떤 사람이 나한테 대국을 제안했다. 아버지가 등을 떠미는 바람에 어느새 나는 남자와 마주 보고 앉았다. 상대는 얼굴에 털이 수북했는데 내 머리카락보다 풍성했다. 아버지 말로는 처음 다섯 수까지는 대등했다고 한다. 훈수꾼 하나가 어깨너머로 기대더니 경고했다.

"꼬맹이, 넌 독 안에 든 쥐야!"

요즈음 투기시장에서도 이런 말을 종종 듣는데, 체스를 둘 때처럼 피가 싸늘하게 식으면서 몸서리가 난다. 썩 익숙하지 않은 시장에서 거래할 때 보통 이런 소리를 듣는다. 소로스처럼 나 역시 함정에 통달하기 전에 뛰어들어야 한다고 믿는다. "지금 투자하라. 조사는 나중에 하라." 이것이 소로스의 정언명령이다. 항상 수표를 넘긴 직후에 일이 틀어져 단숨에 10% 이상 손실이 발생한다. 뛰어들기 전에 대량 매도 사태를 감안하지 않았거나 가치평가 모델로 산출한 가격과 실제 가격 사이 일시적 괴리를 고려하지 않았기 때문이다. 일주일 만에 20%나 손실을 보면 패배는 기정사실이 되고 이 사실을 깨달으면 식은땀이 흐른다. 끝장이다. 가망이 없다.

"저기 덩치 스코티(Scottie)가 있네." 아버지가 어떤 사내를 가리키며 말했다. 마흔 줄인 사내는 인정 많아 보이지만 후줄근하다. "아내가 집에서 내쫓았지. 지금 공원에서 자고 있어. 너는 저렇게 되지 않았으면 좋겠구나."

"무슨 잘못을 저질렀는데요?"

"아내는 스코티가 체커에 중독된 줄 몰랐대. 결혼하자마자 스코티는 96번가에 있는 위즈웰 체커 클럽에서 늦도록 체커를 두었지. 아내가 전화하면 '곧 갈게'라고 대답하고, 아내가 또 전화하면 비서에게 이렇게 말하라고 시켰어. '여기 안 계세요. 집으로 출발하셨어요.'

마침내 아내는 더 이상 참을 수 없었지. 96번가 클럽에 나타나 탁구 치는 사람들을 요리조리 피해 체커를 두고 있는 스코티에게 다가갔어. 기물을 바닥에 내동댕이치고 사람들이 다 보는 앞에서 스코티를 질질 끌고 집으로 갔어. 그러자 스코티는 이번엔 체커 친구들을 집으로 불러서 체커 이야기판을 벌였어.

4 대 8, 23 대 18, 11 대 15 등등 중얼거리며 입으로 행마하고 종이에 기록했지. 이따금씩 최근 대국 동향을 알기 위해 위즈웰이나 샘 고노츠키(Sam Gonotsky) 같은 고수들에게 전화를 걸기도 했고. 음, 아내는 실수로 부키(도박꾼 - 옮긴이)와 결혼했다고 생각했고 결혼 생활도 끝났지. 무

얼 하든 네가 하는 일을 이해하는 여자와 결혼하거라. 그리고 밤마다 친구들을 집에 데리고 오면 안 돼."

지금쯤이면 다들 눈치챘겠지만, 나는 그리스인들이 델포이 신탁을 따르듯 아버지의 충고라면 모두 따랐다. 장래 니더호퍼 부인이 될 수전과 사귀는 동안 수전은 내 직업을 이해했을 뿐만 아니라 비서로 내 일을 도왔다. 나는 마지막 시험으로 수전에게 보드게임하는 모습을 보여줘야겠다고 생각했다. 이 시험만 통과하면 됐다 싶었다. 워싱턴 스퀘어 파크에 있는 보드게임용 탁자로 수전을 데려갔다. 어렸을 때 아버지와 자주 보드게임을 하던 곳이다. 수전에게 대국할 사람을 구하는 동안 기다리라고 설득했다. 공원에 있는 노장들은 낯선 사람과 대국하려고 하지 않는다. '어설픈 하수'에게 시간을 낭비하고 싶지 않기 때문이다. 여러 명에게 대국을 요청했지만 부탁하는 족족 거절당했다. 마침내 누군가가 말했다. "주니어가 상대해 줄 거야."

주니어는 일흔 살 먹은 알코올중독자였다. 누더기를 걸치고 있었고 몸에서 악취가 났다. 몇 년째 공원에서 사는 게 틀림없었다. 숨을 조금만 들이마시면서 나는 호기롭게 맞은편에 앉았다. 판이 벌어지자 구경꾼들이 몰려왔다. 얼마 못 가 행마 한 번에 기물 두 개를 잡을 기회가 보였다. 행마를 했는데 군중 속에서 이런 목소리가 들렸다. "하하하! '야곱의 사다리'에 딱 걸렸구먼." 내가 경악하며 지켜보는 가운데, 주니어는 사다리처럼 놓인 내 기물들을 뛰어넘더니 왕이 있는 열로 갔다.

체커를 다시 할 수 있어서 좋았다. 다른 사람과 두뇌 싸움을 하고 내가 호적수가 된다는 느낌을 받으면 의기양양 신이 났다. 그래도 패배는 쓰라렸기 때문에 실력을 키우기로 다짐했다. 형식주의자였던 아버지처럼 나 역시 항상 적당한 틀을 만들고 그 안에서 일을 진행시키려고 애쓴다.

우리를 둘러싸고 있던 '소년들'은 진지하게 체커 실력을 키우려면 톰 위즈웰(71세 '꼬마')에게 과외를 받아야 한다고 입을 모았다. 위즈웰은

25년 동안 세계 보드 챔피언을 지키다가 은퇴했다. 위즈웰을 수소문한 끝에 주마다 수업을 받기로 했다. 1981년에 시작된 수업은 1995년까지 매주 화요일 우리 회사 뉴욕지부에서 계속되었다.

체커 과외의 시작

주간 수업은 15년 동안 진행되었지만 위즈웰은 한 번도 빠지지 않았다. 교습이 시작될 당시 71세였으니 위즈웰도 어지간히 강건한 사람이었고 게임이 생명력을 고양한다는 말을 증명하는 사례였다. 게임판에 80대 챔피언이 많다는 것도 생명력을 북돋우는 게임의 속성을 여실히 증명한다. 클리블랜드에 있는 존스앤드라플린(Jones and Laughlin) 공장에서 현장감독 일을 하던 애서 롱(Asa Long)은 1988년 88세의 나이로 미국 체커 선수권대회에서 우승했다. 롱은 65년 전인 1923년, 스물세 살 때 처음 이 타이틀을 획득했다.

톰은 한결같았다. 늘 오후 2시쯤 도착했다. 베니 힐(Benny Hill, 영국의 코미디언, 배우. 슬랩스틱, 풍자가 어우러진 TV쇼 〈베니힐 쇼〉로 유명하다. - 옮긴이) 처럼 애정 어린 말투로 여자들에게 농을 던지며 치근대곤 했다. 일흔 살 노인이라는 특권을 이용해, 성희롱이 되지는 않을까 하는 걱정 없이 여직원에게 이런 식으로 인사했다. "내가 더 젊은 나이에 아가씨 같은 여자를 알았더라면… 그랬다면 25년 동안 세계 챔피언 자리를 차지하지도 못했을 테고, 책을 열일곱 권 쓰지도 못했을 거야." "게임 한 판 같이 하고 싶구먼… 체커도 두고." 톰은 스웨덴에서 모델 일을 했던 유능한 사무장에게 입버릇처럼 말했다. "애서, 행운을 빌며 뽀뽀해 줘."

톰은 농을 잘 받아주는 다정다감한 직원들과 한두 차례 '개별' 대국을 예약하는데 그러고 나서야 진지한 대국이 시작된다. 오후 3시(동부표준시)에 거래소가 문을 닫으면 보드게임이 열렸다.

방해는 어떤 형태로든 절대 용납되지 않았다. 오후 3시 정각이 되면 어김없이 '임원회의 중'이라는 팻말을 출력해서 문에 붙였다. 컴퓨터가 '원유 신저가' '깡통계좌'라고 울부짖으면, 위즈웰은 전가(傳家)의 보도(寶刀)처럼 잉글랜드 존 왕(John, King of England)의 일화를 꺼냈다. 도시 루앙이 프랑스의 필립 2세(Philip Augustus)에게 포위되었다는 전갈을 들고 신하가 왔다. 존 왕은 마침 체스를 두고 있었는데 신하들에게 대국이 끝날 때까지 물러나 있으라고 명했다. "존 왕에게 경의를 표하는 의미에서, 말을 마지막 열까지 옮겨 킹으로 승급할 때까지는 중단 없이 대국을 이어가야 해. 그게 최소한의 도리지." 누군가가 기진맥진한 목소리로 시장이 불리한 방향으로 거세게 움직이고 있다고 알린다. 그러면 위즈웰은 체스를 두는 동안 사형선고를 받았지만 대국 중단을 거부했던 수많은 왕의 이야기를 다시 꺼냈다. 퍼시(Percy)에 따르면 작센 선제후(Elector of Saxony)는 감옥에서 게임을 하다가 사형선고를 받자 부당하다고 항의한 다음 영특하게 게임을 끝냈다. 승리를 쟁취하자 여느 승자처럼 아낌없이 흡족함을 표했다고 한다.[2]

체커 고수 쥘 레오폴트(Jules Leopold)도 종종 교습에 참가했다. 고객들은 항상 이렇게 중얼거리곤 했다. "체커는 아이들 놀이인 줄 알았어요. 체커 교본이 있다는 말인가요? 정말 이걸로 먹고사는 사람들이 있어요?" 그러면 레오폴트는 이렇게 대답했다. "체커 보드에 기물이 다섯 개 있습니다. 흑이 선수면 비깁니다. 일주일 안에 이 문제를 풀면 120달러 드리죠." 또 한번은 상대가 무승부를 강제할 수 있는 상황에서 승패가 갈리게 하면 도넛값으로 100달러 주겠다고 대국 상대에게 제안했다. 지금까지 단 한 사람도 상금을 타지 못했다.

톰 위즈웰이 남긴 보석

톰은 수업하러 올 때마다 격언 꾸러미를 들고 왔다. 꾸러미에는 인생을 보드게임에 비유하는 격언 열다섯 개가 들어 있었다. 격언이 현재 인생에서 당면한 문제, 그리고 시장에서 당면한 문제에 어떻게 적용되는지 논의하면서 수업이 시작되었다. 톰은 15년 동안 1만 개가 넘는 격언을 만들었다. 대국을 시작할 때는 이렇게 당부했다. "한 가지만 약속하게. 내가 자네를 이겨도 계속 친구 하는 거네."

롤러코스터를 탄 듯 정신없이 하루를 보낸 후에 수업을 들으면 나도, 동료들도 확실히 좀 마음이 가라앉으면서 편안해졌다. 투기업은 속성상 폐장을 알리는 마지막 종소리가 울린 뒤에도 시장이 닫히지 않는다. 설상가상 낮에 어쩔 수 없이 미뤄두어야 했던 업무까지 산더미처럼 쌓여 있다.

위즈웰은 베스트셀러 《Let's Play Checkers(체커를 둡시다)》를 포함해 스무 권을 저술했는데 이따금 격언을 두고 이렇게 말했다. "이 격언들을 골똘히 연구하게. 내가 평생 다듬었으니 많은 격언이 쓸모 있을 거야." 어떨 때는 지나가듯이 슬쩍 이렇게 말했다. "이 책이 내가 쓴 마지막 책이 되겠지만, 최고야."

대부분이 그렇지만 나 역시 물건이 넘쳐나면 과소평가하는 죄를 저지른다. 매매하는 순간에는 흥분 상태여서 다른 건 눈에 잘 들어오지 않는다. 게다가 1만 개가 넘는 격언이 발부리에 차이니 말하기 부끄럽지만 톰이 고생해서 만든 격언이 대수롭지 않아 보였다. 그러던 어느 날, 15년 만에 처음으로 톰이 화요일 수업에 나타나지 않았다. 톰이 이튿날 전화해서 털어놓았다. 엘리베이터에서 사무실이 몇 층인지 기억이 안 나서 길을 잃었다고 한다. 일주일 전만 해도 1만 번 대국에서 했던 행마를 기억하던 사람이 말이다.

톰은 횡설수설했다. 며칠 동안 계속 전화해 이렇게 부탁했다. "빅터, 자네 도움이 필요해. 나한테 남은 건 자네뿐일세." 한 시간 만에 40%나 폭락해 바닥을 찍는 바람에(이번에도 엔이다) 사상 최악의 손실을 입은 지 얼마 지나지 않은 시기였다. 사정이 달랐더라면 톰에게 신경 썼겠지만 상황이 상황인 만큼 톰에게 신경 쓸 겨를이 없었다.

얼마 지나지 않아 톰은 50년 동안 살던 브루클린 집을 떠나 퀸스에 있는 요양원에 갔다. 톰이 사라지자 그제야 내가 노다지 금광을 깔고 있었다는 사실이 차츰 실감 나기 시작했다.

위즈웰은 수백만 명이 즐기는 게임에서 25년 동안 세계 챔피언 자리에서 내려오지 않았다. 이 챔피언이 내놓은 간결하지만 힘찬 격언들은 위대한 지성이 싸운 마지막 분투를 드러내고 있다. 그리고 지금까지 분명히 밝혔다고 믿지만, 무거운 마음으로 인정하건대 인생도 투기도 모두 게임이다. 일단 제대로 눈을 뜨자 내가 해결해야 할 문제는 단 한 가지였다. 어떻게 하면 위즈웰이 남긴 보석을 정리하고 소개할지 생각해 내야 했다. 위즈웰의 격언을 분류한다고 생각하니 감당하기 벅찰 것 같았다. 게임 역시 인생만큼 방대하므로 위즈웰의 격언은 수많은 주제를 섭렵하고 있다. 격언을 게임의 일반적 단계에 따라 나누는 것으로 일단 분류 문제를 해결했다.

첫째, 게임에는 규칙이 있다. 즉 구체적인 보드판 형태, 행마법과 규칙이 있다. 두 번째는 대국 준비에 필요한 기술이며, 세 번째는 대국 중에 승리하기 위한 수많은 기술이다. 나는 승리하는 기술에서 부분집합을 하나 꺼내서 네 번째 범주를 만들었는데 바로 속임수 기술이다. 대다수 투기꾼의 본심과 지갑에 가까운 주제다. 속임수라면 투기꾼보다 게임하는 사람들이 훨씬 많이 알고 있고 또 속임수를 쓸지 말지 더 자주 고민하는 듯하다.

다섯 번째 범주는 경기가 끝난 후 해야 할 일이다. 위즈웰은 대국 종반전을 연구하면서 자신의 인생을 되돌아보고 다가오는 죽음도 함께 내다봤던 듯하다. 격언 중 일부는 해석하기가 어려웠다. 왜냐하면 위즈웰을 추억하면서 위즈웰이 염두에 둔 궁극적 의미가 무엇인지 깨달아야 하기 때문이다. 마지막으로 많은 격언이 승리하는 기술이 아니라 승자의 특징을 다루고 있었다. 격언에서 설명하고 있는 승리하는 자의 특징은 승리를 추구하는 모든 분야를 관통하며 시대를 초월한다.

이 격언들을 연구한다면 누구나 머지않아 입신의 경지에 오르리라 확신한다. 어떤 게임을 하든 실력이 일취월장할 테니 말이다.

위즈웰의 경구에 해설을 덧붙이는 일은 나로서는 셰익스피어의 작품을 다시 풀어 쓰는 작업이나 마찬가지다. 하다 보니 알게 되었다. 나는 찰스 램(Charles Lamb, 18세기 영국의 시인이자 수필가. 어린 독자를 위해 풀어 쓴 《셰익스피어 이야기(Tales from Shakespeare)》가 유명하다. - 옮긴이)이 아니었다. 그리고 망각하지 않았다. 언젠가 죽을 운명인 이 몸, 한낱 덧없는 나라는 인간이 불멸의 작품을 변형하거나 요약하려 할 때 위험이 도사리고 있다는 사실 말이다. 베토벤과 디킨슨을 편집한 사람들은 죄를 대신 뒤집어쓰고 역사의 희생양이 되었다.

내 책은 포기하고 톰의 역작을 대중이 이해할 수 있는 적절한 형태로 수정해서 보급하는 데 몰두했다면 나았을지도 모르겠다. 인생과 투기가 서로 이어져 있다는 것이 톰의 격언에 담긴 정신이자 톰이 의도한 바였고 나 역시 인생살이와 투기가 연결돼 있음을 몸소 경험했다. 그러므로 내가 선호하는 몇 가지 격언과 격언이 주는 울림에 대해 짤막하게 언급한다고 해서 원저자에게 결례는 아니리라 믿는다.

게임의 규칙

기물은 말하고, 가르치고, 치료한다. 위즈웰이 가장 좋아하는 격언부터 소개하겠다. "나에게 가장 편한 행마가 상대에게는 가장 괴로운 행마다." 인생사 살다 보면 싸워야 할 때도 있고 경쟁해야 할 때도 있으며, 때로는 내 위치를 노출하거나 감당하기 벅찬 상황에 처하기도 하며, 적절한 방어막을 유지하는 데 실패하기도 한다. 무언가를 손에 넣으려고 하면 고립된 자산으로는 불가능하다. 앞으로 나아갈 때마다 약점이 생긴다. 발전하느냐 마느냐가 관건이다.

많은 격언을 관통하는 주제는 하찮고 작은 것의 중요성이다. 기다리는 행마, 조용한 행마, 가만히 관망하기, 두 가지 갈림길에서 올바른 길 선택하기. 이런 작은 일에 소홀히 하다가 결국 뜨거운 맛을 본 적이 얼마나 많은가?

위즈웰은 어떤 자리에 말을 놓을지 확신하기 전에 의심부터 하라고 권한다. 매매에서는 어떤 일도 일어날 수 있으므로 항상 경계를 늦추면 안 된다. 어떤 포지션이 너무 편안해지면 대체로 청산할 때다. 거래를 통해 몇 차례 연거푸 수익을 올리다 보면 이따금 자잘한 것에 소홀하다가 손실을 보기도 한다. 시장은 보통 자만심이 절정에 달했을 때 트레이더를 쓰러뜨릴 방법을 찾는다.

- 나에게 가장 편한 행마가 상대에게는 가장 괴로운 행마다.
- 두 사람이 앉아서 기물을 움직여야 비로소 기물이 살아난다. 이때부터 판이 흥미진진하게 돌아간다.
- 세상에서 가장 쉬운 일이 체커 행마법 습득이며, 가장 어려운 일이 체커 제대로 두는 법을 배우는 것이다.
- 많은 게임에는 단 두 가지 선택지가 있다. 이렇게 움직이느냐, 저렇게 움직이느냐, 이 두 가지 중에 선택해야 하며 반드시 움직여야 한다. 이 결정이 게임의 전부다.
- 패배를 피하는 데 성공했기 때문에 무승부는 두 대국자 모두에게 승리를 의미한다.
- 대국시계는 천적이지만 그렇다고 친구가 되지 못할 이유는 없다. 대국시계와 친구가 되려면 수련과 민첩한 정신, 머릿속에 기보를 그리는 능력, 그리고 강철 같은 배짱이 필요할 뿐이다!
- 패배는 인간의 영역이며 승리는 신의 경지다. 무승부는 예술이다.
- 속도는 중립적인 의미로 사용되는데 바로 시간이다. 한 번의 행마로 목표를 달성할 수 있는데 두 번 행마하는 선수는 속도를 '상실했다.' 만약 어떤 선수가 상대를 몰아붙여 시간을 잃게 만든다면 그 선수는 '속도를 얻었다.'

- 행마할 수 있는 길은 수백만 가지가 있지만, 우리 관심사는 오늘 보드판에서 보이는 위치다. 내일은 다른 위치가, 모레는 또 다른 위치가, 글피는 또 다른 위치가 눈에 들어온다.
- 체커는 단순한 게임이지만 체커 대국은 복잡하다. 체스는 복잡한 게임이지만 체스 대국은 단순하다.
- 어떤 선수는 게임 규칙을 익히는 데는 문제가 없지만 생각을 해야 하면 곤경에 처한다.
- 명심하라. 기물은 한 번에 딱 한 번만 움직일 수 있다. 하지만 생각은 고쳐 먹을 수 있다. 이 권리를 제대로 이용하지 않는다면 실수하는 것이다.
- 언제나 누가 옳은가에 따라 경기의 승자가 결정되지는 않는다. 결국 누가 살아남았는가에 따라 결정된다.
- 체스에서는 미천한 졸이 왕을 잡을 수도 있고 체커에서는 보잘것없는 말이 강력한 군주를 쓰러뜨릴 수도 있다.
- 한때 무승부 행마로 인식되던 행마가 이제는 패배 행마로 인식되며, 한때 승리 행마로 인식되던 행마가 이제는 무승부 행마로 간주된다. 게임은 항상 유동적이다.
- 시작부터 너무 멀리 내다보려고 하지 말라. 멀리 내다보기가 훨씬 쉬울 때, 즉 대국 막바지 종반전을 위해 아껴두라.
- 패배한 램프 요정 지니를 일단 병에서 꺼내면 혹시 다시 넣는 게 가능할지라도 절대 호락호락하게는 안 된다.
- 누구나 지는 날이 있으면 비기는 날도 있고 이기는 날도 있다. 매일 지는 것도 아니고 매일 비기는 것도 아니며, 마음에 들지 않겠지만 매일 이기는 것도 아니다.
- 대다수 마스터와 전문가는 '비밀 정보망'과 '첩자'를 갖고 있다. 이들은 정보망과 첩자를 통해 최근에 있었던 대국을 추적하며, 앞으로 등장할 여러 바비 피셔 후보들 중 '누가 진짜배기'인지 알아낸다. 만약 진짜 바비 피셔가 복귀하기로 결정한다면 이들이 가장 먼저 알게 된다. … 곧 비밀이 드러나

고 소문이 나겠지만.

- 체커와 체스에는 두 가지 기본 원리가 있는데 대체로 들어맞는다. 1. 중앙에 있는 칸을 소유하거나 통제하면 유리하다. 2. 체스에서 옆으로 가는 행마는 약하다. "가장자리에 기사가 있으면 완패를 의미한다."

- 내 기물을 적 기물 사이에 놓는 '다리' 전략은 종종 승리로 가는 길이 된다. 혹은 패배에서 구해줄지도 모른다. 나는 큰 다리 근처에 살고 있는데 대국할 때도 항상 다리 하나를 놓으려고 노력한다.

- 누구 할 것 없이 마스터 뒤에는 정교한 경기 운영을 할 수 있도록 이끌어준 분석가와 선수 들이 있고, 대국 상대 역할을 했던 코치와 행마법과 기보를 작성하는 기록자도 있다. 혼자 정상에 오르는 선수는 드물다.

- 기물을 맞바꿀 때마다 게임의 성격이 뿌리부터 바뀐다. 따라서 기물 맞바꾸기는 판을 새로 짜는 셈이므로 극히 신중하게 단행해야 한다. 성급하게 결정하지 않도록 조심하라!

- 일수불퇴!

- 기물을 가장 많이 남긴 선수가 이기지만, 가끔 기물을 더 적게 남기고도 승리하는 경우가 있다.

- 판을 유리하게 만드느냐 여부가 문제다. 체스에서는 공격 목적이라면 발빠른 행마가 바람직하다. 그러나 체커에서는 즉효를 보는 빠른 경로는 피하는 게 상책이다.

시합에 임하기 전

흔히들 처음 해야 할 일을 알아야 한다고 말한다. 연구, 예전 고수들에 관한 체계적인 공부, 연습, 근면, 훌륭한 스승의 가르침이 결과를 좌우한다. 단순함, 겸손, 절제, 상상력, 머릿속에 그리며 수읽기, 탐구는 승리의 핵심 구성 요소다. 그리고 고색창연한 명제지만 패배는 승리를 쟁취하기 위한 훌륭한 준비 과정이다. 나는 예전에 스쿼시 시합에서 자주 승리를 맛보았다. 오늘날에는 투기판에서 종종 우위를 점하기도 한다. 게임은 시작하기도 전에 끝난다. 연구 분석을 했기 때문이다.

- 시작은 '설계' 단계다. 대국 자리에 앉기 전에 이미 이 단계가 머릿속에 구상돼 있어야 한다. 특히 시계를 놓고 대국한다면 더더욱 그래야 한다. 포석 단계를 연구했다면 안전망을 치고 대국에 임하는 셈이다.

- 나는 오래된 표준 포석을 '상투 수법'이라고 부른다. 이 포석은 처음 나올 때도 잘 먹혔고 이후 세월이라는 검증을 견디고 살아남았기 때문이다.

- 배우는 사람은 포석에 취약하므로 이 단계에 집중해야 한다. 포석이 견고하면 그 뒤는 저절로 풀린다.

- 패배한다고 해서 모두 대국 중반전이나 종반전에 지는 건 아니다. 많은 선수가 처음 열 번의 행마에서 길을 잃는다.

- 아는 것만 중요한 게 아니다. 무엇을 모르는가도 중요하다. 그리고 모른다는 사실을 알지 못하면 이 역시 중차대한 문제다.

- 기보 작성을 어떻게 시작할까? 기보 작성을 시작할 때 승리, 패배 또는 무승부를 막론하고 내가 한 경기를 모두 기록하면 좋지만, 특히 졌을 때 기보를 남겨야 한다. 마스터의 경기와 내 경기를 비교해 봐서, 내가 이긴 대국에서 활용한 행마법과 비슷한 행마법을 공개된 기보나 해설집에서 찾을 수 없다면 문제를 타개할 예상 밖의 해법을 찾은 셈이다. 그렇다면 나만의 '특별 행마법'에 넣자! 기보를 소중히 하라. 그러면 기보가 나를 돌볼 것이다. 기보를 작성하지 않는다면 잘못이다. 내일이 아니라 오늘부터 당장 나만의 특별한 기보집을 만들어라.

- 많이 대국하고, 많이 괴로워하고, 많이 공부하기. 이것이 배우는 사람에게 필요한 세 기둥이다.

- 만약 마스터와 함께 대국하고 싶다면, 마스터가 했던 대국을 복기하고 장단점을 파악해 두라. 그들이 대국할 때 지켜보고, 그들이 말할 때 듣고, 대국에 임하기 전에 마스터가 쓴 책을 읽어라.

- 과식한 상태에서 대국하지 말라. 배고픈 선수가 훌륭한 선수다.
- 내가 찾은 최고의 수 몇 가지는 특별히 무언가를 찾으려고 하지 않을 때 발견한 수들이다. 그러므로 언제나 정신 차리고 유심히 살펴라. 어떤 금덩어리를 만나게 될지 모른다.
- 훌륭한 코치 한 명이 훈수꾼 100명 노릇을 한다.
- 숨은 장애물을 피하려면 경기 전에 행마를 어떻게 이어갈지 잘 구상해야 한다.
- 윌리 라이언(Willie Ryan)은 젊은 시절 위대한 샘 고노츠키에게 걸핏하면 졌지만, 수없이 당한 패배는 미래의 위대함을 향한 디딤돌에 불과했다.
- 거장들이 패배에서 벗어나거나 가망이 없는 경기에서 이기는 모습을 보면 신통력이라도 있는 인생을 사는 듯하다. 그러나 신통력을 부리는 인생 뒤에는 오랜 세월에 걸친 노력과 공부가 있다.
- 상대만큼 지식이 많지 않아도 상상력은 상대에 뒤지지 않는다. 상상력을 발휘하라!
- 케케묵은 행마도 상대가 본 적이 없다면 완전히 새로운 행마. 내가 이긴 대국을 보면 새로운 행마로 이긴 경우보다 해묵은 행마로 이긴 경우가 더 많다.
- 대국 전에 연구하면 대국 도중 올바른 행마를 찾는 데 도움이 된다.
- 스스로 발견한 좋은 행마법은 외워서 익힌 행마법보다 더 오래 기억된다. 고서를 들여다보라. 내 경우 타이틀이 걸린 대국에서 이기는 데 고서가 도움이 되었다.
- 좋은 행마는 대국자가 행마해 주기를 기다리면서 언제나 거기에 있다. 우리가 해야 할 일은 좋은 행마를 가려내고 정확한 기물에 손을 얹고 정확한 네모 칸으로 옮기는 것이다. 그러나 몇몇 위대한 거장들도 이 '단순한' 작업을 수행하면서 중차대한 실수를 저지른다.
- 어떤 놀이에 투자한다면 정보와 역정보를 모두 조사하라.
- 최고의 대국을 선보일 수만 있다면 챔피언은 기꺼이 일 중독자가 된다. 하

지만 챔피언은 이 일을 즐긴다.

- 게임에 숙달하려고 노력하는 일은 즐겁다. 단, 성공하기를 기대하지 않아야 한다.
- 훌륭한 선수는 무작정 암기하지 않고 사고력을 통해 암기한다. 이렇게 하면 경기가 내 손을 떠나지 않게 된다.
- 오늘 대국을 위해 어제 공부했어야 한다.
- 승리가 필요할 때 미적지근한 태도는 결코 승리를 안겨주지 못한다. 죽기 아니면 까무러치기의 각오로 덤벼야 한다!
- 기물을 옮기기 전에 작업의 90%는 이미 끝난다. 숙제를 한 선수가 이긴다.
- 승리하려면 먼저 판을 깔아야 한다.
- 소화할 수 있는 분량보다 넘치게 기보를 외우려고 하지 말라. 적게 알더라도 알차게 이해하는 편이 낫다.

시합 도중

이기는 게 쉽다면 너도나도 챔피언이 되었으리라. 기술은 간단하다. 그러나 어느 때, 어느 정도 인내하고 신중하게 행마할지, 그리고 어느 때, 어느 정도 홈런 한 방을 노리는 대담함을 발휘할지, 이 점이 영원한 숙제다. 트레이더들은 종종 언제든 빠져나갈 수 있을 정도로 느슨하게 포지션을 취할 때가 있는데 향후에 일어날 사건들 때문에 어쩔 수 없이 청산해야 할 수도 있기 때문이다. 한 번의 행마로 판이 바뀔 수 있다. 어쩌면 악수를 두더라도 아예 두지 않는 것보다는 결국에 더 나을지도 모른다.

시간은 항상 흘러간다. 위즈웰은 시간을 친구로 만들기 위한 다양한 방법을 제시한다. 보드게임 선수들은 팔짱을 끼고 장고에 돌입하곤 하는데 투기거래자도 거래 내용을 적어 브로커에게 보내기 전에 이처럼 심사숙고할 수 있다면 훨씬 행복한 운명을 누리지 않을까. 체스 선수가 대국시계의 초읽기에 쫓기듯 투기 게임 역시 시간에 쫓긴다. 시장은 보통 하루에 여섯 시간 동안 문을 연다. 목표는 망설임과 성급함, 이 진퇴양난 사이에서 진로를 잘 잡고 헤쳐 나가는 것이다. 나는 행마를 서두르되 생각은 신중하게 하라는 위즈웰의 조언이 적절한 경로를 가장 명확히 보여준다고 믿는다. 하지만 조심하라. 가장 안전해 보일 때 가장 엄중한 위험이 기다리고 있다. 선물을 가져오거나 100% 수익을 약속하는 브로커를 조심하라. 위즈웰과 대국하는 동안 위즈웰이 함정에 빠져서 기물을 포기하는 모습을 한 번도 보지 못했다. 위즈웰은 이렇게 말했다. "공짜로 무언가를 얻는다면 패배를 인정할 준비를 하라." 매수자여 조심하라. 경계를 늦추지 말라.

트레이딩에 임할 때는 세부 사항도 꼼꼼하게 점검해야 하므로 사전에 챙겨야 할 게 많다. 그런데 사전 준비만큼 중요한 것이 또 있다. 바로 매매해야 할 때 방아쇠를 당기는 것이다. 그리고 처음에 거래가 삐걱대도 트레이더는 경거망동하지 말고 만약의 사태에 대비해 어떤 조치를 취할지 플랜 B를 마련해야 한다. 거래를 하게 된 여건이 아직 유효하게 존재하는 한, 포지션을 그대로 끌고 나가도 좋다.

- 판단력을 활용하고 주의를 기울이며 인내심을 발휘하라. 그리고 마지막으로 연습하라.
- 우유부단함은 치명적이다. 우유부단이 버릇처럼 될 바에는 차라리 잘못된 결정이라도 내리는 편이 낫다.
- 천천히 움직일수록 빨리 '도착한다.'
- 훌륭한 선수만이 정확히 언제 승리가 무승부로 변하고 언제 무승부가 패배로 변하는지 안다.
- 힘이 능사는 아니다.
- 승패를 가르는 것은 거의 언제나 한 수다.
- 체스와 체커는 세부 사항을 꼼꼼하게 살피는 것이 중요한 게임이다. 이 점

에서 체스와 체커를 능가할 게임은 없다.

- 실패에 대한 두려움이 방해하지 못하도록 하라.

- 어떤 승자도 운에 의존하지 않는다. 기술, 체계적 지식, 공부가 승리로 이끄는 단어들이다.

- 현명한 선수는 불길한 조짐이 조금이라도 내비치기 전에 예사롭지 않은 기운을 감지할 수 있다. 앞을 내다보는 선견지명!

- 마스터와 대국할 때는 눈을 사용하라. 챔피언이 말할 때는 귀를 사용하라. 마지막으로, 고수건 하수건 평범한 상대와 대국할 때는 잡을 기물을 신중하게 선택하라.

- 적절한 시기에 무승부를 제안하지 않았다는 단순한 이유로, 무승부가 될 수도 있었던 수많은 대국에서 승패가 갈린다.

- 적절한 때에 올바른 행마를 하는 것도 대국 기술이지만 진정한 대국 기술은 결정적인 순간에 악수를 삼가는 것이다.

- 나는 '불가능'이라는 단어를 좀체 쓰지 않는다. 오랫동안 이 게임을 하다 보면 보드 위에서는 어떤 일이든 일어날 수 있다는 사실을 깨닫게 된다.

- 실수하는 순간 대국자는 교수형을 내리는 가혹한 판사를 만나게 된다.

- 보드 가장자리에 있는 기물들은 불길한 조짐이다.

- 탁월한 행마만 하는 선수를 상대로 승리하기는 어렵다.

- 포석 단계에서 교활한 상대가 색다른 행마법을 구사하면 조심해야 한다. 조심하지 않으면 생각지도 못한 낯선 위치에 몰려 대국에서 질 수 있다.

- 훌륭한 선수라면 좀처럼 손이 보드 위에서 맴돌지 않는다. 행마를 결정했다면 기물을 꽉 잡고 정확한 칸으로 옮겨라. 손이 보드 위에서 헤맨다는 것은 긴장한 상태에서 다음 수를 결정하지 못했다는 뜻이며 게임에 확신이 없다는 의미다. 상대는 확실한 우위를 점하고 나는 나락을 향해 갈지도 모른다.

- 초반전에 성공하면 중반전에 약해질 수 있고, 마지막 종반전에서 패배할 수 있다.

- 가망이 없어 보여도 포기하지 말라. 대신에 기물 하나를 포기하라. 그러면 비기거나 이길 수도 있다. 기물 하나를 잡히는 대가로 경기를 잡을 기회가 있는데 이런 기회를 놓치면 안 된다.

속임수

규칙을 검토하다 보면 수면 아래에 언제나 속임수가 도사리고 있다. 이 사실을 누가 의심하랴. 훌륭한 선수는 기물을 미끼로 내놓으면서 파 놓은 함정이나 매복 전술, 위장술, 허세 따위에 넘어가지 않는다. 상대가 혹할 만한 행마를 했다고 생각하지만 오히려 내가 상대 진영 한복판에서 끔찍한 함정에 빠지곤 한다. 나는 그럴 때마다 발등을 찍고 싶다. 안타깝게도 속임수는 시대를 초월해 어디에나 존재하며 허술한 구석도 없다. 이 점을 고려하지 않고 모험에 가까운 행마를 감행하지 말라.

매매에서 상대는 이 사람 저 사람이 아니라 전체 시장이다. 시장 환경이 완벽해 보일 때 두 배로 조심하라. 매우 미약해 보였던 행마가 나중에는 아주 강력한 힘을 발휘한다. 진입할 때는 최선이었지만 나중에 청산할 때는 손해를 보기도 한다.

- 상대가 함정 기물이나 속임수 기물을 내놓을 때 거절하는 방법도 기술이다. 이 기술을 갈고닦아라.
- 초반에 기선을 제압하기 위해 기물을 희생시키는 전략으로 이길 수도, 질수도, 비길 수도 있다. 하지만 한 가지는 확실하다. 이 전략은 보통 대국에 짜릿한 맛을 더한다.
- 형세가 아무리 나빠도 절대로 상대에게 진땀 흘리는 모습을 보이지 말라.
- 훌륭한 선수는 누구나 교묘하지만 정당한 전략을, 당장은 크게 유리해 보이지 않지만 야금야금 상대를 궁지에 몰아넣는 행마를 연습한다. 그러지 않으면 결코 경기에서 이길 수 없다.

- 가장 좋은 함정은 상대가 보지 못하는 함정이다.
- 때로는 상대가 있고 싶어 하는 곳에 내가 정확히 상대를 몰아준 꼴이 되는데… 때는 늦으리.
- 기물 하나를 희생할 때는 무승부로 가는 문을 살짝 열어두도록 하라.
- 입맛에 맞는 행마를 하도록 상대가 허락할 때 거미줄에 걸린 파리를 기억하라.
- 판세가 가장 안전해 보일 때가 가장 위험할 때다.
- 가끔 대국이 알아서 술술 풀리는 것 같고 행마 하나하나가 안성맞춤인 듯하다. 눈부신 패배가 기다리고 있다.
- 함정수를 알고 있어도 새로운 행마법을 구사해 함정을 파면 알아채지 못한다. 이를 가면무도회에 의한 패배라고 한다.
- 다른 사람이 판 함정에 빠지는 건 참을 수 있지만, 내 꾀에 내가 넘어가는 건 참을 수 없다.
- 챔피언을 궁지에 몰아넣어 당황하게 만드는 것과 챔피언을 이기는 것은 별개의 문제다. 챔피언은 탈출의 달인이며 패배를 피하는 방법을 숱하게 알고 있다. 그러니 조심하라!
- 상대가 값없이 기물을 제공할 때는 '딱 잘라 거절하는 것'이 상책이다. 대가가 너무 클지도 모르기 때문이다.
- 포커판에서는 허풍이 통할지 몰라도 체커에서는 통하지 않으며, 적어도 고수에게는 통하지 않는다.
- 입으로는 불리하다고 말하지만 실제로는 형세를 탄탄하게 이끌고 가는 선수를 조심하라. 대국할 때는 사람이 아니라 보드판을 상대하라.
- 만약 어떤 행마가 그럴싸해 보이고 무리도 없으며 견실해 보인다면, 묘수일 수도 있고 교묘한 함정에 걸리는 길일 수도 있다. 때로는 훌륭한 선수만이 이 둘을 구별할 수 있다.
- 상대 역시 나만큼 권모술수에 능하고 계략을 꾸미고 있을지도 모른다. 이 점을 늘 명심하는 편이 현명하다.

- 패배의 문제점은 지기 전까지는 이기는 판이나 무승부처럼 보인다는 것이다.
- 영리한 노름꾼은 결코 도박을 하지 않는다. 마스터가 기물 하나를 희생하면 패배를 인정할 준비를 하라.
- 멀리 떨어져 있는 함정을 발견하면 희생자가 아니라 승자가 될 수 있도록 빈틈없이 진행하라.
- '뻔한' 행마가 승리로 가는 정수일지도 모른다. 하지만 무승부나 패배로 가는 수일 수도 있다.
- 상대가 졸이나 기물을 희생하면서 덫을 놓으면 오래된 격언을 기억하라. 물건을 사는 쪽이 조심해야 한다.
- 어떤 행마가 미적 감각에 맞지 않는다고 해서 나쁜 행마는 아니다. 볼품없는 행마가 무승부나 승리로 이끌기도 한다.
- 조심하라. 노골적인 기회는 승리를 가장한 패배일 수도 있다.

시합이 끝난 후

위즈웰은 71세부터 85세까지 인생 황혼기에 냉정한 성찰 끝에 얻은 결실을 기록했고 이 과정에서 인생 대국 역시 막바지를 향해 가고 있었다. 위즈웰은 사색을 통해 수많은 격언을 만들었다. 대국이 끝난 후 선수들이 모여서 복기하는 모습을 처음 보면 흥미진진하다. 복기 시간이 실제 대국 시간보다 열 배 이상 오래 걸리는 경우도 많다. 만약 투기거래자들이 거래하는 데 소비하는 시간의 10분의 1만이라도 지나간 거래를 분석하는 데 쓴다면 손실을 크게 줄일 수 있을 것이다.

- 이유도 모른 채 행마할 수도 있지만, 대국에서 진 후에는 이유가 분명해진다.
- 오늘 대국이 무승부라도 내일은 승리를 기대할 수 있다. 하지만 어제 당한

패배를 잊으면 안 된다.

- 나한테 가장 힘든 상대는 누구일까? 대답은 쉽다. 바로 '시간'이다. 모든 인간은 시간이라는 상대에게 끝내 외통장군을 당하고 마는데, 놀랄 일도 아니다. 하지만 애서 룽 같은 위대한 챔피언은 아흔이 가까운 지금도 여전히 경이로운 전투를 벌이고 있다.

- 내 인생을 살았고 내 일을 했으니 이제 모자를 집어 들고 가련다.

- 체커 책을 쓰느라 종종 혼자가 되지만 결코 외롭지 않다. 어려운 문제를 기록하고 풀려면 고독해야 한다.

- 젊은 시절 어수룩한 애송이였을 때 어떤 노인이 나한테 말했다. "자네는 천재야, 서투른 행마에 비범한 재능이 있구먼." 옳은 소리였지만 나는 얼마 못 가 노인을 무너뜨리고 대국에서 승리했다.

- 패배는 선수들을 배려하지 않는다. 누구나 패배에 취약하다.

- 처참하게 진 후에는 좋은 음악을 들어라.

- "내일 검토하겠다"고 말하는 패자는 좀처럼 실행하지 않는다. 미루지 말라. 그날 검토하면 나중에 또렷이 기억하게 된다.

- 오매불망 원하던 챔피언이 되기에 결코 늦은 시간은 없다. 하지만 며칠이 몇 주가 되고, 몇 주가 몇 달이 되고, 몇 달이 몇 년이 되고, 어느새… 꿈은 바람과 함께 사라진다.

- 언제, 어디서 승리하는 법을 찾을지 모른다. 그러므로 패배를 버리지 말고 재활용해 미래의 적수를 상대로 승리를 거두어라. 경험은 훌륭한 스승이다. 카파블랑카는 1916년부터 1924년까지 8년 동안 단 한 번도 지지 않았고 이 기록에 근접한 사람은 없었다.

- 힘든 경기에서 지면 고통스럽지만 두 판을 먼저 내주더라도 역전하거나 비길 수 있다. 내가 겪어봐서 안다. 배수의 진을 치고 맞서 싸워야 한다.

- 대국 자리에 앉을 때 반드시 이길 필요도 없고 심지어 비길 필요도 없다고 생각하라. 만약 장렬하게, 멋있게 진다면 향후 대국에 긍정적 영향을 미칠 수 있다. 웹스터 사전에 봐도 '패배하다'는 결코 금기시되는 단어도, 수치스

러운 단어도 아니다.

- 드물게 보는 독특한 대국을 펼칠 때가 있다. 이런 대국들을 찾아서 기억 창고에 빠짐없이 차곡차곡 저장하라. 이 기억 덕분에 내일 승리하거나 비길 것이다.

- 만약 훌륭한 대국을 직접 하거나 보고 있는데 멋진 행마가 나오면 즉시 기록해 두라. 기록하지 않으면 어느새 흔적도 없이 사라진다.

- 대국에서 패배한 후 다음 대국, 다음 시합, 다음 토너먼트를 준비하라. 마스터도 누구나 패배한다. 그리고 돌아와서 연전연승하며 대회를 휩쓴다.

- 승리하고 나면 누구나 조금 젊어지고 패하고 나면 조금 늙는다. 비기고 나면 그대로다.

- 패배가 손해가 아닐 때는 언제일까? 새로운 것, 중요한 것을 배웠을 때다.

- 고된 대국에서 진 후에 할 일은 단 하나다. 추스른 다음 처음부터 다시 시작하는 것이다.

- 연승 후에는 십중팔구 연패한다. 오르막이 있으면 필히 내리막이 있다.

- 적당한 두려움은 좋은 성적을 거두는 데 도움이 되기도 한다.

- 심사숙고하느라 골머리를 앓느니 차라리 지는 편이 낫다는 선수들이 있다. 많은 사람이 이따금 고심하는 대신 차라리 지고 만다.

- 언제나 내 마음대로 판세를 좌우할 수는 없다. 몇몇 선수는 지고 나면 겉으로는 웃지만 속으로는 울고 있다. 조만간 우리 모두에게 닥칠 일이다.

- 멋지게 이긴 경기를 오랫동안 연구하라. 그런 다음 장렬하게 패배한 대국을 두 배 더 오래 연구하라. 패배한 대국을 통해 훨씬 많은 것을 배울 수 있다.

- 대국에서 이기거나 비기면 공부할 필요가 없다고 생각한다. 그리고 대국에서 지고 나면 이미 늦었다고 생각한다. 맞는 말이다.

- 과거 마스터가 둔 대국을 연구하면 앞으로 마스터와 대국할 때 필요한 열쇠를 얻을 수 있다. 옛날 사부들이 이렇게 했다.

- 시간이 촉박한데 깜박할 수도 있다. 시계를 주시하라.

- 어떤 대국이 기가 막히게 멋진 대국인지 여부는 보는 사람의 눈에 달렸다.

보통 승자는 멋진 대국으로 기억한다. 그러나 정말 찬란한 대국이라면 승자는 물론 패자도 탄복하게 된다.

- 대국을 분석하다 보면, 움직일 수 없으며 논쟁의 여지가 없는 사실은 많지 않다. 대신 판단과 의견이 있을 뿐이다. 그리고 판단이나 의견은 언제든 바뀔 수 있다. 곳곳에서 의심 많은 도마(예수의 열두 제자 중 예수의 부활을 의심한 사람 - 옮긴이)들은 언제나 돈키호테처럼 가상의 적과 싸우면서 여기저기서 승리를 거둔다.

- 무승부를 이끌어내기 위해 행마한 직후 갑자기 깨달음이 뇌리를 스친다! 실은 상대가 꼼짝 못 하게 멋진 승리를 이끌어내는 묘수였다! 나만 빼고 대국장에 있던 사람 모두 그 사실을 알고 있었다.

- 이따금 멋진 대국에서 이기면 내가 천재이거나 운이 좋다고 생각한다. 그리고 내가 천재가 아니라는 사실을 깨닫는다.

- 명심하라. 패배한 뒤 아무리 비참하더라도 새로운 대국을 시작할 수 있다. 밤이 지나면 '새로운 시작'이 기다리고 있다.

- 낙관론자는 다음 대국은 이기겠거니 기대하기 때문에 지더라도 마음이 편안하다. 비관론자는 다음 대국은 진다고 믿기 때문에 이기더라도 슬퍼하며 근심한다.

승자의 성품

간결하고 뜻깊은 위즈웰의 이 격언들을 읽고 나면 종종 베토벤, 셰익스피어, 제퍼슨(Thomas Jefferson)이 떠오른다.

- 열정을 가진 사람만이 마스터가 될 수 있다.
- 가장 강한 선수만이 상어가 들끓는 마스터들의 바다에서 헤엄칠 수 있다.
- 성공은 별안간 닥치지 않는다. 마스터에게도 성공은 몇 년마다 단계를 거쳐 찾아온다.

- 승리를 설계하는 사람도, 패배를 설계하는 사람도 나 자신이다.
- 어떤 선수는 패배를 향해 내려가는 것도 모자라 뛰어서 중간까지 마중 나간다.
- 선수라면 누구나 자신감이 필요하다. 거기에 곁들이로 자신에 대한 비판과 의심이 조금은 있어야 한다.
- 훌륭한 선수는 자신은 언제나 배울 것이 많다는 것을 아는 사람이다.
- 경험에서 배우지 못하는 선수는 어떤 학교에서도 배우지 못한다.
- 승리하려면 대국을 분석해야 하고 선수를 분석해야 하며 무엇보다 자신을 분석해야 한다.
- 마스터는 전쟁터 장군처럼 위급한 상황이 닥칠 때 천재성이 드러난다.
- 챔피언은 최상의 순서로 최고의 행마를 취해 상대를 혼란에 빠뜨린다.
- 대국에서 성공을 거두었다고 해도 공로를 내가 몽땅 차지할 수는 없다. 오랜 세월 나와 대국한 수많은 상대에게 여러 가지로 신세를 많이 졌다. 그들이 이기는 법과 지는 법, 그리고 비기는 법을 알려주었다.
- 단시간에 고수가 되기를 바랄 수는 없다. 대국을 치러야 하고 배우면서 전진해야 한다.
- 훈수꾼은 자신 외에는 누구도 이길 수 없는 선수다. 우리 모두 훈수꾼부터 시작한다.
- 많은 경우 상대보다 2분 먼저 묘수를 찾는 선수가 행운의 승자가 된다. 보드판을 읽는 반사신경이 빨라야 한다.
- 가끔 참을성 있는 선수가 이기기도 하는데, 참을성이라는 미덕 하나만 가지고 이기기도 한다. 인내심을 과소평가하지 말라.
- 행운과 우연은 보드판에 설 자리가 없다. 변덕이 보드판에 터를 잡기도 하지만 보드판을 다스리는 건 지식과 기량이다.
- 지나친 자만은 교만의 징후이자 무지의 상징이다.
- 대체로 방법을 아는 선수는 비기고 이유를 아는 선수는 승리한다.
- 가끔은 직관이 올바른 행마로 이끌 수도 있지만, 그 행마가 통한 이유를 알

아야 비로소 도움이 된다.

- 훌륭한 선수는 모든 대국, 모든 경기, 모든 행마에 최선을 다한다.

- 기억력이 탁월하지 않으면 강자로 성장하지 못한다.

- 체스 스타일은 공격형과 위치형, 크게 두 가지 범주로 분류된다. 공격형 선수는 낭만주의자로, 대국 중반전에서 상대 킹의 방어막을 벗기기 위해 전력투구한다. 기물과 졸은 아무 의미도 없다. 기물을 소중히 하면서 조금씩 유리한 위치를 선점하는 위치형 선수는 체스판의 기계적 유물론자라고 할 수 있다.

- 머리와 눈을 쓰고 상상력을 발휘하라. 그러면 두뇌와 눈, 상상력이 미치는 데까지 갈 수 있다.

- 재능은 넘치지만 게으른 선수는 잠재력을 최대한 발휘하지 못하는 반면, 재능이 부족하지만 거북이처럼 힘들여서 꾸준히 걷는 선수는 성공의 사다리를 천천히 올라간다.

- 강한 선수가 되는 것도 좋지만 정정당당한 선수가 되는 것도 중요하다.

- 똑똑한 선수들이 많은 대국에서 승리한다. 지나치게 똑똑한 선수들이 많은 대국에서 패배한다.

- 뭐니 뭐니 해도 뛰어난 지식은 마스터의 가장 강력한 무기다. 인간은 이따금 큰 실수를 저지르며 어쩔 수 없이 실수하기 마련이다. 하지만 세계 타이틀을 다투는 큰 판에서 싸울 때는 전통적인 분석 기법을 활용하건 최신 분석 기법을 활용하건 대국에 앞서 분석을 통해 수확한 결실이 중요한 자산이 된다.

- 순전히 운이 좋아서 얻어 걸리는 '횡재'가 있는가 하면 열심히 연구해서 얻는 행운이 있는데 나는 후자를 '영리함이 낳은 행운'이라고 부른다. 횡재한 선수는 부럽지 않다. 나라면 '영리함이 낳은 행운'에 의지하겠다.

- 두드러진 진보는 보통 홀로 발견하며, 두세 명이 돌아가면서 하는 대국이나 토너먼트, 다수가 팀을 꾸리는 대국에서는 좀체 이루어지지 않는다.

- 마스터는 아무것도 하지 말아야 할 때를 정확히 알고 있다.

- 승리를 향한 긴 여정에서 남보다 몇 걸음 더 갈 수 있는 선수는 십중팔구 대국을 이기는 데 필요한 특별한 수를 생각해 낼 것이다.

- 선견지명이 있으면 이기고, 통찰력이 있으면 비기며, 후견지명이 있으면 진다. 그리고 우리 모두는 이기기도 하고 비기기도 하며 지기도 한다.

- 평판이 좋은 선수는 져도 변명하지 않고 이겨도 기품을 지키며 비겨도 웃는다.

- 어떤 선수는 '열린 마음'을 유지하고 승리하거나 비기기 위해 필요하다면 언제든 진로를 변경하고 즉흥적으로 대처한다. 반면 경직된 사고방식으로 결과에 상관없이 무작정 헤집고 나가는 선수도 있다. 이런 사람의 철학, 아니 철학의 부재는 종종 패배로 이어진다.

8장
노름판에서 떼이는 돈

Victor Niederhoffer

The Education of A

SPECULATOR

젊은 시절 사람들은 나를 노름꾼이라고 불렀다. 규모가 커지자 호칭은 투기꾼으로 바뀌었다. 이제 사람들은 나를 은행가라고 부른다. 하는 일은 똑같은데 말이다.

— 어니스트 카셀(Ernest Cassel),
《Banker to Kings(왕들의 은행가)》

주식 투자자라는 운명은 피하는 게 최선이며 피할 길은 얼마든지 있다.

— 윌리엄 워딩턴 파울러(William Worthington Fowler),
《Ten Years on Wall Street(월가에서 보낸 10년)》

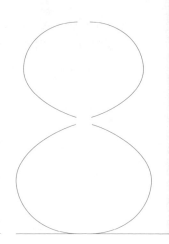

내가 하면 투자, 남이 하면 투기

부모라면 응당 그렇겠지만 아버지도 아들이 투기꾼보다는 교수가 되었으면 했다. 그런데 나이 들었어도 아직 정정한 영감들이 모이면 자식 자랑이 시작되는데 아버지 역시 자식들이 대견하다며 싱글벙글했다. 은퇴한 경찰 모임에서 한 사람이 딸이 의사라며 자랑하자 다른 사람이 자기 딸은 연주회를 여는 피아니스트라고 자랑했다. 또 한 사람은 아들이 천체물리학 교수라고 말했다. 아버지가 끼어들어 아들 둘이 투기거래를 한다고 자랑했다. "아, 도박꾼이겠지." 일제히 큰 소리로 외쳤다. 남을 배려하는 인품은 없었지만 맞는 말이었다. 도박꾼과 투기거래자의 차이를 물으면 나는 이렇게 대답한다. "내가 하면 투자, 남이 하면 투기, 세상 사람들이 하면 도박이죠."

감정, 동기, 경제학, 사회학 등등이 이 바닥에서 의사결정을 지배한다. 식료품처럼 금방 써버릴 대상이 아니라 주식이나 채권, 부동산 따위를 매수할 때는 불확실성과 위험을 감수하고 수익을 거두리라는 희망을 가지고 매수한다. 그렇다면 도박, 투자, 투기를 구별하는 선을 어디에 그을 수 있을까? 시장에는 새로 뜨는 신주와 채권을 산 뒤 금방 팔아서 한탕 하려고 하는 사람이 수백만 명이다. 그런데 카지노에서 전문 카드카운터(card counter, 지금까지 나온 카드를 모두 세서 어떤 카드가 몇 장 남았는지 기억해 유리할 때 베팅하는 사람 - 옮긴이)가 하는 베팅은 이처럼 시장에서 한탕 노리는 행위에 비해 훨씬 투자에 가깝다.

어떤 종목 선정 전문가는 주가가 하락할 때 투기로 주식을 산 뒤 투자로 보유한다고 말했다. 이 이야기는 실제로 투기와 투자는 종이 한 장 차이라는 사실을 잘 보여준다. 두말하면 잔소리다. 지금까지 나온 전문서적과 논문 들은 골치 아프게 투기와 투자, 도박을 구별하고 있지만 이 세 가지는 밀접한 관계로 사촌뻘이라고 할 수 있다.

도박과 투기의 가장 큰 차이점은 위험의 기원이다. 도박의 위험은 유흥을 제공하는 '카지노'가 만들지만, 투기의 위험은 투기 목적이 자본 조달이든 상품 가공이든 토지 매입이든 자체에 내재해 있다. 투기거래자의 활동을 통해 수량, 품질, 시기 측면에서 시장에서 공급과 수요의 균형을 잡아주는 방향으로 가격이 형성되며 위험을 전가하는 효과도 발생한다. 도박꾼은 힘들게 번 돈을 내놓는 대가로 여흥과, 행여나 딸지도 모른다는 희박한 가능성을 얻는다.

투기와 도박이 기능이나 동기에서 어떤 차이가 있든 한 가지는 확실하다. 나한테는 도박이 투기거래에 도움이 되었다.

첫 도박의 교훈

도박을 통해 처음 교훈을 얻은 건 열한 살 때였다. 브라이튼 어딜 가나 도박판이 벌어졌다. 이곳 주민들에게 시원한 바람에 이끌리는 뜨내기 근성이 있는지, 인근에 있는 코니아일랜드 유원지 때문에 마음이 붕 떠서 그런지, 아니면 손으로 하는 종목에서 뛰는 선수들은 자멸하는 성향이 있는지, 이유는 모르겠다. 분명한 게 있다면 어지간한 월볼 선수는 돈이 걸려 있지 않으면 뛰려고 하지 않았다는 사실이다.

브라이튼 비치에서는 판돈이 크게 걸린 진러미(gin rummy) 카드 게임으로 하루가 시작되었다. 판이 벌어지면 50명이 우르르 몰려 도박꾼들 뒤에 선다. 카드 게임이 끝나면 구경꾼들은 거액이 걸린 월볼 코트로 모여들었다. 월볼 시합에서 최고 강자는 모이 오렌스타인이었다. 모이는 원래 오른손잡이였지만 실력이 워낙 월등해서 내기 시합이 벌어지면 승산을 비슷하게 만들기 위해 왼손 백핸드로 경기해야 했다. 승률에 따라 의자를 허리에 졸라매거나 양다리를 묶은 채 경기하기도 하고 축구처럼 발로만 공을 차기도 했다. 또는 상대에게 인접한 코트 세 개를 쓰게 하기도 하고 21점을 내면 이기는 시합에서 상대에게 15~20점을 먼저 주기도 했다. 판돈은 시합마다 달랐는데 1인당 1달러씩 걸기도 하고 가끔 앙숙 사이에 복수혈전이 벌어지면 내깃돈이 수백 달러로 오르기도 했다.

무료하게 지내던 어느 날, 큰돈이 걸린 패들테니스 시합에 나가게 되었다. 상대는 당시 월볼 챔피언인 조지 배스킨(George Baskin)이었다. 큰돈이 걸렸는데 내가 21 대 14로 이겼다. 나한테 돈을 건 사람들이 보상으로 운동화 한 켤레를 주었다. 아버지는 그날 오전 8시부터 오후 4시까지 근무였는데 나는 아버지가 퇴근하자 달려가서 얘기했다. "아버지, 방금 조지 배스킨한테 판돈이 크게 걸린 시합에서 이겼어요. 제가 받은 것 좀 보세요. 케즈 신발이에요."

"내가 안 가서 다행이구나." 아버지가 대답했다.

"무슨 말씀이세요? 재밌게 보셨을 텐데요?"

"아니. 아수라장이 됐겠지. 시합을 멈추고 묵사발이 되도록 널 팼을 거다. 도박하는 꼴만은 절대 보고 싶지 않다. 나한테 세상에서 일어날 수 있는 최악의 상황이 있다면 네가 커서 노름꾼이 되는 거야. 친한 친구가 있었어. 아주 똑똑하고 직장도 괜찮았지. 그런데 점심시간에 카드 게임을 하다가 해고당했어. 상사가 해고라고 말하니까 이 친구, 그날 게임이 끝날 때까지만 사무실에 붙어 있게 해달라고 빌더군.

그림 8-1. 도박이라는 아찔한 유혹

"네가 노름꾼 되는 꼴은 절대 못 봐. 노름꾼은 죄다 빈털터리 신세로 죽어."

그림: 해리 핀커스(Harry Pincus)

한번은 포커 두 판을 동시에 했어. 심지어 결혼식장에 가는 기차 안에서도 카드 게임을 했어. 카드 게임에 몰두한 나머지 결혼식에 늦었고 약혼녀는 결혼식을 취소했지. 물론 지금은 부랑자 신세야. 도박에 중독된 사람이라면 피할 수 없는 운명이지. 노름꾼은 죄다 빈털터리 신세로 죽고, 대다수는 실성해서 맛이 가. 네가 그런 꼴은 안 됐으면 좋겠구나."

아버지가 한 이 말을 가족 중에 노름꾼이 있는 친구 여러 명에게 들려주었다. 반응은 한결같았다. 친구들은 잠시 말이 없다가 이렇게 대꾸했다. "맞아, 우리 아버지도 노름꾼이었는데 돌아가실 때 무일푼이었어. 운도 없지." 분위기를 밝게 하려고 내가 이렇게 덧붙였다. "음, 적어도 실성하지는 않으셨네." 잠시 후에 친구는 수심에 잠겨 이렇게 중얼거렸다. "돌아가실 때 정신이 온전하진 않으셨어."

다음으로 내가 받은 수업은 대단하진 않지만 뇌리에서 떠나지 않는

빅터 니더호퍼의 투기 교실

다. 대학에 가기 전까지 외할아버지 집은 우리 집에서 가까웠다. 도박꾼 호위 삼촌도 외할아버지 집에 머물고 있었다. 외할아버지는 생계가 막막해 단기로 머물 곳이 필요한 사람들에게 반지하를 세주었다. 나는 세입자 한 명에게 카드 다섯 장으로 하는 스터드포커를 하자고 졸랐다. 내가 돈을 다 땄다. 이튿날 저녁 세입자 아내가 집에 돌아와 남편을 창문 밖으로 밀어내면서 줄곧 바가지를 긁었다. 그 소리를 듣고 있자니 끔찍했다. "노름으로 집세를 날렸잖아." 손실이 크게 나는 포지션을 보유하고 있으면 나 역시 똑같은 소리를 듣는다. 아내는 아직 청산하지 않았느냐고 묻는다. "절반이라도 팔지그래?" 아내는 항상 이렇게 묻는다. 부끄럽지만 나는 절대 팔지 않는다. 팔고 나면 바로 대폭 상승할까 두렵기 때문이다.

몰락한 노름꾼

젊은 시절 마지막으로 도박에서 교훈을 얻은 사건은 테니스 강사 짐 노릴리(Jim Noriley)의 몰락이었다. 노릴리는 내가 우러러보던 선수였다. 내가 보기에 노릴리는 그라운드 스트로크 1인자였다. 레슨을 받으러 가는 날이면 아버지는 편도 두 시간 걸리는 거리를 운전해서 데려다주었다. 노릴리는 알리스테어 쿡(Alistair Cooke)이 소유한 드넓은 사유지에 살면서 아이들을 가르쳤다. 노블레스 오블리주를 실천하는 의미에서 쿡은 리놀륨이 깔린 멋진 테니스 코트를 마음껏 쓸 수 있게 해주었다. 돈 버지(Don Budge, 미국 테니스 선수. 최초로 한 해 동안 그랜드슬램을 달성했다. - 옮긴이)는 어깨 뒤에서 백스윙을 크게 하는 정통파 백핸드 스트로크를 구사했는데 노릴리는 이 전통에 따라 백핸드를 칠 때 백스윙을 크게 했다. 동부에서 손꼽히는 주니어 선수인 허브 피츠기본(Herb Fitzgibbon)과 배리 네그리(Barry Negri)도 노릴리에게 백핸드를 배웠다. 이제 내 차례였다.

아버지는 제시간에 도착하려고 급하게 차를 몰아 벨트 파크웨이를 달렸다. 쿡 저택에 도착하니 노릴리가 안절부절못하며 우리를 맞았다. 돈 버지, 잭 크레이머와 함께 시범경기를 마친 뒤라 몹시 지쳤다고 했다. 그러고는 천창 채광창으로 보이는 새들을 가리켰다. 새들이 짹짹거리고 있었다. "들려요? 비가 억수같이 퍼부을 것 같네요. 벨몬트 경마장에 괜찮은 말이 출전해서 수업을 취소해야 할 것 같아요."

아버지도 나도 진흙 속에서 경주마들의 경기력이 어떤지 잘 알고 있었다. 노름에 인이 박인 사람들, 경마장에서 마지막으로 늘 고르던 말에 3착으로 베팅했다가 가족도 직장도 잃고 유령처럼 떠도는 노름꾼들은 더더욱 잘 알고 있었다. 수업은 취소되었고 나는 아버지와 함께 브루클린으로 돌아갔다. 결국 노릴리는 경마 도박과 여러 가지 나쁜 버릇으로 가진 돈을 다 날리고 전에 가르쳤던 제자들이 운영하는 테니스 캠프에서 자문 역할을 하며 하루하루 근근이 연명했다.

〈내셔널 인콰이어러〉에는 유명인사가 라스베이거스에서 판판이 돈을 날리자 아내가 도박판에서 끌어내다가 서로 드잡이했다는 기사가 종종 실린다. 이런 기사를 읽을 때면 몰락한 노릴리가 떠오른다. 역사를 되짚어 보면 주사위를 던져 재산을 잃은 왕자들이 비일비재하다. 물론 사실로 입증된 이야기다. 내가 가장 좋아하는 노름꾼 이야기는 마자린 백작(Count Mazarin)이다. 백작은 죽기 직전 침대에 누워 누가 장례 비용을 댈지를 놓고 동전 던지기 내기를 했는데 졌다고 한다.

하버드 동창인 앤드루 베이어(Andrew Beyer)는 4학년 기말고사를 앞두고 있었는데 마침 그때 벨몬트 경마장에서 우승이 확실한 말이 출전할 예정이었다. 시험에 통과하는 것보다 벨몬트에서 우승마를 맞힐 확률이 훨씬 더 높다는 생각에 베이어는 벨몬트로 갔다. 베이어는 결코 자신의 결정을 후회하지 않았는데 지금은 전 세계에서 손꼽힐 정도로 명망이 높은 경마 예측 전문가가 되었다. 〈워싱턴포스트(Washington Post)〉에 실리는 정기 칼럼에서 베이어의 지혜를 엿볼 수 있다.

재주는 곰이 부리고

그로부터 40년쯤 지난 1994년 7월 2일 경사가 있었다. 다름 아니라 전 세계 챔피언 마티 라이즈먼과 탁구를 치게 되었는데, 키더피보디 (1865년 설립된 미국 증권사 - 옮긴이)사의 케빈 브란트(Kevin Brandt)가 주선해서 마련된 자리였다. 장소는 11번가 웨스트 50번길에 있는 허름한 뉴욕탁구클럽. 클럽 밖에는 매춘부, 마약상, 그 밖의 가지각색 밑바닥 인생들이 벽에 덕지덕지 붙은 파리처럼 득실거렸다. 마티는 오로지 자신에게 돈을 건다는 철칙을 지키는, 라켓 스포츠에서 둘째가라면 서러운 승부사였다. 나는 가끔 취미 삼아 탁구를 쳤기 때문에 싸울 준비가 돼 있었다.

마티가 몸을 풀었다. 테이블 맨 끝에 담배를 세워놓고 산산조각 내더니(시속 180킬로미터짜리 포핸드 드라이브였다) 라켓 면 대신 모서리를 사용해 득점하는 방법을 몇 가지 연습하고 라켓 대신 안경을 사용하는 등 평소 하는 묘기샷을 날렸다. 내가 최선을 다해 샷을 날리면 마티는 가소롭다는 듯 몸을 돌려 걷다가 오른발 뒤꿈치를 든 다음 테이블 모서리에 공을 맞혔다. 나는 본래 내 실력보다 더 형편없어 보이려고 왼손잡이 행세를 했다. 마티가 15점을 접어주고 경기가 시작되었다. 경기가 시작되자 재빨리 오른손으로 바꿔서 몇 달러 뜯어낼 수 있었다.

다음 판에 마티는 10점을 접어주었는데 이번에도 내가 이겼다. 이기기는 이겼는데 마티는 등받이가 곧은 의자에 앉아서 쳐야 했다. 다음 판이 되자 나는 그때까지 딴 돈을 몽땅 걸었다. 이길 게 확실했기 때문이다. 진짜 니더호퍼식 내기였다. 마티는 5점을 접어주었지만 이번에는 테이블 끝에 놓인 책을 맞혀야만 득점할 수 있었다. 마티가 서브를 넣으면서 처음에 열 번이나 계속 책을 맞혔다. 꼼짝없이 졌구나 싶었다. 내기에 건 돈 99%를 날리는 바람에 하루 동안 달랑 1달러를 딴 셈이 되었다.

그날 저녁 마티는 슬픈 사연을 들려주었다. 열세 살 때부터 내기 탁구를 치면서 땀 흘려 돈을 벌었는데 전국선수권대회에서 열일곱 차례 우승했고 일본에서 열린 세계선수권대회 시범경기에서 한 차례 우승했으며, 3년 동안 할렘 글로브트로터스와 함께 순회공연도 다녔다고 했다. 마티는 자신이 운영하는 웨스트 96번길 탁구클럽에서 엎어지면 코 닿을 곳에 있는 중국음식점과 손잡고 돈도 꽤 벌었다. 그러다가 주식 투자자를 유치하는 프로모터로 일했고 투자에도 손을 댔다. 성황이었던 밴쿠버와 덴버 증권거래소에서 투기성 저가주를 찾아서 친구들이 매입할 수 있도록 알선했다. 4,000달러를 밑천으로 수익을 150만 달러나 챙겼다. 많이 번 날은 하루에 50만 달러를 벌었는데, 주당 10센트도 안 주고 산 주식에서 수익이 났다. 마티는 생각했다. '그동안 어디 있다가 이제 나타난 거야?'

마티는 꾼이었다. 곧 중국과 큰 건이 성사된다, 모간 측에서 뒤를 봐주고 있다, 마이클 스타인하트(Michael Steinhardt)와 소로스가 펀드를 매입한다, 미국 증권거래소에 상장될 수도 있다, 곧 특허 출원을 한다, 이런 장밋빛 전망으로 자금을 모으고 주머니를 불렸다. 어디서 많이 본 수법이었다. 조지 랜돌프 체스터(George Randolph Chester)의 《Get Rich Quick Wallingford(일확천금 월링퍼드)》 같은 20세기 고전에서 한 번쯤 봤을 법한 그런 수작이었다.

"그런데 주식 수수료는요?" 내가 물었다.

"주당 2, 3센트 수수료를 전액 지불했고 2센트, 3센트에 가격이 형성된 주식을 살 때는 매도호가보다 더 지불한 적은 없어. 털고 나올 때는 시장가에 팔았지." 하우스 몫이라는 철칙에 비추어 계산해 보니 딜러에게 지불해야 하는 수수료가 100%였다. 역사상 최고수 승부사가 빈틈없이 종목을 고른다고 해도 결국에는 돈이 브로커와 딜러 호주머니로 다 빨려 들어간다.

"그래서 결국엔 어떻게 됐죠?" 내가 물었다.

"글쎄, 너무 오래 끌었지. 주가가 폭락하는 바람에 혼쭐났어. 처음에는 내가 고른 종목이 죄다 50%나 올랐는데. 지금이야 소액이나 굴리는 개미가 됐지. 그래도 친구들은 돈을 벌었어. 먼저 손을 털고 나왔거든. 대견하지 뭔가."

"브로커는 어떻게 됐나요?"

"글쎄, 잘 벌었지. 내 밑천이 4,000달러였는데 브로커한테 준 돈이 100만 달러가 넘을 거야." 마티의 심신 안정을 위해 매수매도 스프레드 (bid/asked spread, 매수매도 호가 차이 - 옮긴이) 얘기는 굳이 꺼내지도 않았다. 내 계산으로는 스프레드가 수수료의 두 배에 달했다.

하우스가 떼는 몫은 중력처럼 어디에나 골고루 침투해 영향을 미친다. N.M. 무어 주니어(N.M. Moore Jr.)는 전문 도박사에 대한 자전적 회고록에서 이 사실을 생생하게 묘사하고 있다. 이야기는 단짝 친구인 보 (Bo)가 둘이 짜고 '친구' 클레오(Cleo)를 속이자고 꼬드기면서 시작된다. 학교 문턱을 밟아본 적이 없는 보는 이런 좌우명을 가지고 있었다.

"정직하게 벌어라. 그럴 수 없다면 그냥 벌어라."

클레오를 별로 좋아하지 않았던 주니어는 보와 손잡는다. 둘은 주니어의 집에 몰래 훔쳐보는 '구멍'을 만든 다음 보가 주니어에게 클레오가 쥔 패를 알려주었다. 주니어가 이겼고, 보가 수수료로 10%를 가져간다. 그런데 얼마 못 가 클레오는 주니어에게 앙갚음하고 싶었다. 이번에는 보가 주니어 몰래 클레오를 돕는다. 이런 일이 대여섯 번 계속되던 차에 클레오와 주니어는 상대를 이길 때마다 받는 돈이 점점 적어지는데, 보는 계속 돈을 번다는 사실을 알게 된다. 보는 둘 사이에 싸움을 붙이면서 농락하고 있었고 두 사람은 말 그대로 눈 뜨고 코 베인 꼴이었다. 보는 매번 10%를 가져갔기 때문에 클레오나 주니어가 상대를 속이도록 도왔다. 대여섯 번 판이 벌어진 뒤에 클레오와 주니어 손에는 밑천이 절반만 남았고, 보는 두 사람의 밑천을 고스란히 챙겨 갔다.

나는 마티에게 《Crossroader(도박장을 전전하는 타짜)》라는 책을 한 권

보냈다. 이튿날 마티는 거래 내역이 담긴 서류철을 전부 들고 오더니 웃으면서 말했다. "사설 베팅업자였던 아버지가 가르쳐준 교훈 한 가지를 잊었어. 하우스는 악착같이 황금 자루를 비벼서 부스러기를 챙긴다는 거."

희한하게도 도박판에는 돈을 땄다는 사람이 없다. 카지노에서 놀다가 돈을 날린 사람들은 이 기이한 현상을 이해하고 있다. 판돈 전액에서 2%에서 5%를 하우스가 먹는데, 한 시간에 40판을 하면 액수는 정신없이 불어난다. 하우스가 소액을 떼는 데다 상자에 칩을 넣는 딜러들 손재간이 여간 재빠른 게 아니어서 노름꾼 대다수는 하우스 몫으로 착착 칩이 쌓인다는 사실을 알아채지도 못한다.

저가주와 선물을 중개하는 브로커들 역시 도박판 딜러만큼 능수능란한 솜씨로 쓸데없는 관심을 끌지 않고 판돈에서 다섯 배나 많은 금액을 가져간다. 특히 5%에서 10%에 이르는 선물 증거금을 다룰 때는 어찌나 화려한 기술을 구사하는지, 보고 있자면 오락거리로 충분할 정도다. 점심도 자주 사고, 관능미가 흐르는 브로커들이 툭하면 전화해서 숨소리 섞인 간드러진 목소리도 들려주고, 공들여 만든 연구 보고서도 권하고, 참석자에게 온갖 물품을 잔뜩 제공하는 전문 세미나나 순회 홍보 행사에 오라고 끊임없이 초대 공세도 퍼붓는다.

노름꾼의 파산 – 떼이는 돈

파생상품시장에서 시장 조성자들은 죄책감도 거리낌도 없이 호가 스프레드를 통해 거래액의 25%를 갈취한다. 잔존기간 3일인 등가격 스트래들의 경우 0.3%에서 0.4%가 스프레드 표준이다. 이 바닥에서 큰손인 시장 조성자 한 명은 파생상품시장에서 걸핏하면 매수 가격에서 100%를 얹어 매도 가격으로 고객에게 판다. 나는 딜러들에게 불만 섞인 말투로 누누이 가르친다. "제발 그런 건 좀 적어두지 마. 그따위로

빅터 니더호퍼의 투기 교실

넓은 스프레드를 고려했다는 걸 고객이 알잖아? 자네와 날 감방에 처넣을 걸세." 만약 딜러들이 태도를 고치지 않으면, 나는 계좌를 폐쇄하고 N.M. 무어 주니어가 쓴 책에서 일부 페이지를 복사해 보낸다.

주식시장 시가를 제외하면 어떤 시장도 단일 가격에 거래되는 경우는 없다. 매수호가와 매도호가가 있다. 나스닥에서 10달러 주식의 매수매도 스프레드가 4분의 1이면 해당 주식가치의 2.5%에 해당한다. 나쁘지 않다. 하지만 1년에 네 번 거래한다면 1년 스프레드는 10%가 된다. 세상 사람들은 주식 투자를 선호하는데 만약 1년 스프레드가 10%라는 사실을 알면 주식시장 선호도는 싹 사라질 것이다. 은이나 콩 같은 선물시장에서 일반적인 매수매도 스프레드는 5달러당 0.5센트로 0.1%에 해당한다. 세계에서 가장 유동성이 높은 시장인 채권의 경우, 100달러당 스프레드는 32분의 1, 즉 0.03%다. 이처럼 작은 스프레드와 그에 상응하는 수수료 액수는 따로 떼서 보면 그다지 대단한 걸림돌로 보이지 않는다. 주식에 비하면 10분의 1 수준에도 미치지 못하기 때문이다. 그러나 착각이다. 매수매도 스프레드에 수수료, 마음에 들지 않는 체결 가격까지 겹치면 휘청거릴 정도로 부담이 된다.

투기거래에서 빈번하게 돈을 떼이면 망하기 십상이다. 이유가 궁금하다면 증권회사에서 이런 게임을 한다고 생각해 보자. 매일 동전을 던지는데, 앞면이 나오면 1달러 따고 뒷면이 나오면 1달러 잃는다. 하지만 브로커는 던질 때마다 20센트를 받는다. 200번 던지면 내가 돈을 딸 확률은 얼마나 될까? 약 10만 분의 1이다. 그리고 1회 수수료 20센트는 최근 몇 년 동안 중개업체 수수료에 비하면 적게 잡은 금액이다.

그리 멀지 않은 과거만 해도 거래비용이 50달러에서 100달러에 이르렀다. 금, 곡물, 주식시장 선물 등 활발하게 거래되는 상품 대다수는 매수매도 스프레드가 계약당 50달러에 이르고 가장 널리 거래되는 채권은 계약당 32달러까지 내려간다. 따라서 1970년대와 1980년대에 시장에 진입하고 청산까지 완료하려면 떼이는 돈이 82달러에서 100달러

표 8-1. 일일 평균 변동 폭(전일 종가 대비 오늘 종가), 1994~1996

	달러	변동률(절댓값 평균*)
채권	500	0.47
S&P	1,250	0.36
독일 마르크	400	0.21
스위스 프랑	550	0.36
엔	675	0.49
파운드	350	0.36
금	140	0.35
은	300	1.20
구리	310	1.42
원유	220	0.96
난방유	269	0.97
무연 가솔린	290	1.12
콩	250	0.60
옥수수	125	0.80
설탕	157	1.24

* 상승과 하락에 상관없이 절댓값만 취해 계산한 평균을 백분율로 나타냈다.

사이가 되는데 최근 할인 수수료를 감안해도 80달러라고 봐도 무방하다.

최근 들어 선물회사들이 하루 5~10건의 계약을 거래하는 회원에게 진입에서 청산까지 서비스 요금과 수수료를 15달러로 할인하기 시작했지만 결과는 크게 달라지지 않았다.

가격이나 평균 수익률 변동에 비해 수수료나 거래비용이 비싸면 어중이떠중이들은 점차 짓눌리게 된다. 그런데 때로는 레버리지가 수수료보다 선수를 치기도 한다. 선물시장 레버리지는 보통 50배로, 이 정도면 대중이 노름꾼의 파산에 이를 수 있는 확률이 아주 커진다.

표 8-1은 1990년대 중반 활발하게 거래된 계약의 일일 산술평균 변동률을 보여준다. 대체로 하루 변동 폭은 0.80%다. 선물거래의 전일 종가 대비 당일 종가 변동 폭을 보면 적게는 0.36%(영국 파운드), 많게는

1.42%(구리)로, 평균은 0.8%다.

홍길동에게 밑천 2,000달러가 있다고 하자. 홍길동은 증거금 1,000달러로 액면가 5만 달러인 선물을 거래했는데 이 선물의 하루 변동 폭은 400달러다. 그렇다면 밑천 대비 변동 폭은 400÷2,000, 즉 20%다. 이 경우 시장이 조금만 불리하게 움직여도 타격을 입는다. 이를테면 사흘 연속 일일 평균 변동 폭만큼 불리하게 움직인 채 장이 마감되거나, 한 번에 변동 폭이 일일 평균의 세 배가 되면 증거금은 100%, 원금은 50%가 날아간다.

이제 어중이떠중이 개미 투기꾼은 도박판에서 탈탈 털리고 언젠가는 빈손으로 퇴출된다는 명제, 즉 도박꾼의 파산 가설(자금이 제한된 도박꾼이 계속 도박을 하면 언젠가는 파산한다는 이론 - 옮긴이)이 어떤 원리인지 이해가 되는가? 투기꾼이 하우스 몫인 20%를 극복할 수 있다고 해도 마찬가지다. 여기서 결론! 대중은 친구인 줄 알았던 수수료와 레버리지에 패배한다. 내 경험으로는 대중이 패배하는 데 레버리지가 20%, 수수료가 80% 기여한다.

내가 하버드대학에 다닐 무렵 통계 관련 서적은 50권이 전부로, 책장 한 줄을 겨우 채울 정도였다. 지금은 와일리(Wiley) 출판사가 내놓은 확률과 응용 확률 시리즈만 해도 160권에 이른다. 1960년대에는 확률에 관한 책이 와일리 출판사가 출간한 윌리엄 펠러(William Feller)의 《Introduction to Probability(확률 입문서)》딱 한 권뿐이었다. 실생활에 확률이 적용되는 양상에 관심 있는 사람이라면 누구나 읽어야 할 책이다. 읽어보니 도박꾼의 파산에 관한 부분이 인상 깊었다.

《확률 입문서》는 실생활에서 밑천이 무한정 많은 적수를 상대할 때 도박꾼은 결국 거덜 나고 만다는 점과, 판돈이 커지면 게임 결과가 확연히 달라지는 이유를 자세하게 논의한다. 핵심이 되는 내용은 보상과 기댓값을 대조하는 부분이다. 사람들이 불공평한 내기를 피한다면 "모든 보험사업은 종말을 고하고 만다. 신중한 운전자가 책임보험에 든다면 엄밀히 따져 이 운전자 입장에서는 불공정한 게임에 참여하는 셈이기 때문이다."

이 논의는 투기에 내재된 근본적인 문제에도 그대로 적용되는데 섬뜩할 정도다. 승산과 변동성을 토대로 언제 도박을 걸어볼지, 밑천은 얼마나 마련해야 하는지, 언제 손을 털어야 하는지 등 투기판의 모든 고민이 선명하게 드러난다.

펠러는 이 책에서 적나라한 현실을 있는 그대로 묘사한다. 예를 들어 초기 자본이 두둑한 투기꾼은 적은 수익을 얻을 기회가 자주 있고 치명적인 파산에 이를 가능성은 적다고 설명한 후 이런 이야기를 들려준다.

어떤 사내는 해마다 몬테카를로를 방문했는데 늘 휴가 비용을 회수하는 데 성공했다. 사내는 확률을 초월하는 마법의 힘을 굳게 믿었다. 사실 사내가 겪은 일은 놀랍지 않다. 만약 사내가 따고 싶은 금액의 열 배에 해당하는 밑천으로 시작했다면 그해에 목표를 달성할 확률은 90%에 이른다. 중단 없이 10회 연속 성공할 확률은 37%다. 따라서 계속 성공하는 것이 결코 불가능하지 않다. 게다가 한 번 실패한다고 해도 실수 탓이나 잠시 몸이 아팠던 탓으로 돌리면 그만이다.

도박꾼의 파산이라는 유구한 문제는 모든 투기판에 적용되는데, 대강 이렇게 얼개를 잡아볼 수 있다. 초기 자본이 C인 노름꾼이 카지노와 게임을 한다. 노름꾼은 P의 확률로 1달러를 따고, Q(1 - P)의 확률로 1달러를 잃는다. 노름꾼은 자본이 A로 불어나거나 0으로 쪼그라들어 파산할 때까지 계속 노름판에 남을 작정이다. 이 게임에서 투기꾼이 파산할 확률은 다음과 같다.

$$\frac{(Q/P)^A - (Q/P)^C}{(Q/P)^A - 1}$$

빅터 니더호퍼의 투기 교실

표 8-2. 노름꾼의 밑천과 기대수익

딸 확률	밑천과 기대수익(달러)								
	1.00	2.00	3.00	4.00	5.00	6.00	7.00	8.00	9.00
100%	9.00	8.00	7.00	6.00	5.00	4.00	3.00	2.00	1.00
90%	7.89	7.88	6.99	6.00	5.00	4.00	3.00	2.00	1.00
80%	6.50	7.38	6.84	5.96	4.99	4.00	3.00	2.00	1.00
70%	4.72	6.16	6.21	5.66	4.86	3.94	2.98	1.99	1.00
60%	2.39	3.65	4.16	4.17	3.84	3.28	2.58	1.78	0.91

이 공식에 수치를 대입해 보자. 한 판에서 이길 확률 60%에서 시작하고 밑천 1달러로 시작해 10달러까지 불리려고 한다면 노름꾼이 파산할 확률은 66.1%다. 10달러로 마무리할 확률이 33.9%(100% - 66.1%)에 달하기 때문에 노름꾼의 최종 기대자본은 3.39달러다. 밑천 1달러로 시작했기 때문에 기대수익은 2.39달러다.

표 8-2는 초기 자본 C, 하루 동안 승리할 확률을 P라고 할 때 예상 수익을 한눈에 보여준다. 딸 확률이 60%일 경우 자금 규모가 아주 중요해진다. 밑천이 1달러가 아니라 4달러라면 노름꾼의 기대수익은 2.39달러에서 4.17달러로 불어난다. 포커 게임에서 자금이 두둑한 노름꾼에 어금버금하게 승산이 늘어난다. 초기 자본이 4달러 이상이면 10달러가 목표인 경우 상대적으로 이익은 적은 대신 파멸할 확률이 줄어들어 충분히 상쇄하고도 남는다. 예를 들어 밑천이 9달러라면 무일푼이 될 확률은 희박하지만 이윤 폭은 1달러(10달러 - 9달러)에 불과하다.

이 공식은 도박꾼의 파멸에 내재된 본질을 포착한 단순한 수학 모델로, 실제 매매에서 투기거래자가 직면하는 고민을 여실히 드러낸다. 즉 투기거래자는 파산을 피하면서 원하는 수익을 거두어야 한다. 투기꾼은 도박꾼의 파멸을 막기 위해 밑천에 비해 가볍게 베팅하고 싶지만 한편으로는 원하는 수익률을 만들 수 있을 만큼 크게 베팅하고 싶기도 하다. 애석하게도 실제 투기꾼은 각각의 거래에서 이길 확률을 알지 못하므로 투기시장이라는 도박판에서 어느 정도가 최적의 베팅 수준인지 가늠할 수 없다.

성공 확률이 50% 미만이면 상황이 달라진다. 우위를 점한 투기꾼은 작게 베팅해서 수익을 야금야금 뜯어내야 한다. 반면 최악의 상황에 있다면 최대한 크게 베팅해 홈런을 노리는 편이 낫다. 왜냐하면 궁극에 돈을 딸 수 있는 유일한 방법이기 때문이다. 카지노에서 노름꾼들이 걸수 있는 내깃돈에 제한을 두고 거래소에서 대중이 보유할 수 있는 포지션에 제한을 두는 데는 이런 이유도 작용한다.

나는 시장에서 활발하게 거래하는 사람들을 자주 만난다. 이런 사람을 만나면 도박꾼의 파멸, 하우스가 떼는 몫에 레버리지까지 가세하면 돈을 딸 승산이 미미하다는 것과 그 이유를 설명한다. 거기에다 내가 몸소 겪은 악몽도 같이 들려준다. 가격은 거래일 내에 파멸 수준까지 거침없이 이동하는 경향이 있다. 그런데 다 털려서 강제 청산되고 나면 바로 가격이 반등한다. 처음에는 내가 세운 가설이 맞는지 회의가 들었지만 가설 밑바탕에 있는 요점이 현실에서 그대로 실현되면 환멸과 분노가 찾아온다. "그러니까 거래하는 내내 브로커와 장내 트레이더 배만 불렸단 말인가?" 듣고 있던 사람들은 결국 이렇게 묻는다. 시장이라는 생태계는 그들이 있어 아름다운 조화가 이루어진다고 일러줘도 꿀먹은 벙어리다. 너무 놀라서 멍한 상태이기 때문이다.

결국 그들은 집으로 돌아가 오래된 증권거래명세서를 째려본다. 그리고 다음에 나를 만나면 이렇게 말한다. "빅, 자네 말이 맞아. 훨씬 기분이 좋아졌어. 실제 거래만 따지면 난 그다지 형편없지 않았어. 내가 시장에서 왜 빈털터리로 밀려났나 했더니 수수료 때문이었어."

은시장에서 땡전 한 푼까지 다 날린 친구가 있다. 이 친구는 처음엔 충격적인 사실을 받아들일 수 없었다. "인정해. 졌어. 하지만 사는 대신 팔았으면 잃은 만큼 벌었을 텐데. 이 생각이 머릿속에서 떠나질 않아."

"조, 샀든 팔았든 마찬가지야. 어느 쪽이든 지는 건 기정사실이야."

시나브로 깨달음을 얻은 친구는 크리스마스트리용 나무를 재배하러 농장으로 돌아갔다.

첫째, 초기 자본 대비 투기 포지션 규모를 어느 정도로 설정할 것인가. 둘째, 내가 가진 우위, 즉 시장을 예측하는 능력은 어느 정도이며 이에 비해 시장의 변동성은 어느 정도인가를 현명하게 판단해야 한다. 이두 가지는 투기에서 중심이 되는 방정식이자 해결이 어려운 난제다. 하우스가 네 벌에서 여덟 벌의 카드를 사용하고 있을 때, 파산 위험을 과도하게 떠안지 않으면서 각 패에 얼마나 걸어야 할까? 이는 훌륭한 블랙잭 교본이라면 으레 검토하는 핵심 변수다. 포커 게임에서는 밑천이나 기량, 또는 상대에 따라 판돈을 얼마나 걸지 조정해야 하는데 이 기술이 성공의 기본 요건으로 고려될 정도로 중요하다.

거래마다 조금씩 우위를 점한다 해도 장기적으로는 (예를 들어 50건 이상 매매 시) 손실로 이어지는 경향이 있다. 이는 투기꾼에게 적용되는 기본 법칙이다. 이 경향에 유의하지 않으면 장담컨대 누구나 파산한다. 반대로 거래 건수를 적게 유지하고 하우스 몫을 최소한으로 줄이면 이길 확률이 높아진다.

카드카운터나 영리한 고객을 만나면 카지노는 이런 식으로 반응한다. "우위는 우리가 점해야 한다." 현란한 쇼에 저렴한 식사, 좋은 호텔, 그리고 도박장 구석구석에 배치된 관리인들을 보면 이해가 되고도 남는다. 관리인들은 한 판에 1,000달러 이상 거는 도박꾼이 있으면 옆에 달라붙어 감시한다. 라스베이거스를 떠날 때는 "즐거우셨죠"라는 표지판이 배웅한다. 하지만 오랫동안 도박장에 머물면서 게임을 계속할 요량이면 딸 생각은 접어야 한다. 하우스 몫이 겨우 5%라고 해도 1만 번 베팅할 때 미국 룰렛게임에서 돈을 딸 확률은 0에 가깝다. 전형적인 옵션거래는 하우스 에지(house edge, 카지노 측에 유리한 승산을 뜻하며 하우스 어드밴티지라고도 한다. - 옮긴이)가 12%에서 50%에 이른다. 이 확률과 도박장을 비교해 보라. 1만 번 했을 때 0보다 낮은 확률을 표현할 말이 있는지.

맥락을 인생살이로 확대해 보자. 우리 모두는 날마다 득실이 생기는 기회를 마주하게 된다. 아이들과 함께 학교 행사에 참석하기도 하고 매력적인 사람에게 데이트를 신청하기도 하며 직업을 선택하거나 언제 은퇴할지 결정하기도 한다. 학교 모임에 가려면 운전을 해야 하는데 가다가 교통위반 딱지를 떼일 수도 있고 운이 나쁘면 사고를 당할 수도 있다. 특별히 마음에 둔 사람에게 단칼에 거절당해 자존감이 무너질지도 모른다. 인생은 투기의 연속이라고 할 수 있다. 인생살이 투기에 성공하려면 최소한 여섯 가지 변수를 저울질해서 균형을 잘 잡아야 한다. 여섯 가지 변수는 초기 자본, 몰입 정도, 하우스 에지, 게임의 변동성, 종료 시점, 기간이다.

시체가 수북한 길

도박을 다룬 도스토옙스키(Fyodor Dostoevskii)의 소설은 좀체 뇌리를 떠나지 않는다. 나이 많은 여자들이 유혹하자 주인공은 애무를 받기 위해 손을 뻗친다. 그러고는 도박판에서 연거푸 판돈을 잃는다. 프로이트(Sigmund Freud)는 결점투성이 주인공을 분석하면서 자위라는 '악습'이 나중에 도박 중독으로 대체된다고 보았다. 주인공의 내면에는 도박을 하고 싶은 열망과 죄책감이 뒤섞여 있는데, 이는 어린 시절 자위 충동이 치환돼 나타나는 심리라는 것이다.[1] 프로이트의 미국인 제자 에드먼드 버글러(Edmund Bergler)는 이 논리를 발전시켜 오이디푸스 콤플렉스에 빠진 남자아이가 어머니를 갈망하게 되는 심리를 나중에 도박이 대신한다고 말한다. 성인 도박꾼에게 돈을 날리는 일은 어린 시절 어머니를 성적 대상으로 갈망한 '죄'에 대한 '자기 징벌'이다. 이처럼 죄를 바로잡고 싶은 간절한 마음에 노름꾼은 잃고 싶어 한다.[2]

카지노 바퀴가 빙글 돌아가면 구슬이 어디에 들어갈지 사방에서 지

　　　　　　　　　　　　빅터 니더호퍼의 투기 교실

켜본다. 이런 자리에는 묘한 분위기가 있어 제아무리 철저한 금욕주의 자라도 노름을 하고 싶은 마음이 솟구친다. 화면에 번쩍이는 시세도 마찬가지다. 가끔 이른 시간에 타지에서 친구가 올 때면, 내가 정한 규칙을 어기고 장중에 들르도록 허락한다. 그럴 때면 친구는 어김없이 이렇게 말한다. 그날 내가 거는 돈의 1%만 자기도 걸고 싶다고.

파멸로 향해 가면서도 발걸음을 멈추지 못하는 투기꾼들을 종종 만난다. 한 사람은 절친한 친구의 형제였다. 1987년 시장 붕괴 후, 그는 경제가 1929년 시나리오대로 간다고 확신했다. 반등이 있겠지만 다시 폭락한다고 예견하고 주가가 급락하기 시작하면 그때마다 시장에 뛰어들어 S&P 선물을 공매도했다. 열두 번 연속 이런 식으로 매매하다 거금을 날렸는데 원금의 80%나 손실을 보았다. 그러자 나는 선물 공매도 대신 주가지수 풋옵션을 매수해 위험을 줄이라고 건의했다. 최악의 경우 선물을 공매도하면 이론상 위험이 무한대인 반면, 풋은 만료 시 가치가 없어지면 잃어봐야 이미 지불한 프리미엄만 날리게 된다. 그는 여섯 번 풋 매수를 시도했고 다시 여섯 번 연속 손실을 보았다.

결국 나는 거래를 중단하는 게 좋겠다고 충고했다. "돌아오면 시장은 언제나 그 자리에 있을 겁니다. 시장에서 벗어나 관망하다 보면 시장이 훨씬 또렷하게 보일 겁니다." 그는 이렇게 대답했다. "시장에서 벗어날 수가 있어야죠. 폭락장을 기다리는 사이에 큰 건이 터질 것 같거든요. 그때 시장 밖에 있으면 안 되잖아요."

비슷한 처지에 있는 도박꾼과 투기꾼을 숱하게 봤기 때문에 다른 일거리를 찾으라고 했다. 그러자 나와 일절 말을 섞으려 하지 않았다.

젊은 시절 나는 온갖 참혹한 사연을 듣곤 했다. 그리고 인생의 사다리를 오르면서 이런저런 참상을 직접 목도했다. 내가 위험을 회피하는 이유다. 위험한 상황이 생기고 손실이 나기 시작하면 쫄딱 망한 도박꾼들이 떠오른다. 커피설탕코코아거래소(Coffee, Sugar & Cocoa Exchange)에서 매매하던 유명한 설탕 브로커가 투기거래를 하다가 돈을 다 날리고 자살했는데 그때 기억이 아직도 생생하다. 설탕 가격이 5센트 밑으로 떨어지면 매수하고 8센트보다 오르면 판다는 것이 이 사람의 지론이었다. 여러 차례 이 방식이 먹혔지만 설탕이 단번에 파운드당 40센트까지 오르자 증거금의 30배에 해당하는 손실을 입었다.

도박과 투기

도박이나 투기나 사람을 노숙자 쉼터로 보내는 솜씨 하나는 기가 막히다. 도박판에서 거덜이 나면 어린 시절 저지른 죄를 쉽게 속죄할 수 있다. 투기에서 돈을 날려도 역시 도박만큼이나 수월하게 죄책감을 떨쳐버릴 수 있다.

1870년 윌리엄 워딩턴 파울러가 쓴 걸작에는 투기가 얼마나 위험한지 생생하게 묘사되어 있다. 노숙자 쉼터로 가는 확실한 방법은 두 가지다. 과도하게 위험을 감수하거나 수수료를 왕창 떼이면 된다. 아래 구절은 이 두 가지 독을 없애는 해독제 역할을 한다. 파울러는 이렇게 훈계하고 있다.

이 사람들은 하는 일이라고는 오로지 주식 투기뿐인 그런 사람들이다. 이들은 일단 월가에 들어가면 관짝에 실려 나오지 않는 한 절대 월가를 떠나지 않는다. 형편 따라 소나무 관에 실려 나오느냐 고급 자단목 관에 실려 나오느냐 차이가 있을 뿐이다.

이들이 하는 말을 들어보면 델모니코, 셰들러(Schedler) 같은 유명 레스토랑에서 제공하는 맛있는 라구 요리나 특선 와인을 앞에 놓고서도 제대로 음미하지 못하고, 대신 희망을 먹고 사는 인생이라는 생각이 든다. 세상에서 제일 슬픈 말, "그랬을지도 모른다"가 이 점잖은 투기거래자들의 생각과 대화에서 큰 부분을 차지한다. 구구한 변명에 필요한 '만약'과 '하지만'이 가장 빈번하게 등장하는 접속사다. 평생이 후회의 연속이다. 그런데 얄궂게도 자신이 실제 잃어버린 것에 대한 아쉬움보다 자신이 할 수 있었는데도 하지 않았던 것에 대한 아쉬움과 후회가 더 크다.

합법적 사업을 하다가 주식판에서 도박을 한다는 건 말하자면 레드와인을 홀짝이다가 브랜디를 벌컥벌컥 마시는 것과 같다. 사람은 일단 투기에 몰입하면 망상이 점점 커져 자신이 뒤쫓는 대상에 터무니없는 환상을 부여한다. 사악한 영에 사로잡힌 듯하다. 시간관념도 없어진다. 그저 언제 돈을 땄고 언제 돈을 날렸는지로만 시간을 측정한다. 세월이 흐르면서 돈을 딸 때 느끼는 짜릿함과 돈을 날렸을 때 겪는 고통도 점점 무뎌진다. 마침내 그저 끝없이 돈을 탐하는 인간이 돼 유령들이 점령한 세상에서 살게 된다. 유령은 깨어 있는 시간에는 끈질기게 붙어 다니고 꿈에서는 스치듯 휙휙 지나간다. 그러다가 어디선가 파산할지도 모른다는 경종이 울리면 공상 속 화려한 행렬은 사라지고 황량한 현실에 눈을 뜬다.

투기업자라는 족속의 사연을 듣자 하면 잃어버린 것들을 줄줄이 늘어놓는다. 이 목록에는 돈뿐 아니라 건강, 인격, 마음, 인생이 있다.

월가에 올 때는 재산도 있었고 신용과 명망도 있었다. 희망이 있었고, 멍든 자국이라곤 없는 강인함도 있었다. 인간에 대한 믿음도 닳지 않았다. 월가를 떠날 때는 돈도, 신용도, 평판도 다 잃은 채 떠난다. 신경은 너덜너덜해지고 감수성은 둔해지며 양심은 시커멓게 타고, 인류에 대한 믿음은 파괴되고, 희망은 거대한 절망에 부딪혀 박살이 난다. 어디를 가나 주식을 사고, 어디를 가나 주식을 팔고, 어디를 가나 돈을 날린다. 그러고는 브로커를 탓하고, 계약 상대방의 사기 수법을 탓하며 공황, 매집, 시장의 속임수와 책략을 탓한다.

투기판이 지금보다 더 위험했던 때는 없었다. 시장에는 8년째 쭉 실질가치보다 다섯 배나 과대평가된 주식이 넘쳐난다. 월가 사람들은 금융이라는 화산을 덮고 있는 용암 지각, 아직 제대로 식지도 않은 용암을 밟고 있다. 언제라도 화산이 폭발해 삼켜버리면 모조리 황천길로 갈지도 모른다.[3]

나는 트레이딩룸 벽에 이 글귀를 비롯해 여러 글귀를 테이프로 다닥

다닥 붙여놓았다. 오늘날 처음 주식을 상장할 때 실질자산가치를 훨씬 넘는 가격에 내놓는 행태를 보면 파울러조차 얼굴을 붉히지 않을까. 매출에 몇 배를 곱한 가격에 상장하기도 하고 또는 임직원 중 박사학위 소지자 수에 몇 배를 곱한 가격에 상장하기도 한다. 기업 이익이나 채무는 안중에도 없다. 〈배런즈〉 〈뉴욕옵서버(The New York Observer)〉를 비롯해 수많은 투자 소식지에는 이런 종목을 매수하는 어중이떠중이, 걸핏하면 속아 넘어가는 대중에 관한 재미있는 기사가 실린다. 이런 이야기는 대개 주식을 공매도하는 것으로 마무리되는데, 어중이떠중이의 최종 목표는 주가가 0이 되는 것이다.

이미 상장된 주식을 매수할 경우 연수익률은 10%인데 광범위한 조사 결과 새로 상장되는 주식을 매수할 경우에도 수익률은 10% 정도라고 한다. 증권회사에서 뜯어가는 수수료가 3% 이상이고 1년에 주가가 10% 상승해서 공매도에 불리하게 움직이는데, 연간 변동성이 50%인 주식을 공매도하는 것은 도박이다. 이런 도박판에서 돈을 따는 건 불가능하다. 아니, 내가 아는 한 어느 누구도 돈을 딸 수 없다. 공매도에 특화된 헤지펀드 수는 계속 감소하고 있다. 평가 서비스 기관에서 주기적으로 발표하는 공매도 전문 헤지펀드의 수익률은 -20%다. 하지만 이 수치는 손실을 터무니없이 과소평가하고 있다. 왜냐하면 해당 기간에 파산한 회사는 계산에서 배제했기 때문이다.

공매도 포지션이 불리하게 돌아갈라치면 나는 어김없이 복통에 시달린다. 아버지가 했던 훈계와 자살한 사람들이 생각난다. 청산하지 않은 모든 포지션에서 기꺼이 패배를 인정하게 되는 건 시간문제일 뿐이다. 나는 주기적으로 S&P 선물 계약 수백 단위를 매수하고 있으며 몇 포인트 손실이 나도 기꺼이 감내한다. 하지만 공매도의 경우는 20계약만 공매도하고 1포인트라도 시장이 불리하게 움직이면 궤양 환자처럼 배가 뒤틀려 부랴부랴 위장약을 사러 간다. 이런 신체 반응이 시장에서 살아남는 데 크게 기여한다고 믿는다. 소로스 역시 용한 신체 부위가 있는데 바로 허리다. 허리가 쑤시기 시작하면 소로스는 시장에서 탈출할 때라고 판단한다.

내 경우 공매도로 전부 날릴지도 모른다는 두려움 덕분에 지금까지 파산을 면했지만, 대박을 거머쥘 수 있는 멋진 기회 역시 여러 번 놓쳤다. 스쿼시 시합에서도 비슷한 문제가 있었다. 최고의 적수였던 어떤 선수가 이렇게 말했다. "니더호퍼는 참 착실해. 하지만 절대 탁월한 경지를 추구하지는 않아. 몸 상태만 좋으면 아직 니더호퍼는 이길 수 있을 것 같아."

나는 실책 한 번 없이 처음부터 끝까지 경기할 수 있었다. 백스윙은 짧게 했다(운 좋게도 잭 바너비의 지도를 받았던 사람들은 짧은 백스윙을 배웠다). 그리고 긴 다리와 팔, 신묘한 예측력으로 상대가 치는 공은 거의 되받아칠 수 있었다. 거기다 전매특허인 슬라이스와, 틴라인 바로 위로 쳐 옆벽 깊숙이 찌르는 샷까지 모두 세계 챔피언이 되기에 손색없는 전략이었다. 하지만 한 게임에서 네다섯 번 실책을 범했던 샤리프 칸(Sharif Khan)에게 나는 번번이 패했다. 네다섯 번이면 내가 한 경기에서 저지르는 실책보다 더 많은 편이었는데도 말이다. 샤리프는 5년 연속 북미 오픈에서 우승했는데 1975년에는 예상을 깨고 내가 샤리프를 제압했다. 샤리프는 기꺼이 모험을 감행했고 실수를 두려워하지 않았으며 공이 바닥을 치고 올라오는 순간에 샷을 많이 날렸는데 이런 면에서 나보다 뛰어났다. 샤리프와 맞상대 전적은 3승 10패였다. 내 경기 방식이 그렇게 몸을 사리는 편이 아니었다면 더 많이 이겼을지도 모른다. 아무튼 결국 문제는 같았다. 경기할 때 지나치게 위험을 피해 다니는 게 문제였다. 결코 한 방을 노리지 않았다.

마찬가지로 나는 절대 소로스는 못 된다. 전부를 몽땅 걸려면 프로 도박꾼의 본능이 필요하다. 소로스가 설립한 퀀텀펀드에서 현재 첫손 꼽히는 트레이더인 스탠리 드러켄밀러(Stanley Druckenmiller)는 이렇게 말했다. "돼지가 되려면 용기가 필요하다."[4]

전문 도박사

　난다 긴다 하는 전문 도박사들도 밑천이 완전히 거덜 나는 경험을 이따금, 아니 종종 한다. 마지막 남은 칩 하나까지 기꺼이 던지기 때문이다. 심지어 어떤 일이 일어날지 여부를 두고 내기할 때도 몽땅 건다. 내가 보기에 이런 도박은 술집에서 옆에 앉을 사람이 물을 섞은 버번을 주문한다에 100달러를 걸면서 누군가에게 내기하자고 제안하는 행위나 다름없다. 하지만 조심하라. 이런 내기는 대부분 미리 설계된 판이다.

　아마릴로 슬림(Amarillo Slim)이 했던 내기가 대표적이다. 슬림은 자신이 기르는 사냥개가 연못에 던진 돌을 찾아올 수 있다며 내기를 걸었다. 돌을 식별하기 위해 내기에 참여한 사람들이 돌 위에 'X'라고 썼다. 전날 저녁, 슬림은 연못에 있는 돌에 전부 'X'라고 미리 써두었다.

　앤서니 홀든(Anthony Holden)은 《Big Deal: One year as a Professional Poker Player(빅딜: 프로 포커플레이어의 1년)》에서 조니 모스(Johnny Moss)와 그리스인 닉(Nick the Greek)이 대결했던 전설적인 포커 게임을 언급한다. 이 게임은 5개월 동안 계속되었는데, 그리스인이 전설에 남을 대사를 남기며 게임은 끝났다. "모스 씨, 보내드려야겠네요." 그리스인은 이 경기에서 200만 달러 넘게 날렸다고 한다.

　전문 도박사도 언제든 무일푼이 될 운명에 처한다. 조니 모스 역시 예외가 아니었다. 홀든이 모스의 아내 버지니아(Virginia)에게 들은 말로는, 결혼식 날 밤 버지니아는 포커판에서 보냈다. 두어 시간 후 모스는 가진 돈을 송두리째 날렸다. 그러나 모스는 조금도 기죽지 않고 뒤로 손을 뻗어 더듬더듬 새 신부의 왼손을 찾았다. 그러고는 손가락에서 약혼반지를 빼서 탁자 한가운데 던졌다. 홀든은 버지니아에게 약혼반지가 포커판 판돈이 돼서 화가 났는지 물었다. 버지니아가 대답했다.

　"그럼요. 하지만 반지를 주지 않았더라면 조니가 내 손가락을 통째로 뽑았을걸요." 그 판은 모스가 먹었다. 60년이 지났지만 버지니아는 아직 그 반지를 끼고 있었다.

장래 재벌감

하버드 시절 포커 성적은 오르락내리락 부침이 심했다. 입학 첫해에 포커판에서 딴 돈으로 투기거래도 계속하고 스쿼시도 계속 칠 수 있었다. 하지만 4학년 때 더 잘하는 꾼들을 상대로 포커를 치다 전 재산을 고스란히 날리고 말았다. 아버지는 무일푼이 된 나를 구하려고 하버드까지 차를 몰고 왔다. 아버지는 2,000달러를 딴 상대들에게 직접 돈을 주겠다고 우겼는데 진짜 너무 창피했다. 멍청한 나 때문에 아버지는 가족이 평생 모은 돈을 마지못해 내놓을 수밖에 없었다. 이때 생각을 하니 또 울고 싶다. 내가 한 행동에서 의도하지 않은 결과가 생기기도 하는데, 나는 이런 일에 익숙하다.

나중에 시카고에서 2인 포커 게임을 할 때도 마찬가지였다. 상대는 러스 실즈(Russ Shields)로, 박사 과정 연구생 중 가장 똑똑했다. 나중에 되짚어 보니 내가 거둔 승리 중 손에 꼽을 만큼 통쾌한 승리였다.

러스는 캔자스 출신으로, 가족기업인 가스 시추 업체에서 '사환'으로 일하면서 어린 나이에 경영자 수업을 받았다. 열다섯 살이 되자 러스는 150개나 되는 유정을 관리하면서 시추, 추출, 보수, 운송을 담당했다. 절차를 간소하게 만들기 위해 러스는 IBM 컴퓨터에 데이터를 분류하고 저장하는 방법을 배웠다.

러스는 위치토 컨트리클럽 인근에서 자랐는데 퍼터에 재주가 있었다. 그래서 9홀 경기로 내기를 걸어 상대를 호구 잡고 용돈을 벌었다. 물론 러스는 퍼터만 썼다. 골프 내기만 이긴 게 아니었다. 진러미 카드 게임에서도 돈을 땄다. 러스는 카드카운팅 기술을 사용하고 상대가 버리는 카드를 어디에 놓는지 관찰해 유리한 위치를 점했기 때문에 그를 당해낼 수 없었다.

코넬대학에 다니면서 러스는 친구들과 포커를 쳐서 학비도 충당하고 근사한 차도 쉽게 살 수 있었다. 러스는 기숙사에서 인기가 많은 게임을 했는데 재수가 없으려고 그랬는지 돈을 잃은 사람이 하필 대학 재단이사의 아들이었다(러스는 현금 대신 차를 받았는데 노름빚이 차 값보다 훨씬 많았다). 이사 아들이 노름판에서 유감스러운 일이 있었다는 소식이 학장 귀에까지 들어갔다. 학장은 러스를 설득해 휴학하게 했다. 러스는 족벌주의 때문에 수완 있는 도박사를 건드리지 않는 위치토대학에서 학부 과정을 마쳤다.

러스는 시카고에 오자 보험회사 블루크로스(Blue Cross) 지사에서 근무했는데, 손재주를 발휘해 보험료 납부와 보험금 지급 현황을 기록하는 일람표 장치를 만들었다. 어려운 일을 회피하는 건 적성에 안 맞았던 러스는 시카고 지역의 전체 보험가입자 50만 명을 관리하는 회계 업무를 하겠다고 회사에 제안했다. 그러면서 시카고대학 국가여론연구센터(NORC) 부소장으로 일하기도 했으며, 그곳에서 컴퓨터 관련 기량을 더욱 정교하게 다듬었다. 러스는 노련한 포커 도박꾼이자 스포츠 도박꾼일 뿐만 아니라 IBM 컴퓨터에서 사용되는 기계어에 능통한 훌륭한 프로그래머였다. 러스는 자신이 가진 기술을 요긴하게 써서 〈타임(Time)〉지 구독과 청구 절차 일체를 전산화하기도 했다.

러스를 보면 감탄이 나왔다. 내가 캔자스에서 자랐다면 어떻게 되었을지 러스를 보면 조금은 알 것 같았고 우리는 친구가 되었다. 그런데 둘 다 학교에서 힘든 일이 있었기 때문에 우리는 어쩔 수 없이 노리밋(no limit, 앞사람이 판돈 올린 것을 받고 추가로 더 베팅하는 것을 레이즈라고 하는데 레이즈 한도를 없앤 룰을 이른다. - 옮긴이) 드로 포커 게임에 빠지게 되었다.

친구를 물 먹이다

"러스, 패 한번 기똥차네. 1,000달러 걸었어. 몇 장 바꿀 거야?"

"한…장 바꿀게." 러스가 대답했다.

"그렇게 나온단 말이지? 좋아, 난 안 바꿀 거야. 러스, 올인해 보시지."

"빅, 너 뻥카구나. 아버지가 숭상하는 영웅 중에 웰링턴 공작(Duke of Wellington)이 있어. 공작은 워털루 전투에서 마지막 사단을 전장에 보내면서 이렇게 말했지. '일단 시작한 일은 어떡하든 끝장을 내라.' 자, 1만 달러. 남은 돈 몽땅 건다."

"러스, 강철 공작(Iron Duke, 웰링턴 공작의 별명 - 옮긴이)은 한 번도 전투에서 지지 않았어. 넌 공작이 아니잖아. 내 패면 네가 쇠창살 달린 감방에 숨어도 목숨 부지 못 할걸."

"알았어, 빅. 헛소리 그만해. 난 지금 심각하다고. 뭐 들었어?"

"트리플 킹."

"개자식… 난 에이스 투페어. 어음으로 줘야겠군."

"러스, 이번이 마지막 판이 될 테니까 솔직하게 고백할게. 내가 속임수를 좀 썼어. 너 야들리(Herbert Yardley)[5] 읽어야겠더라. 요전에 포커 칠 때 마이런(Myron)이 내 옆에 앉아 있었잖아. 뻥카를 들고 있으면서 카드를 교체하지 않고 좋은 패를 들고 있는 척해서 밑돈 50달러를 먹었지. 그러면서 일부러 마이런에게 버린 패를 보여주고 망한 패도 슬쩍 보여줬어. 마이런은 날 뼛속까지 싫어했으니까 내 패가 뻥카였다고 너한테 틀림없이 일러바치리라 생각했거든. 마이런을 이용해서 내가 트리플을 쥐고 있다고 생각하게 만들었어.

마이런은 부지불식간에 들러리가 됐지. 뻥카 들고 허풍 떠는 사람은 보통 상대가 알아줬으면 해서 베팅할 때 요란을 떨거든. 그래서 난 베팅할 때 일부러 신중하고 조용하게 했어. 내가 허세를 부릴 때면 티 나지 않게 행동하리라고 예상할 테니까. 야들리가 이런 수법을 하나부터 열까지 다 설명했고 난 그대로 따랐어."

당시 대학에서는 분산이 무한대로 발산하는 통계적 분포에 대한 연구가 유행하고 있었는데 러스와 게임을 해보니 투기꾼에게는 통계 분포에 대한 연구보다 포커 이론이 실용 면에서 훨씬 유익했다. 상대 패는 불확실하며 결과는 무작위적이다. 그리고 밑천을 감안할 때 허용 가능한 위험과 수익을 어느 정도 수준에서 설정할지 현명하게 조합해야 한다. 또한 상대 심리를 판단할 때는 확률 계산도 중요하다. 그리고 하우스 몫을 뗀다는 철칙까지, 포커와 투기의 유사성은 간과하려야 간과할 수 없을 정도로 두드러진다. 하지만 적어도 포커는 '연구자' 수백만 명이 실생활에서 게임을 통해 몸소 체득한 사례가 쌓여 있다.

자존심은 온데간데없고

나는 시카고에서 이런 '연구'를 수행하면서 한두 해는 즐겁고 평온하게 보냈다. 경지에 오른 고수가 된 기분이었다. 하지만 얼마 지나지 않아 오즈월드 저코비(Oswald Jacoby)와 맞붙었는데 나보다 몇 수는 위라 감당할 수 있는 상대가 아니었다. 저코비는 브리지 게임과 포커 고수들 모임을 만든 창립회원이기도 했는데, 브루클린 출신이었다.

브루클린이 어디 가나 싶었다. 내가 판돈을 거는 족족 저코비가 쓸어갔다. 포기하고 죽어서 저코비가 패를 까면 말짱 뻥카였다. 어쩌다 내가 콜하면 뻥카 쥐고 허세 부린 게 아니었다. 내가 도저히 이길 수 없는 패를 쥐고 있었다.

한번은 포커를 치다가 순자산의 125%인 약 5,000달러를 잃었다. 치욕스럽게도 노름빚을 갚기 위해 아내한테 돈을 빌려야 했다. 하지만 이 일이 인생길을 밝히는 불빛이 되었다. 즉시 손을 씻었기 때문이다. 이후로 포커 게임은 손도 대지 않았고, 어떤 내기에도 돈을 걸지 않았다. 투기에서 크게 손실이 나기 시작하면 그때마다 저코비와, 하버드에서 노름빚을 대신 갚아준 아버지, 그리고 브라이튼에서 깨뜨린 유리창이 떠오른다. 절망스럽고 비참하고 우울했다. 그리고 죄의 무게가 나를 밑바닥까지 짓눌렀다. 그런데 전문 도박꾼과 투기꾼은 아예 딴 세상 사람 같다. 이 양반들은 끔찍한 손실을 입고도 그냥 조금 당황하고 만다.

이래서 내가 절대 억만장자는 못 되나 보다. 하도 자주 말아먹다 보니 그만한 배짱을 기를 틈이 없었다. 사립학교 등록금을 내야 하는 자식이 여섯이나 있고 일 습관도 유별나서 내가 화살통에 있는 화살을 전부 꺼내면 재기가 불가능할지도 모른다. 도박에 관한 책도 수백 권 읽었는데, 책으로나마 자학하고 싶었을까, 아니면 투기거래 실력을 좀 연마하고 싶었을까. 모르겠다. 아쉽지만 어떤 분야든 한 분야에서 전문가가 되려면 내가 포커에 투입했던 공부나 연습으로는 어림 반 푼어치도 없다. 훨씬 많은 연구와 훈련이 필요하다. 제대로 된 전문지식도 없으면서 고객에게 자문을 한답시고 나선다면 그거야말로 선무당이 사람 잡는 꼴이다.

그래서 나는 존 코널리(John Conolley)의 도움을 받았다. 포커가 현대 세계에서 투기꾼에게 어떤 식으로 도움이 되는지, 해묵은 지식을 물갈이하고 싶었다. 코널리는 뉴욕 신문 〈스트리트뉴스(Street News)〉의 편집자를 역임했고 탁월한 포커 선수였다. 우리는 도박사 독서동호회 필독서 목록에 있는 포커 관련 책 150권 중에서 고전이라고 할 만한 책 수십 권을 함께 읽었다. 포커판에서 새겨들어야 할 중요한 교훈들을 투기거래 규칙과 함께 표 8-3에 정리했다.

표 8-3. 포커판과 투기판에서 지켜야 할 철칙

포커	투기
밑천이 간당간당하면 판에 끼지 말라.	최소한 필요한 증거금보다 다섯 배는 손에 있을 때 매매하라.
화가 잔뜩 난 상태에서 판에 앉지 말라.	장례식 전후나 배우자와 싸우고 난 뒤에는 매매하지 말라.
위험을 인식하라. 포커판에서 산전수전 다 겪은 노름꾼이라도 1년, 2년, 심지어 더 오래 낭패만 보는 일이 얼마든지 있다. 어쭙잖은 노름꾼이 판판이 돈을 따는 일도 얼마든지 있다.	노름꾼의 파멸을 염두에 두라. 1회 매매 또는 일련의 매매로 상황이 심각하게 틀어질 수 있다. 이렇게 일이 꼬일 때 수습할 돈과 여윳돈이 넉넉해야 한다. 수익 변동성을 높이기 전에 가격 변동에 대처할 수 있는 자금부터 확실히 확보하라.
몇 시간째 판을 포기해 판돈만 계속 잃더라도 초조하면 안 된다. 아무도 나를 계속 판에 남게 해줄 의무가 없거니와 나 역시 돈을 걸어야 할 의무가 없다. 유리한 상황이 아니라면 위험 수준을 낮게 유지하라. 유리한 정도가 증가하면 위험 수준을 높여라. 이렇게 하면 기대수익이 증가할 뿐만 아니라 상대가 내 속셈을 알기가 어렵다.	시장은 언제든 열린다. 좋은 기회가 올 때까지 기다리다가 잽싸게 뛰어들어라. 그래도 노름꾼의 파멸이라는 그물에 걸릴 수 있다.
패가 잘 뽑히겠거니 하면서 요행을 바라고 노름하지 말라. 요행은 적이다. 기량을 발휘해 운이 미치는 영향력을 극복하라.	단지 매매하고 싶다는 이유로 매매하지 말라.
어중간한 판에서 큰 판으로 이동하면 커지는 판돈에 비례해 위험도 증가한다. 왜냐하면 큰 판은 앤티(패를 돌리기 전에 의무적으로 내는 참가비 – 옮긴이)가 엄청나게 높아서 이기는 데 필요한 기술들도 바뀌기 때문이다.	일본 시장에서 매매할 때는 신중해야 한다. 일본에서는 어마어마하게 큰 규모로 매매하지 않는 이상 가격 담합 때문에 수수료 비율이 꽤 높다. 하지만 대규모로 매매한다면 매수매도 간 스프레드가 넓어질 수 있다.
판판이 깨지면 손 터는 것을 고려하라. 계속 돈을 날리면 적수는 두려움이 사라져 사기술을 더 많이 쓰게 된다.	골칫거리는 한꺼번에 우르르 몰려온다. 상대편이 피 냄새를 맡았을 때는 더더욱 그렇다.
위대한 노름꾼과 꾸준하고 착실한 노름꾼의 차별점은 고위험을 다루는 기술에 있다. 꾸준한 노름꾼은 화려한 한 방은 없지만 그만큼 파산하는 일도 드물다.	이기는 포지션을 잡았을 때는 급소를 찔러라.

포커	투기
상대가 돈을 걸고 모험을 하게 만들려면 나도 베팅을 해야 한다. 다양한 종류의 포커를 익히고 숙달하라. 팔방미인이 되라. 패가 최고가 아닐 때라도 베팅하는 사람이라는 평판을 얻어라. 그런 평판이 나면 게임이나 게임 구조인 앤티, 리밋(앞 플레이어가 올린 판돈에서 추가로 베팅할 때 한도 – 옮긴이), 블라인드(앤티와 비슷한 개념으로 판에 참가하기 위해 필요한 최소한의 돈 – 옮긴이)를 잘 모르는 사람들을 등쳐먹기 쉬울 뿐 아니라 내가 아주 좋은 패를 쥐었을 때도 상대는 자주 베팅하게 된다.	브로커가 소규모 거래에서 쏠쏠하게 수익을 챙기게 하라. 썩 마음에 드는 가격이 아니라도 적은 규모라면 수용하라. 이렇게 하면 필요할 때 유동성도 개선되고 소규모 거래로 시장이 내 의도나 속내를 알아채기가 힘들다.
진짜 호구가 아니라면 호구라는 평판은 무척 요긴하다.	수익은 줄여 말하고 손실은 강조하라.
노름판에 앉았는데 호구가 안 보이면 내가 호구라는 얘기.	승자들은 요트를 몰고 수천만 달러를 보너스로 받는다. 그 돈이 다 누구 주머니에서 나왔을까?
그저 그런 노름꾼은 딱 속임수를 시도할 정도만 똑똑하다. 패가 안 좋을 때는 늘 패가 좋은 것처럼 행동하고, 패가 좋을 때는 안 좋은 척한다. 따라서 칩을 강하게 내리치는 행위는 겁을 주려는 의도다. 베팅하면서 팔이 부러진 것처럼 겨우겨우 돈을 밀어 넣는다면 풀하우스를 쥐고 있다.	개장에 대폭 상승하면 역으로 가서 매도하고 개장에 소폭 상승하면 매수를 고려하라.
칩을 만지작거리며 발을 위아래로 떤다면 몸이 바짝 단 상태다. 조심해서 다루고 괜히 블러핑(실제보다 좋은 패를 쥔 척 허세를 부리거나, 실제보다 나쁜 패를 쥔 척 기만하는 행위 – 옮긴이)하지 말라.	발표 몇 분 전에 시장이 상승하면 매도에 신중해야 한다.
누군가 특이한 행동을 한다면 십중팔구 강한 패를 쥐고 있다. 블러핑하는 사람은 행동 패턴이 바뀌지 않도록 조심하기 때문이다.	개장과 함께 6개월 최대 변동 폭을 기록하면(예를 들어 엔화가 개장과 함께 150 상승하면), 십중팔구 괜한 허세가 아니므로 반대매매하면 안 된다.
절대 정보를 누설하지 말라. 보여주지 않아도 되면 패를 보여주지 말라. 특히 판을 포기할 때 자존심을 세우고 싶어서 강한 패를 보여주지 말라. 상대는 이런 행동을 통해서 강한 패를 쥐고 있더라도 나를 판에서 밀어낼 수 있다고 생각할 것이고 그러면 상대는 나를 상대할 때 더 공격적으로 나올 것이다. 강한 패를 버리고 판을 포기할 때는 얼른 하라. 망설이면 상대는 내가 최선의 패가 아니면 포기하는 성향이라고 짐작하고 이에 대비할 것이다.	매매 전략을 친구들과 공유하지 말라. 내가 얼마나 똑똑한지 브로커가 굳이 알아야 할 필요가 없다. 밑지고 포지션을 청산할 때는 쥐도 새도 모르게 재빨리 해치워라.

포커	투기
내 홀카드(플레이어가 가지고 있는 엎어놓는 패 - 옮긴이)나 홀덤 패(공개되어 모든 플레이어가 공유하는 커뮤니티 카드 - 옮긴이)를 처음 보는 순간 바로 암기하고 다시 보지 말라. 반복해서 본다면 뇌리에 남을 만한 카드가 아니라는 것을 상대에게 들키게 된다. 드로 포커라면 진러미 게임에서 하듯 카드를 분류하지 말라.	시장가격이 얼마인지 브로커에게 전화해서 물어보지 말라. 내 속셈을 들키게 된다.
과감하게 공격적으로 나가라. 패가 괜찮다면 패를 최대한 활용하는 방법은 체킹(판돈을 걸지 않고 차례를 넘기는 것 - 옮긴이)보다는 베팅이다. 그리고 명심하라. 내가 베팅액을 올릴 때보다 앞사람 베팅을 받아서 콜할 때 더 패가 좋아야 한다.	작으나마 우위를 점했다면 공격적으로 매매하라.
셋 이상이 하는 게임에서 아슬아슬하게 2등이라고 생각하면, 레이즈(앞 플레이어의 판돈을 받고 추가로 베팅하는 것 - 옮긴이)하라. 가장 좋은 패를 쥔 사람이 받고 또 레이즈할 수도 있지만 약한 패를 쥔 사람들이 떨어져 나가면 한 사람만 이기면 된다.	만약 포지션에서 빠져나오고 싶거나 포지션이 불리하게 움직인다면, 포지션을 두 배로 늘리는 편이 유리할 때가 종종 있다. 이렇게 하면 다른 사람들이 낚여서 따라오기 때문에 더 좋은 가격에 빠져나갈 수 있다.
베팅 마지막 라운드에서 내 패가 제일 좋을 것 같다는 이유만으로 베팅하지 말라. 상대가 콜해도 내 패가 제일 셀 것 같을 때만 베팅하라.	가까운 시일에 불리한 움직임이 발생하더라도 예상보다 조금 더 끌고 갈 의사가 없다면 포지션을 고수하지 말라.
속임수는 승자에게 돌아가는 판돈 총액이 작거나 중간 정도 규모일 때 한 사람을 상대로 사용하는 것이 가장 좋다. 판돈이 크면 노름꾼들은 블러핑에 속지 않기 때문이다. 셋 이상이 하는 게임이라면 블러핑으로 모두를 속일 수는 없다. 게다가 속임수를 들키는 데는 한 사람으로 충분하다.	경제 관련 발표가 곧 있을 거라면 시장과 우격다짐하려고 하지 말라. 사람들은 이미 신중을 기하며 몸을 사리고 있다.
약한 상대에게 속임수를 쓰지 말라. 그들은 상대가 정상적으로 생각하고 행동해도 따라잡기 힘든데 하물며 속임수는 아예 먹히지도 않는다. 솔직하게 진행하고 최고의 손놀림을 보여줘라.	포지션이 뜻대로 돌아간다면 다음에 시장에 돌아올 때는 더 나은 수준에 진입할 수 있다고 생각해 빠져나오지 말라. 수익을 취할 수 있는 상황에서 약삭빠르게 행동하다가 오히려 수익을 놓친다.
판돈이 크면 속전속결로 먹어라. 판돈이 클 때 상대에게 홀덤 패를 공개하지 말라. 판돈이 중간 규모일 때는 드물게 체킹하라. 판돈이 작은데 센 패를 쥐고 있다면 상대에게 홀덤 패를 공개해 베팅을 유도하라.	뜻밖에 호박이 넝쿨째 굴러오면 종가에 수익을 챙겨라.
집중하라. 조잘거리지 말라. 판에 끼어 있든 구경꾼 입장이든 입을 다물고 조용히 주시하고 들어라. 상대의 습관을 파악하라.	거래일에는 과도하게 감정을 표출하거나 다른 일에 시간을 낭비하지 말라.

포커	투기
패를 깐깐하게 가려서 베팅하지 않는 느슨한 게임에서 페어나 숫자가 작은 투 페어는 값어치가 떨어진다. 베팅액 대비 딸 수 있는 판돈이 크면 포 플러시(문양이 같은 카드 네 장과 문양이 다른 카드 한 장 - 옮긴이), 아웃사이드 스트레이트(양 끝에 적절한 카드 한 장이 오면 스트레이트가 완성되는 패 - 옮긴이) 같은 일부 패는 가치가 올라간다. 이런 패에도 콜할 확률이 높기 때문에 블러핑, 심지어 세미 블러핑(좋은 패를 만들 가능성이 있을 때 부리는 허세 - 옮긴이)도 효과가 있을지 불투명하다.	변동성이 극심한 기간 또는 경제 관련 발표가 줄줄이 대기하고 있다면, 그럴 만한 이유나 근거가 있어 초기에 시장이 불리하게 움직여도 포지션을 견지할 수 있는 경우에만 매매하라.
어떤 패는 셋 이상 게임에서 더 잘 먹히고, 어떤 패는 둘이서 하는 게임에서 더 잘 먹힌다. 그 차이를 알아야 한다.	일부 매매 형태는 유동성이 높은 시장에서 성과가 좋다. 일부 매매는 해당 시장만 열려 있을 때 잘 먹힌다. 예를 들어 채권시장이 열려 있고 주식시장이 닫혀 있는 상태라면 채권시장에서 거래하다가 가격이 하락해도 폭락 사태는 걱정하지 않아도 된다.
패를 깐깐하게 가려서 보수적으로 베팅하는 판에서 블러핑과 세미 블러핑은 값어치가 올라가지만 승산이 높은 패는 값어치가 떨어진다. 일부 패는 값어치가 폭락한다.	잠잠한 시장에서 확고한 우위를 점하고 있다면 공격적으로 매매하라.
실력이 안 되거나 약한 패로 베팅하는 사람한테 밀려서 돈을 날리면 화내지 말고 즐거워하라. 그리고 배짱이 두둑하다고 칭찬하고 계속 그렇게 하도록 부추겨라. 그 사람을 빈털터리로 만들 수 있다.	시답잖은 경쟁자가 한 달 동안 수익을 짭짤하게 챙겼다면 축하하라. 밑천을 더 모으라고 슬슬 부추겨라. 그들이 이룬 쾌거를 기념하는 특별한 선물을 보내라(주말에는 데이트 상대를 알선하는 서비스가 운영된다).
좋은 패를 가지고 있다면 마치 약한 패로 겁 없이 베팅하는 것처럼 하라. 상대방은 내가 블러핑하고 있다고 착각할 것이다. 위협이 되는 강한 보드(스터드 게임에서 공개되는 카드 - 옮긴이)가 공개된 상태에서 상대방이 계속 베팅한다면, 강한 패를 쥔 척하는 블러핑일 수도 있다. 만약 상대방의 공개된 카드가 별 볼 일 없는데 계속 베팅한다면, 상대방은 강한 패를 쥐고 있을 확률이 높다.	포지션에 불리한 뉴스가 발표됐지만 그래도 포지션이 유리하게 돌아간다면 공격적으로 매매하라.
초심자의 포커페이스는 세상에서 가장 투명한 표정이다. 얼굴을 통제하기 전에 감정부터 통제해야 한다. 카드는 대수가 아니며, 어떤 판이든 결과 역시 중요하지 않다는 사실을 스스로에게 계속 일깨워라. 중요한 것은 올바른 행동을 취했느냐 여부다. 그러면 포커페이스를 얻을 수 있다.	만약 시장에서 우위를 점하면 한 건 한 건 거래 결과는 중요하지 않다는 점을 명심하고 또 명심하라. 유리한 방향에 따라 매매하는 것이 중요하다.

포커	투기
포커에서 최소한 이것만은 생각해야 한다. 나는 상대가 뭘 쥐고 있다고 생각하는가? 아울러 상대는 내가 뭘 쥐고 있다고 생각하는가? 최소한 이 두 가지는 생각해야 한다.	시장에서 최소한 이것만은 생각해야 한다. 발표가 불러올 파장은 무엇인가? 예상되는 수치는 얼마인가? 기대치보다 '웃도는' 또는 '밑도는' 수치에 대해 시장은 어떻게 반응할 것인가? 시장이 발표를 무시하는 것인가, 아니면 정보가 미리 유출되었는가?
하이-로우 스플릿 게임이라면 적어도 하이핸드나 로우핸드 모두 다 이길 가능성이 보이지 않으면 절대 판에 끼지 말라. 하이핸드나 로우핸드 한쪽만 보고 밀고 나간다면 하우스에 50%를 떼이는 것과 마찬가지다.	한 건의 매매에서 수익을 챙길 수 있는 방법을 두 가지 이상 고려하라. 예를 들어 상승 시이틀 뒤에 청산하는 경우, 다음 주에 청산하는 경우를 모두 염두에 두라.
특정 목적을 달성할 수만 있다면 이런 전술적 규칙은 무엇이든 위반하라. 내가 쥔 패나 내 방식에 대해 거짓 정보를 전달할 목적이라면 규칙을 위반할 이유가 된다.	상대가 나를 봉으로 생각하도록 만들라. 돈은 무진장 많은데 계속 시장에서 돈을 날리는 그런 호구로 생각하게 만들어라. 이렇게 하면 상대는 내가 내놓은 매물을 직접 거래하고 싶어진다. 브로커는 매물을 싸게 사서 더 비싼 값에 매도하므로 상대는 브로커를 거치지 않는 직접 거래가 유리하다고 생각하게 된다.

러스, 판돈을 키우다

러스와 마지막으로 포커를 친 후 우리 사이에 포커는 끝이라고 생각했다. 착각이었다. 러스와 어찌어찌 헤어졌는데, 얼마 안 가 러스는 학교를 중퇴하고 시카고 보험회사 블루크로스사의 데이터처리 사업과 트랜스유니언(Trans Union)의 전신인 크레디트뷰로시스템(Credit Bureau Systems)의 신용조회 사업을 인수했다. 그리고 시카고에 본사를 둔 컨설팅회사 SEI사로 사업을 확장했다. 직원이 300여 명, 매출이 약 2,500만 달러에 이르는 회사였다. 그러던 중 러스는 휴대폰회사에 맞는 특별 청구 소프트웨어를 개발했는데 이 소프트웨어는 업계 표준이 되었고 사회보장국, CIA 등 알토란 같은 컨설팅 고객도 확보했다.

나한테 지독하게 당했던 그날 이후 20년 만에 러스가 내 사무실로 들어왔다. 러스는 통찰력과 영민함만큼은 높이 산다면서 벤처사업에 함께할 의향이 있는지 물었다. 카드 게임에서 자기를 이긴 사람은 내가 유일했기 때문이라고 했다. 당시 그 회사는 '계속 가느냐 엎어지느냐' 갈림길에 있었다. 미국의 모든 고속도로, 거리, 도로 지도를 컴퓨터 기반으로 개발하기 위해 러스가 설립한 회사로, 만약 내가 투자한다면 이 신생기업을 계속 끌고 갈 동력이 러스에게 있음이 증명되는 셈이었다. 러스가 박사 과정에 있을 때 처음 개발한 소프트웨어 코드를 활용해 데이터를 저장하고 정리한다고 했다.

러스는 계속해서 이 분류 기술을 자신의 컨설팅회사에 적용해 대성공을 거두었고, 결국 아주 흥미로운 분야를 찾아냈다. 미국의 소비자라면 누구나 도움을 받을 수 있는 분야였다. 평범한 운전자는 우회도로로 돌아가거나 길을 헤매느라 시간을 많이 허비한다. 컴퓨터로 일반 도로와 고속도로 지도를 만들면 운전자를 목적지까지 편안하게 안내할 수 있는데, 이렇게만 된다면 괜찮지 않을까? 키보드를 누르거나 음성 명령으로도 이용할 수 있고, 비행기 조종사가 자동조종 기술을 이용하듯 위성 기반 지도 데이터 전송을 활용해 세계 어디에 있는 도로든 탐색할 수 있다고?

"맞아, 빅. 100만 달러 투자하지 않겠나?"

"글쎄, 러스. 학교에서 가장 똑똑한 학생을 꼽으라면 난 언제나 자넬 지목했고, 이제 동기들이 큰돈도 벌고 노벨상 받는 모습도 보고 하니 누군가 그 일을 해낸다면 자네가 제격이라고 생각하네. 전화하지."

10년이 지나 연구개발에 수억 달러를 쓰고 컴퓨터 코드를 수백만 줄 만든 끝에 시스템은 작동하고 있으며 미국과 유럽 전역에서 널리 이용되고 있다. 2000년이 되면 십중팔구 사실상 모든 미국 자동차에는 10년 전 러스가 예측한 그대로 내비게이션 시스템을 갖추게 될 것이다. 〈리더스다이제스트(Reader's Digest)〉는 1996년 8월 호에서 이 컴퓨터 지도가 자동차 라디오만큼 대중화될 것이라고 전망했다.

하지만 이 프로젝트를 둘러싸고 러스와 내가 아직도 의견 일치를 보지 못한 사안이 있다. 투자하라며 처음 접근했을 때 러스는 발등에 불이 떨어지기라도 한 듯 재촉했다. 그러면서 투자금이 즉각 회수된다며 길어야 1년이라고 호언장담했다. 내 주장은 이렇다. 나는 '일단 시작한 일은 어떡하든 끝장을 보는' 사람이고 러스는 이 사실을 잘 알고 있었다. 따라서 러스는 일단 나를 끌어들이기만 하면 투자금 회수 여부는 문제가 안 된다고 생각했던 게 틀림없다.

때때로 나는 도박이나 투기에 대한 지식을 활용해 바로 수익을 챙기기도 한다. 친구들이 한 번씩 펀드를 권하는데 수수료와 회전율을 따지면 거덜 날 게 뻔히 보인다. 그러면 나는 이렇게 일갈한다. "자네 그거 하면 그냥 길바닥에 돈 버리는 거야. 당장 손 떼. 우리 펀드를 추천하는 건 아니지만, 수수료가 자네가 제안한 펀드의 고작 4분의 1이야."

그러면 친구는 보통 이렇게 중얼거린다. "자네도 별수 없군. 외부에서 만든 거라면 배척하는 그런 부류구먼."

이런 말을 들으면 부아가 치밀어서 이렇게 되받아친다.

"맞아. 나한테 그런 제안을 해봐야 안 먹히지. 나도 같은 업종으로 먹고사니까. 나한테는 컴퓨터를 비롯해서 다양한 자원이 있거든. 그래서 내가 좋다고 생각하는 온갖 정량적 연구 방식을 되풀이해서 실험할 수 있어. 내가 이런저런 경쟁업체의 방식을 사용하지 않고 있다면, 그건 직접 시험해 본 결과 무용지물이기 때문이야.

만약 그 업체들이 정성적 연구 방식을 활용해 탁월한 성과를 달성한다고 하세. 그 통찰력이 얼마나 오래 신통력을 발휘할 수 있을까? 한 사람이 얼마나 오래 무리를 앞지를 수 있을까? 어떤 상황이 와도 척척 대처할 수 있다 해도 그게 얼마나 갈까?"

이렇게 한소리하고 나서 베이컨(Bacon)의 〈변화무쌍한 순환의 원리(Principle of the Ever-Changing Cycles)〉를 한 부 보낸다. 만약 고객이 그래도 납득하지 못하면 최후의 수단으로 고객이 투자를 고려하고 있는 펀드를 한 단위만 공매도하게 해달라고 요청한다. 드물지만 고객이 제안을

빅터 니더호퍼의 투기 교실

수락하면 나는 매번 이 우스꽝스러운 노름에서 50% 가까이 벌었다.

수표를 받으면 고객에게 전화를 걸어 수표를 한 장 더 보내달라고 요구한다. 펀드에 투자할 뻔했던 100달러에서 이자가 붙었으니까 그것까지 내놓으라는 말이다. 그러면 고객은 화가 나서 부글부글하는데 내가 수표 두 장을 돌려보내고 신경 쓰지 말라고 하면 그제야 분을 가라앉힌다.

Victor Niederhoffer

The Education of A

SPECULATOR

어중이떠중이들이 승리하는 비법을 하나라도 찾는다면 위험할 테지만 그런 아찔한 일은 절대 일어나지 않는다. 어중이떠중이들은 도박이라면 환장하고 투기라면 사족을 못 쓰기 때문이다. 설사 어중이떠중이가 인생의 진리를 깨친다 해도, 인생은 지금까지 보인 행태를 버리고 금방 안면을 바꾼다. 인생에는 한 가지 원칙이 있기 때문인데, 바로 인생의 사이클이 끊임없이 변한다는 것이다.

— 로버트 베이컨(Robert Bacon),
《Secrets of Professional Turf Betting(프로 경마 베팅의 비밀)》

입이 바짝 마르고 목이 콱콱 멜 때, 무더운 8월 작열하는 햇볕이 비장까지 스며들 때, 시장 스프레드가 넓다며 변명하는 딜러를 혼내달라고 주님께 빌 때, 하루에도 장내 트레이더 두세 명을 상대로 지정가주문이 뭔지, 왜 내 주문이 체결돼야 하는지 조목조목 가르쳐야 할 때, 주문이 체결되지 않은 이유를 물으니 '현지인', 즉 장내 트레이더만 관련 정보를 주고받을 수 있다고 대답하는 직원을 한 대 치고 싶을 때, 무엇보다 시장이 불리한 방향으로 5% 움직이면 어쩌나 겁이 나서 차마 수화기를 들 수 없어 매매를 결행하지 못할 때, 이럴 때면 사무실 문을 닫고 경마장으로 가야 한다.

노름꾼이 속을 달래고 머릿속을 정리하는 데 경마장만 한 곳이 없다. 경주마에 돈을 걸지 않더라도 경마장에서 배우는 것도 좋고 경마장을 휩싸는 흥분도 사랑한다. 경마장에 있으면 투기를 둘러싸고 벌어지는 온갖 일이 새삼 선명해진다. 아마도 사람들이 마음 깊이 말을 사랑하기 때문이리라. 19세기에는 말을 훔치는 행위가 사형도 받을 수 있는 중대 범죄였다. 업무에서 벗어나 가끔 경마장에서 머리를 식히지 않는 투기꾼에게도 비슷한 처벌을 내렸으면 좋겠다. 그런데 가더라도 신용카드는 꼭 집에 두고 가자. 경마장에 드나들던 못된 채권 트레이더들이

기소되었다고 한다. 경마장에서 신용카드로 수십만 달러씩 긁고는 갚지 않았다나 뭐라나.

경주가 펼쳐질 때 느끼는 짜릿함. 아름다운 말과 멋진 트랙. 희박한 승률을 극복해 나가는 도전. 베팅한 말을 응원할 때 끓어오르는 감정. 경마는 진정 제왕의 스포츠다. 높은 승률로 폭주하는 우승 후보 경주마는 성장형 뮤추얼펀드가 총애하며 시장에서 고공 행진하는 50대 인기 종목이나 진배없다. 기대 성과도 평균 이상이며 수익률도 높고 정부도 이런 기업을 규제해서 문을 닫게 만들 생각은 없다. 승산은 낮지만 배당률이 높은 말은 가치주, 즉 장부가치보다 낮은 가격에 매수할 수 있는 주식이다. 이런 기업은 PER이 10 이하인 회사로, 데이비드 드레먼(David Dreman) 같은 역발상 투자자와 명망 높은 벤저민 그레이엄(Benjamin Graham) 같은 내재가치 신봉자들이 선호한다.

사실 승산이 높아 투자자들이 애호하는 성장주는 승산이 낮은 가치주보다 수익을 내는 빈도가 더 높다. 그런데 기업 성과가 오를 때 주가 상승률을 보면 성장주 집단은 주가 상승 폭이 크지 않은 반면 가치주 집단은 입이 떡 벌어질 정도로 좋다. 한편 성장주는 실망스러운 성과를 보이면 기대치가 하향 조정되면서 투자자가 손실을 크게 보기도 한다. 가치주는 어차피 전망이 어두웠으므로 성과가 실망스럽더라도 손실 규모가 크지 않은 경우가 많다.

경마장에서 일하는 조련사는 기업 임원이나 마찬가지다. 조련사는 우승 상금을 챙기고 말들의 건강을 돌보는 대가로 돈을 받는다. 하지만 자식을 대학에 보내고 여름 별장을 마련하기에는 부족하다. 따라서 조련사는 생활비를 마련하기 위해 특정한 경주 상황에 맞춰 말을 훈련시켜 높은 배당금을 받도록 조작한다(오해가 없도록 밝혀두지만, 최상급 조련사들은 큰 상금이 걸린 경주에 출전하는 말을 소유하고 있는데, 이해 충돌 방지를 위해 베팅하지 않는다). 대기업 임원 역시 업무를 수행하는 대가로 상당한 급여와 특전을 받는다. 하지만 진짜배기 쌈짓돈은 스톡옵션, 보너스로 받는 주식, 그리고 시기적절한 주식 매매에서 나온다. 예를 들어 델 컴퓨터(Dell Computer), 마이크로소프트(Microsoft), 터너 브로드캐스팅 (Turner Broadcasting), 리글리(Wrigley) 등 상장기업 대주주는 마주에 비유할 수 있다.

배당금을 나눠주고 마사 관리비와 직원 급여를 지급하고 토지, 건물, 장비를 유지하려면 경마에서 필부필부들, 그러니까 어중이떠중이들이 돈을 잃어야 한다. 이 사실은 누구도 부인하지 않는다. 경마 시행체는 20%를 떼서 비용에 쓴다. 나머지만 상금으로 분배하는데 손님들은 이런 상황에 익숙하며 자연스럽게 받아들인다. 경마장 단골은 제왕의 스포츠에 투자하고 짜릿함을 맛보는 대가로 패리뮤추얼(세금과 수수료 등을 제외한 나머지 베팅금액을 입상마에 건 사람들에게 분배하는 방식 - 옮긴이) 승식을 통해 돈을 댄다. 이들은 어중이떠중이들처럼 돈을 걸면 필패라는 사실을 알고 있다.

경마장에 직접 와서 베팅하건 장외 마권발매소에서 베팅하건 어중이떠중이는 매수매도 스프레드 5%에 나스닥 주식을 사는 사람이나 진배없다. 또한 거래가 뜸한 거래소에서 저가 주식을 거래하는 사람, 레버리지 선물 계약을 매수하거나 다이아몬드를 싸게 판다고 해서 전화로 다이아몬드를 사는 사람이나 조금도 다를 게 없다.

경마 예측 전문가는 〈레이싱 폼(Racing Form)〉에 경주 결과를 예측해주며 종목 추천 컨설턴트는 〈배런즈〉나 〈월스트리트저널〉에 투자할 종목을 짚어준다. 그리고 이들은 모두 어느 정도 정확하게 예측했는지에 따라 평가를 받는다.

조금만 시야를 넓혀보면 시장과 경마장은 거울을 들여다보듯 서로 닮았다. 거래소와 브로커 역시 경마장처럼 유지비용이 든다. 시카고상품거래소와 뉴욕증권거래소는 말하자면 할리우드 파크 경마장과 벨몬트 파크 경마장이다. 그럼 그 돈은 누가 대는가? 연간 200억 달러를 챙기는 브로커와 딜러? 아니다. 거래소의 기수라고 할 수 있는 장내 트레이더? 내부자? 대형 헤지펀드? 아니다. 그냥 여러분이나 나 같은 사람이 낸다.

돌고 도는 바퀴를 보며

투기꾼이라면 응당 경마장에 가야 한다. 상거래의 바퀴를 계속 돌리는 동역학 기제가 경마장만큼 뚜렷하게 보이는 곳은 없기 때문이다. 앞서거니 뒤서거니 하면서 달리는 경주마는 시장 행보를 닮았다. 시장마다 나름대로 달리는 방식이 있다. 초반에 막 속도를 내는 시장이 있고 막판에 뒷심을 발휘하는 시장이 있는가 하면 웬만해선 움직이지 않는 시장도 있다. 거래일은 경주가 열리는 날이다. 다양한 종목이 자리다툼을 하고 참가자들은 몸이 바짝 달아서 종목들이 어떻게 움직이는지 주시한다. 거래소에서 15분마다 알려주는 실시간 시세 정보나 거래 데이터는 경주가 어떻게 끝날지 실마리를 제공한다. 경마장에서는 베팅한 사람들 사이에서 경주 결과가 어떻게 될지 서로 의견이 갈리면서 전투가 벌어지고, 거래소에서는 상승파와 하락파로 갈리면서 전투가 벌어진다.

매일 상황은 바뀌고 경주마의 운명 역시 다른 말들에게 직접 영향을 받는다. 속도 다툼을 하는 다른 말들 틈바구니에 끼이기도 하고 다른 경주마에 막혀 추월을 못 하기도 하고, 몸싸움에 져서 옆으로 확 밀려나기도 한다. 마찬가지로 다른 종목의 행보 때문에 어떤 종목의 주가가 기를 못 펴기도 한다. 채권은 주식에 영향을 미치고, 채권과 주식 모두 통화를 움직이기도 하며, 결국에는 원유 가격까지 움직인다. 경마장, 시장, 환경, 인생 모두 어떤 한 부분이 다른 부분을 움직인다.

나는 지혜로운 거장 덕분에 경마를 통해 투기를 배웠다. 경마 베팅이라는 경이로운 세계로 나를 이끈 한 사내에 대해 이야기하려고 한다.

부키, 어린 도박사를 가르치다

부키는 브루클린에 있는 십스헤드 베이 경마장 가까이에서 탄생했다. 그는 지역 조련사 밑에서 거름 퍼내는 일 등 온갖 허드렛일을 하고 첫 월급을 받았다. 부지런함이 밥 먹여준다고 얼마 지나지 않아 조련사를 대신해 베팅하는 일을 맡게 되었다. 지금 같으면 까짓것 설렁설렁해도 되는 일이라 생각하겠지만, 75년 전에는 경마장 돌아가는 상황이 전혀 달랐다. 경마장 자체에서 패리뮤추얼 승식을 운용하지만 사설 베팅업자들도 2차 판돈 시장을 만들어 경마장과 직접 경쟁할 수 있었다. 이렇게 되면 배당금에 차이가 생기므로 최대한의 수익을 추구하는 진취적인 고객은 이를 십분 활용할 수 있었다. 또한 마지막 판돈까지 최종 집계되고 나서야 배당률을 알 수 있는 현행 시스템과 달리 당시에는 사전에 고시된 배당률에 따라 돈을 걸 수 있었다.

부키는 지금도 선물시장에서 생계를 해결한다. 누구라도 장내 트레이더, 즉 '현지인'들이 제시하는 가격 격차를 알아내 차익거래를 할 수 있다면 더 푸른 초장이 기다리고 있을지도 모른다.

부키는 머리가 팽팽 돌아갔다. 곱하기, 나누기 정도는 눈 깜짝할 사이에 해치웠다. 아침에 첫 번째 경주에 출전할 경주마들이 몸을 풀면 부키는 마필들이 달리는 속도를 쟀다. 그리고 보초를 사서 각 경주에 참가하는 경주마들이 예시장에 들어설 때 몸짓이 어떤지 보고를 받았다. 예시장에서 발기한 말에는 절대 돈을 걸지 않는다는 것이 부키가 늘 지키는 한 가지 철칙이었다. 발기하면 달리는 속도가 느려지기 때문이다. 그런데 부키에게는 더 중요한 무기가 있었다. 부키는 배당률을 처음 고시할 때 복병마나 유력마에게 유리한 배당률을 제시하는 베팅업자들이 누구인지 알았다. 판돈의 흐름에 따라 배당률이 조정되기 전에 부키는 이런 베팅업자를 찾아 잽싸게 돈을 걸었다. 부키가 사용한 전략은 오늘날 스포츠 도박을 즐기는 사람들이 프로 축구 경기에서 배당금이 가장 높은 곳을 찾을 때 사용하는 기법, 또는 시장이 심하게 위 아래로 출렁대는 와중에 투기거래자들이 매수매도 가격을 시가에 얼마나 가깝게 설정할지 결정할 때 사용하는 기법과 흡사하다.

신중함도 기술이라면 부키는 이 방면의 달인이었다. 부키는 종종 베팅업자 8명 또는 10명에게 판돈을 분산해 투자했다. 한 건 한 건을 보면 상대적으로 판돈이 적었기 때문에 베팅업자들은 부키의 수법을 까맣게 몰랐다. 부키는 이따금 수천 달러를 챙겨 경마장을 떠났지만 베팅업자들은 전혀 눈치채지 못했다.

조련사들은 지난번 경주에서 경기력이 형편없었던 말을 또 출전시켜 우승을 노리는 경우가 있다. 만약 조련사가 이런 말에 베팅하면 부키는 조련사를 따라 같은 말에 베팅했다. 부키는 베팅할 때 이 방식을 가장 선호했다. 특히 몇 차례 경주 전에 벌어진 가격경주(경주가 끝난 후 경주에 참가한 말 중에서 마음에 드는 말을 구입할 수 있는 경주 - 옮긴이)에서 구입한 말로, 가장 최근 경주에서 초반 스퍼트가 좋았다가 마지막에 등외로 밀려나 입상하지 못한 말이 있으면 이런 말에 자주 베팅했다. 조련사들은 대체로 자기 말에 돈을 걸어 생활비에 보탰다. 수많은 경마광이 최근 성적 때문에 거들떠보지도 않고 승률도 낮은 말, 하지만 자기 마사에 있어 훤히 아는 말에 베팅하는 것보다 확실한 게 있을까? 조련사가 최근에 팔았던 가격보다 더 비싼 값에 말을 되샀는데, 이 말에 조련사가 베팅한다면 조련사를 따라 같이 베팅하면 더할 나위 없다. 조련사든 누구든 이전에 소유했던 상품을 값을 더 쳐주고 되샀다면 그만한 이유가 있기 때문이다.

그다지 명석하지 않아도 시장에서 이에 대응하는 상황을 포착할 수 있다. 이를테면 최근 성과 부진 이후 회사 내부자나 채권 딜러가 거래에 나섰다면 여기에도 비슷한 원리가 작용한다.

몇 년 동안 저축한 돈도 있고 마침 베팅도 몇 번 맞아떨어진 덕에 부키는 다른 마필 관리사와 함께 자금을 모아 말을 헐값에 구입했다. 안

빅터 니더호퍼의 투기 교실

타깝게도 말을 보는 안목은 도박 솜씨에 미치지 못했다. 말을 구입한 뒤에 네 번 경주에 나섰지만 연달아 입상권 밖으로 밀려나더니 다섯 번째 경주에서는 펄롱봉(경주로 길이를 표시한 푯말 - 옮긴이)에 부딪혀 다리가 부러졌다. 설상가상 경마장 관계자가 부키를 부르더니 죽은 말을 자비로 주로에서 치우라고 했다.

십스헤드 베이는 1933년 영업을 접었지만 부키는 이 무렵에 이미 진로 변경이 필요하다고 확신했다. 부키는 기수, 마주, 조련사, 도박사, 그밖에 경마장 주변에 모이는 온갖 인간 군상 중에서 꾸준히 돈을 버는 무리는 단 하나밖에 없다는 것을 눈치챘다. 경마장에 떼이는 몫이 있으니 고심해서 우승마를 골라야 한다. 부키는 우승마를 고르느라 골치를 썩는 대신 돈을 버는 쪽에 서기로 다짐했다. 바로 사설 베팅업자였다.

노선을 변경한 덕에 두루 사정이 나아졌지만 무엇보다 사람 심리를 꿰뚫는 데는 도사가 되었다는 점이 좋았다. "손님들은 일상에서 행동하는 그대로 베팅하지. 조심성이 많은 사람은 유력마에 걸어서 3착 내에 입상하려고 하고, 배짱이 두둑하고 과감한 사람은 승산이 낮은 복병마에 걸어 횡재를 노린단다."

부키는 종종 자기 직업이 세상에서 최고라고 말하곤 했다. 거래마다 수익이 보장되고 재고도 안 남을 뿐 아니라 브라이튼에 있는 탁 트인 야외가 직장이니 그럴 만도 했다. 못 받은 돈이 있어도 문제될 게 없었다. 몸무게가 102킬로그램인 월볼 복식 선수가 수금을 담당했기 때문이다. 물론 부키의 수익은 파생상품을 취급하는 대형 증권사에는 비할 바가 못 되었다. 파생상품 거래에서 보통 매수자가 사려고 하는 가격은 시가보다 0.2% 싸고, 매도자가 팔려고 하는 가격은 시가보다 0.6% 비싼데 이 스프레드를 통해 대형 증권사들은 비용의 200%를 수익으로 취하고 있었다. 그러나 부키 고객들은 이런 얼토당토않은 거래를 태평스럽게 받아들일 정도로 순진하지 않았다.

부키는 5%에서 15%를 수수료로 챙겼고 대신 고객이 다시 찾으리라 기대했다. 업자로서는 고객이 다시 찾는 것만큼 반가운 일이 있으랴. 많은 증권사는 자업자득. 고객에게 고소를 당하기도 하는데 이때 원고보다 법정 다툼에서 유리한 입장에 설 목적으로 위험 공시 문서나 법적 책임을 거부하는 장문의 글을 계약서 하단에 늘어놓는다. 하지만 부키는 이런 것도 필요 없었다. 비슷한 분쟁이 생기면 수금책이 '상호 이익'을 위해 원만하고 신속하게 해결했기 때문이다.

내가 좋아하는 경마 작가인 마크 크레이머(Mark Cramer)는 이런 표현을 썼다. "마치 중력이 빨아들이듯 경마장이 몫을 채간다." 경마꾼들은 수수료를 신경 쓰는데 만약 투기거래에서 어중이떠중이가 이 정도만이라도 수수료에 신경 쓰면 훨씬 손해를 덜 보지 않을까. 적어도 부키는 이 점에서 솔직했다. 부키는 고객들에게 수수료가 15%나 되기 때문에 고객은 수익을 낼 수 없다고 털어놓았다. 사실 부키는 매주 정산 시 10%를 환급해 주겠다고 고객에게 제안하기도 했다. 그런데 증권사, 은행 딜러 나부랭이 들은 턱없이 스프레드를 넓히면서 시장 소식지에는 '리스크 반전' 전략이니 '변동성' 전략이니 알아먹기도 힘든 전략을 들먹이며 추천한다. 이런 이야기를 입에 올리는 것만으로도 피가 거꾸로 솟지만 어쩌면 경쟁과 소통, 그리고 곪을 대로 곪은 상처가 더 건전한 환경을 만드는 데 일조할지도 모르겠다.

부키는 자신을 인류의 이익에 봉사하는 박애주의자라고 생각했다. 가족을 끈끈하게 묶어준다는 것이 부키가 내세우는 이유였다. "베팅하는 고객들은 무미건조한 인생에서 벗어나고 싶어 하지. 불가능한 꿈을 실현하려 하고. 내가 없었다면 여자 뒤꽁무니나 쫓아다니거나, 술집에서 술이나 퍼마시면서 시름을 잊거나, 불한당과 어울렸을 거야. 그래도 이 몸 덕분에 아버지들이 집에 붙어 있고 저녁이면 식구들 데리고 외식도 하는 거야. 성생활도 개선되고, 돌볼 사람이 없어 아이들이 사고 치는 일도 없고 말이야."

길게 봐서 경마로 돈을 따는 건 불가능하지만 그래도 경마장을 상대로 돈을 걸면 손실은 줄일 수 있다는 것을 처음으로 인정한 사람이 부키였다. 사설 베팅업자를 통해 베팅하면 경주가 시작되기 전에는 최종 배당률을 알 수 없어서 내가 건 말이 과소평가 경주마가 될지, 아니면 과대평가 경주마가 될지 알 수 없는데 경마장을 상대로 베팅하는 고객은 배당판에 깜박이는 배당률 변동 정보를 볼 수 있기 때문에 말할 것도 없이 유리했다.

부키를 처음 만난 건 1950년대 중반이었다. 부키는 체커를 두고 있었는데 영 시대에 뒤떨어진 행색이었다. 더위도 아랑곳하지 않고 실크 양복을 입고 그 위에 카우보이가 입는 길고 검은 외투까지 걸치고 있었다. 주머니에는 어울리는 장식 손수건이 꽂혀 있었다. 부키는 암산하는 재주도 좋았지만 기억력도 기가 막혔는데, 지난 5년 동안 있었던 스포츠 대회 결과를 죄다 기억하고 있었다. 부키는 나를 예뻐했는데 어느 날 부키에게 성공 비결이 뭔지 물었다.

"잘 들어. 로커웨이까지 8킬로미터를 헤엄쳐 가려고 하는데 호위 삼촌도 같이 갈 거야. 다음에 같이 가면 방법을 알려줄게. 삼촌이 돌봐주실 거야."

"어, 부표 두 개까지는 갔다가 돌아올 수 있어요. 처음이니까 맛보기로 할게요."

"좋아." 부키가 대답했다.

다음 날 첫 번째 부표를 지나치자 부키가 말했다.

"중요한 건 정직이야. 손님들이 내가 공정한 사람이라고 믿어야 해. 그렇지 않으면 발길을 끊어버린단다. 두 번째로 중요한 건 배짱이야. 설사 경주가 시작되기 전에 위험을 줄일 수 없더라도 이따금 액수가 큰 베팅을 받을 수 있는 그런 자신감과 담력이 있어야 해. 마지막으로 진취적인 정신이 필요해. 손님들에게 항상 뭔가 쥐여줘야 해. 그래야 손님도 신이 나지. 안 그러면 따분해서 시들해지거든. 한꺼번에 베팅하는 방식이 두세 차례 있는데 다 맞혀야 돈을 딸 수 있어. 나도 그렇고 고객도 그렇고 이런 방식은 유달리 군침이 돌지. 경주가 벌어질 때마다 나는 내 몫을 챙겨서 좋고 고객은 작은 밑천으로 크게 먹을 수 있다는 희망이 생겨서 좋고."

이 시점에서 숨이 찼다. 그래도 간신히 숨을 돌려 이렇게 물었다. "아저씨, 무모하게 덤비지 않으면서 꾸준히 벌기로 유명하시던데 비결이 뭐예요?"

"올바르게 살고 매사에 균형을 잡아야 해. 아저씨는 로커웨이로 수영하러 갈 때면 항상 동반자를 데려간단다. 호위 삼촌이 좀 물러터지긴 했어도 무슨 일이 생기면 와서 도와줄 테니까. 그리고 차를 몰 때 절대 시속 145킬로미터 이상은 밟지 않아. 일상에서 해로운 위험을 감수하기 시작하면, 베팅을 할 때도 버릇이 나와서 무모한 짓을 하거든. 그러면 쫄딱 망하는 수가 있지. 일상에서도 사업에서 하듯이 그대로 행동하는 습관을 길러야 해. 그렇게 하면 올바른 행동이 몸에 밴단다. 사업에서 위험을 감수하듯 동반자와 함께 로커웨이까지 헤엄칠 때도 위험이 도사리고 있어. 상어에게 물릴 확률은 약 1%, 벼락 맞을 확률과 비슷해."

두 번째 부표에 도착하자 나는 지쳐서 돌아와야 했다. 해안에서 깊은 물로 헤엄쳐 나올 때면 언제나 헛것이 보인다. 상어가 없는데도 마치 밑에서 상어 떼가 빠르게 유영하는 것처럼 눈앞에 어른거렸다. 게다가 난 수영도 서툰 편이다. 해안으로 돌아오면서 부키는 언젠가 경마장에 오면 직접 보여주겠다고 약속했다.

"아버지가 아시면 가만 안 두실 거예요."

"글쎄, 너 하기 나름이야. 주식 투자를 시작했다지? 경마 도박을 보면 주식시장 행보에 대해 깨닫는 게 많을 거야. 금융 입문서를 다 합친 것보다 나을걸."

부키와 수영한 다음 날 경마장에 가기로 했다. 경마장 나들이는 처음이었다. 전날 밤 침대에 누워서 상상했다. 경마장에 가게 허락해 달라고 하면 아버지가 어떻게 나오실까.

"안 돼. 커서 노름꾼 되는 꼴은 못 본다고 몇 번이나 말해? 인생 망친다고."

운이 좋았던지 다음 날 아버지는 오전 8시부터 오후 4시까지 근무였다. 그러니까 내가 나가도 모른다는 말씀. 이리하여 나는 부키 밑에서 견습생이 되었다. 부키는 늘 하던 대로 볼일을 보고 나는 제자처럼 졸졸 따라다녔다. 부키는 웨스트 4번가 공원에서 체커를 두고, 코니아일랜드 애비뉴를 건너 웨스트 5번가 월볼 코트에 들러 구경거리가 있는지 둘러보곤 했다. 킹스 하이웨이와 이스트 11번가 교차로에서 부키를 만났다. 거기서 리무진 버스가 경마꾼들을 실어 에쿼덕트에 있는 경마장까지 날랐다.

지나고 보니 아버지 말도 옳았고, 부키 말도 옳았다. 하버드대학, 시카고대학에 다니면서 경제학 강의를 들었고 캘리포니아대학에서는 학생들을 가르치면서 많은 것을 깨쳤지만, 투기라면 경마를 연구하면서 더 많이 배웠다. 대다수가 그렇듯이 나도 경마에 푹 빠져서, 더 보람 있는 일에 쓸 수 있었던 시간을 허비했고 어렵게 번 돈도 많이 날렸다.

세상에 쓸모없는 건 없나 보다. 부키는 아버지가 월볼 베팅에 적용했던 통계 연산법을 경마에 적용하라고 권했다. 얼마 지나지 않아 나는 순혈종 경주마들 결과지를 전부 구해서 과거 성적을 온종일 이 잡듯이 뒤지며 조사했다. 아무리 해도 잡히지 않는 승산을 손에 넣겠다고 말이다.

부키는 베팅이 한쪽으로 쏠릴 때 베팅을 나눠 위험을 분산하는 법도 가르쳐주었다. 이렇게 베팅을 분산하면 어느 쪽이 적중하든 부키가 돈을 챙길 수 있는 확률이 높아졌다.

"이런 걸 베팅 장부 '쪼개기'라고 해." 부키가 말했다. "경마장에서 마권 발행을 독점하기 전에는 사설 베팅업자도 경마장에 들어갈 수 있었지. 내가 번 돈은 전부 이 방식으로 번 거야. 굳이 위험을 감수할 이유가 없잖아. 그런데 지금은 다들 어찌나 약아빠졌는지. 나도 이젠 늙었어."

경주마 선택 시 고려 요소

부키가 세운 보초들은 특히 말 다리에 있는 붕대를 유심히 살폈다. 만약 처음으로 붕대를 감았다면 근육이 경직되었을 가능성이 높았다. 무엇보다 중요한 정보는 말의 기분이다. 오늘 경주할 기분이 아니라고 말이 입을 열어 이야기할 수는 없다. 하지만 마부나 기수가 올라타려고 하면 싸우려고 들면서 기분이 어떤지 드러낼 수는 있다. 포스트 퍼레이드(post parade, 다음 경주에 참가하는 경주마들의 퍼레이드 - 옮긴이) 자체를 거부하거나 버릇없이 굴 수도 있고 곧 있을 경주 따위는 아예 나 몰라라 할 수도 있다. 나는 이런 신호가 보이면 절대 그 말에 돈을 걸지 않는다.

힘없이 출발문을 향해 걸어가는 말을 보면 최근 크게 요동쳤던 시장이 떠오른다. 거래량이 갑자기 확 줄면서 거래가 가뭄에 콩 나듯 드물어진다. 매수자와 매도자가 이구동성으로 최근 가격이 못마땅하다고 투덜댄다. 맥없이 걸어가는 말 역시 이렇게 말하고 있다. "달리기 싫어."

부키가 사용한 기법은 또 있었는데 바로 최근에 입상하지 못한 유력마에 베팅하는 것이었다. 이 기법을 살짝 변형한 베팅 전략으로, 앞서 도박꾼이 많이 몰린 경주에서 일급 기수가 탔지만 성적이 초라했던 말에 걸기도 한다. 부키가 이 전략을 특히 즐겨 사용했다. 기수들은 직업에 대한 자부심이 대단해서 경주를 망치면 다음번에는 와신상담, 경주를 잘 펼친다는 논리였다. 비슷한 맥락에서 이전 경주에서 승산이 높은 유력마였지만 입상에 실패한 말에 거는 전략도 좋아했다. 이 말에 베팅했다가 돈을 날리고 기분을 잡친 사람들은 다음 경주에서 이 말을 피하기 십상인데, 그렇게 되면 받을 수 있는 배당금이 많아지기 때문이다. 아쉽지만 이전 경주에서 패배한 유력마에게 베팅하는 방식은 나중에 누구나 아는 진부한 전략이 되었고 이제는 경마장에서 최악의 베팅 중 하나가 되고 말았다. 차라리 아무 말이나 찍어서 베팅하는 쪽이 수익률이 높을지도 모른다. 〈스포츠아이(Sports-Eye)〉 같은 신문은 대회 각 단계에서 이런 말들이 보인 활약을 표로 정리해 온라인에서 제공한다. 예를 들어 1996년 동계 개최 기간에 이런 말이 우승할 확률은 20%, 기타 말은 평균 12%였다.

이후 투기시장에도 패배한 유력마에 베팅하는 전략을 살짝 비튼 온갖 변종 기법이 나타났다. 내 친구 스티브 캐건(Steve Kagann)도 이런 변형 전술을 사용했는데, 가격 낙폭이 최소 50%를 넘어서 신문에서 물어뜯는 그런 종목을 샀다. 이런 종목 선정 전략에 몇 가지 기법을 추가해서 스티브는 시장보다 15% 높은 수익을 얻었다. 낙폭이 컸던 종목으로 내부자가 매수에 나선 종목을 사들이는 기법 역시 변종 전략이다. 1970년대에 나는 이런 회사들을 연구했는데 투자 성과가 아주 우수했다. 이후에는 연구 결과를 따로 업데이트하지 않았다.

마이클 오히긴스(Michael O'Higgins)는 명저 《Beating the Dow(다우를 이겨라)》에서 다우존스지수에 포함된 기업 중 배당 수익률이 최고인 기업, 수익 변동성이 가장 낮게 예측되는 기업, 현재 PER이 가장 낮은 기업을 매수하는 시스템이 어떤 성과를 보이는지 정밀하게 살피고 있다. 이런 시스템들을 과거에 소급 적용해 테스트한 결과 평균 이상의 결과가 나왔다. 나는 이 방법을 채권과 주식 투기에 적용하고 있다. 가격이 큰 폭으로 뛰면 어중이떠중이들은 좋아서 뛰어든다. 추락은 피할 수 없고 대중은 환멸에 사로잡힌다. 이렇게 호되게 하락한 유망주가 정신을 차리겠다는 신호를 보내면 나는 슬슬 행동에 나선다.

내가 경마에 빠진 이후 과거 승률과 성과를 분류한 책들이 속속 나왔는데 《The Mathematics of Horse Racing(경마의 수학)》은 관련 정보를 집대성한 훌륭한 책이다. 〈스포츠아이〉는 주요 경마장에서 작용하는 우승 요인을 다양한 범주를 통해 제시하고 있다. 에퀴덕트 경마장을 통

표 9-1. 경마와 주식시장의 승리 요인

경마에서 변수	승률(%)	주식시장에서 변수
최고 승률 경주마	19	최다 상승 횟수
최고 수익률 경주마	20	최고 성과
최근 경주에서 최고 평균 속도	21	최근 최고 상대 성과
해당 경주에서 최고 기수	17	임원 매수
해당 경주에서 최고 조련사	17	기업 소유주 매수
젖은 경주로에서 최고 승률	15	하락장에서 최고 성과
직전 경주에서 뒷심 발휘	16	장 마감에 매수세
직전 경주에서 1마신차* 이내로 패배	16	업계 2위 성과
직전 경주에서 우승 유력마	20	앞서 강세 합의가 최고조에 이름
등급 하향 이후 동일 등급 최근 경주에서 우승	16	적자 이후 두 번째 수익 보고서
직전 경주에서 곤경에 처함	10	발표 이후 하락
등급 하향	10	상장 폐지
예선 경주에서 뛰어난 기량	11	상장에서 관심 끌며 흥행 성공

* 馬身差, 말의 코끝에서 엉덩이까지 체장 약 2.4미터를 1마신이라 하며, 1마신차는 보통 0.1~0.2초 차다. ― 옮긴이

해 본 우승 요인과 주식시장을 연계해 표 9-1에 정리했다. 애석하게도 이 통계 자료에는 다양한 요인과 관련된 기대수익이 빠져 있다. 과거 성과도 유용한 지침이긴 하지만 집계한 결과를 돈벌이에 직접 활용하기는 어렵다.

나는 주식시장에 영향을 미치는 요인과 기대수익을 판단하는 몇 가지 초보적인 계산법을 개발했다. 어느 날 이 계산법을 부키에게 알려주었지만 부키는 심드렁했다. "주식 선정 같은 쉬운 게임에는 통할지 모르지만, 어느 측면에서 보나 경주는 훨씬 정교해. 게다가 경주마는 성적에 기복이 있기 때문에 한 시스템으로 모든 경우에 일괄 적용할 수는 없어. 로버트 베이컨이 쓴 《프로 경마 베팅의 비밀》을 읽어봐. 내 말이 사실이라는 걸 알게 될 거야."

부키의 말은 예언처럼 적중했다. 《프로 경마 베팅의 비밀》은 내가 읽

은 책 중에서 몇 손가락 안에 들 정도로 좋은 책이었다. 틀에 박힌 사고에서 벗어나기 힘들 때면 참신한 발상을 얻기 위해 이 책을 다시 집어든다. 우리 회사에 들어오는 신입사원은 누구나 의무적으로 이 책을 읽어야 한다.

투기거래를 하려는 사람에게 내가 베풀 수 있는 최대의 호의는 이 책을 읽으라고 권하는 것이다. 9장에서 다루는 소재는 거의 이 책에서 배운 원칙들이며 아울러 이 원칙들을 시장 투기에 적용한 내용을 탐구하고 있다.

경마장이 떼는 몫

경마장 운영비는 마지막 한 푼까지 어중이떠중이들이 낸 돈에서 나온다. 기수 비용, 상금, 경주로 유지비 및 감가상각비, 경마 수익, 세금, 임직원 급여. 경마장은 경주에 걸린 판돈의 15%에서 25% 정도를 가져가는데 온갖 비용이 전부 여기에서 충당된다. 따라서 경마장 노름꾼은 엄청나게 불리한 입장에서 경쟁해야 한다. 뮤추얼펀드 투자에서 20% 수익이라면 평균 이상으로 간주되지만, 경마 노름꾼은 본전만 건지려 해도 대략 이 정도 수익은 올려야 한다! 입장료, 경마 정보지, 신문, 교통비 등등 기타 비용을 빼고도 말이다.

이처럼 불리한 여건이 첩첩이 쌓여 있기 때문에 그저 그런 평범한 경마팬이 큰돈을 날리는 건 결코 우연이 아니다. 잠깐은 돈을 벌기도 하지만 경마장이 가져가는 몫, 배당금에서 우수리를 떼는 관행(주법에 따라 0.10달러 또는 0.20달러 이하하는 우수리를 뗌) 탓에 결국 노름꾼이 가져가는 몫은 야금야금 줄어든다. 우수리를 떼는 관행 때문에 판돈에서 경마장이 가져가는 몫은 더 커진다. 우승마를 맞히지 않는 한 노름꾼이 돈을 딸 확률은 점점 줄어든다.

베이컨에 따르면 놀랍게도 경마장마다 장기적으로 수익을 짜내는 꾼들이 있다. 비록 한 줌밖에 안 되지만 이 꾼들은 누구이며, 이 꾼들이 어중이떠중이와 구별되는 특징은 무엇인가? 베이컨에 따르면 이들이 신조로 삼는 가장 중요한 첫 번째 규칙은 '언제나 대중과 반대로 베팅한다'는 것이다. 대다수 경마팬이 패자라면 승자는 응당 뭐가 달라도 다를 것이다. 시장에서 역발상의 중요성은 데이비드 드레먼이 책과 칼럼에서 충분히 설명하고 있다.

내부자가 쓴 안내서로 최신 정보가 담긴 《The Book on Bookmaking (마권업에 관한 책)》에는 경마팬에게 주는 조언이 있는데 정신이 번쩍 든다. "주기적으로 경마에 베팅하겠다고 고집하면 결국 돈을 날리게 된다. 내가 줄 수 있는 조언은 뻔하다. 적게 걸면 적게 날린다."[1]

대다수라는 함정

오늘날 경마꾼의 약 95%가 정확히 같은 정보를 사용해 말을 선택한다. 그저 그런 경마꾼은 한 손엔 〈데일리레이싱폼(Daily Racing Form)〉을, 다른 한 손엔 트랙 정보지를 들고 경쟁자들과 싸우러 경주로로 간다. 그런데 다른 사람도 똑같은 수치를 보고 자세한 경주 기록에 대한 똑같은 논평, 똑같은 기사를 분석하므로 노름꾼 대다수는 당연히 수박 겉핥기 식으로 분석해 똑같은 결론에 도달한다.

서퍽 다운스 경마장에 다니던 시절이다. 어느 날 오후 메릴랜드에서 공수된, 등급이 하향된 말에 돈을 걸었다. 며칠 전 〈데일리레이싱폼〉에 실린 기사에 따르면, 등급이 하향된 말 여덟 필 중 일곱 필이 개최 기간에 우승했고, 그중 세 마리는 환급금이 1달러당 20달러가 넘었다. 게다가 내가 돈을 건 말은 마지막 경주에서 2착으로 들어왔고 최근 기록도 썩 괜찮은 데다 대회 기간 중 일류 기수가 타기로 돼 있었다.

경주마들이 출발선에 늘어서자 나는 자신감이 하늘을 찔렀다. 어중이떠중이들도 내가 선택한 말에 걸면서 전광판에 깜박이는 배당금이

5-2(적중할 경우 베팅한 돈 2달러마다 5달러를 환급받음. - 옮긴이)에서 8-5로 줄었다. 한창 흥이 오르자 나는 옆에 있는 노신사를 돌아보며 이렇게 말했다. "4번마는 질 리가 없어요." 노신사가 나를 쳐다보며 이렇게 대꾸했다. "젊은 친구, 정보지를 읽었구먼."

그런데 틀림없다고 생각한 말이 4착으로 들어왔다. 나는 믿을 수 없어서 망연자실했고 노신사는 우승마에게 돌아가는 열두 배 배당금을 챙겼다. 몇 년이 지나고 큰돈을 날리고서야 나는 노신사의 말에 담긴 지혜를 제대로 이해할 수 있었다.

경마장에 있는 수많은 노름꾼이 〈데일리레이싱폼〉을 대충 훑어보거나 어중이떠중이 대다수가 동의하는 의견을 수렴해 말을 선택한다. 애써 번 돈이 대수롭지 않다는 듯 고작 10분 동안, 분석은 할 둥 말 둥 하면서 반나절 임금을 덜컥 건다. 나중에 돈을 날리면 일진이 사나운 탓으로 돌린다.

많은 사람이 경마 예측 사업을 놀고먹는 생활의 상징쯤으로 치부한다. 늘 패배에서 벗어나지 못하는 순진한 군중은 경마에서 꾸준히 수입을 올리는 사람을 보면 경마의 신들에게 놀고먹을 수 있는 면허를 발급받았나 보다고 생각한다. 대중은 깨닫지 못한다. 전문 경마 분석가는 보통 하루에 열여섯 시간을 경마장에서 보내면서 통계를 집계하고, 동영상을 보면서 자세한 경주 정보를 확인하는 건 말할 것도 없고, 당일 출주마에 관련된 정보를 샅샅이 살펴보고, 출주마 한 필 한 필의 우승 확률을 구한다. 과하다고 생각하기 쉽지만, 소수만이 살아남을 수 있고 언제든 재정 파탄 사태가 덮칠 수 있고, 잘못되면 끝장인 그런 게임이다. 이 게임에는 전도유망한 총잡이가 언제나 숨어서 나를 노리고 있다. 전임자보다 더 날쌔고 솜씨도 출중하며 최신 기술로 무장한 총잡이, 앞서간 선배들에게 온갖 요령을 전수받은 총잡이 말이다.

무쇠 엉덩이, 자제력

체스 세계 챔피언이었던 에마뉘엘 래스커는 체스 꿈나무들에게 한 번은 이렇게 조언했다. "좋은 수가 보여도 기다리라. 더 좋은 수를 찾아라." 결정을 내릴 때는 이만하면 충분히 준비했다고 안심하지 말고 항상 정보를 더 수집하고 더 단단히 대비하도록 한 번 더 챙겨야 한다.

경마 베팅과 말이라면 빠삭한 경마팬도 경마에서 돈을 날린다. 경주 기록도 줄줄 꿰고 있고 연줄도 있고 경험도 있지만 필수 자질인 자제력이 부족하기 때문이다. 경마 소설가 윌리엄 머리(William Murray)는 자제력을 '무쇠 엉덩이'라고 부른다. 즉 촐싹대지 않고 진득하니 앉아서 돈을 걸지 않는 능력이 바로 자제력이다. 입상마 적중률도 높고 식견도 어느 정도 갖췄더라도 하루에 두세 번의 경주, 그러니까 수익이 날 가능성이 가장 큰 경주에만 돈을 거는 자제력이 있어야 한다. 이런 자제력이 없다면 결코 꾸준히 수익을 챙길 수 없다.

운동선수, 기업 경영진, 도박꾼으로 성공한 사람들은 모두 경쟁우위 요소를 발견하고 이를 더욱 키우는 데 시간과 에너지 대부분을 소비한다. 많은 경우 성공과 실패는 종이 한 장 차이로 갈린다. 승패 중 어느 쪽에 속할지는 측정하기 힘들 정도로 작은 우위로 결정된다. 경마꾼은 운이 썩 좋지 않다고 봐야 한다. 경쟁자들도 제쳐야 하지만 시행업체가 먹는 20%도 극복해야 하기 때문이다. 즉 돈을 따려면 엄청난 우위를 확보해야 한다.

가격 수용자가 시장 조성자보다 우위에 있는 한 가지가 있다면 그것은 선택할 기회다. 카지노든 은행이든, 혹은 길모퉁이든 거래를 성사시키는 사람은 매수매도 양쪽 시장에 호가를 제공하고 수수료를 받는다. 투기꾼은 최적의 거래를 선택하기 전에 수많은 가격을 지켜보는데 돈은 결국 부키가 먹는다.

골프 선수가 경기력이 나빴던 홀을 모조리 피할 수 있고 타자가 자신에게 유난히 약한 투수만 만날 수 있다고 상상해 보라. 골퍼는 타수가 개선되고 타자는 타율이 오른다.

"어쩌다 한 번은 딸 수 있지만 계속 딸 수는 없다." 경마장에서 유래한 이 오랜 격언에는 경쟁이 펼쳐지는 다른 분야에도 보편적으로 적용되는 지혜가 있다. 우위가 고개를 들이밀면 눌러라! 아니면 다시 생각을 가다듬고 우위가 제대로 돈값을 할 기회가 올 때까지 인내심을 가지고 기다려라.

감정과 자기 회의

경마장 관람대를 거닐며 사람들을 연구하라. 버릇, 몸짓, 목소리, 표정을 관찰하라. 감정을 느껴보라. 두려움과 분노, 슬픔과 충격이 온통 관람대를 휩쓸고 있다. 기수에 대한 사랑과 승리의 환호는 찾아보기가 어렵다.

경주가 시작되면 감정은 롤러코스터처럼 요동친다. 말들이 모퉁이를 돌며 머리를 숙이고 직선 결승 주로를 향해 질주하면 흥분은 몇 배로 증폭된다. 두 마리가 동시에 결승선을 통과한 듯 보이면 관람대에 있던 무리는 폭발한다. 몇 분 후 사진 판독으로 우승 유력마가 '코 차이'로 패했다는 사실이 드러난다.

어떤 이는 정나미가 떨어져 정보지를 집어 던지고, 어떤 이는 기수 탓에 힘들게 번 돈을 날렸다며 기수를 욕한다. 어떤 이는 승부 조작이라고 우기고, 어떤 이는 마치 상속받은 재산이라도 날린 듯 망연자실하며, 어떤 이는 장 볼 돈이라도 날린 듯 결과를 믿지 못하고 주저앉는다. 실제로 유산이나 장 볼 돈을 날린 사람도 많으리라. 한쪽에서는 남자 셋이 자화자찬에 취해서 정신이 없다. "우린 알고 있었잖아. 6번마는 절대 안 진다고. 마이키(Mikey), 아주 달달하구먼."

내일이면 이 떨거지들 역시 다시 대대수에 속한다. 그리고 경마장을 관장하는 행운의 신들이 갑자기 자신을 버렸다며 복장이 뒤집혀 울화통을 터뜨린다.

한 가지는 확실하다. 감정에 북받쳐 있는 사람 중에서 길게 봐서 돈 버는 사람은 단 한 명도 없다. 그렇다면 돈 버는 사람은 대체 어디에 있을까? 베이컨은 이렇게 말했다. "조용한 전문가는 구태여 찾지 않으면 눈에 잘 띄지 않는다. 왜냐하면 경거망동하는 노름꾼, 터무니없는 망상과 희망에 부풀어 돈을 걸었다가 또 기괴한 생각으로 공포에 사로잡히는 아마추어들만 널리고 널렸기 때문이다." 사무실에 있는 트레이더가 울근불근하거나 심장 박동이 빨라지면 나는 이 구절을 보여준다. 이 구절이 어떤 명상 강좌보다 더 빠른 치료제 역할을 한다.

간단하다고 생각할 수도 있다. 그러니까 경마 투기꾼은 의사결정 과정에서 모든 감정을 제거하고 객관성을 유지해야 한다는 이야기 아니냐 말이다. 하지만 말이 쉽지 실천은 어렵다. 하락세가 심각한 수준이면 주식 브로커는 머릿속에서 자동차 할부금, 주택담보 대출금, 치과 교정비를 계산하다가 저점에 매도한다. 경마장 노름꾼 역시 대개 정확히 최악의 순간에 겁을 집어먹는다. 위험에 직면하면 인간은 대체로 논리가 아니라 본능이 이끄는 방향으로 행동한다.

프로는 돈에 애착이 없기 때문에 돈을 날릴까 봐 벌벌 떨지 않는다. 프로에게 통장 잔고는 자신이 제대로 베팅했는지, 정확한 전략을 썼는지 기록하기 위한 수단일 뿐이다. 길게 보면 성공할 자신이 있기 때문에 실패하면 어쩌나 하는 부담감에 짓눌리지도 않는다. 전문가는 상황이 어떻든 객관적인 시각에서 선택한다. 아드레날린이 종종 훼방을 놓을 뿐이다.

투기꾼은 브로커에게 계약을 체결하라고 윽박지르기도 하고, 화면을 가로지르며 흐르는 가격을 보고 화가 나서 씩씩대기도 하고, 잔고가 바닥나 시장에서 퇴출되면 풀이 죽어 사무실을 나가기도 하고, 주식과 뮤추얼펀드가 어떻게 되었나 잔뜩 기대하며 신문을 펼치기도 한다. 이럴 때 투기꾼이 느끼는 감정을 경마꾼도 느낀다. 우리 회사에서 일하는 트레이더들이 찍힌 동영상을 보면 줄담배를 뻑뻑 피우기도 하고, 브로커에게 소리를 지르기도 하고, 부하 직원에게 고래고래 고함을 치기도 한다. 이처럼 감정을 표출하는 행위에는 파멸의 씨앗이 숨어 있다.

이런 일이 생기지 않도록 나는 회사에서 익살맞은 언행이나 발끈하는 행위를 하지 않는다. 같은 이유로 자녀와 관련된 긴급한 전화 외에는 통화도 되도록 피한다. 게다가 쉽게 긴장하고 동요하는 성격이라 아내 전화조차 달갑지 않다. 유감스럽지만 아내가 나보다 시장에 대해 아는 것이 많아서, 내가 한 거래를 놓고 아내가 이러쿵저러쿵하면 감정이 몇 배로 끓어오른다.

내 멘토인 어빙 레델(Irving Redel)은 감정을 조절하는 데 도움이 되는 방법을 알려주었다. 가족을 포함해 누군가가 안부를 물으면 그때마다 레델은 "그럭저럭"이라고 대답한다. 적어도 가족이 보기에 레델은 사는 게 늘 한결같았다. 1979년 금값이 폭등해서 수익이 1,000만 달러 단위가 아니면 실망했던 그런 시절이나, 1986년에서 1996년까지 시장이 침체돼 금값 등락 폭이 몇 달째 5달러에 머무를 때나 마찬가지였다. 드물지만 운명의 신이 친절을 베푸는 그런 날이 있다. 그때 친구가 "거래는 잘돼가?"라고 물으면 가끔 어빙처럼 "그럭저럭"이라고 대답하고 이렇게 덧붙인다. "평소보단 좀 낫네." 하지만 친구들은 척하면 척 눈치를 채고 이렇게 대꾸한다. "끝내주나 보네."

승자가 되려면 맹렬하게 몰아치는 감정을 억제해야 한다는 걸 알면서도 속 시원하게 발산하는 사람을 보면 대리만족을 느낀다. 어느 날 청년 하나가 잔뜩 흥분한 상태로 사무실에 들어오더니 일자리를 달라고 했다. 나는 잠자코 귀를 기울였다. 청년은 하버드에서 '경마 경기 주행속도 등급에 대한 계량경제학 분석(The Econometric Analysis of Speed Ratings of Horse Races)'이라는 논문을 썼다. 30년 전 나처럼, 청년은 경마 노름으로 학비도 충당하고 사업에도 보탰다. 경마에서 혁혁한 성과를 올리자 경마장에서는 경마꾼을 꿈꾸는 사람들을 위해 가끔 세미나를 열어달라며 그를 붙잡았다. 고등학교에 다닐 때는 다섯 개 운동 종목에서 학교 대표선수가 되었고 하버드에서는 골프와 축구를 배웠다고도 했다. 우리 회사와 죽이 잘 맞는 친구였기에 나는 그 자리에서 청년을 채용했다. 그리고 1995년에는 새러토가로 연수를 보냈다. 나는 청년에게 '시계'라는 별명을 붙였다. 다음은 청년이 작성한 보고서다.

"2번마는 왜 배당금이 13-1이지?" 혹시 내가 놓친 게 있나 싶어 부지런히 자료를 뒤지며 혼잣말을 한다. 그렇지. 이전 두 차례 경주에서는 형편없었지만, 마지막 경주에서는 3등으로 달리다가 고약한 속도 경쟁에 휘말렸고 4코너에서 안쪽 주로를 차지하지 못하고 바깥 주로 쪽으로 다섯 번째로 밀려나면서 기회를 잃었다. 이제 녀석은 등급이 하향되었고 울타리에 가장 가까운 안쪽 출발대에서 출발하게 되어(중심부에 위치한 잔디 주로에서 거리가 짧아져서 아주 유리함) 다른 경쟁마들이 경주에서 속도를 내기 어렵다. 게다가 잔디 주로에서 세계 최고의 기수로 손꼽히는 사민(Samyn)이 기수로 배정되었다. 확실히 이 정도 배당금이면 꽤 짭짤하다.

3-2, 7-5, 6-5. 대중이 9번마에 돈을 걸면서 전광판이 윙윙거리고, 유력마에 돈을 거는 사람들은 한껏 자신감에 부푼다. "9번마는 질 리가 없어." 내 옆에 있는 남자가 으스댄다. "지난번에 녀석에게 걸었는데 초반에 다른 말들 때문에 기수가 속도를 줄였어. 그러다 마지막 직선 주로에서 바깥 주로로 일곱 번째로 밀려났지. 그래도 코 차이로 졌다고." 주변 사람들도 의견을 내면서 맞장구를 친다. "녀석은 여기서 등급도 좋고, 감량마 바로 다음 4착으로 들어왔어." 한 명이 이렇게 말하자 다른 사람이 거든다. "크론과 모트(기수와 조련사의 조합)가 끝내준다고! 그들은 이번 대회에서 승률이 40%야." 1-1 배당! 전광판이 대중의 감정을 반영한다.

나는 어젯밤에 이 9번마를 후보에서 제외했다(경주 정보지 여백에 붉은 글씨로 커다랗게 '호구 잡히는 베팅'이라고 적어놓았다). 사람들 말이 옳다. 녀석은 기록만 봐

　　　　　　　　　　　　　　빅터 니더호퍼의 투기 교실

선 괜찮아 보인다. 속도 수치도 최고 수준이고, 등급도 최고, 이런저런 사정이 나쁘지 않았다면 가장 최근 경주에서 우승했을 것이다. 하루 종일 마권으로 돈을 따지 못했으니, 우승 유력마에 쌍승식(1착마, 2착마를 모두 순서대로 맞히는 베팅 방식 - 옮긴이)으로 베팅해서 일부라도 본전을 건져야겠다.

5-4! 9번마에 돈이 쏟아지지만 다시 2번마로 관심을 돌린다. 어젯밤에 세 시간이나 걸려서 녀석을 발굴했는데 이제 와서 유력마에 건다고? 못난 인간! 몇 번이나 이런 덫에 걸려야 정신 차릴지. 9번마는 늘 곤경을 자초하는 데다 연달아 2등만 하는 '2등 증후군'도 앓고 있다. 29번 경주에서 우승은 두 번밖에 못 했지만 2등은 아홉 번이나 했다.

다시 자신감을 회복하고 마권 판매소로 가서 2번마에 몇 장 건다. 15-1? 내가 놓친 게 있나? 음, 이젠 늦었다. 출발. "바로 그거야. 사민, 조금만 앞으로." 혼잣말로 중얼거린다. 2번마가 첫 번째 코너를 돌며 머리를 내밀고 안쪽 주로로 돌며 거리를 단축한다. 말들이 결승선 반대편 직선 주로로 질주하자 기수가 2번마의 고삐를 꽉 붙잡은 채 결승선이 있는 직선 주로를 위해 박차를 아낀다. 선두에서 달리는 2번마에게 무리해서 도전하려는 기수는 없는 것 같다. 2번마는 여전히 근소한 차이로 선두를 달리고 있고 결승선 직선 주로로 접어드는 코너에 들어섰다. 800미터 남은 상태에서 48.8초. 완벽해, 다른 말들은 굼벵이다. 2번마, 계속 전력 질주해야 해!

결승선 직선 주로에 이르자 우승 유력마인 9번마가 한 마리, 한 마리 제치면서 날아다닌다. 12등에서 4등까지 등수를 끌어올리며 선두와 격차를 줄인다. 이제 두 마리만 더 제치면 선두가 눈앞이다. 옆에 있는 남자가 채찍질하는 동작을 흉내 내면서 정보지로 자기 엉덩이를 찰싹찰싹 친다. 남자가 절규한다. "9번마 힘내라, 줄리(Julie)!" 경주마들이 8번 폴을 지나자 시선이 일제히 8번 폴에 집중된다. 하지만 여전히 2번마가 선두를 달린다. 사민이 더 빨리 달리라며 채찍질하자 녀석이 선두 무리에 있는 다른 말들을 떼어놓는다. 9번마가 2번마를 따라잡으려고 마지막으로 안간힘을 다하지만 부질없다. 말들이 결승선 가까이에 오자 나는 미리 마권 판매소로 걸어간다. 9번마가 다시

2등을 하자 유력마에 건 사람들이 실망한 표정을 짓는다. 경마꾼을 호구 만드는 말은 연기 속으로 사라지며 어중이떠중이들의 돈을 태워버린다. 1착으로 들어온 2번마는 2달러 베팅에 32.80달러를 벌어준다. 끔찍했던 하루가 쏠쏠하게 챙긴 날로 바뀐다. 동료에게는 이렇게 말한다. "땅 짚고 헤엄치기야." 반어법이다.

변덕은 금물

경마장과 금융시장은 불가사의한 재주가 있다. 미처 수익을 실현하기 전에 솜씨 좋게 새가슴들을 떨쳐낸다. 다음은 베이컨이 쓴 《프로 경마 베팅의 비밀》 4장 '변덕을 멀리하라!'에 나오는 내용이다.

그저 그런 평범한 경마 도박꾼은 여러 가지 버릇을 들이는데 이런 습관 탓에 시행체가 가져가는 20%보다 훨씬 많은 돈을 시장에 내놓게 된다. 그렇게 왕창 손해 볼 정도로 돈도 없으면서 마치 일부러 그러는 듯하다. 대중이 패배하는 까닭은 수를 잘못 읽어서가 아니라 변덕을 부리기 때문이다. 프로들은 1착마 한 마리에 거는 단승식을 활용한다. 시행체가 가져가는 몫에 우수리까지 떼는 여건을 상쇄하려면 단승식이 그나마 덜 불리하다.

아마추어는 우승할 줄 알고 걸지만 말은 3착에 그친다. 그러면 이번에는 다시 3착에 건다. 하지만 말은 2착으로 들어온다. 다시 2착에 걸지만 녀석은 3착을 기록한다. 마지막으로 복병마 3착에 걸지만 녀석은 1착으로 들어온다. 그리고 우승 유력마들은 2착, 3착을 끊는다. 1착마 환급금은 44.80달러, 3착마 환급금은 겨우 2.40달러다.

다음번에는 판돈 액수를 바꾸는 방향으로 전략을 수정한다. 아마추어는 탐욕이나 두려움에 휘둘려 판돈 규모를 이리저리 바꾼다. 우승 유력마에게 큰돈을 걸지만 돈을 날린다. 환급금이 높은 말에 쥐꼬리만큼 판돈을 걸면 녀석은 우승한다. 아마추어는 항상 말의 성적보다 한 경주 뒤처지며 뒷북을 치는데,

빅터 니더호퍼의 투기 교실

결과들을 죽 이어서 묶어보면 여러 경주 뒤처진다.

아마추어는 말에겐 일관성을 요구하면서 정작 자신은 일관성이라고는 눈곱만큼도 없다.[2]

이 빛나는 통찰력을 모든 투기꾼은 눈여겨봐야 한다. 시장을 연대순으로 연구하면서 주기적으로 순환하는 경향을 분석하는 사람은 앞으로 베이컨에게 경의를 표하고 싶을지도 모르겠다. 베이컨이 말한 악몽같은 시나리오는 불길하게도 현실에서 그대로 반복된다. 내가 트레이딩에서 실제 경험한 사례를 들려주겠다.

독일 마르크는 찔끔 올랐지만 엔화는 많이 올랐다. 그래서 나는 엔화를 매도했다. 그런데 엔화는 추세 매수 수준에 도달하며 100포인트 상승한다. 이튿날 개장에 둘 다 비슷한 행보를 보이는데 역시 엔화가 훨씬 강세를 보인다. 추세 추종 세력을 피하기 위해 이번에는 독일 마르크를 매도한다. 이번에는 연준이 개입해 엔화가 당일 150포인트 하락한다. 독일 마르크는 변동이 없다.

손실을 만회하기 위해 거래 규모를 100계약에서 200계약으로 늘린다. 다음 날 스위스 프랑을 매수한다. 스위스 프랑이 대체로 주요 통화 중 가장 변동성이 크기 때문이다. 하지만 마감에 몇 틱 상승한다. 계약 물량이 크므로 차익을 실현하는 게 나을 듯하다.

그날 밤 스위스국립은행이 대출금리를 인하하는(뉴욕장이 강세로 마감하면 자주 있는 일) 바람에, 수익이 앞서 본 손실을 메우기에는 부족하다. 연이어 손실을 본 후 포지션을 고수하되 거래 단위를 25계약으로 줄인다. 파운드를 매수한다. 파운드가 치솟고 제법 큰돈을 번다. 하지만 매매 단위를 그대로 고수했다면 앞선 손실을 완전히 만회할 수 있었을 것이다.

의리 있는 친구, 미국 장기채권(T-bond)도 한번 건드려본다. 공매도한 후 3틱 하락해 종가에 수익을 챙긴다. 다음 날 개장에 달러가 약세를 보이자 유럽이 미국 장기채권을 처분한다. 미국 장기채권은 개장과 함께 16틱 하락한다. 다음 날은 순조롭다. 장기채권을 공매도하자 마감까지 3틱 하락한다. 이번에는 차익을 실현하지 않고 밤새 그대로 놔둔다. 뉴욕 증시 마감 후, 연준 의장이 일본에서 연설 도중 미국이 인플레이션을 통제하고 있다고 주장한다. 장기채권이 도쿄 증시에서 개장과 함께 16틱 상승하는 바람에 손실을 본다.

잠시 쉬면서 모의매매나 하는 게 상책인 듯싶다. 기본으로 돌아가자. 그냥 컴퓨터가 하는 소리를 귀담아듣자. 가상 매매로 열두 번 매매해서 열두 번 연속 돈을 번다. 모의매매에선 연전연승이다. 이제 실전에 들어가도 되겠다. 포지션 규모를 다시 최대로 키운다. 매수한다. 시장이 유리하게 움직여 손실을 거의 전부 만회한다. 이번에는 아무것도 지레짐작하지 않고 시스템만 고수하리라. 위험을 두 배로 늘린다. 조금만 더 벌면 손실 전액을 만회할 수 있는데, 수요일 오후 2시 국무장관이 발표한다. "유감스럽게도 이라크는 연합군의 요구에 응한다는 어떤 신호도 보내지 않고 있습니다."

시장은 삽시간에 하락했고 계좌는 깡통이 될 뻔했다.

되돌아보면 나는 한평생 변덕쟁이였다. 웃어야 할지 울어야 할지 모르겠다. 그나마 희망이 있다면 단 하나, 기억하는 것이다.

1. 변덕은 치명적이다.
2. 계약 수를 일정하게 유지하라.

체계적인 접근법에서 벗어나지 말라. 위즈웰은 입버릇처럼 말했다. "엉성한 시스템이라도 시스템이 아예 없는 것보다 낫다."

교훈! 변덕을 멀리하라. 베이컨이 말했듯이 "대중을 패배로 모는 것은 경마 경주가 아니라 변덕이다." 변덕이 죽 끓듯 하는 아마추어는 온갖 변덕을 다 부리는데 일일이 다 적자면 책 한 권도 모자란다.

　　　　　　　　　　　　　　빅터 니더호퍼의 투기 교실

반면 전문가에 대해서는 이렇게 말한다. "전문가는 변덕에서 벗어날 수 있는 확실한 방법 하나를 사용한다. 전문가는 온갖 경주에 다 베팅하지 않는다. 전문가는 일간 정보지에서 예측하기 힘든 첫 번째 경주와 마지막 경주는 손대지 않는다. 베팅하기 나쁜 경주는 손대지 않는다. 이상!"3

1929년 10월 다우존스지수는 한 달 만에 360에서 200으로 추락하며 붕괴했다. 1930년 4월에는 300까지 회복했으나 1933년 2월에는 50까지 폭락하고 만다. 갈지자로 헤매던 주가는 1930년대 말 100으로 되돌아갔다. 1987년 10월 19일 다우존스지수는 나흘 만에 2,500에서 1,700으로 곤두박질했다. 그러자 사이클은 변하지 않고 순환한다고 주창하는 이론가들은 이번에도 똑같이 진행된다는 시나리오를 제시했다. 그러나 다우존스지수는 붕괴 당시 저점의 4분의 1 수준으로 떨어지기는커녕 1987년 폭락 이후 8년 만에 세 배로 뛰었다.

전쟁에서 승리하려면 징발할 수 있는 물리적, 정신적 자원을 모두 써야 한다. 투기 역시 물심양면 전력해야 하는 숭고한 과업이다. 하지만 이처럼 대단한 사업을 하면서 숭고함을 유지하려면 일단 살아남아야 한다. 항상 명심하라. 투기꾼의 숨통을 끊는 건 손실이 아니라 변덕이다.

변화무쌍한 사이클

투기에서 가장 중요한 한 가지 철칙이 있다면 사이클은 끝없이 변하면서 돌고 돈다는 것이다. 베이컨은 책에서 수많은 사례와 함께 이 원칙을 명확하게 설명하고 있다. 나 역시 야구, 낚시, 펜싱, 정치판 선거 등 세상만사에 이 명제가 적용되고 있음을 목격했다. 그동안 이 원칙을 모른 채 성과가 최고라는 뮤추얼펀드, 투자 소식지, 뜨는 증권사에 투자하려고 얼마나 시간을 쏟아부었는가. 생사를 가르는 이 원칙을 깨달고 나면 후회막급, 발등을 찍고 싶을 것이다.

시장 투기 영역에서도 이 원칙을 끝없이 적용하는데 그중 일부를 살펴보고자 한다. 먼저 베이컨이 경마 베팅의 세계에서 이 원칙을 어떻게 설명했는지 들여다보자.

> 대중의 집단 '의식' 속에는 이런 생각이 들어 있다. 경마에서 꾸준히 이기는 '조합'을 딱 한 번만 찾을 수 있다면, 앞으로 평생 돈 걱정은 안 해도 될 텐데. 대중은 과거 성적이라는 숫자에서 간단한 열쇠를 찾아낸 다음 이 열쇠를 사용해 경주를 거듭할수록 더 부자가 되고 싶어 한다. 대중은 과거 성적이라는 열쇠를 일단 찾기만 하면 만사형통이라고 믿고 있다.
>
> 하지만 결과는 돌고 돌면서 항상 변한다는 원칙을 고려하는 경마꾼은 드물다. 물론 장기간 진행되는 대회마다 이 원칙에 사소한 기복은 있을 수 있다. 경주마의 성적표는 대중이 알 만하면 바뀌고 알 만하면 또 바뀐다. 프로 경마꾼이 되려는 사람은 이 점을 파악하고 있어야 한다.[4]

수익을 창출하는 단순한 시스템이 있다고 생각해 보자.

> 이제 순환하며 끊임없이 변한다는 원리가 어떻게 절로 작동하는지 알아보자. 누구도 대중의 선택 방식에 어긋나는 방향으로 결과를 억지로 비틀지 않고, 누구도 일련의 결과에 '변혁'을 일으키는 규칙을 만들지 않는데도 말이다. 가만히 놔둬도 이런 일이 벌어진다. 첫째, 대중이 시스템의 승리 방식을 깨달으면서 베팅이 한곳에 몰린다. 그러면 선택한 말에 배당되는 환급금이 줄어든다.[5]

경마에서 변화를 거듭하는 순환 과정이 포착되는 사례를 제시하겠다. 우승 가능성을 보여주는 가장 중요한 두 가지 지표는 첫째, 과거 등급(말이 어느 수준에서 경쟁력을 발휘했는가?), 둘째, 현재 성적(말이 최근 얼마나 잘 달리고 있는가?)이다. 여기에는 대다수 경마꾼이 동의할 것이다. 측정 방식은 조금씩 다를 수 있지만 과거 등급은 쉽게 확인할 수 있다. 어떤 경마꾼은 경주당 이익에 초점을 맞추고 어떤 경마꾼은 말이 우승한 가장 높은 등급이 무엇인지를 살펴보지만 비법 같은 건 없다.

반면 기량은 주관적이며 측정하기가 어렵다. 기량은 최근 기록한 최종 주파 기록, 초반 속도, 후반 속도, 훈련, 조련사와 경주마의 성적 상관관계, 그리고 말의 기록 주기 등을 토대로 측정한다. 우승마를 고를 때 이런 여러 요소 중에서 말이 가장 최근 경주에서 얼마나 빨랐는지보다 더 신뢰할 수 있는 지표는 없다.

한발 앞선 경마꾼은 최종 주파 기록 그대로를 지표로 활용하지 않는다. 경주로마다 여건이 다르니 다른 경주로에서 달린 기록을 비교해 봐야 의미가 없기 때문이다. 따라서 1970년대, 1980년대에 전문가들은 경주로에 따라 기록이 빠르거나 느린 편향을 균등하게 만들기 위해 '경주로 변수'를 계산하기 시작했다. 이론상 해당 말의 최종 주파 기록을 계량화한 수치에 변수 요인을 더하면 어떤 말이 경주로 표면에 상관없이 '가장 빨리' 달렸는지 알 수 있다. 정확한 '속도 수치'를 입수한 사람은 다른 사람들보다 말의 현재 기량을 더 정확히 알 수 있었다. 수많은 패리뮤추얼 승식에서 많은 이가 '속도'를 토대로 베팅해 짭짤하게 배당금을 벌었다.

1980년대 중반, 많은 경마 예상 서비스업체가 자신들이 보유한 속도 수치는 정확하다며 요란하게 홍보했다. 그러자 속도 전문가들은 타격이 컸다. 〈레이싱타임스(Racing Times)〉(얼마 안 있어 〈데일리레이싱폼〉에 흡수 합병됨)는 앤드루 베이어가 작성한 수치를 싣기 시작했다. 베이어는 1970년대에 속도 개념을 야심 찬 경마꾼들에게 처음 소개한 사람이다. 마침내 어중이떠중이도 신뢰할 수 있는 속도 수치를 접할 수 있게 되었다.

시스템상 경주마 일곱 필 중 평균 두 필이 우승하고 배당금은 3-1이었다고 가정하자. 이 시스템대로라면 일곱 마리에 각 1달러를 걸면 두 마리에서 3달러씩, 6달러를 벌 수 있고 나머지 다섯 마리에서 1달러를 잃는다. 즉 1달러씩 7달러를 걸면 1달러는 확실히 벌 수 있다. 하지만 배당금이 5-2로 떨어지면 확실했던 수익은 사라지고 시스템은 손익분기점에 이른다. 배당금이 3-2가 되면 입상마의 비율(일곱 필 중 두 필)이 그대로라도 7달러를 걸면 2달러를 잃는다.[6]

하지만 입상마의 비율은 그대로 유지되지 않았다. 핸디캡 경주는 출주마의 능력에 따라 부담 중량을 달리해 동등한 기회를 부여하므로, 이런 경주에서 우승하려면 마필의 기량을 최대한 이끌어내야 한다. 즉 말이 가진 힘을 다 짜내야 한다. 만약 경주에서 이기려고 전력을 다한다면, 다음 경주에서는 이길 확률이 낮아진다. 배당금이 3-1인 경주라면 마주는 승리하고 싶은 마음이 간절해지지만, 5-2가 되면 맥이 빠져서 기수에게 이렇게 속삭인다. "너무 몰아붙이지 말고 쉽게 이길 수 있을 것 같으면 이겨요." 배당금이 3-2가 되면 마주는 이렇게 말할 것이다. "그냥 연습 삼아 뛰어요. 돈 벌려고 하지 마세요." 한때는 일곱 번 중 두 번 돈을 벌었지만 이제는 열 번 중 한 번 돈을 벌게 되었다. 대중은 또다시 변화무쌍한 순환의 희생양이 된다.

속도 수치는 여전히 확률을 결정하는 데 중요한 역할을 한다. 초짜 경마꾼이라도 마지막 경주에서 베이어 수치가 가장 높은 말을 선택할 게 뻔하다. 1995년 9월 우리 회사 트레이더 한 명이 뉴욕과 캘리포니아 경마장에서 2주 동안 현장 조사를 실시했는데 가장 최근 경주에서 속도가 가장 빨랐던 말에 2달러씩 걸었더니 순손실이 38%에 달했다. 한때는 소중한 돈벌이 도구였지만 이제는 돈을 날리는 도구가 되었다. 어중이떠중이들이 가세하자 과다 베팅되었기 때문이다.

현실은 끊임없이 변하며 순환하고, 노름꾼은 이익을 실현하지 못하는 자신의 무능함에 치를 떤다. 이제 베이어 수치는 내팽개치고 인기 있는 다음 지표를 찾아 나선다. 그러면 기록 수치가 좋은 말들은 다시 한번 합당한 배당금을 받게 된다.

끝없이 변하는 순환 과정은 장기간에만 적용되는 원리가 아니다. 이 원칙은 단기에도 작동한다는 사실을 명심하라. 베이컨은 이렇게 지적한다. "40일 동안 이어지는 긴 대회 기간에 적어도 한 번은 급격한 변화가 찾아온다. 대회 기간이 60일이면 최소 두 번, 때로는 30일이라도 두 차례 변화가 일어나기도 한다."[7]

베이컨은 특정 경주로를 언급하면서 대회가 시작되고 처음 10일에서 15일 사이에 유력마가 우승하는 일이 흔하다고 한다. 전국 각지에서 말이 도착했고, 정보가 적은 대중은 어떤 말을 골라야 할지 갈피를 잡을 수 없다. 어중이떠중이들은 배당금이 적지만 우승 확률이 높은 유력마에 베팅하지 않고 우승 확률이 낮은 말에 중구난방 베팅한다. 베이컨은 이렇게 덧붙인다. "이런 상황이 되면 마주, 조련사, 기수는 준비가 잘된 말을 내보내 돈을 쓸어 담는다. 게다가 대중이 합리적인 선택에 베팅하기를 주저하는 한 준비가 잘된 말에 베팅하는 사람이 적기 때문에 배당금은 많아진다. 마주와 조련사는 두 번째 경주에서도 쉽게 돈을 번다."[8]

대중이 마침내 합리적인 선택을 하게 되었다 해도 때는 늦다. 순환 과정보다 뒤처지기 때문이다. 앞서 우승한 말들은 지친 데다 중량을 더 부담하게 돼 우승 가능성이 사라진다. 지난 경주에서 입상권에 들었지만 아직 부담 중량이 늘어나지 않은 다른 말들에게 갑자기 베팅이 몰리는데 이렇게 되면 배당금이 낮아지므로 기수는 전력 질주하지 않고 그냥 시늉만 한다. 현금은 이전에 입상권에 들지 못했던 말들에게 돌아간다. 대중은 '묘수와 직감, 우승 확률이 높은 말'을 찾기 시작하고 또다시 돌아가는 바퀴에 깔린다.

일찍이 기량이 좋았던 말들은 이제 휴식도 취했고 부담 중량도 일부

줄었기 때문에 배당금 수준도 중간 정도로 회복돼 새로운 순환 주기의 출발점을 향해 기세 좋게 걸어간다. 승산이 낮은 경주마들 중에 두 번째 순환 주기에 있는 소수 무리도 마찬가지다. 경마에 빠삭한 전문 도박꾼들이 베팅해 우승 유력마의 배당금이 낮아지면 두 번째, 세 번째, 네 번째, 다섯 번째 유력마들이 승리한다.

베이컨은 말한다. "순환 과정은 끊임없이 변한다. 경마에도 이 원칙이 작용하며 사례는 무수히 많다. 여기 제시한 사례들은 그중 몇 가지에 불과하다. 이 원칙을 항상 염두에 두라. 특히 연전연승할 때는 더더욱 명심하라."[9]

베이컨이 규명한 이 순환 개념이 가진 힘은 어마어마하다.

나는 나도 모르는 사이 끊임없이 변하는 순환 주기라는 원칙을 적용하고 있었다. 나는 잭 바너비에게 스쿼시 경기 도중 순환 주기 바꾸는 법을 배웠다. 먼저 코트 깊숙이 공을 길게 보내 상대가 뒤로 처지도록 유도했다. 상대가 뒤로 처져 있으면 짧은 샷을 날리곤 했는데 상대는 뒤로 처져 있었기 때문에 더 많이 뛰어다녀야 했다. 게다가 게임에서 몇 점 얻어서 감을 찾았기 때문에 내가 이길 확률은 더 커졌다. 이제 상대가 앞으로 나오기 시작한다. 그러면 다시 전략을 바꿔 코트 깊숙이 길게 보낸다. 경기 막판에는 짧은 샷을 날리면 상대가 더욱 공격적으로 힘껏 받아 칠 확률이 높아서 코트 깊숙이 길게 보내는 샷이 더 적절하다. 잭 바너비는 이렇게 말했다. "지금 하는 건 골프가 아니야. 스쿼시야."

스포츠에서 이 원칙은 어디에나 존재한다. 꾀 많은 베테랑 투수는 구속이 낮은 체인지업을 던져 타자가 얼어붙게 만든 다음 높은 속구를 던져 삼진을 잡아낸다. 다음 타석에서 타자는 지난 타석을 기억하고 속구에 대비하지만, 투 스트라이크 카운트에서 투수는 스트레이트 체인지업을 던져 타자를 잡는다. 허를 찔린 타자는 믿을 수 없다는 듯 고개를 절레절레 흔든다. 구속이 느린 공을 다시 기다렸더라면 제대로 받아 쳤을 텐데 말이다.

상품시장에서 추세 추종자들이 막 돈벼락을 맞았다. 추세 추종자들은 돈방석에 앉아서 다음 추세를 기다리고 있다. 누가 쉽게 떼돈을 벌었다는 소문이 나면 투기꾼은 이들을 모방해 일확천금을 노린다. 그러나 가격 변곡점을 연구하는 딜러는 가격이 어느 수준에 도달하면 추세가 바뀐다는 사실을 알고 있다. 딜러들은 예측대로 이 수준까지 가격을 끌어올리기 시작하고 추세 추종 거래가 성공할 확률은 줄어든다. 추세 추종자는 이제 전보다 훨씬 불리한 가격에 시장에 진입해야 한다.

대중은 사이클의 변화를 결코 따라잡을 수 없다. 어중이떠중이가 순환 패턴에 따를 태세가 될 무렵이면 시간은 이미 어긋나 있기 때문이다.

신통방통하다는 시장 현자들의 예언이 얼마나 덧없는지 분명해진다. 현자가 예언을 내놓는다. 예를 들어 밥 프레히터(Bob Prechter), 일레인 가르자렐리(Elaine Garzarelli), 마리오 가벨리(Mario Gabelli)는 1987년 10월 크게 폭락할 대형주를 알아맞히면서 선지자 반열에 올랐다. 선지자의 팬들은 한껏 들떠 친구들에게 새로 발견한 현자들에 대해 전했다. 하지만 추종자들이 현자의 권고를 따름으로써 얻는 만족도는 점차 떨어졌다. 이제는 현자에게 추종자가 잔뜩 생겨서 현자가 추천한 종목에 투자가 쏠리기 때문이다. 그러면 주가는 고평가되는 방향으로 움직이게 되고 매수자가 얻는 이익은 쪼그라든다. 이렇게 되면 현자는 유동성이 높은 종목, 즉 가격이 적정 수준을 유지할 확률이 높은 종목 위주로 고르게 된다.

뮤추얼펀드를 매수하거나 내 돈을 굴릴 전문가를 선택할 때면 나는 항상 최고가 아니라 직전 기간에 성과가 가장 나빴던 전문가나 펀드를 찾는다. 1996년 알짜배기로 만들 자산을 선택하면서 나는 인도 펀드를 낙점했다. 1995년에 60% 하락한 펀드였는데 1995년 펀드 평균 수익률이 25% 상승했다. 내가 왜 자신을 선택했는지 얘기나 들어보려고 펀드 매니저가 전화했다. 곧이곧대로 말하기도 그렇고 참 난감했다. 인도에 관한 지식을 총동원해서 그냥 이렇게 얼버무렸다. "선거 전에는 경제가 성장하고, 7월 장맛비가 작황에 미치는 영향, 봄베이의 사랑과 봄 결혼 시즌, 릴라이언스(Reliance) 기업의 사기 의혹, 때를 잘 분별해야죠." 수화기 반대편에서 눈살을 찌푸리는 모습이 눈에 선했다.

1987년 시장 붕괴 이후 수많은 사람이 1929년에 벌어진 일들이 그대로 반복되기를 기다렸다. 그러다 날벼락을 맞고 거금을 날렸다. 얼마나 많은 이가 얼마나 많은 생돈을 날렸는지 생각하기가 괴로울 정도다.

나는 이 원칙들을 투기거래에도 적용한다. 한번은 세계에서 제일 잘 나간다는 투자자가 자신의 투자회사 주식을 순자산가치의 세 배 가격에 팔았다. 당시 괜찮은 다른 펀드 수천 종은 거래 수수료 없이 순자산가치에 팔리고 있을 때였다. 그러자 나는 황급히 공매도했다. 반대로 드물게 운이 좋아 시기에 상관없이 최고 성과를 내는 투자회사를 선택할 수 있다면 팔아치우지 않고 오래 갖고 있을수록 식은땀이 난다.

내가 잘한 것도 있고 베이컨에게도 공을 돌려야겠지만 변화하는 순환 주기를 찾기 시작한 이후로 나는 꽤 거금을 벌었다. 1987년 10월이 재현되는 듯하면 그때마다 즉각 매수에 나섰고 그 과정에서 손해는 거의 보지 않았다. 하지만 이제 바퀴를 돌리는 자들이 슬슬 지쳐간다. 순환 주기가 다시 변신할 태세를 갖춘 듯하다. 다가오는 새천년이 어떨지 한 가지는 장담할 수 있다. "어중이떠중이들은 성과 순환 주기보다 한 발 늦을 것이다."

세월이 흘러도 떠나지 못하는 영혼들

하버드에 다닐 때는 문턱이 닳도록 경마장에 들락거렸다. 그런데 최근 몇 년 사이 개과천선해서 가족과 함께 저녁 시간을 보냈고 경마장에는 발길을 끊었다. 1996년에는 사이버 공간 시대에 맞춰 새롭게 변한 환경을 둘러봐야겠다고 판단했다.

빅터 니더호퍼의 투기 교실

경마장에 들어서니 내가 마치 새로운 시대로 들어선 '립 밴 윙클(Rip Van Winkle, 워싱턴 어빙의 동명 단편소설 속 남자 주인공. 낯선 남자를 만나 술을 얻어 마신 후 하룻밤 만에 20년이 흐른다. - 옮긴이)'이 된 듯했다. 익숙하게 진행되던 과정은 이제 립의 낡은 엽총처럼 녹슬었다. 눈앞에 수많은 광경이 펼쳐졌지만 도무지 아는 게 없었다. 수염이 무릎까지 늘어져 있었다 한들 이렇게까지 어색하지는 않았을 터. 경마장 입구에 멍하니 서 있자 검표원이 다가왔다. 검표원은 마치 100주년 동창회에 맥주를 배달하러 온 사람처럼 나를 대했다. 5만 명이 앉을 수 있는 경기장으로 걸어 들어갔다. 경주 정보와 다른 트랙의 경주 정보까지 보여주는 TV 모니터가 사방에서 눈에 들어왔다. 마치 립이 살던 낡은 판잣집이 철거되고 고대광실이 그 자리에 들어선 듯했다.

처음에는 경주로가 폐쇄되는 날이라고 생각했다. 웅장한 경기장을 아무리 둘러봐도 손님은 나 혼자 같았다. 그때 내 앞에 있는 모니터에서 말들이 출발대까지 걸어가는 영상이 떴다. 확성기가 외쳤다. "발주 시간!" 다른 모니터들을 살펴보니 마권 매출액이 20만 달러였다. 상당한 액수였다. 가장 먼저 뇌리를 스친 생각. "이 많은 돈이 다 어디에서 나왔을까?"

마권 매출액의 약 90%가 장외 발매소와 전국 지역 경마장에서 동시 방송을 통해 전송되는 베팅에서 나온다. 이 사실을 모르는 바는 아니었다. 경마 베팅도 사이버 시대로 접어들었다. 경주마를 선택하는 행위와 시장에서 투기하는 행위를 구별하기가 점점 어려워지고 있다. 한때 컬러로 인쇄된 3×5 사이즈 경마 정보지를 훑어보던 경마꾼이 이제는 컴퓨터 소프트웨어와 900개의 전화번호를 쥐고 있다. 경마꾼은 컴퓨터로 〈데일리레이싱폼〉이나 〈월스트리트저널〉에 접속할 수 있다.

〈스포츠아이〉는 '트랙 사진 차트'를 게재하는데, 사진은 없고 결승선에서 4분의 1, 2분의 1 떨어진 지점에서 번호를 매겨서 경주마의 위치를 보여준다. 경마꾼들은 '24시간 경주 결과' '매일 최상의 베팅 선정'

'전화로 고르는 경주마' '내가 고른 말에 전화하세요-매일 우승 유력마 한 필만 선정' 등등 900개 업체에 전화를 걸 수 있다. 이런 서비스업체는 〈인베스터즈 비즈니스데일리(Investor's Business Daily)〉에서 광고하는 '최저 비용에 괜찮은 호가' 또는 '브로커는 이제 퇴물'과 크게 다르지 않다. 심지어 경마꾼이 토로하는 불평도 정보화 시대의 영향을 받았다. 〈월간 아메리칸터프(American Turf Monthly)〉 편집장인 이언 C. 블레어(Ian C. Blair)는 1996년 2월 호에서 자신이 1년 동안 쌍승식에서 한 번도 적중하지 못했고, 꼼꼼하게 기록하다 보니 자신의 베팅 방식에 당혹스러운 점이 드러났다고 실토했다. 그런데 이런 변명도 덧붙였다. "(터프 파라다이스에서) 실시간 경주가 벌어질 때마다 도중에 산타 아니타 경마장에서 벌어지는 경주가 동시 방송으로 걸핏하면 끼어들었다." 그래서 차분하게 집중하지 못했다나 어쨌다나. 과유불급. 넘쳐도 탈이다.

그러나 변하지 않고 그대로인 것들도 있다. 예전부터 경마장에서 죽치고 사는 꾼들은 아직도 바깥 울타리에 매달려 잡담을 나누고 있었다. 호텔 앞에 모여 있던 립의 친구들처럼 말이다. 조금 바뀐 건 있지만, 마치 긴 밤을 지낸 후 립이 들려주는 이야기처럼 경주로는 유구하고 말들은 여전히 경주로를 돌고 있다. 그리고 물론 전문가는 여전히 '대중'과 뚜렷이 대립각을 세우고 있다.

어중이떠중이는 가진 무기가 별로 없지만 프로는 상세한 경주 기록, 기수와 조련사 최신 동향 분석, 맞춤형 속도 수치, 경주로별 과거 성적 및 개별 경주마의 성적 주기 등등 데이터를 두루 갖추고 있다. 프로는 어떤 조련사와 기수가 돈값을 하는지, 어떤 경주마가 과대평가되었는지 파악하고 있다. 또한 나이, 성별, 경주로 여건, 거리 및 주파 유형별로 장단점을 짚어낼 수 있다.

프로는 경마 결과에 영향을 미치는 모든 요소를 기록하고 추적한다. 심지어 바다 근처에 건설된 경마장의 조수 패턴까지 자세히 기록하는 경마꾼도 있었다. 라스베이거스를 본거지로 활동하는 어떤 사설 베팅업자는 전국의 기상 상황을 훤히 꿰뚫고 있어서 고객은 날씨가 궁금하면 지역 기상캐스터보다 이 베팅업자를 더 신뢰한다.

부키와 베이컨에게 경의를 표하는 의미에서 니더호퍼 연수 프로그램에는 지역 경마장 방문이 꼭 포함된다. 낮에는 모두 일해야 해서 보통 메도랜즈에 가서 속보마와 페이서(pacer) 말들을 구경한다.

희망과 갈망이 어떤 건지, 돈 관리는 또 어떻게 하는 건지 진수를 맛보기 위해 우리는 언제나 버스에 오른다. 승객 중 절반은 십중팔구 그날 오후에 에쿼덕트에서 벌써 한바탕하고 온 사람들이다.

"에쿼덕트에서 중승식으로 돈을 땄어. 그런데 망할 놈의 버스가 고장났어."

"레드 리버(Red River)에 몽땅 걸까 하다가 막판에 3착에 걸기로 했지. 그런데 우승 배당금은 38달러, 3착 배당금은 달랑 2.30달러지 뭔가."

세월이 흘러 이름도 얼굴도 바뀌었지만 실망한 도박꾼이 구시렁대는 낯익은 곡조는 매일 들려온다. 희망, 두려움, 외로움, 절망. 경마장, 카지노, 거래소 같은 갖가지 도박장 주변에서 시간을 보내본 사람들은 이 노래를 따라 부를 수 있다. 그리고 토씨 하나까지 틀리지 않고 가사를 외울 수 있다. 세대는 바뀌고 새로운 음악가가 등장하지만 콘서트홀과 악보는 늘 똑같다. 악대의 연주는 계속된다.

10장
속임수와 차트

Victor Niederhoffer

The Education of A

SPECULATOR

장군이 즐겨 쓰는 계략은 자신을 에워싼 군중 앞에서 도로나 수로에 대해 조사하는 것이었다. 그 방향으로 갈 의도는 추호도 없으면서 말이다. 심지어 당장 쓸 것처럼 지도를 준비하라거나 도로를 놓아달라고 주문하기도 했다. 그러면 도대체 무슨 속셈일까? 온갖 뒷말과 예측이 난무한다. 그런 다음 태연하게 반대 방향으로 곧장 행진한다.

"신비주의, 신비주의가 승리 비결이야!"

— 버지니아주에서 잭슨을 숭배하는 사람,
《The Life of Stonewall Jackson(스톤월 잭슨의 삶)》

어린이는 어른의 아버지다. 나의 아버지는 경찰이었고 마티 라이즈먼의 아버지는 베팅업자였다. 아버지가 경찰이 아니라 베팅업자였다면 투기꾼인 내가 훨씬 부자가 되었을지도 모르겠다. 아버지는 이렇게 충고했다. "열린 마음으로 진실하게 살거라. 다른 사람을 신뢰하고 열심히 일하거라." 마티 아버지의 충고는 좀 냉소적이었다. "아들아, 이번엔 찬성할 수가 없구나. 그랬다간 내 기분까지 잡칠 테니까. 이번 대학시합은 짜고 치는 거야. 이런 경우는 널리고 널렸어."

속임수는 어디에나 있다. 가장 하등한 바이러스부터 가장 지혜로운 인간까지 무릇 모든 생명체는 속임수의 달인이다. 속임수를 묵살한다? 인생 종 치는 지름길이다. 부끄럽지만 처음 시장을 공부할 무렵에는 이런 조언이 절대 진리인 줄 알았다. "시장을 제대로 보려면 장기 차트를 활용해야 한다. 이것이 지고지선(至高至善)이다. 현실을 직시하자. 투기라는 영역은 시각이 아주 중요한 기능을 한다. 반복되는 주기를 찾아라. 주요 고점과 주요 저점이 언제 발생했는지 기록하고 고점과 저점 사이의 기간을 측정하라."

이렇게 충고하는 이도 있다. "시장은 호황시장과 한산시장, 추세와 비추세 기간을 거친다. 자를 꺼내 추세선을 그리고 추세에 편승하라.

시장은 바뀌었어도 기술적 지표는 바뀌지 않았다." "가격과 변동이 그렇듯 모멘텀 역시 추세를 보인다. 다양한 지표를 종합해 합의를 이끌어내는 방식으로 추세를 파악하라."

이 뜻깊은 격언을 만든 사람은 내가 아니다. 동네 서점에서 산 기술적 분석 관련 베스트셀러 여섯 권에서 뽑은 금과옥조 같은 명언들이다 (죄인들을 보호하기 위해 한두 군데 수정했음).

35년 전 나는 이런 '그럴듯한' 지침에 홀랑 속아 넘어갔다. 오늘날에도 이 미끼를 무는 물고기가 있을까 걱정이다. 베팅업자를 아버지로 두지 않았거나 자식이 미끼를 물지 못하도록 말려줄 아버지가 없다면 그럴 가능성이 다분하기 때문이다. 나도 한때 이런 지침을 따랐지만 포식자들이 상어처럼 내 주위에 꼬일 뿐이었다.

나는 다섯 가지 중요한 교훈을 배우고서야 세상만사 겉모습과 다르다는 사실을 깨달았다.

첫 번째 교훈: 자연의 질서

속임수를 처음 접한 곳은 브라이튼 해변이었다. 어울리는 장소이긴 하다. 브라이튼 비치 바스에는 4,000제곱미터에 달하는 습지가 그대로 남아 있었는데 별명이 '황무지'였다. 이것만 봐도 1940년대 브루클린의 부동산 가치가 얼마나 별 볼 일 없었는지 알 수 있다. 아버지는 이따금 자연 탐방에 나서면서 나를 데리고 갔다. 나는 심드렁했다.

"아빠, 황무지에서 자연은 연구해서 뭐하려고요? 그냥 월볼 시합이나 해요."

"잠깐 걸으면서 더위를 식히자. 그다음에 수영하러 가자꾸나. 자연은 아름답기도 하지만 자연에서 많은 것을 배울 수 있단다."

"그딴 거 누가 신경 쓴다고요. 저는 도시에 살고 있어요. 제가 좋아하는 건 곤충이 아니라 건물과 사람이라고요."

"이렇게 생각해 봐. 멋진 스포츠 기술은 전부 자연에서 배운 거야. 숨고 유인하고 딴 데 정신을 팔게 만들고, 죽은 척하고 트로이 목마를 보내고. 이런 것들이 어느 스포츠에서나 이기고 살아남는 열쇠란다."

"무슨 말이에요, 아빠?"

"여기 짙은 녹색 잎, 방금 나비가 내려앉은 잎 보이니? 그런데 마치 녹색 잎 위에 녹색 잎이 하나 더 있는 것처럼 보일 거야. 녹색 잎에 어찌나 잘 섞여 있는지 설마 살아 있는 생물이라고 생각하기 어렵지. 하지만 만지면 어떻게 될까. 카멜레온이야. 녀석은 노란 잎 근처에서는 노랗게 변할 수 있단다.

자, 여기 풀 줄기에 달린 나뭇잎을 봐. 한가운데에 버마재비라는 녹색 곤충이 있어. 나뭇잎처럼 보이지만 나비가 행여라도 버마재비가 있는 줄기에서 쉰다면, 녀석은 죽은 목숨이야. 버마재비가 다리로 녀석을 꽉 잡고 먹어치울 테니까! 하지만 버마재비한테도 천적이 있지. 겁을 주면 어떻게 되는지 봐."

"조심하세요! 녀석이 방금 몸을 두 배로 부풀렸어요. 눈이 두 개 더 생겼어요."

"아니, 너와 새들을 겁주기 위한 가짜 눈이야. 성질머리가 고약하기 그지없는 레드 크라비츠(Red Kravitz) 알지? 다른 사람들만큼 재주도 없어 보이는데 왜 그렇게 많은 경기에서 승리할까? 궁금한 적 없었니? 크라비츠는 타고난 재능도 없는데 말이야."

"맞아요, 아빠. 단식이라면 아빠도 크라비츠를 이길 수 있어요."

"하지만 레드한테는 성질머리가 있어. 무지막지한 사람처럼 보여서 모두를 당황하게 만든단다. 저 딱정벌레 보이지? 색이 100가지는 되는 것 같아서 어디가 어딘지 알아볼 수가 없어. 천적들도 못 알아본단다. 이런 기술을 '패턴을 이용한 은폐술'이라고 해. 꼭꼭 숨고 싶다면 영화관 뉴스에 나오는 정글 속 군인들처럼 아예 눈에 띄지 않는 색이 좋아. 레드 크라비츠는 걸핏하면 다투고 경기를 중단시키고 다시 시작하지.

이유는 마찬가지야. 상대가 물어뜯지 못하게 만들려는 거야. 자연에서 먹잇감은 색깔과 모양으로 주변과 어우러지기 때문에, 움직이기 전에는 잘 눈에 띄지 않는단다.

저기 나뭇가지에 앉은 나방을 봐. 꼭 나뭇가지처럼 생겼지. 왜 저렇게 은폐하고 있을까?"

"어, 새와 거미를 속이려고요."

"죽은 것 같지? 맞아. 빅 헤르시코비츠는 포인트를 딸 수 있는 랠리에서 그냥 로브샷이나 날리면서 느긋하게 경기를 운영하곤 하지. 눈치챘니? 그러고는 상대가 로브샷으로 응수하면 재빨리 앞으로 가서 결정타를 날리지. 같은 원리야. 죽은 척해서 자기 위치를 위장하지만, 잽싸게 다가와 상대를 제압한단다.

요전에 같이 자이언츠 경기 보러 갔잖아. 기억나니? 찰리 코널리 (Charlie Conerly)가 처음에는 풀백에게, 다음에는 하프백에게 패스하는 척했지. 그러자 속아 넘어간 수비수들이 모조리 태클을 해서 스크리미지 라인 중앙 근처에 겹겹이 쌓였지."

"맞아요, 그러자 코널리가 조 모리슨(Joe Morrison)에게 패스했고 모리슨이 터치다운에 성공했잖아요."

"맞아. 코널리는 위장술을 썼지. 코널리는 죽은 척하다가 세인트루이스 카디널스가 방심하고 있을 때 갑자기 살아나서 터치다운에 성공했어. 사람들은 이런 수법을 '주머니쥐' 플레이라고 해. 코널리처럼 주머니쥐도 위험에 처하면 죽은 척하지.

자연계 전체를 관통하는 수법이란다. 자연이 하듯 속임수와 위장술을 쓰지 않고는 훌륭한 월볼 선수도, 풋볼 선수도 될 수 없어."

우리 대부분은 세상에서 살아남는 기술로 방어기제를 배운다. 하지만 아버지는 이런 방어기제보다 하등동물, 스포츠, 그리고 게임에서 쓰이는 속임수가 훨씬 이해하기 쉽다고 생각했다.

두 번째 교훈: 체스 선수도 속임수를 쓴다

내가 두 번째로 기만술과 마주친 곳은 브라이튼에 있는 돌 탁자였다. 돌판 위에 체커판 무늬와 체스판 무늬를 칠해놓았는데 사람들은 이 돌판 위에서 체커나 체스를 두었다.

1940년대 이전에는 중앙에서 직접 공격하는 방식이 대세였다. 하지만 내가 체스를 배울 무렵에는 체스 하수들도 중앙 공격을 무위로 돌리는 수비법을 알고 있었다. 주도권을 뺏기지 않기 위해 사람들은 최신 전략을 활용하기 시작했다. 성공 비결은 양옆에 있는 비숍을 움직여서 중앙을 간접 공격하거나 방어하는 전술이었다. 19세기 유럽인 여행자들은 인도 고수들이 종종 이 기술을 사용하자 이 수법을 '인도식 공격'이라고 불렀다. 중앙에 있는 졸들을 전진시켜 비숍과 함께 중앙 사각형 하나를 점령하는 전통 방식은 한물간 전략이 되었다. 인도식 공격에서는 상대의 의도를 확실히 알 때까지 중앙 졸의 이동을 미루었다.

체스판에는 속임수가 횡행했다. 흔히 착각하는 게 있다. 기물을 옮기기 전에 득점표에 행마를 기록하는 관행이 있는데, 이 행위가 해롭지 않다고 생각하는 것이다. 러시아인들이 어처구니없는 실수를 막기 위해 행마를 기록하기 시작했고 삽시간에 브라이튼에 퍼졌다. 그런데 상대는 재빨리 어떻게 행마할지 눈치채고 생각할 시간을 더 얻었다. 그래서 정말 약삭빠른 사람은 일부러 엉뚱한 행마를 기록한다. 그러면 상대는 그 수에 대비해 열심히 다음 수를 생각하며 희망에 부푸는데, 마지막 순간에 수를 바꿔 상대의 희망을 박살내 버린다.

체스와 체커라면 이 해변에서 전설적인 고수로 손꼽히는 사람이 미국퍼즐클럽 회장 질 레오폴트였다. 레오폴트는 동네 클럽에서 게임을 하지 않으면 뉴욕클럽 이사회 소속 전문가들로 팀을 꾸려서 이 도시 저 도시 다니며 지역 신문에 실린 퍼즐을 풀었다. 이제는 유명한 일화가 되었지만 레오폴트는 조지아주 오거스타에 사는 아흔 살 노인이라고 하며 리버스 퍼즐(rebus puzzles, 알파벳, 그림, 숫자 등을 조합해 단어나 문구를 맞히는 게임 - 옮긴이) 대회 설립자에게 익명으로 편지를 보냈다. 레오폴트는 19세기 말에 출판되었지만 이제는 절판된 리버스 희귀본 한 권을 동봉했고, 대회 설립자에게 10달러면 살 의향이 있는지 물었다. 책을 받은 퍼즐 출제자는 책에서 퍼즐을 따오기 시작했다. 그런데 레오폴트는 언제나 정답을 미리 알고 있었다. 같은 책이 딱 한 권 더 있었는데 그 책이 레오폴트 손에 있었기 때문이다. 사기꾼 빰치는 이런 작태 탓에 사람들은 레오폴트를 '꼼수'라고 불렀다.

훌륭한 보드게임 선수는 상대가 형세 판단을 못 하도록 포커페이스를 유지하는 훈련을 받는다. 목표는 덫을 놓아 상대를 기겁하게 만드는 것이다. 행마법은 고수들이 짜낸 수로, 상대가 안전하다고 착각하게 만들어 원하는 자리로 유인한다. 세계 챔피언 미하일 탈(Mikhail Tal)은 체스판에 폭풍이 몰아치기 전 상대를 미혹하는 평온을 이렇게 묘사한다. "나는 때가 올 때까지 고요하게 행마한다. 얌전하게 기물을 전개하고 상대를 위협할 의도는 없는 듯 행동한다. 보드판은 꾸벅꾸벅 졸고 상대도 평온하다. 비슷한 상황에서 늘 그렇듯 눈치 못 채게 준비해서 폭탄을 쾅 터뜨리면 효과 만점이다."[1]

고수들이 쓰는 전략을 설명하면서 그랜드마스터인 즈노스코 보로프스키(Znosko Borovsky)는 이렇게 말한다.

> 종종 속내를 숨기고 상대를 살살 달래서 잠재우거나 심지어 실수하도록 꼬드겨야 한다. 상대가 내 계획을 의심하지 못하도록 해야 한다. … 내 속셈이 겉보기와 다르다고 믿게 만드는 것이 진짜 기술이다.[2]

세 번째 교훈: 물불 안 가리는 속임수

세 번째 속임수를 알게 된 건 월볼 코트였다. 어느 날 아티 울프(Artie

Wolf)와 붙었는데, 훅 서브라면 월볼 역사상 최고로 꼽히는 선수였다. 서브 속도만 따지면 챔피언인 빅 헤르시코비츠나 오스카 오베르트 (Oscar Obert)의 절반 정도였지만 효과는 못지않았다.

나는 울프가 넣는 서브를 한 번도 받아넘기지 못했다. 공이 나를 향해 튀어 오르는가 싶으면 눈 깜짝할 새 2.5미터나 멀어졌다. 휘어지는 공이라는 건 알고 있었지만, 도대체 어느 방향이란 말인가? 게임이론가들이 권하는 대로 마음속으로 동전 던지기를 해서 무작위로 한쪽을 골라 그 방향으로 쓰러지면서 서브를 받으려고 했지만 그럴 때면 울프는 웬일인지 전혀 휘지 않는 서브를 넣었고 그 바람에 내 성공률은 0으로 떨어지곤 했다. 이런 교활한 책략을 가리켜 "속임수로 넣을 쏙 빼놓는다"라고 표현했다. 나중에 이 교활한 책략에 대해 수백 번 이야기가 오갔지만 아티 울프를 상대하는 선수는 수천 번 당하고 또 당했다.

훅 서브를 넣는 요령은 어떻게, 얼마나 휘어지게 하든 팔 동작이 똑같게 보이게 하는 것이다. 이렇게 하려면 상대가 내 손이 어느 방향으로 움직이는지 알 수 없게끔 몸 앞에서 공을 쳐야 한다. 팔을 휘두르는 동작을 마무리할 때 내가 노리는 방향과 반대 방향으로 손을 움직이면 휘어지는 방향을 읽으려는 사람은 누구나 속는다. 복식 경기라면 노련한 파트너에게 상대 서브가 안쪽으로 휘어지는지, 바깥쪽으로 휘어지는지 알려달라고 해야 한다. 단식이라면 혼자 알아서 결정하고 판단해야 한다.

아티 울프를 제외하면 정상급 월볼 선수 중 가장 크게 휘어지는 서브를 넣는 선수는 아버지였다. 10대 때 아버지는 몇 손가락 안에 꼽히는 선수였고 오리엔탈 비치에서 랄피 아델만(Ralphie Adelman), 모티 알렉산더(Mortie Alexander), 조 가버(Joe Garber) 같은 거물을 상대로 경기했다. 미식축구를 시작하면서 반복되는 태클에 팔 근육이 파열되는 바람에 서브를 넣을 때 자연스러운 스윙 동작을 할 수 없게 되었다. 하지만 아버지의 훅 서브를 생각하면 엄청났던 젊은 시절 경기가 떠오른다.

훈련 덕분에 아버지는 호위 삼촌처럼 실력 있는 젊은이들이 함께하기에 완벽한 복식 파트너가 되었다. 과거 훅의 달인이었던 아버지는 코트에 서면 상대 서브가 휘는 방향이 바깥쪽이면 '아웃' 안쪽이면 '인'이라고 외쳤다.

운동경기에 등장하는 속임수라면 아티는 일곱 살 때 이미 통달했다. 돈이 많았던 아티 가족은 포레스트힐스에서 열린 1925년 데이비스컵 테니스대회 티켓을 살 수 있었다. 아티의 아버지가 광란의 1920년대(미국 금융시장이 활황이고 국내총생산이 가파르게 성장한 시기. 1929년 10월 말 증시 대폭락으로 번영은 막을 내린다. - 옮긴이)에 대출을 받아 주식을 왕창 매수한 덕분이었다. 예선 라운드에서 아티는 오스트레일리아와 프랑스가 복식에서 치열하게 싸우는 경기를 지켜보았다. 단식에서 1승 1패를 주고받은 상태였다. 복식 경기의 승자가 물론 본선 라운드에 진출하게 된다.

오스트레일리아 대표선수는 윔블던 챔피언이었던 제럴드 패터슨(Gerald Patterson)으로, 패터슨은 테니스계에서 스트로크가 강하기로 둘째가라면 서러운 선수였고, 복식 파트너인 존 호크스(John Hawkes)는 발리가 특기였다. 상대측은 바스크 출신 2인조 장 보로트라(Jean Borotra)와 르네 라코스트였다. 이 복식조는 잔꾀에 능한 플레이로 언제나 인기가 높았다. 아무튼 5세트 게임 스코어 6 대 6에서 패터슨이 호크스 쪽으로 가는 공을 가로채 발리를 날렸다. 그런데 그 공이 보로트라의 관자놀이에 직통으로 맞았다. 보로트라는 바닥에 쓰러지더니 꼼짝도 못했다. 호크스와 라코스트는 의식을 잃은 보로트라를 살피려고 급히 달려갔다. 그러나 패터슨은 보로트라가 툭하면 기절한 척한다는 사실을 알고 있었기에 떠보려고 라켓으로 쿡 찔렀다.

패터슨이 옳았다. 보로트라는 종종 코트에서 기진맥진한 척해서 상대를 방심하게 만들었다. 보로트라는 죽은 척하는 주머니쥐처럼 상대를 속이는 것으로 유명했다. 라켓을 목발이나 휠체어처럼 쓰면서 다친 것처럼 꾸미기도 했다. 그러다가 결정적인 순간 민첩하게 네트를 향

빅터 니더호퍼의 투기 교실

해 뛰어와 8포인트를 연속으로 따서 승리하곤 했다. 상대는 멍하니 얼이 빠졌다. 그런데 이번처럼 죽은 척하기는 처음이었다. 관계자들과 의사들이 포레스트 힐스 관중석에서 쏟아져 나왔다. 걱정은 붙들어 매시라. 공격하기 위한 보로트라의 위장술 중 하나일 뿐이었다. 몇 분 후 보로트라는 회복했고 프랑스 복식조는 10 대 8로 5세트를 따내며 승리했다. 기절하는 모습에 충격받은 오스트레일리아팀이 더 이상 피해를 주지 않으려고 나머지 6포인트 동안 속도를 줄여 샷을 날렸기 때문이다.

20년 후 제2차 세계대전이 끝나자 보로트라는 윔블던 출전을 금지당했다. 1940년대 초, 독일에서 보로트라를 비시 정부(제2차 세계대전 중 프랑스가 독일에 항복한 후 비시에 세운 정부 - 옮긴이) 체육부장관으로 임명했기 때문이다. 전쟁이 막바지로 치달을 무렵 보로트라는 홀연히 사라졌는데 영국인들은 보로트라를 나치 정권 부역자로 여겼다.

1975년, 난데없이 보로트라에게서 전화가 왔다. 당시 보로트라는 유네스코에서 스포츠맨십을 장려하는 직책을 맡고 있었다. 그냥 한직이었다. 그는 전화로 유네스코에서 해마다 주는 스포츠맨십상 수상자로 내가 지정되었다고 했다. 그 전해에 나는 상대 선수인 샤리프 칸에게 부상을 입혔는데 이 일로 세계선수권대회 우승자라는 영광을 사양했기 때문이라고 했다. 나는 칸에게 부전승으로 이기기보다는 칸이 눈 부상에서 회복하기를 기다리겠다고 말했다.

유네스코는 나한테 비행기 티켓을 줄 자금이 없었지만 이렇게 참석을 권했다. "귀하가 이 상을 받아주신다면 세계 화합을 위해 중요한 전기가 될 것입니다." 아무튼 저축한 돈을 몽땅 털어 시상식에 참석했는데, 나중에 알고 보니 나는 그저 미국 정부의 환심을 사기 위한 인질이었다. 유네스코가 미국을 깔보는 일이 거듭되고 유네스코 의장이 매력 넘치는 보좌관과 함께 기관 비용으로 호화 생활을 즐기다 적발되자 워싱턴 정부가 유네스코에 대한 지원을 끊어버렸기 때문이다.

네 번째 교훈: 영장류와 속임수
(핏줄에 흐르는 유전자)

1970년 세계무역센터가 맨해튼에 건설되기 전, 월가와 트리니티교회 서쪽 지역에는 그림처럼 멋진 수출입 관련 시설들이 있었다. 헨리 트레플리히(Henry Trefflich)가 운영하는 업체는 동물원에 야생동물을 공급하는 일이 주력 사업이었다. 이 업체는 아프리카에서 동물을 모아서 미국으로 공수해 팔았다. 그런데 헨리는 배에 태운 야생동물이 배를 빠져나와 도시를 활보하도록 일부러 내버려 두었다. 동물이 탈출하면 신문에 대문짝만하게 실리므로 상품 홍보에 도움이 되기 때문이었다. 유리 진열장에 있는 긴팔원숭이나 사자, 비단뱀을 보다 보면 신기해서 호기심이 발동했다. 정신을 차려보니 어느 틈에 내가 일본산 짧은꼬리마카크 주인이 돼 있었다.

시카고에서 대학원 강의를 듣던 시절이었다. 키우는 원숭이 로리(Lorie, 존경과 감사의 마음을 담아 논문 지도교수의 존함을 붙임)에게 배스킨라빈스에서 파는 바나나 스플릿(바나나를 반으로 갈라 아이스크림과 견과류 등을 올린 후식 - 옮긴이)을 간식으로 자주 사주었다. 당시 53번가 유니버시티 애비뉴에 새로 문을 연 쇼핑센터에 배스킨라빈스 매장이 있었다.

로리는 숟가락으로 떠먹는 것을 좋아했다. 하지만 로리는 자기 간식에 만족하지 않고 내 몫인 아이스크림을 띄운 음료까지 낚아챘다. 로리와 함께 있으면 로리와 놀려고 사람들이 모이는데 내가 사람들에게 한눈을 팔면 그 틈을 이용해 음료를 채갔다.

사람들이 모이면 흥을 돋우기 위해 유인원 지능검사인 여키스 검사(Yerkes Intelligence Test)에서 본 것을 로리에게 시켰다. 바나나에 끈을 달고 끈 위에 무거운 물건을 둔 다음 원숭이가 바나나를 빼내는지 보는 것이 첫 번째 테스트였다. 또 한 가지 테스트는 원숭이가 닿을 수 있는 높이보다 약 60센티미터 더 위에 있는 나뭇가지에 바나나를 놓은 다음

약 2.4미터 떨어진 곳에 걸상을 놓아, 원숭이가 나뭇가지 밑으로 걸상을 옮겨 열매를 가져올 수 있는지 확인하는 것이었다. 로리는 모든 테스트를 척척 통과했다.

한번은 다섯 살배기 동생 로이가 시카고대학에 찾아왔다. 나는 동생의 '재산권'을 지켜주려고 눈에 불을 켜고 있었다. 로이에게 아이스크림을 띄운 음료를 주고는 혹시 로리가 있는지 주위를 둘러보았다. 녀석은 침대 밑에 숨어 있었던 모양이다. 내가 방을 나가자마자 슬그머니 나와서는 로이를 밀어내고 음료를 벌컥벌컥 들이켰다. 나한테 들키면 우리에 갇힐 줄 알고 내가 자리를 뜰 때까지 숨어 있다가 음료를 훔친 것이다.

20년 후 알게 된 사실인데 연구자들은 영장류가 속이는 행동을 반복해서 하는 사례를 발견했다. 연구 결과에 따르면 진화의 관점에서 볼 때 영장류의 뇌가 커진 주된 이유는 짝을 찾고 지키는 능력을 키우는 데 속임수 행위가 개입되기 때문이라고 한다.

스코틀랜드 영장류 동물학자 리처드 번(Richard Byrne)과 앤드루 와이튼(Andrew Whiten)이 수행한 연구가 이 분야에서 대표적인 연구로 손꼽힌다[원래 〈영장류 보고서(Primate Report)〉에 실린 이들의 연구 결과를 제임스 슈리브(James Shreeve)가 〈디스커버(Discover)〉 1991년 6월 호 기사 '권모술수에 능한 원숭이들(Machiavellian Monkeys)'에서 보도했다]. 번과 와이튼은 남아프리카 드라켄즈버그산맥에서 차크마개코원숭이의 섭식 활동을 연구하고 있었다. 와이튼은 식용 구근을 뒤지고 있던 멜(Mel)이라는 암컷 성체를 관찰하고 있었다. "(어린 개코원숭이) 폴(Paul)이 다가와서 주위를 둘러보았다. 다른 개코원숭이는 보이지 않았다. 폴이 갑자기 고함을 지르자 멜은 깜짝 놀랐고 몇 초 만에 어미가 달려와서 멜을 좁은 절벽 위로 쫓아냈다. 그러자 폴이 스스로 구근을 가져갔다."

어린 시절에 숱하게 본 행동을 원숭이들이 하자 와이튼은 충격을 받았다. 와이튼은 번을 비롯해 여러 영장류 학자에게 관찰한 바를 전했는데, 동료 학자들도 비슷한 사례를 여러 건 목격했다고 했다. 와이튼과 번은 계속 관찰하다 보면 중대한 결과를 얻을지도 모른다고 판단하고는 전 세계 영장류 동물학자들에게 설문지를 보냈다. 그들은 곧 속임수 데이터베이스를 확보했다. 거의 모든 영장류가 기만술을 쓴다는 사실을 입증하는 자료였다. 예외로 속임수 사례가 한 건도 없는 종이 딱 하나 있었는데, 인간의 사촌뻘이며 뇌가 가장 작은 여우원숭이 무리였다.

단순히 은폐하는 행위부터 다른 침팬지의 상황을 파악해서 속이는 기가 막힌 행위까지 각양각색 속임수가 존재한다. 침팬지는 사냥감을 보면 짖는 습성이 있는데 제인 구달(Jane Goodall)이 바나나를 주면 꾹 참고 짖지 않았다. 다른 침팬지들이 소리를 듣고 달려와 바나나를 뺏으면 안 되기 때문인데, 일종의 은폐 행위다. 또한 침팬지는 다른 침팬지가 처한 상황을 이용할 줄도 안다. 네덜란드 영장류 동물학자 프란스 플루지(Frans Plooji)가 실험을 통해 이를 밝혀냈다. 먹이를 주는 곳에 침팬지를 홀로 두고 원격으로 음식이 들어 있는 금속 상자를 열었다. 상자가 열리자 다른 침팬지 한 마리가 나타났다. 그러자 첫 번째 침팬지는 즉시 상자를 닫고 두 번째 침팬지가 사라지기를 기다렸다. 두 번째 침팬지는 걸어가서 나무 뒤에 숨었다. 첫 번째 침팬지는 곧 상자를 다시 열었고, 두 번째 침팬지는 숨어 있던 곳에서 불쑥 튀어나와 음식을 낚아챘다. 번과 와이튼은 하나의 계략을 또 다른 잔꾀로 물리치는 이런 능력을 '권모술수 지능'이라고 부르며 인간의 뇌가 아주 커진 것이 이런 적응 행동 덕분이라는 가설을 제시했다.

만약 초기 영장류 중 일부가 커다란 두뇌 덕분에 먹이를 찾거나 짝을 유혹하는 데 다른 영장류보다 더 유리했다면 뇌 주인은 살아남아 번식할 수 있었을 것이다. 이런 식으로 더 영리한 녀석이 살아남고, 또 더 영리한 녀석이 이 녀석을 제치고 살아남으면서 뇌는 점점 커졌다. 논문 저자들은 이 능력이 그 옛날 침팬지와 인간의 사고가 발달하는 데 중요한 역할을 했다고 믿는다.

다섯 번째 교훈: 사람 홀리는 기술 패턴

1964년 3월 순진했던 내가 변하게 된 전환점이 있었다. 일리노이주 스프링필드에 갔다가 존 머기(John Magee)를 만난 것이 계기가 되었다. 머기는 패턴 분석 연구의 완결판이라고 할 수 있는《Technical Analysis of Stock Trend(주식 추세의 기술적 분석)》를 쓴 저자로 기술적 분석이라면 원로였다. 낡고 다 쓰러져가는 건물 안에 사무실이 있었다. 녹색 선 캡을 쓴 남자들이 제도대 위에 몸을 굽히고 〈프랜시스에모리 피치 주식거래 보고서(Francis Emory Fitch Stock Transaction Reports)〉에 실린 가격을 입력했다. 〈뉴욕타임스〉와 〈월스트리트저널〉이 어지럽게 널려 있었는데 적어도 2주는 지난 것들이었다. 마치 덧없는 현재의 정보들이 시대를 초월한 영구적인 결론을 가리면 안 된다고 말하는 것 같았다. 찬 바람 탓에 목이 뻐근했다. 사무실에는 냉난방 장치가 있었고 창문은 죄다 판자로 막아서 기술적 분석가들이 객관적 판단을 내리는 데 햇빛이나 날씨가 영향을 미치지 못하도록 했다.

머기는 개별 종목의 베타 추정치를 계산하는 기초 방식을 개발했다. 머기는 너그럽게도 베타 지표의 일관성을 시험하도록 허락해 주었다.

"여기 있는 수많은 차트로 랜덤워크 가설을 검증하도록 허락해 주셔서 감사합니다. 예측 패턴을 기반으로 자문 서비스를 판매하시니 허락하기가 쉽지 않으셨을 텐데요."

"빅터, 우리가 관리하는 파일로 안내하지. 이 차트를 봐. 갭 상승, 거래량 증가, 다음에는 거래량이 감소하면서 주가 하락이 반복되지. 세 번째, 네 번째, 모두 찍어낸 것마냥 같다네. 가격은 언제나 이처럼 윤곽이 뚜렷한 추세 안에서 움직이지. 이게 랜덤워크라면 내 머리카락도 더 이상 안 빠지고 틀니는 팔아버려도 되겠지."

"하지만 선생님, 가격과 거래량은 비슷하지만 가격이 추세선을 벗어나는 차트가 분명 있을 겁니다."

"빅터, 시세표시기에서 나오는 거래를 차트에 기록하는 과학, 그러니까 기술적 분석의 핵심이 바로 그 점이야. 주가는 추세에 따라 움직여. 거래량도 추세와 함께 움직이지. 인간의 행동은 변하지 않아. 그렇기 때문에 전문직 중에서 제일 쓸모없는 게 정신과 의사들이지. 시장은 늘 하던 것과 거의 동일한 방식으로 늘 하던 움직임을 반복한다네. 공급과 수요의 원리를 알면 이 통에 있는 수많은 차트 중 어떤 차트든 설명할 수 있다네. 차트 제목을 몰라도 말이지."

"그럼 예측도 가능한가요?"

"시장은 희망과 공포, 추측과 분위기, 수요와 자원을 모두 반영한다네. 가격에 전부 반영돼 있지. 중요한 건 이게 다야." 머기가 대답했다.

"원자재에도 같은 기법이 통하나요?"

"원자재시장에서 하는 짓들 보면 괘씸해. 정부에서 조작과 규제로 정상적인 추세를 왜곡하고 있어. 환장할 노릇이지. 농부들이 먹고살려면 기초 식량을 팔아야 하고 자네나 나도 먹고살려면 식량을 사야 하는데 말이야. 원자재를 거래하려면 추세선에 이동평균을 보충해야 해. 가격이 이동평균을 돌파하면 매수하고 이동평균 밑으로 이탈하면 매도해야 해."

"기술적 분석의 과학도 시대에 따라 바뀌나요?"

"동일해. 거래가 활발한 주식이나 종합주가지수에서 지지선과 저항선이 계속 되풀이해서 나타난다네."

"추세를 예측에 활용하려면 두 군데 점을 잡아서 추세선을 그려야 하는데, 두 점을 어떻게 식별하죠?"

"아, 노련한 우리 제도공들이 책상 앞에 서서 하는 일이 바로 그 일이라네. 연필로 일단 시험 삼아 선을 여러 개 긋는다네. 이후 주가가 움직이면 제일 잘 맞는 선 하나가 나오지. 정말 놀랍고 신비롭고 경이롭지? 마치 자로 길을 연결한 것처럼 작은 움직임뿐만 아니라 몇 년에 걸친 큰 변동도 드러난다네."

"캐비닛 서랍에 있는 차트 중에는 20세기 초 차트도 있다고 하던데요. 세월이 지나면 오래된 차트는 무용지물이 되지 않나요?"

"정반대야. 해를 거듭할수록 차트는 단단해진다네. 1935년 애치슨 토피카(Atchison Topeka, 1859년 설립된 미국 철도회사 - 옮긴이) 차트에 있는 해묵은 패턴이 계속 반복되고 있지. 채널 안에서 위아래로 움직이다가 일단 추세선이 무너지면 하락세가 지속된다네."

드디어 찾았다. 나는 이 분야에서 존경받는 인물, '원로' '한 시대의 획을 그은 개척자' '군계일학 전문가' '100만 투자자가 읽은 베스트셀러 작가' '많은 투자자가 견실한 원칙을 개발하도록 도운 사람'과 대화를 나누고 있었다.

하지만 패턴을 열렬히 신봉했던 나 같은 애송이도 알 수 있었다. 나방이나 원숭이, 인간이 살아남기 위해 밥 먹듯이 속임수를 쓰고 있다면 투기꾼은 머기의 순진무구한 추론과 설명에 귀를 기울이기보다는 속임수에 주의해야 한다는 사실 말이다. 나는 투기로 또 돈을 날리기 전에 속임수를 철저히 연구하기로 결심했다.

우선 가장 작은 유기체에서 시작해서 점점 큰 유기체로 나아가면서 연구할 작정이었다. 바이러스부터 시작해서 개미로 옮겼다가 급기야 연구를 중단했다. 속임수는 어디에나 있다는 사실을 깨달았기 때문이다. 바이러스는 속임수를 써서 몸에 침투한다. 개미는 속임수로 다른 개미들을 노예로 삼는다. 나방은 배고픈 새를 피하기 위해 속임수를 쓴다. 장군은 속임수를 사용해 훌륭한 적장을 물리친다. 군인은 하루 더 살아남기 위해 속임수를 쓴다. 젊은 남녀는 이성을 유혹하려고 속임수를 쓴다. 사기꾼은 속임수를 써서 다른 사람이 수고해서 맺은 열매로 제 잇속을 차린다. 마술을 보는 관객은 착각하게 만드는 게 비결이라는 사실을 알고 있다. 그래도 마술사는 관객을 속인다. 훌륭한 금융업자는 사기술로 호구들을 무참히 짓밟아 놓고 이튿날이면 까맣게 잊어버린다. 포커판 노름꾼은 좋은 패를 갖고 있는 척 상대를 속인다. 경제학자들은 기업이라는 조직을 설명할 때 기만을 핵심 변수로 꼽는다. 투기꾼은 자금력이 달리는 개미들을 속여 시장에서 떨궈낸다.

속임수는 게임, 전쟁, 생존, 포식자와 먹이 관계, 짝짓기, 날조, 사기 또는 경제적 거래에만 국한되지 않는다. 예술을 정의하자면 한 종류를 다른 종류로 보이게 만드는 것이 예술이다. 화가는 원근법이라는 속임수를 사용해 2차원 물체를 3차원으로 보이게 한다. 배우는 속임수를 써서 관객을 다른 세계로 끌어들인다. 추리소설 작가는 속임수를 통해 책이 끝날 때까지 독자들이 계속 추측하게 만든다. 소설가는 반전을 이끌어 내면서 독자를 속인다. 불가능한 일일수록 더 차원 높은 기술이 필요하다. 애덤 스미스(Adam Smith)는 수필 〈모방 예술에 대하여(On the Imitative Arts)〉에서 오페라가 최고의 예술 중 하나라고 설파했는데, 오페라에서는 등장인물들이 실생활이라면 좀체 하지 않을 일을 하기 때문이다. 바로 노래로 의사소통하는 일이다.

속임수의 생태학

동물학자들은 지난한 연구 끝에 속이는 이유와 시기, 장소, 방법을 설명하는 이론을 개발했다. 포식자들이 먹이를 선택하는 빈도를 보면 먹잇감의 출현 정도에 비례하지 않는다. 희귀한 먹이는 눈앞에 나타나도 자주 무시하거나 지나치기 때문이다. 그럴 법한 가설이 있다. 포식자는 먹이를 식별하고 위치를 파악하는 '탐색 이미지'를 머릿속에 그린다. 그런데 먹이 포획 확률을 높이기 위해 더 흔한 먹이를 탐색하는 쪽으로 이미지를 구상한다.

일부 먹이는 희귀성과 먹히는 확률 사이에 나타나는 이런 불균형을 이용해 진화 과정에서 은폐색을 발달시켜 희귀한 먹이가 된다. 기만술을 통해 희귀성을 획득하는 셈이다. 이렇게 되면 포식자가 먹잇감을 찾는 '최적 탐색 속도'는 느려지고, 포식자가 '응시하는 시간'은 늘어난다.

쉽게 말하면 포식자는 기만술을 쓰는 먹이를 찾는 데 에너지를 낭비하지 않으려고 하므로 먹잇감 입장에서는 희귀한 먹이가 되면 먹힐 확률이 줄어든다.

물론 색을 숨기는 것 외에도 포식자의 계획을 물거품으로 만들 방법은 많다. 그러나 색을 숨기는 것이 에너지 효율 측면에서 최선으로 보인다. 존 엔들러(John Endler)는 포식 행위를 단계별로 나눈다.[3]

1. 조우: 먹잇감이 보일 정도로 다가간다.
2. 탐지: 주위 환경 속에서 먹잇감을 인지한다.
3. 식별: 먹을 수 있다는 것을 인지하고 공격하기로 결정한다.
4. 접근(공격)
5. 제압
6. 섭취

포식은 어느 단계에서든 실패할 수 있다. 예를 들어 얼룩말은 공격 단계에서 무리 짓기, 속도, 상대를 혼란스럽게 만드는 색(무리를 지어 빨리 달리면 줄무늬 벽이 휙 지나가는 것 같은 착시 현상)을 통해 사자를 피한다. 노린재는 제압 단계에서 유독성 화학물질을 분비해 반격한다. 복어는 섭취 단계가 되어서야 치명적인 독을 내뿜는다.

어떤 방어 방식을 선택하느냐는 상대적 비용과 편익, 그리고 집단의 진화 역사에 달려 있다. 보호색처럼 초기에 포식을 방해하면 포획 위험도 낮아지고 소비되는 에너지도 줄어든다. 예를 들어 사자가 애초에 얼룩말을 전혀 알아보지 못하면 얼룩말은 위험을 줄일 수 있다. 달리려면 엄청난 에너지가 소비되기 때문이다. 만약 오솔길에 다른 사자가 있다면 진이 빠진 얼룩말은 더 달릴 기운이 없게 된다. 그런데 속임수에는 대가가 있다. 속이는 행동에 에너지를 쓰다 보면 삶을 풍요롭게 만드는 다른 기능들이 뒤로 밀려난다. 따라서 균형을 잘 잡아야 한다.

경계와 불신: 속임수의 경제학

올리버 E. 윌리엄슨(Oliver E. Williamson)은 경제사회학을 공부하던 학생 시절 경제 행동 이론을 정립했다. 이 이론의 골자는 기업도 식물이나 동물과 같은 방식으로 행동하며 행동하는 이유도 대동소이하다는 것이다. 거래비용경제학(transaction cost economics)이라고 부르는 이 이론은 "다른 형태 대신 특정 형태의 자본 조직을 선택하는 이유는 주로 거래비용을 절약하기 위해서"[4]라고 주장한다.

윌리엄슨은 기업 조직, 즉 제도가 효율성을 달성하는 방식으로 3단계 수준을 제시한다. 첫 번째 수준은 규칙을 통해 유지되는 제도적 환경이다. 두 번째 수준은 계약 관계 관리로, 이는 첫 번째 수준인 규칙을 통해 이루어진다. 세 번째 수준은 개인의 신념과 행위로, 계약 당사자들의 믿음과 행동에 의해 결정되는 매개변수들 내에서 계약 관계가 관리되고 조정된다.

《페더럴리스트 페이퍼(The Federalist Papers)》에서 제임스 매디슨(James Madison)은 미국인으로는 이 주제를 최초로 탐구했다. "인류는 일정 정도 타락했기에 경계와 불신이 필요하다. 마찬가지로 인간 본성에는 마땅히 존경과 신뢰를 받을 만한 다른 자질도 일정 부분 존재한다."

윌리엄슨은 인간의 타락한 성향을 '기회주의'로 명명하며 "자기 이익을 추구하기 위해 속임수를 사용한다"고 지적한다. 조직의 목적은 인간의 거래 행위에는 권모술수, 완곡하게 말하면 '기회주의적' 속성이 있음을 감안하는 동시에 제재와 절차를 통해 이익을 극대화하는 방향으로 통제하는 것이다. "기회주의를 누그러뜨리는 것이 거래비용경제에서 핵심 역할을 한다."[5]

거래비용경제학에서는 개인 간 매매 결정을 첫째 가격, 둘째 위험(속임수 포함), 셋째 위험으로부터 보호하기 위한 안전장치의 세 부분으로 나눈다. 규범, 관습, 재산권, 계약법, 법원 등이 기회주의를 미연에 방지할 수 있는 사회라면 안전장치는 필요 없어지고 비용도 상당히 낮아진다. 기회주의가 만연한 사회라면 안전장치가 폭넓어야 한다. 안전장치에는 기업 내부에 위계질서를 세우는 작업이 포함된다. 물론 직원들은 여전히 기회주의적이지만, 위계를 갖춘 조직은 기회주의적 행위를 예방할 수 있는 선제 조치가 된다. 즉 내부 문제가 법원에 기대지 않고 내부에서 해결된다. 게다가 기업은 조건을 변경하거나 새로운 규칙을 만들어 직원을 명령으로 통제할 수 있으며, 또한 내생적 선호(개인이나 조직의 문화, 가치관 등에서 영향을 받아 개인이나 조직 내부에서 형성되는 선호도 - 옮긴이)를 만들어내려고 시도할 수 있다. 즉 선전을 통해 직원들의 사고방식에 영향을 미쳐 지배 구조를 존중하도록 구슬리거나 강제한다.

속임수의 원리

속임수의 생태학, 속임수의 경제학 이론은 어느 분야에나 적용될 수 있다. 나는 시장의 속임수를 연구하기 위한 준비 단계로 우리 인생살이에 깊숙이 스며든 전쟁과 스포츠, 자연 이 세 가지 분야에 집중하기로 했다.

이들 분야를 대상으로 별도로 연구를 진행했지만 곧 하나의 공통된 주제가 떠올랐다. 처음에는 두 집단이 생존을 위해 경쟁한다. 직접 치고받는 전투에서 에너지가 많이 소실된다. 포식자와 먹잇감 모두 공격 전술과 방어 전술에 능숙해지자 양측 모두 간접적 방식으로 에너지를 절약한다.

직접적 대립에는 낭비가 많았다. 이런 낭비 없이 생명을 유지할 수 있게 각 분야에서 각종 기만술이 수두룩하게 등장한다. 그러나 이후 경쟁자들 중에 '천재'가 나타나 더 나은 공격 방법이나 방어 방법을 생각해 내거나 우연히 발견한다. 이 기술은 유전자, 부호 또는 문장을 통해 전달된다. 기만술은 생존에 어느 정도 유리한지에 따라 사라지기도 하고 남아서 진화하기도 한다.

하지만 결국 상대도 새로운 전략에 대항하는 방법을 개발한다. 수비와 공격은 끊임없이 서로 진화하면서 균형을 유지한다. 이처럼 앞서거니 뒤서거니 하는 양상을 전장에서는 군비경쟁, 생물학에서는 공진화(共進化)라고 부른다.

종은 하나지만 속임수는 천태만상 – 전쟁

많은 동물이 한두 가지 형태의 속임수를 발전시켜 왔다. 반면에 인간은 다방면에 두루 재주가 많은 생물이다. 속임수가 필요하면 척척 꾸며내고, 기본적인 속임수 몇 가지를 그때그때 즉흥적으로 섞고 조합하기도 한다. 속임수가 필요하지 않을 때는 에너지를 절약한다. 이 방면에서 인간이 가진 번뜩이는 재능은 전쟁터에서 쉽게 발현된다.

많은 전쟁 전문가는 40년 동안 〈런던타임스(London Times)〉 종군기자로 활약했던 B.H. 리델 하트(B.H. Liddell Hart)를 최고 권위자로 여긴다. 하트는 '우회'가 얼마나 잘 먹히는지, 그리고 얼마나 광범위하게 적용될 수 있는지 이렇게 마무리하고 있다. '우회'는 적어도 속임수의 형제뻘이라고 할 수 있다.

> 수많은 군사 작전을 쭉 연구하는 과정에서 나는 직접적 접근보다 우회적 접근이 우월하다는 사실을 처음으로 인식하게 되었다. 전략에 대한 이해를 넓히려고 연구하다 보니 우회적인 접근이 훨씬 더 폭넓게 활용된다는 사실을 깨닫게 되었다. 이는 모든 영역에서 삶의 법칙, 진리의 철칙이다. 인적 요인이 지배적이거나 이해관계에 대한 우려가 밑바닥에 깔려 있어 의견이 충돌할 때가 있다. 이럴 때는 이 법칙을 실천하는 것이 문제를 실용적으로 해결하는 관건이다. 이런 경우에 새로운 발상으로 직접 공격하면 상대는 완강하게 저항하므로 관점의 변화를 이끌어 내는 데 어려움이 가중된다. 다른 개념을 소리

없이 침투시키거나 본능적인 반감을 우회해 측면을 치는 논거를 활용하면 더 쉽고 빠르게 국면이 전환된다. 우회적인 접근은 성(性)의 영역만큼이나 정치 영역에서도 기본이 된다. 상거래에서 손에 넣을 수 있는 싼 물건이 있다는 제안은 사라는 어떤 직접적인 호소보다 훨씬 힘이 있다. 그리고… 흔히 하는 말이지만 상사가 새로운 발상을 받아들이게 만드는 가장 확실한 방법은 설득을 통해 그 아이디어가 마치 상사의 머릿속에서 나온 것처럼 믿도록 만드는 것이다. 전쟁에서도 그렇지만, 목표는 저항을 누그러뜨려 저항을 극복하려고 시도할 필요조차 없게 만드는 것이다. 그리고 상대를 방어막 밖으로 끌어내는 것이 저항을 무력하게 만드는 가장 효과적인 방법이다.[6]

하트는 고대와 현대의 군사 작전 수십 가지를 검토하면서 속임수가 결정적 전투를 승리로 이끈 경위를 상세히 밝히고 있다. 나도 전쟁사를 연구해 보았는데 성공한 군사 작전의 전형으로 미끼, 거짓 선물, 급습, 이 세 가지 사례를 꼽고 싶다.

미끼

구약성서(사사기 4장 12절)에는 까마득한 옛날 군대에서 속임수를 사용한 사례가 기록돼 있다. 가나안 시스라(Sisera) 장군이 쇠로 만든 전차 900대와 군사들을 이끌고 이스라엘을 공격했다. 이스라엘은 가나안 사람들의 계획을 알게 되었고, 여사제 드보라(Deborah)가 게데스의 바락(Barak)에게 이스라엘 자손 1만 명을 모아 기손강 계곡 위에 있는 다볼산 바위 비탈에 숨어 있으라고 명했다. 드보라는 소규모 미끼 병력으로 강둑을 따라 다볼산 아래 좁은 습지대 평원으로 시스라 군대를 유인했다. 축축한 땅에서 쇠 전차는 꼼짝 못 할 게 뻔했다. 그때 바락이 1만 명을 이끌고 산에서 내려와 습격했고 가나안 군대는 몰살당했다.

거짓 선물

트로이 목마 이야기는 유명하다. 그리스인은 무수한 적을 상대로 싸웠고 가장 힘센 신들과 여신들의 도움도 받았다. 전쟁에 필요한 최신 장비도 갖췄고 아킬레우스(Achilleus), 오디세우스, 아가멤논(Agamemnon)이 영웅적인 위업을 쌓았다. 그래도 트로이만은 여전히 난공불락이었다. 트로이에는 뚫을 수 없는 성벽이 있었기 때문이다. 오디세우스는 마침내 속임수를 쓰기로 했다. 오디세우스는 목마를 설계하고 유능한 병사 스무 명을 목마 안에 숨겼다. 남은 전사들은 위치를 옮겨 테네도스로 항해했다. 수레에 목마를 실어 트로이에 보냈고 저녁이 되자 그리스군이 나타나 보초를 죽이고 성문을 열었다. 마침내 그리스는 트로이를 파괴했다.

트로이 목마를 다룬 주요 문헌인 《오디세이아(Odysseia)》《아이네이스(Aeneis)》, 오비디우스(Ovidius)의 《변신 이야기(Metamorphoses)》를 읽고 놀란 것은 전쟁을 끝내기 위해 그리스인들이 속임수 기술을 숱하게 썼다는 점이었다. 내가 발견한 것만도 다섯 가지로, 이 다섯 가지 속임수는 이후 나타난 모든 속임수의 본보기가 되었다.

1. 전리품처럼 보이도록 말에는 아름다운 조각을 새겨 넣었다. 아름다운 전리품은 탐욕에 이끌린 트로이인들을 유혹해 선물을 받게 만들었다["선물을 가져오는 그리스인을 조심하라"고 라오콘(Laocoon)이 경고했건만]. 말에 뚫은 문은 교묘하게 만든 나사못으로 가렸다.

2. 그리스군은 이중 첩자인 시논(Sinon)을 남겨두었다. 시논은 돈을 두둑하게 받고 그리스인이 말을 두고 간 이유에 대해 온갖 거짓말을 늘어놓았고 트로이가 선물을 거절하면 끔찍한 일이 벌어진다고 예언했다. 시논은 트로이가 말을 파괴한다면 트로이는 꼼짝없이 멸망하겠지만, 말을 성안으로 들이면 트로이가 그리스를 침략할 것이며, 긴 세월 트로이에 대항해 싸운 자들의 자손들을 정복할

것이라고 말했다.

3. 심리를 멋지게 역이용했다. 트로이가 그리스군에게 포위된 10년 동안 성벽은 방어의 버팀목이 되었다. 그런데 목마는 성벽 일부를 파괴하지 않고는 도시 안으로 들일 수 없도록 설계되었다. 트로이인들은 받아줄 것 같지도 않은 선물 안에 그리스가 공격 병력을 넣어 보낼 리 없다고 생각했다.

4. 그리스 배들은 트로이 보초병들이 볼 수 없도록 테네도스에서 수 킬로미터 떨어진 곳에 숨어 있었다. 갑옷이 부딪히는 소리만 날 뿐 말 안에 있던 전사들은 침묵을 지켰다. 하지만 갑옷이 부딪히는 소리조차 트로이인들이 흥청망청 즐기는 소리에 묻혔다.

5. 트로이의 예언자 라오콘은 목마는 속이 비어 있으며 그 안에 어쩌면 전사들이 있을지도 모른다고 말했다. 그리고 자신의 말을 증명하려고 목마를 향해 창을 던졌다. 라오콘이 한 말에 신빙성이 있으면 안 되므로 그리스 신들은 뱀을 보내 라오콘의 아들들을 잡아먹었다. 마치 라오콘이 거짓말을 한 탓에 신들이 분개해 아들들을 잡아먹은 것처럼 꾸미기 위해서였다.

급습

내가 가장 좋아하는 전시 전술은 죽은 척하기 기술의 변형이다. 1940년 5월 초, 영국 상선 사이언티스트호는 아프리카 서해안을 조심스레 항해하고 있었다. 크로뮴 1,150톤과 옥수수 2,500톤 등 무거운 화물을 싣고 더반에서 리버풀로 향하는 길이었다. 사이언티스트호 선장은 적국의 U보트와 전함을 경계하며 불안한 듯 자주 수평선을 훑어보았다. 그런데 아무리 살펴봐도 녹슬고 낡은 화물선이 일본군 깃발을 휘날리며 천천히 다가올 뿐 아무것도 없었다. 일본은 당시 명목상 중립국이었다. 영국 선장이 쌍안경으로 보니 선체에 카시마루(Kasii Maru)라는 이름이 적혀 있었다. 많은 일본 선원이 두건을 두르고 셔츠 자락을 늘어뜨린 채 난간 근처에서 어슬렁거린다. 어떤 여자는 허름한 화물선 갑판 위에서 무심코 유모차를 밀고 있다.

갑자기 사이언티스트호 무전기가 거슬리는 신호와 함께 치직거린다. "즉시 항해 중지, 무선 통신 금지. 그러지 않으면 공격한다." 동시에 카시마루호가 일본군 깃발을 내리고 나치 깃발을 게양했다. 그러더니 사이언티스트호 뱃머리를 향해 포탄을 발사한다. 사이언티스트호는 멈춰서 작은 배들을 내리기 시작한다. 잠시 후 버려진 배는 어뢰에 맞았고 귀한 화물은 바다의 신 넵튠의 창고에 들어간다. 중무장한 독일군이 나타나 침몰한 배에서 생존한 자들을 태운 뒤 이동한다.

개미보다 하수?

지금까지 다양한 사례를 들어 인간의 기만술을 설명했지만, 우리 종족에게 속임수의 왕좌 자리를 주기에는 망설여진다. 개미가 얼마나 쉽게, 얼마나 감쪽같이 속이는지 보면 감탄사가 절로 나오기 때문이다. 개미는 정교한 기만술을 개발하는 데는 귀신이다. 예를 들어 기생개미인 드라큘라개미는 숙주개미인 주름개미 없이는 살 수 없다. 드라큘라개미는 숙주개미 군체의 냄새를 흉내 내 주름개미 둥지로 잠입한다. 개미들은 냄새만으로 서식지에 같이 사는 동료를 식별하기 때문이다. 기생개미인 드라큘라개미는 일개미 계급이 없으며, 여왕개미는 다른 개미의 등에 타기에 적합하도록 진화했다. 녀석들은 배 쪽은 오목하고 발에는 커다란 발바닥과 발톱이 있으며, 본능적으로 다른 개미, 특히 여왕개미를 즐겨 붙잡는다.

"숙주 여왕개미 한 마리 등에 여덟 마리나 타고 있는 모습이 목격되었는데 비좁게 들어찬 몸통들과 꽉 움켜진 다리 때문에 여왕의 몸통은 보이지도 않았고 여왕은 옴짝달싹 못 했다."[7]

녀석들은 숙주를 먹고 몸단장까지 받는다. 심지어 여왕에게 가야 할

액체까지 먹어버린다. 성숙한 드라큘라개미 여왕개미는 1분에 알을 두 개까지 낳는데 일개미가 없으므로 죄다 여왕 아니면 무위도식배밖에 없다. 그럼에도 비슷한 적응 과정을 거친 다른 개미들처럼 드라큘라개 미 역시 무척 독특한 종이다.

개미들의 속임수에서 마음을 사로잡는 한 가지는 상대의 강점을 공 격한다는 것이다. 등에 타는 개미는 희생자가 보유한 최선의 방어 수단 을 오히려 자신에게 유리하게 활용한다. 숙주개미는 에너지가 별로 들 지 않는 냄새라는 미묘한 수단을 통해 동료를 식별하는데, 기생개미는 이 상대의 강점을 역으로 활용해 희생자의 고착된 행동을 노예 계약의 수단으로 활용한다. 물론 기생개미에게도 이 수단은 교묘하며 에너지 효율 측면에서 가성비가 좋다.

동물이 후각, 청각, 시각 또는 촉각을 아무리 미세하게 조정해도 포 식자를 아주 피할 수는 없다. 들통날 가능성이 있기 때문에 동물은 다 양한 기만 전략을 개발해 왔다.

모방

모방은 방어나 공격을 위해 한 종이 다른 종을 흉내 내는 것이다. 맛 있는 종은 방어 목적에서 맛없는 종을 흉내 낸다. 예를 들어 파리는 말 벌처럼 보이도록 몸에 노란 반점이 있으며, 산호뱀이나 방울뱀처럼 생 겨 독사 같지만 실은 독 없는 뱀인 경우도 허다하다. 많은 종이 개미를 먹이로 선호하지 않기 때문에 수많은 곤충이 개미처럼 보이도록 위장 한다.

공격 목적으로 모방을 활용할 때 포식자는 먹잇감처럼 보이도록 꾸 민다. 전형적인 예를 들자면 어떤 반딧불이 종류는 암컷이 다른 종류의 수컷을 유인하는 빛 신호를 보낸 뒤 수컷이 다가오면 감싸 안아 죽인 다. 때로는 공격하기 위해 친구를 흉내 내기도 한다. 산호초 주변에서 놀래기는 다른 물고기들의 몸을 청소해 주는데 검치베도라치가 이 놀래기를 닮았다. 놀래기의 청소 서비스를 받는 고객 물고기들은 검치베도라치를 놀래기로 착각하고 유유히 헤엄친다. 그러다 거리가 가까워지면 검치베도라치에게 물려 최후를 맞는다.

모방은 에너지가 풍부하고 다양한 종이 서로 얽혀 있는 그물망 같은 환경에서 발달하는 경향이 있다. 열대우림과 산호초에서 모방 행위가 특히 두드러지게 나타난다. 온갖 인간 군상이 모인 시장에서 모방 행위가 발생한다고 해서 그게 놀랄 일일까?

단순 위장이나 변장, 혹은 매복이 아닌 진짜 모방 사례를 찾으려면 본보기가 되는 모델, 모방하는 자, 그리고 속아 넘어가는 봉, 이 세 행위자가 있어야 한다. 대다수 시장 상황에서 누가 봉인지 짐작할 수 있으리라. 여러분, 그리고 나, 바로 어중이떠중이들이다.

1987년 벌어진 주식시장 붕괴 사태는 참으로 훌륭한 본보기가 되었다. 1987년 이후 롱포지션을 취한 투자자는 금요일만 되면 좌불안석 어쩔 줄 모른다. 그리고 금요일 장이 하락 마감하면 "거봐라, 내가 괜히 겁먹은 게 아니었다"며 다음 월요일이면 전멸이라며 벌벌 떤다.

실은 정반대였다. 1987년 이후 9년 동안 S&P가 금요일에 4포인트 이상 하락하며 폭락을 흉내 낸 횟수는 총 44회인데, 그다음 주 월요일에 상승한 경우가 28회다. 1996년 9월까지 월요일 S&P 상승 폭은 평균 3.5포인트였다.

무엇으로 이런 변화를 설명할 수 있을까? 1987년 이후 시장 환경에서 자금력이 달리는 매수세는 감소했고 자금력이 탄탄한 매수세는 시장에 계속 남아 있었기 때문이다. 폭락을 예상하고 공매도를 한 매도파들이 속아 넘어간 봉이었다. 이들은 시장이 상승하자 공매도에서 탈출하려고 앞다퉈 환매에 나섰고 결국 상승세를 부추겨 자기 숨통을 조였다. 1995년 12월 18일, 3월 인도분 장기채권은 13포인트 가까이 곧장 오르는가 싶더니 시가보다 1포인트 하락하며 마감했다. '지지선'은 붕괴했고 상승세는 끝난 듯했다. 이날 하락 양상은 7월 17일과 흡사했다. 7월 17일에도 비슷하게 상승세 이후 하락했다. 7월 17일 이후 이틀간 2.5포인트 이상 하락하고는 한 달 가까이 바닥(전고점 대비 7포인트 낮은 수준)을 건드리지 않았다.

어찌나 닮았는지 가시방석이었다. 주머니가 가벼운 매수파들은 원인 현상, 즉 1987년 대폭락 사태와 유사하다고 보고 산 채로 먹히길 거부하며 버텼다. 그러다 12월 19일 117.6 수준에서 자금력 달리는 개미들이 어쩔 수 없이 포지션을 청산하자 시장은 마감에 전일 하락분을 거의 전부 만회했고 1월 6일에는 122까지 건드렸다가 다시 하락했다.

죽은 척하기

주머니쥐는 속임수의 달인이다. 녀석은 위험에 처하면 죽은 척하는데 어찌나 연기가 탁월한지 한때 생물학자들은 녀석이 정말 까무러쳤다고 믿었다. 오늘날 연구 결과에 따르면 주머니쥐는 사실 정신이 말똥말똥한 상태로, 경계를 늦추지 않고 있다. 실제로 겪어보면 녀석이 죽은 척하고 있을 때 절대 우습게 보면 안 된다. '죽은' 주머니쥐의 꼬리를 잡으려고 했다간 누구나 녀석의 두 번째 방어선이 얼마나 무서운지 증언할 수 있게 된다. 바로 입안에 빽빽하게 난 바늘 같은 이빨이다.

죽은 척하기가 통하는 것은, 포식자는 살아 있는 먹잇감만 먹기 때문이다. 살아 있는 먹이에는 구더기와 벌레가 득시글거리지 않는다는 사실을 아는 것이다. 이는 자연이 가르쳐준 지혜다. 먹잇감이 죽은 척하는 기술이나 포식자가 눈에 띄지 않게 매복했다가 기습하는 기술 모두 효과 만점이어서 하등동물부터 고등동물까지 자연계 어디서나 통용된다. 예를 들어 돼지코뱀은 겁을 먹으면 몸통을 뒤집어 배를 보이며 혀를 쑥 내미는데 사람이 바로 뒤집어 놓아도 다시 배를 보인다. 매복 공격은 곰치부터 파리지옥풀까지 다양한 생물이 선호한다.

시장에서 매복 공격은 워낙 흔해서 매복 공격이 진행되지 않을 때를 찾기가 어렵다. 주중에는 각 시장에서 시장 변동성을 크게 높이는 중대 발표가 나온다. 명심하라. 수치 자체는 어떤 의미도 없다. 수치는 나중에 수정되기도 하고 오류일 수도 있으며 계절에 따라 변동이 있으므로 허점이 있기 때문이다. 하지만 불안에 떠는 사람들은 이런 수치에 기대려고 한다. 채권시장과 통화시장에서는 고용수치(매월 첫째 주 금요일에 발표), 생산자물가지수(PPI, 대체로 매월 둘째 주 금요일) 등 굵직한 발표가 있으면 변동성이 평소보다 최소 두 배 이상 커진다. 주식시장에서는 분기 마지막 날과 스톡옵션 만기일(매월 셋째 주 금요일)이 되면 변동성과 거래량이 확 늘어난다.

통화시장에서 발표되는 중요한 수치는 월별 무역 적자다. 농산물 시장에서는 예전부터 미 농무부(USDA)의 작물보고서가 핵심이다. 발표일이 되면 모든 시장 참여자가 변동성에 대비하지만 발표일 전날, 때로는 이튿날에는 깜박하고 긴장을 늦춘다. 그때 시장이 급습할 수 있다.

1993년 9월 9일 목요일은 매복 행동을 잘 보여주는 사례다. PPI는 다음 날 아침 8시 30분에 발표될 예정이었다. 최근 연준이 인플레이션 징후가 나타나기 시작하면 긴축하겠다고 위협했기 때문에 시장은 바짝 긴장한 채 기다렸다. 발표가 예정된 시간까지 시장은 정처 없이 표류하지 않았다. 시장은 누구도 미처 생각지 못한 시간, 즉 발표 전에 움직였다.

정부에서 발표하는 수치 중 계속 보안이 유지되는 경우는 몇 안 되는데 (내 경험상) 인플레이션 지수가 그중 하나다. 이런 경향을 포착한 트레이더들은 기회를 놓치지 않으려고 신경을 곤두세우는 한편 미리 대비한다. 따라서 시장에서는 인플레이션 발표일을 '역행하는 날'이라고 부른다.

1993년 9월 9일 목요일 채권은 1.5% 하락하며 6개월 만에 최대 낙폭을 보였다. 다음 날 아침 장이 열리면서 발표 10분 전 추가로 0.5% 하락했다. 그러나 오전 8시 30분 PPI가 사상 최대 낙폭을 기록했다는 발표에 시장은 즉각 1.5% 반등했다. 몇 달 전에 담배 도매가가 하락했다는 발표가 있자 필립모리스(Philip Morris) 주가는 33% 폭락했다. 그 여파로 유명 상표 소비재 기업들의 주가 역시 10~15% 하락했다. 주가 하락세는 PPI 수치를 왜곡해 대폭 끌어내리는 한편 노동부에서 발표하는 수치에도 크게 영향을 미쳤다. 노동부 발표 지수는 동향을 반영하는 속도가 느리고, 이전에 일어난 사건들을 바탕으로 계수되며 계절적 변동 요인을 보정해 계산되는 지수인데도 말이다.

이 현상을 시험하기 위해 고용수치 발표 전날과 다음 날(매복 공격이 이루어지는 날들) 절대가격의 평균 변동 폭과 나머지 날들의 평균 변동 폭을 살펴보았다. 매복일의 절대가격 평균 변동 폭은 평상시보다 10% 컸다.

정치인이 어떤 행보를 보인 이후에도 종종 시장에서 매복 공격이 나타난다. 1996년 1월 25일 목요일, 한 독일중앙은행 관계자는 독일 마르크화(DM)가 과대평가되었다고 말했다. 그는 마르크/달러 환율이 1.49DM보다는 1.60DM 언저리여야 한다고 생각했다. 독일 마르크는 오전 11시 1.4765DM에서 정오에는 1.4870DM으로 이동했다. 나는 당시 엔화를 보유하고 있었는데, 여파가 엔화에까지 미쳤다. 나도 손실을 보았지만, 통화시장에서 투기하는 많은 일본 기업은 휘청할 정도로 엄청난 금액을 날렸다.

매복은 공격을 위해 죽은 척하는 행위다. 지혜나 배움, 또는 모험에 목마를 때면 나는 종종 루이스 D. 라무르(Louis D. L'Amour)의 글을 길잡이로 삼는데, 라무르의 글을 통해 매복을 눈치채는 방법을 깨쳤다. 라무르의 표현을 빌려 살짝 바꾸어 말하겠다. "과도한 변동성이 보이면 조심하라. 과도한 변동성이 보이지 않으면 두 배로 조심하라."

라무르의 지혜는 미국 서부뿐만 아니라 시장에서 살아남는 데도 요긴하다. 1995년 5월 2일, 채권은 8일 연속 시가와 종가 모두 105선(소수점 이하 무시)에 거래되었다. 다음 달 채권은 6포인트 반등했는데 역대 최대 상승 폭으로 몇 손가락 안에 드는 기록이었다.

브로커가 전화했다. "시장이 죽었어요. 꼼짝도 안 해요. 매도파가 공매도를 포기했어요."

나는 위험이 코앞에 닥쳤음을 직감했다. 이튿날 오전 10시에는 상대적으로 중요성이 떨어지는 수치가 발표될 예정이었다. "수치가 나와도 별 움직임은 없을 겁니다." 직원이 전화를 걸어 보고했다. 위험이 다가온 건 알았지만 매수파에게 위험한지, 매도파에게 위험한지 알 수가 없었다. 가격이 움직이지 않는다는 건 매도파보다 매수파가 좋아할 상황인 것 같아서 나는 공매도를 청산했다.

트레이더들이 다 나가서 골프나 치나 보다 생각했다. 여름철이면 이따금 시장에 침체기가 오는데, 이 기간이 되면 나는 언제나 매복 공격에 대비한다. 보통은 내 판단이 옳다. 하지만 나도 그렇고 대다수 트레이더도 상대가 뿔로 들이받을 가능성이 높은지, 아니면 포근하게 안아줄 가능성이 높은지 알 길이 없다.

시장은 무기력할 때나 변동성이 심할 때나 모두 수익을 올리는 방향으로 발전해 왔으므로 투자자들은 수익의 기회를 조금도 놓치지 않았다. 현물시장 딜러들은 늘 매수호가와 매도호가를 제시해 변동성을 제공한다. 시장이 일정 기간 죽은 척한 뒤에는 언제나 변동성이 떨어지고, 시장이 일정 기간 활기찬 움직임을 보인 뒤에는 변동성이 높아진다.

가격이 장기간 바닥을 다지면 시장 참여자들은 희망을 버리는데 희망을 버리고 나면 그제야 시장은 멋지게 움직인다. 이런 현상은 마치 파리 떼처럼 시장에서 흔히 볼 수 있다. 은시장은 이런 역할극에 능수능란하다. 1979년 이전 은시장은 몇 년째 시들시들 활력이 없었다. 그러다가 1979년이 되자 5달러에서 50달러로 치솟았다. 비교적 최근인 1995년 후반기 몇 달 동안 은시장은 마치 죽은 듯 무기력했다(그림 10-1

그림 10-1. 은 – 주간 차트

(달러)

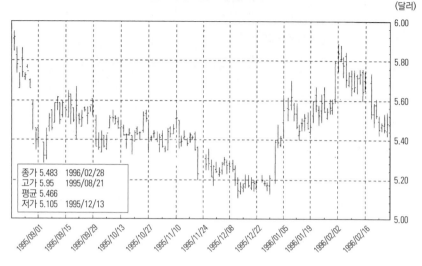

종가 5.483	1996/02/28
고가 5.95	1995/08/21
평균 5.466	
저가 5.105	1995/12/13

자료: Bloomberg Financial Markets Commodities News, New York.

참조). 1995년 말 은값은 온스당 5.20달러 선에서 거래되었다. 3월물 은을 5.20달러에 매수할 수 있는 옵션은 단돈 6센트에 거래되었다. 은이 이전 두 달 동안 5센트 범위로 변동하며 거래되었다는 점을 고려하면 수긍할 만한 가격이었다. 하지만 이후 한 달 동안 은값은 5.60달러까지 올랐다. 3월물 5.20달러 옵션은 50센트로 열 배 치솟았다.

시장이 잠잠하면 매도파는 시장을 묵살하다가 참변을 당한다. 매수파는 그저 묵묵히 죽은 척하고 있었을 뿐이다. 매도파는 결코 안심할 상황이 아닌데도 마음을 놓고 있었다. 몇 주 뒤 가격이 오르고 변동성이 커지자 매도파는 몰살당했다.

홍콩 증시에서도 비슷한 현상이 나타났다. 1995년 마지막 분기 동안 항생지수는 1~2% 움직이며 1만 언저리에서 맴돌았다. 마치 죽기 직전 정신이 오락가락하는 사람 같았다. 1996년 첫 주에 평균 주가는 단번에 5% 올랐다.

연성 원자재는 죽은 척 잘하기로 악명 높다. 성장 주기가 길어서 현

표 10-1. 채권 가격 평균 변동률(%)
1일 변동 규모별

	1일 변동		
	소폭 변동	중폭 변동	대폭 변동
1일 후	0.52	0.49	0.43
5일 후	1.29	1.16	1.05

재 가격 변동이 미치는 영향이 증폭된다.

1993년부터 1994년까지 커피시장은 죽은 것처럼 보였다. 가격은 75센트에서 80센트 사이에서 움직였다. 투기형 매수자들은 영 입맛을 잃었는데 그럴 만도 했다. 향후 커피를 살 수 있는 옵션을 매도했다면 이 기간 내내 쏠쏠하게 벌었을 것이다.

그러다가 갑자기 두 달 만에 커피값이 네 배로 뛰면서 느긋하게 안심하고 있던 사람들은 모조리 나가떨어졌다. 명심하라. 죽은 체하던 주머니쥐는 위협을 받으면 녀석을 얕보고 함부로 건드리는 오만한 사람에게 치명적인 입질을 선사한다.

몇 가지 일화를 내세워 가설을 입증하려는 경우가 있는데 나는 이런 방식이 썩 내키지 않는다. 나는 죽은 척하기가 시장에서 투자자를 미혹하는 온갖 위장술에서 핵심을 차지한다고 생각한다. 그런데 내 생각이 맞는다면 이를 계량화하는 방법도 마땅히 있을 터. 나는 예비 단계로 1987년 10월 대폭락 이후 1996년 6월 30일까지 약 9년에 걸쳐 채권의 일일 변동 양상을 모두 연구했다.

시장이 죽은 척하는 경향이 있다면 1일 소폭 변동 후 절대가격 변화는 1일 대폭 변동 후 절대가격 변화보다 더 커야 한다. 연구 결과는 죽은 척하기 이론을 뒷받침하고 있다. 채권시장에서 1일 변동 폭이 작았던 날수는 1,296일로, 5일 후 평균 변동률은 1.29%였다.

그러나 채권이 1포인트 이상 대폭 변동한 날수는 197일로, 5일 후 평균 변동률은 1.05%에 불과했다(표 10-1 참조). 즉 소폭 변동 이후 변동성이 22% 더 컸다는 얘기다(이 차이는 통계적 유의성 유무를 판단하는 경계선에 있으며, 이런 결과가 우연히 발생할 확률은 5% 정도다).

보호색

보호색으로 속임수를 쓰는 생물은 무수히 많다. 북극곰, 눈덧신토끼, 표범, 알락해오라기, 유명한 회색가지나방 등등. 알락해오라기는 갈대밭에 둥지를 트는데 방해를 받으면 줄무늬가 있는 긴 목을 쭉 뻗어 갈대 사이에서 흔들흔들 흔들고, 회색가지나방은 산업혁명 이후 터전인 나무가 공장 굴뚝에서 나온 그을음으로 덮이자 회색으로 색을 바꿨다.

앞서 언급했듯이 개미 집단에서 더욱 흥미로운 사례를 볼 수 있다. 개미들이 적과 아군을 구별하는 유일한 방법은 냄새다. 많은 포식자종과 기생종이 군체 냄새 신호를 위조하는 능력을 연마해 다른 개미에 기생하기도 하며 다른 개미를 노예로 삼거나 잡아먹기도 한다. 개미 수백 종과 곤충 수천 종이 냄새를 위조해 군체에 잠입한 뒤 버젓이 구성원 행세를 한다. 베르트 휠도블러(Bert Hölldobler)와 에드워드 O. 윌슨(Edward O. Wilson)은 [윌리엄 모턴 휠러(William Morton Wheeler)의 표현을 살짝 바꾸어] 이런 상황에 빗댄다. "마치 인간 가족이 초대형 바닷가재, 초소형 거북, 그리고 비슷한 괴물 들을 저녁 식사에 초대하고도 차이를 전혀 눈치채지 못하는 셈이다."[8]

보호색은 자연에서 가장 잘 먹히고 흔히 쓰는 속임수 형태다. 동물이나 식물은 환경에 섞인다. 나방은 나뭇가지처럼 보이고 벌레는 흙처럼 보이며 메뚜기는 잡초처럼 보인다.

나는 색깔 은폐 행태를 수치화할 때 유사성을 즐겨 활용한다. 매일 시장을 지켜보면서 오늘 일어났던 움직임과 가장 일치하는 과거의 움직임을 선택한다. 지난 1년 동안 오늘과 가장 비슷했던 날을 찾고 그 이튿날 움직임을 살펴 시장 움직임을 예측할 수 있는데, 과거 이튿날 시장과 반대로 움직인다는 것이 내가 세운 가설이다. 즉 서로 반비례 관계에 있다. 예를 들어 스위스 프랑을 살펴보자. 1995년 4월 17일, 스위스 프랑은 86.60에서 89.08로 2.48포인트 상승했다. 지난 1년을 돌아보면 가장 비슷한 상승 폭을 보인 날은 1995년 3월 31일로 85.91에서 88.88로 2.97포인트 상승했다. 다음 날 스위스 프랑은 88.88에서 89.61로 더 올라서 0.73포인트 상승했다. 따라서 하락이 예상된다.

실제로는 1995년 4월 18일, 스위스 프랑은 90.03으로 0.95포인트 상승했다. 따라서 예측은 빗나갔다. 그러나 걱정할 것 없다. 1995년 6월 30일에 끝나는 8년간의 시험에서 가설이 확증되었다. 가장 유사한 움직임을 보인 과거 어느 날을 선정해 그 이튿날 움직임과 현재 이튿날 움직임의 상관관계를 살펴본 결과 -0.10이었다. 표준 통계 테스트에 따르면 이런 상관관계가 우연히 일어날 확률은 2% 미만이다. 따라서 스위스 프랑에서 보호색이 작용하고 있음이 확인된다.

스위스 프랑은 특히 속임수가 빈번하게 발생하는 시장이다. 100번의 사례를 시험했는데, 지난 y일 중 가장 유사한 x일을 분석한 결과 100회 중 서로 양의 상관관계를 보인 횟수는 단 한 차례에 불과했다.

딜러들은 고객과 반대로 매매해 연간 수십억 달러의 거래 수익을 올린다. 유사성(최근접 이웃, 신경망, 클러스터링 같은 데이터 분석 기술)에 기반한 거래 기법이 만연해 있다는 점을 고려하면 이런 현상은 놀랍지 않다.

교란 행위

교란 행위는 기만행위 중 가장 화려하다. 메추라기는 앓아누운 척해서 포식자를 따돌리곤 하는데 순진한 사냥꾼은 몇 킬로미터를 뒤쫓지만 허탕을 친다. 오징어는 달아나면서 먹물을 뿌려 포식자의 주의를 돌린다. 그리고 아무도 감히 스컹크를 다시 만나려고 하지 않는다. 적어도 자진해서는.

그림 10-2. 백금 - 주간 차트

(달러)

종가 396.5	1993/07/01
고가 405	1993/05/28
평균 366.539	
저가 335.5	1993/03/02

자료: Bloomberg Financial Markets Commodities News, New York.

가장 적절한 예를 찾아 다시 개미를 살펴보자. 붉은나무개미는 일종의 화학전을 사용한다. 녀석은 노예로 삼을 개미를 습격할 때면 노예종들이 위험을 경고할 때 쓰는 '광고 물질'과 흡사한 화학물질을 희생자들의 둥지에 대량 살포한다. 비상 경고로 둥지가 아수라장이 되면 녀석은 여유작작 희생자들을 끌고 간다.

상품시장에서 나타나는 교란 행동을 이해하려면, 1987년 10월 19일 붕괴를 전후한 증시 움직임을 보면 된다. 10월 19일, 다우존스지수는 508포인트 하락하며 1,738을 기록했다. 10월 20일, 다우존스지수는 1,856으로 출발해 1,723까지 떨어졌다. 이 시점에 선물거래소는 거래를 중단했다. 교란 행위에 기겁한 매수파는 너나없이 혼이 쏙 나가서 꽁지가 빠져라 달아났다. 이후 9년 동안 시장은 꾸준히 250% 상승했는데 이때까지 시장에 남아 있던 사람들은 상승세에 편승할 수 있었다.

1993년 4월 백금 차트(그림 10-2) 역시 비슷한 사례로, 매수파 황소를 겁주는 교란 행위와 그 여파를 보여준다. 1993년 2월 20일, 백금 가격은 357.5에서 337.5로 7% 하락했다. 공매도로 곰을 잡아먹으려던 황소들은 되레 겁을 집어먹고 포지션을 정리했다. 자금이 달리는 포식자들이 질겁해서 나가자 백금값이 꾸준히 상승할 수 있는 여건이 마련되었고 실제로 백금 가격은 상승했다.

교란 행위가 가장 빈번하게 일어나는 시장은 곡물시장이다. 이상 기후를 겪은 후에는 종종 한 번에 며칠씩 상한가나 하한가에 거래된다. 이럴 때는 컴퓨터에 의미 있는 가격을 기록하는 것조차 불가능해진다. 현재 거래 가능한 가장 가까운 만기월에는 거래가 없어 가격 정상화가 이루어지지 않기 때문이다. 아니나 다를까 지갑이 얇은 개미들은 탈출하거나 파산하고, 자금력이 탄탄하고 배짱이 두둑한 자들은 수익을 챙긴다.

덫, 거짓 선물

포식자는 덫을 놓아 먹잇감을 공격당하기 쉬운 취약한 처지에 빠뜨린다. 거짓 선물인 덫은 아마도 인간이 사용하는 가장 흔한 속임수인 듯하다. 다른 동물들 사이에서는 이 수법이 인간 세상만큼 흔하지는 않지만, 수많은 종이 덫을 써서 소기의 목적을 달성한다.

줄씬벵이는 좋아하는 산호 서식지에 덫을 놓는 물고기로 유명하다. 녀석은 척추에 연골이 붙어 있는데 이 연골이 흔들거리면 작은 물고기는 연골을 벌레로 착각한다. 먹잇감이 벌레를 낚아채러 오면 낚시꾼 물고기는 연골을 거두고 작은 물고기를 꿀꺽 삼킨다. 많은 종이 비슷한 덫을 개발했다. 문짝거미는 맛있는 꿀이 있을 법한 아름다운 경치를 그럴듯하게 꾸미며 곤충을 유혹한다. 하지만 꿀을 맛보려고 곤충이 다가오면 덫 문짝이 열리면서 거미가 나오고 곤충은 얼마 못 가 죽는다.

덫은 시장에서 흔해빠진 술책으로, 덫에 관한 내용만으로 책 한 권을 쓸 수 있을 정도다. 보통 하루에 두 번 딜러에게 전화를 받는데, 딜러는

그림 10-3. 영국 파운드화 - 주간 차트

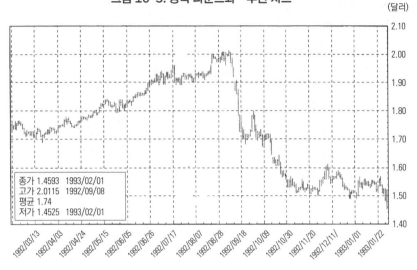

(달러)

종가 1.4593	1993/02/01
고가 2.0115	1992/09/08
평균 1.74	
저가 1.4525	1993/02/01

자료: Bloomberg Financial Markets Commodities News, New York.

때마침 군침 도는 가격에 몇백만 주를 추가 매수할 수 있다고 보고한다. 아니나 다를까 내가 미끼를 물면 1초도 안 돼 덫이 생기고 시장에 매도세가 커진다.

통화는 개장과 동시에 큰 폭으로 하락하면서 헐값 매수세를 덮치려는 함정을 팔 때가 왕왕 있다. 1995년, 일본 엔화는 스무 차례에 걸쳐 개장과 동시에 50포인트 이상 하락했다. 엔화가 개장 후 한 시간 동안 5포인트 상승하면 헐값 매수자는 황홀경에 빠진다. 그러나 장 마감 무렵 평균 낙폭은 30포인트였다.

또 다른 예로 1992년 9월, 영국 파운드는 마침내 5년 고점을 경신하면서 2달러를 넘어섰다(그림 10-3). 많은 추세 추종자가 기다리던 매수 신호였다. 덫이 설치되었다. 공매도를 취한 사람들은 발등에 불이 떨어져 환매에 나섰다. 추세를 따라 신규 매수자가 떼를 지어 몰려왔다.

이후 파운드는 급락하면서 불과 4개월 후 1.40달러에 거래되었다. 최근 몇 년 동안 이토록 급락한 통화는 보기 드물었다. 60센트 하락하면서 계약당 4만 달러가 날아갔는데, 나를 포함한 많은 투기꾼에게는 차라리 산 채로 먹히는 게 나을 지경이었다.

비슷한 시장 행태가 워낙 만연하다 보니 이제는 덫이 고개를 내밀면 실소가 나올 지경이다. 우려하던 4월 고용보고서가 발표되기 이틀 전인 1996년 5월 1일, 시장은 아기가 태어나기를 기다리는 아버지처럼 노심초사했다. 한 대형 은행은 시장 소식지에서 당시 분위기를 이렇게 전했다. "미 국채 가격은 아시아에서 조금 오른 후 거의 변동이 없었다. 2월과 3월 고용보고서와 맞물려 시장이 보인 행태처럼 이번에도 고용 보고서가 비슷하게 급락세를 부추길 것이라는 우려 속에 4월 일자리 자료 공개를 앞두고는 거래가 거의 전무했다."

이후 이틀이 지나자 매도세가 몰려와 수치 발표 전에 국채 가격을 2% 넘게 끌어내렸다. 그런데 하락세를 보고 공매도한 사람들은 지독한 덫에 걸리고 말았다. 수치가 발표되자 국채 가격은 급락하기는커녕 다음 주 내내 급반등했다.

속도 변경

시장은 다양한 속임수를 활용하는데 자연에서 빌려온 속임수에 국한되지 않는다. 운이 좋았는지 내 주변에는 스포츠계에서 활약하는 속임수의 달인들이 수두룩했다.

비서였던 존 노밀(Jon Normile)은 2년 동안 펜싱 에페 종목에서 전미 선수권자 타이틀을 보유하고 있었다. 속임수 동작, 막기, 되받아 찌르기, 속도 변화, 허를 찌르면서 공격 방향이나 속도를 중간에 바꾸는 두 번째 시도, 세 번째 시도 등이 펜싱에서 사용하는 속임수인데 존은 이런 수법을 이용하는 것이 속임수에서 이득을 취하는 가장 좋은 방법이라고 했다. 존은 이런 글을 보내면서 경고했다.

악명 높은 1992년 9월 영국 파운드화 사례를 보죠. 사장님은 롱포지션을 취하고 있었고 파운드가 오랫동안 처참하게 하락하자 회사를 날릴 뻔했죠. 저는 그 사건을 '속도 속임수' 사례로 해석합니다. 시작은 하락이었죠. 그러나 예상외로 파운드화는 1.965까지 오르며 장을 마감했습니다.

이 사건은 펜싱에 비유해 설명할 수 있습니다. 펜싱에서 효과적으로 공격하는 한 가지 방법은 속도를 바꾸는 것입니다. 예를 들어 펜싱 선수는 느린 속도에서 빠른 속도로 전환하기도 합니다. 이렇게 하면 상대 박자에 맞춰주지 않게 됩니다. 잠깐 동안 상대는 내가 다음엔 또 어떻게 나올지 예측할 수 없게 되죠. 이처럼 상대가 취약한 위치에 놓이면 득점 기회가 생깁니다.

실제로 12월에 파운드는 움직임을 늦추면서 속도를 바꿨습니다. 파운드가 미적대자 일부 투기거래자는 시장을 잘못 읽거나 시장에서 철수했습니다. 시장을 잘못 읽은 사람도, 시장에서 빠져나온 사람도 손해를 봤습니다.

이런 유의 '속도 속임수'를 볼 수 있는 예는 또 있습니다. 바로 12월 캐나다 달러 차트입니다. 1992년 9월 7일 0.8310에서 시작해 1992년 9월 29일 0.7910까지 급작스레 약세장이 시작됩니다. 돌이켜보면 추세 방향은 분명했습니다. 쭉 하락할 태세였죠. 그런데 하락하는 과정에서 시장이 속도를 늦춥니다. 9월 13일 한 주 동안 시장은 속도를 늦추더니 0.8175 언저리에서 멈췄습니다. 이 정체 기간에 시장은 엇갈린 신호를 보내다가 다시 원래 궤도에 올라 '아래'를 향해 갑니다.

펜싱에서는 공격한 뒤 즉시 리더블먼트(상대가 공격을 받고 되찌르지 않거나 반격이 늦을 때 취하는 2차 공격 - 옮긴이)하는 것이 효과적입니다. 만약 첫 번째 공격이 성공하면, 괜찮습니다. 방금 1점을 득점했으니까요. 만약 첫 번째 공격이 못 미치면 상대는 대응 공격에 나서려고 합니다. 그때 2차 공격이 들어오면 상대는 놀라게 됩니다. 캐나다 달러의 경우, 추세가 중간에 멈추자 많은 투기거래자가 추세 반전을 예상했을 겁니다. 그러나 추세는 다시 원래 경로를 갔고 반전을 예상했던 이들은 고생깨나 했을 겁니다.

시장과 나방

이처럼 사례를 통해 기만술을 설명하고 마는 접근 방식에는 심각한 문제가 있다. 내가 제시한 사례는 시장 현상과 자연 현상 사이의 유사성을 보여주기 위해 과거에서 선택한 예시들이다. 시장에는 단순한 현상을 입증하거나 반증할 수 있는 사례가 무진장하다. 그런데 이런 사례는 예측에는 무용지물이다.

진화를 논할 때 저자들은 순환논리에 빠진다. '이런저런 특성이나 전략은 생존에 유익하다. 존재한다는 사실, 즉 생존했다는 사실로 입증되기 때문이다.' 이런 맹점 때문에 예측에 약하다는 문제는 더욱 심화된다. 진화를 입증하는 증거를 논할 때 심지어 열렬한 진화론자들조차 '상대적으로 예측하는 힘이 약하며, 예측력이 있는 강력한 증거가 존재하는 유일한 장소는 실험실 실험'이라고 인정한다.

자연선택설은 반대파들에 의해 반증이 불가능하며 널리 참으로 인정되는 소박한 당연 명제라는 오명을 뒤집어쓰고 있다. 이 오명은 내가 제시한 시장 사례에도 적용된다. 우리에게 기만술로 보이는 것이 다른 사람들에게는 완전히 별개 현상, 예를 들어 수렴진화 현상 또는 단순한 우연으로 해석될 수도 있다. 속임수는 여러 분야에 널리 퍼져 있고 나타나는 양상도 가지각색이기 때문에 언제, 어디에서 속임수가 등장할지 어떻게 예측할지가 문제로 떠오른다.

이 질문에 대답할 수 있는 혜안을 얻기 위해 보잘것없고 수수한 나무눈하늘나방을 생각해 보자.

나무눈하늘나방은 1차 방어 수단으로 보호색과 미혹하는 색깔을 사용해 다양한 형태로 상대를 위협할 뿐 아니라 아울러 2차 방어를 위한 힘을 얻기 위해 이런 기만술을 활용한다. 녀석은 결코 포기하지 않으며 포식자가 사라질 때까지, 혹은 먹힐 때까지 온갖 방어술을 동원해 대응하며 공격을 막아낸다.

작은 새가 나무눈하늘나방을 발견하고 끝내 녀석을 제압한다면 박수를 받아 마땅하다.9

　흔해빠진 나방이 이처럼 상대를 혼란에 빠뜨리는 갖가지 방어술을 고안할 수 있다면, 하물며 가격 차트에서 온갖 방식으로 위장하고 숨기며 위협하고 죽은 척하는 미스터 마켓의 속내야 일러 무엇 하리오. 미스터 마켓의 전략이 나무눈하늘나방보다 훨씬 교묘하다 한들 그게 놀랄 일일까?
　시장은 안전한 보금자리가 못 된다.

11장
치마 길이와 주가 차트

Victor Niederhoffer

The Education of A

SPECULATOR

그들은 방울뱀처럼 수화기를 공략했다. 2분 만에 다 팔았다. 포지션을 처분하고 수익을 챙겼다. 680만 달러. 그들은 전표를 쓰고 기진맥진해서는 몸을 젖혔다. 그러고는 서로 쳐다보며 히죽히죽 웃었다. 사라는 이 분위기가 자신을 먹어치우도록 놔두었다. 마치 성 행위를 하는 느낌이었다. 그들은 컴퓨터 화면을 끄고 자축하러 나갔다.

— 린다 데이비스(Linda Davies),
《Nest of Vipers(독사의 둥지)》

CHAPTER

11

상극 같지만

서머싯 몸(William Somerset Maugham)은 "성(性)은 동네방네 최대 관심사"라고 말했다. 성행위를 하지 않을 때는 성에 대해 떠들고, 성에 대해 떠들지 않을 때는 생각이 거기 가 있다. 요행히 성에 대해 생각하지 않을 때가 있다. 성행위 도중일 때다. 인간 활동에는 십중팔구 성적인 측면이 스며 있는 듯하다. 그런데 성과 투기는 서로 대체되는 관계로 보인다. 투기거래자 대다수는 회고록에서 고백하기를 매매가 잘되면 "성관계보다 짜릿하다"고 말한다.

파티에서 어떤 여성이 무슨 일을 하느냐고 물으면 나는 언제나 이렇게 대답한다. "그냥 투기업 합니다." 만남은 거기서 끝난다. 대화를 차단해 버리는 더 고약한 대답은 하나뿐이다. "그냥 통계학자입니다."

그렇다면 투기는 우리 인생에서 성에 온통 물들지 않은 유일한 영역인가? 그럴 리가. 탐욕과 욕정은 종종 사촌뻘 이상으로 가깝다. 좀 더 자세히 말하면 어쩌면 두 가지 욕구, 즉 소유욕과 자손을 낳으려는 욕구는 형제지간이다. 성은 삶을 경축하고 투기는 삶을 떠받친다. 두 가지 활동 모두 은밀히 행할 때 성공할 확률이 높다. 둘 다 모든 것을 빨아들인다. 그리고 둘 다 부끄러운 기색을 풍긴다. 원초적 충동은 분명 사람들이 입으로 옮기기 힘든 행동을 하도록 만든다.

이래서 성이라면 다들 입을 다무는 걸까? 성과 투기를 연계한 학술 문헌이 있나 싶어 이 잡듯이 샅샅이 뒤져봤지만 찾을 수 없었다. 지금까지 성과 투기를 연결하려는 시도는 단 한 차례 있었는데 그 유명한 '치마 길이 지수'다. 즉 시장은 치마 길이와 직접 연관돼 있다는 이론이다.

이 이론을 뒷받침하는 증거는 주가가 급등하던 1920년대와 1960년대에 아슬아슬하게 짧은 치마가 유행했다는 사실이다. 뒤이어 증시가 침체되었던 1930년대와 1970년대에는 발목까지 오는 긴 치마, 옆트임이 있는 긴 드레스가 유행했다는 점이 꼭 언급된다. 그리고 지루하고 장황하게 설명이 이어진다. "치맛단 상승과 주가 상승은 점점 더 활발해지고 대담해지는 사회 분위기를 반영한다고 봐도 무리는 아니다. 왜냐하면 치마 길이에는 한계(허벅지 윗부분)가 있기 때문이다. 한계에 도달했다는 것은 분위기가 극단에 도달했다는 것을 의미한다."

그리고 욕정을 일으키는 섹시한 미니를 입은 화끈한 여성의 사진은 강세장을 예고한다고 매듭짓는다. 내가 읽어본 연구 보고서에서 대다수 저자는 다우존스지수가 너무 올라서 미니스커트가 설명하기 힘든 길이까지 짧아지지 않았으면 하는 '추잡한 늙은이'의 소망을 내비치고 있는데, 모두 여성해방운동 이전에 나온 보고서라는 점을 밝혀둔다.

아이라 코블레이(Ira Cobleigh)는 '강세장과 드러난 무릎(Bull Market and Bare Knees)'이라는 흥미로운 제목이 붙은 차트를 제시한다. 이 차트는 1917년부터 1967년까지 다우존스지수 차트에 치마 사진 일곱 장을 겹쳐서 보여준다. 코블레이는 이렇게 결론을 내린다. "이제 치마 길이와 주식 사이에 입증 가능한 관계가 존재하며 대체로 치마 길이가 선행 지수라는 점을 상당한 확신을 가지고 말할 수 있다. 월가에 걸릴 새로운 슬로건을 만들었는지도 모르겠다. '허벅지 노출 정도를 확인하기 전에는 매도하지 말라.'"1

그러므로 나는 과학의 이름으로 사생활을 공개하려고 한다. 우리 가족의 사연을 만천하에 드러내고 은밀한 내 취향을 공개해 인간 본성의 어두운 구석을 밝히 볼 수 있도록 미약하나마 빛을 비추고자 한다.

아울러 (1878년부터 지금까지 정립된 지표를 길잡이 삼아) 새로운 시장 지표 두 가지를 소개하고자 한다. 이 두 가지 지표는 성과 투기 비율, 그리고 사촌뻘인 성과 셰익스피어 비율이다. 어쩌면 11장을 통해 새로운 차원에서 논의가 시작될지도 모르겠다. 그리고 이를 계기로 다른 사람들도 솔직하게 터놓으면 전반적인 인류 발전에 기여하는 바가 있을 것이다. 이 논의가 혁명의 도화선이 될지도 모른다. '투기와 성 혁명' 혹은 '성과 투기 혁명.'

할아버지의 취향

성은 할아버지가 가장 좋아하는 화두였다. 할아버지는 브로니슬라프 말리노프스키(Bronislaw Malinowski)가 쓴 《Sexual Life of Savages(야만인의 성생활)》를 늘 책상 가까이에 두셨다. 크라프트-에빙(Richard Von Krafft-Ebing)의 《Psychopathia Sexualis(광기와 성)》도 소장하고 있었고 마르키 드 사드(Marquis de Sade)의 작품들도 줄줄 꿰고 있었다. 그리고 매력 있는 이성이 여지를 줄 때마다 말리노프스키와 크라프트-에빙의 말을 즐겨 인용했다.

제인(Jane) 고모가 기억하기로 할아버지는 아파트에서 18미터 정도 떨어진 코니아일랜드 앞바다에서 화끈한 미녀들에게 수영을 가르치면서 원시시대 성 풍습에 대해 들려주곤 했다고 한다. 만약 할머니에게 현장에서 딱 걸리면, 분개한 할머니는 할아버지를 해변 밖으로 질질 끌어냈다. 참고로 할머니는 할아버지보다 키가 20센티미터나 컸다. 역사는 반복된다고, 내가 스물세 살이었을 때 나 역시 비슷한 행동을 하다가 아내에게 들켰다. 아내는 야생능금주스를 내 머리 위에 부어 원하는 대로 분위기에 찬물을 끼얹었다.

할아버지는 음악에 성이나 투기를 살짝 투영하기도 했다. 할아버지는 스콧 조플린에게 피아노 교습을 받았는데 조플린이 작곡한 〈월스트리트 누더기〉에는 투자자가 느끼는 고통과 공포, 환희가 담겨 있다. 할아버지가 이런 감정에 대해 조플린에게 세세하게 이야기했고 이것이 곡에 반영되었다. 조플린은 할아버지에게 〈파인애플 래그〉와 〈프리티 팬지 래그〉라는 두 가지 래그(1890년대 흑인 피아니스트들이 창안한 피아노 연주 스타일 - 옮긴이)를 가르쳤다. 할아버지는 스콧 조플린이 오면 창문을 전부 닫고 숨었다. 할아버지가 피아노를 친다고 이웃 사람들이 착각하게 만들 요량이었다. 할아버지는 그냥 조플린의 래그타임 스타일 그대로 치고 싶어 했다. 음악을 해석할 능력은 있었지만 솜씨는 별로여서 조플린이 시범을 보여주면 따라 하려고 애썼다. 할아버지는 이렇게 말하곤 했다. "코드를 들려주면 내가 따라 하지."

스콧 조플린은 음악사에서 멜로디와 리듬의 거장으로 손꼽힐 만큼 재능이 출중했다. 하지만 찢어지게 가난했다. 마틴 할아버지는 형제 다섯과 자식 셋이 버린 낡은 옷을 챙겨서 할렘에 있는 조플린의 집으로 직접 가져갔다. 우리 가족은 할아버지가 직접 가서 옷을 나눠줄 정도로 신경 썼다는 사실을 알고 모두 훈훈하게 생각했다. 할아버지가 조플린의 집에 가면 조플린의 아내와 친구들은 수건을 걸치고 있기가 다반사였고 때로는 수건조차 제대로 걸치지 못하고 있었다고 한다. 그만큼 이들에게는 할아버지가 가져다주는 옷이 절실했다. 할아버지가 이런 사연을 들려주자 가족들은 더 너그럽게 배려해야겠다고 다짐했다.

75년 후, 조플린의 삶을 연구하던 학자에 의해 진실이 드러났다. 조플린의 아내는 매춘굴을 운영하고 있었는데 할아버지가 가져간 옷은 거기 살던 여자들을 위한 것이었다. 물론 조플린도 같이 살고 있었다. 진실이 밝혀질 무렵 할아버지는 이미 무덤에 계셨기 때문에 적어도 생

빅터 니더호퍼의 투기 교실

전에는 분노한 할머니한테 혼쭐날 일은 없었다. 할아버지가 직접 조플린의 집으로 찾아간 이유를 알았더라면 분명 노발대발 난리가 났을 텐데 말이다.

아버지의 조용한 가르침

"이이이-호우! 하아!" 굽 높은 부츠가 쿵쾅쿵쾅 바닥을 흔들자 의자가 들썩거렸다. "신사 여러분, 숙녀에게 인사하세요!" 아버지가 노래를 불렀다. "숙녀들도 신사에게 인사!" 아버지는 사각형 대열 앞에 놓인 의자에 앉아 신들린 듯 바이올린을 연주했다. "이제 모두 손을 잡고 오른쪽으로 원을 그리세요. 가운데로 돌아와서 크게 사각형을 만드세요!" 보타이를 매고 징이 박힌 청바지를 입은 남자 여덟 명이 손뼉을 치며 발을 구르고, 풍성하게 부푼 치마를 입은 아리따운 여인 여덟 명이 빙글빙글 돌자 치마가 휘휘 돌아가며 여름날 정원에 핀 꽃 같았다.

어여쁜 여인들은 좀 과하다 싶게 아버지를 쳐다보았다. 분명 이 상황이 모두에게 즐거운 건 아니었다. 아버지에게는 언제나 남을 끌어들이는 매력이 있었다. 게다가 어렸을 때 발레와 탭댄스를 공부한 덕분에 몸짓이 우아했고 리듬감도 타고났다.

이 파티에서 아버지 대화 상대는 애들라인(Adeline)이었다. 애들라인은 춤을 춘 여인 중 가장 예뻤는데 목선이 깊게 파인 화려한 실크 옷을 입고 있었다. 애들라인은 유도반에서 유도를 배우고 있었는데, 1940년대에도 여성들은 스스로 호신술을 익히고 있었다.

"아티, 난 어디든 겁 없이 혼자 걸어 다닐 수 있어. 남자를 들어 메칠 수 있거든."

"그래도 널 지켜주진 못해. 잘 들어, 강도가 공격하면 저항하지 마. 그냥 돈을 줘버려. 열받게 하지 말고."

"남자를 던져버리는 법을 배웠다니까."

"자신을 아껴야지. 남자랑 싸우면 안 돼. 남자가 더 힘이 세다고."

"아니, 보여줄게."

"그래 그럼, 난 경고했다." 아버지가 애들라인 등 뒤에서 겨드랑이 아래로 팔을 넣어 꽉 잡았다.

기술이 완벽하게 들어갔다. 아버지는 브루클린대학 레슬링팀 헤비급에서도 건장한 편이었는데 젊은 그 시절이 연상될 정도였다. 에들라인은 꼼짝없이 제압당한 채 버둥댔다. 구경꾼들은 웃으며 빠져나오라고 재촉했다. 하지만 등부터 골반까지 100킬로그램짜리 덩치에게 옴짝달싹 못 한 채 밀착된 상태였다. 애들라인은 몸부림조차 멈추고 끙 앓더니 마침내 숨을 헐떡이며 항복했다. "아티."

하지만 어머니는 웃지 않으셨다. 이후 나는 일주일 동안 지옥 같은 나날을 보내야 했다. 피아노 연습량이 두 배로 늘었다. 숙제가 다 끝날 때까지는 밤에 놀러 나갈 수도 없었다. 나는 어린 나이에 일찌감치 알게 되었다. 일에 성이 개입되면 무슨 불똥이 튀는지 말이다.

직장에서 아버지는 선을 넘을 기회가 얼마든지 있었다. 경찰은 일하다 보면 혼자 지내면서 옷도 제대로 걸치지 않은 젊은 여성의 집, 심지어 침실까지 확인해야 하는 일이 왕왕 있었다. 근처에 좀도둑이 배회하면 순찰을 돌아야 하기 때문이다. 자칫하면 유혹에 빠질 수 있는 아슬아슬한 상황이었다.

"경관님, 침실에 혼자 있어야 하는데 경관님이 조금만 같이 계시면 안심이 될 것 같아요. 다시는 좀도둑이 얼씬도 못 할 거예요."

걸핏하면 있는 일이지만 시장이 불리하게 돌아가서 일이 심하게 꼬이는 날이면 아내와 나는 비슷한 상황을 연출하며 서로 수작을 건다. 그럴 때면 나는 언제나 이렇게 반응한다. "흠, 도움이 되신다면야…"

하지만 아버지는 늘 거절했다.

일에 성을 결부하는 행위는 부적절하기 짝이 없는데, 그 이유를 100가지는 꼽을 수 있다. 아버지는 누누이 말했다. "성은 사무실이 아니라 침실에 있어야 한다." 나는 늘 이 충고를 토씨 하나 빼먹지 않고 그대로 따랐다. 도저히 밀어낼 수 없는 비서를 만나 구애할 때는 그게 안 됐지만. 당시 아내는 겨우 열아홉 살이어서 지금 생각해도 솔직히 부끄럽다. 자식도 넷이나 낳았고 지난 20년 동안 살면서 금실이 아주 좋았다는 건 그나마 떳떳하지만 말이다.

아리따운 여인들은 아버지가 들고 다니는 경찰봉의 남근성에 끌리곤 했고 아버지는 이런 여자들과 자주 마주쳤다. 아버지가 쓴 베스트셀러 《방패 뒤에서》에는 이런 독특한 구절이 있다. "경찰은 걸어 다니는 섹스 심벌이다."

> 경찰은 성의 전투장에서 호사를 누리고 있다. 다부진 체격과 말쑥한 제복, 직업상 들고 다니는 성을 상징하는 도구들, 공권력이 풍기는 아우라가 어우러져 경찰은 남자다운 인물이 되고 의심할 여지 없이 남편감으로 지위가 상승했다. 20년 전만 해도 경찰은 가정부에게 어울리는 남자 친구였다. 요즘에는 교사나 간호사까지 바라볼 수 있다.
>
> 순찰대원은 임무를 수행하다 보면 다른 직업보다 성적 유혹을 많이 받는다. 경찰 직무에는 관음 행위가 포함돼 있다. 훔쳐보아서 알게 되면 죄책감이 따라오기는 하지만 경찰에게 훔쳐보기는 합법적 기능이며 허가받은 행위다. 관음은 경찰이라는 직업 밑바탕에 깔린 조건이자 일면이다.
>
> 그저 그런 평범한 경찰조차도 남성성이 부족하다거나 남성성을 상실했다고 헐뜯는 소리를 들으면 명예를 지키기 위해 부리나케 방어에 나선다.[2]

월가에 널리 퍼진 사연들로 미루어 볼 때, 트레이더 역시 성을 향한 전쟁에서 아쉬울 게 없는 생활을 누리고 있다. 객장에 들어가면 가장 먼저 눈에 들어오는 것이 게스 청바지 광고에 나올 법한 여직원들이다. 이들은 게스 광고에 등장하는 화끈한 모델이 연상될 정도로 아찔하게 차려입었는데 객장에는 이런 여인이 5,000명이나 된다. 이 여인들에게 아마도 출셋길은 두 갈래인 듯하다. 트레이더와 결혼하든지 아니면 트레이더로 승진하든지. 내 선물거래 대부분을 담당하는 브로커는 장담한다. 과거 자기가 일하는 거래소에서 제일 성공한 트레이더는 가장 섹시한 직원이었다고. 브로커의 주장에 따르면 모든 트레이더가 매수매도 호가 스프레드를 그 여직원에게 유리하게 해주었는데 함께 거래를 확인하는 과정이 좋아서란다.

성교육

나는 지금 자신에게, 그리고 동료들에게 성과 투기를 철저히 분리하라고 강요하고 있다. 할아버지와 아버지를 통해 깨친 것도 있고 집안 내력으로 물려받은 것도 있으니 어쩌면 당연한 처사다. 몇 가지 대표적인 일화는 독자 여러분께 들려줄 가치가 있으리라.

경쟁하는 판에 애정사가 개입되면 위험한 법이다. 그런데 나는 열한 살 때 처음 이런 아찔한 상황에 처할 뻔했다. 브라이튼 비치 가버 경기장 코트에서 13세 이하 월볼 토너먼트가 열리고 있었다. 나는 월볼을 썩 잘하지 않았지만, 어찌어찌 결승전에 진출했다. 21 대 14, 16 대 11로 앞섰고 우승은 따놓은 당상 같았다. 서브를 넣으려고 자세를 잡는데, 사람들이 우르르 몰려오는 소리가 들렸다. 날카로운 휘파람 소리, '아가씨' '제발' '오오' '안 돼 안 돼' 외치는 소리가 왁자지껄 허공을 가득 채웠다.

많은 사람이 둥글게 원을 그리며 내달리고 있었다. 안쪽 원에는 남자들이 허벅지를 두드리고 손뼉을 치며 빠른 박자로 발을 끌고 아메리카 원주민처럼 함성을 내지르고 있었다. 원 한가운데에는 비키니를 입은 열여섯 살 정도 되는 예쁜 소녀가 걷고 있었다. 아마 이 장면이 동부 해안에 비키니가 처음 등장한 순간일 것이다. 슬쩍 보니 프랑스 리비에라에 갔다 온 소녀였다. 리비에라는 그 시절에도 여자들이 해변에서 상의를 벗고 다니는 일이 흔했다.

줏대가 센 이 여성은 대서양 해안에서 대담한 패션을 선보이고 싶었던 모양이다. 여자 주위에 몰려든 남자들은 평균 연령이 70세 정도였는데 도무지 자제하지 못했다. 나는 남은 경기 내내 궁금해서 힐끔거리다가 결국 지고 말았다.

매혹적인 기자

또다시 경쟁에 치정이 얽혀버렸다. 하지만 이번에는 간신히 패배에서 벗어났다. 1974년 프린스턴에서 전국 스쿼시선수권대회가 열렸는데 나는 이 대회 1라운드에서 뛰고 있었다. 지난해 디트로이트에서 열린 대회에서 단 한 경기도 지지 않고 우승했기 때문에 나한테 관심이 쏟아졌다. 1라운드가 끝나자 〈데일리뉴스(Daily News)〉 소속인 여성 기자와 인터뷰가 잡혔다. 눈길을 끄는 여자였다. 경기 도중 눈앞에 닥친 시합은 관심도 없고 내 머릿속에는 온통 야한 생각뿐이었다. 아뿔싸 정신을 차려보니 다섯 번째 게임에서 5 대 0으로 지고 있었다.

내가 경기를 하면 관중은 항상 상대를 응원했다. 가장 큰 이유는 내가 좀체 지지 않았기 때문이다. 신선한 공기, 새로운 바람을 싫어할 사람은 없다. 다섯 번째 게임에서 내가 뒤지자 관중은 흥분했고 경기장이 들썩들썩했다. 아직 토너먼트에 남아 있는 예비 경쟁 상대들은 말할 것도 없고 뉴저지주 스쿼시 관계자들이 모두 관중석에 몰려와 상대를 응원했다.

대다수가 나를 미워했지만 내가 늘 이겨서 그런 건지, 내가 정말로 그들이 주장하는 대로 역겨운 놈이라 그런 건지, 대회에 유대인이 몇 사람 있었는데 내가 유대인이기 때문인지, 아니면 당시 업계를 쥐락펴락하던 나약한 영국 숭배자 속물들에게 내가 머리를 조아리지 않아서 그랬는지 이유는 알 수 없었다. 아무튼 이유야 어찌 됐건, 점잔 빼면서 거들먹거리는 개자식들이 내가 지면 희희낙락할 텐데, 절대 그 꼴은 볼 수 없다고 다짐했다.

한편 상대는 심판이 판정을 내리면 사사건건 시비를 걸며 경기를 지연시켰고, 공을 돌려줄 때도 미적미적 시간을 끌고, 점수가 날 때마다 수건으로 땀을 훔치면서 뭉그적거렸다. 바닥에 흘린 땀을 닦는다며 수건을 달라고도 했다. 상대는 생각나는 방법을 총동원해서 내가 집중하지 못하도록 흔들었다.

평소 같으면 심판과 적을 상대로 화를 퍼붓느라 기운을 뺐겠지만 그런 상황에서 에너지를 낭비하다가는 황천길 예약이다. 게다가 당장 눈앞에 닥친 일부터 제대로 처리하는 편이 훨씬 낫다는 사실도 이제는 알고 있다. 그 경기에서 그대로 실천했다. 압박해 오는 상대도 뿌리치고 사람 홀리는 예쁜 기자도 잊고 수다스러운 입도 다물었다. 그리고 다섯 번째 게임을 18 대 13으로 잡았다.

거리 두기

성에 온통 정신이 팔려서 해야 할 일이 머릿속에서 밀려나는 것도 위태하지만 훨씬 더 위험한 짓이 있다. 바로 다른 사람이 한창 성에 빠져 있을 때 방해하는 것이다. 중학교에 입학한 첫날, 밴드부에 지원하고 싶었다. 그런데 사전에 알리지도 않고 지휘자 사무실로 가서 문을 벌컥 열었다. 사무실에 들어서니 지휘자는 이미 딴 볼일에 열중하고 있었다 (교수들이 왜 반드시 사전에 약속을 하고 오라고 야단들인지 이 사건을 보면 알 수 있다). 지휘자는 셔츠를 풀어헤친 채 응원단장과 뒹굴고 있었다.

"니더호퍼, 대체 무슨 일이야?" 지휘자가 말했다.

"어, 밴드에서 클라리넷을 연주하고 싶어서요. 모차르트, 베버(Carl Weber), 브람스, 로시니(Gioacchino Rossini), 웬만한 작품은 다 알아요."

"나가! 멜로디(Melody) 아픈 거 안 보여? 지금 간호하고 있잖아."

"그럼 언제쯤…."

"안 돼. 넌 제3클라리넷이야. 마지막이지. 썩 꺼져."

나는 밴드에서 3년 동안 연주했는데 이 첫 만남 이후 제3클라리넷에서 한 발도 전진하지 못했다. 놀랍지도 않지만.

성, 투기, 음악은 몰입도가 높은 활동이기 때문에 한번 몰입하면 외부 세계에 대한 인식이 전면 차단된다. 성, 투기, 음악 관련 활동이 이다지도 재미있는 데는 이런 이유도 한몫한다. 나는 여러 가지 일을 해봤지만 남녀가 은밀하게 이런 활동에 몰두하는 현장을 종종 목격한다. 슬프다고 해야 할지, 재밌다고 해야 할지 모르겠지만 아무렴 세상천지 어디를 가나 달콤한 애정 전선이 빠지는 데가 없다. 돈을 걸라면 이 말이 맞을 확률이 절반 넘는다에 걸겠다. 프랭크 로서(Frank Loesser)는 도박과 투기의 세계를 배경으로 한 〈가이즈앤드돌스(Guys and Dolls)〉라는 곡에서 진실을 말했다. "하늘의 별을 따려고 손을 뻗는 사내가 보이나요. 장담할 수 있죠. 사내는 아가씨를 위해 별을 따려는 거예요."

나는 이따금 참사를 막고 있는데, 달콤한 사랑 놀음이 천지에 퍼져 있을 확률이 절반보다 높다고 가정한 덕분이다. 전형적인 예를 들어보겠다.

딸들은 10대 시절 테니스 강사 게리(Gary)에게 레슨을 받고 있었다. 강사가 배려 차원에서 딸들을 태워서 코트로 가기도 하고 집에도 데려다주었다. 하루는 레슨에 참관했는데 강사는 뭔가 기대에 부푼 것처럼 마냥 들떠 있었다. 나는 레슨을 취소했다. 얼마 못 가 강사는 예전 제자 하나를 납치하려고 시도했는데 저항하지 못하게 소몰이용 막대까지 동원했다. 캐츠킬스의 외딴 오두막에는 신체를 결박하는 도구와 성인 용품까지 갖추고 있었다. 납치가 실패로 돌아가자 게리는 권총으로 머리를 쏴 자살했다. 혼자 멋대로 사랑에 빠진 몽상가가 억지로 현실 세계로 끌려오자 좌절해 견디지 못한 것이다.

시장의 연인

시장은 외로운 곳이다. 그리고 정치적·경제적·생리적 요인, 사회적·심리적 요인이 무한정 유입돼 시장에 영향을 미치므로 감각이 과부하 상태에 빠진다. 감각을 맑게 깨우는, 신선한 바람이 부는 오아시스가 반드시 있어야 한다. 나는 하루 두 번 컴퓨터로 전송되는 캐롤라인 바움(Caroline Baum)의 칼럼에서 오아시스를 찾았다. 내가 읽어본 글 중에서 손에 꼽을 정도로 훌륭한 문장이다.

바움의 문체와 창의력은 프란츠 슈베르트(Franz Schubert), 헨리. L. 멩켄(Henry. L. Mencken), 에밀리 디킨슨을 한데 모은 듯하다. 사실 바움이 30년 만기 국채 차환에 대해 쓴 시는 내가 정말 좋아하는 글이다. 바움은 재클린 수전(Jacqueline Suzanne)의 감수성도 갖췄다. 1996년, 〈가치(Worth)〉지는 바움을 다룬 특집 기사에서 바움을 '명랑한 채권의 연인(The Merry Mistress of Bonds)'[3]이라고 불렀고, 월가에서 가장 널리 읽히고 존경받는 금융 분야 전문 작가로 소개했다. 헤드라인 아래에는 어질러진 거래소 객장에 바움이 마치 여신처럼 걸터앉은 전면 사진이 실렸다. 하인즈(Hanes)나 캘빈 클라인(Calvin Klein)에 이 사진을 광고에 쓰라고 권하고 싶을 정도로 멋진 사진이었다.

나는 10년째 계속 하루 일과가 끝나면 바움의 칼럼을 읽고 있다. 단어 수로 따지면 약 600만 단어 분량이다. 〈내셔널 인콰이어러〉를 제외하면 월가에 대한 타인의 판단을 참고하는 건 바움의 글이 유일하다. 바움은 자금 흐름을 따라가며 의견을 개진한다. 연준이 긴축 정책을 펴면 바움은 대체로 하락세를 예견하고, 연준이 양적 완화에 들어가면 상승세를 예상한다. 그리고 연준이 방향을 바꾸면 흐름에 편승할 수 있는 절호의 기회로 여긴다. 금리는 연준 정책의 변화가 예견되기 전까지 장기간 상승 추세나 하락 추세로 움직이는 경향이 있다.

나도 마찬가지지만 대다수가 깜박하는 사실이 있는데, 10년 만기 국

표 11-1. 연준 정책 변화: 대출금리

정책 방향 전환 날짜	최초 대출금리	총완화 횟수	총긴축 횟수
1978/11/01	9.50%		5
1980/05/29		13.0%	3
1980/09/25	10.0%		4
1981/11/01		14.0%	9
1984/04/09	8.5%		1
1984/11/20		9.0%	7
1988/08/08	6.0%		3
1990/12/17		7.0%	7
1994/05/16	3.0%		4
1996/01/30		5.25%	1*

* 1996/09/15 현재

채 금리는 1950년 3%에서 1981년 14%로 숨도 쉬지 않고 계속 상승했다. 그 후에는 1984년, 1994년, 아마도 1996년을 제외하고 쭉 떨어져 1995년에는 6%까지 떨어졌다.

연준은 바람을 거스르며 움직인다. 경기가 팽창하면 조이고, 경기가 위축되면 푼다. 로터리 클럽과 학술회의, 워싱턴 관가 신문에는 사람들이 통화 정책을 눈치채지 못하게 애매모호하게 말하는 연준 특유의 화법이 매일 쏟아진다. 홍수처럼 쏟아지는 애매한 화법 탓에 사람들은 연준 정책이 얼마나 관성이 큰지 잊어버린다. 따라서 연준 특유의 화법에 매달리기보다는 객관적인 자료를 살펴보는 편이 훨씬 낫다.

나는 1913년 창설 이래 연준이 정책 변화를 시도한 사례를 모두 조사했다. 객관성을 담보하기 위해 오로지 질적 분석 도구들, 즉 대출금리, 지불준비금, 증거금률만 고려했다. 놀랍게도 연준은 한번 방향을 정하면 좀체 바꾸지 않는다. 긴축(금리 인상) 또는 완화 정책은 평균 약 3년간 지속되며 7회 연속 완화 또는 긴축 정책을 시행한다. 표 11-1에 대출금리 변화를 정리했다. 1978년부터 1996년까지 방향 전환이 이루어진 사례는 단 열 차례에 불과했다.

애석하게도 나는 늘 청개구리가 된다. 연준 정책이 화물열차처럼 낙오자들을 치고 지나가면 나 역시 바퀴에 깔리기 일쑤다. 한바탕 통화긴축 정책이 휩쓸고 있는데 정신을 차리고 보면 롱포지션을 취하고 있다. 하루를 마치고 상처를 핥으며 바웁의 글을 읽는데 이런 글이 눈에 들어온다.

북미자유무역협정(NAFTA) 이후 채권시장은 밑바닥으로 내려가 본질적인 요소를 고려하기 시작했다. 그런데 채권시장이 밑바닥으로 내려가는 사이 시장은 하락했다.

한 주의 대부분은 경제 펀더멘털이 개선되었지만 시장 참가자들은 이 사실을 묵살했다. 개선된 펀더멘털 경제 지표를 부정하는 행위는 여러 가지 형태를 취했다.

그들은 말했다. 보라. 재무부가 250억 달러를 이자로 지급하면서 엄청난 현금이 갈 곳을 잃고 투자처를 찾고 있다.

그들은 말했다. 보라. 지방정부에서 아직 상환일이 도래하지 않은 채권을 대규모로 상환하는 일정이 도래하니 시장에서 국채는 씨가 마를 것이다.

그들은 말했다. 보라. 계절성 현금 부족 문제를 해결하기 위해 연준이 국채를 매수해 현금을 시중에 공급할 확률이 높다.

우리는 말했다. 깨달을지라. 재무부는 구호품을 나눠주고 있는 게 아니다. 일전에 세금 형태로 투자자에게 징수한 것을 투자자에게 돌려주고 있다.

우리는 말했다. 깨달을지라. 지방정부 채권 발행기관의 국채 수요가 이자율 변동 주기보다 우선하지는 않는다.

우리는 말했다. 깨달을지라. 연준처럼 이자율에 둔감한 매수자가 있어서 얼마나 다행인가. 재무부와 달리 연준이 국채를 매입하면 지불준비금이 확충된다.

(1993년 11월 19일)

나는 성관계에서 신체 학대를 썩 좋아하지 않지만, 생돈을 왕창 날리면 종종 내 손으로 내 몸을 채찍질하고 싶은 마음이 굴뚝같다. 그런데 바움이 쓴 칼럼을 읽으면 큰 상처를 입지 않고도 매질을 당할 수 있었다. "성행위에 맞먹는 느낌이었다."

6년 연속 완화 정책을 펴던 연준은 1994년 2월 연방자금 금리를 인상해 돈줄을 죄기 시작했다. 시장은 즉시 급락했다. 시장은 그게 적절한 대응이라고 생각했기 때문이다. 시장이 쑥대밭이 되면 연준은 언제든 자신들에게 유리하게 정보를 각색할 수 있다. 낮이 지나면 밤이 오듯 연준은 하버드대학 교수를 역임했던 로런스 린지(Lawrence Lindsay) 연준 이사를 내세워 긴축이 미치는 영향이 별로 중요하지 않다는 식으로 나왔다.

"한 번이면 충분합니다." 린지는 말했다. 연준은 투기꾼들을 아주 머저리로 본 건지. 이튿날 시장은 정말로 폭삭 주저앉았다. 왜냐하면 이제 '그들'은 연준이 진심을 말하지 않는다고 생각했기 때문이다. 연준이 무슨 말을 해도 언제든 손바닥 뒤집듯 뒤집을 수 있을 것 같았다. 연준은 즉시 다른 이사를 내세워 "한 번으로는 충분하지 않다"고 말해야 했다. 이 사건을 보도하면서 바움은 투기를 성의 관점에서 다뤘다. 누구도 흉내 낼 수 없는 방식이었다. 바움은 이렇게 끝맺었다. "아멘."

투기를 성에 은유하는 바움의 솜씨에 홀딱 빠진 독자는 나 말고도 많았다. 금욕주의자로 유명한 앨런 그린스펀도 비슷하게 반응했다. (중앙은행 의장이나 이사가 대개 그렇듯) 투기를 성행위처럼 보는 입장과 정반대에 있는 그린스펀조차 바움을 처음 만난 칵테일파티에서 아내에게 이렇게 소개했다. "납작해지는 수익률 곡선을 포르노처럼 설명한다오. 세상에 단 하나뿐인 사람이지."

나는 바움에게 편지를 쓰면서 이렇게 나를 소개했다. 엘크하트 어딘가에서 이동식 주택을 파는 사람이고, 매일 금리에 대한 그녀의 의견에 따라서 받을 어음과 재고를 정리하고 관리한다는 요지였다. 어찌 된 일인고 하니 로터리 클럽에 모인 남자들이 날마다 바움이 쓴 글을 놓고 토론했는데 원형경기장에서 열리는 연례 주택전시회에서 바움을 인터뷰하자며 그 일을 맡을 사람으로 나를 지목했던 것이다. 나는 바움에게 만나준다면 꿈같겠다고 말했다. 바움은 이렇게 대답했다. "꿈은 이루어집니다."

만나봤더니 나와 죽이 잘 맞는 사람이었다. 피델리티(Fidelity) 펀드매니저 피터 린치처럼 바움도 종종 쇼핑몰에서 경제 활동의 강도를 측정한다. 피터 린치의 아내는 슈퍼마켓에서 제일 잘나가는 상품[아내가 강력 추천한 상품 중 하나가 레그스(Legg's)였다]을 린치에게 알려주었는데 린치는 아내가 준 정보로 400%의 수익을 올렸다. 하지만 나는 바움에게 힘주어 말했다. 나는 피터 린치와 달리 투기하기 전에 모든 것을 계량화하려고 노력한다고. 바움은 계량화라는 정교한 작업에 비해 린치식 직관은 소박한 건초 씨앗 같다고 비유했다. 우상을 직접 영접한 나와 사무실 사람들은 경외심마저 느꼈다.

우리는 힘을 합쳐 힐러리 로댐 클린턴(Hillary Rodham Clinton)이 소매매로 엄청난 수익을 올린 사건에 대해 기사를 작성하기 시작했다. 기억하겠지만 힐러리 클린턴은 초기 자본금 1,000달러로 10개월 동안 상품 거래에서 9만 9,537달러를 벌었다. 우리가 내린 결론은 이 사건의 본질을 포착하고 있다.

"클린턴의 거래를 낱낱이 확인하고 실제 고가, 저가, 종가와 대조하고 나니 한 가지 궁금증이 생긴다. 로댐이 계좌에서 인출한 총액은 9만 9,537달러다. 그렇다면 나머지 463달러는 어떻게 됐을까?"

영국의 채권시장은 성 문제에서 자유롭지 않다. 최고위급 수준에서도 성 추문이 불거졌다. 바움은 1995년 3월 22일 수요일에 특유의 문체로 이 문제를 보도했다.

무역에서 숫자에 대한 세간의 관심은 통상 수출에 국한된다. (하지만) 국가 간

에 주고받는 거래는 너무 중요해서 무시할 수 없다. 페넌트 레이(Pennant Ray) 영국은행 부총재는 불륜 관계였던 내연녀가 언론에 비밀을 흘리는 바람에 바지가 벗겨진 채 붙잡히고 말았다.

다들 성적 취향을 공공연히 밝히는 시절에 레이는 오히려 꽁꽁 숨었다.

보도에 따르면 페넌트 레이는 은행 업무 시간이 끝난 후 에디 조지(Eddie George) 영국은행 총재의 옷방에서 묘령의 아가씨와 불장난을 했다고 한다. 영국인은 인플레이션 없는 통화 정책을 운영하는 데는 재주가 신통치 않을지 모르지만, 오락이나 유흥 서비스라면 타의 추종을 불허한다. 연방준비제도 이사회나 독일중앙은행으로 더 유명한 빌헬름 엡스타인이 14번지의 가공할 권력 뒤에서 이런 일이 벌어지리라 상상이나 하겠는가? "만약 프랑스은행이었다면 레이 씨는 승진했을 것이다." 한 영국은행 전문가는 이렇게 보도했다. "프랑스에서는 불장난이 훈장이다."

페넌트 레이는 보도가 나간 직후 자리에서 물러났다. 영국인들이 괘씸하게 여긴 건 일탈행위 자체가 아니라 일탈행위가 벌어진 장소였다. 즉 레이는 이사회 회의실에서 그런 짓을 해서 미운털이 박혔다. 영국인들은 싸구려 호텔에서 문 닫고 하기만 한다면 성 문제에 아주 너그럽다. 하지만 나는 이 분별없는 행위가 벌어진 시기에 더 주목했어야 한다고 말하고 싶다. 매매 시간 이후에 발생했다면 근엄한 영국은행 전통에 거슬릴 일은 없었을 것이다.

이 가설을 입증하는 사례가 있다. 1994년 증권거래소 의장은 성 취향이 만천하에 공개되고 말았는데, 당시 사람들이 보인 반응이 그랬다. 황색지에 따르면 의장은 저녁이 되면 업소에 들락거렸다고 한다. 어른이 된 남자들이 학창 시절로 돌아가서 여자 가정교사에게 엉덩이를 맞는 그런 업소였다. 이튿날 의장은 사임하기는커녕 거래소 객장에 당당히 모습을 드러냈고 우레 같은 기립 박수를 받았다.

나는 글을 쓰면 늘 주제를 놓고 실험하고 관찰하기를 좋아한다. 하지만 이 문제만큼은 양적 연구를 할 기회가 없었다. 아내는 내가 이 분야 연구에 관심이 많다는 사실을 알고 쉰 살 생일 파티에서 스트립 댄서 공연을 준비했다. 여섯이나 되는 딸들 때문에 공연은 뉴욕에 있는 내 사무실 한구석에서 열기로 했다. 혹시 몰라서 공연 시간은 거래가 끝난 시간인 화요일 4시 15분으로 잡았다. 이 시간이면 짐 레오폴트, 톰 위즈웰, 아서 비스기어에게 15년째 매주 체커와 체스 과외를 받고 있다. 스승들의 평균 나이는 80세로, 호호백발 노인에게 부적절하고 흉한 짓이라며 한 소리 들을 일은 없겠다 싶었다.

스트리퍼가 막 공연에 들어가자 채권이 자본시장에서 불리한 방향으로 움직이기 시작했다. 음성 합성장치가 구슬피 울었다. "채권 하락-채권 신저점-라운드 넘버보다 하락-채권 어디까지 떨어질까-소로스 채권 매도 중." 그걸로 끝이었다. 나는 자리를 떴고 다시 돌아가지 않았다. 그런데 나중에 듣기로는 여든다섯인 체커 스승 톰 위즈웰이 공연에서 제일 신명 나게 놀았다고 한다.

시카고상품거래소 채권 객장은 최근 섹스 스캔들로 한바탕 난리가 났다. 1995년 스트립 댄서 한 명이 객장에 슬쩍 들어왔다. 선발된 몇몇 트레이더는 댄서가 펼치는 홍보용 시범 공연을 관람했고, 댄서는 몇 층 위에 있는 사무실로 몰래 올라갔다. 그리고 그곳에서 유료 공연을 펼쳤다고 한다. 독립된 기관에서 조사관을 고용해 이사회에 해당 사건을 보고했다. 추측건대 '회원 품위에 어긋나는 부적절한 행동'이라는 혐의가 제기되지 않을까.

사정이 이러니 성 문제를 조사하려면 시카고상품거래소 의장인 팻 아버(Pat Arbor)를 만나서 이야기를 듣는 수밖에 없다고 생각했다. 1995년 12월 5일 화요일 포시즌스 레스토랑에서 인터뷰를 진행했다.

인터뷰가 시작되자 아버는 이 바닥에서 자기도 성 추문에 휘말렸다고 했다. 20년 전, 평범한 거래소 회원이었을 때 아버는 친자확인 소송을 당했다. 〈플레이보이(Playboy)〉 잡지에는 중간에 접어 넣는 커다란

지면이 있는데 이 지면에 등장하는 유명한 아프리카계 미국인 모델이 소송을 제기했다. 모델에게는 딸이 있었는데 아버가 아버지라고 주장했고 아버는 소송에서 졌다.

팻 아버의 딸 켈리 아버(Kelley Arbor, 하버드대 재학)는 얼마 지나지 않아 〈플레이보이〉 지면에 대문짝만하게 등장했다(거래소 내 신문 가판대에서 1996년 2월 호 〈플레이보이〉 판매량이 평소보다 두 배로 뛰었다). 당연히 팻 아버는 이 바닥에서 불거지는 혼외 성관계에 대해 자기는 이러쿵저러쿵할 자격이 없다고 생각했다. 아무튼 팻은 1980년대 유명한 거래소 투기꾼 중 많은 이가 혼외 성관계를 즐겼다고 지적했다. 그런데 결국에는 까발려지는 경우가 대부분이었다. 결과는 뻔했다. 이런 회원 대다수는 이혼 소송 과정에서 거래를 못 하거나 열의를 상실했다. 이혼에 따른 비용까지 겹쳐 이들은 손해를 크게 봤고 결국 회원 자격을 팔아야 했다.

성과 투기의 역사

성과 투기는 까마득한 옛날부터 한 몸처럼 얽혀 있었다. 전 〈포브스〉 기자 그레고리 J. 밀먼(Gregory J. Millman)에 따르면, 과도한 성욕이 18세기 후반 국제 금융 질서 붕괴를 야기했을지도 모른다.[4]

1716년 투기를 부추겨 미시시피 거품 사태를 일으킨 존 로(John Law)는 근대적인 중앙은행의 창시자로 인정받는다. 로가 한 일이 끔찍한 결과로 이어지게 된 첫 번째 고리는 치정 사건이었다. 윌리엄 3세(William III)는 엘리자베스 빌러스(Elizabeth Villers)라는 애인을 두고 있었는데, 빌러스가 에드워드 윌슨(Edward Wilson)이라는 사내의 육감적인 근육질 가슴을 보고는 그만 홀딱 반했다. 빌러스는 윌슨과 계속 밀회를 나눴다. 그러다 들킬까 겁이 나자 빌러스는 존 로에게 애인을 죽여달라고 사주했다. 로는 사형선고를 받고 프랑스로 도피했다. 로는 도박이나 여색에 빠져 있지 않을 때면 프랑스 정부의 부채를 주식으로 전환할 계책을 꾸몄다. 회사를 설립해 프랑스 식민지인 미시시피에서 무역 독점권을 얻은 다음 주식을 발행해 프랑스 정부의 부채를 줄인다는 구상이었다. 로는 루이 14세(Louis XIV)에게 이 계획을 소개하는 자리를 마련하고 루이 14세의 승인을 받아냈다.

미시시피사(The Mississippi Company)는 1650년대 튤립 광풍이나 1996년 모틀리풀(Motley Fool)이 애지중지했던 아이오메가(Iomega) 주식 폭등에 버금가는 투기 거품 속에 설립되었다. 회사가 잘나갈 때 존 로의 집 응접실에는 여자들이 쉴 새 없이 드나들었다. 주식을 살 기회만 잡을 수 있다면 기꺼이 몸을 바칠 여자들이었다. 투기 열기를 더 뜨겁게 달구기 위해 정부는 부랑자 6,000명을 고용해 광부로 분장시킨 다음 광부들이 곧 뉴올리언스에 금을 캐러 떠난다고 선전했다. 그러나 소용이 없었다. 거창한 계획은 와르르 무너졌고 로는 땡전 한 푼 없이 죽었다.

세계 최대 은행이 보내온 금융 정보에 따르면, 유럽에서는 정부가 대중을 상대로 채권이나 주식을 팔 때 병적 낙관론을 조성하는 행태가 아직도 적절하다고 여긴다. 투기꾼들이 돈을 내면 국가에 이익이 된다는 논리다. 그러나 미국은 사정이 다르다. 미국에서는 병적 낙관론을 이용해 투기성 매수를 유도하는 행위에 눈살을 찌푸린다. 이런 행태를 비난한 대표적인 사례로 하버드대학 교수 존 갤브레이스(John Galbraith)를 들 수 있다. 갤브레이스는 거품경제 시대에 낙관주의와 성욕에서 비롯된 광기가 작용한 사례가 많다고 지적한다.

1980년대에 마이클 밀컨(Michael Milken)과 드렉셀번햄 램버트(Drexel Burnham Lambert)는 해마다 '포식자 무도회'를 열었는데 여기에는 매춘부들도 끼어 있었다고 한다. 매춘부들은 상황에 맞게 얌전을 떨면서 참석한 고객 중 꼬임에 넘어갈 만한 사람을 눈여겨보았다. 미인계로 악성 채권을 사도록 부추기는 수법이었는데 많은 채권이 미시시피 거품 당시 팔렸던 주식만큼이나 사기성이 짙었다.

1711년 영국인들도 비슷한 거품 사태를 겪었다. 그러나 갤브레이스가 지적하듯이, "관가에 뿌린 뇌물과 부패, 교묘한 속임수가 횡행하면서 주가가 급등했다가 폭락했지만 그런 것치고는 비교적 평범한 축이었다."5

이렇게 비난하는 글을 보면 왜 자꾸 '똥 묻은 개' '겨 묻은 개'가 생각날까?

오늘날에는 수법이 한층 진화했다. 진 마셜(Gene Marcial)은 섹시한 갈색 머리 왈다(Walda, 우주의 여왕)의 이야기를 들려준다. 왈다는 2차 시장(신규 발행 증권이 아니라 기존 주주들이 이미 소유하고 있는 주식이 거래되는 유통시장 - 옮긴이)에서 대형 견실기업(시장에서 투자자들의 검증과 평가가 어느 정도 이루어진 기업 - 옮긴이)인 NYSE 회원사의 증권을 유럽 투자자들에게 매도해 2,000만 달러 넘게 벌었다. 유럽 투자자들도 세상 물정이라면 닳고 닳은 인사들인데 말이다. 고객의 성욕이 절정에 달했을 때 매도하는 것이 핵심이라고 왈다는 설명한다.

"타이밍이 전부예요. 반드시 가장 정확한 시간에 거래에 관해 결정적 질문을 던져야 해요. 남자가 나를 끌어당겨 내 입술에 자기 입술을 포개죠. 그러면 후끈 달아오른 듯 이렇게 속삭여요. '정말 100만 주 살 거야?' 방식은 단순하지만 이게 먹혀요."6

번식하려면 성은 필수다. 따라서 재빨리 역동적으로 움직이는 시장의 새로운 추세를 포착하는 수단으로 성이 떠오른 것도 우연이 아니다. 1995년과 1996년은 기업공개(IPO)시장이 어느 때보다 뜨거웠다. 거래 첫날 IPO는 왕왕 100%까지 상승하며 장을 마감하기도 했다. 당연히 이런 주식을 보유한 브로커는 끌리는 이성이었다. 많은 지인에게 들은 얘기지만, 매력 있는 친구들 중 적지 않은 사람이 직장을 옮기고 지금은 IPO시장에서 시간을 보낸다고 한다. 이들은 성을 대가로 더 많은 주식을 배당받는다.

1996년 9월, 나는 한창 뜨는 상장주를 사고 싶었다. 거래 첫날 장 마감에 바로 팔아버릴 참이었다. 지난 30년을 돌아보면 상장 첫날 20% 상승은 일도 아니었기 때문이다. 증권인수업자는 내가 주문한 물량에서 얼마나 체결할지 결정하기 전에 금방 팔아버리지 않는다는 것부터 확실히 하자고 말했다. 동료들은 이렇게 뜨거운 시장에서 원하는 만큼 전부 배당받으려면 증권인수업자와 잠자리를 해야 한다고 귀띔했다. 나는 일부만 체결하는 걸로 합의를 봐야 했다.

우리 집에는 100년 된 책들이 있는데 이런 책에도 비슷한 이야기가 기록돼 있다. 역사상 가장 위대한 투기꾼인 밴더빌트 제독(Commodore Vanderbilt)도 말년에 그만 유혹에 굴복하고 말았다. 상대는 레이디 클래플린 쿡[Lady Claflin Cook, 과거 이름은 테니 C. (테네시) 클래플린]과 여동생 빅토리아 C. 우드훌(Victoria C. Woodhull)로 당시 월가 사람들 입에 오르내리던 악명 높은 여성 브로커들이었다. 자매는 주식과 금을 중개하는 우드훌 클래플린사(Woodhull, Claflin & Co.)를 설립했다. 두 사람은 이전부터 영매(靈媒)로 명성이 자자했던 터라 제독에게 이미 상당한 영향력을 행사하고 있었다. 제독 역시 늙수그레한 고객을 유혹하는 데 도가 튼 테네시 양과 애정 행각을 즐겼다.

이런 사건들을 글로 정리한 연대기 작가 매슈 헤일 스미스(Matthew Hale Smith)는 자매가 처음 등장했을 때를 이렇게 묘사한다.

> 금액이 얼마가 됐건 밴더빌트가 자매의 뒷배를 봐준다고 했다. 밴더빌트는 부인하지만, 평판 좋은 신사들이 밴더빌트를 찾아가 거래에 아무 문제 없다는 확답을 받아냈다. 신사들이 하려는 거래에 자매가 개입돼 있었기 때문이다. 밤이면 자매는 워싱턴 플레이스에 있는 밴더빌트의 집에 수시로 들락거렸고, 제독과 거래하는 신사들은 그곳에서 제독을 만났다.[7]

이런 상황에서 어떤 어리석음과 참사가 뒤따랐는지는 그저 상상에 맡기겠다.

애욕이 개입되면 투기꾼은 망한다. 남아 있는 기록을 보면 이 명제를 입증하는 일화가 수두룩하다. 케네스 L. 피셔(Kenneth L. Fisher)는 말년에 상거지 꼴이 된 위대한 투기거래자 일곱 명을 분석했다. 피셔에 따르면 제임스 피스크 주니어(James Fisk Jr.), F. 오거스터스 하인즈(F. Augustus Heinze), 그리고 고인이 된 제시 리버모어는 애욕이 지나쳐 몰락했다. 승자는 성관계라면 죽고 못 사는 성벽 때문에 도탄에 빠지지 않는다.

걸출한 투자은행가인 J.P. 모간(J.P. Morgan)은 여색에 빠져 산 것으로 유명하다. "빅토리아시대에 어떻게 용케 잘도 즐겼네요?" 내가 이렇게 묻자 가장 권위 있는 모간 전기를 쓴 저자는 이렇게 대답했다. "절대 아내와 같은 시간에 같은 대륙에 있지 않도록 모간이 손을 썼죠."

증권분석의 창시자이자 역사상 가장 존경받는 펀더멘털 분석가인 벤저민 그레이엄도 어지간히 호색한이었다. 그레이엄에 관해 쓴 책들을 보면 절친 아내나 이웃집 여자들은 긴장의 끈을 늦추지 못했다고 한다. 케네스 L. 피셔는 그레이엄을 이렇게 정의한다.

> 그러나 대단한 성공과 업적 이면에는 건실하고 보수적인 삶과 담을 쌓은 한 사내가 있었다. 전혀 어울리지 않아 보이지만 그레이엄은 1976년 사망할 때까지 프랑스 남부, 캘리포니아, 월가에 있는 집들을 신나게 돌아다니면서 애인들과 노닥거리기에 바빴던 사내였다.[8]

증권분석의 아버지를 추종하는 자들도 결국 비슷한 성향을 가지게 되는지 확인해 보면 흥미로울 듯하다. 제임스 피스크는 제이 굴드와 손잡고 악명 높은 이리전쟁(19세기 이리 철도회사 경영권을 둘러싸고 미국 금융업계에서 벌어진 분쟁 - 옮긴이)에서 막대한 이득을 챙겼고, 1869년에는 황금을 매점해 검은 금요일 사태를 촉발했다. 제임스 피스크는 사치스러운 생활을 좋아했다. 피스크는 굴드를 쑤석거려 이리 자금으로 파이크스 그랜드 오페라 팰리스를 산 다음 사무실을 그곳으로 옮겼다. 피스크는 오페라극장 소속 여배우들을 애첩으로 두었고, 다이아몬드와 고급 직물로 휘감은 채 거들먹거렸으며 사치와 향락을 일삼았다. 그러다 금값 폭락으로 시장이 공황에 빠지자 금욕주의자인 굴드가 피스크를 함정에 빠뜨리고 뒤통수를 쳤다. 파산한 피스크는 굴드가 적선하는 돈으로 겨우 연명하다가 결국 애인의 남자 친구 손에 죽고 말았다. 서른여섯 살이었다. 오로지 사업에만 골몰했던 굴드는 오늘날 기준으로 보면 억만장자라 할 만큼 계속 재산을 불렸다.

매집을 통해 유나이티드코퍼(United Copper) 주가를 띄우려다 1907년 금융공황을 일으킨 하인즈는 여자와 술, 카드 게임이라면 사족을 못 썼다. 피셔는 이렇게 말한다. "하인즈는 밤이면 돈을 펑펑 썼지만 그래도 성공에는 지장이 없었던 듯하다. 그런데 이런 생활이 낮에 하는 활동에 스며들기 시작하자 상황은 달라졌다." 하인즈는 사무실을 난잡한 유흥에 사용했는데 '호사스럽다' '사치스럽다' 같은 단어가 무색할 정도로 호화로운 파티를 열었다. 금융공황이 닥치자 하인즈는 은행도 잃고 위신도 잃었으며 1,000만 달러도 잃었다. 이후 결혼 생활도 파탄 나고 위법 혐의로 소송에 시달리다 1914년 간경화로 사망했다.

시대를 초월한 걸물로 손꼽히는 리버모어는 파산했다가 백만장자가 되기를 네 번이나 반복했다. 그러다 대공황으로 시장에서 돈 벌 길이 막혔고 증권거래위원회는 리버모어가 썼던 시장 조작 방식을 불법으로 규정했다. 리버모어는 세 번 결혼했는데, "애인이 끊이지 않았고 술고래에다 길이가 60미터에 이르는 요트 아니타호를 타고 다녔다."

나는 운이 좋았던지 자산이 5억 달러가 넘는 투기꾼을 많이 알고 지냈다. 이따금 호기심을 감추지 않고 툭 까놓고 물었다. "여자들한테는 억만금이 최음제 역할을 한다는데 정말 돈이 많으면 여자가 꼬이나요?" 대답해 준 사람 중에는 내가 이 책에서 언급한 사람도 있고 언급하지 않은 사람도 있는데, 아무튼 사생활 보호를 위해 여러 사람의 답변을 섞어서 내놓겠다. "물론이지. 하지만 비용이 워낙 많이 들고 사업에 집중하는 데 방해가 돼서 나는 안 해."

각종 라켓 스포츠계에서 알고 지낸 국내 챔피언들에게도 비슷한 질문을 던졌다. "대회 전날 여자들이 호텔방에 같이 있겠다며 유혹하나요?" 이번에도 여러 사람의 대답을 섞어서 들려주겠다. 결승전에 출전하는 것만 아니라면, 유혹하는 여자들에게 이렇게 대답한다고 한다.

"당장 제 방으로 가시죠."

선 지키기

나는 하버드대학 스승이었던 갤브레이스 교수의 발자취를 따르고 있다. 갤브레이스 교수는 40년이나 지나 뒤늦게 실토하기를 제자와 눈이 맞았다고 했다. 갤브레이스는 참작할 만한 상황이 있었다며 두 가지를 덧붙였다. "당시에는 그런 성향을 표출하는 게 사회적으로 지탄받는 행동이 아니었다네. 게다가 우리 부부는 그 일이 있고 40년 동안 행복하게 결혼 생활을 유지했어."

아내와 나도 1977년에 비슷한 경위로 정분이 났다. 우리 둘은 시장 관계를 규명하는 프로그램을 함께 짜면서 친해졌는데 같이 생각하고 만들고 정리하면서 흐름도를 작성했다. 누군가와 함께 프로그램을 짜다 보면 아주 가까워지는데, 어쩌면 같이 샤워하는 것(성에 관한 책들을 보면 더 진도를 나가려면 샤워가 꼭 필요하다고 권고한다)보다 더 친밀한 행위인지도 모르겠다. 마음에 드는 흐름도가 나오자 프로그램 작성을 중단했다.

아내는 이 동네에서 할아버지 마틴과 아버지가 어떻게 살았는지 잘 알았다. 아내가 놀리면 입이 열 개라도 할 말이 없다. 다른 부부나 연인들을 초대해 저녁 식사를 할 때면 아내는 자리를 정하면서 손님들에게 이렇게 말한다. "아뇨, 빅터는 제 옆에 앉고 싶지 않을 거예요. 언제나 당신처럼 아름다운 여인 옆에 앉고 싶어 한답니다."

맞는 말이다. 나는 자기 분야에서 유능한 여성에게 끌린다. 음악도 마찬가지지만 성관계를 통해 인간은 행복의 절정을 누린다고 믿는다. 알고 지내는 독신 여성들에게 진지하게 사귀지 말고 그냥 즐기는 사이로 지내자고 제안하기도 했다(11년에 걸친 총각 시절에 있었던 일이다). 돌아오는 대답은 한결같았다. "그런 제안은 처음이네요. 안 되겠어요. 머리로는 그럴듯하다 싶은데 마음이 허락하질 않네요!" 1993년 안타키아에서 깨달은 사실인데, 데이트 성폭력 혐의를 받지 않으려면 이런 대화가 필요하다.

'정치적 올바름'이라면 나는 시대를 앞선 사람이었다. 사실 나는 법의 테두리를 엄격하게 지켰고 불법 행위는 절대 하지 않았다. 투기에서도 연애에서도 운명은 용기 있는 자의 편이다. 소심해서는 미인을 얻지 못했고 연간 100%의 수익도 올리지 못했다. 그래도 잠자리에 정신이 팔리면 투기에서 손을 뗀다. 그리고 이것을 철칙으로 삼고 있다(말이 났으니 말이지, 마음이 콩밭에 있을 때는 어떤 치열한 게임도 적합하지 않다). 잠자리가 좋았다면 흡족한 마음에 지나치게 느슨해진다. 만약 구애했다가 퇴짜를 맞으면 시장 상황이 어떻든 뛰어들어서 마구잡이로 매매한다. 거절당한 사실을 잊기 위해서다.

결론! 자녀가 많은 가정이라면 부인이 자녀를 챙기느라 경황이 없어 남편을 돌아볼 여유가 없다. 그러면 좌절한 남편은 과잉 매매를 하거나 가능성이 거의 없는 무리한 수준에서 주문이 체결되거나 거래가 성사되길 바라고 완강히 버틴다. 이러면 쫄딱 망하기 십상이다. 말은 안 하지만 이런 가정에는 불문율이 존재한다. "원하는 게 있으면 미리 예약을 하거나 약속을 잡아라."

성관계와 투기는 왜 양립하지 못하고 서로 밀어낼까? 이 문제를 변형된 형태로 이론화한 사람이 다름 아닌 프로이트였다. 프로이트는 문명이 가진 창조 역량이 드러나려면 성적 억압이 필요하다고 생각했다.

어쩌면 생물학적 요인이 가장 중요하다. 우리는 자기 자신을 두뇌가 지배하는 피조물로 생각하고 싶어 하지만, 사실 일차적 차원은 육신이다. 체내 화학물질이 조금만 변해도 집중력이 흐트러진다. 젊은 여자가 비키니를 입고 지나가면 다 이긴 패들볼 게임도 질 수 있다. 밥을 먹으려고 포커 게임을 중단하면 어김없이 진다. 설상가상으로 두뇌는 재앙이라는 결과를 목격하기 전에는 두뇌 기능이 약화되었다는 사실조차 모른다.

사사로이 규칙을 정했다 해도 실천하기는 만만찮다. 우리 회사가 꽤 크게 거래하는 통화시장에는 매력 넘치는 전문가가 많이 모이고 자정부터 아침 8시까지 근무하는 브로커와 딜러 중 절반은 여성이다. 이 바닥에서 친근한 농담은 그저 일상이다. "안녕, 덩치. 잘돼가? 오늘은 어떤 통화 거래할 거야?" 이성 브로커들에게 이런 질문을 수없이 받는데, 모두 미인이었다.

나는 항상 이렇게 되받아친다. "미안하지만 오늘은 양성애자 모드야."

과학과 성

치마 길이 이론은 시장 성과와 성적 성향 또는 활동을 계량화하려는 유일한 시도였다. 그러나 표본 추출에는 명백한 어려움이 존재한다. 어떤 해는 짧은 치마와 긴 치마가 앞서거니 뒤서거니 유행한다. 더욱이 치마 길이 유행은 드물게 바뀌기 때문에 주식시장에서 발생하는 어떤 움직임과도 일치하기가 어렵다.

시장과 성의 상관관계를 추적하려면 새로운 방식이 필요했다. 이 관계를 규명하기 위해 나는 우리 문화에서 사람들이 성과 투기에 어느 정도 관심을 기울이는지 연도별로 계산했다. 둘을 비교하면 어떤 지표가 선행하고 어떤 지표가 후행하는지 알 수 있다.

오늘날에는 컴퓨터 데이터베이스를 통해 특정 주제에 어느 정도 관

그림 11-1. 성/셰익스피어 비율과 3년 다우존스지수 변동

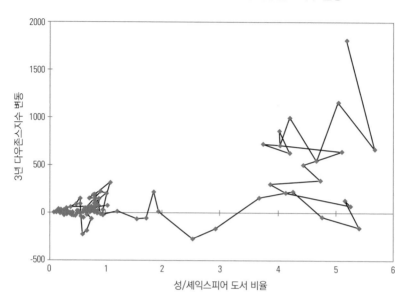

심이 쏠리는지 다양한 방식으로 측정할 수 있다. 한 해에 특정 주제를 다룬 책이 얼마나 출판되었는지 보면 문화계에서 해당 주제에 쏟는 관심이 어느 정도인지 알 수 있다. 세계도서관검색시스템은 전 세계 도서관에 소장된 도서 3,000만 권에 대한 서지정보 데이터베이스를 제공한다. 나는 1886년부터 1995년까지 매년 성에 관한 책과 투기에 관한 책이 얼마나 출판되는지 계수했다.

3년 다우존스지수 변동과 함께, 성/셰익스피어 도서 비율(셰익스피어 관련 도서 1권당 성에 관한 도서 비율. 이하 분자/분모 도서 = 분모 도서 1권당 분자 도서 비율을 의미함. - 옮긴이)을 그림 11-1에 정리했다.

연구 범위를 좀 더 확대해 셰익스피어에 관한 책이 얼마나 되는지 살펴보면 흥미롭겠다고 생각했다. 인생에 대한 상념과 이야기라면 셰익스피어 작품이 최고봉이다. 따라서 셰익스피어에 대한 관심이 어느 정도인지 보면 최고 수준의 문화에 대한 관심이 어느 정도인지 판단할 수 있다는 것이 내가 세운 가설이었다. 윌리엄 스탠리 제번스는

빅터 니더호퍼의 투기 교실

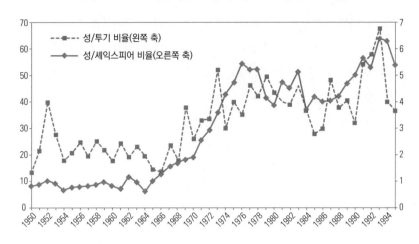

그림 11-2. 성/투기 도서 비율, 성/셰익스피어 도서 비율

- --■-- 성/투기 비율(왼쪽 축)
- --◆-- 성/셰익스피어 비율(오른쪽 축)

1864년 3월 12일 《Atheneum(문고)》에서 힘주어 말했다.

> 이 글들이 영어로 된 최고의 장식품이라는 사실은 널리 인정된바, 다양한 시
> 기에 이 글에 쏟는 관심이 어느 정도인지를 비교하면 당시 고상한 취향이 어
> 느 정도 널리 유행했는지 판단할 수 있을 듯했다.[9]

자료를 꼼꼼히 조사해 보니 셰익스피어에 관한 도서는 1886년 126권
에서 1995년 345권으로 비교적 완만하게 증가했다. 비슷하게 투기에 관
한 책은 1886년 10권에서 1995년 51권으로 소폭 증가했다. 그런데 성에
관한 서적은 1886년 42권에서 1995년 1,842권으로 늘었다. 누구나 성
에 관해 이야기하고 성에 관한 책을 본다는 통념이 입증되었다. 아울러
셰익스피어 관련 도서 1권당 성에 관한 도서 비율은 1886년 0.3에서
1995년 5.3으로 증가했다. 투기 관련 도서 1권당 성 관련 도서 비율은
10.5에서 36으로 증가했다(그림 11-2 참조).

20세기 후반에는 시장이 상승하는 경향을 보이며 아울러 이 비율도
함께 상승해 양의 상관관계로 기우는 듯하다. 그런데 결과를 보면 양의

상관관계가 놀라울 정도로 높다. 1996년 성/셰익스피어 비율과 시장 변동의 상관관계는 0.5(성에 관한 책이 많아질수록 주식시장은 상승한다는 의미 - 옮긴이)이며, 성/투기 비율과 시장 변화의 상관관계는 0.3이다. 이처럼 큰 수치가 무작위 변이일 확률은 1,000분의 1이다.

그런데 문제가 있다. 스티브 스티글러는 이 결과를 '허위' 상관관계라고 부른다. 1년간 다우존스지수 변화로 1년 후 성/투기 비율과 성/셰익스피어 비율을 예측하면, 그 정확도는 성/투기 비율과 성/셰익스피어 비율로 다우존스지수를 예측할 시 정확도와 맞먹는다. 그렇다면 무엇이 원인이고 무엇이 결과인가? 미묘하게 영향을 미치는 다른 요인들이 딸려 있기 때문에 비율을 예측에 사용할 때는 주의가 필요하다. 그런데 20세기 마지막 10년이 저물 무렵, 성/셰익스피어 비율은 5.0에서 6.0 사이에 있다. 이 정도 값이면 연간 다우존스지수는 200포인트 상승해야 한다. 그리고 서평은 세태 변화의 조짐을 초기에 확인할 수 있는 자료이므로 눈여겨보아야 한다.

투기꾼 가족과 성

부모님은 공저 《경찰 가족》에서 경찰 업무에 수반되는 성적 긴장을 이렇게 묘사한다.

주마다 생활 리듬이 확 바뀌므로 가족의 일정도 마치 자정을 기점으로 딴사람이 되는 신데렐라처럼 바뀐다. 그러므로 경찰관 아내는 이 사실을 거듭 실감하게 된다. 3교대 근무를 하다 보면 남편을 '맞으려고' 아내는 자정을 넘어 새벽까지 기다리기도 한다. 그런데 타이밍이 좋지 않다. 남편은 잔뜩 흥분이 고조된 상태지만 아내는 비몽사몽이다. 만약 아내가 욕정이 있는 편이라면, 아내는 욕정을 채우지 못한 채 긴긴 밤을 보내야 한다.[10]

경찰관은 늦은 밤 순찰을 마치고 집으로 돌아오면 배우자와의 잠자리를 갈구한다. 하지만 아내는 사랑을 나눌 기분도, 유혹할 기분도 아닐지 모른다. 집 청소 같은 허드렛일이나 출근 때 입을 옷 걱정에 우울할 수도 있다. 경찰은 성욕이 대단하고 로맨틱하며 밤일을 잘한다는 통념 때문에 경찰이라는 직업에 환상을 품는 사람이 있는데 현실은 이렇다. 그러므로 성욕이 강하다면 이런 환상에 빠졌다간 독신이든 기혼이든 문제가 될 수 있다.

> 경찰관 하나는 집에 가는 길에 술집에 들러 동료들과 맥주나 몇 잔 걸치기로 했다. 술이 들어가면 졸려서 잠이 잘 오기 때문이다.[11]

흔히 자식은 부모가 걸었던 길을 답습한다고 말한다. 신기하게도 경찰과 투기꾼은 근무시간이 비슷하다. 대다수 경찰관처럼 아버지는 자정부터 오전 8시, 오전 8시부터 오후 4시까지, 그리고 오후 4시부터 자정까지 격주로 순찰했다. 순찰은 3주 주기로 반복된다. 채권 및 통화시장의 투기꾼인 나는 매일 3교대 근무를 한다. 그러다 보면 문제가 생긴다. 나는 잔뜩 달아올랐는데 아내는 비몽사몽이고, 나는 애틋한 기분에 젖어 있는데 아내는 아이들을 등교시키느라 정신이 없다. 그 밖에도 직업 때문에 서로 장단이 안 맞는 상황이 생긴다.

나는 경찰이 아니므로 근무 중에 총을 소지하지 않는다. 트레이딩을 하다 보면 악당을 잡으려다 되레 얻어터진다. 피멍으로 만신창이가 되고 돈도 다 뺏기면 분이 나서 씩씩댄다. 관능적 쾌락을 떠올릴 기분도 아니고 그냥 맥주나 몇 잔 마시고 다 잊고 싶다. 하지만 아내는 늘 새로운 방법을 생각해 내 나를 위로한다.

침실이 트레이딩룸과 붙어 있는 데다 술도 잘 안 마시기 때문에 나는 외출도 잘 하지 않는다. 여느 트레이더들처럼 나도 아내와 침실을 따로 쓰고 있다. 체결 소식을 알리는 전화벨이 울리면 아내가 깨기 때문이다. 내가 타격을 크게 입고 항복할라치면 아내가 어김없이 내 방에 들어와 유혹한다. "자기, 기운 좀 나게 내가 해줄 일 없을까?"

"없어. 당신이나 나나 할 수 있는 일이 없어. 누구라도 마찬가지야. 속수무책이야."

"저기, 무슨 일이 있었든 다시 시작하면 돼. 어디 작은 아파트라도 얻지 뭐. 예전처럼 말이야. 애들은 그러려니 할 거야. 최악의 경우엔 매일 채무자 감옥에 면회 갈게. 윌리 서튼이나 예전 라켓 스포츠 선수들이 감옥에서 월볼도 치고 체스도 뒀다고 하던데 당신도 거기서 대국이나 하면 되겠네."

"감방에 갇힌 모습 보여주고 싶지 않아. 아이들에게 귀감이 되고 당신을 잘 돌봐줄 경찰을 찾아. 그 사람이 지금 여기 있다고 상상해 봐."

****

"아리땁고 젊군요, 수전."

"저에 대해 잘 모르시잖아요, 경관님."

"아니죠. 오랫동안 남편을 감시하면서 당신에 대해 많은 것을 알게 됐어요. 좀 더 친하게 지내고 싶군요. 그러니까 사적으로요."

"여자를 유혹할 때 늘 이렇게 말이 많나요?"

Victor Niederhoffer

The Education of A

SPECULATOR

스무 살에서 스물다섯까지! 바로 이때다! 현 상황에 만족해 안주하지 말라. "땅과 거기에 충만한 것이 네 것이라." 유산 상속권을 얻고 그에 따른 책임을 받아들이라. 영광스러운 깃발을 다시 들고 새로 등장하는 적들을 향해 전진하라. 인류라는 군대 앞에 적들이 끊임없이 결집하지만 결국은 공격을 받고 타도되고 만다. 안 된다는 대답을 용납하지 말라. 절대 실패에 굴복하지 말라. 일신의 성공, 혹은 지원을 약속하는 말에 속지 말라. 관대하고 진실하며 치열하게 사는 한, 온갖 실수를 저지르겠지만 여러분은 세상을 해칠 수도, 심하게 괴롭힐 수도 없다.

― 윈스턴 처칠(Winston Churchill),
《나의 청춘(My Early Years)》

찬란했던 5년

스무 살부터 스물다섯 살까지 5년 동안 학생 신분으로 시카고대학을 다녔고 캘리포니아대학 버클리캠퍼스에서는 조교수 신분이었다. 그러면서 학계가 어떤 곳인지 볼 꼴 못 볼 꼴 다 보았다. 내가 맞서 싸운 적은 교수진에 배치된 열렬한 랜덤워크 신봉자들, 그리고 유대인을 모임에 들이지 않는 편협한 사람들이었다. 아집에 사로잡힌 이들의 신념을 공격해 흔들릴 줄 모르는 방어막을 측면에서 깨부수어 박사학위를 땄고 무리에 끼지 못하게 따돌리고 쫓아내도 당하고 있지만 않았다. 확실히 과격했고 열정이 넘쳤다. 하지만 나는 너그럽고 진실한 사람과는 거리가 멀었고, 젊은 날 저지른 실수로 얼마나 큰 고통이 뒤따랐는지 떠올리면 부끄러울 따름이다.

숯, 유황, 칼륨 화학물이 있어도 태우려면 불씨가 필요하듯 성공하려면 물려받은 자질, 책임의식, 수양이 골고루 필요하다. 메리 배튼(Mary Batten)은 이 주제를 다룬 도발적인 책에서 이렇게 단언한다. "우연히 위대한 발견을 한 사람들은 실은 철저히 준비한 사람들이다. 이들은 과학이 도입한 위대한 탐구 도구, 즉 실험 방식에 통달함으로써 미리 자질을 갖추고 있었다. 예외는 극히 드물다."[1] 배튼이 내린 결론이 나한테는 진리로 와닿는다. 스쿼시를 제외하고 내가 하버드에서 익힌 유일한 기술이 있다면 규칙성을 발견하고 융합하는 방법을 활용하는 능력이었다. 돌이켜보면 결코 하찮은 능력이 아니다. 심오한 사상가 다수가 따로 흩어진 데이터를 정렬하고 연결하는 행위를 인간 본성에 내제된 근본적인 구성 활동이라고 여긴다. 투기판이든 어디든 성공하려면 이 능력을 발휘해 끊임없이 변하는 환경에 적응해야 한다.

나는 과학을 활용해 연관성과 패턴을 접목할 기회를 얻었는데 생각해 보면 운이 좋았다. 그 길로 나를 이끈 행운의 별은 서퍽 다운스의 클로커 로턴(Clocker Lawton) 광고탑에 게시된 광고 전단이었다. 전단에는 진부한 선전 문구가 적혀 있었다. '경마 부분 3년 연속 예상 적중률 1위' '프로처럼 우승마 뽑는다' '1달러를 1,000번 베팅해 수익 창출' '45년 경력자 무료 상담' '연수익 +1,170%' 이런 주장과 복제품처럼 닮은 광고가 금융신문에도 매일 등장하며 '경마 방식' 투자 세미나에 참석하라는 권유도 약방의 감초처럼 빠지지 않는다.

그런데 클로커 광고 전단이 빼어난 점은 경마꾼의 지혜와 투자업계를 비교하는 재치 있는 입담이었다. 경마꾼은 조롱으로 시작해 자신의 지혜를 뽐낸다. "시카고대학 짐 로리는 보통주에 무작위로 투자하면 1년에 얻을 수 있는 수익이 고작 10%라고 말합니다. 하지만 제 시스템에 따라 하루에 단돈 2달러만 투자하면, '데일리더블(Daily Double) 베팅'으로 제가 선택한 종목들을 담기만 하면 하루 만에 10% 넘는 수익이 보장됩니다." 클로커 광고는 이런 자랑을 늘어놓으며 마무리된다. "교수님, 그딴 통계는 고상한 상아탑에나 붙들어 두세요! 시시하게 쥐꼬리만 한 10% 수익은 훌륭하신 우리 고객들한테는 전혀 어울리지 않으니까요."

나는 클로커가 멈춘 곳에서 시작해 계속해 나갔다. 짐 로리에게 편지를 썼는데 요지는 이렇다. '내 연구에 따르면 주식을 선정해 연간 10%

를 훨씬 웃도는 수익이 가능하다. 주가와 거래량에는 일정한 패턴들이 존재하는바, 이 패턴은 주가가 움직인 거리와 속도로 결정된다. 인간은 수익률 격차, 또는 최근 사건과 과거 사건을 비교하지 못하는데 이는 변동성, 감정, 청산 가치, 연준 정책의 모멘텀 탓이다. 이런 인간의 무능함을 디딤돌로 삼아 규칙성이 생긴다.'

짐은 답장을 보내 이렇게 말했다. '내가 많은 동료와 함께 찾아낸 증거에 따르면 주가는 무작위로 움직이며 시장은 효율적이다. 하지만 나를 곁에 두고 모험을 해보는 것도 괜찮겠다.' 그러면서 스쿼시 게임에서 보여주었듯이 한결같은 결단력으로 겉보기에 무작위적인 주가 속성에서 이례 현상을 밝혀내라고 격려했다. 나는 신기루 같은 희망에 눈이 멀어 시카고대학 경영대학원에 지원했다.

그런 다음 시카고대학 학장 비서를 감언이설로 꾀어 내가 제출한 지원서를 보았다(규범에 어긋난 짓을 시도해 성공한 경우가 별로 없는데 이때 드물게 성공했다). 지원서에는 입학사정위원이 적은 메모가 있었다. 이 위원은 나중에 노벨상을 수상했다. "우리와 결이 같은 괴짜. 연락해서 잡을 것."(나중에 살면서 이 말을 얼마나 후회할지.) 나는 시카고에 있는 기숙사에 새로 정착했고 시장가격에 대한 연구에 뛰어들었다. 당시 시카고대학에는 슬슬 전운이 감돌았다. 당시 경제학계에서는 불확실성 속에서 의사결정을 명확히 하는 데 수학적 기법이 필수 과정으로 등장했는데, 이 기법이 케케묵은 사례 연구에서 파생된 신조와 충돌했다.

제임스 로리의 시대

제임스(짐) 로리가 1951년 경영대학원에 오기 전, 경영대학원은 따분한 곳이었다. 학부생들은 경영에 관심 있는 학생들을 업신여기는 경향이 있었다. 그리고 경영대학원 주변으로 우범지대가 캠퍼스 끄트머리 쪽으로 거침없이 확장되고 있었다.

경영대학원에 활기를 불어넣기 위해 얼마 전 시카고대학에서 박사 학위를 딴 제임스 로리가 영입되었다. 로리의 첫 번째 임무는 학장을 임명하는 것이었다. 시카고대학 통계학과 학과장인 W. 앨런 월리스(W. Allen Wallis)는 1956년 학장직 제의를 수락했다. 40년이 지난 후 월리스는 자신이 그 자리를 수락한 건 오로지 로리 때문이었다고 말했다.

월리스와 로리가 손잡으면서 이루어낸 성과는 이제는 과거지사가 되었다. 두 사람은 경영대학원의 사명을 전면 개편하면서 반짝하고 마는 경영 사례 연구가 아니라 모든 사례에 적용되는 기초 분야로 자리 매김한다는 목표를 세웠다. '경영 교육에 관한 시카고식 접근'으로 명명된 그들의 철학은 이제는 당연하게 여겨질 정도로 널리 인정받고 있지만, 1950년대 중반에는 매우 혁신적인 접근법이었다. 로리는 건강을 해칠 정도로 지칠 줄 모르고 자금 모금 10년 계획을 세웠으며 무엇보다 채용에 신경 썼다. 월리스는 짐이 자신을 설득해 학장으로 앉혔듯이 "조지 스티글러, 조지 슐츠(George Shultz), 시드니 데이비드슨(Sidney Davidson), 바니 베럴슨(Barney Berelson)을 비롯해 많은 이를 구워삶아서 데려왔다"고 회상했다.

그 결과 교직원과 학생 수도 늘어나고 학교의 평판도 높아지는 등 엄청난 변화가 일어났다. 시카고대학은 미국 내 경영대학원 상위 5위, 국제 경영대학원 상위 10위에 꾸준히 이름을 올리고 있다. 지난 25년 동안 시카고대학은 여덟 차례 노벨 경제학상을 수상하거나 공동 수상했는데, 그중 다섯 번은 시카고대학 경영대학원 소속 학자들이 받았다. 나머지 학교 경영대학원은 모두 합쳐서 겨우 1회 수상에 그쳤다.

불규칙한 변동

짐이 사람을 데려오는 기술은 가히 전설로 남을 만했다. 짐은 주요 대학을 빠짐없이 다니면서 각 분야에서 가장 저명한 교수들과 이야기

빅터 니더호퍼의 투기 교실

를 나누곤 했다. 짐이 던진 질문은 한결같았다. "박사님 분야에서 박사님 이후 세대의 최고는 누구죠?" 이런 식으로 싹수가 보이는 인재를 알아낸 다음 시카고대학에 초청했다.

그런데 입지가 문제였다. 주변 동네가 가족 부양은커녕 살기 위험한 지역으로 유명했기 때문이다. 짐은 대담하고 효과적인 해결책을 가지고 있었다. 우선 짐은 채용하고 싶은 인재를 공항에서 태운 후 빈민가 공동주택을 조심조심 피해가며 이동했다. 당시 그 지역 공동주택은 괜찮은 날에도 베이루트와 다를 바 없었으니 그럴 만도 했다. 전략대로 미리 짜놓은 경로를 따라 이동한 뒤에는 대학 식물원을 잠깐 둘러보았다. 그런 다음 캠퍼스에서 몇 블록 떨어진 식당에서 점심을 먹자고 제안했다. 채용 희망자는 차에서 내릴 때면 어김없이 이렇게 말했다. "교수님, 차 안에 열쇠를 두고 내리셨네요. 여기는 우범지대라고 하던데요."

"말도 안 되는 소리. 이 동네는 백악관보다 더 안전해. 나는 자동차 열쇠도 꽂아놓고 다니고, 아파트 문도 잘 안 잠그는걸."

이렇게 애쓴 덕분에 시카고는 전 세계에서 손꼽히는 경영대학원으로 부상했다. 그런데 한번은 잭 굴드(Jack Gould) 학장이 이 간 큰 전략에 대해 짓궂게 한마디 얹었다. 짐의 지출 계정을 보면 별의별 항목이 다 있고 액수도 다양했다고 한다. 자주 등장하는 항목은 3달러짜리 참치 샌드위치, 5달러짜리 시카고대학 운동복 상의였다. 그런데 이따금 금액이 8,000달러로 엄청나게 뛰었는데, 도난당한 자동차 데소토(DeSoto)를 사는 데 쓴 돈이었다. 그래도 걱정할 건 없었다. 짐은 이런 물건은 언제나 주식시장에서 번 돈으로 샀다.

짐은 교내에서 우아하고 맵시 있는 풍모를 뽐냈다. 일반적인 고정관념과 달리 경제학과, 재무학과 교수들은 누구 못지않게 시장에서 수익을 내는 데 관심이 많다. 일과 후 이 분야 교수들이 모이면 어김없이 등장하는 화두가 있는데 시장을 이기는 법에 관한 학계의 최신 이론을 어떻게 활용할지를 놓고 토론이 벌어졌다. 짐은 학문적 성과도 탁월했지만 시장에서도 계속 수익을 냈기 때문에 이런 문제를 상담받으려고 사람들이 줄을 섰고 찾는 사람이 가장 많은 학자 축에 속했다.

역사에 남을 통화

1961년 6월, 난데없이 짐에게 전화가 왔다. 그런데 역사에 남을 전화였다. 전화를 건 사람은 시카고대학 동창이자 메릴린치피어스 페너앤드스미스(Merrill Lynch Pierce Fenner & Smith)에서 마케팅 및 홍보 책임자로 일하고 있던 루이스 엥겔(Louis Engel)이었다. 엥겔은 400만 부 넘게 팔린 《How to Buy Stocks(주식 매수법)》를 쓴 저자였다. 그는 이제 주식이 훌륭한 투자처라는 주제를 토대로 광고 프로그램을 개발하고 싶어 했다. 짐이 이 주장을 뒷받침할 연구 자료를 제공할 수 있을까? 짐은 조심스럽게 대답했다. "이 건은 상당한 연구가 필요합니다. 어떻게 하면 제대로 해낼 수 있을지 몇 가지 방안을 생각해서 다시 연락드리죠."

짐은 엥겔에게 전화해 필요한 연구를 하고 싶다고 대답했다. 하지만 그러려면 시간과 돈, 두뇌가 필요하다고 덧붙였다. 짐은 프로젝트를 제안했는데 프로젝트를 진행하려면 1926년부터 현재까지 뉴욕증권거래소에 상장된 모든 주식에 대한 월별 자료, 즉 주가, 거래량, 시가총액, 배당금 데이터가 필요했다. 데이터를 저장하고 처리하려면 컴퓨터가 필요하다. 이사회는 필요한 컴퓨터 구입을 위한 예산을 책정하려고 하지 않았지만 메릴린치가 무상으로 유니백(Univac) 컴퓨터를 주자 냉큼 받았다. 짐은 메릴린치를 설득해 마침내 프로그램에 필요한 자금 20만 달러를 지원받았다.

그다음에는 주가 데이터를 컴퓨터가 읽을 수 있는 형식으로 바꾸는 힘든 과정을 거쳐야 했다. 마지막으로 새로운 컴퓨터 기술에 통달할 수 있는 두뇌, 그리고 정확성을 함께 갖춘 부팀장을 찾아야 했다. 짐은 이 일을 맡기에 완벽한 인물인 래리 피셔(Larry Fisher)를 채용했는데, 래리 피셔는 상냥하고 명석한 사람으로 가끔 멍하니 생각에 잠기는 버릇이 있었다. 찰스 디킨스(Charles Dickens) 소설에 등장할 법한 그런 교수였다. 드디어 프로젝트는 닻을 올렸다.

엥겔이 로리에게 전화한 것이 발단이 돼 주가연구센터[Center for Research in Security Prices 앞 글자를 따서 '크리스프(Crisp)'라는 별칭이 붙었다]가 발족했다. 크리스프는 곧 보통주 가격, 거래량, 배당금 데이터베이스를 개발했는데 이는 현대 금융 분야 연구에 없어서는 안 될 자료가 되었다.

최초로 수행한 연구는 수익률 관련 연구로, 가히 혁명적이었다. 이 연구를 통해 주식이 진실로 훌륭한 투자처라는 명제가 입증되었다. 종목에 상관없이 10종목 이상 분산 투자한 포트폴리오를 5년간 보유할 시 연간 수익률은 10%가 넘을 확률이 높다. 엥겔은 헨리 헥트(Henry Hecht)와 공저한 《주식 매수법》에서 이렇게 요약한 바 있는데 연구 결과 역시 비슷했다.

> 1925년 말과 1991년 12월 사이에 가능한 2,211건의 연도별 조합에서 마이너스 수익률을 기록한 경우는 72건에 불과하다. 게다가 손실이 난 구간은 대부분 보유 기간이 비교적 짧았다. 7년 이상 보유한 경우 손실을 낸 것은 다섯 번밖에 없었다. 투자 기간이 10년 이상이었다면 모든 경우에 최소한 어느 정도 수익이 났다. 투자 기간이 10년 이상인 사례에서 (투자 목적이 은퇴, 교육 등인 경우) 과거 패턴을 돌이켜보면 특히 고무적이다. 표에 포함된 10년 이상 보유 사례 1,653건 중 95% 이상이 연간 복리 수익률이 9.1% 이상, 90% 이상이 10.6% 이상, 절반 정도가 13.6% 이상이었다. 실제로 10건 중 3건 꼴로 수익률이 15%를 넘어섰다.[2]

학계에서는 로리와 피셔의 테스트 결과를 다른 주식시장, 주식 섹터, 채권, 정크본드, 상품시장, 부동산, 대체투자(alternative investments) 등으로 확장해 적용했다. 와튼스쿨 소속 제러미 시걸(Jeremy Siegel) 교수가 이 작업을 정리하면서 내린 결론은 이렇다. "지난 200년 동안 미국의 주식 수익률은 인플레이션 수준보다 1년에 6%포인트 높았으며 놀라울 정도로 꾸준히 이 수익률을 유지했다. 다른 증시들의 수익률은 미국을 초과했다. 채권의 실질 수익률은 1802년부터 1870년까지는 5%였지만 1926년 이후에는 0.8%에 불과했다."3

로리는 연구 결과를 토대로 주식 포트폴리오를 구축했다. 전망이 좋은 주식을 골라서 이튿날 시가에 사들여 5년 또는 10년, 혹은 다른 회사에 인수될 때까지 보유하곤 했다. 로리는 괜찮은 제품이 있는지 촉각을 곤두세우는 방식으로 주식을 골랐다. 눈을 부릅뜨고 귀를 쫑긋 세우고 있다가 좋은 제품이 있다는 정보를 입수하면 그 회사 주식을 찍었다. 그런 다음 납품업자, 고객, 전직 직원, 업계 기자, 그리고 현재 경쟁업체를 수소문해 주식의 잠재력을 어떻게 생각하는지 의견을 들었다. 그런데 경쟁업체는 놀랍게도 자기 회사의 장점을 말하기보다는 경쟁업체에 대해 악담을 늘어놓기 바쁘다.

짐과 만난 이후로 나는 전문가가 고안할 수 있는 온갖 주식 선정 기술을 접했다. 현재 시장에서 제일 잘 번다는 비어즈타운 부인들부터 잘나가는 옅은 갈색 머리 펀드매니저까지 성공한 사람은 거의 대부분 짐과 동일한 변수를 활용한다.

불운했던 공매도

짐은 더할 나위 없이 친절하고 점잖은 사람이라는 평판이 자자했다. 내가 묻지도 않았건만 수십 명이 증언하기를 짐은 베풀기 좋아하고 건설적인 사람, '아버지나 다름없는 분'이었다고 했다. 나한테도 짐은 은인이었다. 빚에 허덕일 때 몇 번이나 구해주었고, 멀리 객지에 있는 내게 음식과 잠자리를 마련해 주었으며, 장학금이 취소되자 다시 장학금을 받을 수 있도록 손을 썼다. 정규직으로 처음 얻은 직장도 짐 회사였고, 첫 번째 고객인 밥 그윈(Bob Gwin)도 짐이 소개해 주었다.

그런데 나는 짐 같은 고수들에게 배우고도 배운 내용을 어기는 바람에 쫄딱 망할 뻔했다. 밥 그윈은 젊은 시절 선빔(Sunbeam)에서 영업사원으로 시작했는데 선빔은 당시 연매출 2,500만 달러를 올리고 있었다. 밥은 결국 회장 자리까지 올랐고 회사는 10억 달러가 넘는 매출을 올리다가 일리노이 툴웍스(Illinois Tool Works)에 매각되었다.

나는 밥에게 고평가된 주식을 공매도하는 시스템을 갖고 있다고 말했다. 그러면서 공매도하기 딱 좋은 종목으로 RH호우(RH Hoe)라는 기업을 꼽았다. 이 회사는 시카고에 본사를 둔 인쇄장비 제조업체로 19세기에 전성기를 누렸지만 최근 5년 동안은 돈을 벌지 못했다. 주식은 주당 18달러에 거래되고 있었는데 연체된 배당금이 주당 15달러였다. 그날 밥이 선빔 공장 작업장을 보여주었다. 나는 밥과 함께 금속 타출기와 일꾼들이 가전제품용 구리 코일 감는 모습을 서서 지켜보았다. 밥이 제안했다. "좋은 생각이 있네. 2만 5,000달러 줄 테니 그 전략을 사용해서 굴려주게." 이리하여 나는 첫 번째 고객과 계약하고 첫 번째 주식을 공매도했다. 그런데 이게 마지막이 될 뻔했다.

이후 몇 주 동안 주가는 20을 찍더니 30, 40을 찍고 마침내 50을 돌파했다. 주가가 오르자 나는 공매도 포지션을 늘렸고, 밥도 자기 계좌를 통해 공매도를 시작했다. 하지만 주가가 50을 넘어서자 나는 고통을 참지 못하고 환매에 나섰다. 하지만 때는 늦으리. 하락세에 돈을 건 사람들은 자금 압박에 비틀거렸다. 나는 마지막 남은 주식을 90에서 95 사이에서 정리했다. 초기 밑천 2만 5,000달러에 5만 달러까지 덤으로 날아갔다. 밥과 내가 날린 액수를 합하니 거의 10만 달러였다.

우리가 포지션을 모두 정리한 지 한 달 후에 RH호우는 파산했다.

호우 대참사 이후 어느 날 풀이 죽어서 브로드웨이를 걷고 있는데 우연히 윌턴 (윙크) 재피(Wilton 'Wink' Jaffee)를 만났다. 재피는 노련한 월가의 수완가이자 수많은 작전을 이끈 베테랑이었다. 재피와 이야기를 나누다 보니 무심결에 내 입에서 이런 말이 튀어나왔다. "급등했다가 폭락한 주식 중에 제일 심한 종목이 호우였어요." 재피는 키득거리며 대답했다. "맞아, 호우로 공매도 세력을 압박해서 재미 좀 봤어. 중서부 촌뜨기 몇 놈을 아주 홀랑 벗겨먹었지."

내기에 응한 자의 말로

아버지와 베팅업자 부키가 가르쳐준 교훈을 다시 곱씹어야 했다. 만약 누가 확실하다며 내기를 제안하면 지갑을 움켜쥐고 반대 방향으로 내달려라. 사정이 어떻든 '확실한 것'에 돈을 걸기 전에 누구를 상대로 도박을 하고 있는지 알아야 한다. 그런 내기를 제안하는 데는 십중팔구 그만한 이유가 있기 때문이다.

경마에서 경주마가 형편없는 등수로 들어오면 다음 경주에서 충분히 해볼 만해도 대중은 그 말에 선뜻 베팅하지 않는다. 증시도 마찬가지다. 한 종목의 성과가 계속 지지부진하면 대중은 그 종목을 단념한다. 자산가치가 수십억 달러 규모로 하향 조정되거나 제품군이 단종되는 경우, 혹은 최고 경영자가 해고되고 성과 전망이 비관적일 때도 마찬가지다. 그런데 이런 경우 종종 코앞에 대박이 기다리고 있다.

공매도 포지션을 취했다가 주가가 상승하면 시장의 압력으로 손실을 감수하고 포지션을 정리해야 한다. 그런데 나는 업계에 발을 담근 초기에 호되게 당한 덕분에 헤징 없이 공매도하는 데는 신중했다. 1980년에는 이런 소심한 태도가 빛을 발했다. 금을 매수하고 은을 공매도했는데 헌트가 지휘한 은 매집 작전에 발목이 잡히고 말았다. 그런데 금을 매수해 둔 덕분에 알거지 신세는 면했다. 은은 매일 상한가를 기록했고 나는 결국 버티지 못하고 환매하고 말았다. 만일 헤징 수단으로 금을 사두지 않았더라면 송두리째 돈을 날리고 시장에서 퇴출되었을 게 뻔하다.

공매도를 멀리하는 가장 중요한 이유는 지난 200년 동안 증시가 연간 10%의 수익률을 보였기 때문이다. 이는 대단히 높은 수익률로, 주식시장 평균 장기 차트를 검토하면 확인된다. 〈배런즈〉〈월스트리트저널〉〈밸류라인(Value Line)〉에 이따금 그런 차트가 실린다. 1930년대와 1970년대에는 잠시 횡보했고 1907년, 1929년, 1987년에 일시 하락했지만 대략 전반적인 모양을 보면 지난 100년 동안 주가는 꾸준히 상승해 100배 정도 올랐다. 평균 주가에는 배당금이 제외되므로, 실질 수익은 배당금 수익 100배도 더해야 한다.

이후 내가 관찰한 바에 따르면 주식을 공매도하면 어떤 기법을 쓸 때보다 손실이 컸다. 주가가 대폭 하락해도 공매도 세력은 대개 큰돈을 벌지 못한다. 공매도 세력을 박멸하듯 상승세가 이어지면서 고통이 절정에 이르러서야 놓아주는데 그때쯤이면 공매도 세력은 이미 기진맥진한 상태이기 때문이다. 자라 보고 놀란 가슴 솥뚜껑 보고 놀란다고, 이런 주식이 하락한다 해도 움츠러든 공매도 세력은 다시 시장에 진입할 용기가 나지 않는다. 게다가 일단 주가가 하락하기 시작하면 업틱 규정(마지막 거래 가격보다 높은 가격에 공매도해야 한다는 거래소 규정 - 옮긴이) 때문에, 하락한다는 확신이 있어도 다시 공매도 포지션을 취하기가 어렵다. 공매도 투자자는 툭하면 이렇게 징징댄다. "증권거래소가 25세 이하는 투자를 못 하도록 금지하기 전에는 주식 공매도로 돈을 벌 수 없어. 25세 이하는 병에 물이 절반도 없다는 비관주의를 이해하기에는 너무 어리거든." 혹은 이렇게 볼멘소리를 한다. "친구들한테는 공매도 포지션을 유지하라고 말했지만 나는 그럴 배짱이 없었어."

공매도파는 가치평가가 부적절하다는 둥, 빌린 자금에 대한 이자 때문에 버겁다는 둥, 기업 매출이 300만 달러인데 주식 가치는 20억 달러라는 둥, 기업이 회계를 교묘하게 손본다는 둥, 뮤추얼펀드로 자금이 유입되지 않는다는 둥 걸핏하면 돈 못 버는 핑계를 댄다. 하지만 문제는 이게 아니다. 이런 것들은 음악가들이 부수적 악절이라고 부르는 악구처럼 곁가지에 지나지 않는다. 주식의 본질은 사업가들이 장기로 자본을 대여해 준 투자자들에게 수익을 지급한다는 것이다. 따라서 이 본질에 역행하고 있다는 점이 공매도가 안고 있는 진짜 문제다.

랜덤워크 가설

시카고에서 나는 물 밖에 나온 물고기였다. 이전이나 이후에도 여러 곳에서 그런 기분이 들었지만. 아무튼 나는 강의를 니더호퍼링하는 데 도가 텄다. 한 학기에 강의 한두 번만 듣고는 기말 시험장에 나타났다. 그런데 교수가 낸 시험 문제에 답하지 않고 내가 고른 주제를 상세하게 논술한 독창적인 에세이를 들고 나타났다. 이 방법은 박사과정에서 잘 먹혔다. 하지만 박사학위를 따려면 MBA 과정을 마쳐야 했다. 이 과정을 수료하려면 날마다 밤에 숙제를 해야 했다. 사례 연구, 자금 유입 및 유출 해결 방안, 장부 항목에서 재무제표 작성하기, 현금흐름할인법 계산, 이항확률 분포 계산, 이런 전형적인 MBA 과제들 말이다. 모두 유익한 작업이지만 니더호퍼링하기에는 영 난감했다.

내가 전공한 재무학에는 전제가 되는 핵심 명제가 있었다. 바로 주가, 금리, 수익, 그러니까 유형을 막론하고 모든 정보는 무작위로 움직인다는 랜덤워크 이론이었다. 여기에 자본구조나 배당정책은 기업 가치를 바꾸지 못한다는 개념도 겹친다. 이 이론의 밑바탕에는 그럴싸한 개념이 깔려 있다. 즉 시장 관련 정보는 어떤 체계적 편향 없이 모두 현재 가격에 반영돼 있으며, 기업이 레버리지를 활용하듯 개인 투자자 역시 자금을 빌리고 빌려주는 행위를 통해 기업의 자본구조를 그대로 복제할 수 있다는 개념이다. 거시적 관점에서 바라본 실증연구들이 이 견해를 뒷받침했다.

무작위 숫자로 가격 행보를 그려보면 주가 차트에 나타난 실제 행보와 겉보기에 차이가 없다. 애널리스트와 뮤추얼펀드가 올린 성과는 눈 가리고 다트를 던져 투자한 성과보다 못하다. 연속되는 주가 행보 사이에는 상관관계가 거의 존재하지 않는다. 그리고 시장을 예측해 최적의 매매 시점을 고르는 마켓 타이머의 성과는 매수 및 보유 전략에 꾸준히 뒤처진다.

학생들과 교수진은 이 이론을 동력 삼아 움직였다. 내가 보기에 개미 사회, 벌 사회나 다름없었다. 일꾼 집단마다 각 집단에 할당된 작업을 수행하지만, 모든 작업이 얼기설기 엮여 목적지향적 노동을 통해 번영하며 자급자족하는 공동체를 만든다. 한 무리의 학생들이 키펀치(key-punch, 종이 카드에 구멍을 뚫어 데이터를 기록하는 장치 - 옮긴이) 주변에 모여 건별로 주가 자료를 입력했다. 다른 학생들은 머리를 맞대고 가격 데이터를 분석하는 장황한 컴퓨터 프로그램을 만들었다. 통계에 경도된 학자들은 데이터가 무한정 퍼져 있는 분포 곡선에 대한 수학적 분석을 시도했다.

20대 중반에 터프츠대학을 졸업한 유진 파마 교수가 이 작업을 이끌었다. 파마 교수는 1965년 연구 결과를 요약해 발표했는데 이 논문은 효율적 시장 분야에서 가장 널리 인용되고 있다.

> 오랫동안 학계와 재계 양측에서 끊임없이 논란을 일으키고 있는 질문이 있다. 주식의 미래 가격을 유의미하게 예측하는 데 보통주의 과거 주가 추이를 어느 정도까지 활용할 수 있는가? 본 논문은 랜덤워크 가설을 입증하는 강력하고 방대한 증거를 제시했다고 해도 무방하다.[4]

나는 이 이론과 지지자들의 태도가 잘 드러나는 사건을 직접 목도했는데, 길이길이 기억에 남는 사건이었다. 재무학 전공자 중에 평판이 좋은 대학원생 네 명이 교수 두 명과 팀을 꾸렸다. 지금 이 교수들은 노벨상을 이미 수상했거나 수상자로 고려될 정도로 존경받고 있지만, 당시에는 염라대왕처럼 까칠했고 첫 데이트에 나서는 아이처럼 안절부절못했다. 이 엘리트 집단은 거래량이 주가 움직임에 미치는 영향을 연구하고 있었다. 내가 이전에 연구했던 주제이기도 했다.

아무튼 경영대학교 본동인 해스컬홀 도서관 3층에서 계단을 내려오는데 6인조가 계단참에 모여 컴퓨터 출력물을 살펴보고 있었다. 떠드는 소리가 돌로 된 벽에 메아리쳐 들려왔다. 학생 하나가 출력물을 가리키며 교수들에게 질문했다. "저, 만약 우리가 정말로 무언가 발견하면요? 그럼 곤란할 텐데요. 랜덤워크 모델에 맞지 않으니까요." 젊은 교수는 이렇게 대꾸했다. "걱정 마. 그런 일은 잘 일어나지도 않겠지만 설사 그런 일이 생겨도 그때 가서 해결하면 돼."

나는 귀를 의심했다. 과학자 여섯 명이 무지에서 벗어나면 어쩌나 싶어 염려하고 있다니. 도저히 한마디 안 할 수가 없었던지 내 입에서 불쑥 이런 말이 튀어나왔다. "여러분 모두 열린 마음으로 연구에 임하신다니 참으로 다행입니다." 무리를 지나치면서 나는 참지 못하고 히죽댔다. 뒤에서 구시렁구시렁 욕하는 소리가 들렸다.

후일담은 더욱 흥미진진하다. 공교롭게도 당시 거기 있었던 학생 넷이 모두 안면을 싹 바꾼 것이다. 이들은 모두 대형 투자회사 파트너로 활동하면서 시장의 비효율성을 발견하는 데 전문지식을 활용하고 있다. 한 명은 이례 현상 발견이 '존재 이유'인 뮤추얼펀드를 다수 설립했다. 또 한 사람은 최근 한 권위 있는 학술지에 실린 논문에서 "사실 주가는 어느 정도 예측 가능한 것으로 보인다"고 말했다. 늘 그렇듯 학계는 최신 동향에 뒤처져 있다. 공개된 문헌에 나타난 이례 현상을 토대로 교수들은 이론을 재정립하지만 이례 현상들은 하루살이처럼 단명한다. 따라서 교수의 권위를 무분별하게 추종하는 사람들은 파멸에 이른다.

가설 대충돌

나는 시카고대학에서 방대한 데이터베이스를 활용해 주가의 비무작위 속성을 계속 발굴했다. 내가 세운 가설, 사용한 기법, 그리고 내가 도달한 결론은 학교가 표방하는 굳은 신조와 정면으로 배치되었다. 결국 대결의 장이 마련되었다. 장소는 박사들이 모이는 금융 세미나로, 예전부터 어떤 제지 행위나 방해 행위도 가능해서 악명이 높았다.

세미나 논조는 내가 도착하기 전에 이미 정해져 있었다. 경영대학 학생이라면 으레 그렇듯 내 투자 현황부터 파악해야 했다. (오늘 내 주식이 어느 수준에 거래되었을까?) 당시 학교에는 학생 모두가 쓸 수 있는 트레이딩용 개인 작업대가 없었기 때문에 브로커에게 전화해야 했다.

정각에서 5분이 지나(세미나는 정각에서 10분 뒤에 잡혀 있었다) 도착했는데 말깨나 한다는 참석자 한 명이 외쳤다. "얼뜨기 니더호퍼, 지각한 주제에 당당하게도 행차하네." 지금 금융계에서 모르는 사람이 없는 인물이다(나는 사전 분위기를 파악하려고 미리 첩자를 심어두었다).

미세한 틱별 데이터부터 10년 내 연간 움직임까지, 시장에는 규칙성이 허다하다는 말로 나는 운을 뗐다. 이어서 당시 세미나실에 있던 대다수 교수를 포함해 시장 움직임이 무작위라고 결론 내린 사람들을 향해, 너무 거칠고 조악한 검증 방법을 쓰고 있기 때문에 가격 변동의 구조를 밝히지 못한다고 꼬집었다. 덧붙여 그들을 향해 경고했다. 구조가 존재하지 않는다는 가설을 반박하는 데 실패했다고 해서 가격이 무작위로 움직인다는 결론을 입증하는 증거로 내세우기에는 방법론적으로 불충분하다고. 그러고는 알아듣기 쉽게 이렇게 말했다. "어떤 것이 없다는 명제를 입증할 수는 없습니다."

그러자 세미나실은 아수라장이 되었다. "이단아!" 야유와 조롱이 터져 나왔다. 명망 있는 교수 몇 명은 일어서더니 나에게 발언을 철회하라고 요구했다. 옛날 코미디에 나오는 장면처럼 목덜미를 잡혀 끌려 나가겠구나 싶었다. 내가 계속 진행하려고 하자, 문헌을 검토한 논문 첫 부분을 발표하지 못하게 막았다. 이미 읽은 문헌을 분석한 내용이니 시간 낭비라는 구실을 내세웠다. 그리고 주가에는 무한 분산이 있다는 이유로 내 통계 기법과 결론을 걸고넘어졌다. 내가 찾은 방법상의 차이는 유의미하지 않다고도 했다. 또 표본이 작고 대표성이 없다는 점도 꼬두리 잡았다. 끝으로 통계 결과가 정확하다고 가정해도 내가 내린 결론은 거래비용을 극복하지 못해 의미가 없고, 따라서 플로어 트레이더나 스페셜리스트 외에는 누구에게도 쓸모가 없다며 물고 늘어졌다.

돌이켜보면 내가 제시한 규칙들은 세월의 검증을 견디고 꿋꿋이 서 있다. 소로스가 주선해 주어서 잘나가는 펀드매니저 오스카 섀퍼(Oscar Schaefer)와 테니스를 친 적이 있다. 섀퍼는 〈배런즈〉 '원탁회의' 회원이자 1960년대 사업 초창기에 내 고객이기도 했다.

경기가 끝나자 섀퍼가 물었다. "지금도 예전처럼 금-월요일 주가 등락인지 뭔지를 활용하고 있나요, 아니면 좀 진전이 있나요?" 내가 미처 대답하기도 전에 소로스가 끼어들었다. "지금도 그대로 하고 있는 것 같은데, 발전이라곤 없어." 시장은 항상 변하기 때문에 대부분의 경우 진전이 없다면 창피한 일이다. 융통성 없는 경직성은 취약함으로 이어진다. 어제 일류였던 사람이 오늘은 시궁창 신세가 된다. 혹은 내가 즐겨 쓰는 표현처럼 "성공만큼 빨리 멀어지는 건 없다."

그렇다. 내가 집중해서 지켜보는 사항은 시카고 시절부터 초지일관 동일하다. 하지만 내가 묻고자 하는 질문은 같을지라도 답은 변한다. 내가 그 세미나에서 발표한 중요한 연구 결과와 1996년까지 30년 동안 수정하고 보완해 나간 내용을 설명하겠다.

강성 랜덤워크 이론은 어떤 정보도 시장에 체계적인 영향을 미치지 않는다고 주장한다. 나는 이 논리를 반박하는 것에서 출발했다. 당시 이 이론을 신봉하는 황당한 논문 몇 편이 학술지를 어지럽히고 있었다. 예를 들면 이런 연구 결과를 내놓았다. 즉 1분기 잠정 순익보고서가 발표된 후 나온 연간 순익 전망치는 이전 연도 성과를 토대로 예측한 전망치보다 정확도 면에서 나을 게 없다는 주장이다. 비슷한 맥락에서, 다른 학술 연구들 역시 과거 연간 순익에서 미래 연간 순익을 엿볼 수 있는 경로를 찾는 데 실패했다고 주장했다. 그들은 이 현상을 뒤죽박죽 성장이라고 불렀다. 돌이켜보니 사회과학의 편향성을 다루는 과정이 있다면 이런 연구들이 토대가 될 수 있겠다 싶다.

사회학자들은 학부생들에게 이런저런 결함에서 벗어나라고 경고하는데 정작 이들 문헌에 그런 결함이 수두룩하다. 학계에서 반증하지 못한 귀무가설(통계학에서 가설 검정에 사용되는 가설로, 두 모수값 사이에 의미 있는 차이가 없다는 가정에서 출발한다. - 옮긴이)에 혹여 값어치가 있다면 눈이 독서에 도움이 되지 않는다는 이론, 딱 그만큼의 값어치밖에 없다. 근시안적이며 결함투성이라고 할 수 있는 이런 연구는 야구 경기가 열리는 날 야구장에도 가지 않고 이러쿵저러쿵 아는 체하는 꼴이다.

기업 순익이 주가 행보와 무관하다는 주장을 반박하기 위해 나는 1970년 뉴욕증권거래소에서 주가가 가장 많이 오른 종목과 가장 많이 하락한 종목을 조사했다. 1년 중 주가 행보가 가장 좋았던 종목 50개, 최악이었던 종목 50개, 그리고 무작위로 50개 종목을 선별해 앞서 발표된 순익 전망치와 비교하는 한편, 실제 순익과도 집중 비교했다.

연구 결과 기업 성과와 뒤따르는 주가 행보 사이에는 뚜렷한 연관성이 존재했다. 그림 12-1에서 보듯이, 최고의 주가 행보를 보인 50개 종목의 경우 실제 순익 개선 폭 중앙값은 21%였다. 반대로 최악의 주가 행보를 보인 50개 종목의 경우 실제 순익 감소 폭 중앙값은 -83%였고 무작위로 추출한 표본은 -10.5%의 중앙값 변동을 보였다.

한편 '깜짝 성과(전문가들의 예상을 훨씬 웃도는 기업 성과 - 옮긴이)'가 주가에 미치는 영향도 아울러 분석했다. 분석 결과 월가에서 고액 연봉을 받는 예언자들이 내놓은 성과 전망치는 실제 성과 근처에도 못 미쳤다. 상위 50개 종목에 대한 평균 순익 전망치가 +7%인데 실제 순익은

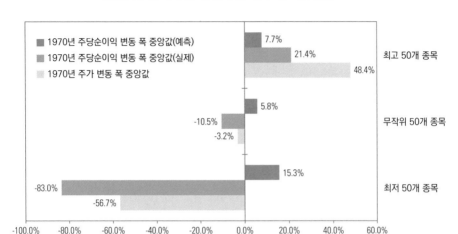

그림 12-1. 예측 순익, 실제 순익, 주가, 기간 1년

- 1970년 주당순이익 변동 폭 중앙값(예측)
- 1970년 주당순이익 변동 폭 중앙값(실제)
- 1970년 주가 변동 폭 중앙값

최고 50개 종목: 7.7%, 21.4%, 48.4%

무작위 50개 종목: 5.8%, -10.5%, -3.2%

최저 50개 종목: 15.3%, -83.0%, -56.7%

+21%였고 하위 50개 종목에 대한 평균 순익 전망치가 +15.3%였지만 실제 순익은 -83%였다. 과연 어느 쪽이 더 당황스러울까?

이 놀라운 결과는 여러 매체에 실리며 널리 퍼졌다. 나는 이후에도 계속 수치를 업데이트했는데 기업 순익이 여전히 개별 주가 행보에 핵심적인 영향을 미친다는 결론을 얻었다. 다만 순익 전망치가 워낙 빗나간 탓에 순익 전망치가 별 볼 일 없었던 기업의 주가 행보가 순익 전망이 장밋빛이었던 기업에 비해 좋았다.

거래와 규칙성

이후 전망에 도움이 되는 정보로 관심을 돌렸는데 시장 형성 과정이라는 가장 초보적인 수준부터 시작했다.

지정가 매수 주문은 시세보다 낮은 가격에 몰리며, 지정가 매도 주문은 시세보다 높은 가격에 몰리는 경향이 있다. 매수 주문이 지정가 매도 주문을 압도할 정도로 많아야 주가는 연이어 상승할 수 있다. 매도 주문이 지정가 매수 주문을 압도할 정도로 많아야 주가는 연속 하락할

빅터 니더호퍼의 투기 교실

수 있다. 따라서 시장을 지켜보다 보면 마치 페인트가 마르기를 기다리는 것처럼 지루하게 움직인다. 연이어 상승 또는 하락하기 전 가격이 수백 번 오르락내리락하기 때문이다. 그 결과 시장은 네 가지 비무작위 속성을 보인다.

1. 거래와 거래 사이에 대체로 가격 반전이 나타난다.
2. 차분하며 발이 느린 참가자는 정수(整數)에 지정가주문을 넣는다. 따라서 가격이 이 수준에 도달하면 가격 반전이 일어날 가능성이 커지며 상대적으로 이 수준에 가격 반전이 집중된다.
3. 발 빠르게 움직이는 장내 트레이더는 지정가주문이 집중되는 지점을 알고 있으므로 그 언저리 가격에 포지션을 취해 '스프레드로 돈을 챙긴다.'
4. 같은 방향으로 두 차례 가격 변동이 있은 후, 세 번째 가격 변동이 두 번째와 같은 방향으로 일어날 확률은 두 차례 변화가 서로 반대 방향일 때보다 크다.

이런 경향을 입증하는 증거가 탄탄하기 때문에 지금은 많은 투자나 금융 관련 교재에도 이런 내용이 실리고 있다. 거래 데이터에서 반전이 일어날 확률과 지속될 확률의 승산비는 대체로 5 대 1로, 반전이 일어날 확률이 일어나지 않을 확률보다 다섯 배 높다.

우울한 월요일

다음으로 요일마다 차이가 있는지 살펴보았다. 우선 일주일 중 특정 요일은 시장에 이롭고 또 특정 요일은 해롭다는 통념에서 출발했다. 인간과 가장 가까운 단짝이 개라면 그다음으로 가까운 단짝은 말이다. 나는 두 번째 단짝인 말과 인간이 함께하는 소박한 활동을 통해 나만의 독특한 통찰력을 얻었다. 평범한 노동자는 한 주 근무가 끝나 급여를 받으면 주말에 경마장에 간다. 그리고 승산은 가장 높지만 배당률이 낮은 경주마에 돈을 건다. 힘껏 달려봐야 배당받는 금액이 변변찮기 때문에 경주마나 핸디캡 경주에 나선 출주마는 등수에 들지 못한다.

월요일이면 노동자들은 일터로 돌아가고 경마장에는 거기서 죽치고 사는 가난한 단골만 남는다. 본전 생각이 간절한 이들은 본전을 되찾을 심산에 승산은 낮지만 배당률이 높은 복병마에 돈을 건다. 그러나 대개는 최근 기록이나 성적이 좋았던 말들이 등수에 들어온다. 시장에서도 마찬가지 현상이 벌어진다. 솔직히 체온의 변화와 요일에 주기가 있듯 금융시장에서도 낙관주의와 비관주의 중 어느 쪽이 우세한지에 따라 주기가 생긴다. 그런데 시장에서 파멸이 찾아오는 주기는 유동적이다 (예를 들어 점심 식사 여부와 상관없이 정오가 되면 체온이 떨어지는 경향이 있는데 시장에서는 이 정도 규칙성이 보이지 않는다).

일일 패턴을 분석하려면 우선은 한 주의 시작과 끝에서 보이는 행보부터 집중하는 것이 좋다. 예를 들어 월요일이면 일터로 돌아온 데다 주말에 이런저런 행사에 치였던 뒤라서 축 처진다. 예전부터 금요일이 되면 감사한 마음이 든다. 휴식과 흥겨운 일이 기다리는 주말이 코앞이기 때문이다. 나는 이런 요일 효과를 여러 차례 언급했는데 오늘날에도 여전히 영향력이 살아 있다. 단, 종래와 달리 그 결과가 거꾸로 나타나는 경우가 왕왕 있다.

시카고 시절(체결이 완료되는 데 4거래일이 걸려 월요일 매수가 그다지 바람직하지 않던 시기), 이 주제와 관련 있는 연구를 수행하기도 했다. 지난 60년을 연도별로 살펴본 결과 다우존스지수가 상승할 확률은 월요일이 금요일보다 낮았다. 하지만 상승 확률이 20% 이상 낮은 경우는 수백만 분의 1로 극히 드물었다. 아쉽게도 주기는 그 이후로 수없이 바뀌었다.

다음 작업으로 모멘텀과 계절성을 결합해 보았다. 예를 들어 금요일에 시장이 부진한 행보를 보이면 다음 월요일은 평균보다 더 약세를 보였다. 이 두 가지를 함께 묶는 발상은 무척 단순해 보이지만, 이런 기본적인 발상이 우리 회사와 거래를 튼 고객, 또 고객과 연결된 수많은 사람에게 수억 달러를 선사했다고 믿는다.

이 현상은 이제 시장에서 민간신앙처럼 전승되고 있고 신문 기사에서도 종종 언급된다. 《Stock Trader's Almanac(주식 트레이더 연감)》을 발행하는 예일 허시(Yale Hirsch)는 이런 비무작위 효과를 노련한 솜씨로 보여준다. 허시는 1993년에 관련 현상에 대해 이렇게 언급했다. "니더호퍼 크로스&제크하우저(Niederhoffer, Cross and Zeckhauser, NCZ) 투자조합이 발견한 바와 같이… 금요일 시장이 하락하면 월요일에도 하락할 가능성은 상승할 확률보다 세 배 더 높다. 1953년부터 1985년까지 기간에 금요일 하락 후 월요일 상승할 확률은 불과 28.2%였다."[5] 이후 화요일부터 금요일까지 나흘 동안 상승 확률은 꾸준히 높아져 월요일보다 13%나 높았다. 나는 이 데이터에 1992년부터 1995년까지 주식시장 선물 데이터를 포함해 보완했다(표 12-1).

그러나 이 결과만으로는 그다지 돈벌이가 되지 않았다. 최고 평균 변동 폭과 최저 평균 변동 폭 간 격차가 0.3%에 지나지 않았기 때문이다. 당시 거래 수수료는 최소 0.5%에 달했고 매수매도 스프레드는 1%였다. 따라서 보유 주식을 매도할 하등의 이유가 없었다. 게다가 로리와 피셔는 포괄적인 연구를 통해 시장은 대체로 상승하는 생물이라는 점을 입증했다. 이후 다른 연구자들도 요일별 상승·하락 전략만으로 수익을 올리기가 어렵다는 사실을 발견했다.

엎친 데 덮친 격으로 한 시기에 의미 있게 보였던 결과들이 이후 시간이 지나면 연기처럼 증발하곤 한다. 나는 당시에도 이 사실을 알고 있었다. 원인은 다양하다. 만약 어떤 현상이 실제로 존재한다면, 영리한 투자자들은 이 현상을 발견하고 다음 기간에 같은 현상이 발생하리라 예측하고 대처한다. 따라서 시장에서 이전에 보였던 현상은 잠잠해지고 만다. 이처럼 현상을 억누르고 희석하는 방향으로 진행되다 보면

표 12-1. 익일 종가 상승 확률
(S&P 주가지수 기준, 1952~1996)

연도	금요일 종가 대비 다음 주 월요일 종가	월요일 종가 대비 금요일 종가	연도	금요일 종가 대비 다음 주 월요일 종가	월요일 종가 대비 금요일 종가
1952	50.0%	60.4%	1974	34.6	45.4
1953	32.7	55.1	1975	53.8	53.6
1954	51.9	63.5	1976	55.8	52.4
1955	48.1	63.7	1977	40.4	48.9
1956	34.0	49.1	1978	51.9	53.1
1957	25.0	53.9	1979	54.7	55.0
1958	59.6	63.5	1980	57.6	54.7
1959	40.4	57.4	1981	46.2	48.3
1960	36.5	53.6	1982	44.2	44.5
1961	53.8	58.6	1983	50.0	53.6
1962	28.3	52.8	1984	39.6	45.6
1963	46.2	60.2	1985	44.2	55.5
1964	40.4	62.3	1986	50.0	56.1
1965	46.2	57.0	1987	50.0	55.7
1966	36.5	50.3	1988	51.9	54.8
1967	40.4	59.6	1989	51.9	61.1
1968	39.1	56.9	1990	66.7	48.5
1969	32.1	54.3	1991	44.2	49.9
1970	38.5	51.6	1992	53.8	44.2
1971	44.2	56.0	1993	63.5	42.3
1972	38.5	58.6	1994	50.0	42.3
1973	30.8	47.8	1995	51.2	71.1
			평균	45.4%	54.2%

자료: 1993년 《주식 트레이더 연감》, p. 119. 1994~1995년 자료 업데이트.

시장(우리 인간처럼 시장 역시 저항이 가장 적은 노선을 따라 움직이려고 한다)은 월요일이 아닌 다른 날에 대폭 하락하는 편이 더 낫다고 여기게 된다. 그때가 되면 희한하게도 요인들이 집단으로 작용해 해당 현상이 일어날 가능성이 높다. 비슷한 맥락에서 생태학자들은 먹이그물에 대해 이

빅터 니더호퍼의 투기 교실

렇게 지적한다. "그물은 항상 존재한다. 하지만 문제는 그물이 늘 변하고 있다는 사실이다."

재무학은 연구 결과가 수익성으로 이어질 수 있는 분야다. 그런데 이 분야에서 일하는 많은 학자를 보면 믿기지 않을 정도로 순진한 구석이 있다. 학자들은 규칙성을 발견한 약삭빠른 투자자가 이 규칙성을 꽁꽁 숨길 수도 있다는 생각은 꿈에도 하지 못한다. 역으로 문헌에 보고된 현상들은 대부분 효과가 미약해서 쓸모가 없다. 게다가 이 바닥 사람들은 대체로 겉보기처럼 아둔하지 않다. 이들은 학술지를 읽고 똑똑한 대학원생을 고용해 새로운 연구 결과를 계속 입수하고 있다. 실용적 효과가 반복해서 입증된다는 보고가 올라오면 막대한 재정을 마음껏 풀어 적은 비용으로 연구 결과를 활용한다. 어떤 현상이 망상에 불과하지만 발이 느린 어중이떠중이들이 그 현상을 믿고 있으면, 업계는 기민하게 움직여 선수를 친다.

학자들이 발표하는 결과를 볼 때는 인간의 성향을 감안해야 한다. 계절성에 관한 연구 결과를 공표할 때 나는 먹고사는 문제를 염두에 두고 있었다. 무슨 말인고 하니 정말 돈이 될 만한 정보는 쏙 뺐다. 그럼에도 내가 공개하기로 선택한 요일별 계절성에 대한 연구 결과는 학계에 상당한 파문을 일으켰다. 어떤 전문가는 이렇게 논평했다.

> 요일별 수익률 패턴에 대한 다음 연구는 40년 동안 학술 문헌에 등장하지 않았다. 프랭크 크로스(Frank Cross, 1973)는 1953~1970년 S&P500지수의 수익률을 연구했다. 크로스의 조사 결과, 지수가 금요일에 상승할 확률은 62.0%지만 월요일에 상승할 확률은 39.5%에 그쳤다. 금요일 평균 수익률은 0.12%인 반면 월요일 평균 수익률은 -0.18%였다. 크로스는 말한다. "이렇게 큰 차이가 우연히 발생할 확률은 100만 분의 1도 안 된다."[6]

나는 NCZ 투자조합에서 거의 20년 동안 프랭크 크로스와 손잡고 일했다. 참조한 프랭크 크로스의 연구 결과는 이전에 발표한 공동 연구에서 발췌한 것이다.

뒤바뀐 운명

리처드 세일러(Richard Thaler)의 《승자의 저주(The Winner's Curse)》는 경제학자들이 경제 활동에서 습득한 비합리성, 특이성, 불규칙성을 상세하게 설명하고 있다. 이 책은 우리 연구 결과도 검토했는데 대체로 치켜세운다. 그러나 내가 깨달은 바에 따르면 어떤 교수가 이례 현상을 내세울 때마다 십중팔구 그 반대인 반이례 현상이 도사리고 있다.

주기가 동일하게 유지되었는지, 혹은 변했다면 어떻게 변했는지 확인하기 위해 1987년 시장 대폭락 이후 1996년 3월 30일까지 S&P 선물 성과를 요일별로 계산했다. 대상 일수는 총 2,115일이었다. 요일별로 분류한 S&P의 평균 변동 폭(포인트)은 표 12-2와 같다.

월요일에는 평균 0.56포인트 상승해 0.1% 정도 올랐는데 다우존스 지수로 환산하면 5포인트에 해당한다. 별 볼 일 없는 결과다. 거듭 나타나는 현상일지는 몰라도 슬리피지도 상쇄하지 못하는 수준이다. 변동 양상이 1960년대 후반에서 우리가 발견한 규칙성과 정반대라는 점

표 12-2. 요일별 S&P 변동 폭

요일	평균 변동 폭 (포인트)
월	0.56
화	0.21
수	0.29
목	-0.10
금	-0.12

이 흥미롭다. 월요일이 단연코 가장 강세를 보였고, 금요일이 가장 약세였다. 월요일 효과가 순전히 우연에 기인할 확률은 1%에 불과하며 월요일에 가장 큰 폭으로 상승하는 현상을 설명하는 어떤 가설도 없는 상태에서 소급해 분석을 진행했다. 따라서 이 결과들이 순전히 무작위에 따른 변동이라고 확신할 수 없다.

그런데 때마침 허무맹랑한 소식, 즉 월요일이 일주일 중 가장 약세라고 주장하는 학계 연구 결과가 쏟아진다. 마치 연구 결과가 쓸데없다는 사실을 입증하기라도 하듯 무더기로 마구 쏟아졌다. 〈이코노미스트〉(1994년 9월 24일)에 이런 기사가 실린다.

> (학술) 연구에 따르면 월요일에는 (대체로 개인 투자자들이 보유한) 저가 주식들이 과도하게 매도된다. 월요일 주가가 하락한 5종목 중 4종목은 지난 금요일 주가 하락 이후 다시 하락했다. 게다가 금요일 시장이 상승하면 그다음 월요일에는 평균 주가가 상승했다. 또한 오후 1시 이후 주가가 큰 변동 없이 보일 듯 말 듯 상승하는 경향이 있었는데 연구는 이것으로 월요일 아침 효과가 실재한다고 주장한다.[7]

학자들, 그리고 언론매체를 돌아다니며 지식을 파는 무리가 엉터리 뉴스를 황금시간에 전송해 피해를 최대한 키운다면, 역발상 투자를 하는 사람에게 희망이 있다. 현실에 뿌리를 둔 경험을 바탕으로 이런 '연구 결과'와 반대로 거래해 주머니를 채우는 사람이 십중팔구 존재하리라 생각한다. 길버트와 설리번(Gilbert & Sullivan)은 끊임없이 변하는 자연과 취향을 이렇게 찬양했다.

쇠고기가 물리면
양고기를 먹으리라 다짐하는 사람에게
신앙의 잣대를 들이대면서

식탐이라고 정죄할 순 없지.[8]

사이클은 변한다. 말하기 민망하지만 만약 어떤 투자자가 내가 30년 전에 발견하고 연감, 학계, 언론인들이 쭉 거론해 온 '우울한 월요일 효과'를 활용해 매매해 왔다면 이 투자자는 시장 붕괴 이후 다우존스지수로 2,000포인트가 넘는 손실을 입었을 것이다.

이론상으로는 멀쩡해 보이는데 말이다.

가벼운 검정

1960년대 이후 '월 전환 효과(turn-of-the-month effect)'라는 이론에 관심이 집중되었다. 월 전환 효과를 연구한 대표적인 학자로 로버트 애리얼(Robert Ariel)이 꼽힌다. 애리얼은 한 달을 둘로 나눈 다음 동일가중지수와 시가총액가중지수를 모두 사용해 수익률을 계산했다. 이처럼 재치 있게 구분하는 기법은 학술 논문에서 기본이 되는 요소다. 간단한 조사일 수도 있었던 작업이 이런 방식을 통해 뭔가 심오하고 복잡한 분위기를 풍긴다. 아무튼 애리얼이 내린 결론은 한 달의 상반기 수익이 하반기 수익보다 훨씬 크다는 것이다.

이 효과가 여전히 실재하는지 알아보기 위해 1987년 시장 붕괴부터 1996년 8월까지 106개월 동안 월초 열흘과 월말 열흘 S&P 선물 가격을 살펴보았다. 처음 열흘간 S&P 평균 성과는 2.02포인트 상승했고, 마지막 열흘은 0.68포인트 상승에 그쳤다. 8년 동안 상순이 하순보다 평균 세 배 가까이 상승하면서 두드러진 편향성을 보였다. 내가 분석한 결과도 애리얼의 연구 결과와 맥락이 같았다. 따라서 한 달 안에 여전히 주기가 존재한다.

1월 효과

첫 번째 기간이 후속 기간을 예측하는 토대가 되는 이런 경향이 예를 들어 한 주에서 요일은 물론 연중 월에도 적용되는 보편적인 현상인지 규명해 보자. 흥미로운 주제가 아닐 수 없다. 그런데 이 경향이 실제로 효과를 발휘하고 있는 듯하다. 1월 지표는 기술적 분석이 시작될 무렵부터 유명한 지표였다. 아직도 기억하는데 1962년이었고 마이오피아 헌트 클럽에서 이 지표를 주제로 발표회가 열렸다. 발표자는 대형 증권 회사에서 기술적 분석가로 일하는 해리 코머(Harry Comer)였는데 코머는 흥청망청 즐기는 청중 앞에서 발표를 진행했다. 당시 나도 그 클럽에서 강연하고 있었다.

아무튼 1월의 변동률과 다음 11개월의 변동률 사이의 상관관계는 0.15였다. 나는 1935년부터 1995년까지 다우존스지수 데이터를 사용해 이 현상을 검증했다. 확인 결과 이 현상이 실재했다. 1월에 하락세를 보였던 해는 21개 연도였는데 이후 11개월의 평균 변동률은 2.3% 상승이었다. 이후 11개월 동안 하락한 경우는 전체 기간의 50%에 달했다. 그러나 1월 다우존스지수가 상승세를 보였던 40개 연도에는 이후 11개월 동안 평균 8.7% 상승했고, 전체 기간의 80% 동안 상승했다(그림 12-2 참조). 계수 통계를 적용해 이 평균 수치의 비무작위성을 검증하면 비무작위 효과가 작용한다고 99% 확신할 수 있다.

이런 결과가 왜 존재하는지, 그리고 앞으로도 지속될지 추측해 보면 흥미진진할 것이다. 요일별 모멘텀 차이를 살펴본 후에는 1년 중 월별로도 주가가 차별화된 성과를 보이는지 궁금했다. 이 부분을 규명하기 위해 1870년부터 1995년까지 다우존스지수의 월별 움직임과 선행 지수들을 살펴보았고, 이 기간 동안 매달 평균 변동 폭을 검토했다(표 12-3 참조).

조사 결과 1월과 8월이 가장 좋았고 5월, 9월, 10월이 가장 나빴다.

그림 12-2. 1월 지표, 1935~1995

1월 이후 11개월간 평균 변동률(%)

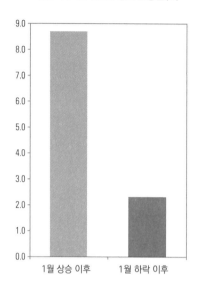

1월 이후 11개월간 상승 확률(%)

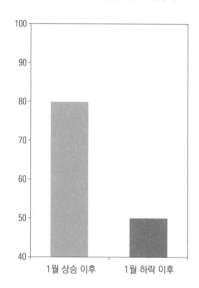

표 12-3. 월별 다우존스지수 평균에 따른 주가 변동 폭, 1870~1995

	주가 변동 폭		주가 변동 폭
1월	1.2%	7월	0.8%
2월	0.0	8월	1.5
3월	0.6	9월	-1.0
4월	0.9	10월	0.0
5월	-0.2	11월	0.5
6월	0.3	12월	1.1

1월과 8월이 가장 강세, 5월과 9월, 10월이 가장 약세라고 사전에 짐작할 만한 근거는 없었다. 이 결과가 유효한지 검증하기 위해 1,200회의 변동을 모두 한곳에 모았다. 그런 다음 무작위로 선정해 1,200회 변

빅터 니더호퍼의 투기 교실

화를 120개씩 10개 집단으로 나누어 재배치한 뒤 가장 강세인 집단과 가장 약세인 집단을 선정했다. 그리고 이 과정을 1만 번 반복했다. 1만 번 중 가장 강세인 달들과 가장 약세인 달들의 차이가 표본과 2.5% 이상 차이 나는 경우는 단 20번뿐이었다. 따라서 적어도 지난 100년 동안에는 1월과 8월이 가장 강세였고, 9월과 10월이 가장 약세였다고 볼 수 있다.

연중 계절성

요일별, 월별 계절성을 살피고 나서는 자연스레 연도별 효과로 넘어갔다. 그런데 연간 데이터가 200년 치만 존재한다는 게 문제였다. 하지만 이 정도 기간이라면 평균적인 인간 두뇌로는 패턴을 설명하는 1,000개의 가설을 제시할 수 있다.

가장 간단하면서 바로 떠오르는 가설은 10년 단위 패턴이다. 예를 들어 전설처럼 내려오는 통설에 따르면 '7'로 끝나는 연도는 특히 약세라고 한다. 역사상 최악의 시장 붕괴는 1907년에 발생했는데 1987년 하락도 1907년에 비하면 새 발의 피로 보인다. 마찬가지로 1995년 시장은 30% 폭등했는데 끝수가 '5'인 연도는 강세라는 통설이 있어 사전에 강세가 널리 예견되기도 했다.

'5'로 끝나는 연도 동안 발견되는 평균 변동 폭에 비무작위성이 있는지 확인하기 위해, 관찰된 결과를 대상으로 신뢰구간에 도달하기 위해 다음 절차를 진행했다. 124개의 연간 시장 성과 중 120개를 취해서 컴퓨터를 통해 무작위로 12개씩 10개 집단으로 분류했다. 각 집단의 중앙값을 계산하고 10개의 중앙값 중 최대 중앙값과 최소 중앙값을 취했고 이 실험을 1,000회 수행했다.

끝자리가 '5'인 연도의 결과는 가설을 뒷받침하고 있었다. 1,000회 실험 중 10개 집단의 중앙값 중에서 최댓값이 27%를 초과하는 경우는

그림 12-3. 연도의 끝자리 수(0~9)로 본 주가 변동(시장 평균과 함께 표시), 1870~1993

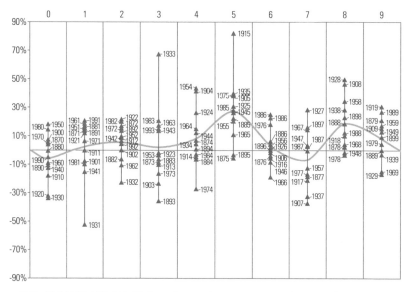

1870~1884년 시장 수익률은 클리블랜드 트러스트뱅크(Cleveland Trust Bank), 액스-호턴(Axe-Houghton), 콜스 경제연구위원회(The Cowles Commission for Research in Economics)가 집계한 연말 주가 기준. 1885년 이후 시장 데이터는 다우존스지수 기준.

단 4회뿐이었는데 이는 통계상 매우 유의미한 결과다. 1,000회 실험 중 10개 집단의 중앙값 중에서 최솟값이 -7% 미만인 경우는 101회뿐이었다. 따라서 99.6%의 신뢰도로 끝자리 '5'인 연도가 주식 매수에 적합한 해라고 할 수 있고, 89.9% 신뢰도로 끝자리 '7'인 연도는 상대적으로 나쁘다고 할 수 있다.

1870년부터 1993년까지 시험 결과를 그림 12-3에 정리했다. Y축을 따라 주식시장 평균 수익률을 백분율로 표시했다. 수익률은 각 연도의 끝수를 나타내는 0부터 9까지 열에 표시된다. 각 열 내에서 작은 삼각형은 해당 끝수가 포함되는 각 연도의 평균 수익률이며 선은 9개 열의 중앙값을 연결하고 있다.

'5'로 끝나는 연도는 실로 대단했다. 평균 수익률 27%는 놀라울 정도로 높은 수준이다. '7'로 끝나는 연도는 만약 그때로 돌아간다면 피하는 게 상책인 수준이다. 특히 평균 수익률이 25% 감소한 1987년 10월부터 연말까지는 피하는 편이 좋았을 것이다. 1987년에 다우존스지수는 약 2% 상승했다. 그러나 우리가 검토한 결과에 따르면 '7'로 끝나는 12개 연도 동안 평균 수익률은 -6.5%였다.

행운이 된 병

나는 규칙성을 주장하고 내세웠지만 박수는 받지 못했다. 박수는커녕 자경단이 조직돼 나를 무참하게 쫓아냈다. 논문을 발표하는 곳마다 자경단이 나타나 랜덤워크라는 총을 난사했다. 자경단이 가당찮은 논문을 들이밀며 쓰잘머리 없는 정보만 잔뜩 내놓으면 나 역시 장소를 막론하고 그들의 편견과 부적절한 검증 절차를 비웃었다. 이 싸움은 어떤 논문이 발표되면서 절정에 달했다. 결론이 이미 정해진 '기획' 논문이었다. 1분기 수익 정보가 전체 연도의 수익 예측에 도움이 되지 않는다며 결론을 미리 내놓고 꿰맞춘 논문이었다. 통계로 보나 경험으로 보나 불가능한 일이었기에 나는 마음껏 비판했다.

어쨌든 1분기는 전체 1년 성과의 25%에 해당한다. 1분기 성과가 1년 전체 성과와 양의 상관관계가 없다면, 다음 3개 분기는 1분기와 반비례해야 했다. 결론을 반박하면서 나는 저자들이 쓴 문장을 인용하며 어휘 선택이 서투르다고 꼬집었다. "전체에서 4분의 1을 차지하는 1분기가 그 4분의 1이 속한 1년 전체와 무관하다니 이상하다." 나는 이렇게 말했는데 이 말이 기름을 끼얹은 격이었다. "따라서 자신들이 내놓은 결과를 다른 사람들이 회의적인 시각으로 봐야 한다는 의견을 자신들의 말과 어투로 피력하고 있다."

'어투'라는 단어 하나 때문에 나는 곤욕을 치렀다. 대적들과 끈끈한 사이인 학생들이 나를 심문하기 위해 박사학위 논문 심사장에 나타났다. 어떤 사람은 균형 잡힌 연구가 되려면 미국 뉴스가 경제 시계열에 미치는 영향을 수치화하는 데까지 연구를 확대해야 한다고 제안했다. 또 어떤 이는 주가 변동이 무한하다는 점을 고려해 논문의 틀을 다시 짜야 한다며 꼬투리를 잡았다. 논문심사위원회 위원들은 동의하며 고개를 끄덕이기 시작했다. 논문이고 뭐고 다 텄다 싶었다. 그래도 넋 놓고 있다가 희생 제물이 되기는 싫었다. "제 연구가 여러분이 애지중지하는 지론에 이의를 제기했다니 유감이군요. 그러나 지금 제기된 의문들은 문제를 조명하기 위한 질문이 아니라 훼방 놓기 위한 질문입니다." 일제히 야유를 퍼붓는 가운데 나는 심사장을 나왔다.

"그런 소리는 하지 말았어야 했어." 나중에 로리가 나한테 말했다. "네 손으로 네 발등을 찍었지 뭐야."

연준 직원들에게 흔히 볼 수 있듯 나는 '논문 없는' 박사, 즉 필수 과정을 다 이수했지만 논문만 없는 그런 상태가 될 것 같았다. 하지만 행운은 내 편이었다. 짐이 독촉해 랜덤워크 가설의 우두머리 격인 교수가 논문심사위원회에서 사임한 것이다. 교수는 위원회에서 나가면 스트레스를 덜 받아 건강에 이롭겠다며 사임했다. 동시에 로리는 박사학위를 잠시 보류하고 캘리포니아대학 버클리캠퍼스에서 조교수 대행직을 수락하면 어떻겠냐고 했다. 로리는 이렇게 말했다. "거긴 그렇게 꽉 막힌 사람들 아니야. 그리고 어지간한 상처는 세월이 약이야."

유대인인가 스쿼시 선수인가

맞서 싸워야 할 전선은 또 있었다. 바로 스쿼시 코트였다. 시카고대학에 들어간 해에 나는 뉴욕에서 처음 열린 전미대회에서 우승했다. 이듬해에는 시카고에서 대회가 열리기로 예정돼 있었다. 스물한 살 때 나는 말 그대로 기량이 절정에 달해 펄펄 날아다녔다. 사실상 난공불락이었다. 그런데 부아가 치밀고 기분 잡치는 일이 있었다.

시카고에는 회원 전용 스쿼시 동호회가 다섯 개 있었다. 총회원

7,000여 명 중 유대인은 단 한 명이었다. 동호회에서는 내가 초빙으로 뛰는 건 좋아했지만 회원 자격으로 뛰는 건 마뜩잖게 생각했다. 따라서 황금시간대에 스쿼시를 칠 수도 없었고 손님을 데려오거나 음식과 장비를 살 수도 없었다.

모든 상황이 견딜 수 없이 모욕적이었다. 나는 시카고에 있는 동호회 한 곳에서 나를 회원으로 받지 않으면 챔피언 타이틀을 방어하지 않겠다고 선언했다. 시카고에서 전미대회가 열리기 12개월 전이었다. 12개월이 지나 시카고 대회가 열렸고 거기에 나는 없었다. 내 쪽에서 빠지겠다고 선언했다. 스쿼시협회 관계자들과 경쟁자들은 겉으로는 실망하고 뉘우치는 듯했지만 내가 기권하겠다고 하자 냉큼 그러라고 했다.

이리하여 기량이 최고조인 시기에 5년 동안 공백기를 맞고 말았다. 지금처럼 지혜와 요령을 터득한 상태에서 당시 그 시간을 되찾을 수만 있다면 얼마나 좋을까. 내가 받은 유일한 보상은 유대인차별반대 단체에서 받은 영웅 대접, 그리고 줏대 있는 청년이라는 칭찬이었다. 이 일로 소수자들이 겪는 학대에 민감해졌다. 랜덤워크파와 싸우고 스쿼시코트에서 싸우다 보니 힘에 부쳤다. 그러나 이 투쟁을 통해 강인해졌고 역발상 철학을 따르게 되었다고 믿는다. 역발상 철학은 투기꾼이 성공하는 유일한 길이다.

서부 개척지

오래전부터 변경 지대였던 캘리포니아가 손짓했다. 옛날 옛적에는 서부로 가야 할 이유가 무진장 많았다. 새로운 땅을 찾아, 더 넓고 자유로운 공간을 차지하기 위해서, 모피동물을 잡기 위해서, 금을 캐기 위해서, 또는 팔자를 고치기 위해서, 혹은 빚쟁이나 철천지원수, 법망을 피해 달아나기 위해서 서부로 몰려갔다. 좀 좋게 말하자면 사람들은 서부에서 새로운 지평을 찾았다. 그들의 발자취를 따라 나는 캘리포니아대학, 자유언론운동, 반전 시위, 태평양, 쾌적한 날씨, 부동산으로 시야를 넓혔다. 변경은 언제나 새로운 기회를 제공한다. 캘리포니아에서는 젊은이들이 할 수 있는 일이 얼마든지 있다. 토지 개간, 태평양 서핑, 사회문제에 관심 갖기, 나긋나긋 대화하기, 뜨거운 욕조에서 목욕하기, 마음껏 사랑에 빠지기. 하지만 대담한 젊은이라면 이런 일 말고도 할 수 있는 일이 또 있다.

1960년대 서부는 투자 전선의 선봉이었다. 로리-피셔의 수익률 연구에 자극받아 웰스파고은행(Wells Fargo Bank)은 최초로 인덱스펀드를 내놓았다. 웰스파고사 자회사였던 웰스파고은행은 1996년 현재 1,450억 달러의 펀드를 굴리고 있다. 뮤추얼펀드시장에서 관리되는 자산 총액 3조 달러 중 3분의 1이 인덱스펀드로, 뱅가드그룹(Vanguard Group)이 관리하는 인덱스펀드만 500억 달러가 넘는다.

1996년 뱅가드인덱스500 펀드는 200억 달러의 자산을 보유하고 있으며 지난 8년간 기준치보다 3%포인트 높은 15%의 연수익률을 보였다. 이처럼 성과가 좋았던 것은 확실히 비용과 회전율이 낮았기 때문이다. 그런데 내 짐작으로는 경쟁업체들이 엉뚱한 주식과 업종에 몰두하고 있었다는 점도 한몫한 듯하다.

웰스파고은행에서 퀀트(quantitative) 연구팀을 이끌던 존 맥퀸(John McQuown)이 일을 맡아달라고 했다. 당시 퀀트 연구가 급부상하고 있었는데 저비용으로 시장 수익률을 두 배로 늘릴 수 있는 주식 포트폴리오 관리법을 계산하는 일이었다. 시카고학파 연구에 따르면 무작위로 선정된 상장 주식을 매입해 장기 보유할 경우 연평균 10%의 수익이 발생한다. 그러나 실제로는 뮤추얼펀드에서 이 정도 수익이 나지 않았다. 설상가상으로 무작위 투자보다 더 형편없는 수익도 특혜랍시고 많은 펀드가 투자자들에게 비싼 수수료를 부과했다.

굿맨 기법

대학에서 연구하는 교수진을 곱게 보지 않는 시선이 있다. '가르치는 데는 눈곱만큼도 관심 없다, 일은 설렁설렁 하면서 돈은 많이 받는다, 권력을 행사하고 타인을 통제하는 환경을 좋아하는 인간들만 득실거린다'는 것이다. 나는 그렇게 생각하지 않는다. 또한 종신 재직권을 받으면 강의 방식이 낡거나 퇴화한다는 고정관념이 널리 퍼져 있는데, 이 생각에도 나는 동의하지 않는다.

나 자신이 배우는 입장에도 있어봤고 가르치는 경험도 했기에 두 가지 통념 모두 근거가 없다고 생각한다. 시카고대학에서 레오 굿맨(Leo Goodman) 교수의 강의를 들었는데 스물다섯 살이라는 젊은 나이에 종신 재직권을 받은 교수였다. 굿맨은 소크라테스(Socrates)의 문답식 교수법을 채택했는데 군더더기라고는 없이 어찌나 깔끔한지, 굿맨에 비하면 박식한 그리스 철학자 소크라테스조차 독단적인 인간으로 보일 지경이었다. 굿맨은 논문 하나만 달랑 나눠준 뒤 학생들에게 다음 수업을 위해 읽으라고 말했다. 수업 끝. 다음 강의에서는 질문하라고 하고 질문이 있으면 대답하고 질문이 없으면 새 논문을 과제로 나눠주었다.

나는 레오의 방식을 내 수업에 채택했다. 레오의 자리를 메울 수 없다는 사실을 깨닫기까지 굳이 학생들의 평가를 기다릴 필요도 없었다. 내가 처음으로 개설한 대학원 투자 강의에 250명이 출석했다. 돌이켜 보면 나한테 돈 버는 비법이 있다는 말을 학장이 퍼뜨린 게 틀림없었다. 그런데 출석률이 꾸준히 낮아졌다. 마지막으로 투자 강의를 가르친 5년째에는 수강 신청 인원이 단 두 명뿐이었다.

내가 캘리포니아대학 버클리캠퍼스에서 처음 쓴 논문이 '알파벳에 따른 주가 속성(The Alphabetical Properties of Stock Prices)'인데 검색하다 보니 한 차례 인용되었다. 다행이다. 그런데 단순히 학생과 후속 연구자가 인용한 것만으로 논문의 가치를 판단한다면 평가 기준이 지나치게 편협하다고 할 수 있다.

마틴 앤더슨(Martin Anderson)은 도발적인 논문 '신전의 사기꾼들(Imposters in the Temple)'에서 대학교수는 죄다 논문 출판에만 혈안이 돼서 자기 논문이 다른 사람에게 얼마나 유용한지 따위는 신경도 안 쓴다고 지적했다. 나는 이 주장에도 동의하지 않는다. 앤더슨은 인문대에서 발표되는 논문의 93%가 다른 논문에서 단 한 차례도 인용되지 않는다고 지적한다. 하지만 논문은 읽는 사람에게도 유익하지만 저자 역시 저술 과정을 통해 얻는 게 있다.

사실 알파벳에 따른 주가 속성을 파헤친 내 논문이 그랬다. 나는 업종에 상관없이 종종 회사 이름 첫 글자를 기준으로 주식을 매수한다. 예를 들어 생명공학 주식에 거품이 잔뜩 끼면 회사 이름에 '바이오'가 들어가기만 해도 주가가 급등할 가능성이 있다. 이런 회사의 기업 가치가 주가 대비 기업이 보유한 박사 수, 주가 대비 기업이 보유한 특허 수로 측정되기 시작하면 그때는 손을 떼야 한다.

마찬가지로 시장에서 기술회사 인기가 시들하면, 회사 이름에 '기술'이니 '-오닉스' 또는 '컴퓨터'가 들어간 회사는 가급적 피한다. 침체기가 되면 이런 기업은 장기 가치에 상관없이 장부가치의 절반 수준으로 주가가 떨어질 수밖에 없다. 이럴 때면 역발상 투자를 하는 일류 펀드 매니저들이 나서서 찬밥 신세가 된 주식을 매수해 추가 하락을 막는다.

나중에는 접근 방식을 좀 더 폭넓게 적용해 지리에 따른 시장의 속성을 고려했다. 한 나라에서 큰돈을 벌면 그때마다 지도를 꺼내서 인접한 나라들을 찾는다. 한 나라에서 인플레이션에 의한 영향을 제외하고 금리에 따른 실질 수익률이 40%라면, 강 건너나 산 너머에 있는 나라도 근접한 수익을 얻을 가능성이 있기 때문이다. 나는 트레이딩룸에 랜드 맥날리(Rand McNally)사에서 나온 대형 지도를 붙여놓고 수시로 들여다본다. 1996년 말, 터키 초단기국채(T-bill)를 매수해 펀드에서 대박 수익을 거머쥐었다. 물가상승률이 80%에 달하는 상황에서 연 120%가 넘는 명목 복리수익률은 거부하기에는 너무 군침이 돌았다. 그런데 이번에는 지도를 보니 김이 팍 샜다. 인접국이 이라크인데 미국 시민이 이라크에 투자하면 불법이었기 때문이다.

우두머리 랍비

새삼스럽지도 않지만, 내가 강의하면 학생들은 지루해서 주리를 틀었다. 분위기를 띄우려고 종종 학생들에게 주제에 관련된 개인적인 경험을 얘기해 보라고 했지만 으레 돌아오는 반응은 침묵이었다. 어색한 상황이 되면 나는 프랜시스 경에게 배운 기술을 써먹었다.

프랜시스 골턴은 《Memories of My Life(내 인생의 추억)》에서 어색한 침묵을 어떻게 극복했는지 이야기한다. 지적 심상 연구에 관한 영국협회 회의 도중이었다. 골턴은 신망이 높았던 그단스크(Danzig) 랍비장 이야기를 꺼냈다. 어느 날 랍비 집에 불이 나서 불길 속에 귀중품이 많이 소실되었는데 아끼던 와인 저장고도 불타고 말았다. 이 도시에 사는 유대인들이 모여 랍비가 잃어버린 것을 어떻게 복구할지 의논했다. 처음에는 웅장한 건물을 짓자는 의견도 많았는데 점차 규모가 축소되다가 결국엔 폐기되었다. 그러자 신도들은 이런 아이디어를 짜냈다. 랍비 집에 커다란 술통을 놓아두고 신심이 넘치는 신도들이 각자 정해진 날에 포도주를 한 병씩 가져와서 술통에 붓자고 했다. 신도들은 계획을 행동에 옮겼다.

마지막 사람까지 포도주를 붓고 떠나자 랍비는 이웃들이 베푼 친절을 맛보려고 서둘러 술통으로 달려갔다. 그런데 잔을 채우려고 꼭지를 돌리자 맹물이 쏟아졌다. 랍비는 실망하고 분노했다. 은혜를 베푼 사람들은 랍비 집에 가기 전에 저마다 이렇게 혼잣말로 중얼거렸다. "내가 돈이 드는 술을 넣든, 돈이 들지 않는 물을 넣든 대수겠어? 전체 결과를 보면 나 하나쯤 물을 넣는다고 아무도 눈치채지 못할 거야."[9]

시계열 차트

골턴이 쓴 수법은 먹혔고, 내가 써도 통했다. 어느 날 이 이야기를 들려주자 백발이 성성한 신사가 일어서더니 자신을 천문학 교수인 해럴드 위버(Harold Weaver)라고 소개했다. 위버는 캘리포니아 천문학자협회 이사회에서 투자를 담당했고, 학계의 최신 동향에 뒤처지지 않기 위해 청강하고 있었다. 위버는 천문학 기법을 적용해 주식시장에서 일어나는 상호작용을 분석하고 있었다.

"어, 천문학이 다루는 보편적인 문제는 행성이 태양 주위를 도는 궤도에서 어디쯤 있을지 예측하는 것입니다. 다양한 시점에 행성이 어디에 있는지 파악하고 행성이 미래에 어디에 있을지 예측하는 것이 우리가 하는 일이죠. 케플러는 이런 도표를 통해 이 문제를 해결했어요. (이러면서 위버는 두루마리처럼 도표를 쫙 펼쳤다.) 뉴턴은 모든 물체가 왜 이런 식으로 움직이는지 설명하는 법칙을 발견했죠. 그런데 주식시장 데이터는 이런 움직임에 무작위 요소가 크게 영향을 미치니까 더 어렵군요. 주식과 채권시장의 상호작용을 예로 들어보죠." 이렇게 말하고 위버 교수는 1969년 주식과 채권의 행보를 보여주는 차트를 내놓았다.

그림 12-4는 1969년 이후 27년이 지난 자료로 1987년 11월부터 1996년 7월까지 월간 추세를 표시하고 있다. 주가 추세를 시계열 그래프로 만들어 2차원에 3차원을 더해 구현했다(4차원 차트가 필요하면 선의 색상이나 두께를 바꾸면 된다). 차트를 만들다 보니 신기하게도 우주 지도가 떠오른다. 천문학자들은 오래전부터 알고 있는 사실로, 우주에서 은하의 분포 양상을 보면 은하가 밀집된 영역이 있고 이 영역을 은하가 보이지 않는 거대한 빈 공간이 둘러싸고 있다. 주식과 채권을 그래프로 표시할 때도 동일한 배치 구조가 나타난다. 달리 말하면 그래프에 활동이 많고 가격 발생 빈도가 높은 영역이 있다. 동시에 거래 활동이 거의 없거나 아예 없는 영역도 있다. 가격은 활동이 뜸한 영역에서 활동이

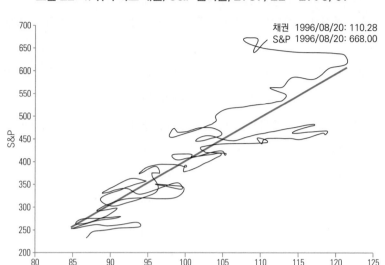

그림 12-4. 위버 차트 채권/S&P 움직임, 1987/11 ~ 1996/07

채권 1996/08/20: 110.28
S&P 1996/08/20: 668.00

빈번한 영역으로 빠르게 이동한다. 값어치 있는 정보나 변화는 모두 금융시장에 반영된다고 믿는 사람들에게는 흡족한 결과다.

"잘 보세요. 대다수 선이 북동쪽이나 남서쪽으로 움직이죠." 위버 교수가 설명했다. "실제로 선의 75%는 북동쪽이나 남서쪽이고 북서쪽이나 남동쪽은 25%입니다. 소위 채권과 주식의 동조화 경향이라고 부르는 현상이죠. 같은 방향으로 이동하는 경우가 반대 방향으로 이동하는 경우보다 세 배 더 많습니다. 주식과 채권 사이에 상관관계는 60%에 해당합니다. 관건은 향후 어떻게 되느냐죠."

그림 12-4에는 흥미로운 특징이 다수 보인다. 독자 여러분이 주의 깊게 살펴보고 이 그래프에 숨어 있는 알맹이를 끄집어내기 바란다.

오른쪽 위에는 1996년 데이터가 있는데 분명 동조화가 깨진 모습이다. S&P 670에 비해 채권 수준 110은 너무 낮기 때문이다. 이 괴리를 어떻게 해소할까? 채권 상승? 주가 하락? 아니면 새로운 패러다임? 좋으실 대로.

"자, 케플러가 행성의 움직임을 도표로 예측할 수 있었듯이, 천문학자협회 동료들은 도표를 이용해 주식시장의 움직임을 예측하고 있습니다."

"교수님, 비결이 뭔가요? 데이터에서 패턴과 특징을 설명할 수는 있겠지만 이것을 어떻게 예측으로 전환하죠?"

"니더호퍼 박사, 그래서 내가 여기 온 거 아니겠소."

이리하여 아름다운 우정이 탄생했다. 나는 이 질문에 답을 구하느라 지난 30년 동안 창의력을 짜내고 또 짜냈다. 가장 최근에는 연속된 두 선이 교차하는 각도를 구해 탄젠트를 계산하고 수평 방향(주식시장 예측) 또는 수직 방향(채권시장 예측)으로 반복해서 움직이는 경향이 있는지 확인했다.

나는 종종 이런 도표를 사용해 주식시장에서 매매했는데 1987년까지 이 방법으로 쏠쏠하게 벌었다. 그런데 1987년 이후 주식이 다시 채권에 비해 너무 가격이 높아졌다. 괴리 현상은 1987년 10월 19일에 바로잡혔고 1993년 말까지 동조화가 잘 유지되었다. 1994년에는 채권이 10% 하락하고 주식은 제자리걸음을 하면서 동조화가 깨졌다. 1995년은 채권이 10%, 주식이 20% 상승하면서 순조로웠다. 그러더니 1996년에는 하락세로 접어들기 시작했고 돌아가는 상황이 1987년과 섬뜩할 정도로 비슷했다. 상반기 6개월 동안 주가는 10% 상승했고 채권은 10% 하락했다.

학술 연구의 주관성

나는 자유언론운동(1960년대 캘리포니아대학 버클리캠퍼스에서 언론 자유를 부르짖으며 시작된 학생운동 - 옮긴이) 이후 몇 년 동안 버클리캠퍼스에서 가르쳤고, 베트남전 반대 시위가 한창일 때 시위 현장에 있었다. 시위는 점차 확산되었고 버클리 거리가 폐쇄되는 경우도 많았다. 어떨 때는 시위대가 캠퍼스 내 주요 건물과 도로를 점거하기도 했다. 내가 강의했던 사회과학대 건물인 배로우스 앞에서 시위대가 종종 피켓을 들고 시위를 벌였다. 시위대 대열을 돌파해서 지나가려고 하면 어김없이 넥타이가 목을 졸랐다. 그 후로는 출근할 때 겉치레는 하기 싫어졌다. 아쉽지만 내가 발을 담그고 있는 이 바닥은 허례허식으로 형편없는 성과를 감출 수 있는 곳도 아니다. 차라리 편안하게 입고 성공을 향해 분투하다가 여차하면 내뺄 준비나 하는 편이 낫다.

버클리에 있는 동안 학자들이 자기 분야에서 누구 못지않게 편파적이고 주관적이라는 사실을 뼈저리게 느꼈다. 아서 젠슨(Arthur Jensen)이 교육에서 성취의 요인과 다양성에 관한 논문을 발표했는데 이 논문을 두고 한바탕 소동이 벌어졌기 때문이다. 마침 젠슨도 나도 골턴의 연구에 관심이 있었기 때문에 나는 버클리에 도착하자 젠슨을 찾았다.

여기서 젠슨의 연구에 대해 왈가불가하지는 않겠다. 젠슨의 연구라면 찰스 머리(Charles Murray)와 리처드 헤렌슈타인(Richard Herrenstein)이 대표작인 《The Bell Curve(종 모양 곡선)》에서 자세하게 파헤치고 있다. 아무튼 교수와 학생들이 우르르 뭉쳐서 젠슨을 따라다니며 괴롭혔다. 학계에서 새로운 연구 결과를 내놓으면 투기판에 막 발을 들여놓은 투기꾼은 복음이라도 들은 양 덥석덥석 수용한다. 하지만 젠슨을 둘러싼 소동을 곁에서 직접 목격한 경험자로, 이 일이 풋내기 투기꾼들에게 경고가 되리라 생각한다.

젠슨은 1969년 〈하버드 교육 리뷰(Harvard Educational Review)〉에 자신의 연구 결과를 보고했다. 169개의 색인과 수많은 표가 딸린 젠슨의 논문은 지능을 다룬 수백 가지 연구를 두루 다루고 있다. 가히 학문 연구의 정밀성과 신중함을 보여주는 본보기라 할 만했다.

이 논문으로 일대 소동이 벌어졌고 수많은 교수와 대학원생이 캘리포니아대학 교지 〈데일리 캘리포니안(Daily Californian)〉에 편지를 보내, 젠슨이 연구를 못 하게 막고 교수직에서 퇴출하라고 요구했다. 사회학과를 중심으로 학생들이 들고일어났고, 요구를 받아들이지 않으면 대학을 마비시키겠다고 위협했다. 젠슨의 얼굴이 그려진 포스터가 캠퍼스 곳곳에 나붙었다. 젠슨의 얼굴 밑에는 '인류를 상대로 한 범죄로 지명 수배됨'이라는 딱지가 붙었다.

조사해 보니 버클리캠퍼스 구내에는 젠슨의 논문이 실린 〈하버드 교육 리뷰〉가 달랑 두 권밖에 없었다. 도서관에서 일하는 친구의 도움으로 알아보니 두 권 모두 유전학과 교수들이 대출했다. 사회학과나 심리학과 교수들이 대학 도서관에서 젠슨의 글을 읽을 수 없었다는 사실이 명백해졌다. 그러고 나서 젠슨에게 독설을 퍼부은 교수들이 〈하버드 교육 리뷰〉를 구독하고 있는지 확인하려고 그 잡지사에 전화해 보았다. 교수들이 그렇게 나올 때는 누구라도 설마 논문은 읽고 저러겠거니 생각해서다. 그런데 아무도 구독하는 사람이 없었다. 교수들이 그 논문을 읽었을 확률은 거의 없었다. 귀를 열고 들을 의향이 있는 사람이라면 나는 누구에게나 이 점을 지적했다. 그들은 편향된 사상에 경도돼 있었기에 읽지 않은 학술 논문도 서슴없이 비난했다.

때마침 생물학부 건물에서 정식 회의가 마련되었다. 안건은 젠슨에게 몽둥이찜질을 해서 사람들의 화를 누그러뜨리는 것이었다. 보편적 성향이 개인에게 동등하게 적용된다는 점에 의문을 제기하면 발끈하는 사람들, 그들의 분노를 가라앉혀야 했다. 예상대로 맹비난이 쏟아졌다. "버트(Cyril Burt)와 젠슨에게 고마워해야 할지도 모릅니다. 골턴 이후 지능검사 연구자들에게 길동무가 있었다는 점을 가르쳐줬으니 말입니다. 바로 오만과 무지, 편견이죠." "가치 판단이 배제된 절차를 신뢰하다니, 잘못된 방법일 뿐만 아니라 위험성이 잠재돼 있습니다." "젠슨의 접근은 진정한 해결책이 아니라 문제를 묵살하는 처방입니다." 등.

이런 말들이 오가고, 책에 쓸 수 없을 정도로 험한 말도 오갔다. 유전자 가설에 대한 혐오가 어찌나 지독한지 이후 젠슨은 유전자 가설이 '학계에서 폭탄급 금기 사항'이라고 언급했다. 그럴 만도 했다.

나는 집단주의자들의 돌팔매와 화살에서 골턴의 제자를 지키겠다고 작심했다. 젠슨이 캠퍼스에서 강의할 때면 경호원을 자청했다. 젠슨이 수업하는 강의실에 스쿼시 라켓을 가져왔고 대학 경찰만으로 감당이 안 될 때는 내가 나서서 질서 유지를 도왔다. 젠슨의 강의는 무척 재미있고 흥미진진했다. 게다가 젠슨은 웬만한 공격에는 꿈쩍도 하지 않았다. 어떤 주장으로 아무리 화살을 쏴도 젠슨은 혹평하는 자들에 맞서 사실과 자료, 논리로 반박했다.

종래의 인습적 사고방식이 내 생각과 어긋나면 기존의 사고방식에 짓눌릴 때가 있다. 그럴 때면 나는 언제나 강인했던 젠슨의 방식을 활용한다. 시장에 대한 내 견해는 학계에서 최고로 꼽는 연구와 약삭빠르기로 둘째가라면 서러운 정치 평론가들이 짓누르는 힘에 저항하는 듯하다. 언제나 느끼지만 박식한 평론가들은 나보다 당면한 주제에 대해 훨씬 아는 게 많다. 그들의 견해를 듣다 보면 솔깃한 건 사실이지만, 가난뱅이가 되는 보증수표라는 사실은 변함이 없다.

이런 이유로 나는 버클리를 떠난 직후 〈내셔널 인콰이어러〉를 제외한 모든 매체를 끊어버렸다. 생명체들이 종종 살아남기 위해 취하는 방식인데, 나는 소통을 끊고 틀어박혀서 나보다 박학다식한 사람들의 지혜에 물들지 않으려고 노력했다. 20년 이상 이 방법이 잘 통했다. 그러다가 부유한 투자자들에게 펀드를 판매했다. 함께한 파트너들도 그렇고 나도 그렇고 운이 좋았는지 업계 최고에 근접한 수준까지 올라갔다(초기 출범 과정에서는 일이 꼬였지만 극복했다). 분명 일시적이며 예기치 못한 결과였는데 아무튼 다시 세상의 이목이 우리한테 쏠렸다. 일주일에 한 번은 내 의견을 세상 사람들에게 널리 설파해 달라는 요청을 받았다.

가끔 투자은행 관계자들이 포럼에 참석해 달라고 요청한다. 상품을 과대포장해서 광고하는 그런 자리인데 학계에서 상품을 보증하는 모양새를 갖춰 덕 좀 보겠다는 말이다. 나는 매번 속으로 말할까 말까 갈등하면서도 정신을 차려보면 어느새 이런 말을 내뱉고 있다. "정말 그

따위 허튼소리를 하다니 진심인가요? 아니면 수수료 챙기려고 꾸며낸 건가요? 과학적으로 옹호할 여지는 털끝만큼도 없습니다."

1996년 8월 블룸버그 포럼에서 나는 마침내 선을 넘고 말았다. 토론 상대는 원자재를 장기 보유하면 주식과 동일한 수익을 올린다는 논리를 신봉하고 있었다. 그 근거는 과거 기록이었는데 포드폴리오에 이 항목을 추가하면 투자자는 수익-위험의 폭을 개선할 수 있다고 주장했다. 나는 자리를 뜨면서 무심결에 이렇게 말했다. "지난번에도 그런 시답잖은 소리를 들었는데요. 메탈게젤샤프트(원자재 거래, 금융 서비스, 광업 등 다양한 분야에 자회사를 거느린 독일 대기업 - 옮긴이)가 게걸스럽게 먹더니 결국 탈이 나서 20억 달러 날렸어요." 그걸로 끝이었다. 다른 여러 분야에서 그랬던 것처럼 이번에는 포럼계에서 낙동강 오리알 신세가 되었다. 그 자리에서 앞으로 이런 행동은 자제해야겠다고 다짐했다. 30년 전 시카고에서 '이방인' 클럽에 가입하려고 했을 때도 어울리지 않았건만 대중 상대 홍보 클럽에 끼기에도 어울리지 않았다.

문학평론가 해럴드 블룸(Harold Bloom)은 이렇게 말했다. "학계는… 항상 바보, 악당, 사기꾼, 관료가 지배한다."[10] 블룸을 존경하지만 이 견해에는 동조할 수 없다. 하버드대학에서 편견과 오만, 시카고대학에서 랜덤워크파의 틀에 박힌 꽉 막힌 사고, 버클리에서 마녀사냥을 겪고 보니 교수라고 우리 같은 보통 사람과 하등 다를 바 없었다. 몇몇 교수의 인품과 지성은 우러러볼 만하지만, 교수라는 직업은 고객이 급여를 결정하지 않고, 성과와 무관하게 자리를 오래 보전할 수 있는 직업이다. 그러니 정육점, 제빵사, 전기 기술자라면 도저히 용납할 수 없는 짓을 교수라는 작자들은 스스럼없이 하는 것 아니겠는가.

교수가 황송하게도 고매하신 학계에서 내려와 투기판으로 올 때가 있다. 그런데 학계를 겪을 대로 겪은 덕에 이제는 내가 교수들 머리 꼭대기에 있다. 교수는 보통 소형 컴퓨터를 손에 들고 나타난다. 그러고는 신경망, 퍼지이론, 스토캐스틱 프로그래밍, 비선형 미분 방정식, 카

빅터 니더호퍼의 투기 교실

오스이론 등등에서 최근 이루어진 발전이 어떻게 시장의 비밀을 캐냈는지 시연한다. 어김없다. 그러면서 교수는 자신과 캘리포니아공과대학, 스탠퍼드대학, MIT에서 가장 똑똑하다는 한 줌 박사들이 현재 뉴욕증권거래소 일일 총거래량에서 5%를 차지한다고 말한다. 현대미술관에서 자랑스럽게 전시할 법한 가구들이 구비된 육각형 방에서 지내는 이들이 총거래량에서 5%를 좌지우지한다는 말이다. 얼마 못 가 어찌 된 영문인지 알 수 있었다. 이런 교수들이 쓴 글이나 주장하는 언사에서 5%를 모두 합치니 100%가 훌쩍 넘었다.

서부에서 보낸 마지막 나날

마지막 사건 하나로 나는 학계에서 쫓겨났다. 어느 날 예전 제자가 공항에서 멱살을 잡더니 나를 마구 밀쳤다. "니더호퍼 교수, 기억하지 못하겠지만 난 경영학 133 수강생이야. 이거 알려나 모르겠네. 평생 너처럼 형편없는 선생은 못 봤다. 학교에 항의했어."

내가 형편없다는 불평은 옳았지만, 이번 사건은 나도 핑곗거리가 있었다. 그 학생은 기말 리포트를 제출했는데 전쟁 전에 발행된 〈저널오브파이낸스(Journal of Finance)〉에서 발췌한 기사를 그야말로 그대로 베껴서 제출했다. '액면가' '철도채권' '지주회사'를 너무 자주 언급하는 바람에 들통이 났다. 그 시절 남학생 사교 클럽은 수업이 따분하거나 술을 마셔 기말 논문을 직접 쓰기가 곤란할 때를 대비해 이전 회원들이 쓴 오래된 논문을 보관해 두고 있었다. (인용한 것 중 가장 최근이 1938년 것이었다.)

공항에서 멱살을 잡히고 얼마 안 돼 리처드 홀턴(Richard Holton) 학장이 불렀다. "니더호퍼 교수, 내 사무실에 들러주겠나? 학생이 수업 방식에 불만이 많은 모양이야. 편지를 써서 보냈어. 답장을 해야 하니 와주게." 널찍한 학장 사무실에서 학장은 학생이 보낸 편지를 읽어주었다. "교수님은 항상 즉흥적으로 말하는 것 같습니다. 농담도 자주 하고 넥타이도 잘 안 매죠. 운동화 신은 채 발을 책상 위에 올려놓습니다. 박식한 재무학 창시자들이 학계에 기여한 공을 폄하하거나 헐뜯으면서 자신의 업적에 대해 늘어놓습니다. 위대한 벤저민 그레이엄보다 부랑자들 이야기를 더 많이 떠듭니다."

학장이 말했다. "우린 자네를 최고라고 생각한다네. 교수회의에서 자네가 조교수직을 수락했다는 발표가 나오자 박수가 길게 이어졌지. 이 학생은 자네한테 앙심을 품고 있는 것 같은데. 하고 싶은 말 없나?"

곰곰이 생각한 후 내가 내린 결론은 이랬다. 손톱만 한 위신이라도 지키면서 떠날 수 있을 때가 교수 경력을 그만둘 때라고. 학생들에게 일대일로 스쿼시와 테니스를 가르칠 때는 천직 같았다. 그런데 재무학 강의실에도 같은 방식을 적용하려고 했지만 실패하고 말았다.

보름 후에 학장을 다시 만났다. "빅터, 지난번에 나눈 이야기 생각해 봤나? 자넬 지켜봤고 자넬 좋아하지만 한편으로 자네 수업 방식에는 문제가 있다네. 그리고 다른 문제도 있어. … 자네는 이 점을 알아야 해. 이곳에서 정규직 교수 일과 사업을 같이 하면서 종신 재직권을 받은 교수가 없었다네. 둘 중 하나는 포기해야 해."

"하지만 학장님, 제 연봉은 고작 9,000달러입니다. 학생들은 졸업해서 초봉이 1만 4,000달러인 직장에 취직하죠. 제가 입에 풀칠하면서 가정을 꾸릴 수 있을까요?"

"버클리 같은 명문대에서 가르치려면 그 정도 희생은 치러야 한다네. 나도 그랬어. 자네가 남기로 결정한다면 후회하지 않을 거라고 생각해. 빨리 결정해야 해."

결정하는 데 그리 오래 걸리지 않았다. 뉴욕으로 돌아가 펄펄 살아 움직이는 시장에서, 그리고 스쿼시 경기에서 뛰리라.

13장
예의 주시해야 할 연결고리

Victor Niederhoffer

The Education of A

SPECULATOR

소문이 떠돈다. 재무장관이 곧 금을 판다, 시장에 금을 푼다, 법안이 의회에 제출된다, 법안이 수정된다, 부결된다, 통과된다, 스페인 출신 장관이 어느 날 아침 백악관에서 허둥지둥 나왔다, 국무장관이 워싱턴 고위 관리에게 중요한 전갈을 보냈다, 중요한 철도노선 요금이 인하된다, 특정 노선이 통합된다.

— 매슈 헤일 스미스

시장 사슬

상호 의존성을 설파한 대표적인 문서로 찰스 다윈(Charles Darwin)이 쓴 《종의 기원(The Origin of Species)》을 들 수 있다. 다윈은 이 책에서 모든 존재는 다른 존재들과 서로 연결돼 있으며 때로는 간접적일지언정 서로 이어져 있다고 주장했다. 진담 반 농담 반으로 다윈은 영국인의 건강이 지역에 사는 고양이 개체수와 관계가 있다고 말한다. 고양이는 쥐를 먹는다. 고양이가 많아지면 쥐가 적어진다. 그런데 쥐는 호박벌 둥지를 먹어치운다. 호박벌은 소가 먹는 클로버를 꽃가루받이한다. 영국 국민은 쇠고기로 만든 로스트비프 요리를 먹어야 한다. 다윈은 이렇게 사슬을 마무리한다.

> 그러므로 이 명제는 꽤 신빙성이 높다. 한 지역에 고양잇과 동물이 많으면 처음에는 쥐, 그다음에는 벌의 개입을 통해 해당 지역에 있는 특정 꽃이 출현하는 빈도를 결정할 수 있다.[1]

1970년대 초, 이처럼 수많은 고리로 연결된 사슬 하나 때문에 사람들은 떼돈을 벌기도 하고 날리기도 했다. '엘니뇨'(스페인어로 남자아이라는 뜻)는 태평양에 부는 서풍이 약해지면서 몇 년에 한 번씩 발생하는 기후 현상이다. 해저에 흐르는 차가운 물의 흐름이 잦아들고, 페루의 훔볼트 해류를 비롯한 남아메리카의 지표수가 따뜻해진다. 이렇게 되면 페루에서 멸치 수확량이 감소한다. 멸치가 잘 자라고 많이 번식하려면 해수 온도가 더 낮아야 하기 때문이다.

멸치는 가금류와 소 사료에서 빠질 수 없는 성분인데 생선가루, 즉 어분이 줄면 농가에서는 어분 대신 콩을 분쇄해서 만든 대두박을 쓸 수밖에 없다. 콩 수요가 증가하자 1973년 콩 현물 가격은 부셸당 3.40달러에서 11.00달러로 껑충 뛰었다.

어분이 동물 먹이에 필요한 핵심 재료이기 때문에 엘니뇨 사슬은 줄줄이 엮이면서 길이가 늘어난다. 가축이나 가정에서 기르는 반려동물은 모두 옥수수나 밀 같은 곡물, 옥수수 글루텐 같은 곡물 부산물, 어분이나 콩가루 같은 단백질 보충제, 이 세 가지 재료로 구성된 사료를 먹는다. 어분으로 만든 단백질 보충제 값이 오르면 생산자는 대두박으로 대체하므로 곧바로 콩값이 뛴다. 결국 생산자는 종류별로 번갈아 쓰게 된다. 콩값이 뛰면 그 영향이 곡물과 곡물 부산물로 확산된다.

이처럼 사슬이 시장에 미치는 영향을 '도미노 효과'라고 한다. 뼈와 몸통이 인접한 상품에 부딪히고 급기야 이웃 시장을 넘어뜨린다. 1996년 중반 스미토모사는 악질 트레이더인 하마나카 야스오 때문에 손실을 보았다. 그러자 구리 선물 가격이 25% 하락했고 은값도 5달러 선이 붕괴되었다. 알루미늄, 납, 니켈은 5% 하락했고, 오스트레일리아 달러, 세계 곡물, 미국 달러, 미국 채권, 미국 주식시장 등 가까운 이웃 시장도 도미노처럼 쓰러지며 날벼락을 맞았다. 앨런 그린스펀 연준 의장이 나서자 도미노가 멈췄고 그제야 시장은 제자리를 찾았다. 마침내 6월 말이 되자 구리는 저점에서 10% 상승했고, 시장이 안도하면서 S&P지수는 즉각 6포인트 올랐다. 전년도 최대 상승 폭에 해당하는 대폭 상승이었다.

주가가 움직이면 그 원인으로 사슬, 잔물결, 순환, 넘실거리는 재조정, 세계 경제 개선에 따른 글로벌 동조화를 꼽는 경우가 허다하다. 따라서 이런 흔해빠진 이유를 들면 따분해서 하품이 나온다. "고공 행진하는 종목들 사이에 일어난 파동이 수면 위 물결처럼 기술 대형주들까지 퍼진다" 또는 "가치주에 대한 관심이 몸집이 커질 대로 커진 미국 시장에서 저평가된 신흥 시장으로 옮겨간다"는 기사가 적어도 일주일에 열 번은 금융뉴스에 꼭 등장한다. 이런 기사 뒤에는 어김없이 세기말 기운을 풍기는 논평이 이어진다. "모틀리풀 인터넷 게시판에서 추천하는 첨단기술주들까지 하락세가 확산되었다."

요즈음 트레이더들은 연결고리에 무척 민감하다. 1996년 6월 〈비즈니스위크(Business Week)〉와 '스믹존슨리포트(Smick Johnson Report)'에 같은 기사가 동시에 실렸다. 익명의 소식통에 따르면 연준이 다음 공개시장위원회 회의에서 긴축 기조를 펼치지 않으리라 전망하는 기사였다. 당시 나스닥에서는 기술주가 폭락하고 있었는데 이 기사가 나오자 시장은 즉각 기술주를 구제하려는 시도로 판단했다.

사슬에 이리저리 시달리지 않는 시장은 없다. 연준 매입설, 소로스 매도설, 정부 채권 발행 규모 변동설, 사기꾼 트레이더설, 자연재해설 등 온갖 설이 잊을 만하면 시장가격을 타고 흐르면서 폭포처럼 쏟아진다. 얄궂게도 이런 설들은 개의 충치와 수의사의 치과 진료에도 영향을 미친다[나는 〈수의학(Veterinary Medicine)〉 잡지에 실린 광고 페이지 수를 통해 이를 추적 관찰하고 있다]. 안타깝게도 투기판에서 작용하는 수많은 원인이 그렇듯 사슬들도 재앙이 닥치고서야 최종 영향을 시장에 전달한다. 사슬들이 그 영향을 미리 전달하도록 유도할 수만 있다면 내가 거머쥐는 수익도, 내가 키우는 저먼포인터 롤프(Rolph)와 블랙래브라도 미아(Mia)도 훨씬 건강해지련만.

나는 다윈이 언급한 사슬만큼이나 다양한 사슬을 폭넓게 활용해 집요할 정도로 시장 동향을 예측한다. 출발점은 대개 주식시장이다. 내가 처음 투기를 시작한 시기는 1960년대로, 당시 두드러진 상관관계 중 하나가 홍콩 증시와 미국 증시였다. 두 시장은 상관관계가 긴밀했는데 오르내리는 기복이 어찌나 흡사한지, 별다른 설명 없이 차트 두 개를 주면 어느 시장인지 분간할 길이 없었다.

1995년이 되자 상관관계는 사라졌다. 미국 시장에서는 첨단기술기업이 뜨고 있었다. 첨단기술주에 특화된 뮤추얼펀드는 40% 가까이 성과가 올랐다. 그러나 홍콩에서는 변동성 큰 소형주들이 휴면 상태에 있었다. 여러 전문가에 따르면 홍콩 증시를 급등시킬 열쇠는 미국 시장의 거품 붕괴에 있다. 미국 증시에서 거품이 붕괴되면 일본, 유럽, 미국에서 홍콩으로 엄청난 자본이 이동하기 때문이다.

아니나 다를까, 1995년 말 피델리티 마젤란펀드가 첨단기술주 보유 지분을 포기하자 첨단기술주는 곤두박질쳤다. 펀드 운용사가 첨단기술주는 가치가 영원히 지속된다며 자랑한 지 얼마 지나지 않아 벌어진 일이었다. 홍콩 시장은 1996년 1월과 2월, 두 달 만에 잽싸게 15%를 회복했다.

조금 다른 형태이긴 하지만 거의 모든 신흥 시장이 홍콩 증시가 치는 장단에 맞춰 춤을 춘다. 홍콩 주민들이 막대한 자산을 주무르므로 홍콩이 재채기할 정도로 아프면 필리핀과 멕시코 시장은 독감으로 드러눕는다. 1996년 3월 11일, 홍콩은 하루 만에 7.5% 하락하면서 역대 세 번째로 큰 낙폭을 기록했다. 아시아 시장들이 이 움직임에 동조하며 동반 하락했다. 대만해협에 미사일이 떨어져서가 아니었다. 고용보고서 수치가 예기치 못한 수준이었는데, 탈모 증세를 보이는 연준의 '녹색 기계(1996년 당시 연준 의장 앨런 '그린'스펀을 가리키는 것으로 보임. - 옮긴이)'가 이 수치를 토대로 통화 공급을 옥죌지도 모른다는 우려 때문이었다.

물고 물리는 신흥 시장 때문에 투기꾼은 종종 골머리를 앓는다. 신흥 시장으로 포트폴리오를 운용하는 수많은 사람이 미국 통화 정책을 토대로 국가별 위험 노출 수준을 관리한다. 연준이 양적 완화를 채택하면 이들은 나그네쥐처럼 떼를 지어 홍콩, 싱가포르, 멕시코 시장으로 돌진한다. 이들 국가는 GNP에서 대미 수출이 차지하는 비중이 크기 때문이다. 연준이 긴축에 나서면 미국과 연결이 느슨한 인도나 대한민국, 남아프리카 국가들로 뛰어든다.

시장 간 상관관계는 숙명처럼 늘 투기꾼을 따라다닌다. 명망 높은 베어링스사가 1890년 아르헨티나에서 손실을 입고 처음 파산했을 때, 미증시는 즉각 공황에 빠졌다. 전례 없는 규모였다. 할아버지가 '신동(제시 리버모어를 가리킴. 옮긴이)'과 함께 거래할 때 있었던 일화다. 트레이더가 기차나 여객선에서 내리면 다른 트레이더가 던지는 첫마디가 "런던은 어때?"였다. '신동'은 시장에 영향을 미치는 요인이나 정보를 가까이에서 취할 수 있는 런던 시장에서 거래했다. 1907년 공황처럼 시장이 폭락 사태에 휘말리면 신동은 처음 출발하는 대서양 횡단 증기선에 올라 아수라장이 된 시장을 직접 조사했다.

지금도 변한 건 없다. 능력 있는 투기거래자라면 도쿄와 런던에서 거래되는 미국 주식의 동향, 개장에서 폐장까지 아시아 시장의 행보, 그리고 전일 뉴욕장 마감 후 유럽 증시 동향 등을 살펴야 한다. 오늘 미국에서 어떤 일이 일어날지 파악하기 위한 이런 추적 행위가 필요하다. 역으로 시카고에서 거래되는 해외주식선물은 뉴욕거래소 다우존스지수와 미국 달러의 움직임에 따라 시시각각 오르내린다. 금융뉴스 어디서나 "(신흥 시장) 미국 데이터 기다리며 숨죽여"라는 헤드라인이 뜬다.

얽혀 있는 이유

시장이 서로 연결돼 있는 이유는 무궁무진해서 어디서부터 시작해야 할지 난감할 정도다. 언어, 에너지, 탄소, 유전학, 사회관계, 경제학 등이 모두 한몫한다. 언어부터 검토하는 게 좋겠다.

우리는 말을 통해 이어져 있다. 대다수 사람은 수백만 명이 오랜 세월 읽어온 책을 보면서 유산을 공유한다. 우리는 책을 통해 같은 페이지를 넘긴 모든 사람과 연결된다. 책을 읽거나 대화하지 않더라도 텔레비전, 인터넷, 영화 등을 통해 여전히 소통하고 문화의식을 공유한다. 시대의 아이콘 마셜 매클루언(Marshall McLuhan)은 새로운 디지털 의사소통 방식을 이렇게 고상하게 표현했다. "새로운 전자 기술에 따른 상호 의존성은 세계를 지구촌 이미지로 재창조한다."

그러나 일찍이 존 던(John Donne)은 1607년 기도문(Devotions)에서 이렇게 읊조렸다.

> 그 누구도 섬이 아니라네. 홀로 온전한 인간은 없나니.
> 사람은 누구나 대륙의 한 조각.
> 전체의 일부…
> 그러므로 누구를 위해 울리는 조종(弔鐘)인지
> 굳이 사람을 보내 알아보려고 하지 말게나.
> 나를 위해 울리는 조종이라네.

증기기관과 전신이 개발된 이후로 우리는 즉각 정보를 공유해 왔다. 사이버 공간 때문에 민족국가는 쇠퇴할 운명이라는 말조차 이제는 진부한 명제가 되었다. 사람들을 서로 묶는 끈은 점점 더 단단하게 우리를 밀착시키고 있다.

상호 의존성이 나타나는 물리적인 이유는 보존의 법칙, 특히 에너지 보존에서 비롯된다. 태양, 열, 빛, 중력, 바람, 물리, 화학, 핵, 전기 등 어떤 형태든 에너지는 한 상태에서 다른 상태로 변해도 총량은 변하지 않는다. 물질이 가진 이중성, 상호성, 상호 의존성을 설명하기 위한 초기 작업에서 W.R. 그로브(W.R. Grove)는 《The Correlation of Physical Forces(물리적 힘의 상관관계)》에서 이렇게 말한다.

빅터 니더호퍼의 투기 교실

예를 들어 많은 요소가 있는데 그중 하나는 다른 것이 개입되지 않고는 일어날 수 없다. 레버 한쪽 팔은 다른 팔을 위로 올리지 않으면 내릴 수 없다. 테이블이 손가락을 누르지 않으면 손가락이 테이블을 누를 수 없다. 물체는 다른 물체가 식거나 다른 힘이 열 생산과 동등한 속도로 소진되지 않으면 가열되지 않는다. 한 물체는 다른 물체가 음전기를 띠지 않으면 양전기를 띨 수 없다.
다 그런 건 아니지만 더 많은 물리 현상이 상관관계에 있을 개연성이 있으므로, 개념의 이중성을 염두에 두지 않고는 물리 현상 개념을 정립할 수 없다. 따라서 위치의 상대적 변화 없이는 운동을 인식하거나 상상할 수 없다.[2]

우리가 유전으로 내려오는 공통의 유산을 통해 모든 생명체와 연결돼 있다는 사실은 현대 생물학의 토대가 되는 주제다. 다세포 식물과 동물은 20억 년 전 공통 조상에서 탄생했다는 것이 정설이다. 만약 살아 있는 모든 생명체가 하나의 세포에서 발생했다면, 우리 모두를 움직이게 만드는 화학적 과정이 비슷하다고 해서 하등 놀랄 게 없다.

루이스 토머스(Lewis Thomas)는 《The Lives of a Cell(세포의 삶)》에서 이렇게 말한다. "우리는 지구가 식으면서 번개 속에서 수정된 단일세포에서 유래했을 가능성이 높다. 우리 형상은 이 모세포의 자손에서 획득한 것이다. 그리고 우리는 여전히 주변과 유전자를 공유하고 있다. 풀의 효소와 고래 효소가 보이는 유사성은 가족 간에 나타나는 유사성이다."[3]

좀 더 철학적인 차원에서 동물, 식물, 그리고 광물의 세계는 서로 영향을 미치며 끊임없이 변화를 겪는다. 가이 머치(Guy Murchie)는 이 현상을 멋지게 표현했다.

모든 왕국은 서로 지속적으로 상호작용한다. 농부가 밭을 갈 때, 사실상 인간 왕국(사람)은 동물 왕국(말)을 설득해 광물 왕국(쟁기)으로 하여금 식물 왕국(옥수수)에 영향을 미쳐 식량을 재배하도록 유도한다. 그러나 왕국들이 항상 사이가 좋은 건 아니어서 왕국 간에 치열한 전쟁이 벌어진다. … 소위 하등 왕국도 고등 왕국이나 지능이 더 높은 왕국만큼 자주 승리를 거둔다.[4]

생명이 형성되고 지속하려면 다양한 필수 원소들과 수많은 물리적, 화학적 과정이 필요하므로 사람들은 어쨌든 살아남았다는 사실에 희열을 맛보고 싶어 한다. 빠질 수 없는 한 가지 연결고리가 탄소인데, 모든 원소 중에서 가장 친화력이 강한 원소가 탄소다. 탄소는 살아 있는 생명계와 생명이 없는 비생명계를 연결한다. 시장에서 주식이 중요한 만큼 탄소는 생명에 중요하다. 탄소는 친화력 강한 구조 덕분에 탄소, 산소, 수소, 질소 등 가리지 않고 다른 원자들과 연결되는 독특한 능력을 지니고 있다.

"여러분은 죽지만 탄소는 죽지 않는다." 제이콥 브로노스키(Jacob Bronoski)는 〈뉴욕타임스〉(1968년 10월 13일)에 이렇게 썼다. "여러분은 끝나더라도 탄소의 생명은 여러분과 함께 끝나지 않는다. … 탄소는 흙으로 돌아가고, 그곳에서 식물이 제때에 다시 탄소를 흡수하면 순환하는 식물 생명계와 동물 생명계에 또 탄소를 보낼 수 있다." 따라서 개별 탄소 원자는 파괴할 수 없다. 유기체 무리는 생명을 지탱하는 탄소를 계속 대체하면서 영속해야 하므로 분해자들의 역할이 무엇보다 중요하다. 박테리아, 곰팡이, 벌레 같은 분해자는 사체에서 탄소를 방출하고 토양 속에 재순환시켜 식물을 먹여 살린다. 마찬가지로 주식시장은 다양한 매수자 집단과 매도자 집단 사이에 주식 지분을 재순환해야만 유지가 가능하다. 브로커와 스페셜리스트가 기관과 대중의 주문을 한 입 크기 덩어리로 바꾸면서 시장의 균형이 유지된다.

사회적 유대는 지위, 위신, 인정, 애정, 안전, 권력을 염원하는 다소 세속적인 욕구에 의해 일정 정도 결정된다. 이런 사회적 변수는 가족 부양, 종교 및 기타 사회적 관습을 포함한 수많은 요인의 영향을 받으며, 이는 다시 문화, 시대, 국가의 영향을 받는다. 예를 들어 외부 상대와 기꺼이 거래할지 여부는 신뢰에 의해 결정된다. 그런데 신뢰 그 자체는 그물망 같은 개인적 관계와 사회 구조에 의해 결정되는데 이 그물망은 신의를 저버리면 처벌받고 훌륭한 성과를 올리면 보상이 기다린다는 사실을 거듭 확인시켜 준다. 비근한 예로, 객장에서는 눈을 마주치거나 손놀림만으로 수백만 달러가 오가는 거래가 성사된다. 거래 중에 합의가 있었음에도 이를 인정하지 않고 신뢰를 저버리면 수십만 달러를 벌 수 있다고 해도 그런 경우는 100만 건 중 한 건이 될까 말까다. 아마도 사회 규범, 평판, 트레이더 간 활발한 의사소통이 부정행위나 비윤리적 행위를 막고 있는 듯하다(거래 과정에서 오디오테이프나 비디오카메라가 활용되기 때문에 부정행위가 억제되는 측면도 있다).

고객과 납품업체를 선택할 때 고려 요소가 되는 친밀감과 규칙성을 단골화라고 한다. 구매자와 판매자가 대충 아무렇게나 또는 체계적인 조사를 거쳐 최적의 가격을 찾는 것 같지만 사실은 그렇지 않다. 구매자와 판매자는 늘 다녀서 길이 난 곳을 따라 움직이며 같은 거래처와 거듭 거래한다. 브로커를 객장으로 보내서 거래할 때마다 나는 이 문제에 직면한다. 체결 솜씨가 형편없어서 다른 장내 트레이더들의 주머니를 두둑하게 채워준다면 혹 모를까, 다른 브로커들이 내가 보낸 브로커를 알아보는 데는 2~3년이 걸린다.

이 문제를 해결하기 위해 여자가 거래하는 경우가 아주 드문 시절에는 눈길을 끌 만큼 예쁜 여자들을 객장으로 보냈다. 그러자 금방 알아보기는 했다. 그러나 치열한 전장에서 남자들은 여자들을 단칼에 뿌리치고 덩치 크고 거친 남자들과 거래했다. 객장에 가보니 우리 회사 트레이더들이 인기 하나는 늘 최고였다. 능력이 출중한 덕분인지 아니면 성격 때문인지, 성적 매력이 넘쳐서인지 아니면 미숙해서인지 도무지 알 길이 없었다.

시장은 온갖 것이 뒤죽박죽 뒤엉켜 어지럽기 짝이 없다. 상품이 혼란스럽기 짝이 없는 시장에 입성하려면 먼저 사회적 규범에 맞아야 한다.

신체 부위나 특정 치료제, 성스러운 종교 상징물을 거래하는 행위는 사회적으로 용인되지 않는다. 나는 화산이 폭발하거나 지진이 발생할 때, 혹은 경제 공황이 닥치면 위험 노출 정도를 최대한도로 키우는 경향이 있는데 이처럼 재난을 투기에 활용한다는 사실을 친구들에게 실토하고 싶지는 않다. 한편 일부 주식의 가치는 생활방식이나 소비 습성과 떼려야 뗄 수 없는 관계다. 이 사실을 묵과하는 건 자유지만 투자 결정에 따른 결과는 본인 몫이다.

1996년 5월 재클린 케네디 오나시스(Jacqueline Kennedy Onassis, 존 F. 케네디 대통령의 부인. 이하 재키는 재클린을 가리킴. - 옮긴이) 저택에 있는 물품이 소더비 경매장에 나왔다. 이 경매는 가격 책정이 경제, 정치, 사회와 관련이 있음을 보여주는 훌륭한 사례다. 많은 품목이 추정 가치를 터무니없이 웃도는 값에 팔렸다. 경매에 들어가기 전 추정가는 모두 합쳐 300만 달러였으나 실제 수익은 총 3,700만 달러를 기록했다. 어째서? 이 가격은 계속 유지될까? 이 질문에 정답을 제시할 수 있는 사람이라면 누구나 투기판에서 종횡무진 활약하리라.

나는 줏대 없이 부화뇌동하지 않는다. 수집품 평가에서 최고 권위자인 켄 렌델(Ken Rendell)은 언젠가 꺼질 거품이라고 열변을 토했지만, 나는 소액이나마 투자하지 않을 수 없었다. 소식통들은 재키가 서명한 책이 7만 1,000달러에 낙찰되었다고 보도했다. 재키가 간호사에게 존 F. 케네디(John F. Kennedy)를 어떻게 간호해야 하는지 설명하는 편지도 경매에 나왔는데 나는 이 편지를 7,000달러에 살 기회를 잡았다. 재키가 서명한 책보다 열 배 싸다면 괜찮아 보여서 샀다. 만약 재키의 책들을 공매도할 방법만 있었다면 훨씬 편하게 거래했을 텐데 말이다.

시장에서 상관관계가 생기는 경제적 이유는 소비자와 생산자에게 상품은 광범위하게 대체 가능하고 보완 가능하기 때문이다. 시장 상관관계는 여기에서 비롯된다. 햄버거의 대체품은 가금류, 돼지고기, 생선뿐만이 아니다. 햄버거를 먹는 대신 영화를 보러 가거나, 데어리 퀸

(Dairy Queen)에서 아이스크림이나 패스트푸드를 먹기도 하고, 닌텐도 게임을 할 수도 있다. 햄버거 가격이 오르면 닭고기, 돼지고기 가격도 동반 상승한다. 그러면 결국 떨어졌던 햄버거에 대한 소비자의 호감은 다시 상승하고 수요도 증가한다. 즉 햄버거 가격에 음의 피드백(negative feedback) 효과가 작용한다. 생산자 입장에서는 자원을 투입해 햄버거를 생산할 동기가 커진다. 시장 간 상호 의존성이 있으면(모든 시장은 상호 의존적이다) 모든 상품 가격은 일제히 서로 영향을 미치며 결정된다.

우리가 산 것과 판 것은 동일하다. 여러분과 나는 자본, 기계, 토지를 회사에 빌려주고 임금, 이자, 임대료 형태로 수입을 얻는다. 회사는 수익을 내면 배당금이나 장부가치 증가라는 형태로 우리에게 지급한다. 우리가 받는 임금과 임대료는 회사 입장에서 보면 비용이다. 그리고 우리가 지출한 것에서 회사 비용을 뺀 것이 회사의 수익이 된다. 회사의 비용과 수익을 합친 것이 매출이며 이는 우리가 지출한 것과 같다.

많은 경제학 서적이 이 상관성에 대해 설명하고 있다(그림 13-1 참조). 이런 상관성을 통해 지출과 수익 사이에 끝없는 피드백 고리가 생긴다.

그림 13-1. 순환 흐름도

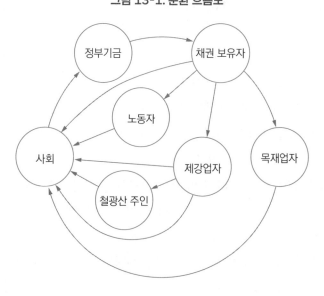

모든 사람의 지출이 다른 누군가의 수입이 되고, 이는 또 우리의 지출에 영향을 미치기 때문에, 이렇게 돌아가는 흐름에서 한 영역이 조금만 변해도 다른 영역에 광범위한 파급효과를 미친다. 사이버 공간 용어로 말하자면 우리 경제 시스템의 피드백 고리가 '바이러스'를 퍼뜨린다.

가격 관계가 돌에 새긴 듯 고정돼 있다면 투기에서 가격 관계를 규정하고 분석하기가 얼마나 쉬울까. 그런데 가격은 희소성만으로 결정되지 않는다. 욕망 역시 가격을 결정한다. 게다가 가격을 결정하는 요인들은 끊임없이 변한다. 루트비히 폰 미제스(Ludwig von Mises)의 혜안은 투기 전쟁이 벌어지는 현장마다 게시될 가치가 있다고 생각한다. 폰 미제스는 가격 관계를 이렇게 바라보았다.

> 가격은 변하지 않는 어떤 것과의 관계를 나타내는 것이 아니라 만화경처럼 변화무쌍한 무리에서 순간적인 위치를 나타낼 뿐이다. 행위자들의 가치 판단에 따라 가치 있다고 생각되는 것들이 모인 집합체에서 각 입자의 위치는 다른 모든 입자의 위치와 상호 연관돼 있다. 우리가 가격이라고 부르는 것은 통합된 시스템 내의 관계, 즉 언제나 인간관계들이 복합적으로 작용한 결과인 시스템 내에서 맺는 관계를 의미한다.[5]

보 박사가 나한테 귀띔해 준 정보가 있다. 훌륭한 수의사가 되려면 농장에서 연결고리를 찾아내는 데 능숙해야 한다는 것이다. 예를 들어 돼지가 건강하지 않다면 얽히고설킨 관계 속에 종종 원인이 숨어 있는데, 농부와 농부 아내의 성생활이 관계망 속에 포함돼 있을 수도 있다. 돼지가 아프면 농부는 속이 탄다. 근심 걱정은 성생활에 나쁜 영향을 미친다. 성생활이 삐걱거리면 입맛이 떨어진다. 결국 디저트는 사람이 아니라 돼지가 먹게 된다. 그리고 디저트는 인간에게 좋지 않은 것처럼 돼지에게도 나쁜 영향을 끼친다. 보 박사는 헛간 앞뜰에서 농부에게 이렇게 말했다. "돌고 도는 이 순환고리를 깨려면 어디서든 시작해야 합니다. 이것은 개들 최음제로 사용하는 알약인데 한번 먹어보세요. 문제가 해결될 겁니다."

시장 간 거짓 상관관계

거짓 상호작용 역시 마땅히 검토해야 할 주제다. 거짓 상호작용에 대한 고찰이 없다면 상관관계를 온전히 규명했다고 할 수 없다. 스티브 스티글러에 따르면 위대한 경제학자 윌리엄 스탠리 제번스는 1800년대에 태양 흑점과 경기 순환 사이에 상관관계가 있다고 주장했다. 후속 분석에 따르면 두 변수가 보인 상관관계는 두 시계열 모두 추세가 있어서 나타난 결과에 불과했다(태양 흑점을 봐도 경기를 예측할 수 있지만 경기를 봐도 태양 흑점을 예측할 수 있다). 즉 둘 다 추세에 따라 움직인 것일 뿐, 둘 사이에 인과관계는 전혀 존재하지 않는다. 제번스는 나아가 흑점과 비, 흑점과 인도 몬순기후, 흑점과 대유럽 무역, 흑점과 영국의 사업 환경에도 상관관계가 있다며 자세하게 설명했다. 스티글러는 통계학을 빌려 이렇게 말한다. 뭉뚱그려 보거나 광범위한 맥락에서 보면 많은 연결고리가 보이지만 "따로 떼서 보면 잡음에 묻혀 사라진다."

연관성은 반드시 단기에 국한되지 않는다. 시장에서 장기 행보에 영향을 미치는 세력을 일반화하기 쉬운데, 이런 일반화는 위험하다. 장기간에 걸쳐 대단한 상관관계가 있는 듯하지만 무작위 숫자로도 그대로 똑같이 재현되는 경우가 왕왕 있다. 한 시장이 다른 시장의 랜덤 배수에 랜덤 오차항을 더한 값이라면 겹치는 그래프에서 예측력이 높아 보이는 패턴이 나타날 수 있다. 두 시계열이 겉보기에 그럴싸한 상관관계를 보여도 99%가 가짜인데 여러 가지 이유 중에 이런 이유도 한몫한다.

시장 간 연관성을 분석하는 투자자들이 사용하는 차트와 그래프에는 대체로 이런 기본적인 통계학적 오류가 스며 있다. 이런 차트의 특징은 한 시장의 가격이 다른 시장의 가격과 서로 겹쳐 있다는 점이다. 대체로 차트들끼리 공통된 추세를 보이는데 그 이유는 보유비용을 보정하지 않았기 때문이다. 예를 들어 생산 수치는 모두 인구나 GNP와 함께 증가한다. 그리고 거의 모든 가격은 인플레이션과 함께 상승한다. 5년짜리 차트를 반년 단위로 측정하면 열 개의 데이터포인트, 즉 데이터 최소 단위가 생긴다. 각 시계열에서 변곡점이 세 개 이상 나올 가능성은 낮다. 이처럼 변곡점이 적으면 서로 다른 시계열 간에 우연의 일치가 나타날 확률이 높다. 그러므로 한 시장의 가격 리스트가 상승 또는 하락하면 그 전후에 다른 시장의 가격 리스트도 따라서 상승 또는 하락하는 것처럼 보이므로 상관관계가 있다고 착각하게 된다.

스티글러가 〈네이처(Nature)〉지에 실린 흥미로운 차트를 보냈다. 독일의 출생률 감소가 황새 개체수 감소 때문이라고 설명하는 차트였다

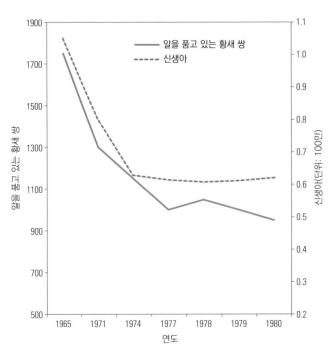

그림 13-2. 황새 개체수 감소가 신생아 수 감소의 원인

(그림 13-2). 스티글러는 "집에 있는 기술적 분석에 관한 책을 뒤적여 보면 대부분 비슷한 차트가 있을 것"이라고 장담했다.

내가 이 차트를 받자마자 주요 경제 잡지에도 차트 하나가 실렸다. 중앙은행이 미국 재무부 증권을 매입하면 미국 금리가 하락한다는 것을 보여주는 차트인데, 제목만 다를 뿐 황새 차트와 똑같았다.

라이닝겐과 시장

나는 꼬마 시절에 처음으로 연결된 세상을 경험했다. 아버지는 오후 4시부터 자정까지 근무했는데 매일 밤 가족들은 아버지가 안전하게 집으로 돌아오길 뜬눈으로 기다렸다. 아버지는 퇴근하면 침대 옆에 앉아서 자장가 삼아 이야기를 들려주곤 했다. '라이닝겐과 개미들(Leiningen and The Ants)' 이야기도 들려주었는데 이야기가 끝나면 아버지와 이런저런 의견을 나눴다. 그런데 이때 나눈 대화가 투기거래로 부를 쌓는 초석이 되었다. 1950년 브라이튼 비치에 다니던 고가 열차 옆으로 가서 아버지가 들려주는 이야기에 귀를 기울이자.

여느 날과 하등 다를 게 없는 어느 날이었다. 안데스산맥 기슭에서 퓨마 한 마리가 놀이 겸 점심 끼니 사냥 겸 쥐를 쫓았다. 쥐는 구멍 속으로 사라졌고, 낙담한 퓨마는 산비탈을 파서 구멍을 넓히며 쥐를 잡으려 했지만 허사였다.

비가 산비탈을 타고 내리면서 구멍은 계속 넓어졌다. 몇 년이 흘러 넓어진 구멍이 쩍 갈라졌고, 마침내 산비탈은 무너졌다. 그러자 반짝이는 금맥이 드러났다. 주광맥이었다. 귀금속을 찾는 광부들이 한 세대 내내 몰려와도 될 만큼 노다지였다.

금맥 주변에는 쇠뜨기가 빽빽하게 자라고 있었다. 쇠뜨기는 인간만큼이나 금을 좋아하는 식물로, 식물 1톤당 약 113그램의 금을 흡수해 저장한다.

어떤 광부가 와서 쇠뜨기도 보고 산에 흐르는 개울에서 냄비로 금 찌꺼기도 확인했다. 사내는 거기에 오두막을 짓고 일대 금맥이 자기 것이라고 선포했다. 그러나 사내는 꿈도 꾸지 못했다. 곧 2제곱킬로미터에 달하는 개미 군대가 죽음의 담요처럼 덮쳐 자신을 갉아먹으리라고는 말이다. 시커먼 그림자가 동에서 서로 움직이더니 아래로 아래로 아래로, 무시무시할 정도로 빠르게 언덕을 가로질러 퍼져나갔고, 시야에 꽉 찼던 광활한 초록빛 초지는 마치 거대한 낫으로 벤 듯 깎여나갔다. 남은 것은 움직이는 거대한 그림자뿐. 그림자는 더 커지고 더 짙어졌으며 더 빨리 다가왔다. 탐욕스러운 턱 수백만 개가 가차 없이, 무자비하게 사내를 덮쳤다.

만약 사내가 인디언들에게 물어봤더라면 그곳에 오두막을 짓지 말라고 경고했을 텐데. 얼마 못 가 사내의 뼈와 사내가 데려온 말과 개의 뼈는 금을 품은 고요한 바위와 함께 침묵 속에 묻혔다.

아버지는 이렇게 말씀하셨다. "비키, 요즘에도 이런 일이 계속되고 있단다. 브라질에서 우림을 마구 베어내고 있어. 목재를 얻고 도로를 내고 소를 키울 목초지를 만들려고 베어낸단다. 개미들이 먹을 녹지도 충분히 남기지 않고 말이야. 그래서 이제 개미들이 피난처와 음식을 찾아 헤매게 됐지. 개미 떼가 다시 행진하면서 인디언들을 덮치자 인디언들은 공포에 질려 도망치고 있단다. 브라질이 공포에 휩싸이면 텍사스도 공포에 휩싸이지. 모두 연결돼 있으니까. 자연에서는 한 가지를 바꾸면 다른 것들도 전부 영향을 받게 돼. 이 연결고리를 이해하는 게 지혜란다."

연결된 세상 앞에 겸허하라

상관관계를 진지하게 연구하는 사람이라면 누구나 도달하게 되는 결론이 있다. 상관관계란 기껏해야 수명이 짧고 불안정하다는 사실이다. 생태계에서는 DDT(살충제) 사용이 늘었는데 오히려 곤충 개체수가

빅터 니더호퍼의 투기 교실

증가하거나 독수리가 몸속에 살충제 치사량을 저장하는 사례가 있었다. 이런 한두 가지 사례를 접하면 생태학자들은 이렇게 말한다. "이렇게 복잡한 상관관계를 어설픈 솜씨로 활용하기 전에 제대로 파악부터 해야 한다."

동의한다. 행정부에 있는 대통령 측근들은 대입 수능 점수가 높았다며 뻐기곤 한다. 어린아이 같은 행동이 밉살스러울 때가 있는데 이럴 때가 아닌가 한다. 그러면서 경제학 수업은 들어본 적이 없다며 스스럼없이 인정한다. 대입 수능 점수가 높다고 경제를 좌우할 자격이 있다고 생각하다니 참으로 어이가 없다. "직접 해내진 못해도 남을 가르칠 수는 있다"고 주장하는 무리가 있는데 국무장관 제임스 베이커는 이 무리의 우두머리였다. 오토 폴(Otto Pöhl) 독일중앙은행 총재의 의견에 따르면, 이런 베이커식 접근법이 1987년 10월 시장 붕괴를 초래한 가장 근접한 원인이었다.[6]

시장 상관관계는 단편적이고 불안정한 데다가 무작위성까지 지니고 있다. 이런 속성들 때문에 골치가 지끈지끈 아프다. 나는 상관관계를 고려하지 않고 시장에 영향을 미치려고 해봤지만 실패했다. 그리고 실패하고 보니 시장을 고립된 존재로 취급하기가 영 조심스러웠다.

다른 시스템도 마찬가지지만 시장 상관관계라는 거대한 지형을 제대로 다루려면 겸손이 전제 조건이다. 시장 간 연결고리를 찾는 데 내 인생을 바쳤지만, 제대로 연구할 수 있는 도구나 지식이 부족했다. 나 자신이 《Uncle Remus(리머스 아저씨)》 우화집에 나오는 브러(Br'er) 곰 같았다. 녀석은 늪 속에 있는 달을 보려고 목숨을 걸었지만 달은 매번 눈앞에서 사라질 뿐이었다. 그사이 브러 토끼는 곰이 먹던 과자를 갖고 까불거리며 사라졌다. 그래도 더 열심히 노력하고 더 지혜롭게 대처한다면 지속성 있는 연결고리를 포착할지도 모르겠다.

표 13-1. 주식과 채권의 수익률 비교

	1986년 말 수익률	시장 붕괴 이전 수익률	1996년 6월 30일 수익률
30년 만기 채권	8.2%	10.2%	7.0%
3개월 만기 초단기국채	5.7	8.7	5.1
다우지수 주식	3.6	2.6	2.5

1987년 10월 시장 붕괴

시장이 상호작용한 사례로 대다수 시장 관계자들의 뇌리에 가장 생생하게 각인된 사건은 1987년 10월 19일이 아닐까 한다. 당시 채권, 주식, 통화시장의 행보가 서로 어우러지며 시장 붕괴의 도화선이 되었다. 시장이 붕괴하기 전 10개월 동안 미국 채권 선물 가격이 98에서 78로 20% 하락한 상황에서 다우존스지수는 1,900에서 2,600으로 약 37% 상승했다. 주식과 채권의 등락 격차가 57%에 달하면 '평균회귀'를 기대하며 투자하는 전략은 위험하다. 몇 군데 대표적인 시장의 수익률을 살피면 상대 수익이 한눈에 보인다(표 13-1 참조).

예전에는 주식의 배당 수익률이 높으면 채권 수익률이 낮아지고, 배당 수익률이 낮아지면 채권 수익률이 높아지는 경향이 있었다(이 사실을 입증하려면 책 한 권 분량의 논의가 필요하다). 여기서는 1987년 대폭락 이전, 채권 수익률과 주식 수익률 격차가 역대 최고인 7.6%까지 벌어졌다는 점만 짚고 넘어가겠다. 1996년 중반에는 격차가 불과 4.5%였다.

1987년 외국인 투자자들은 수익률 격차를 묵인하지 않았다. 1987년 대폭락의 서막이 열리는 사이 달러가 10% 하락했다. 달러가 하락하는 상황에서 수익률 10%로는 둔감한 스위스인도, 참을성 많은 아시아인도 미국 채권을 사기에는 역부족이었다. 피드백 과정은 반대 방향으로도 작용했다. 달러 가치가 하락한 날 미국 채권 가격은 급락했다.

10월 18일 일요일, 제임스 베이커 국무장관이 개입하면서 주사위는 던져졌다. 베이커는 텔레비전 시사 프로그램 〈페이스 더 네이션(Face the Nation)〉에 출연해, 독일에서 미국 상품을 더 많이 구매하기 위한 조치를 취하지 않는 한 미국은 달러화 추가 하락을 용인할 것이라고 선언했다. 그걸로 충분했다. 균형을 유지하는 증시의 자기교정 기제는 망가졌다. 세계 시장에서 막대한 자산이 증발했는데, 인류 역사상 최악의 손실이었다.

독일중앙은행 총재 폴은 이튿날 이사들 앞에서 이렇게 말했다. "베이커가 일냈군." 역사를 왜곡하려는 자들과 아첨꾼들이 뒤늦게 베이커 국무장관의 발언을 무마하려고 애썼지만, 폴의 평가는 백번 지당했다.

시장 붕괴 당일 달러는 예상대로 유럽 통화 대비 1%, 엔화 대비 0.5% 조금 넘게 하락했다. 금속과 농업에서 대표 주자인 구리와 콩은 더해서 5% 이상 하락했다. 석유는 1.6% 하락했고, 재앙을 알리는 전령인 금과 은은 각각 2%, 4% 상승했다. 미국 시장이 열리기 전에도 홍콩 시장은 11.1% 하락했다. 그 후 홍콩 시장은 나흘 동안 문을 닫았지만 재개장하자 25%나 주저앉았다(표 13-2).

붕괴 다음 날인 10월 20일, 피드백 과정이 작동해 재난을 잠재우고 앞으로 일어날 일을 알렸다. 채권은 하루 만에 7% 가까이 올라 하루 상승률로는 역대 최고를 기록했고, 미국에서 달러 수익의 가치는 더욱 올랐다. 주식과 채권 간 수익률 격차는 격동 하루 만에 1986년 말 수준으로 되돌아갔다. 그리고 달러는 외국 통화 대비 2%를 회복해 베이커가 또 사고 칠 일은 없다는 신호를 보냈다. 이튿날 구리와 은은 모두 12% 하락했는데, 이는 가까운 미래에 미국의 산업 활동이 전속력으로 질주하지는 못한다는 신호였다. 그리고 주식은 전일 하락분의 5분의 1에 가까운 114 다우 포인트를 회복했다. 이후 8년 동안 주식시장은 비교적 꾸준히 100%까지 상승했다.

나는 호위 삼촌을 본받아 승리의 문턱에서 패배하고 말았다. 내가 보유한 미국 주식은 미국 시장에서 25% 추락했다. 내가 보유한 홍콩 주

표 13-2. 1987년 10월 시장 붕괴 당시 주요 시장 일일 가격 변동

	금요일 대비 월요일 1987/10/19	월요일 대비 화요일 1987/10/20
채권	-0.20%	6.80%
스위스 프랑	0.90	-1.90
파운드	1.14	-2.05
엔	0.61	-2.10
은	4.02	-12.00
구리	-3.81	-11.77
금	2.20	-3.96
난방유	-1.73	-0.30
원유	-1.63	-0.35
콩	-1.53	2.24
옥수수	-3.72	3.22
설탕	-3.64	-3.98
S&P500 선물	-28.61	7.30
S&P지수	-20.40	5.23
다우존스지수	-22.62	5.90
도쿄	-14.90	9.29
런던	-10.84	-12.22*
독일	-9.39	-1.40*
홍콩	-11.15	

* 10월 21일 수요일 런던은 7.9% 상승 마감, 독일은 5.7% 상승 마감.

식은 시장이 40% 하락하면서 곤두박질쳤다(사실상 깡통계좌가 되었다). 시장 붕괴가 시작될 때 나는 미국 국채를 대량 보유한 상태였다. 그런데 전투가 열기를 더해가자 주식 계좌 증거금이 부족해져 미국 국채를 팔아야 했다(이 사태는 오롯이 아내와 첫 번째 고객인 팀 혼에게 책임이 있다고 생각한다. 시장이 붕괴한 월요일 오전 두 사람이 전화해 주식을 멀리하라고 경고했기 때문이다. 이들이 훈수를 두자 나는 청개구리 심보가 돼 더 사들였다).

시장 붕괴에 대한 기억은 집단의식 속에 살아 있다. 폭락일인 10월 19일 증시가 마감되자마자 연준이 개입해 국채를 매입했다. 채권 가격은 결국 하루 만에 10%포인트 넘게 오르면서 역대 최고 상승률을 기록했다. 이후 주식은 적어도 50차례 하락하면서 또다시 폭락장으로 후퇴하는 척했다. 투기꾼들이 몰려와 주식을 팔고 채권을 샀다. 심리학자들이 '최근성 효과(마지막에 들어온 정보가 기억에 더 큰 영향을 미치는 현상 - 옮긴이)'라고 부르는 현상을 생생하게 보여주는 실례다. 사람은 마지막으로 주차한 장소는 기억하지만, 이전에 주차한 장소들은 잊어버리기 십상이다. 생존에 필요한 이 특성은 책이나 생각, 또는 반지를 찾을 때면 적절한 시공간으로 우리를 안내해 도움이 되지만 시장에서는 저승사자 노릇을 한다. 공매도 세력이 이런 식으로 큰돈을 날리고 있는데 그 규모는 10월 19일 시장 붕괴 사태로 날아간 돈보다 더 크다.

당시 위기 사태에서 가격은 특이한 관계성을 보여준다. 주식이 하락하는 사이 채권이 상승한다. 채권이 상승하면서 주가를 끌어내리고, 이는 다시 채권 하락으로 이어진다.

시장 간 상관관계

한 분야에서 이루어지는 발전은 앞서 전개된 서사가 밑바탕이 되는 경우가 많다. 예를 들어 과학사가들은 멘델레예프(Dmitry Mendeleev)가 원소 주기율표를 작성한 후에야 원소의 원자론이 정립되고 다듬어질 수 있었다고 평가한다. 마찬가지로 코페르니쿠스가 행성이 태양에서 얼마나 떨어져 있는지를 정확히 계산하자 뉴턴은 행성이 타원 궤도를 돈다는 이론을 정립할 수 있었다.

시장은 끊임없이 변하지만 떼려야 뗄 수 없이 서로 연결돼 있다. 따라서 시장을 이해하는 출발점으로, 기준이 되는 적당한 시기를 잡아서 실제 연결 양상을 살펴보는 것이 좋다. 중요한 미국 시장들의 일일 변동 간 상관관계를 표 13-3에 정리했다.

일부 시장은 마치 일란성 쌍둥이처럼 움직인다. 스위스 프랑, 영국

표 13-3. 미국 상품시장 상관 행렬: 일일 종가 평균 변동 폭,
1993/01/04 ~ 1995/04/25

	스위스 프랑	엔	영국 파운드	독일 마르크	채권	금	S&P 500	원유	콩	유로 달러	설탕
스위스 프랑	1.00	0.56	0.69	0.91	−0.09	0.14	−0.18	0.06	0.04	−0.07	0.04
엔	0.56	1.00	0.41	0.55	−0.13	0.14	−0.15	0.02	0.01	−0.09	0.02
영국 파운드	0.69	0.41	1.00	0.71	−0.03	0.06	−0.11	0.01	0.03	−0.02	0.06
독일 마르크	0.91	0.55	0.71	1.00	−0.09	0.12	−0.17	0.05	0.04	−0.04	0.06
채권	−0.09	−0.13	−0.03	−0.09	1.00	−0.27	0.60	−0.11	−0.14	0.61	−0.15
금	0.14	0.14	0.06	0.12	−0.27	1.00	−0.23	0.14	0.25	−0.14	0.08
S&P500	−0.18	−0.15	−0.11	−0.17	0.60	−0.23	1.00	−0.14	−0.07	0.40	−0.15
원유	0.06	0.02	0.01	0.05	−0.11	0.14	−0.14	1.00	0.05	−0.02	−0.01
콩	0.04	0.01	0.03	0.04	−0.14	0.25	−0.07	0.05	1.00	−0.09	0.12
유로달러	−0.07	−0.09	−0.02	−0.04	0.61	−0.14	0.40	−0.02	−0.09	1.00	−0.08
설탕	0.04	0.02	0.06	0.06	−0.15	0.08	−0.15	−0.01	0.12	−0.08	1.00

파운드, 독일 마르크, 이 세쌍둥이는 서로 상관관계가 70%에서 90%에 이른다. 엔화와 유럽 세쌍둥이 중 어느 하나가 가장 낮은 상관관계를 보이는 경우는 0.40으로, 같은 방향으로 움직이는 시간이 70%에 달한다. 비슷하게 주식(S&P500), 채권, 유로달러는 이란성 세쌍둥이처럼 상관관계가 40%에서 60%에 이른다.

형제들과 같이 움직일 때를 제외하면 주식은 콩과 −0.07, 설탕과 −0.15, 금과 −0.23 등 다른 시장들과는 모두 음의 상관관계에 있다. 마찬가지로 채권 역시 다른 시장들과 모두 음의 상관관계에 있는데 금시장과는 −0.27까지 음의 상관관계를 보인다. 설탕과 콩은 다른 상품 모두와 연관성이 가장 적어서 절댓값에서 15% 넘는 상관관계를 보이는 경우가 없다. 예외가 있는데 놀랍게도 콩과 금은 25%의 상관관계를 보인다.

형제지간을 제외하면 가장 높은 음의 상관관계를 보이는 시장은 채권과 금으로, 서로 −0.27의 상관관계를 보인다. 이 상관관계를 보면 금이 인플레이션의 전조라는 널리 통용되는 고정관념을 뒷받침하고 있

빅터 니더호퍼의 투기 교실

다. 널리 퍼진 통념은 또 있다. 채권 가격이 하락하면 금값도 동반 하락한다는 것이다. 채권 가격이 하락하면 기업이나 정부가 채권 판매를 통해 자금을 조달할 때 지급하는 금리가 높아져 자금 조달 비용이 많이 든다. 즉 채권 가격 하락은 채권 수익률 상승으로 이어져 금값도 동반 하락한다는 것이다. 그런데 채권과 금의 상관관계를 보면 이런 케케묵은 통념을 배척하고 있다. 놀랍게도 금은 주식과 음의 상관관계(-0.23)에 있지만, 콩과는 양의 상관관계(0.25)를 보인다.

주식시장과 채권은 대다수 상품들과 높은 상관관계를 보이며 견인차 역할을 하는 듯하다. 주식은 네 개 통화(스위스 프랑, 엔, 파운드, 독일 마르크)와 15% 정도 음의 상관관계에 있어 달러가 약세를 보이면 증시가 하락하는 경향이 있다는 대중의 직감을 확인시켜 준다. 그러나 장기채 금리가 상승하고 채권 가격이 약세를 보이면 통념과 달리 달러도 약세를 보이는 경향이 있다. 채권 가격과 외화(외화 단위당)는 서로 -0.15 정도 음의 상관관계를 보인다. 일반적인 통념은 채권 가격이 하락하면 투자자 입장에서는 미국 국채 금리가 구미가 당기므로 미 달러 표시 자산의 투자 매력도가 높아지면서 외화는 하락한다는 것이다.

국가 간 연계

생물학자 로버트 E. 울라노비츠(Robert E. Ulanowicz)는 물리학 방법론에 대해 논하면서 '물질주의·환원주의 접근법'을 활용한 물리학 방법론은 살아 있는 시스템에 작동하는 양의 피드백 순환을 설명하기에 부적절하다고 지적한다. 방향을 제대로 잡은 지적이었다. 수학적 접근법은 개별 반응(처리 과정이라고 해도 되겠다)에 초점을 맞추고 한 사건에서 다음 사건으로 곧장 이어지는 인과관계의 사슬을 찾는다. 울라노비츠는 관찰 범위, 즉 시야의 폭을 넓히면 시스템이 가진 새로운 특성이 나타난다고 주장한다. 가까이에서 바짝 들여다보면 '소가 옥수수를 먹는다'

는 현상이 보인다. 이 현상을 배열 C-D라고 하자. 그러나 관찰 범위를 확대하면 '사람은 옥수수를 심고, 시장은 소에게 옥수수를 운반하며, 소는 옥수수를 먹고, 시장은 소를 사람에게 운반하고, 사람은 소를 먹는다'는 순환고리가 보인다. A-B-C-D-E-A로 순환하는 고리다. 사람-옥수수-시장-소-사람으로 이어지는 이 관계는 쉽게 흔들리지 않을 정도로 안정적이며 매우 효율적으로 작동하고 있다. 처음에는 따로 떨어진 부분들이 우연히 배열되면서 시작되었지만 차츰 전체가 연결된 적절한 고리 형태를 취하게 된다.

울라노비츠는 이런 순환고리가 일단 자리를 잡으면 '자율성'(순환고리는 외부 원인-결과 사슬의 일부가 아님)의 속성 외에도 '발현성'(관찰 범위를 넓히면 나타남)과 '형식성'(순환고리는 행동을 안내하는 지침 역할을 함)을 갖는다고 믿는다. 순환고리에는 또한 '성장 강화 선택'과 '경쟁 유발' 속성이 있다. 성장 강화는 모든 양의 피드백 시스템에서 나타나는 특징이다. 순환고리는 더욱 효율적으로 작동할 수 있는 구성원을 선택하는데, 이를테면 풀이 옥수수로 대체된다. 이런 선택의 결과로 순환고리는 경쟁을 유도한다.

소 품종을 예로 들면, 처음에는 헤리퍼드종이 롱혼종과 경쟁하다가 마침내 헤리퍼드종이 롱혼종을 몰아내자 쇠고기 순환고리는 더욱 기세를 올리며 '상승'했고 경제적인 측면에서 '돈을 찍어내기 시작했다.' 알다시피 인과 현상은 이 순환고리 내에서 돌고 있을 뿐 아니라, 순환고리에서 사방으로 퍼진다. 이쯤에서 파악했겠지만 세계 경제의 폭과 깊이를 고려할 때 피드백 순환고리를 이해하려면 관찰 범위가 어느 정도여야 하는지 가히 짐작될 것이다. 아직 발견되지 않은 순환고리가 얼마나 많을지 생각해 보라.7

서로 연결된 국제 경제를 묶어서 정리하려고 하면 얽히고설킨 복잡성이 고개를 내민다. 중첩된 인과관계, 형태, 출현, 형식, 불안정, 불확실성 등 보편적인 문제 외에도 문화, 언어, 정치, 법제도, 보고 체계, 집행 기구, 조세 등에서 드러나는 차이까지 고려해야 한다. 여기에 환율이라는 수수께끼 같은 요소가 더해져 양상은 한층 복잡해진다. 한 나라에서 측정 기준으로 사용하는 가치를 다른 나라의 환율로 전환해야 하기 때문이다.

서로 연계된 전 세계 경제와 환율은 경제학에서 가장 복잡한 논리적 토대로 손꼽힌다. 이 주제를 면밀하게 연구한 워윅 맥키빈(Warwick McKibbin)과 제프리 삭스(Jeffrey Sachs)는 단순한 예측 모델에서 출발한다.

> 환율이 유동적이며 자본 이동이 아주 용이한 환경(1980년대 여건)에서 재정 확대는 생산량 확대, 통화 절상, 무역 적자로 이어진다. 반대로 통화 팽창은 국내 생산량 확대, 통화 절하로 이어지며 무역수지에 미치는 영향은 뚜렷하지 않고 미미하다.
> 물론 세계 경제에 미치는 전반적인 영향을 규명하려면 세계 경제 전반에 걸쳐 동시에 정책을 적용해 봐야 한다.[8]

그러나 이 모델은 무역 적자가 미치는 영향, 물가와 임금이 받는 영향 같은 요소를 의도적으로 배제하고 있다. 또한 예견되는 최종 결과를 토대로 경제 주체는 행위를 바꾸는데, 이런 행동 변화에서 예측이 하는 역할 역시 의도적으로 배제하고 있다. 맥키빈과 삭스는 이런 요소들까지 고려해 답을 도출하기 위해 게임이론, 시뮬레이션, 정보에 입각한 추정 등이 포함되는 새로운 해결책을 강구한다.

이 과정에서 한 가지 난제가 불거진다. 환율을 결정하는 중요한 요인이 무엇인지 경제학자들 사이에서도 의견 일치가 안 된다는 사실이다. 세 가지 이론이 서로 겨루고 있다. 국제수지(balance-of-payments) 접근법은 국경을 넘나드는 장단기 자금의 흐름에 초점을 맞춘다. 포트폴리오-자산관리 접근법은 효율적인 포트폴리오에서 다른 자산들과 함께 통화자산을 보유할 때 수익 전망과 위험 전망에 초점을 맞춘다. 실무자

90%가 선호하는 기술적 분석 접근법은 예측 변수로 가격 움직임에 집중한다. 기술적 분석에는 이동평균, 필터기법, 엘리엇 파동이론(Elliott wave theory), 피보나치수열처럼 정신 사나운 헛소리가 나오는데 부디 이 책에서 경고한 내용으로 충분하기를 바란다.

이처럼 오리무중인 상태에서 정치인들이 싸움판에 뛰어들었다. 당연했다. 내 친구는 다른 나라에 관한 예전 기사를 읽으라고 권하는데 사실 어떤 이야기가 실렸을지 뻔하다(아쉽지만 〈내셔널 인콰이어러〉 국제 면은 구사일생으로 탈출한 이야기, 연인들의 특이한 나이 차이와 연애 행태, 왕족, 획기적인 의료 발전에 대한 기사들뿐이다). 글로벌 협력, 경제 통합, 국가 간 연계, 거시경제 정책 협력, 세계의 상호 의존성, 물가연동제 필요성, 이런 논의들이 쏟아진다. 그리고 제시하는 해결책 역시 뻔하다. 정보를 공유하고, 더 많이 소통하고, 새롭고 현실적인 모델을 개발하고, 공정한 게임 규칙을 만들고, 초국가적 이익을 설계하고 집행하는 단체를 설립해야 한다고 입을 모은다.

미래학자 앨빈 토플러(Alvin Toffler), 하이디 토플러(Heidi Toffler)는 전례 없는 상호 의존성을 표현하는 용어를 만들어냈는데 말 만드는 솜씨가 타의 추종을 불허한다. 그것은 '국경 없는 세상'이며 '전자기기로 연결된 조그만 오두막'이다. 이곳에서 '지구촌 의식'이 데이터를 밀접하게 서로 연결하고 '놀라운 방식으로 개념들을 이어 더욱 광범위한 지식 모델과 구조물'을 구축한다. 토플러 부부는 상호 연계된 우리 문명(기술, 가정생활, 종교, 문화, 정치, 재계 지도력, 가치관, 성도덕 등을 포괄)에서 새로운 것과 낡은 것, 지식혁명과 산업혁명, 농업혁명이 충돌하면서 미래에서 변화가 촉발된다고 전망한다.

일본 사례 연구

나는 1994년과 1995년에 엔화를 거래했는데 당시를 돌이켜보면 하찮은 조무래기 투기꾼 하나가 국경이 사라진 공간, '전자기기로 연결된 조그만 오두막'에서 수익 공간을 개척하려고 얼마나 고군분투했는지 알 수 있다. 1994년, 미국 채권과 소형주, 마르크/달러 환율, 엔/달러 환율이 각각 10% 넘게 폭락했고 이 과정에서 미국에서만 1조 달러에 달하는 자산이 증발했다. 외국인들이 달러화 추가 하락에 대한 두려움 때문에 미국 자산 보유량을 줄인 것이 하락 원인으로 꼽힌다.

분명 '그들'은 양의 피드백을 체험하고 있었다. 미국 시장이 하락할수록 하락세가 지속될 가능성이 높아 보였고 이는 주식, 채권 같은 달러 기반 미국 자산의 추가 매도로 이어졌다.

역사를 돌이켜보면 이런 공포에는 근거가 충분했다. 예를 들어 만약 1986년 4월에 일본 투자자가 선물시장에서 당시 금리 8%인 미국 채권을 10만 달러어치 매수했다면 18만 5,000엔이 들었을 것이다. 그런데 1995년 4월 말 달러 가치 하락으로, 8% 금리로 매수했던 10만 달러의 채권 가치는 8만 4,000엔으로 떨어졌다. 일본인들은 보상을 맛보기 위해 30년, 50년 기다리는 게 예사이고 기대수명이 미국인보다 4년 더 길어, 단기에 성과를 보려는 미국인에 비해 손실 상쇄도 가능하다.

하지만 제아무리 느긋한 일본인이라도 원금이 55%나 날아가면 속이 쓰리기 시작한다(그런데 1995년 말이 되자 채권 가치가 50% 상승해 12만 5,000엔이 되었다). JP모간 파생상품 연구팀은 이런 연산 모델을 활용해 엔/달러 가치를 예측하기 위한 기준을 개발하고 있다. 그런데 내가 아는 한 이 방식의 타당성이나 예측의 정확성을 규명하는 정량적 연구는 없었다. 하지만 이 문제라면 JP모간을 용서한다. 급성장하는 이 분야에서 수많은 거래처를 상대하고 있지만, JP모간만큼 탁월한 회사는 없기 때문이다.

1994년에는 엔화 가치가 상승하면서 미국 채권시장이 붕괴했다. 당시 나는 피드백 관계를 고려해 짭짤하게 수익을 챙길 수 있었다. 미국 주식이 대폭 하락할 때마다 '그들'이 향후 달러 하락을 막기 위해 눈에 쌍심지를 켜고 지켜보리라 예상했다. 도쿄 점심시간(미국 동부 시간 오후 10시) 무렵 엔화 대비 달러 가치가 하락하기 시작하면 '그들'은 뉴욕 개장에 맞춰 달러를 떠받치기 위한 조치를 취할 것이다. 나는 기회를 포착해 달러를 샀고, 달러 매입 직후에는 십중팔구 중앙은행이 개입했다는 소문이 돌았다. 중앙은행들이 나를 따라 하고 있었는지, 브로커들이 나를 중앙은행으로 착각하고 있었는지, 아니면 우연이었는지는 지금도 알 수 없다. 어쨌든 나는 정부 개입을 옹호하는 자들과 동시에 움직이고 있었다. 1994년에 이 전략으로 나는 전 세계를 통틀어 가장 잘나가는 초일류 펀드매니저가 되었다.

실제로 1994년에는 달러와 미국 주식 사이에 매우 긴밀한 양의 상관관계가 존재했다. 일일 상관관계가 약 30%였다. 예를 들어 18일 동안 독일 마르크와 엔화 대비 달러는 0.5% 이상 하락했다. 이 기간 주식의 평균 낙폭은 다우존스지수 6포인트, 채권의 평균 낙폭은 0.5포인트였다. 달러가 엔화와 독일 마르크 대비 0.5% 이상 오른 17일 동안 주식과 채권의 평균 상승률은 각각 다우 12포인트, 채권 0.33%였다. 특히 분석 대상 기간에 채권이 약 13%포인트 하락했기 때문에, 채권 가격 상승은 무작위에 따른 현상이 아니었다. 근시안적 안목을 가진 사람은 큰돈을 벌지 못한다. 당시 시장은 판세를 완전히 뒤바꿔 놓는 행보를 통해 이 진리를 살벌하게 증명했다.

한때는 손쉽게 돈을 쓸어 담는 방법이었다 해도 세월이 지나면 효험이 흐지부지 사라지는 경우가 있다. 1995년에 또 다른 관계망이 등장했다. 달러 가치 하락이 지속되는 가운데도 미국 주식과 채권시장은 꾸준히 상승했다. 1995년 3월 5일부터 3월 7일까지, 달러는 36시간 만에 93.50엔에서 88엔으로 떨어졌다. 그것도 지난 5일 동안 네 차례나 대폭 하락한 뒤에 이런 끔찍한 사태가 벌어졌다. 무자비한 살육은 참혹하기 그지없었다. 신문들은 환율 하락세를 저지하지 않는다면 재앙이 닥친다며 경고하는 문구를 헤드라인으로 뽑았다. 세계 준비통화로서 달러의 위상과 일본의 성장 가능성에 의문이 제기되었다. 잊을 만하면 들리는 소문이 다시 돌기 시작했다. 산업과 금융을 관장하는 일본 통산성과 재무성이 일본 기관들에, 보유 중인 500억 달러 규모의 미 국채를 매각하고 독일 마르크로 대체하라고 다그치고 있다는 소문이었다.

이젠 틀림없이 '그들'이 개입하겠지. 그래서 이번에는 달러를 매도하고 엔화를 매수했다. 그런데 정신을 차려보니 어느덧 눈사태가 일어나고 있었고 나만 홀로 덩그러니 서 있었다. 한 시간 만에 엔화가 2.5% 추가 하락했기 때문이다. 평균 수심이 70센티미터인 강에서도 익사가 가능하다는 사실을 깜박하고 있었다. 열 배 정도 되는 레버리지를 활용한 탓에 한 시간 만에 어물어물 자산의 25%나 날아갔다. 알고 보니 내 예측과 실제 시장 행보 사이에 네 시간 시차가 있었다. 달러 약세에 베팅한 세력이 번 돈을 세는 사이 3월 7일 오후 4시를 기점으로 일본은 뉴질랜드, 오스트레일리아, 홍콩 중앙은행을 통해 달러를 사들이기 시작했다. 그러자 달러 약세에 베팅한 세력이 미처 영문을 깨닫기도 전에, 그러니까 자신들을 강타한 원인을 알아채기도 전에 판세는 뒤집혔다.

나는 피를 철철 흘리면서도 굴복하지 않고 이번에는 허겁지겁 일본 주식을 매수했다. 일본 증시가 상승하면 일본 경제도 살아나리라 예상했기 때문이다. 미국 정치인들이 툭하면 두드려 패는 동네북이 일본이다. 왜냐하면 외국인 혐오증이 들불처럼 타오르는 시기에 일본이 잘나가면 인종차별이라는 비난을 받지 않고도 일본을 저격할 수 있기 때문이다. 따라서 나는 일본 증시 호황이 미국 국익에도 도움이 된다고 생각했다.

일본은 미국 장기채권을 많이 사들이는 큰손 고객이기도 하다. 미국 정부가 다른 예산을 뼈만 앙상할 정도로 줄이지 않고도 온정적인 사회복지 프로그램을 추진하려면 국채를 사주는 사람이 있어야 한다. 이리하여 마침내 동서 갈등을 평화롭게 풀 수 있는 해법이 등장했다. 미국 무역 대표가 사무라이 칼로 일본 측 상대를 위협하는 그림이 언론에 등장했다. 당사자들 사이에 막후 평화협정이 있지 않고서야 만화가가 이렇게 무례한 그림을 떡하니 세상에 내놓을 리가 없다. 나는 이렇게 계산하고 일본 주식을 대량 매수했다.

이튿날 서로 체면치레하는 무역 협정이 발표되었다. 그러나 일본 증시는 오르기는커녕 시가보다 5% 하락하며 마감했다. 소문으로 떠돌던 호재가 사실로 확인될 때 이런 경우가 왕왕 있다. 달러는 잠시 행복감에 도취돼 엔화 대비 2% 상승했고, 헤징 없이 매수했던 일본 주식의 가치는 7% 내려앉았다. 3월에도 엔화 때문에 낭패를 봤는데 또다시 25% 손실을 보는 건 참을 수 없었다. 나는 치를 떨며 항복했다. 말하자면 물량을 다 털어버렸다. 늘 그렇듯 두려움이 최고조에 이르렀을 때는 최악의 매도 시점이다. 물량을 전부 매도한 지 10개월 만에 일본 증시는 거침없이 상승해 내가 빠져나온 시점 대비 40%나 올랐다.

일본으로 떠난 수학여행

내 재산의 상당 부분이 일본의 행보에 달려 있다. 따라서 내 재산을 불리기도 하고 쪼그라들게도 만드는 곳, 그 본거지를 방문하는 게 순리 같았다. 일본을 파악하고 상대할 관점과 귀, 눈, 그리고 무기를 얻기 위해 1994년 가을 어머니, 장모, 아내 수전에 딸 여섯까지 데리고 일본 전역을 여행했다. 제일 먼저 확인하고 싶었던 건 빅맥 가격이었다. 빅맥 가격은 환율 결정 요인으로 세계 표준이 되는 지표다. 맥도날드는 현지에서 납품받은 물자를 사용하기 때문에 버거 한 개 가격은 지역 생활비를 알 수 있는 좋은 지표다. 허점이 군데군데 있기는 하지만 빅맥 지표론은 아마도 환율을 설명하는 다른 대안들보다 더 상식에 부합하며 예측력도 정확해 보인다. 일본에 가보니 빅맥과 감자튀김 가격이 홍콩의 세 배였지만, 미국에 비해서는 두 배밖에 비싸지 않았다. 그런데 피시버거는 미국의 비슷한 제품에 비해 50%밖에 비싸지 않았다.

일본 과일은 보기엔 예뻤지만 멜론은 75달러, 복숭아는 50달러였다. 우리 일행 열 명이 먹기에는 터무니없이 비쌌다.

그러고 나서 나는 대형 업무단지 밖에 자리를 잡고 일본인들의 정합지수(conformity index)가 어떤지 계산해 보았다. 최초로 집계한 남성 직장인 300명 중 299명이 단추가 달린 하얀 셔츠를 입고 있었다. 일본은 '모난 돌이 정 맞는다'는 속담이 아직 통하는 사회였다. 여기서 내가 내린 결론은 일본 시장 참여자는 통솔자가 아닌 추종자로 보는 것이 타당하다는 것이다.

일본인에게 외국인은 애증의 대상이다. 일본 전통음식을 파는 식당에 예고 없이 나타나서 실험해 보면 어김없이 이런 대답이 돌아왔다. "음식이 다 떨어졌어요. 나가주세요."

투기꾼들 사이에서는 언제나 의리가 아주 중요한 성품이다. 일본인은 가족이나 친구, 반려동물에게 의리를 지키기로 유명하다. 직접 확인하고 싶어서 유명한 충견 하치코(ハチ公) 기념비를 방문했다. 녀석은 8년 동안 매일 아침 주인과 함께 기차역에 왔다가 주인이 돌아오기를 저녁까지 참을성 있게 기다렸다. 주인이 죽자 하치코는 10년을 더 끈기 있게 기다리다가 결국 상심한 채 죽고 말았다. 우리 가족은 하치코 동상을 방문했는데 수많은 관광객이 신사에서 예배하고 있었다.

시야가 닿는 곳에 첨단기술이 사용된 '러브호텔'이 줄지어 있었다. 일본에서는 임원들이 주 70시간 근무와 20시간 통근이라는 따분한 일상에서 벗어나기 위해 이런 호텔을 애용한다. 이처럼 전통과 현대가 혼재된 문화를 보니 지난 3,000년 동안 이럭저럭 헤쳐 나온 일본이 앞으로 몇 년 정도는 너끈히 견디겠다는 확신이 새삼 들었다.

"화합해야 한다." '화합'은 서양에서 일본을 볼 때 떠올리는 전형적인 단어다. 유명한 야구 선수 기누가사 사치오(衣笠祥雄)는 어깨 탈구로 병원에 있다가 1,532경기 연속 출장 기록을 위해 병원을 떠났다. 병원을 나서면서 소감을 묻자 기누가사는 이렇게 말했다. "만약 경기를 하면 하루 동안 앓겠죠. 하지만 경기를 하지 않는다면 평생 상처가 될 겁니다." 증권거래소를 방문했을 때는 주가가 오르자 장내 트레이더들이 손뼉을 치며 사가(社歌)를 불렀다.

일본의 비즈니스 지형은 산업, 통상, 금융 문제를 연결하는 동맹 관계가 지배하고 있다. 이 동맹 관계는 좀처럼 흔들리지 않을 정도로 굳건하며 상호협력을 통해 계속 유지되는데 지분, 경영진, 우선구매약정, 인맥으로 아주 복잡하게 얽혀 있다. 이 연결고리에는 화합을 중시하는 일본인의 열망이 투영돼 있다. 일본은 도매 판매량이 소매 판매량의 세 배에 이르는데(미국의 두 배) 이 역시 화합을 선호하는 일본인의 성향을 드러내고 있다.

연준은 일본인에게 정보를 유포하는 문제라면 물샐틈없이 기밀을 유지한다고 장담하지만 나는 이 말을 그다지 신뢰하지 않는다. 고베산 쇠고기를 안주로 사케를 마시는 흥겨운 술자리에서 정부 인사들과 산업계 인사들이 어울린다. 이런 '화합'하는 자리에서 미국 무역수지 같은 경제 수치가 흘러나온다. 미국 트레이더들이 무역수지 정보에서 미처 수익을 챙기기 몇 시간 (또는 며칠) 전에 말이다.

내가 연준 데이터 발표 전 보안에 대해 질문하자 전임 연준 의장은 버럭 화를 내며 대답했다. "우리는 일본인처럼 입이 싸지 않습니다." 치켜세우며 비위를 맞추려고 했지만("의장님, 흥미로운 고견입니다") 그럴 새도 없이 의장이 전화를 끊어버렸다. 남을 통솔하는 자리에 있는 사람은 으레 상대가 굽실거리며 받들어 주기를 바라는데 내가 그럴 마음이 없다는 사실을 눈치챘기 때문이다. 지금도 미국에서 중요한 수치가 발표되기 전날 일본 시장은 정확하게 움직인다. 어김없다. 내 경우 특히 그리니치 표준시 기준 도쿄에서 0시에서 6시 사이에 거래되는 달러/엔 행보에 주목하는데, 이 시간대 거래가 탄광 속 카나리아처럼 미리 경고를 보내기 때문이다.

일본을 떠날 무렵 환율은 100 언저리에서 맴돌고 있었다. 나는 이 장

수 사회의 회복력과 활력을 결코 과소평가하지 않겠다고 다짐했다. 위기가 도사리고 있다는 뉴스가 나올 때마다 나는 바로 일본 자산을 매수한다. 아키히토 왕조는 2,660년 가까이 꾸준히 일본을 통치해 왔다. 나는 이 유능하고 예의 바르며 충성심 강하고 순응주의가 몸에 밴 문명이 조만간 문제를 해결할 수 있으리라 확신한다.

일본과 미국의 관계망

관계망에서 선행 요인 및 후행 요인, 방향, 규모는 늘 변하지만 경로에는 일정한 연속성이 있다. 항상 작동하고 있는 두 가지 연결고리를 추적해 보자.

미국 주식은 움직이기 시작할 때 전형적인 패턴을 보이기도 하는데 대략 이런 과정을 거친다. 미국 채권시장이 상승한다. 채권시장에서 자금력 약한 공매도 세력이 시장가보다 1~2틱 높은 지점에 손실제한을 걸었는데 어쩌면 채권시장 큰손인 장내 트레이더 톰 볼드윈이 이 사실을 간파했기 때문일 수도 있다. 달러가 뒤따른다. 미국 증시가 즉각 상승한다. 채권 금리가 낮아지면 미국 기업들의 수익성이 높아지기 때문이다.

그러면 투자 증가 기대감에 1차 산업용 금속인 고품질 구리시장도 상승한다. 외국인들에게 미국 자산의 투자 매력이 높아지므로 일본 증시는 하락한다. 그러나 달러 강세로 인플레이션이 억제될 가능성이 있기 때문에 금값은 하락한다. 물가상승률이 낮아지면서 매력도가 떨어지는 상품이 생긴다. 육류, 곡물, 연성 원자재 상품은 수요가 줄면서 하락한다. 그러나 유럽 자산과 일본 자산이 하락하면 얼마 못 가 미국 증시를 끌어내리게 된다. 그러면 주기는 언제든 방향을 바꾸어 역행한다. 이 모든 일이 1, 2분 사이에 일어나기도 하며 하루에 열 번, 열두 번 일어나기도 한다.

수면 근처에는 항상 더 복잡한 상호관계가 도사리고 있다. 예를 들어 일본에서 산업 활동이 활발해지면 일본 기업의 이익과 매출이 증가하므로 일본 주식에 호재로 작용한다. 한편 기업 활동이 확장되면서 필요한 자금을 조달하기 위해 신용 수요는 증가한다. 이는 일본 채권 가격에는 악재로 작용한다. 1994년과 1995년에 일본 채권 가격과 주가의 상관관계는 -0.18 정도였다. 일본 통산성이 보험금 지급 의무를 이행하기 위해 보유 주식을 팔고 채권으로 전환하라고 일본 보험사들을 채근하고 있다는 소문이 자주 도는데 통계를 보면 신빙성이 있다.

1995년 6월 30일까지 18개월 동안 일본의 10년 만기 채권 수익률은 3.5%에서 사상 최저인 1.9%까지 비교적 꾸준히 하락했고 채권 가격은 10포인트 상승했다. 동시에 닛케이지수는 2만에서 1만 4,000으로 하락했다. 일본에서 경제 활동이 활발해지면 미국 상품을 수입할 자금을 조달하기 위해 달러 수요가 증가한다. 이렇게 되면 달러 가치는 상승하

그림 13-3. 미국-일본 관계망

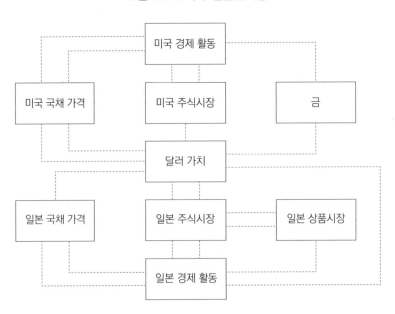

고 이에 상응해 엔화 가치는 하락한다. 달러 가치가 오를수록 일본 수출업체의 경쟁력이 높아져 일본 주식 전망도 밝아진다.

이런 관계망에서 끊임없이 변하는 선행 요인과 후행 요인을 고려하면 시장을 파악하는 얼개를 확보할 수 있다. 이런 관계망 일부를 그림 13-3에 간략한 도표로 정리했다.

국가 간 상관관계

연계성이 드러나는 구체적인 정보를 살펴보는 의미에서 1990년대 중반 변수들의 동조 행보와 대항 행보를 고려해 보자. 이번에도 가장 좋은 출발점은 상관관계망이다. 대다수 주요 국내외 주식, 금리, 통화시장에서 매일 일어나는 변화 사이에 어떤 상관관계가 존재하는지 살펴보자(내가 보기에 이런 상관관계 조사는 역사상 최초인 듯하다).

78개에 달하는 개별 상관관계가 있기 때문에 연관성을 한두 문장으로 요약하기는 어렵다. 그러나 몇 가지 규칙성이 보인다. 예를 들어 미국과 유럽의 채권시장은 서로 상관관계가 긴밀하다. 또한 유럽 증시와 채권시장은 밀접하게 맞물려 돌아가지만 통화와는 반대로 움직인다. 상관관계가 가장 높은 시장은 유럽 채권시장들로 독일 채권과 프랑스 채권은 0.78로 상관관계가 가장 높았다(상관관계가 0.95인 스위스 프랑과 독일 마르크 제외). 미국 증시는 영국(FTSE), 프랑스 증시(CAC40)와 0.5 정도 상관관계를 보였지만 닛케이지수와 상관관계는 0.13에 불과하다(표 13-4 참조).

모든 통화(외환선물시장에서 외화 단위당 달러 가치로 표시)는 자국 주식 및 채권시장과 음의 상관관계에 있다. 예를 들어 파운드는 영국 주식(FTSE)과 -0.26의 상관관계를 보이며, 엔화는 닛케이와 -0.13의 상관관계에 있다. 모든 채권시장은 주식시장과 약 0.5의 상관관계를 보이는데, 일본 주식과 채권은 예외로 -0.18의 상관관계에 있다. 유럽 국가 주

표 13-4. 국제 상품시장 상관 행렬: 일일 종가 평균 변동 폭, 1993/10/06 ~ 1995/04/25

	미국 국채	독일연방 국채	일본 국채	프랑스 국채	스위스 프랑	독일 마르크	파운드	엔	캐나다 달러	S&P 500	닛케이	FTSE	CAC40
미국 국채	1.00	0.48	0.09	0.44	-0.16	-0.15	-0.10	-0.18	0.11	0.51	0.00	0.42	0.41
독일여방 국채	0.48	1.00	0.10	0.78	-0.16	-0.14	-0.14	-0.10	0.13	0.39	0.03	0.49	0.60
일본 국채	0.08	0.10	1.00	0.06	0.14	0.15	0.08	0.26	-0.05	-0.01	-0.18	0.00	0.00
프랑스 국채	0.44	0.78	0.06	1.00	-0.17	-0.17	-0.12	-0.12	0.15	0.31	-0.01	0.45	0.57
스위스 프랑	-0.16	-0.16	0.14	-0.17	1.00	0.95	0.75	0.59	-0.25	-0.16	-0.16	-0.30	-0.34
독일 마르크	-0.15	-0.14	0.15	-0.17	0.95	1.00	0.77	0.59	-0.25	-0.14	-0.17	-0.28	-0.33
파운드	-0.10	-0.14	0.08	-0.12	0.75	0.77	1.00	0.44	-0.12	-0.12	-0.08	-0.26	-0.27
엔	-0.18	-0.10	0.26	-0.12	0.59	0.59	0.44	1.00	-0.19	-0.16	-0.13	-0.19	-0.24
캐나다 달러	0.11	0.13	-0.05	0.15	-0.25	-0.25	-0.12	-0.19	1.00	0.15	0.05	0.16	0.20
S&P500	0.51	0.39	-0.01	0.31	-0.16	-0.14	-0.12	-0.16	0.15	1.00	0.13	0.57	0.51
닛케이	0.00	0.03	-0.18	-0.01	-0.16	-0.17	-0.08	-0.13	0.05	0.13	1.00	0.13	0.14
FTSE(영국 주식)	0.42	0.49	0.00	0.45	-0.30	-0.28	-0.26	-0.19	0.16	0.57	0.13	1.00	0.73
CAC40 (프랑스 주식)	0.41	0.60	0.00	0.57	-0.34	-0.33	-0.27	-0.24	0.20	0.51	0.14	0.73	1.00

식시장은 유럽 채권시장과 약 0.5의 상관관계를 보이며 영국 주식시장과 프랑스 주식시장은 서로 0.73의 상관관계에 있다. 일본 채권 가격과 유럽 채권 가격은 긴밀한 상관관계를 보여 자산 수익을 추구하는 이들에게는 상호 대체재 역할을 하며 전 세계 채권 금리는 서로 연계돼 움직인다.

캐나다 달러와 일본 채권은 절댓값 기준 다른 시장과 상관관계가 0.26을 넘기지 않아 가장 연계성이 낮은 시장으로 보인다. 엔화는 일본 채권과 양의 상관관계(0.26), 자국 증시와 음의 상관관계(-0.13), 모든 외국 증시와 음의 상관관계(-0.20)에 있다.

같은 기간 동안 시장 간 변동 폭의 상관관계가 어느 정도인지 일일이 살펴보면 좋겠지만 돈벌이에 도움이 되는 질문은 따로 있다. 바로 예측 가능한 선행-후행 관계가 있는지 여부다. 예를 들어 오늘 닛케이 변동이 내일 독일연방 국채에 어떤 영향을 미치는가? 한 변수의 값을 기준으로 다른 변수의 미래 값을 예측하고, 그 값으로 두 변수의 상관관계를 분석하는 방식으로 상관관계를 낱낱이 검증한 결과, 절댓값 0.10을 초과하는 계수는 없었는데, 이는 두 변수가 동조 움직임을 보일 확률이 고작 55%라는 의미다.

시장 간 거래의 수익성

시장에 직간접으로 영향을 미치는 요소들은 다양한 기간에 걸쳐 작용하며, 시장 간 관계 역시 제각각이며 끊임없이 변한다. 게다가 많은 관계성이 선도 시장에서 핵심 임계치를 넘어선 후에야 모습을 드러내는 듯하다. 어련하랴. 돈이 그렇게 쉽게 벌릴 리가 없다. 투기꾼은 매처럼 상공을 선회하며 금리, 주식시장, 외환시장, 상품시장이 서로 어긋날 때를 포착하려고 한다. 그러다가 어느 한 시장이 일탈하거나 제대로 방어되지 않을 때마다 저위험 수익을 덮쳐 낚아챈다. 그런데 규칙성이 너무 빤히 보이면 매들이 한꺼번에 달려들어 먹잇감은 게 눈 감추듯 사라지고 만다.

격차가 발생하면 시장은 조정에 나서는데 투자자는 이 속성을 이용해 돈을 벌 수 있다. 게다가 이런 시장은 항상 어딘가에 존재한다. 문제는 격차를 식별하는 것이다. 체커나 체스를 둘 때면 나도 비슷한 문제를 겪는다. 사부님이 계시면 눈썹을 치켜올리거나 뒤로 물러앉으면서 묘수가 있다고 넌지시 알려준다. 물론 그 수가 뭔지는 대국자가 생각해 내야 한다. 이런 상황이 되면 나는 마치 챔피언처럼 머릿속에 체스판을 그려가며 몇 수 앞을 내다보고 행마를 이어간다. 하지만 골똘히 생각해보라고 훈수하는 사람이 없으면 대국 결과가 나빠질 확률은 50%다.

대다수 시장은 하루 24시간 어딘가에서 거래되기 때문에, 한 시장이 요동치면 차익 거래자와 투기꾼은 즉시 파장이 미칠 최종 영향을 알아채고 예측한다. 지역 시장이 움직이면 지역 시장과 연계된 다른 시장들에 영향을 미치며 그리고 최종 결과는 또다시 해당 지역 시장에 영향을 미친다. 투기꾼은 이처럼 끝없이 돌고 도는 이 연결고리를 계속 고려해야 한다. 하지만 이것만으로는 부족하다. 중요한 것은 한 시장의 참가자들이 다른 시장이 미치는 영향에 대해 갖는 기대치다. 이래서 수익을 내기가 그토록 힘들다.

나는 시장 간 상관관계를 계량화하는 작업에 매진하고 있는데, 투기거래 전반이 이 상관관계를 토대로 이루어지기 때문이다. 중요도 측면에서 시장 간 상관관계는 언제나 어지러울 정도로 무작위적이며 범위는 또 헤아릴 수 없이 천태만상이다. 따라서 눈이 핑핑 돌 정도로 복잡하다. 그러나 이 모든 것을 한데 묶는 단순한 경제적 명제가 있다. 한곳에서 자산가격과 금리가 움직이면 통화를 사고파는 욕구에 변화가 생기므로 전 세계 자산의 상대적 매력도가 영향을 받는다는 사실이다.

이런 연계 현상을 체계적으로 분석한 사람은 내가 처음이라고 생각한다. 하지만 환호하기에는 이르다. 다음 다섯 가지 요인이 살짝 재를 뿌리기 때문이다.

1. 상관관계는 언제나 변한다. 설탕이 콩시장을 파악하는 열쇠라고 생각하거나 석유가 달러시장을 전망하는 관건이라고 생각하는 순간, 관계는 역전되면서 뒤통수를 강타한다.
2. 나는 16년 동안 많은 직원에게 내가 정립한 개념을 가르쳤는데, 직원들은 퇴사해 내가 가르친 개념을 밑천으로 창업을 했다. 먼로 트라우트(Monroe Trout), 내 동생 로이, 팀 리(Tim Lee), 피터 한센(Peter Hansen), 토비 크래벨(Toby Crabel) 등등 독립한 직원들은 헤지펀드, 통합관리계좌(managed account), 원자재 펀드를 운용하고 있는데 규모는 최소 10억 달러에 이른다. 그 결과 뚜렷해 보였던 상관관계는 멋진 얼굴을 드러내는 순간 예외 없이 안개처럼 흩어져 사라진다.

3. 《Intermarket Analysis(시장 간 분석)》 같은 책들, 업계 신문이나 잡지에 실리는 시장 간 분석에 관한 기사는 트레이더 지망생들에게 표준 필독서로 간주된다. 뭐든 흔해빠지면 한물간 퇴물이 된다(출판된 문헌 대다수는 때로는 비슷한 방향으로, 때로는 반대 방향으로 움직이는 다양한 시장 차트를 서로 겹쳐놓고 논의하는 정도에 그친다. 적어도 나한테는 다행스러운 일이다. 시장 분석에 관한 책들이 대개 그렇듯, 이런 책들은 점성술과 연금술을 적용해 환자의 질병을 치료했던 16세기 암흑기를 넘어서지 못했다).

4. 중요한 상관관계를 모두 즉각 추적하는 컴퓨터 블랙박스는 시장 참여자 누구나 구할 수 있다. 상호작용을 감지하는 블랙박스를 파는 업자들이 제품을 팔러 왔는데, 1979년에 내가 처음 개발한 프로그램과 흡사했다. 업자들은 한 은행이 트레이더를 위해 400개 이상 구매했다고 자랑했다.

5. 세계에서 내로라하는 트레이더들이 조찬 모임을 만들었다. 그날 그날 상관관계를 논의해 장이 열리면 군중보다 먼저 뛰어들겠다는 요량이다. 나는 보통 일본 시장과 프랑크푸르트 시장에서 매일 오전 6시까지 거래하므로 조찬 모임에서 활발히 활동하거나 썩 도움이 될 처지가 못 된다. 게다가 아침이면 아이들에게 영웅 이야기를 즐겨 들려준다. 소위 권위자의 비법을 돈 주고 사는 사람들이 있는데, 시장 생태계 맨 위에는 그런 사람이 비집고 들어갈 공간이 별로 없다. 나는 사양하겠다.

실제로 시장 간 분석이 뜨면서 456쪽 분량의 책까지 등장했다. 그런데 이 책에서 시장 간 분석을 언급하는 분량은 41쪽뿐이다. 41쪽 분량에는 다양한 시장 차트 19개를 서로 겹쳐놓고 보여준다. 더불어 역추세 관계, 양의 상관관계, 시장 추세가 서로 어떻게 연관돼 있고 서로 어떻게 피드백하는지 제법 무게 있는 글들이 군데군데 등장한다. 그러면서 TED 스프레드(미국 국채 금리와 3개월 만기 리보 금리 간 격차 - 옮긴이), 통화 지수, 14주 스토캐스틱, 180일 이동평균과 50일 이동평균 간 차이를 지적하고 이를 상관관계에 접목한다. 중간값도 상관계수도 없고, 그래 프들의 관계를 압축해서 보여주는 수치 역시 눈을 씻고 봐도 없다. 저 자가 내린 결론을 보면 이 분야의 특징이 그대로 드러난다.

> 채권과 주식의 추세를 예측하는 데 경제적 요인, 펀더멘털 요인, 기술적 요인 이 결정적이지만 중요한 시장 간 관계도 간과할 수 없다. 예를 들어 유가는 인 플레이션, 금리, 채권시장의 향방을 결정하는 중요한 요인이다. 금리 민감도 가 높은 시장은 채권시장이 전개되는 대로 따라가는 경향이 있다. 금은 인플 레이션의 시금석이다. 이런 시장 간 상관관계를 식별하면 가격 결정 및 주식 선정 역량이 모두 개선될 수 있다. 마땅히 이 관계를 감안해야 하며, 만약 상 관관계를 고려하지 않는다면 온전한 시장 분석이라고 할 수 없다.[9]

어쩌면 아직 희망이 있을지도 모른다.

추적해야 할 연결고리

세기말에는 투기거래자가 반드시 추적해야 하는 연관관계에 대한 연구가 활발히 이루어졌다. 컬럼비아대학 헨리 크로스비 에머리(Henry Crosby Emery) 교수는 가뭄, 비, 새로운 발명, 발견, 운임, 입법, 정치 쟁점, 파산, 파업, 폭동 같은 핵심 요인들의 상관관계를 집중 분석했다. 어떤 정치인이 빈곤층의 영양을 개선해야겠다고 생각하거나 텍사스 북서부 주민이 가축을 대량으로 도살할 수도 있다. 혹은 "파고시 인근에서 메뚜기 두 마리가 목격되었다는 둥 혹은 (투기의 술탄이) 그날 아침 찡그린 얼굴로 브로커들과 대화하는 장면이 목격되었다는 둥 온갖 이야기가 정보랍시고 떠돈다. '월가에 떠도는 정보나 소식은 아무리 사소한 것이라도 모두 시장에 반영된다'는 익숙한 속담이 이런 행태를 압축해서 표현하고 있다."

짐작했겠지만, 여기에서 말하는 투기꾼은 소로스가 아니며 정치인 역시 클린턴이 아니다. 사실 투기꾼은 호커(Hawker), 정치인은 비스마르크(Otto von Bismarck)다. 그리고 이 책이 출판된 연도는 1896년이다.

에머리는 논의를 마무리하면서 투기에 성공하는 길은 "우연이라는 거친 힘에 대항하는 소양 있는 지성의 투쟁"이라고 정의한다.10

우리 시대에는 연결고리가 어찌나 광범위하고 다양한지 목록으로 만들다 보면 아동용 언어학습 초급 독본이 떠오른다. 20세기 후반 투기꾼인 나 역시 지성으로 우연이라는 거센 힘을 제어하기 위해 애쓴다. 그러려면 연결고리를 추적 감시해야 하는데 여기에 몇 가지 열거해 본다.

- 백악관에서 피자 주문(전쟁 경계경보)
- 유조선 항구 정박(원유를 가득 실은 배, 석유 물량 풍부)
- 비어즈타운 부인들이 탈 만한 차들이 쇼핑몰에 주차돼 있거나 모틀리풀 청취자들이 탈 것 같은 차들이 회사 주차장에 주차됨(매출 호조 또는 고용 호조)
- 밝은 태양, 충분한 강우량(풍성한 곡물 수확)
- 보름달(추세 변동)
- 기다란 담배꽁초(호시절이 도래함)
- 쓰레기통에 음료가 반이나 남은 빅 사이즈 탄산음료 컵이 버려져 있음(가처분소득 증가)
- 공항 내 혼잡한 인파와 교통(경기 호황)
- 얄팍한 신문(일자리 및 광고 없음)
- 시원한 여름(수확량 저조, 빙하기 가능성)
- 과도한 적설량(에너지 가격 상승)
- 강풍(온건한 기온)

- 법원 판결(폭동 가능성이 보험회사에 미치는 영향)
- 발표 지연(악재 임박)
- 인도에 내리는 장맛비 또는 결혼식(사방에 사랑이 충만 - 소비자 지출 증가)
- 크리켓 또는 야구 세계선수권 경기(변동성 또는 유동성 없음)
- 겨울에 나타난 매(봄이 일찍 찾아옴)
- 소로스의 여행 계획(새로운 시장에서 거래가 활발해짐)
- 분주한 비버 오두막(비버가 만든 댐으로 물이 많이 흘러감 - 비가 적게 오면 곡물 가격 상승)
- 이동하는 철새 개체수(악천후로 인해 수가 저조할 수 있음)
- 새로운 세기(이탈리아 관광 경기 활황, 소프트웨어 개발자들 대목)
- 대통령이 병에 걸림(시장은 불확실성을 혐오)
- 인구 연령 분포(노령인구가 많으면 조류 관찰 사업과 채권 사업 유리)

별로 변한 게 없다.

14장
악보와 수학, 그리고 주가 차트

Victor Niederhoffer

The Education of A

SPECULATOR

내가 한 시간짜리 교향곡을 작곡한다 해도 사람들은 짧다며 아쉬워할 것이다.

— 루트비히 판 베토벤

시장에 울리는 음악

아버지가 가는 곳마다 음악이 있었다. 아버지는 인생길을 걸어가면서 늘 음악을 들었다. 거리에서 음악을 흥얼거리고, 해변에선 음악에 맞춰 춤을 추고, 집에선 바이올린을 연주했다. 경찰서에서는 아버지를 '음악 경찰'이라고 불렀다.

한번은 이웃이 미안한 기색으로 이렇게 물었다. "아버님이 정말 다정다감하고 박식하신 분 같아요. 그런데 혹시 정신이 좀 온전치 못하신가요? 항상 혼자 큰 소리로 노래를 하셔서요."

나는 그냥 이렇게 대꾸했다. "아뇨. 행복하셔서 그래요." 하지만 이렇게 대답하는 게 옳을 뻔했다. "조화, 질서, 리듬이 균형을 이룬 곳에는 음악이 있기 마련이죠. 적절한 시간에 조화롭게 올바른 음을 연주한다면 인생이 바로 음악이죠." 영혼에 음악이 깃든 행운아들이 있는데, 아버지가 그런 사람이었다.

아버지가 가장 좋아한 선율은 슈베르트의 피아노와 현악기를 위한 A장조 5중주곡 〈송어(Trout)〉 4악장 테마였다. 선율은 A음으로 시작해 D장조화음으로 넘어가고 다시 A음으로 돌아온다. 그다음 E음으로 도

그림 14-1. 슈베르트 〈송어〉 4악장 도입부

약했다가 온음으로 떨어져서 A음에 도달한 후 D장조화음이 나오고 5도인 A장조화음으로 끝난다. 순전한 행복, 졸졸 흐르는 맑은 개울물, 어부를 요리조리 잘도 피하는 송어, 노래하는 새들. 이 단순한 선율에서 헤아릴 수 없을 정도로 많은 것들이 떠오른다.

아버지를 비롯해 많은 음악가는 이 곡이 장례식에서 묘비명처럼 연주되기를 원한다. 아쉽게도 아버지는 한창때인 63세에 소원을 이루셨다. 우리 집 바이올린 스승인 그레고리 자리츠키(Gregory Zaritsky)가 이 곡을 연주했다.

너그럽게도 시장이 멋지게 움직이면서 처음 매수가 아래로 절대 떨어지지 않을 때가 있다. 그럴 때면 종종 〈송어〉 5중주가 떠오른다. 우리 사무실에는 피아노가 한 대 있는데 만약 소로스를 대행해 일하거나 돈을 벌 때면 누군가 아름다운 4악장을 연주한다.

롱포지션에 진입했는데 시장 차트가 완만한 상승세를 보이면 〈송어〉 5중주곡의 기보법이 떠오른다. 1996년 2월부터 5월까지 다우존스 지수 차트를 예로 들 수 있다(그림 14-2). 처음에 시장은 5,400에서 출발해 5,700까지 차츰 상승한다. 그런 다음 다시 5,400으로 후퇴했다가 5,600까지 굽이치듯 반등하는가 싶더니 밀려난다.

시장에서 자주 들리는 또 다른 작품은 하이든(Franz Joseph Haydn) 교향곡 제94번 〈놀람(Surprise)〉이다. 2악장에서 포르티시모(아주 강하게) 화음이 나오는데, '귀부인들이 화들짝 놀라 벌떡 일어나게' 만들 목적으로 작곡했다고 해서 〈놀람〉 교향곡이라고 부른다. 당대 평론가 한 사람은 다음과 같은 서정적인 문구로 이 작품을 평했다.

그림 14-2. 다우존스산업평균지수 - 현물시장 지수

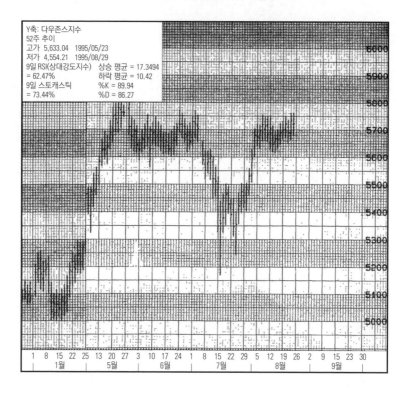

멀리서 희미하게 속삭이는 듯한 폭포 소리에 잠든 아름다운 양치기 소녀가
느닷없이 발사된 엽총 소리에 놀라는 그런 상황에 비유할 수 있다.[1]

점심 직후나 휴일 전이면 시장은 시가를 중심으로 5포인트 위아래
로 오르내리는 경향이 있다. 이 패턴은 하이든 교향곡의 경쾌한 C장조
5도 음과 비슷하다. 그림 14-3에서 뚜렷이 보이듯 깜짝 놀랄 만한 움직
임이 임박했다(1995년 12월 급등). 규칙성 속에 언제 변칙 행보가 찾아올
지 모르므로 종알거리며 흐르는 물줄기 소리에 잠들지 말라고 경고한
다. 그리고 깜박깜박 조는 어여쁜 양치기를 생각하다가 잠들면 더 위험
하다고 경고한다.

그림 14-3. 천연가스 가격 차트

종가 2.64	1996/06/21
고가 3.72	1995/12/21
평균 2.061	
저가 1.335	1995/07/24

자료: Bloomberg Financial Markets Commodities News, New York.

장송곡

아버지는 암으로 투병하던 말년에 헨델(Händel)의 〈파사칼리아
(Passacaglia)〉를 자주 흥얼거렸다. 주제 선율은 G단조 저음으로 침울하
게 흐르다가 수없이 변주를 거듭하는데, 옳은 사람이 되기 위해 끊임
없이 분투하다가 종착역에 다다른 인생이 떠오른다. 아버지는 나에게
"같이 들어보자"고 권하곤 했다. 나는 아버지가 왜 우시는지 이해할 수
없었다. 그 이유를 이해할 때쯤에는 너무 늦었다.

동생 로이는 음악에 천부적인 재능이 있었는데 부모님에게 물려받
은 재능이었다. 여동생 다이앤(Diane)이 플루트를 연주하거나 아버지가
바이올린을 연주하면 다섯 살 로이가 피아노로 완벽하게 재연했다. 많
은 음악가가 그렇듯 신동 같았던 로이의 재능 역시 가족의 도움과 영향
이 컸다. 아버지는 일주일에 두 번 스즈키(Suzuki) 바이올린 레슨에 로
이를 데려가 함께 연주했는데, 수강생 열 명 중 아버지와 함께 오는 수

빅터 니더호퍼의 투기 교실

강생은 로이뿐이었다. 나머지는 모두 어머니와 함께 왔다.

로이가 열 살 때 내가 TRS 80 컴퓨터를 사주었는데, 이것으로 로이 인생은 음악가에서 방향을 틀게 되었다. 처음에는 컴퓨터로 음악을 작곡했다. 그런데 내가 로이를 타락시켰다. 투기라는 물질세계로 인도한 것이다. 우선 교향곡 대신 선물 시스템을 프로그래밍해 보라고 했다. 로이는 10년 동안 나와 함께 일하다가 팀을 꾸려 독립했다.

로이는 시장의 음표가 적절한 으뜸음으로 돌아오지 않으면 음악에 빗대며 대처한다. "우리는 모차르트 〈레퀴엠〉을 너무 자주 연주하고 있어." 로이는 이렇게 중얼거리곤 한다. 죽은 이를 위한 진혼곡을 작곡하는 행위 자체가 모차르트의 머릿속을 온통 죽음에 대한 생각으로 채웠다. 모차르트는 죽음을 앞둔 그날 저녁, 친구들을 머리맡으로 불러 마지막까지 〈레퀴엠〉을 함께 불렀다.

단조 음악은 서양인들에게 비극적인 감정을 불러일으킨다. 시장이 무참히 우리를 짓밟으면 십중팔구 사무실에서 누군가 CD플레이어로 베토벤의 〈월광〉 소나타(그림 14-4)를 튼다. 음악이 시작되면 동료가 어김없이 구슬픈 어조로 이렇게 읊조린다. "오! 채권" "오! 엔화."

G#과 E 사이에서 3잇단음표로 리드미컬하게 이어지다가 음들이 모두 조금씩 바뀌는데, 이 선율이 마치 시장 행보처럼 창백하다. 1980년 이후 대다수 연도에서 금값 변동은 모두에게 이처럼 해쓱하고 창백한 분위기를 선사한다(그림 14-5). 확고부동한 매수파는 여전히 금에 열광하지만 말이다. 금시장은 산봉우리에서 계곡으로 나른하게 이동하면서 소극적으로 느릿하게 박스권에서 움직인다. 끈질기게 반복되는 〈월광〉 소나타의 어두침침한 피아니시모(매우 여리게) 선율과 빼닮았다.

스위스 은행가들 모임에서 내가 금 차트와 〈월광〉 악보를 나란히 제시하자 한바탕 폭소가 터져 나왔다. 안됐지만 속상해서 눈물을 찔끔거리는 사람도 있었다.

그림 14-4. 베토벤 〈월광〉

내게 로바골라 분석의 창시자라는 별명이 생긴 듯하다. 명예인지 아니면 먹칠인지 애매해서 탈이지만. 로바골라는 야생에서 코끼리를 잡는 확실한 방법을 제시한 아프리카계 유대인이다. 로바골라가 사는 마을에는 1년에 한 번 100마리에 달하는 코끼리 떼가 몰려와 마을 인근을 초토화했다. 코끼리들은 마을로 올 때 초목을 으스러뜨리고 집들을 부숴 길을 트는데 돌아갈 때도 어김없이 같은 길로 돌아갔다.

베토벤 소나타 op.109(그림 14-6)에는 로바골라 패턴이 자주 등장한다. 한 마디는 높은 D에서 시작해 낮은 G로 폭포가 쏟아지듯 주르륵

빅터 니더호퍼의 투기 교실

그림 14-5. 뉴욕 금값 차트, 1994~1995

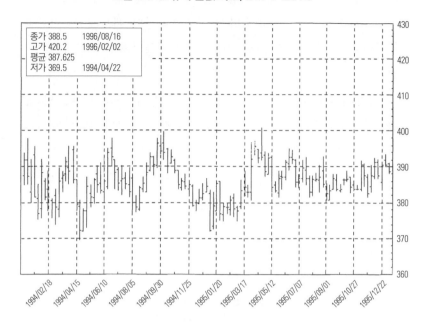

종가 388.5	1996/08/16
고가 420.2	1996/02/02
평균 387.625	
저가 369.5	1994/04/22

자료: Bloomberg Financial Markets Commodities News, New York.

그림 14-6. 베토벤 소나타 op. 109

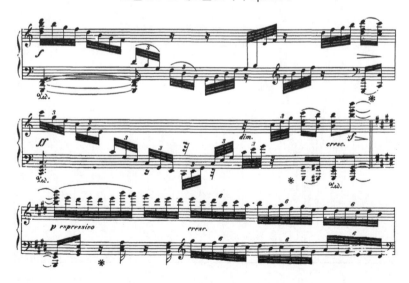

내려온다. 다음 마디에도 똑같은 기법이 사용되는데, 높은 C에서 시작해 낮은 C까지 구르듯 내려오다가 다시 올라간다. 빠르게 D# 키로 돌아간 다음, 음표는 마치 코끼리가 앞뒤로 지르밟듯 오르내리며 이동한다.

시장에서 로바골라는 흔히 나타나는 패턴이다. 1976년부터 1992년까지 미국 단기국채 선물시장이 보인 행보가 좋은 예다(그림 14-7). 수익률은 1977년에 5%로 시작해 3년 만에 16%로 오르더니 불과 1년 만에 다시 6%로 회귀했다. 수익률은 다시 17%로 올랐다가 7%로 미끄러지더니 또 11%로 상승했다. 그리고 마지막으로 몇 번 더 오르락내리락한다. 은 선물시장 차트(그림 14-8)도 6개월 만에 5달러에서 50달러로, 다시 5달러로 비슷한 로바골라 행보를 보여준다.

그림 14-7. 미국 단기국채, 1977~1996

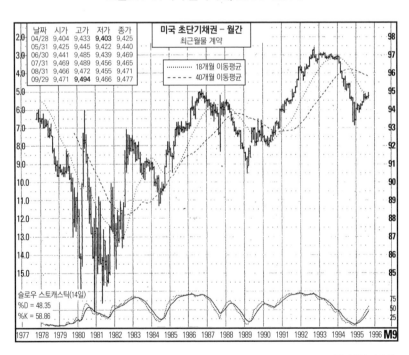

　　　　　　　　　　　　　　　　　　빅터 니더호퍼의 투기 교실

그림 14-8. 은 선물, 1977~1996

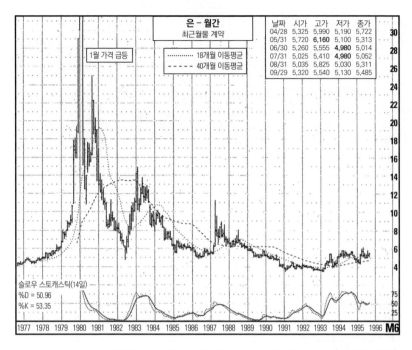

날짜	시가	고가	저가	종가
04/28	5,325	5,990	5,190	5,722
05/31	5,720	**6,160**	5,100	5,313
06/30	5,260	5,555	**4,980**	5,014
07/31	5,025	5,410	**4,980**	5,052
08/31	5,035	5,825	5,030	5,311
09/29	5,320	5,540	5,130	5,485

그림 14-9. 야피크레디뱅크, 1991/05 ~ 1996/05

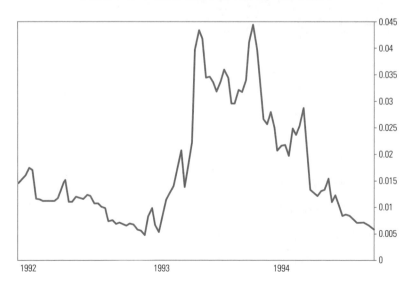

그림 14-10. 스크랴빈 에튀드 op.8 no.12

아프리카 증시 중에는 로바골라 패턴을 보이는 시장이 없다. 그런
데 터키 야피크레디뱅크(Yapi Kredit Bank)의 주간 차트(그림 14-9)를 보면
로바골라가 보편적인 패턴임을 알 수 있다. 야피크레디뱅크는 1994년
12월까지 금융위기 이전 5개월 동안 0.01에서 0.04로 올랐다가 금융위

그림 14-11. 콩, 1977~1992

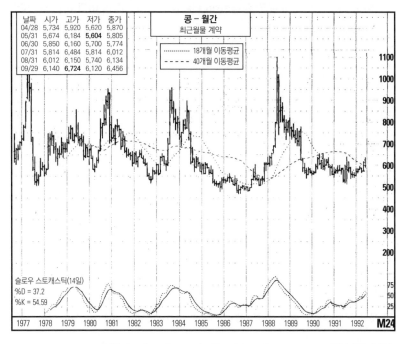

날짜	시가	고가	저가	종가
04/28	5,734	5,920	5,620	5,870
05/31	5,674	6,184	5,604	5,805
06/30	5,850	6,160	5,700	5,774
07/31	5,814	6,484	5,814	6,012
08/31	6,012	6,150	5,740	6,134
09/29	6,140	6,724	6,120	6,456

기 이후 5개월 동안 다시 0.01로 미끄러졌다.

모든 행보가 차분한 분위기에서 출발해 활발한 분위기로 진행되는 건 아니다. 어떤 음악은 어찌나 격렬한지 악보를 읽고 연주하기가 무서울 정도다. 스크랴빈(Skryabin) 에튀드 op.8 no.12(그림 14-10)가 그렇다. 이 악보를 보면 한 해 걸러 한 번씩 5달러에서 10달러 사이를 사납게 오르내리던 콩 선물시장의 행보가 떠오른다(그림 14-11).

시장이 들려주는 음악 중에 듣고 싶어 하는 사람이 단 한 사람도 없는 음악이 있다. 바로 베토벤 9번 교향곡 1악장 종결부 같은 음악이다. 시장에서 이런 음악이 들리면 사람들은 질색한다. 물론 이 음악 자체가 반드시 어떤 불운한 사태를 예견하는 건 아니다.

종잡을 수 없는 반음계 저음과 그 위에 얹히는 소름 끼치는 신음 소리를 들으면 마비되는 듯한 느낌을 경험한다. 세상이 끝장난다면 아마 이런 식일 것이다.[2]

1987년 10월 19일에는 주식시장에서 목숨이 간당간당했고, 1996년 3월 8일에는 채권시장이 3포인트까지 하락하면서 끝장이라는 최후통첩만 기다리고 있는 신세였다. 엔/달러 환율이 5% 하락한 1995년 3월 8일 역시 마찬가지였다. 그때마다 엉뚱한 포지션을 취하고 있었던 탓이다(나는 지금 1년 전 있었던 일을 되새겨 보고 있다). 그러나 다음 거래일에 각 시장에서 손실분을 되찾았고, 반등에 따른 환희의 송가와 함께 고통은 사라졌다.

아쉽지만 베토벤의 통화거래 능력은 작곡 솜씨만큼 능수능란하지 못했다. 베토벤은 후원자인 귀족 세 사람에게 1년에 4,000플로린을 받고 오스트리아에 머물기로 했다. 그런데 1811년 3월 오스트리아 통화의 가치가 떨어지면서 베토벤은 구매력을 상실했다. 이 음악계의 셰익스피어는 예술만큼이나 소송에서도 시대를 앞서갔다. 베토벤은 죄책감 따위는 조금도 없이 플로린 가치 하락분을 메우라며 후원자들을 고소했다. 후원자 중 두 사람이 파산 일보 직전이었는데 말이다.

순수 음악

시장이 한동안 사납게 몰아치고 나면 나는 기본으로 돌아간다. 다시 말하면 인생 종칠 수도 있는 위험을 감수할 필요가 없는 방식으로 돌아간다. 이 시기에 내가 쓰는 한 가지 방법은 콜과 풋을 현재 가격과 동일한 행사가격에 매도하는 것이다. 이 투기 과정은 순수한 산수 놀이에 가깝다. 나는 과거 공황장에서 일어난 유사한 사건들을 토대로 향후 변동성을 추정한다. 그런 다음 딜러가 가격결정모델에서 예측한 호가와 비교해서 내가 예측한 가격과 어긋나면 옵션을 매도한다.

이런 과정을 뭉뚱그려 보면 바흐(Johann Sebastian Bach)가 생각난다. 바흐는 완벽하고 순수한 음악을 작곡했다. 바흐는 "완벽한 조화를 발견하기 위해 노력하지만… 완벽함은 모든 부분이 한 치 혼란도 없이 함께 작동할 때만 달성된다."[3] 바흐의 수학적 재능은 내가 아는 가장 훌륭한 옵션 트레이더, 스프레드 트레이더 들에 견주어도 손색이 없다[바흐는 즉석에서 프리드리히 대왕(Frederick the Great)을 위해 6개의 성부로 이루어진 푸가를 만들었다]. 아는 사이라는 사실만으로도 과분한 그런 사람들 말이다. 이들은 모두 수학 경시대회 챔피언 출신이거나 프로 카드카운터 출신이다. 스위스에 본사를 둔 제약회사들은 두뇌 회전이 가장 빠른 수학자들을 최전방, 그러니까 옵션거래에 배치하고 있다. 딜러들의 쑥덕공론에 따르면 스위스인들은 옵션 전략 연구를 신약 개발만큼 중요하게 여긴다고 한다.

바흐의 작품은 경이롭기 그지없다. 바흐는 종종 생각지도 못한 악기를 조합하거나 조성이나 화성 변화를 이용해 공포와 슬픔, 그리고 탈진한 듯한 분위기(스무 명이나 되는 자녀 때문일까?)를 조성했다.

종종 기초자산시장이 갑작스럽게 큰 폭으로 움직이면 침울한 분위기 혹은 환호하는 분위기가 거래 환경에 팽배하며 이 분위기가 옵션 가격에 반영된다. 이렇게 되면 대체로 변동성이 커지므로 추가 수익을 챙길 수 있다. 큰 폭으로 불리하게 움직이는 시장에서 위험 회피 수단 없이 기초자산을 매수·매도한 수많은 사람은 필사적으로 보호막이 될 금융상품을 매수하기 때문이다. 그러나 바흐가 화성 구조를 원 상태로 되돌리듯 시장을 지배하는 분위기는 사라지고 옵션 가격도 정상 수준으로 돌아온다.

수학에 천부적 재능이 있었지만 바흐의 음악에는 인간미가 철철 넘치며 작위적인 느낌도 없다는 것이 대다수 연구자의 평가다. 하이든, 모차르트, 베토벤, 그리고 후대 음악가는 누구나 바흐를 경외한다.

나는 수학자인 마이클 쿡(Michael Cook) 박사가 작곡한 뮤지컬을 관람하고 나서 직접 쿡 박사를 만났다. 이후 운이 좋아서 쿡 박사를 영입했다. 쿡 박사의 조부 딤즈 테일러(Deems Taylor)는 60년 전 바흐의 음악에 대해 논했는데 시대를 초월한 통찰력이라고 생각한다.

바흐 음악을 듣고 있으면 따뜻하고 너그럽고 다정한 사람, 공감 능력과 이해심이 무한한 인품을 대하는 느낌이다. 그럼에도 누군가 앉아서 이런 음악을 만들고 있는 모습이 머릿속에 잘 떠오르지 않는다. 잉크 묻은 펜으로 갈기다가 인상을 찌푸리면서 지우고, 옆에 있는 조율이 잘된 클라비코드(피아노가 등장하기 전 초기 건반악기 - 옮긴이) 위에서 이것저것 시도하는 바흐의 모습은 도무지 상상이 되지 않는다. 오히려 아침 햇살 아래에서 가지를 치고 낙엽을 치우고 물을 주면서 돌보는 모습이 떠오른다. 신선하고 파릇하며 자라나는 것들, 생명으로 떨리고 덩굴과 잎을 내밀며 싹을 틔우고 꽃을 피우며 바로 눈앞에서 열매를 맺는 것들 말이다.[4]

나 역시 비슷한 느낌을 받는다. 특히 곡물을 공매도했는데 비가 넉넉히 내린 뒤 나는 풀 냄새를 맡을 때 이런 기분에 사로잡힌다.

예측 가능한 음악과 시장

음악에 관한 문헌과 시장 차트는 방대하기 이를 데 없다. 만약 음악과 차트가 보여주는 시각적 유사성, 또 역사를 거치면서 음악과 시장이 공명하는 모습을 확인하지 못했다면 무지에서 벗어날 수 없었을 것이다.

추측이나 불확실한 가정을 제거하기 위해 차트 표기법을 음악 표기법으로 변환하는 간단한 알고리즘을 활용했다. 전날의 전체 가격 범위(또는 어제 종가를 중심으로 50포인트)를 취해 전일 종가를 중간 C로 잡고 가격 범위를 여덟 개의 구간 또는 음정으로 나눈다. 그다음 30분마다 가격을 매기고 반올림한 다음 음표를 할당한다. 이 음표를 소리 내 읽어보면 아기들에게 불러주는 동요처럼 들린다. 〈눈먼 쥐 세 마리(Three Blind Mice)〉 같은 노래 말이다. 리듬감을 얻으려면 시간 내 변동성을 고려해야 한다. 재즈 음악가들이 재즈를 '차트'라고 부르는데, 근거가 아주 없지는 않다. 오케스트라 지휘자들이 하는 말을 들어보면 리허설을 하다 쉬는 시간이 되면 연주자들은 종종 주식 차트를 들여다본다고 한다.

나는 하루나 일주일에 걸친 시장의 가격 행보를 중심으로 높은음자리표 다섯 줄을 습관처럼 그린다. 아버지는 라디오에서 C키로 변형한 멜로디가 흘러나오면 음악사전을 보고 원곡이 어떤 곡인지 찾았다. 나도 이따금 음악사전을 활용해 차트에서 들리는 선율이 어떤 음악인지 확인한다. 오프닝 테마를 통해 마지막 종결부를 파악할 수 있을지 여부는 아직 계량화하지 못했다.

내가 그리는 선과 선들의 각도를 보면 투기판을 어질러놓는 신비주의자들의 작품처럼 보인다. 이런 선을 어떤 이들은 엘리엇 파동이론이라고 부른다. 엘리엇 파동이론에 따르면 가격은 추세에 따라 다섯 번의 추진파동과 두 번의 조정파동이 사이클을 이루며 움직인다.

다양한 변형이 가능하기 때문에 엘리엇 '이론가'들은 파동 분석이 확률을 알려주지만 일목요연한 이정표는 아니라는 점에 동의한다. 파동의 크기와 지속 시간을 규정하기가 애매한 데다 파동을 세는 객관적 알고리즘도 없다. 이런 속성들이 어우러져 모호하고 두루뭉술한 분위기가 엘리엇 파동이론을 둘러싸고 있으며 이론에 대한 검증이나 반증도 불가능하다. 엘리엇 이론가 중 으뜸가는 투사로 공인된 사람이 로버트 프레히터(Robert Prechter)다. 신망 높은 업계 지도자들은 프레히터가 집필한 《At the Crest of the Tidal Wave(해일의 절정에서)》를 논평하며 이렇게 칭송한다.

추상같은 논리와 놀라운 독창성, 학구적 정밀함, 장기간에 걸친 중요하고 빼어난 연구.

프레히터는 1978년 출판한 책에서 1980년대에 초강세장이 도래한다고 예언했다. II파, I파의 4번 파동, III파의 4번 파동을 분석한 뒤 프레히터는 1995년에 대해 이렇게 전망했다. "그랜드 슈퍼사이클 약세장은 이전 슈퍼사이클 4번째 파동, 즉 다우존스지수 41에서 381 사이에서 움직일 것이다. … 예전부터 이런 예측이 나왔지만 이제는 미래를 내다보는 전망이라고 할 수 없다. 오히려 현재 우리가 직면하고 있는 약세장 바닥이 어디일지 그 범위를 예상하고 있다."[5]

다른 엘리엇 이론가들은 현재의 움직임을 단지 조정파동으로 해석하며, 다우존스지수가 1만을 찍으리라 예측한다. 범위를 미리 알면 마음이 편하긴 하다(내가 저지른 신성모독죄에 대한 앙갚음으로 엘리엇 이론에 진심인 신봉자나 엘리엇 이론 관련 기술적 분석을 파는 엉터리 약장수들이 내 작업에 대해 악담을 퍼부을 테지만 말이다). 놀랄 것도 없지만 우리가 현재 어느 파동에 있는지 저명한 엘리엇 이론가 두 사람 사이에도 의견이 일치하지 않는 경우가 비일비재하다.

모호성을 줄이기 위한 프로그램이 개발되었다. 이 프로그램에 만족한 어떤 사용자는 이렇게 말한다. "엘리엇 파동이론가들이 방에 빽빽하게 모여 하루 종일 파동을 계산해 주는 듯하다. 단, 이 프로그램은 결코 지치는 법이 없고, 실수하지도 않으며 커피를 마시지 않는다는 점이 다르다." 이 프로그램들은 '엘리엇 분석에서 자주 발생하는' 모호성을 극복할 수 없다. 따라서 가격이 속속 드러나면 "프로그램이 이전에 선호했던 파동 계산 방식은 새로운 방식으로 대체된다."[6]

엘리엇 파동이론이 유용한 결실을 맺지 못하는 이유는 다른 과학적 분석과 소통이 부족하기 때문이다. 예를 들어 군중의 행위에 '성장의 법칙'이 작용한다면 전염병학이나 집단 생물학 또는 인구 모델 같은 다른 분야에서도 이 현상이 관찰되었어야 한다. 엘리엇 분석의 토대, 그리고 피보나치니 갠이니 하는 엘리엇 이론에 관련된 주문 같은 헛소리를 구축하는 한 가지 방법으로 (피보나치수열을 구현하는) 로그나선을 고려할 수 있다. 로그나선은 나선 성운과 고둥 껍데기에서도 발견된다.

이런 형상이 등장하는 이유는 뭘까? 조개류의 경우 성장 현상과 관련이 있다. 성운은 어떤가? 아마도 다른 이유, 그러니까 중력 법칙 때문일까? 그렇다면 시장은? 피보나치 비율로 되돌림 수준을 가늠하는 이유는 무엇인가? 아마도 이 비율이 시장의 잔해 위에 구축되었기 때문일 것이다. 성장해 나가려면 시장 위에 시장을 세워야 한다. 시장은 주변에서 물질(신규 투자자)을 빨아들이고, 이 물질을 폐물로 바꾼 다음(신규 투자자의 돈을 취한다), 이 폐물 더미 위에 또 시장을 쌓아 올린다(가격 변화로 신규 자금 유입).

나는 1995년 내내 학술 문헌을 검색했다. 집단 생물학이나 전염병학에 대한 문헌 어디에도 피보나치수열에 대한 언급은 없었다. 만약 이 기법에 어떤 예측값, 어떤 모델링값이 있다면 이런 분야들에서 이 기법을 채택했어야 마땅하다.

요동치는 감정

음악은 깊숙이 자리한 경험에서 솟아나오는 다양한 감정을 끌어내는 힘을 가지고 있다. 어떤 음악은 힘이나 무한한 즐거움으로 나를 채운다. 혹은 시장이 불리하게 움직이고 있다면 음악은 나를 비탄에 잠기게 만든다. 베토벤은 이렇게 말했다. "그런고로 내 음악을 진정으로 이해하는 사람은 다른 사람들이 짊어지고 있는 불행에서 해방된다."[7]

아쉽지만 나는 베토벤이 머릿속에 그린 이 숭고한 경지에 도달하지 못했다. 하지만 나는 거래일이면 이 거장의 지휘 스타일을 흉내 낸다. 지휘할 때 베토벤은 음악에 실린 감정을 전달하기 위해 몸짓 언어를 즐겨 사용했다. 루이스 슈포어(Louis Spohr)는 자서전에서 이렇게 목격담을 전한다.

> 스포르찬도(sforzando, 이 음만 특히 세게)로 연주해야 할 때면 그는 가슴팍에 교차해 모으고 있던 팔을 활짝 벌렸다. 피아노(piano, 여리게)에서는 허리를 굽혔는데 어느 정도 부드러운 음색을 원하는지에 비례해 몸을 바짝 낮췄다. 그러다가 크레셴도(crescendo, 점점 세게)가 오면 점차 다시 몸을 일으키고, 포르테(forte, 세게)가 시작되면 갑자기 벌떡 몸을 일으켜 세우곤 했다. 더 힘차게 연주하고 싶으면 때때로 오케스트라를 향해 자신도 모르게 소리를 질렀다. 피아니시모(pianissimo, 아주 여리게)가 시작되면 베토벤은 자신만의 방식대로 이를 표현하려고 연단 아래로 완전히 숨어버렸다. 크레셴도(점점 세게)가 이어지면 다시 모습을 드러내면서 계속 몸을 일으켰다. 그러다 계산에 따라 포르테(세게)가 시작되는 순간이 오면 벌떡 몸을 솟구쳤다.[8]

거래일이면 나는 지나치게 감정을 표출하지 않으려고 노력한다. 하지만 시장이 유리하게 돌아가면 나도 모르게 책상 위로 뛰어올라 외치곤 한다. "그렇지!" 그러나 책상 밑에 들어가는 경우가 더 많다. 영락없이 불행한 사태를 피해 숨은 생쥐 꼴이다. 베토벤은 생전에 명성을 얻었는데 그럴 자격이 충분했다. 온 세상이 발밑에 있었으니까. 베토벤은 이렇게 말했다. "사람들은 더 이상 나와 흥정하지 않습니다. 내가 값을 부르면 바로 지불하죠."[9] 나는 반대다. 내가 시장에서 어떤 값에 팔겠다고 값을 부르면 듣고 있던 사람들이 내가 부른 값보다 조금 싼 값에 팔겠다며 헐레벌떡 달려오고, 내가 어떤 값에 사겠다고 값을 부르면 내가 부른 값보다 조금 더 비싼 값에 사겠다며 또 허겁지겁 달려온다. 늘 이런 식이다. 이렇게 되면 나는 거래 자체를 할 수 없게 된다.

거장이 지휘하는 도중에 가슴 뭉클한 일화가 탄생했다. 음악 역사상 가장 감동적인 순간으로 손꼽히는데 때는 1824년, 교향곡 9번이 초연

빅터 니더호퍼의 투기 교실

되는 무대였다. 스케르초가 끝났지만 베토벤은 연주가 끝난 사실을 까맣게 모르고 있었다. 독창을 맡은 프로일라인 웅거(Fräulein Unger)가 베토벤의 소매를 슬며시 잡아당겨 청중 쪽을 보도록 했다. 청중은 베토벤이 귀가 먹은 상태에서 작곡하고 지휘했다는 사실을 알게 되었고 들어본 적이 없는 환호성이 객석에서 터져 나왔다.

종종 시장과 장단이 맞지 않을 때가 있다. 다 아는 사실이지만 그럴 때면 소로스가 내 소매를 잡아당긴다. 하지만 웅거처럼 살살 당기지는 않는다. "빅터, 자네 아직도 안 끌려 나갔나? 몇 주 동안 죽은 듯이 국으로 처박혀 있어. 내 돈으로 거래할 생각 하지 말고." 동료들은 더 막무가내로 나온다. 내가 기우뚱하고 넘어지면 동료들은 전화기를 테이프로 고정해서 객장에 주문을 낼 수 없게 한다.

내가 거장 베토벤에 비견될 인물이라고 에둘러 말하고 싶은 건 아니다. 아니, 가끔 음치가 된다. '천상의 동요를 술술 써 내려간' 모차르트와 내 트레이딩 솜씨는 비교 대상조차 아니다. 결점이라면 모차르트와 적어도 두 가지를 공유하고 있지만 말이다. 첫째, 모차르트가 말년에 가난했던 이유는 도박 중독 때문이라고 한다. 내 경우 중독은 아니지만 모차르트처럼 카지노에서 돈을 탕진하는 성향이 있다. 패가망신하는 지름길이다. 내 두 번째 결점을 보면 모차르트를 둘러싼 최대 수수께끼가 풀린다. 모차르트 음악의 아름다움이 동시대 사람들에게 왜 더 인정받지 못했을까? 오스트리아 황제 프란츠 요제프(Franz Josef)가 해답을 주었는데, 황제는 음표를 너무 많이 쓴다며 모차르트에게 충고했다고 한다.[10] 나는 거래를 너무 많이 한다.

소로스는 내 문제를 이렇게 꼬집었다. "자네는 수시로 시장에 들락거리면서 거래하는군. 시장은 수학적 가설로 분석할 수 있는 곳이야. 문제를 풀려면 명확하고 단순한 게 최선이지." 모차르트는 자신의 결점을 깨닫고 20대 후반에 단순한 스타일로 변모했다. 반백 살이 되면 사람이 변하기는 어렵다.

대비와 반복

음악은 가장 근본적인 충동에서 비롯된다. 성대는 소리를 내고, 몸과 발은 율동이 있는 동작을 만들고, 머리는 소리와 움직임을 음악으로 바꾼다. 조셉 매클리스(Joseph Machlis)는 《The Enjoyment of Music(음악의 즐거움)》에서 이 과정을 완벽하게 표현하고 있다. "(음악은) 기쁨과 슬픔, 긴장과 해방을 나타내는 음조로 인간 내면에 있는 감정의 샘과 계속 연결된다. 음악이 전개되는 과정은 수천 년 동안 축적된 인간의 경험에 의해 형성되었다. 음악이 표현하는 내용은 자연과 사회에서 인간의 존재와 인간의 위치를 반영한다."11

음악이 보편적 언어, 감정의 언어라는 명제에는 누구나 동의한다. 하지만 정작 음악이 무엇을 어떻게 표현하는지 속 시원히 밝힌 정의는 아직 없다. 에런 코플런드(Aaron Copland)는 이런 식으로 이 문제를 언급했다. "음악에 의미가 있는가? 내 대답은 '그렇다'이다. '그 의미가 무엇인지 여러 단어로 말할 수 있는가?'라고 묻는다면 내 대답은 '아니다'이다."12

초기 서양음악의 기본적인 짜임새는 대위법에서 비롯되었다. 대위법은 수많은 작곡 규칙이 담긴 고도로 발달된 기법으로, 위대한 바로크 시대 걸작이 대위법에서 탄생했다. 서양음악이 발전하는 데 중요한 한 단계가 기보법의 발명이었다.

폴 그리피스(Paul Griffith)와 롤랑 드캉드(Roland DeCande)는 《The Heritage of Music(음악의 유산)》에서 이 점을 잘 지적했다.

서양 고전음악이 특별히 찬란한 것은 고전음악이 남긴 유산 덕분이다. 이는 기록 수단이 있기 때문에 가능했다. 서양 고전음악에는 기보법이 있다. ⋯ 그러나 서양 고전음악의 모델은 소설이다. 소설은 새로운 것, 이전에는 표현되지 않았던 것에 중점을 둔다. ⋯ 그럼에도 비서양권 음악의 본질은 연속성인

빅터 니더호퍼의 투기 교실

반면 서양음악의 본질은 변화라는 점은 대체로 사실이다(서기 1000년 서양에서 기보법이 발명되기 전까지 서양음악과 동양음악은 유사했다).

그런데 갑자기 일대 변혁이 일어났다. 음악을 기록할 수 있었기 때문에 다성음악이 탄생할 수 있었고, 다성음악이 탄생하면서 필연적 결과로 일반적인 음계 개념에서 벗어나기 시작했다.13

음악을 연구하는 대다수 학자는 서양음악이 개인의 권리, 행복 추구, 마그나카르타(Magna Carta, 영국 국왕의 권리를 명시한 대헌장 - 옮긴이), 미국 독립선언 등등을 강조하고 있다고 주장한다. 여기서 내가 비슷한 주장을 펼치면 밑도 끝도 없는 입씨름에 휘말린다. 그러나 동양시장이 서양시장보다 훨씬 더 연속성이 크다는 말은 할 수 있다. 홍콩 증시나 인도 증시가 (미세한 조정과 아울러) 크게 출렁이고 나면 나는 종종 추세를 이용해 돈을 번다. 1994년부터 1996년까지 인도 주가지수인 뭄바이(봄베이)민감지수(Bombay Sensitive Index, Sensex)의 일일 변동 폭 계열상관(serial correlation)은 0.11로 같은 기간 S&P 0.01보다 상당히 높은 수준이었다.

거의 모든 서양음악에서 보이는 일반적인 패턴은 A-B-A 양식, 즉 제시부-전개부-재현부로 구성된다. 두 차례 나오는 A는 선율을 뇌리에 새긴다. B는 대비되는 구간이다. 많은 서구 소설이 이 형식 또는 이 형식과 밀접한 형식으로 전개된다. A-B-A 형태는 시장도 지배한다. 시장에서는 한 부문이 상승하고 다른 부문은 하락하면서 하루가 시작된다. 과도기를 거친 후 각 부문에서 움직임이 역전된다.

마지막으로 오프닝 테마가 종결부에서 기운차게 반복된다. 그러나 도중에 끝날 듯 끝날 듯 여러 차례 속임수 종결이 나오면서 청중을 애태우며 청중의 귀를 계속 붙잡는다. 그런 다음 종료 직전에 서로 대비되는 테마가 재현된다. 오리지널키(original key) 안에서 개체발생이 계통발생을 반복한다. 하지만 짓궂은 시장은 A-B-A 형태에 일관되게 베팅해 떼돈을 벌도록 내버려 두지 않는다. 시장에서는 종종 대비되는 테마가 다른 테마를 누르고 승리하기 때문이다. 내 밑에서 일하는 음악가한 사람은 시장을 재즈에 비유한다. 연주자를 전부 알고 리듬을 알아도 오프닝 테마가 어디에서 해결될지 예측할 수 없기 때문이다.

불협화음과 해결

베토벤, 모차르트 등 많은 음악가가 남긴 불멸의 작품에는 특징이 있다. 바로 명징함과 마지막 해결을 향해 분투하는 작곡가의 열정, 그리고 때로는 고통이 울려 퍼지듯 담겨 있다는 점이다. 사실, 협화음으로 이행하면서 불협화음이 해소돼야 한다는 것이 고전음악 작곡에서 예전부터 내려오는 중심 주제였다. 옛날에는 완벽한 조화가 철칙이었다. 으뜸음, 4도, 5도, 8도가 표준이었고 아주 드물게 장조 또는 단조 2도가 곁들여져 순간적으로 불협화음을 내기도 하는데 그러면 나머지 부분에서 이 불협화음이 해소된다. 불협화음이 반복된다고 슬쩍 비치기만해도 듣는 이들은 짜증을 냈다.

이탈리아 이론가 아르투시(Giovanni Artusi)는 몬테베르디(Claudio Monteverdi)가 "귀에 거슬리고, 유쾌하기보다는 불쾌한" 장조와 단조 7도 같은 음조 조합을 사용해 "오래된 훌륭한 규칙을 오염시키고 망치고 결딴내려 한다"고 공격했다.[14] 로시니 역시 순수주의자였다. 전하는 이야기에 따르면 로시니는 시종이 침대 머리맡에서 7도 장조를 요란하게 연주하면 그제야 침대에서 일어났다고 한다. 그 소리가 귀에 거슬려서 견딜 수 없게 되면 소음을 멈추려고 침대에서 벌떡 일어났다.

한번은 뉴욕증권거래소 장내 트레이더가 나한테 오더니 주식시장의 행보가 교향곡과 비슷하다고 말했다. 트레이더와 같이 온 아리따운 여자 친구가 내가 받은 스쿼시 트로피에 감탄하는 사이 트레이더는 나를 위해 드보르자크(Antonin Dvořák) 첼로 협주곡을 틀었다. 그러면서 악보 음표와 그해 주식시장 행보를 보여주며 일대일로 대응한다고 했다.

나는 초기 자본금으로 10만 달러를 주면서 직접 가설을 시험해 보라고 했다. 트레이더는 사흘 만에 원금을 몽땅 날리고도 성에 안 찼는지 추가로 손실을 보았다. 트레이더는 처량한 몰골로 뉴욕을 떠났다. 가난뱅이 신세로 어디서도 환영받지 못하고 실의에 빠진 채 인생 마지막 6년을 보낸 베를리오즈(Hector Berlioz)처럼.

성공 법칙

운이 좋았던지 나는 세 살 때부터 음악을 공부했다. 피아노 위에 덮는 휴대용 종이 건반으로 음악을 배웠는데, 종이 건반에는 색으로 코드가 구별돼 있었다. 이 방법은 효과가 좋았다. 다섯 살이 되자 절대음감을 갖게 되었고 악보를 한 번 보면 즉석에서 연주할 수 있었다. 연주 솜씨 역시 지금과 별 다름 없이 능숙했다. 일곱 살이 되자 바흐 신포니아와 베토벤 소나타를 연주했다. 기량은 '중간' 정도 수준이었지만 아홉 살 때는 운지법에 실수 하나 없이 모차르트 클라리넷 협주곡을 연주했다. 그런데 내가 연주하면 왠지 음색이 침울했고 지금도 마찬가지다.

나는 악기 연습보다 해변에서 1센트, 5센트 걸고 내기하면서 노는 게 더 좋았다. 다행히도 부모님은 내기나 하도록 놔두지 않았다. 아버지는 나를 피아노 앞에 앉히고는 연주하라고 날마다 다그쳤다. 클라리넷이 고장 났다고 하면 드라이버를 꺼내서 키를 조절했다. 아버지가 클라리넷을 고치는 사이 해변으로 몰래 줄행랑치려고 하면 잡아서 피아노 의자로 다시 끌고 갔다. 체르니(Czerny), 아농(Hanon), 베링거(Beringer)로 피아노 음계 연습을 했는데 싫다고 하면 앉아서 감시했다. 여차하면 도망가는 나를 붙잡아야 하기 때문이다.

여섯 살 때 일이다. 우리 가족은 플로리다에서 휴가를 보내기로 했다. 하지만 나는 놀기만 할 수가 없었다. 매일 하는 피아노 레슨을 계속

해야 했다. 우리는 악기를 대여하는 가게를 찾았다. 가게에는 피아노가 딱 한 대뿐이었는데 눈에 잘 띄게 창가에 전시돼 있었다. 부모님은 이 피아노로 매일 연습한다는 조건으로 주인에게 50센트를 지불했다.

진부한 말이지만 종종 어릴 때 부모가 썼던 양육법을 커서 자신이 부모가 되면 그대로 답습한다. 잘한 것도, 잘못한 것도 함께 말이다. 맏딸 골트가 피아노 레슨을 안 받겠다며 버텼다. 아버지가 도망가는 나를 붙잡아 억지로 끌고 온 지 30년이 지난 시점이었다. 피아노 교사 로버트 슈레이드는 피아노 곁에서 기다렸다. 내가 현대판 바흐로 존경하는 양반이었다. 공연히 슈레이드가 눈치채지 않도록 골트를 피아노 쪽으로 끌어당기려고 노력했다. 내가 한쪽 팔을 잡으면서 달랬다. "레슨받아야지." 그러자 아내가 다른 쪽 팔을 잡으면서 이렇게 말렸다. "억지로 시키면 안 돼. 피아노를 싫어하게 된다고."

골트는 놔주지 않으면 가정폭력으로 당국에 신고해 나를 가두겠다고 했다. 우리는 서로 팔을 잡아당겼는데 하마터면 팔이 빠질 뻔했다. 혹시 슈레이드가 드잡이를 눈치채면 어쩌나 조심스러웠다. 슈레이드가 슈트라우스(Strauss) 왈츠를 편곡해 연주하기 시작했다. 이것으로 교착 상태가 타개되었다. 내가 줄다리기에서 이겼다. 골트가 훌쩍거리는 사이에 나는 근심이라곤 없는 사람처럼 딸을 피아노 앞으로 데려갔다. 나중에 슈레이드에게 털어놓았다. "내 인생에서 가장 창피한 순간이었습니다." 슈레이드는 부모가 되면 어릴 때 자신이 훈육받은 방식대로 자식을 훈육하면서 부모 자식 사이가 끝없이 돌고 돈다고 말했다.

아직도 내 행동이 옳았는지 모르겠다. 그 이후로 친구들과 이야기를 나눴는데, 음악가가 될까 망설일 때 부모가 억지로 시켰으면 좋았을 뻔했다고 아쉬워하는 이가 많았다. 한편 골트는 지금 피아노가 아니라 드럼을 연주하고 있다. 어릴 때 선생님이 "건반 악기라면 무엇이나 재능이 있다"고 하셨는데 말이다.

생계형 달인이 되려면

음악가를 양성하는 훈련 방식은 연주와 작곡 역량을 길렀고 음악가들은 눈부신 기량을 펼치게 되었다. 그리고 음악은 다른 분야들을 훌쩍 뛰어넘는 발전을 이루었다. 음악가 훈련 기법을 차용하면 투기 같은 생계유지 활동에서 달인이 되고자 하는 이는 신의 경지에 올라 거장들과 어깨를 나란히 할 수 있다. 아버지, 로버트 슈레이드, 피아니스트이자 작곡가인 19세기의 거장 페루초 부소니(Ferruccio Busoni)의 훈련 기법을 이리저리 조합해 정리했다.

만약 여러분이 바흐라면 규칙 따위는 묵살해도 된다. 오르간 연주 후 찬사가 쏟아지자 바흐는 이렇게 대꾸했다. "별다른 건 전혀 없습니다. 적절한 시간에 적절한 음을 치면 악기가 알아서 연주합니다."[15]

표 14-1. 거장이 되는 규칙(음악 vs. 투기)

음악에서 거장이 되는 규칙	투기에서 거장이 되는 규칙
1. 악기 연습을 하루도 거르지 말라.	매일 시장을 연구하라.
2. 악기가 만들어지는 과정을 이해하고 어떤 날씨 조건에서 어떻게 작동하는지 날씨별로 낱낱이 파악하라.	거래소를 방문하라. 비바람을 조심하라. 어셈블리 언어로 프로그래밍하는 방법을 배우라.
3. 매일 연습을 시작할 때 강약법을 활용해 동일한 음을 다양한 강도로 터치하고 연주하라.	주식시장부터 시작하라.
4. 난도 높은 기량이 필요한 경우 한 번에 한 손으로 연주하라.	포지션은 하나면 충분하다.
5. 듣는 사람이 없어도 절대 빈둥거리지 말라. 완벽한 연습이 완벽한 연주를 만든다.	보유한 시스템이 얼마나 훌륭한지 친구들에게 뻐기거나 떠벌리지 말라. '그냥 재미 삼아' 거래하지 말라.
6. 실수할 때마다 되돌아가서 주변에 아무도 없을 때 그 구절을 정확하게 연주할 때까지 반복 연습하라.	손실이 난 거래를 빠짐없이 기록해 두라. 내 능력으로 어찌할 수 없는 일이었는가?

음악에서 거장이 되는 규칙	투기에서 거장이 되는 규칙
7. 연주에 필요한 기술을 모두 완벽하게 익히고 공연 몇 달 전에 몸 상태를 조절하라. 그래야 공연하거나 경연에 참여할 때 머리를 써야 하는 부분이나 좀 더 섬세한 부분에 집중할 수 있다. 훌륭한 연주는 미묘한 차이로 결정되며 훌륭한 연주에는 활력이 필요하다.	실제 거래를 시작하기 전에 모의거래부터 해보라. 적당한 자본을 모으라. 매매할 때는 위험과 보상의 비율을 평가하고 이에 따라 포지션 규모를 달리하라.
8. 외워서 연주하라. 악보를 보면서 연주할 때는 거침없이 건반 위를 활보할 수 없다. 연주 후에는 장단점을 낱낱이 기록하고 일지를 써라.	거래일에는 계산기나 컴퓨터를 참고하면 안 된다.
9. 한 시간 전에 공연장에 들어가 환경에 적응하라. 공연 전이나 공연 중에 아무에게도 말을 걸거나 악수하지 말라.	시장이 열리기 10분 전인 오전 8시 10분이 아니라 오전 7시 10분까지 일터로 나가라.
10. 가장 기초적인 소곡과 작품을 연주할 때도 전문가의 입장에서 여러 가지 판단해야 할 사항들을 연구하라. 체르니, 심지어 클레멘티 소나티네를 완벽하게 연주하는 것이 얼마나 어려운지 놀랄 것이다.	소로스라면 한 단위를 어떻게 매매했을까?
11. 어려운 부분을 극복하려다 진저리 내지 말고 한숨 돌려라. 그러고는 돌아와서 마치 처음 보는 악보처럼 도입부부터 접근하라.	손실이 나고 있을 때는 휴식을 취하라.
12. 연습하는 동안 모든 감정을 끌어올려 고조시키고 북받치게 하라. 그리고 공연 중에 댐수문을 열듯 쏟아내라. 하지만 공연할 때는 으스대면서 과시하지 않도록 감정을 억제하라.	거래일 동안 하이파이브를 하거나 울지 말라. 핑계를 대지도 말고 매매 기회를 놓쳤다며 한탄하지도 말라.
13. 예술계의 위대한 거장들에 둘러싸여라. 거장의 공연을 관람하라. 그들이 쓴 책을 정독하라. 레슨비를 내고 레슨을 받아라.	소로스가 쓴 책이 적어도 네 권 있고 소로스에 관한 책도 세 권 있다.
14. 연주 직전이나 공연 기간에 성관계를 갖지 말라. 공연에서 절정을 선보여야 하는데 성관계에서 절정을 맛보면 공연에서는 절정이 사라지고 만다.	취재하러 온 모델 출신 기자와 실없이 노닥거리지 말라.
15. 공연 중에 음을 놓치거나 운지법이 틀리더라도 다시 연주하지 말라. 뒤돌아보는 순간 앞으로 연주할 음악을 전부 놓치게 된다.	아주 괜찮은 가격에 거래할 기회를 놓쳤다면 잊어버려라. 지금 진입할지, 포지션을 늘릴지, 청산할지가 중요하다.

음악과 수학

음악과 수학은 떼려야 뗄 수 없는 관계다. 미적분학 공동 창시자인 고트프리트 라이프니츠(Gottfried Liebnitz)는 이렇게 말했다. "음악은 인간의 영혼이 연산하고 있다는 것을 인식하지 못한 채 연산을 경험하는 즐거움이다." 이런 발상은 피타고라스학파식 수 신비주의의 변종이라고 할 수 있다. 피타고라스학파는 진동하는 두 줄의 길이가 정수 비율일 때 음색이 조화를 이룬다는 사실을 발견했다. 예를 들어 2 대 3의 비율은 완벽한 5도 음을 만들고, 3 대 4의 비율은 4도 음을 만든다. 음색의 수학적 관계를 깨닫지 못하더라도 듣는 사람은 화음이 불러일으키는 유쾌한 기분을 쉽게 느낄 수 있다.

아름다운 미술 작품에서 물감 팔레트와 붓이 차지하는 비중은 미미하다. 신시사이저의 기괴한 소리를 들어본 사람이라면 누구나 장담할 수 있듯이, 음표의 진동수 역시 음악에서 차지하는 비중은 크지 않다. 지금은 유명을 달리했지만 잭 쿱먼(Jack Koopman)이라는 친구가 있었다. 쿱먼은 1980년대와 1990년대에 은 골동품 업계에서 날리던 전문가로, 업계에서 안목 높기로 둘째가라면 서러운 인사였다.

은값이 떨어지자 나는 쿱먼에게 최근 은값 하락으로 쿱먼이 팔고 있는, 박물관에 전시해도 될 만한 고급 골동품 가격도 떨어졌는지 물었다. 쿱먼은 이 규칙을 살짝 변형해 대답했다. "빅터, 저기 멋진 치펀데일(Chippendale) 양식 서랍장 보이나? 저 서랍장 가격에 침엽수 가격이 얼마나 영향을 미칠까. 아주 미미하지. 은도 마찬가지야."

실링거(Schillinger) 기보법에는 음악과 수학적 연산을 결합하려는 한가지 시도가 포함돼 있다. 컬럼비아대학 교수였던 조셉 실링거(Joseph Schillinger)는 수학자이자 작곡가로 조지 거슈윈(George Gershwin), 오스카 레반트(Oscar Levant), 베니 굿맨(Benny Goodman) 등 쟁쟁한 음악가 제자들을 두었다. 또한 실링거는 자신이 쓴 책에서 음악과 멜로디에 대한 일반론을 발전시켰다고 주장한다. 실링거는 온갖 묘책을 갖고 있었는데 그중에는 멜로디를 한 양식에서 다른 양식으로 바꾸는 기법도 있다. 예를 들어 실링거는 수학적 연산을 통해 바흐의 멜로디에 리스트(Franz Liszt) 양식을 입히는 작업이 가능하다고 주장한다.

실링거의 연구를 분석하다 보니 랠프 엘리엇(Ralph Elliott)의 작업과 몇 가지 유사점이 보였다. 나선 그림 몇 장, 대칭성에 대한 수학적 논설, 앵무조개, 수직으로 떨어지는 선, 피보나치수열 공식, 군중 행동에 대한 귀스타브 르봉(Gustave Le Bon)의 명언, 신성한 비율을 설파한 파치올리(Luca Pacioli)의 중요한 작업에 대한 언급, 미켈란젤로(Buonarroti Michelangelo)나 다빈치(Leonardo da Vinci)의 조각을 그린 삽화, 빼놓을 수 없는 줄기 위 잎의 배열. 이런 신비한 형태는 온갖 것을 설명하지만 아무것도 예측하지 못한다.

독일 시인 하인리히 하이네(Heinrich Heine)는 음악에서 수학적 연산이 갖는 의미를 이렇게 표현했다. 내가 보기에는 이 표현이 최종 판결로 보인다.

> 음악을 놓고 이론을 세우는 일만큼 부질없는 짓은 없다. 의심할 여지 없이 수학적으로 엄밀한 법칙들이 있지만, 이 법칙들이 음악은 아니다. 그것들은 단지 조건일 뿐이다. 마치 스케치 기법과 색채론, 심지어 붓과 팔레트도 그림이 아니며 단지 그림에 필요한 수단일 뿐인 것처럼. 음악의 본질은 계시다. 음악에는 정확한 계산이 끼어들 자리가 없다. 그리고 진정한 음악 비평은 여전히 음악을 경험에 근거한 예술로 다룬다.[16]

20세기 중반 위대한 피아니스트인 아르투어 슈나벨(Arthur Schnabel)은 본질은 소리보다 침묵에 있다고 생각했다. 슈나벨은 이렇게 고백했다. "나는 많은 피아니스트보다 음을 잘 다룬다. 하지만 음표 사이 잠깐 멈추는 곳, 그곳에 예술이 머문다."[17] 브라운 수학도서관에는 10만 권의 장서가 있지만 음악과 수학의 공통점을 찾고 규명한 책은 없다.

그러나 문자와 대수 기호를 원료로 활용해 정리(定理)의 수학적 증명 과정을 검토하고 이 과정을 음표 기호와 악기를 원재료로 사용해 작품을 만드는 작곡과 비교하면 두 가지 활동이 일란성 쌍둥이처럼 빼닮았다는 것을 알게 된다. 그래서 그런지 전성기에 IBM은 음악가를 프로그래머로 영입했고, 우리 회사에 있는 투기거래자 대다수는 한때 음악가였거나 음악가가 될 뻔한 사람들이다.

계수의 어려움

그렇다고 체계적인 기록과 논리에 기반한 의사결정이 쉽다거나 오류가 없다는 의미는 아니다. 오늘날 심리학 교과서는 대체로 환상, 편견, 선택적 주의, 인식, 추론, 판단의 오류를 숱하게 지적한다. 이런 문제는 개인이 가진 배경과 과거 경험에 의해 인식이 크게 왜곡되기 때문에 발생한다.

길이가 같은 두 줄인데 하나는 양쪽 끝에 화살표가 열려 있고, 다른 하나는 양쪽 끝에 화살표가 닫혀 있다. 이는 유명한 착시 현상으로, 화살표 방향의 차이 때문에 두 선의 길이가 다르다고 착각하게 된다. 이처럼 착시 현상에 속을 때면 시각의 정확성에 확신이 없어진다. 혼란을 겪는 감각은 시각만이 아니다. 촉각, 미각, 후각, 청각 역시 미혹에 빠져 속는다.

불확실성과 위험이 결부된 선택에서 판단 오류가 특히 빈번하게 일어난다. 그런데 불확실성과 위험은 투기의 핵심 요소다. 인간이 흔히 저지르는 오류는 경험칙을 활용하면서 비롯되는데, 예를 들면 정식화된 논리적 분석이 아니라 가용성, 앵커링(anchoring, 처음 접한 정보나 조건을 의사결정 기준으로 삼는 심리적 편향 - 옮긴이), 대표성 같은 경험칙에 의존하면서 오류가 발생한다. 심지어 정식화된 추론조차도 매개념 부주연의 오류, 전제 또는 내용의 특수성 때문에 종종 무너진다[이들 오류에 관한 상세한 설명은 짐바르도(Philip Zimbardo)와 게릭(Richard Gerrig)의 《심리학과 삶(Psychology and Life)》 참고].

따라서 음악과 투기처럼 수학적 연산 역시 인간의 경험을 반영한다고 볼 수 있다. 내가 보기에 수학적 연산이 없으면 음악도 투기도 불가능하다. 인간은 누구나 타고난 수학자다. 무언가를 사고팔면서, 벽지를 바르고 페인트를 칠하면서, 춤을 추면서 인간은 수학적 능력을 발휘하고 있다.

계수 방식

나는 식견이 넓은 두 스승에게 일찌감치 수학적 연산의 중요성을 배웠다. 두 사람은 바다를 사이에 두고 멀리 떨어져 있었는데, 시대로 따지면 서로 다른 세기 사람인 데다 사회적 지위는 훨씬 격차가 컸다. 스승 한 분은 기상도를 발명한 프랜시스 골턴이다. 날씨가 스포츠 경기 결과에 미치는 영향을 연구하면서 우연히 골턴의 연구를 접했는데 알고 보니 투기거래 지망생들의 필독서였다.

골턴이 가장 좋아하는 좌우명은 "어디에 있든 할 수만 있다면 계산하라"였다. 눈여겨볼 만하다 싶으면 표로 만들 수 있도록 골턴은 항상 뾰족한 핀과 색인 카드를 가지고 다녔다. 나도 그렇지만 통계학자 스티브 스티글러 같은 숫자광들은 골턴을 역사상 가장 위대한 계수자로 생각한다. 따라서 골턴의 방법론을 주의 깊게 연구해 봄직하다.

나는 종종 거리에서나 회사에서 가느다란 핀과 종이 한 장으로 형태와 특징에 대한 통계 기록을 만든다. 그렇다고 신나서 호들갑을 떨지는 않는다. 엄지손가락의 볼록 튀어나온 부분에 종이를 대고 핀을 누르면, 종이에 지워지지 않을 정도로 미세한 구멍이 뚫리고, 엄지손가락은 다치지 않는다. 뚫린 구멍은 수가 엄청나게 많지 않으면 서로 겹치지 않으며, 만약 어쩌다 이따금 겹치더라도 통계 조사에 미치는 영향은 대수롭지 않다. 종이를 잡고 빛에 대면 구멍을 여유롭게 셀 수 있는데, 어떤 종잇조각이든 상관없다. 대다수 조사가 '많다' '같다' '적다'의 형태를 취하므로, 구별되는 칸 세 개를 준비하고 올바른 위치에 고정해 촉각만으로 알 수 있도록 종이를 준비한다. 나는 종이를 십자가 모양으로 찢는 방식을 쓴다. 즉 팔 하나는 구멍을 뚫지 못하는 부분으로 엄지와 검지로 여기를 잡는다. 십자가 머리 부분을 위로 향하게 한다. 머리 부분은 '많다'에 해당하는 칸이다. 하나 남은 팔은 '같다'를 의미하며 십자가의 발 부분은 '적다'를 의미한다.

종이를 사용하기 전에 무엇을 평가하는지 평가 대상을 종이에 기록하는 것이 좋다. 그러면 다양한 기록지를 주머니에 함께 보관할 수 있고, 경우에 따라 다른 대상과 헷갈리지 않고 따로 기록지를 추가할 수 있다.[18]

계수 교육

두 번째 스승은 아버지였다. 어느 화창한 여름날이었다. 나는 당시 일곱 살이었는데 아버지가 가버 경기장에서 한 장씩 떼어 쓰는 커다란 노란색 노트에 표기하는 모습을 보고 깜짝 놀랐다. 당시 경기장에서는 세계 정상급 월볼 선수들이 시합을 벌이고 있었다. 아버지는 포인트가 날 때마다 표기했는데 OTWK-벽을 때리는 결정타, KW-결정타, 포인트샷, DW-드라이브샷 포인트, DE-드라이브 실패, A-에이스, AW-앵글샷 포인트 등등을 기록해 나갔다. 연속해서 포인트를 따거나 포인트를 내준 후에 다음 포인트를 딸 확률도 계산했는데, 어느 정도 길게 연속되는 포인트인지에 따라 각각 구별해서 계산했다. 또한 몇 포인트 차로 앞서고 있느냐에 따라 경기에서 포인트가 나기까지 지속된 시간, 포인트샷 비율과 실수 비율을 기록했다. 내가 물었다. "아빠, 그건 왜 하세요? 누가 최고인지가 중요하지, 언제 포인트를 따든 뭐가 중요해요?"

"역대 최고의 복식 선수인 모이 오렌스타인은 보통 15 대 11로 뒤지다가 21 대 19로 이기곤 하지. 어떤 방법을 쓰는지 눈치챘니?"

"모르는 사람이 있나요? 초반에는 뒤처지죠. 그래야 배당률이 높아져서 판돈을 더 많이 챙길 수 있으니까요. 그런 다음 전매특허인 오버핸드로 벽을 때리는 백스핀 위닝샷을 날리죠."

"맞아." 아버지가 말씀하셨다. "하지만 생각해 봐. 지면 바로 떨어지는 토너먼트 경기나 우승컵을 놓고 베팅이 없는 경기를 할 때는 한 번도 뒤지는 법이 없어. 예를 들어 빅 헤르시코비츠와 비공식 세계 타이틀을 놓고 벌인 경기가 그랬지.

아티 울프를 봐. 울프는 경기 초반이면 90센티미터 정도 휘어지는 훅샷과 벽에 때리는 결정타로 한참 앞서가. 하지만 그 후에는 몸을 사린다고. 더 이상 모험을 하고 싶지 않은 거야. 갑자기 롱라인 뒤에서 공을 받고 샷을 때리는 대신 로브샷을 띄우지. 선수들은 으레 비등한 경기를 지는 것보다 앞서고 있던 경기를 역전패당할까 봐 두려워해. 그래서 몸을 사리는데 그러면 경기가 힘들어져."

경기는 음악과 같다. 선수들이 타격 속도와 공격 동작, 수비 동작의 민첩도를 바꾸면서 템포가 달라진다. 점수에 따라 누가 이기는지 경기의 흐름이 바뀌고 선수들이 한 포인트를 따기 위해 애쓰는 강도도 바뀌기 시작한다. 마침내 게임의 화음이 바뀐다. 선수들은 점수를 감안하고 효과가 좋았던 샷을 고려하며, 상대 선수나 나에게 남은 에너지가 얼마인지에 따라 샷을 다양하게 조합한다.

나는 음악에서 시간을 계산하기 시작했다. 타고난 재능이 부족한 사람이 피아노 건반에서 오른손과 왼손을 맞추거나 악기나 목소리로 박자를 맞추는 방법이 하나 있는데, 바로 박자를 쪼개서 연습하는 것이다. 나는 항상 메트로놈으로 연습했다. 지금도 시장이 움직이면 메트로놈이 똑딱거리는 소리가 귀에 들린다. 일단 시장이 리듬을 타면서 음악을 연주하기 시작하면, 매시간 또는 하루 단위로 상승 속도 또는 하강

속도가 박자를 타며 리듬을 만들어낸다. 그러다가 템포가 깨지면 새로운 멜로디나 불협화음이 등장한다는 신호다.

이후에는 카드 게임에서 카운팅을 시작했다. 카지노에서 카드 게임을 할 때 상대가 어떤 패를 쥐고 있는지 알고 있다고 하면 우리 애들은 지금도 신기해한다. 카드카운터는 상대가 어떤 패를 쥐고 있을 확률이 높은지, 남아 있는 카드는 무엇인지 언제나 꿰뚫고 있다. 아주 유리한 고지를 선점해 다른 사람 머리 꼭대기에 있는 셈이다. 이 밖에도 카운팅을 하면 여러 게임에서 유리한데 카운팅을 못하는 사람은 카운터가 가진 우위를 잘 눈치채지 못한다. 예를 들어 모노폴리 게임을 할 때 카운팅이 가능하면 찬스 카드와 커뮤니티 카드(이 카드들은 각각 열여덟 장뿐이다)가 몇 장이나 나왔는지 알 수 있다.

스크래블 게임에서 카운터는 100개의 타일 중에 아직 뽑히지 않은 타일을 추적해 유리한 고지를 점한다. 이렇게 하면 앞으로 타일을 뽑을 때 좋은 타일 또는 나쁜 타일을 뽑을 확률을 계산할 수 있다. 복권에서 카운터는 인기가 많은 번호를 추적해 상금을 나누어 받는 상황을 피하고자 한다. (대체로 높은 숫자가 인기가 없다.) 만기에 계약 또는 옵션의 실제 인도를 피하려면 자금 사정이 취약한 롱포지션 보유자는 만기일 이전에 다른 계약 또는 옵션으로 상쇄해 포지션을 청산하고 빠져나와야 한다. 카운터는 이처럼 상쇄해야 할 계약 또는 옵션의 수가 얼마나 남았는지 추적한다. 카운팅이 얼마나 중요한지 인정할 건 인정하자. 골턴의 핀과 종이가 투기업에 전제 조건일 정도로 투기꾼에게 카운팅이 필요한 영역은 허다하다.

도우미 컴퓨터

1979년 나는 예측에 도움이 되는 시장의 속성을 수치화하려고 시도했다. 그러자 계수, 투기, 음악, 그리고 가족까지 모두 끌려 나왔다. 이 과정에서 알게 된 시장은 아주 예민할 뿐 아니라 밀접하게 상호 연결된 존재였고, 결국 나는 별똥별만 떨어져도 네덜란드에서 콩 가격이 바뀐다고 믿게 되었다. 멕시코가 재채기를 하면 홍콩은 감기에 걸린다. 자금력이 탄탄한 내부자, 자금 사정이 나쁜 내부자, 자금력이 탄탄한 외부자, 자금 사정이 나쁜 외부자 수백만 명이 시장에 모여 교향곡을 연주하는 듯했다. 운명의 신들이 거래소에서 연주하면 마지막에는 자문 서비스사, 증권사, 언론의 평론가 들이 검토했다. 그리고 언제나 그렇듯 불협화음과 화음, 균형과 불균형, 불쾌함과 상쾌함이 서로 다툰다.

시장의 움직임에 통달하려면 시장이 연주하는 음악을 이해해야 한다. 내가 시장의 음악에 귀가 트일 무렵 때마침 TRS 80이 등장했다. TRS 80은 정보화 시대를 연 라디오색(Radio Shack)사가 제조한 마이크로컴퓨터였다. 나는 컴퓨터를 몇 대 사서 계수를 시작하는 한편 어울리는 음악가 몇 명을 찾았다. 첫 번째로 구한 사람은 피아노, 첼로, 바이올린을 연주했고 수학에 재능이 있었으며 무엇보다도 아버지에게 훈련을 받았다. 이 정도 자격을 갖췄으니 비록 열 살밖에 안 되었지만 한번 써봐야 한다고 생각했다. 다름 아니라 동생 로이였다.

다윈론자들은 비상 상황이 되면 감정이 적절한 대응을 이끌어내는 기능을 한다고 주장한다. 나 역시 비슷한 주장을 귀에 못이 박히도록 들었지만 요즘에는 감정이 연쇄 작용을 촉발해 항상성을 유지한다는 견해가 지배적이다. 하지만 가격이 핑핑 어지럽게 움직이면 속은 답답하고 심장은 두근거리며 입은 바짝 마르고 침몰하는 듯한 기분에 잠긴다. 실생활에서는 이게 현실이다. 불리한 전투를 극복해 비기는 상황까지 가려면 냉철하게 결단해야 하는데 이 지경이 되면 침착한 판단이 어렵다. 감정이 우위에 서도록 방치하면 자신이 영원히 불행에서 벗어날 수 없는 사람인 것 같고 울화통이 터지고 환멸감이 밀려와 질색하며 파르르 떤다.

감정이 미치는 영향력을 줄이기 위해 나는 로이에게 내 감정을 컴퓨터로 분류하고 모델링하라고 지시했다. 로이는 쉽게 사용할 수 있는 컴퓨터 음성 합성 프로그램을 수정해 쿼트론(Quotron, 1960년대에 주식시장 호가를 시세 테이프 대신 전자화면에 전송한 금융데이터 전문 회사 – 옮긴이)에서 나오는 가격 흐름에 맞춰 돌아가도록 했다. 가격이 극단으로 치달으면 컴퓨터는 로봇 같은 남자 목소리로 시장 상황을 전달했다. '원유 신저가' '오, 구리!' '은 박스권 돌파!' '콩 상한가!' '엔화 라운드 넘버' '금값이 어디까지 떨어질까?' '개장까지 1분. 트레이더 여러분, 거래표를 준비하십시오' '주가 최고점' '소로스 매도' '통화 개입' '채권시장에서 정보 유출' '3분 뒤 수치 발표.'

매수 주문이 체결되지 않으면 컴퓨터는 이렇게 반응했다. "장내 트레이더에게 알려드립니다. 주문이 체결되지 않았습니다." "앞에 2,000명 있음." "헨리가 3,000단위를 더 비싼 가격에 매수 주문." 만약 매도 주문이 체결되지 않으면 "매우 조용하고, 매수 적고 매도 많음" "오늘 장내 트레이더들 골프 치러 나감." 예전에는 트레이딩룸에 긴장과 격한 감정이 팽배했는데 이렇게 시황이 계속 제공되니 긴장감이나 격한 감정이 어느 정도 누그러졌다.

컴퓨터는 각 트레이더의 손익을 실시간으로 계산하도록 프로그래밍돼 있었다. 손실이 미리 설정해 놓은 수준에 도달하면 컴퓨터는 사기를 꺾는 말을 했다. 인간적으로 위로받고 싶어서 트레이딩룸으로 달려갔는데 2~3초 만에 컴퓨터가 덤덤한 어조로 사실을 말하면 얼마나 기가 죽을까. "쪽박 참… 오늘은 여기까지…."

38개국 국채를 거래하는 팀을 이끌고 25년 동안 사업에 일일이 관여해 온 폴 드로사(Paul DeRosa)는 이 컴퓨터가 어찌나 현실적인지 이제 매니저가 스피커로 일일이 알려줄 필요가 없다고 말했다. 당시 시대에 뒤떨어진 증권사들은 소위 트레이딩 매니저가 구내 스피커를 통해 시황을 알려주고 있었다. 문제는 딱 하나, 어깨너머로 참견하는 훈수꾼이 24시간 내내 지키고 있으니 가끔 짜증이 치밀었다. 특히 손실이 나고 있을 때면 더 역정이 났다. 그럴 때면 프로그램을 끊어버리고 컴퓨터로 음악을 틀었다. 시장에서 무슨 일이 일어나고 있는지 알아야 한다. 하지만 화면에 얽매여 있으면 역기능이 있다. 나는 신시사이저를 컴퓨터에 연결해서 컴퓨터와 호가 화면 사이 인터페이스에 연결하고 시장을 음악으로 축약해 제공하는 프로그램을 만들었다. 주식에는 피아노 음색, 금리에는 현악기, 단기 금리에는 첼로, 30년 만기 채권에는 바이올린을 사용했다. 일본 엔화는 일본이 가장 좋아하는 악기인 샤쿠하치(尺八)에 해당하는 플루트로 설정했다. 다른 통화는 영국 호른, 프랑스 호른, 그리고 알펜호른으로 대신했다.

아쉽게도 출력 결과가 어찌나 귀에 거슬리는지 음성 프로그램과 마찬가지로 1~2초 후면 꺼야 했다. 그렇게 듣기 싫은 소리를 내지 않고 조화로운 음악을 만들도록 컴퓨터를 가르쳐야 한다.

음악가와 계수 영재 영입

어느 날이었다. 매매에 열중하고 있는데 두 번째로 영입한 직원이 사무실에서 피아노를 치고 있었다. 필사적으로 손해 보는 거래에 매달리고 있었는데 거슈윈의 〈랩소디 인 블루(Rhapsody in Blue)〉가 들렸다. 기교는 흠잡을 데 없었고 혼이 담겨 있었다. 내가 아는 사람 중에 그 어려운 곡을 연주할 수 있는 사람은 동생 로이밖에 없었다. 한마디 해서 로이를 나무라려고 주위를 둘러보았다. 그런데 폴 뷰티였다.

폴은 네브래스카대학을 졸업하고 컬럼비아대학에서 MBA를 취득했는데 당시 23세였고 인수합병 부서에 영입된 지 얼마 안 된 사람이었다. 돈을 왕창 날려서 복장이 터지는데 매매 시간에 음악을 연주하면 어떻게 되는지 설명해 주었다. 폴은 사과하더니 생각이 짧았다고 말했다. 폴이 이수한 MBA 프로그램에서 학생과 교수가 주로 한 활동은 둘러앉아 시세 화면을 보고 모의매매 프로그램으로 거래하는 것이었다.

나는 폴에게 피아노를 그렇게 잘 치는 사람은 9개월 동안 질질 끄는 합병계약 부서가 아니라 시시각각 생사를 넘나드는 트레이딩 부서가 더 어울린다고 은근슬쩍 떠보았다. 그리고 폴은 곧 내 파트너가 되었다. 폴은 음악, 스포츠, 물리학의 세계와 시장의 유사성을 토대로 한 매매 시스템을 전문으로 개발하고 있다. 이 시스템들은 너무 복잡해서 수동으로만 테스트할 수 있는데, 테스트 결과 음악이라면 폴과 나는 죽이 잘 맞았다. 돈을 왕창 날리면 우리는 쇼팽(Frédéric Chopin)의 소나타 2번 B단조 제3악장에 나오는 장송 행진곡을 듀엣으로 연주하며 슬픔을 함께 나눈다.

스티브 위즈덤도 우리 팀에 합류했는데 위즈덤은 음악보다는 계수에 소질이 있었다. 스티브를 채용하기 전에 여름 연수생들에게 다변량 통계분석 과정을 가르쳐달라고 부탁했다. 연수생들은 하버드, 스탠퍼드, 예일에서 비슷한 과정을 수강한 경험이 있었다. 그런데 설문조사를 해보니 하나같이 스티브의 강의가 대학 강좌보다 낫다고 평가했다.

음악과 계수의 연결고리는 우리에게 유용한 연결고리였다. 나는 폴, 스티브와 지금 10년째 파트너로 일하고 있다. 우리는 서로의 음악을 훤히 꿰뚫고 있어서 누구 한 사람이 휴가를 가도 지휘자가 필요 없다. 남은 사람들이 어떤 파트를 연주해야 하는지 정확히 알고 있기 때문이다.

위험의 종말

우연인가, 운명인가? 종종 인생이 예술을 모방한다. 1840년대에 베를리오즈는 스승인 장 르쉬외르(Jean Lesueur)에게 베토벤 5번 교향곡 공연에 와달라고 요청했다. 5번 교향곡 도입부 음표 4개는 음악 역사상 가장 유명한 음표다. 이 교향곡은 'V'의 모스부호인 '타타타툼'으로 시작하는데, 3개 음은 짧고 빠르며 마지막 한 음은 길고 측량할 수 없을 만큼 낮다. 나는 시장이 개장과 함께 이런 행태를 보이는 모습을 수없이 목격했다. 특히 전날 쑥대밭이 된 후에는 희망이라는 불멸의 감정이 끈질기게 솟아난다. 그래서 다음 날 개장에는 어제 종가보다 약간 높은 수준에서 소규모로 발작하듯 단발성 거래가 이루어질 가능성이 높다. 그러고 나면 큰손들이 터무니없이 싼값에 마구 팔아치우면서 현금화한다. 이것으로 휴식은 끝나고 잠시 연기되었던 학살극은 다시 시작된다. 베토벤은 제1악장에서 '쉴 틈도 없이 난폭하게 제멋대로' 주요 주제들 사이를 화급히 왔다 갔다 한다. 마지막으로 전개부에 앞서 베토벤은 '극적일 뿐만 아니라 조음(調音) 같은'19 침묵을 둔다.

주식시장이 붕괴되면서 다우존스지수가 500포인트 하락하고 이튿날인 1987년 10월 20일, 시장은 밤새 채권 가격 상승을 디디고 일어난 후속 매수세에 힘입어 몇 종목 상승하며 개장했다. 그러고 나서 또다시 거침없는 현금화가 맹렬히 시장을 휩쓸었다. 견딜 수 없을 정도로 긴장이 고조되자 시카고상품거래소 주요 시장 지수를 제외한 모든 시장이 거래를 중단해야 했다.

"침묵은 역동적이었다." 5번 교향곡은 승리의 교향곡이다. 5번 교향곡은 투쟁에서 승리로 이어지며 우레 같은 트롬본, 콘트라바순, 그리고 날카로운 피콜로가 폭풍처럼 휘몰아치며 희망을 연주하다가 C장조 화음으로 끝난다. E.M. 포스터(E.M. Forster)는 《하워즈 엔드(Howards End)》에서 "그러나 거기엔 도깨비들이 있었다"고 말하며 이렇게 덧붙였다. "도깨비들이 돌아올지도 모른다." 즉시 역동적인 침묵이 흘렀다. 그리고 주요 시장에서 맑고 푸른 하늘을 통해 매수세가 꾸준히 유입되기 시작한다. 10월 20일 거래 마감까지 다우존스지수는 200포인트 상승하며 전날 대학살 사태에 주저앉은 하락분의 절반 정도를 회복한다. 이때 심은 씨앗이 후일 역대 최고의 강세장으로 싹을 틔우는데, 향후 9년 동안 시장은 세 배 상승한다. 그런데 10월 20일 목요일 아침, 개장과 함께 도깨비 몇 마리가 드문드문 돌아오면서 평균 주가가 오랫동안 지키던 저점을 이탈해 하락하기도 했다.

빅터 니더호퍼의 투기 교실

5번 교향곡 이후로 음악은 과거와 결별한다. 1987년 10월 대폭락, 1980년 2월 상품거래소 은시장 붕괴, 1996년 6월 구리 폭락 이후 시장은 예전 같지 않다. 1840년대에 베를리오즈는 스승인 르쉬외르에게 음악에 일어난 변화를 이해할 수 있도록 공연을 관람하라고 권했다. 그러나 옛날 방식에서 한 치도 벗어나지 못했던 르쉬외르는 망설였다. 베를리오즈는 계속 졸랐다.

나는 스승님께 계속 잔소리를 하면서 진지하게 지적했다. 예술계에서 이처럼 중요한 일, 그러니까 전례 없는 규모로 완전히 새로운 스타일이 탄생했다면 알아보고 스스로 판단하는 것이 의무라고 말이다. 스승님은 잔소리에 못 이겨 음악원으로 끌려갔고 제5번 교향곡 연주를 들었다.[20]

1980년 은값이 추락하자 나는 아버지에게 상품거래소에서 하루를 보내며 대학살을 지켜보자고 했다. 그러자 처음에 아버지는 "채점해야 한다"며 망설였다. 나는 이런 말로 아버지를 설득했다. 시장에는 새들의 노래처럼 아름다운 음악과 사냥개들이 사냥감을 쫓는 소리처럼 끔찍한 음악이 있으며 "객장에 모인 군중을 보면 평생 잊을 수 없을 거예요." 결국 아버지는 마음을 돌렸고 우리는 함께 세계무역센터로 갔다.

5번 교향곡이 끝나고 스승 르쉬외르는 잔뜩 상기된 채 복도에서 서성이고 있었다. 르쉬외르는 베를리오즈를 보더니 이렇게 말했다.

아이고. 나가서 바람 좀 쐐야겠어. 놀라워! 굉장해! 어찌나 벅차고 가슴이 뛰는지 칸막이 객석에서 나와 모자를 쓰려고 했는데 머리가 어디 붙어 있는지도 못 찾았어. 부탁이네. 날 내버려 두게. 내일 봄세.[21]

상품거래소에서 아버지는 시장이 급격히 오르내리는 모습을 지켜보았다. 장내 트레이더 수백 명이 병 속에 든 독사처럼 싸웠다. 5달러에서 50달러로 급등하면서 1979년, 1980년 장이 부활한 듯하다 15분 간격으로 다시 5달러로 추락했다. 상품거래소에 있는데 전화가 왔다. 중요한 고객이 전 세계 주식시장에서 공매도 공세를 시작하고 싶다며 도움을 요청했다. 재빨리 머리를 굴렸다. "아버지 어때요? 굉장하죠?" "비키, 노동절 소요사태나 다저스 우승 직후 유니언 스퀘어에 모인 군중 같구나. 나중에 보자. 일하러 가야 해." 다음 날 베를리오즈는 서둘러 르쉬외르가 가르치는 학교로 갔다.

금방 눈치챌 수 있었다. 스승님은 사람이 달라졌다. 공연에 동행했던 스승님은 그저께 나하고 이야기를 나눈 사람이 아니었다. 그리고 그 공연에 대해 이야기하는 것을 고통스러워했다. 그러나 내가 집요하게 다그치자 스승님은 베토벤 교향곡에 얼마나 깊이 감동했는지 마지못해 다시 시인했다. 그런데 갑자기 고개를 젓더니 알 듯 모를 듯 빙긋 웃으시며 이렇게 말했다. "그래도 그런 음악은 작곡되면 안 돼."22
"걱정 마세요, 사부님." 내가 대답했다. "별로 위험하지도 않은걸요."

이튿날 뒤늦게 상품거래소에서 봤던 광경에 대해 이야기하려고 아버지에게 전화했다. "놀랍죠? 그동안 들은 적이 없는 짜릿한 음악을 들을 거라고 말씀드렸는데 허풍이 아니었죠?"

아버지는 말이 없더니 마침내 이렇게 대답했다. "거센 힘들이 마치 눈사태처럼 쏟아지더구나. 어떻게 견디고 있니? 내가 영안실로 옮겨야 했던 거물 투기꾼들의 시체 기억나? 넌 감당 못 할 거야."

"걱정 마세요, 아버지. 위험할 거 없어요. 전부 계량화했으니까요."

빅터 니더호퍼의 투기 교실

15장
시장 생태계

Victor Niederhoffer

The Education of A

SPECULATOR

둑을 가만히 응시하면 흥미진진하다. 종류가 다양한 수많은 식물이 뒤엉켜 둑을 뒤덮고 있고 새들은 덤불 위에서 노래한다. 각양각색 곤충이 날아다니고 벌레들은 축축한 땅을 기어다닌다. 게다가 이다지도 정교하게 만들어진 형태들, 서로 딴판이지만 매우 복잡한 방식으로 서로 의존하고 있는 이 형태들이 모두 우리 주변에서 작동하는 법칙들에 의해 생겨났다는 점을 생각하면 놀랍다. 생명이 분투하는 모습을 골똘히 생각해 본다. 이 사실들을 온전하게 믿으면 위안을 얻을 수 있으리라. 전쟁도 잠시 그칠 때가 있다. 어떤 두려움도 느낄 수 없다. 죽음은 대체로 지체 없이 찾아온다. 그리고 활기차고, 건강하고, 행복한 것들은 살아남아 번식한다.

— 찰스 다윈,
《종의 기원》

거래소라는 전쟁터

오늘날 어떤 종을 연구한다면 무엇을 하는지, 무엇을 먹는지, 누구에게 먹히는지, 그리고 한 생애 동안 어떤 유형의 환경에서 서식하는지를 조사한다. 생태학 선구자인 찰스 엘턴(Charles Elton)은 70년 전에 이렇게 비유했다. "생태학자가 '저기 오소리가 간다'고 말하면, 학생은 녀석이 속한 공동체에서 녀석이 어떤 위치에 있는지 개념을 명확하게 머릿속에 떠올려야 한다. 마치 학자가 '저기 목사님이 가신다'고 말하면 어떤 개념이 떠오르는 것처럼."[1] 소박하지만 기억에 오래 남는 표현이다.

자, 여기 시장을 연구하려는 투기거래자가 있다. 시장 참가자들끼리 얽히고설킨 복잡한 관계망과 다채로운 서식지를 감안하면, 가장 이상적이며 유리한 관찰 지점은 위성에서 들여다보는 것이다. 엑스레이 검사장비, 타임머신, 초감각적 지각능력 등도 갖추어야 한다. 나로 말할 것 같으면 차선책, 즉 거래소 방문에 만족해야 한다. 그것도 1년에 한두 번밖에 못 간다. 거래소에 갔다 오면 온갖 감정이 북받쳐 올라 며칠 동안 파김치가 되기 일쑤이기 때문이다. 거래소는 내가 수많은 대승을 거둔 현장이자 수없이 참패한 비극의 현장이었다. 다행히 몇 차례 휴식기가 있었는데 그나마 휴식기가 없었다면 패망해 동족에게 잡아먹혔을 게 뻔하다.

거래소에 들어서면 내 마음속 돌판에 아로새긴 글귀가 보인다. "이곳에 들어오는 자들이여, 모두 희망을 버릴지니." 최신식 디지털 신분 인식 시스템이 작동하는 회전식 출입구를 지날 때마다 감정이 격해진다.

가장 먼저 밀려오는 감정은 설레는 마음이다. 사냥에 나설 때처럼 위풍당당하다. 사냥개들이 짖는 소리, 활기를 불어넣는 베토벤 5번 교향곡, 전원에 비바람이 몰아치는 6번 교향곡이 들린다. 이러려고 내가 태어났지. 이곳에서 나는 채권 수십억 달러를 매수했다. 그리고 1987년 10월 19일 대폭락의 격동 속에서 매수 직후 채권 가격은 역대 최고 상승 폭을 기록하며 뛰었다. 이곳에서 나는 1년 만에 100배 수익을 달성했다.

당시 나는 과분한 반쪽에게 구애하고 있었다. 눈 깜짝할 새 100억 달러를 쥐락펴락하면서 전 세계 자산시장에 영향을 미쳤다. 이따금 공격하고 싶은 광기에 휩싸인 거래소 하이에나, 독사, 상어에게 친구의 계약 수천 단위를 내던지는 방식으로 말이다. 이곳에서 나는 카지노를 방문한 '고래(카지노에서 흥청망청 돈을 쓰는 사람 - 옮긴이)'처럼 융숭한 대접을 받았다. "알았소, 연락이 오면 전용 수영장으로 전달해요. 바카라나 진탕 즐기고 싶은데, 그 전에 어디 미디어실부터 둘러볼까…"

한번은 거래소에서 마치 감전된 듯 길길이 날뛰다가 재산을 홀랑 태워먹을 뻔했다. 1982년 캔자스시티에서 주식선물시장이 열리자 번개가 꽝 쳤다. 나는 좀 더 윤택하게 살아보겠다며 회원권을 사서 캔자스시티 객장으로 허둥지둥 달려갔다. 어느새 시장에 유통되는 유동주식 선물 미결제약정의 50%가 내 손에 있었다. "선물이 현물보다 8% 비싸게 거래될 거야!" 나는 계속 고래고래 소리쳤지만 선물은 시간당 1포인트씩 하락하며 현물보다 3.00포인트 할인되었다. 결국 다시는 거래소 객장에서 매매하지 않는다는 것을 파트너들과 함께 규칙으로 못 박았

빅터 니더호퍼의 투기 교실

다. 서로를 지키기 위한 조치였다.

침울함이 극에 달한 뒤에는 어김없이 희열이 찾아온다. 지옥 같은 시장에 어떤 비극이 도사리고 있을지. 1987년 10월 19일 마감 직후 현물 시장에서 채권을 매도했는데 사흘 동안 환매하지 못했다. 나는 어떤 포지션이든 시장에 진입하거나 청산할 때 항상 하루 이틀 앞질러 행동한다. 시장은 내가 어쩔 수 없이 청산한 뒤에야 제대로 된 행보를 보이는데 도대체 어떻게 알고 그러는 걸까? 하루 일과가 끝날 무렵이면 장이 마감되었는데도 행여나 가격이 유리하게 움직이지는 않는지 한사코 화면을 응시하는 날이 얼마나 많았던가. 그럴 때면 두 손으로 머리를 감싸 쥐고 생각한다. '망했다.'

걸핏하면 망했기 때문에 횟수를 세는 것조차 무의미할 정도다. 예전에 증권거래소 객장은 가벼운 장난으로 유명했다. 회원에게 향수를 뿌려 골탕을 먹이고(회원은 전부 남자였다), 거물이 행차하면 머리 위로 우산을 씌우면서 놀리고, 모자 쓴 방문객이 오면 원래 객장에서는 모자를 벗어야 한다며 골리고, 다트를 던지며 놀고, 성난 브로커들이 있으면 서로 싸우도록 부추겼다. 브로커들은 객장에서 주먹다짐을 하다가 결국 위층 회의실로 자리를 옮기는데, 거기서 볼썽사납게 싸운 끝에 사태가 마무리된다. 만약 회원이 손님을 데리고 객장을 방문하면 익살꾼이 어김없이 소리친다. "희생자 한 분 더 납시오!" 나이 지긋한 어르신 회원이 꾸벅꾸벅 졸고 있으면 열 명 남짓한 회원이 가죽처럼 튼튼하고 낭창낭창한 폐에서 나오는, 화통 삶아 먹은 소리로 깨웠다. "조시, 조시, 조시."[2]

이게 회원들이 제일 재미있어한 놀이였다. 선물거래소는 시끄럽기 짝이 없어 나이 많은 회원들이 일찌감치 은퇴해 위층으로 올라가기 때문에 이런 장난을 받아줄 늙은이가 없다. 요즘 월가라는 협곡에 서식하는 증권거래소 회원들은 어찌나 무게를 잡는지 이런 경박한 짓은 하지 않는다. 막중한 책임이 회원들 어깨를 짓누르는 탓이다. 고객에게 지정가주문이 들어온 게 있는데 시장에서 지배적 영향력을 유지해야 하고, 자기 계정으로 거래하면서 일반 투자자를 위한 시장도 조성해야 한다. 그래서 그런지 요즘 거래소에는 남학생, 다람쥐, 물개, 원숭이 들이 즐길 법한 그런 놀이가 점점 자취를 감추는 듯하다.

시카고선물거래소 회원들은 여전히 장난이 심하다. 브로커들은 누가 소프트볼을 리글리 필드 담장 밖으로 넘길 수 있는지, 누가 시카고 강 건너편까지 하드볼을 던질 수 있는지 내기를 벌이곤 했다. 시카고상품거래소 객장이 잠잠하면 회원들은 종종 동네에 있는 랜드 맥날리 매장에서 비치볼을 사서 객장에서 던지고 논다. 1995년에는 회원들이 시카고상품거래소 객장에 스트리퍼를 몰래 들였다. 당시에는 그냥 장난이었지만 지금 기준으로 보면 정치적 감수성이나 올바름에 한참 어긋나는 행동이었다. 내가 객장에 있을 때 이야기다. 브로커들이 '돈주머니' 놀이(다양한 금액이 적힌 종이를 주머니에 넣고 참여자들이 복권을 산 다음 주머니에서 종이를 꺼내 적힌 액수대로 돈을 받는 놀이 - 옮긴이)를 하려고 돈을 거뒀는데 가장 큰 액수를 꺼낸 사람은 무려 1만 달러에 당첨되었다.

통화거래 객장에 대량 주문이 들어오면 어김없이 환호성이 터져 나온다. "셰이크(Sheik, 충격, 파격의 의미로 보임. 원래는 아랍권 소설 제목으로 강간당한 여성이 강간한 남자를 사랑하는 이야기 - 옮긴이)!" 소로스가 들어오면 브로커들은 외친다. "팰린드롬(Palindrome, 바로 읽어도 거꾸로 읽어도 똑같은 숫자나 문자 - 옮긴이)!" 위대한 개츠비 시대인 광란의 20년대, 누가 채권을 대량 주문했는지를 놓고 온갖 소문이 떠돈다.

"그 양반은 누구와도 문제를 일으키려고 하지 않아요."

"전쟁 중에 독일 스파이였다는 소문이 있어요."

"전쟁 중에 미군에 복무했다고 하던데요."

"언젠가 그 작자가 아무도 보는 사람이 없다고 생각할 때 그 작자를 살펴보세요. 내 장담하죠. 그 작자는 분명 사람을 죽였어요."[3]

시카고상품거래소 객장에 신참 트레이더가 들어오면 독특한 신고식을 거친다. 트레이더가 상어 지느러미 모양 카드를 신참의 옷깃에 꽂는다. 신참이 객장에 들어서면 회원들이 매매를 멈추고 일제히 외친다. "상어!" 이 관습은 뉴욕증권거래소에서 100년 전 행하던 신고식과 유사하다. 신참이 들어오면 트레이더들은 우렁차게 외쳤다. "신참 테네시 등장이요."

동물 행동에 관한 교재를 보면 대부분 영역을 지키려는 습성을 다루고 있다. 새나 개한테 너무 가까이 다가가면 경고를 받거나 공격받는다. 이런 일을 겪어보지 않은 사람이 우리 중에 있을까? 벌새부터 세가락갈매기, 그리고 무리를 지키는 사자까지, 동물은 영역을 유지하기 위해 싸운다. 마찬가지로 거래소 회원들 역시 객장에서 자리를 지키려는 영역 보존 본능이 강하기로 악명 높다. 객장에서 한 자리는 회원 한 명이 '소유'하며 회원 자격 중 가장 값나가는 특권으로 손꼽힌다. 1996년, 일신상 이유로 거래소를 떠나야 했던 한 회원이 100만 달러에 장내 자리를 팔았다. 브로커들은 필요하면 법정이든 권투장이든 영토를 차지하기 위해 죽을 때까지 싸운다. 마치 새처럼 말이다. 좀 똑똑하다 하는 국제통화시장 옵션 트레이더들은 주먹 대신 입씨름을 벌이기도 한다.

객장에서 트레이더들이 하는 시시껄렁한 장난을 보고 있자면 부아가 치민다. 장내 트레이더들은 농담할 여유도 있고 도박할 시간도 있다. 그리고 수백만 달러짜리 자리를 놓고 다툴 시간도 있다. 객장에서 거래가 오갈 때마다 수수료를 꿀꺽하기 때문이다. '오로지 수수료.' 내가 내는 수수료. 시카고에서 내 일을 맡아 하는 브로커 둘은 별명이 각각 '백정' '호주머니'다. 내 눈앞에서 나를 산 채로 잡아먹는다. 만약 내가 넘어지기라도 하면 《야생의 부름(The Call of the Wild)》에 나오는 벅(Buck)처럼 순식간에 날 집어삼킬 것이다. 명가인 모간이 시장 붕괴 이후 나한테 그렇게 하려고 했다. 반드시 갚아준다. 인정머리라곤 없는 종자들. 후레자식들.

이런 일을 겪다 보면 가슴이 답답하지만 결국 생각을 좀 더 고차원적인 방향으로 돌려보려 애쓴다. 어찌 됐건 객장에 있는 이 생명체들은 그냥 입에 풀칠하려고 애쓸 뿐이다. 받은 교육이 그렇고 물려받은 기질이 그러니 이 틈바구니에서 살아남을 수 있는 그런 위인이 된 거다. 살아남은 사람들은 시장에서 벌어지는 생존 투쟁에서 잘해냈기 때문에 돈과 생존 수법을 가족이나 친구 들에게 건넨다. 세상이 인정하는 사실이지만 그들은 대중의 유동성을 소화하고 재순환시켜 살아남는다. 나는 그저 대중에 속한 사람으로 내 역할을 수행할 뿐이다.

거래소를 향해 악담을 퍼부을 수도 있겠지만 나라면 거래소가 풍기는 자연미를 감상하겠다. 사자가 누를 먹고 얼룩말이 풀을 먹게 장소를 제공한다고 사바나를 꾸짖을 사람이 있겠는가? 거래소는 시장 생태계에 불과하다. 경마장이나 카지노는 오락과 희망에 탐닉하는 대가로 손님들에게 값을 치르라고 요구한다. 하지만 나는 그런 이유로 경마장이나 카지노를 꾸짖지 않는다. 거래소라고 해서 더 고매한 기준을 적용해야 할 이유가 있을까?

객장에서는 지정가, 손절, 수익이 핵심이다. 그런데 야단법석 속에 몇 시간을 보내고 나니 지정가니 손절이니 돈벌이니 그 따위는 생각도 나지 않는다. 객장은 나무, 회원들은 독수리와 곤충이다. 은행에서 나온 사람들, 딜러들은 기린이나 캥거루 같다. 소로스는 더 이상 친구도 고객도 멘토도 아니다. 소로스는 사자다. 이 사자는 동물들이 서로 아귀다툼 속에 전멸되지 않도록 약한 동물을 도태시켜 개체수를 유지하는 역할을 수행한다. 거래소는 더 이상 시카고 금융가나 월가에 있지 않다. 거래소는 아프리카 세렝게티에 있다.

온갖 감정이 어우러지면서 객장에 교향곡이 울려 퍼진다. 교향곡을 듣고 나면 중요한 토너먼트에서 5세트 경기를 치른 듯 기진맥진한다. 그런데 여전히 수많은 의문이 떠오른다. 어떤 원칙이 시장 참여자들이 보이는 이질적인 행동들을 설명하고 결정하는가?

빅터 니더호퍼의 투기 교실

시간이 지남에 따라 계약 거래량은 변동을 거듭한다. 이것을 어떻게 설명할 수 있을까? 헌트 형제가 방아쇠를 당긴 상품시장 공황 이후 뉴욕상업거래소에서는 예전의 3분의 1 수준으로 금 거래가 지속되었지만 국제화폐시장에서는 금 거래가 일시 중단되었다. 왜 그럴까? 브로커들은 왜 고급 스포츠카를 몰까? 이 모든 활동에 동력을 공급하는 엔진은 무엇인가?

시장은 겉보기에 이질적이고 혼란스러운 현상처럼 보인다. 그런데 철학적 사색에 잠기다 보면 서로 다른 것들이 혼재하는 시장을 설명할 수 있는 시장 모델을 찾게 된다. 움직이는 활동, 속임수, 게임, 틈새, 연결, 구조, 과대광고, 규칙과 규정. 이런 온갖 것을 전부 아우르며 묶어주는 일련의 체계적인 원칙이 있는 듯했다. 나는 시장 모델을 찾기 위한 길잡이로 생태학에 눈을 돌렸다.

생태학적 원리

생태학에 대한 정의는 생태학자들마다 제각각이지만, 크레브스(John Krebs)가 이 분야의 표준 교재에서 제시한 정의는 다양한 정의를 잇는 연결고리를 포착하고 있다. "생태학은 유기체들의 분포와 풍부도를 결정하는 상호작용에 대한 과학적 연구다."[4]

시장에서 참여자들은 서로 연결돼 있는데 나는 참여자들이 이어진 연결망에 대한 연구를 시장 생태학이라고 정의한다. 내가 시장 생태학을 연구하는 방법은 생태학자가 거미나 새, 달팽이를 연구하는 방법과 다를 바 없다. 시장 참여자들이 집에 있을 때 무엇을 하는지, 어떤 집에 사는지, 어떻게 포획하는지, 또는 어떻게 방어하는지, 그들이 남긴 부스러기를 누가 먹는지, 그들이 죽으면 어떻게 재활용되는지를 살핀다. 거미줄에 있는 거미, 둥지 속 새, 껍질 속에 있는 달팽이를 연구하는 대신 객장, 중개업소, 그리고 사이버 공간에 있는 시장 참여자들을 연구

한다. 서로 연결된 개별 생태계들이 무수한 상호작용을 통해 시장이라는 유기체를 만든다.

생태학은 환경을 막론하고 이런 상호작용을 설명하는 데 더할 나위 없이 유용한 원칙들을 규명했다. 생태학 개념을 적절히 요약하면서 시작하고 싶으나 그럴 수가 없다. 대개 생태학 책에는 으레 신규 어휘 1,000개를 소개하는 용어집이 있는데, 이는 1학년 외국어 집중 과정에서 가르치는 어휘 수와 비슷할 정도로 방대하기 때문이다. 그런데 두 가지 원칙은 매우 중요하며 광범위하게 적용된다. 생태학을 다른 분야에 적용하려고 하면 이 두 가지 원칙을 반드시 고려해야 할 정도다.

1. **궁극적 에너지원**: 생물은 물리적 환경과 구별된 상태를 유지하려면 에너지가 필요하다. 에너지를 사용하고 물리적 힘과 상호작용하는 능력은 생물과 무생물을 구별하는 근원적인 특징이다. 궁극적인 에너지원은 햇빛이다.
2. **공동체 조직**: 공동체는 먹거리 관계, 즉 누가 누구를 먹는지에 따라 조직된다. 엘턴은 70년 전 획기적인 연구에서 규칙성을 다음과 같이 규정했다.

식량은 동물 사회에서 화급한 현안이며 공동체의 전체 구조와 활동은 먹이 공급에 따라 결정된다. 동물은 에너지를 공급받으려면 결국 식물에 의존해야 한다. 왜냐하면 식물만이 원재료인 햇빛과 화학물질을 동물이 먹을 수 있는 형태로 바꿀 수 있기 때문이다. 따라서 초식동물은 동물 사회의 토대를 이루는 계급이다. 초식동물은 보통 육식동물의 먹이가 되는데, 육식동물은 두 단계를 거쳐 햇빛 에너지를 얻는다. 그리고 녀석들은 다시 다른 육식동물의 먹이가 되기도 한다. 이렇게 가다 보면 마지막에는 적이 없는 동물이 등장하는데 이 동물이 소위 먹이순환의 종착점이 된다. 사실, 먹이를 연결고리로 서로 이어진 동물 사슬이 존재하므로 모든 동물은 결국 식물에 의존하고 있다. 우리는 이를 '먹이사슬'이라고 부르고, 한 군집 내에 존재하는 모든 먹이사슬을 '먹거리 순환'이라고 부른다.[5]

1942년 생태학자 레이먼드 린드먼(Raymond Lindeman)은 에너지 원리와 먹거리망의 원리를 결합했다. 린드먼은 먹이사슬에 있는 종들을 생산자, 초식동물, 육식동물로 분류했다. 그런 다음 영양 수준을 에너지 변환 피라미드로 시각화했다. 대사작용에서 에너지가 소비되고 음식을 에너지로 바꾸는 과정에서 효율성이 떨어지기 때문에 상위 수준으로 갈수록 쓸 수 있는 에너지는 줄어든다.

이후 분해자가 포함되는 등 오랜 시간을 거치며 개념이 확장돼 왔다. 분해자의 목적은 (소름 끼칠 정도로 자세하게 설명돼 있는바) 쓰레기를 제거하고 소화되지 않은 것을 소화하는 것이다. 앰브로즈 비어스(Ambrose Bierce)는 《악마의 사전(The Devil's Dictionary)》에서 '먹을 수 있다'라는 단어를 정의하면서 이 과정을 적절하게 풀이하고 있다. "먹기 좋고 소화하면 건강에 이롭다는 뜻. 벌레가 두꺼비에게, 두꺼비가 뱀에게, 뱀이 돼지에게, 돼지가 인간에게, 인간이 벌레에게 '먹을 수 있는' 것이다."[6]

시장 생태계

선물시장과 외환거래시장은 대중, 딜러, 큰손, 브로커가 상호작용하며 또 시장 환경과 상호작용하면서 거미줄 같은 망에 함께 엮여 있다. '대중'을 비롯해 동작이 굼뜬 시장 참여자들이 손실을 입으면 이것이 음식과 에너지가 된다. 대중이 입은 손실을 먹이로 삼는 주요 소비자는 외환거래 딜러, 채권 딜러 들이다. 즉 뱅커스트러스트(Bankers Trust), 케미컬뱅크, 골드만삭스(Goldman Sachs), 시티뱅크(Citibank), 모건스탠리(Morgan Stanley), 살로몬브러더스(Salomon Brothers), 스위스유니언뱅크 같은 은행과 투자 브로커 들이다. 은행을 먹고 사는 2차 소비자는 퀀텀,

표 15-1. 지구 생태계의 단계별 영양 섭취

	생산자	초식동물	1차 육식동물	2차 육식동물	분해자
툰드라	지의류, 순록이끼	카리부, 순록	늑대, 북극여우	북극곰	하등 미생물, 결빙온도 효과
연못	조류, 식물성 플링크톤	동물성 플랑크톤, 갑각류	잠자리, 연체동물	배스, 송어	박테리아, 곰팡이류
초원	초본류 속씨식물	파리, 벌, 거미	딱정벌레, 말벌	참새, 까마귀, 사슴, 페럿	박테리아, 곰팡이류
해양	남조류	아메바, 방산충	게, 바닷가재	참치, 황새치, 상어, 거북	따개비, 산호
사바나	풀, 사초, 아카시아	얼룩말, 누, 임팔라	치타, 매	사자, 표범, 자칼	독수리, 하이에나, 박테리아
시장	대중, 정부	딜러	큰손 투기거래자	대형 헤지펀드	장내 트레이더, 청소부 투자자*

* 청소부 투자자: 위기에 처했거나 재무상태가 나쁜 기업의 주식을 헐값에 사들여
매수가보다 비싸게 되파는 투자자 – 옮긴이

타이거(Tiger), 오메가(Omega) 등 잘나가는 대형 헤지펀드들이다. 각 단계에서 주문과 변동성은 관리 가능한 조각들로 분해되고 장내 트레이더 및 전화 중개 브로커 같은 분해자종에 의해 관계망 속 참여자들 사이에서 재활용된다. 표 15-1은 지구 생물군이 생태계 내에서 맺고 있는 전형적인 관계를 보여주는데, 시장 생태계를 마지막에 넣었다. 주요 시장 관계를 보여주는 계통도는 그림 15-1에서 볼 수 있다.

생산자 대중

"누가 땄어요?" 거래를 성사시키는 수완만큼이나 호색한으로 유명한 어느 부동산 재벌이 자신이 소유한 카지노에서 포커를 치는 사람들에게 묻는다. 그러면 포커판에서 놀던 사람들은 웃으면서 대답한다. "사장님이죠." 박수받을 만큼 냉철한 대답이다. 시장에 참여하는 대중은 이 포커판 도박꾼들처럼 손실을 입더라도 감정에 치우치지 않고 똑

그림 15-1. 시장 생태계

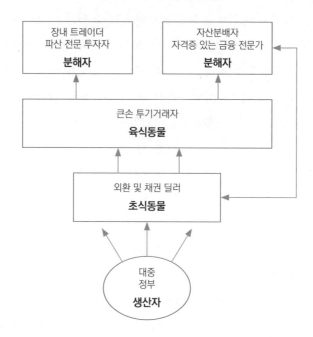

바로 볼 수 있어야 한다. 또한 오소리의 생태계 지위를 생각하는 생태학자처럼 냉정하게 사유해야 한다.

시장이라는 바다에는 다양한 무리가 '대중'을 이루고 있지만, 대다수는 떳떳하게 신분을 밝히지 않는다. 선물 트레이더, 단기 차익 실현자, 시장 예측 전문가, 매매 시스템 판매조직, 테이프 워처(tape watcher, 오늘날 데이트레이더나 모멘텀 투자자에 상응 - 옮긴이) 들이 그렇다. 그런데 이들 집단은 시장에서 퇴출되는 비율이 높고 퇴출되는 수도 많기 때문에 그 수가 항상 유동적이다. 이 종족을 식별하려면 행동을 살피는 것이 지름길이다. 융통성 없음, 무지, 오만, 근시안, 망설임, 자본력 부족, 과신, 낭비벽, 희망.

나 역시 이따금 대중의 일부가 되는데, 이 사실을 인정하는 것이 부끄럽지 않다. 25포인트를 익절 또는 손절 수준으로 잡았는데, 매수매도 스프레드로 5포인트를 지불하고 외환 딜러와 거래하는 경우가 많다. 게다가 이 바닥에서 굴러본 사람들은 다 아는 사실이지만 나는 진입 직후 시장에서 나오면 손실이 비용의 50%에 달하는 그런 파생상품이나 옵션거래도 받아들인다. 주식 브로커가 캐나다거래소에서 50센트에 팔리는 광산주를 사라고 전화하면 여느 호구들처럼 이따금 미끼를 덥석 물기도 한다. 이런 활동에서 내 기대수명은 사자와 노는 쥐보다 짧다. 그래도 나는 끈덕지게 살아남았다. 생명이 연장된 것은 대체로 대중과 반대로 거래하려고 노력한 덕분이다.

이 바닥에서 대중의 역할은 먹히는 것이다. 스탠리 크롤(Stanley Kroll)의 일화는 이 명제가 참임을 입증한다. 크롤은 1980년대에 두각을 나타낸 선물 브로커다. 그는 자신은 성공했지만 고객은 아무도 돈을 벌지 못해 답답했다. 크롤이 일하는 증권사 다른 브로커들 역시 마찬가지로 고객은 돈을 벌지 못했다. 크롤은 다른 대형 증권사에서도 일했지만 거기도 사정은 마찬가지였다. 오해가 없도록 덧붙이자면 1990년대 중반에 업데이트된 보고서를 보면 그 정도는 아니다. 고객 1만 명을 거느린 한 할인 증권회사(자문 서비스가 없는 대신 수수료를 대폭 할인해 주는 증권사 - 옮긴이) 사장은 고객의 10~20%가 돈을 번다고 보고한다. 할인 증권회사 고객 대다수는 트레이딩을 심심풀이 땅콩쯤으로 여긴다.

성과가 이렇다 보니 개인 선물 트레이더가 드문 것도 무리는 아니다. 나처럼 이 바닥에서 잔뼈가 굵은 베테랑 선물 트레이더는 이렇게 말했다. "개인은 대부분 자취를 감추고 체계적으로 관리받는 시스템 트레이더로 대체되었다. 이들은 파악하기가 훨씬 어렵고, 상대하기도 훨씬 버겁다." 그럼에도 개인이 모인 집합체로서 대중은 끈질기게 시장에 남아 있다.

상품선물거래위원회(CFTC)는 상업 목적으로 거래하는 참여자, 큰손 투기거래자, 대중이 결행한 모든 거래를 격주마다 정리해 보고서를 발표한다. 큰손 거래자는 상업 목적 거래자는 아니지만 거래일 마감 시 포지션이 일정 계약 물량을 초과하는 거래자들이다. 예를 들어 국제화폐시장에서 유로달러 선물을 거래하면서 장 마감 시 400계약 이상 롱 또는 숏포지션을 보유한 거래자는 큰손 투기거래자에 속한다. 나머지 계약 거래량, 즉 보고가 요구되는 수준보다 낮은 수량으로 거래된 계약은 대중 거래로 분류된다.

그림 15-2는 1986년 6월, 1991년 6월, 1996년 6월 기간에 다양한 시장에서 개미 트레이더들이 보유한 미결제약정 비율을 집계한 그래프다. 대중의 참여가 확연히 감소하고 있다. 16개 시장 중 가장 규모가 큰 채권과 주식을 포함해 13개 시장에서 대중의 참여율은 1996년에 가장 낮았다. 대중 참여율은 1991년 35%, 1986년 34%에서 감소해 1996년

그림 15-2. 주요 시장 총미결제약정의 대중 참여 비율

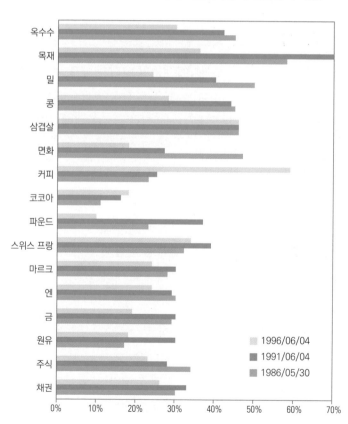

에는 평균 27%였다. 전체적으로 이 비율은 개미 트레이더들의 참여가 4분의 1 정도로 감소하고 있음을 실증한다.

　규모가 줄기는 했지만 절대 수치를 보면 대중의 참여는 여전히 상당하다. 많은 선물시장에서 전체 미결제약정의 30%가 일반 개인 거래자들이다. 예를 들이 1996년 6월에 모든 선물 계약의 총미결제약정은 1,038만 585였다. 일반 대중이 계약당 액면가 5만 달러, 계약당 유지증거금 2,500달러로 이들 계약의 27%를 제어한다고 가정하면 선물시장에서 대중 참여분은 총 1,400억 달러이며 유지증거금은 70억 달러에 이른다.

자문업체가 관리하는 대중

　이들은 누구인가? 선물시장에서 한 가지 유형은 눈에 잘 띄며 규정하기도 쉽다. 바로 일류 트레이더들, 트레이딩 대회 우승자들이 지도하는 대로 시장에서 대응하는 무리다. 이들은 '결정적인 실수를 저지르지 않도록' 통제를 받고 앞선 방식, 즉 기계적이며 우주시대에 걸맞은 수월한 접근법을 전수받는다. 이 유형은 참석자가 여덟 명으로 제한된 강도 높은 실시간 세미나에 참석한다. 수련을 쌓은 완전무결한 선지자, 앉아서 구만리인 예지자들이 99%의 정확도로 고점과 저점을 식별하는 방법을 가르치는 그런 세미나 말이다. 수익률이 200%를 밑돌거나 손실이 5%를 초과하면 즉시 수강료 120%를 환불해 달라고 요구할 수 있다. 그리고 이 유형에 속하는 대중은 때때로 대리인을 고용해 돈 관리를 맡기기도 한다.

　이처럼 서비스업체의 관리를 받는 대중의 성과가 어느 정도인지 정확히 파악하기는 어렵다. 통합관리계좌는 1981년 20억 달러에서 오늘날 250억 달러로 증가했다. 중개업체, 장내 트레이더, 증권회사(또는 업계 용어로 선물중개회사)로서는 돈벌이가 쏠쏠한 수익사업이다. 신용등급

평가업체에 따르면, 관리받는 선물에서 발생하는 수익이 주식보다 연간 몇 퍼센트 포인트 더 크다. 비록 나 역시 이 업계에 발을 디디고 있고 1위에도 올라선 바 있지만, 보고된 결과의 타당성과 신뢰성에 의구심을 품고 있다.

보고된 수치에 내포된 가장 중요한 맹점은 수치가 과거지사라는 점이다. 기간이 종료되면 보고하고 싶어 안달하는 펀드는 당연히 수익이 좋은 펀드다. 보고된 수치가 착시 현상을 일으키는 이유는 또 있다. 처음에는 보고를 시작했다가 기간이 끝날 무렵이면 슬그머니 꼬리를 감추는 펀드가 지천이기 때문이다. 이와 관련된 현상으로, 보고 첫해에 펀드가 특출한 수익을 보이는 경향이 있다는 점을 들 수 있다. 내 친구 조엘 렌츨러(Joel Rentzler)에게 들었는데 미국상품선물거래위원회에 상품거래 자문업체로 등록을 신청한 펀드의 첫해 수익률이 평균 50%를 훨씬 웃돈다고 한다.

선물거래 자문업체가 직접 결과를 보고하는 것도 심각한 맹점이다. 구슬이 서 말이라도 꿰어야 보배다. 회계감사를 거친 결과를 제외하면 이처럼 빛나는 수익률이 실제 대중의 이익으로 전환될지는 여러모로 불투명해 보인다. 초기 성적 위주로 보고하기, 성과가 탁월한 경우만 골라서 보고하기, 수익률 부풀리기 등등 맹점을 전부 종합하고 여기에 보편적 한계까지 더하면 최종 수익률은 소위 발길질로 유명한 프로 이센 말보다 더 예측하기가 어렵다. 불확실성을 줄이는 한 가지 방법은 대중에게 판매되는 펀드에서 몇 개를 미리 선별해 펀드 계좌가 바닥날 때까지, 혹은 연말까지 계좌가 바닥나지 않으면 연말까지 성과를 계산하는 것이다. 이렇게 계산하면 항상 보고된 수치보다 훨씬 수익률이 낮아진다.

최근 증권회사를 상대로 법정 소송이 벌어졌는데 이 소송 건을 들여다보면 자문업체의 서비스를 받으면서 선물시장에 참여하는 사람들이 실제로 어떤 일을 겪는지 알 수 있다. 해당 증권회사는 내가 통화를 거래할 때 주로 이용하는 회사이기도 하다. 원고들은 연예계에서 일하는 임금 노동자들로, 관리 서비스를 받는 펀드에서 큰 손실을 입었다가 손실액의 총 다섯 배에 달하는 징벌적 손해배상을 받았다. 전문가 증인으로 나섰던 리처드 테웰스(Richard Teweles)는 자문관리업계를 평가하면서 이렇게 진술했다.

> 터무니없이 비싼 요금과 수수료를 떼이고도 누군가가 이런 선물 프로그램으로 돈을 번다면 그건 기적입니다. 포커를 치거나 경마장에 가는 것처럼 부자들 오락거리로는 괜찮죠. 결국에는 돈을 날리더라도 그 판에서 노는 동안에는 짜릿하니까요. 돈을 버는 사람은 브로커들뿐입니다.[7]

원고 측 변호사인 존 앨런(John Allen)은 다양한 수수료와 비용을 분석한 후 이렇게 단언했다.

> 미국 초단기국채 수익률에 맞추려면 1년 안에 34%를 벌어야 합니다. 이 사실을 알면 누가 제정신으로 자문업체 선물에 투자하겠습니까?[8]

이제 우리끼리 속닥속닥 이야기할 시간이다. 나는 선물 펀드 관리업도 하고 있는데 업계에서는 꽤 큰손이다. 내가 관리하는 펀드에 이전 직원들이 관리하던 펀드까지 합치면 업계 활동에서 상당 부분을 차지한다. 지난 13년간 첫 번째 고객인 팀 혼에게 60배의 수익(수수료 총액 차감 후)을 안겨주었다. 계속 이런 수익을 내기는 불가능하지만, 이 수익률은 내가 하는 사업에 어느 정도 정당성을 부여하고 있다. 고객들이 큰손 투기거래자로 참여할 기회를 제공하고 그 대가로 대행 수수료를 징수하는 것이 내가 먹고사는 틈새시장이라고 믿고 싶다.

앨런은 이 업계가 제공하는 프로그램으로 손익분기점을 맞추려면 30% 넘는 수익을 올려야 한다고 말한다. 그리고 그런 프로그램을 대중에게 제공하는 데 아무런 죄책감이 없다. 나 역시 이 업계에 종사하고 있다. 이런 프로그램은 가치 있는 목적에 도움이 된다. 간접비, 업계 관련 인사나 거래처 인맥을 관리하는 비용이 수수료에서 나온다. 그러나 비용을 내는 사람들은 이런 측면을 보지 못하는 듯하다. 나는 자격을 제대로 갖추고도 25년 동안은 그저 밖에서 들여다볼 뿐, 정식으로 간판을 내걸고 이 업종에 뛰어들지 않았다. 이 업계에 드리운 그림자, 휘몰아치는 밀물과 썰물, 그리고 회오리바람을 잘 알았기 때문이다.

기타 대중

선물시장에는 20배 레버리지로 100배 수익을 꿈꾸는 사람이 있는가 하면 다른 유형의 대중도 있다. 주식시장을 들락거리며 매수매도 스프레드가 큰 종목을 매매하는 사람은 먹잇감이 돼 잡아먹힌다. 가격 변동폭 대비 수수료 등 떼이는 비용이 큰 시장에서 단기간에 차익을 보려는 사람도 십중팔구 비슷한 최후를 맞는다. 미국에서 뮤추얼펀드 산업 규모는 3조 달러에 이르는데 대중의 매수세가 장작 역할을 하는 덕분에 굴러가고 있다. 1996년 중반 현재, 순 유입액은 월 350억 달러에 달하고 있다.

대중은 강세장에서 막대한 수익을 거두었는데 자본주의의 특징인 호혜 거래의 정신에 입각해 볼 때 잘된 일이다. 펀드업체들 덕분에 이전에는 부자들만 손을 뻗칠 수 있었던 고수익에 대중도 참여할 수 있게 되었다. 게다가 피델리티, 뱅가드 같은 일부 펀드는 실제로 기준 지표를 뛰어넘는 성과를 올렸다. 그러나 대다수 연구에 따르면 뮤추얼펀드를 보유한 대중이 거둔 성과는 단순 매수-보유 전략에 비해 1~2%포인트 떨어졌다. 종합하면 일반 개인 투자자의 성과는 주식시장 대비 연간 300억 달러 또는 600억 달러 정도 부진한데 이는 펀드업계가 제공하는 다각화, 유동성, 그리고 높은 수익 잠재력이라는 이점을 위해 지불해야 할 대가이며, 그것도 비싸지 않은 대가에 불과하다.

대중을 식별하는 한 가지 객관적인 방법은 목표 수익이다. 내 서재에는 1897년에 발간된 책이 있는데 호러스 로리머(Horace Lorimer)는 이 책에서 시간의 검증을 견뎌낸 몇 가지 기준 지표를 제시했다. 로리머는 100년 전 시대 사람으로 지혜롭기로 손꼽히는 인물이다.

> 말을 혹사하면 안 되듯 돈 역시 마찬가지다. 가혹하게 말을 부리듯 돈을 혹사하지 않도록 습관을 들여야 한다. 3% 수익이면 끌기에 가벼운 짐이다. 6%는 안전하다. 10%를 끌게 한다면 마치 서부 시절 말을 부리듯 돈을 부려먹는 짓이다. 이 정도라면 돈이 저항하거나 쓰러지지 않도록 지켜봐야 한다. 20% 수익을 얻는다면 내가 부리는 말이 명마 아니면 어리석기 그지없는 말, 둘 중 하나로 어느 쪽인지 궁금할 것이다. 그런데 만약 100%를 끌어당긴다면 말이나 돈에게 경마 또는 경마에 준하는 힘든 일을 시키는 꼴이다. 말과 돈을 혹사하면 결국에는 접착제 공장(19세기에는 가축이 죽으면 접착제 제조에 사용했음 - 옮긴이)으로 운반할 시체조차 남지 않는다.
>
> 투기 문제에 대해 곰곰이 생각해 보았다. 왜냐하면 우리는 평생 거래소 옆에서 살아야 하기 때문이다. 그런데 이웃이 기르는 개를 쓰다듬으려면 그 전에 먼저 어떤 녀석인지 알아보는 게 안전하다. 확실한 정보, 믿을 만한 소식통이 전하는 정보, 절대 확실한 정보라며 녀석들이 꼬리를 마구 흔들며 달려올 것이다. 어린 양을 죽이고도 아무 일도 없던 것처럼 순진한 표정으로 말이다. 하지만 녀석은 당신을 물어뜯을 것이다. 투기에서 안전한 길은 전력 질주해 거래소에서 멀어지는 길뿐이다.[9]

로리머가 밝혔듯이 우리 인생에서 거래소는 시카고에만 국한되지 않는다. 오해가 없도록 덧붙이자면 시카고상품거래소는 내가 가장 좋아하는 거래소로, 기수가 말에서 최선의 결과를 뽑아낼 수 있는 거래소다.

정부 기여

달이 규칙적으로 뜨고 지듯이 정부는 채권을 추가 발행하거나 혹은 기존 채권을 갚거나 차환하기 위해 연 4회 채무시장에 진입한다. 상환은 보통 2월, 5월, 8월, 11월 둘째 주에 이루어진다. 단기어음, 장기어음, 채권이 며칠 동안 계속 경매로 팔린다.

악어가 먹이를 먹는 습성은 시장의 투기꾼들에게 경고와 교훈이 된다. 특히 악어가 우글거리는 플로리다주 에버글레이즈 습지, 아마존, 오스트레일리아는 시장과 진배없다. 악어는 먹이를 잡으면 2주 동안 다시 먹지 않는다. 그런데 녀석이 굶주린 상태라면 코뿔소보다 작은 생명체는 악어 근처에 있다간 무사하지 못한다. 두 가지 무시무시한 특징이 악어의 사냥 솜씨에 파괴력을 더한다. 먼저 녀석은 해변 가까이에서 통나무로 변장한 다음 시속 40킬로미터 속도로 질주해 먹이를 잡는다. 둘째, 악어는 기억력이 비상하다. 녀석은 먹잇감을 마지막으로 본 곳을 정확히 기억했다가 그곳에서 어슬렁거린다. 따라서 노련한 어부는 절대 같은 장소에서 두 번 고기를 낚지 않는다. 악어는 마지막으로 있었던 장소를 결코 잊지 않으므로 그곳에 악어가 매복하고 기다릴 게 뻔하기 때문이다.

정부는 기존 국채 상환을 위해 신규 채권을 발행하는데 여기에는 암울한 기운이 짙게 배어 있다. 따라서 투기꾼은 국채라면 종류 불문 손사래를 친다. 첫째, 의회가 부채 한도 확대를 승인하도록 만들기 위해 온갖 협잡이 개입된다. 다음으로 채권 금리가 대폭 인상되지 않으면 일본에서 미 국채를 매입하지 않을지도 모른다는 두려움이 존재한다. 마지막은 세상이 끝장나는 이야기다. 기존 부채를 갚을 여력이나 자원이 없어 정부의 부채 부담이 끝없이 증가하는 사태다. 초인플레이션이 코앞에 다가오고 주가 폭락이 임박한다. 에너지 가격, 농산물 가격은 천정부지로 치솟고 국채전문딜러들은 가격이 어떻든 매입 의사가 거의,

아니 전혀 없다. 국채전문딜러는 냉정한 보고서를 준비할 것이다. 보고서 골자는 현재 금리 수준에서 기존 채무를 갚으려면 2020년 이후에는 정부가 개인 소득의 80% 이상을 세금으로 징수해야 한다는 것이다.

1996년 8월에 세부사항을 보완하면서 이 책을 마무리하는 사이 30년 물 채권 상환이 진행되었다. 그런데 마치 내 주장을 증명하듯 이번 경매는 전망이 캄캄하다며 탄식이 쏟아지는 가운데 다우존스 소식통은 헤드라인에서 이렇게 부르짖었다. "중앙은행들 미국 국채 매수 열기 시들." 매체에서 인용한 말에 따르면 어느 국채전문딜러는 이렇게 지적했다. "어두운 전망을 하자면 그들(중앙은행들)이 매수하지 않으면 국채는 핵심 지원 영역을 잃고 수요는 고갈됩니다."

뭔가 내줘야 한다. 그리고 암울한 기운을 떨치려면 그 전에 정부에서 시장에 활력을 불어넣어야 한다.

자체 대차대조표에 따르면, 미국 정부의 차입금은 약 4조 달러에 달하는데, 미국 전체 인구로 따지면 1인당 약 1만 5,000달러다. 미국의 경제가 이처럼 불길할 정도로 무기력한 상태인데 일본도 못지않다. 부채매각은 시장 생태계에 중요한 에너지를 투입한다. 다행히도 예전부터 국채전문딜러들은 수수료를 요구하지 않고 채권에 입찰하기로 합의했다. 그러나 채권 재고를 유지함으로써 딜러들은 상당한 유지비를 부담한다. 딜러들이 거금을 쏟아부은 후에 해당 채권의 가치가 오르지 않는다면 생명 신호가 삐 소리를 내며 꺼지듯 시장은 서서히 멈출 것이다.

그럼에도 정부는 항상 어떤 방식이든 자금을 차입한다. 우리는 생태계가 피라미드 각 수준에서 에너지 손실에 대처하는 방식을 알고 있다. 따라서 딜러들이 채권을 매입한 후 가격 상승이 없다면 그야말로 이변이다.

채권 경매에서 변동성이 가장 큰 날은 30년 만기 채권이 판매되는 목요일이다. 채권시장에서 이날은 월드시리즈 최종전인 7차전에 버금갈 정도로 중요하다. 표 15-2는 1987년 시장 붕괴 이후 27차례 경매에

표 15-2. 경매 전후 채권 가격 변동

경매일	가격	경매 이전(일)					경매 이후(일)				
		−10	−5	−3	−2	−1	+1	+2	+3	+5	+10
1988/05/12	6,847	−138	−144	−35	−29	−13	47	25	−78	−131	−143
1988/08/11	6,647	−97	−300	−219	−144	−19	−6	−25	16	3	−19
1988/11/10	7,115	−113	−194	0	−6	19	−59	−22	−28	−147	−191
1989/02/09	7,147	−140	−146	−131	−171	−153	−75	−97	−125	−88	−197
1989/05/11	7,059	−119	−72	−82	12	40	213	213	216	272	372
1989/08/10	7,969	−65	−181	−6	−6	16	−82	−185	−135	−119	−113
1989/11/14	8,131	16	−22	9	−6	−9	31	25	−50	−12	−50
1990/02/08	7,550	−59	−81	10	44	38	115	37	75	0	−63
1990/05/10	7,250	204	151	22	−15	66	156	218	178	150	203
1990/08/09	7,336	−216	−288	53	81	87	−43	−59	−37	−159	−340
1990/11/08	7,389	3	−38	−106	−97	−28	103	194	213	203	288
1991/02/07	8,043	103	141	−12	−41	−50	81	53	66	28	−59
1991/05/09	7,939	18	−85	−4	6	6	−134	−62	−146	−115	−84
1991/08/08	8,027	169	163	10	−53	−53	−13	19	56	125	190
1991/11/07	8,477	150	7	54	119	100	40	56	112	87	−44
1992/02/13	8,561	−91	−150	−119	−122	−110	3	−59	−6	−25	160
1992/05/07	8,580	85	78	47	22	−25	112	118	165	150	162
1992/08/13	9,357	71	46	−69	−113	−116	41	−9	44	66	−62
1992/11/12	9,264	34	116	1,848	100	75	0	−6	19	28	−31
1993/02/11	9,814	84	0	−22	−10	72	16	3	50	175	307
1993/05/13	10,202	−44	−175	−178	−159	−103	12	−13	−78	−16	72
1993/08/12	10,883	38	63	0	−12	−28	28	47	19	59	372
1994/02/10	10,995	−225	−144	−28	25	−16	56	0	16	−100	−291
1994/08/11	9,938	−94	−247	−122	−82	−82	72	53	194	66	32
1995/02/09	10,053	178	84	−57	−47	−41	−28	−25	44	88	116
1995/08/10	10,972	−132	−35	−85	−94	−60	−96	−74	−24	−6	76
1996/02/08	11,969	10	−72	10	−6	3	0	90	103	−53	−416
관측 횟수		27	27	27	27	27	27	27	27	27	27
평균 변동 폭		−13.7	−56.48	−32.30	−29.78	−14.22	21.85	19.07	32.56	19.59	9.15
T 점수 (T Statistic)		−0.6	−2.2	−2.03	−2.06	−1.13	1.44	1.08	1.64	0.89	0.23

그림 15-3. 경매일 대비 채권 가격 누적 변동

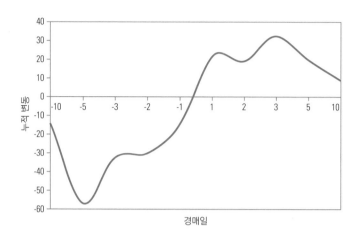

서 30년 만기 국채 경매일 대비 채권 가격의 행보를 보여준다. 평균적으로 채권은 경매 전 3일 동안 3분의 1포인트 하락하고, 3일 후에는 하락분(3분의 1포인트)을 회복한다(표 15-2, 그림 15-3). 통계적, 경제적, 생태학적 관점에서 보면 이처럼 큰 변동 폭은 중요한 의미를 갖는다. 연간 600억 달러의 채권에서 3분의 2포인트 상승이 발생하면 약 4억 달러에 해당하는 활력이 제공되므로 시장은 계속 유지된다. 이 정도면 정부에서 필요한 것을 얻기 위해 지불해야 할 대가치고는 소소해 보인다.

재무부는 최신 추세를 염두에 두고 끊임없이 단기채, 중기채, 장기채 비율을 조정해 최적 조합을 찾고 있다. 1990년에는 4년 만기 국채 발행을 중단했고, 1993년에는 7년 만기 국채 발행을 중단했다. 1994년 2월 9일 이후에는 30년 만기 채권을 1년에 두 차례만 발행하고 있다. 1996년 재무부는 10년 만기 국채 경매 시기를 분기별 외에 매월 두 차례 추가했다. 따라서 기다리고 있다가 특정 시점에 포지션을 취하려는 시장 참여자들은 수익을 얻기가 더 힘들어졌다.

빅터 니더호퍼의 투기 교실

주요 소비자

'대중'을 소비하는 주된 소비자는 딜러, 은행, 증권사다. 공개기업인 은행과 증권사는 매년 외환 및 채권 거래에서 연간 100억 달러대의 수익을 보고하고 있다. 대형 공개기업의 보고하지 않는 부문과 비공개기업이 상당한 수익을 올린다고 추정하면 수익은 더 증가한다. 운동선수의 경우 최악의 날에 보이는 경기력이 챔피언의 진짜 실력이다. 뱅커스트러스트는 트레이딩으로 1995년에 9억 달러의 수익을 챙기며 챔피언다운 기량을 보여주었다. 특히 1994년은 뱅커스트러스트가 기업공개로 크게 타격을 입은 뒤 회복하는 시점이었기에 더욱 대단한 성과였다.

1995년 살로몬브러더스에서 상장 은행이 올린 외환 수익 데이터를 공개했는데 흥미로운 결과가 나왔다. 표 15-3에 1991년부터 1994년까지 22개 은행의 외환 수익을 정리했다. 조사 기간 중 한 은행이 단 한 번 순손실을 기록했는데 뱅커스트러스트가 1994년에 5,400만 달러의 손실을 입었다. 대체로 연수익 범위를 보면 8억 700만 달러 수익을 올린 크레디트스위스홀딩(Credit Suisse Holding)에서, 고작 7,500만 달러에 불과한 독일 코메르츠방크(Commerzbank)까지 다양했다.

〈파이낸셜타임스(The Financial Times)〉는 1995년 은행들의 외환거래 수익이 1994년 수준 대비 3분의 1 정도 증가했다고 보도했다. 외환거래 은행들을 캥거루나 벌 같은 초식동물에 비유할 수 있다. 이 비유는 칭찬이다. 이들 초식동물이 식량원에서 최대한 에너지를 얻는 것처럼 은행들 역시 능수능란한 외환거래로 외환시장에서 효율적으로 수익을 거두고 있기 때문이다.

최근 몇 년 은행들은 외환시장에서 비정상적 수익을 올리고 있는데, 외환 분야에서 거성으로 손꼽히는 저자이자 시카고대학 교수인 로버트 앨리버(Robert Aliber)가 이 현상을 분석했다. 앨리버 교수는 외환거래 은행을 자주 방문했는데 한번은 은행에서 회의를 마치고 바로 내 사무

표 15-3. 외환거래 수익, 1991~1994

	US달러 (단위: 100만)			
	1991	1992	1993	1994
영국				
바클레이(Barclays)	384	510	267	136
HSBC 홀딩스(HSBC Holdings)	528	678	566	525
로이즈(Lloyds)	127	241	174	161
낫웨스트(Nat West)	239	457	359	286
독일				
코메르츠방크(Commerzbank)	30	74	75	85
도이체방크(Deutsche Bank)	237	242	286	177
스위스				
크레디트스위스홀딩(Credit Suisse Holding)	502	626	807	777
스위스뱅크(Swiss Bk. Corp.)	586	669	641	595
스위스유니언뱅크(Union Bk. Swtz, UBS)	545	641	615	522
네덜란드				
ABN 암로(ABN Amro)	278	357	346	316
미국				
뱅크아메리카(Bank America)	246	300	298	237
뱅커스트러스트(Bankers Trust)	272	331	191	−54
체이스(Chase)	215	327	356	280
케미컬(Chemical)	289	476	468	222
시티코프(Citicorp)	709	1,005	995	573
퍼스트시카고(First Chicago)	95	110	105	42
JP모간(J.P. Morgan)	85	262	179	131
캐나다				
몬트리올은행(Bank of Montreal)	118	135	132	110
노바스코샤은행(Bank of Nova Scotia)	86	106	112	133
CIBC(Canadian Imperial)	230	266	197	204
RBC(Royal Bank)	233	246	221	205
토론토-도미니언(Toronto-Dominion)	132	134	119	113

자료: 살로몬브러더스

빅터 니더호퍼의 투기 교실

실에 들르기로 했다. 그러나 15분 늦게 도착했는데 지각한 사정을 들어보니 씁쓸했다. 앨리버가 방문했던 대형 국제은행이 한 해 동안 외환거래로 2억 5,000만 달러를 벌어들였는데 회장이 은행에 수익을 안겨준 외환 트레이더 세 사람과 연말 보너스를 협상하느라 늦은 것이다. 앨리버 교수는 대형 국제은행들의 이익이 환차익 거래에 쓰는 비용에 비해 과도하다고 판단했다. 수입업체는 끊임없이 외환을 매입해야 하고 헤징 거래자는 위험을 줄이려는 욕구를 계속 충족시켜야 한다. 앨리버 교수는 이런 필요와 요구를 충족시켜 주는 대가로 딜러들이 비용 대비 과도한 수익을 챙긴다고 생각한다.

폴 드로사는 다른 측면을 보는데, 외환 딜러들에게 돌아가는 보너스가 대체로 채권 분야 트레이더들에게 지급되는 보너스의 4분의 1 수준임을 지적한다. 드로사에 따르면 보너스가 타 분야 대비 낮은 것은 수익이 시장 구조를 통해 창출된다는 사실을 은행 경영진이 알고 있기 때문이다. 두 가지 중요한 구조적 요인으로 매수매도 스프레드가 크다는 점, 동작이 굼뜬 참가자들이 내는 지정가주문이나 역지정가주문을 활용할 수 있다는 점을 꼽을 수 있다.

내가 보기에 딜러들은 라스베이거스나 애틀랜틱시티 카지노처럼 하우스 역할을 하고 있다. 1995년 일일 현물 외환거래 물량은 약 1조 2,000억 달러에 달했는데, 그중 3분의 1 정도는 대중과 은행 간 거래였고 3분의 2는 은행 간 시장에서 직접 거래된 물량이다.

전형적인 외환거래에서 은행은 10억 엔 거래 시 엔/달러 환율로 100.05/100.15를 제시한다. 즉 은행이 엔화를 살 때는 엔/달러 환율 100.05를 제시하고 엔화를 팔 때는 100.15를 적용한다. 은행의 스프레드는 0.10%, 즉 거래당 100달러에 10센트다. 매수세와 매도세가 균형을 이룬다고 가정하면, 은행의 수익은 거래당 스프레드의 절반이다. 이 수치를 곱하면 은행이 매년 얻는 평균 금액은 다음과 같다.

$$1/2 \times 0.10\% \times 1/3 \times 1.2\text{조 달러} \times 250\text{거래일} = \text{연간 500억 달러}$$

그런데 놀라운 것은 성과를 보고하는 은행들이 외환사업으로 벌어들인 이익이 고작 연간 80억 달러에서 100억 달러에 불과하다는 것이다. 이 금액이 총수익의 80%에 이른다고 가정하면, 외환거래에서 버는 수익은 매수매도 스프레드로 추정한 금액에 근접한다. 개인이나 일반기업 등 외환 보유자들은 대다수가 보유 포지션에 불리한 방향으로 최소 3% 환율 변동이 예견되지 않는 한 굳이 헤징을 하지 않는다. 스프레드로 은행들이 버는 돈을 보면 스프레드에 따른 추가 비용을 부담해야하는 개인이나 일반 기업이 웬만해서는 외환 위험을 헤징하지 않는 현실이 조금도 놀랍지 않다.

은행의 이익을 높이는 한 가지 요인으로 외환은 증권거래소 같은 중앙집권적 청산 기구가 없다는 점을 꼽을 수 있다. 고객은 사실상 처음거래에 진입한 곳에서 포지션을 청산해야 한다. 따라서 은행은 고객이어느 방향으로 매매를 진행할지 훤히 꿰뚫고 있다. 미리 자금을 예치해야 하므로 대다수 고객은 포지션 규모를 감당할 수 있는 자금만 은행에남겨둔다. 따라서 은행은 가용 증거금이 모두 소진되면 고객이 어느 방향으로 행로를 잡을지 알 수 있다.

예를 들어 고객이 외환 가치 대비 5%의 증거금으로 1,000만 달러를예치하고 2억 달러의 롱포지션을 보유하고 있다고 가정하자. 고객이시세를 문의하면 은행은 고객이 보유 달러를 매도해야 한다는 사실을눈치챈다. 그러면 은행은 일부러 달러 가격을 낮게 제시하려는 경향이있다. 그래야 은행이 싼값에 달러를 매입해 다른 고객에게 되팔아 수익을 창출할 수 있기 때문이다. 이런 입장에 처한 고객을 보면 '로치 모텔(바퀴벌레 퇴치용 미끼의 브랜드명. 싸구려 호텔을 빗댄 말 - 옮긴이)' 광고가 떠오른다. "체크인은 쉽지만, 체크아웃은 녹록하지 않습니다."

은행은 이렇듯 고객 머리 꼭대기에 있다. 은행이 점하는 우세를 깎아내리려고 노력해 보지만 은행은 항상 나보다 한발 앞서서 통로를 폐쇄해 버린다. 나는 시장에서 빠져나오기 직전에 은행에 전화해서 포지션을 얼마나 추가할 수 있는지 물어본다. 그러면 은행 측은 이렇게 말한다. "빅터, 왜 이렇게 귀찮게 해요? 수익이 나는 포지션은 절대 추가하지 않잖아요, 우리가 뻔히 아는데." 은행은 모르는 게 없다.

그런데 어떤 한 종이 다른 종을 먹이로 삼는 시스템에서는 두 집단 모두 일정한 이득을 유지하기 위해 기술을 사용하는데 이 기술은 계속 진화한다. 은행들이 활용해서 효과를 보고 있는 한 가지 기술은 모든 고객에게 거래 전에 미리 돈을 예치하도록 요구하는 것이다. 은행들이 거래에 따르는 신용 위험을 지지 않도록 막기 위한 장치다. 은행들은 거래가 성사될 때 각국 결제 시간과 은행 영업시간 차이 등 시차를 내세워 자금 선납 요구가 정당하다고 주장한다. 1974년 오스트리아에 있는 작은 은행인 뱅크에르스타트(Bank Herstatt)는 약 7억 달러어치 외환 거래를 정산하는 과정에서 파산했다. 이처럼 시차에 따른 리스크를 에르스타트 리스크라고 하는데, 이후 은행이 직면한 대형 리스크의 한 가지 예로 에르스타트 리스크를 꼽게 되었다. 앞서 설명한 로치 모델 방식 외에도 은행은 고객이 선납한 예치금을 투자해 짭짤한 수익을 챙길 수 있다. 은행은 고객 예치금을 투자해 연방기금시장에서 돈을 버는데 이 돈이 이자보다 액수가 크다.

고객에게는 방정식의 균형을 맞추기 위한 나름의 요령이 있다. 한 가지 전략은 여러 은행에 분산해 동시에 포지션을 청산하는 것이다. 이렇게 하면 시스템을 통해 은행 간 정산이 이루어져 버리므로 은행은 손해를 감수하고 어쩔 수 없이 청산해야 한다. 이런 상황을 방지하기 위해 은행은 고객이 함께 거래하고 있는 다른 은행들이 어느 방향으로 거래할지 의사를 밝히기 전에는 가격을 제시하지 않고 종종 뜸을 들인다. "대기 중입니다." 꽤 많은 물량을 거래할 때 내가 종종 듣는 소리다.

은행과 거래하면서 즉각 손실을 입지 않고 빠져나오는 경우는 드물다. 그런데 손실을 입지 않을 경우에는 어김없이 다음 날 은행 영업부장에게 전화가 온다. "빅, 딜러가 불만이 많아. 자네 거래는 전부 파악하고 있는 줄 알았는데 말이야. 자네가 전화해서 가격을 문의할 때마다 구내 스피커를 통해 자네 동태를 다른 사람들도 다 듣고 있어. 우리는 자네 스프레드를 5포인트로 설정하고 있어. 그런데 왜 그래야 하는지 슬슬 의문이 드는군."

"아지즈(Aziz), 그거야 그런 거래로 1년에 10억 달러씩이나 버니까 그렇죠. 거래에서 90%는 손해를 본다고 내가 어디 불평하던가요?"

고객이 은행과 힘의 균형을 유지하기 위해 사용하는 또 다른 방법은 브로커를 통해 주문을 내는 것이다. 하지만 은행들 역시 브로커와 소통하며 정보를 나누고 있다. 얼마 후면 은행들은 거래 규모와 행태에 따라 누가 거래하고 있는지, 어떤 포지션을 취하고 있는지 정확하게 파악하는 듯하다. 대다수 은행은 직관적으로 파악하는 정보 외에도 매매 방향, 고객 성향, 즉 고객이 추세 추종자인지, 피라미딩(원금 일부로 거래한 뒤 첫 거래에서 수익이 나면 원금과 수익금으로 다시 매매해 포지션을 쌓아가는 기법 - 옮긴이) 전략가인지 또는 손절매 유형인지를 식별하는 컴퓨터 프로그램을 운용한다. 이런 프로그램이 없다면 엔화 같은 특정 시장에서는 모든 외환거래 은행이 매일 서로 소통하면서 누가 롱포지션을 취하고 있고 누가 숏포지션을 취하고 있는지 추적 관찰하는 것이 관례다.

초식동물과 채권

채권 부문으로 눈을 돌려보자. 채권 딜러 역시 매수매도 스프레드에서 수익을 챙긴다. 이 시장의 하루 거래금액은 1조 달러에 이른다. 대체로 거래 스프레드는 $100^{1}/_{32}$에서 $100^{3}/_{32}$사이, 즉 100달러 단위당 0.0625%인 $100^{2}/_{32}$이다. 이는 외환거래시장으로 따지면 0.10% 스프레드에 맞먹는 규모다.

빅터 니더호퍼의 투기 교실

외환 딜러와 달리 국채전문딜러는 '보증금'을 요구하지 않는다. 고객의 포지션이 특정 은행에 묶여 있지도 않다. 국채의 경우 고객이 어느 한 금융기관에서 포지션을 취해도 다양한 청산은행이나 브로커를 통해 거래가 가능하다.

국채전문딜러는 이처럼 경쟁우위가 없으므로 양방향 가격, 즉 매수가와 매도가를 동시에 제시하려고 하지 않는다.

대개 이런 식으로 진행된다.

- 니더호퍼: 린다, 니더호퍼예요. 장기채 1,000만 달러 물량 매수하고 싶습니다. 가격 제시 바랍니다.
- 린다: 매도가 100 $^{3}/_{32}$입니다.
- 니더호퍼: 좋습니다.
- 린다: 밥(딜러), 니더호퍼에게 장기채 1,000만 달러 물량 팔아도 돼요.
- 밥: 팔겠습니다.

브로커는 고객의 매매 방향을 미리 알기 때문에 거래에서 잘못된 방향으로 들어서 위험에 노출되지 않도록 자신을 보호한다. 마지막으로 매매 담당자가 거래 제안을 딜러에게 전달하고 딜러가 매매를 수락하고 거래 성사를 매매 담당자에게 알리는 시간 사이, 거래가 열려 있는 10여 초 동안 딜러는 자신에게 불리한 움직임에 대응해 방어할 수 있다.

고객은 경쟁우위에서 균형을 잡기 위해 여러 딜러와 동시에 통화하는 경우가 많다. 그런 다음 서로 다투는 가격 중 최선의 매수가 또는 매도가를 선택한다. 대형 업체들을 위해 거래할 때면 나는 직통 회선 열두 개와 전화 스무 대가 구비된 트레이딩룸을 활용했다. 매매할 때면 트레이더들이 휴대전화에 무선전화, 그리고 엉성하게 조립한 전화기까지 들고 우르르 몰려오곤 했다. 이렇게 하면 동시에 호가를 전부 받아서 브로커들이 대응하기 전에 먼저 선수를 칠 수 있었다. 하지만 딜러들은 재빨리 적응했다. 메릴린치 브로커에게 종종 전화가 왔다. "채권 1억 달러 물량 매수합니다, 니더호퍼." 내가 미처 입을 떼기도 전에 메릴린치 브로커가 말했다. 메릴린치는 피츠버그 지사로부터 우리가 물량을 대규모로 매도한다는 소식을 듣고 그에 따리 호기를 조정했다.

육식동물과 헤지펀드

그물망 꼭대기에 있는 연결고리인 육식동물들, 사자, 독수리, 코끼리, 고래로 눈을 돌려보자. 시장에서 녀석들에 버금가는 최상위 포식자는 헤지펀드다. 주로 부유한 개인들이 출자한 돈으로 조성되는 헤지펀드는 1996년 중반 현재 총 700억 달러 규모로 추정된다. 이 돈더미 꼭대기에는 퀀텀펀드가 있는데 약 35년 동안 매년 35%의 수익률을 달성했다. 퀀텀은 규모만 봐도 어질어질할 정도다. 배당금을 전부 재투자하고 세금이 없다고 가정할 때 1962년 퀀텀에 1,000달러 투자했다면 1995년에는 150만 달러 넘게 불어났을 것이다.

물론 성공하는 헤지펀드 수만큼 나가떨어지는 헤지펀드도 있다. 해마다 대형 헤지펀드가 파산한다. 그러면 살아남은 펀드는 더 강해져서 투자자들이 보기에 이전보다 수익성이 더 좋아 보인다. 성공한 펀드는 실패한 펀드보다 훨씬 몸집이 크다. 업계 보도매체에 따르면 헤지펀드는 최근 몇 년간 연평균 20%의 수익률을 기록하고 있으며 모두 합치면 수익성이 어마어마하다. 이들 슈퍼 포식자의 총규모가 700억 달러 언저리고 단순 매수 후 보유 전략에 비해 연간 10% 높은 수익을 올린다고 가정하면 연간 70억 달러에 해당하는 에너지를 대중이 추가로 공급해야 한다는 의미다.

딜러들은 매수매도 스프레드에 집중하지만 헤지펀드는 훨씬 다양한 전략과 수단을 활용한다. 그렇다면 헤지펀드가 수익을 올리는 비결이 뭘까? 일부 순진한 평자들은 정부 관료들과 트레이더 사이의 지속적인 교류 덕분에 수익을 본다고 설명한다. 잘나가는 펀드를 보면 일리가 있어 보인다. 트레이더들이 어떻게 나올지 동향을 파악하면 정부는 경쟁 우위에 서며, 그 반대 역시 마찬가지다. 이런 긴밀한 관계를 통해 잘나가는 펀드는 시장 자금이 흐르는 방향에 맞춰 포지션을 취할 수 있다. 대형 펀드는 기업, 정부, 딜러 들이 시장 이벤트에서 이득을 취할 만한 상황을 찾는다. 그런 다음 서로 손을 맞잡고 특정한 방향으로 조직적으로 움직여 시장을 조정한다.

일부 펀드매니저는 호화로운 장소에서 이런 교류와 소통이 원활하게 이루어지도록 주선한다. 정부나 의회 등 공공부문 관료나 의원이 민간기업으로 옮기는 경우가 있는데 수많은 전직 고위 관리가 이런 회사에서 일하거나 자문 서비스를 제공하고 있다. 호화로운 장소에서 인맥을 구축하며 소통할 형편이 안 되는 업체는 이런 회사와 제휴한다. 한편 이런 식으로 경쟁우위를 점하기에는 계층 사다리가 높지 않다면 중앙은행에서 일하는 배우자나 유엔에서 일하는 친구가 있으면 도움이 된다. 중앙은행장이나 컨트리클럽 회장과 주기적으로 테니스를 쳐도 도움이 된다. 애석하지만 나는 호화로운 부동산도 없고 아내는 어린 자식들을 건사하느라 눈코 뜰 새 없다. 게다가 '그린스펀 박사'는 테니스를 칠 때 베이스라인에 딱 붙어서 슬라이스를 치기 때문에, 서브 후 네트로 달려가 발리샷을 때리는 내 경기 스타일과 영 맞지 않는다.

그런데 이 점을 감안하더라도 포식자가 어떻게 매수매도 스프레드를 극복할 수 있는지는 여전히 불투명하다. 최근 몇 년간 헤지펀드는 단기 차입을 통해 주식과 채권에 장기 투자하는 경향이 있었는데 확실히 이 전략에 힘입어 수익률이 개선되었다. 상승장에서는 이런 레버리지 전략이 잘 먹힌다. 하지만 더 깊은 곳에서 분명 무슨 움직임이 있다. 딜러들이 펀드를 운용하기 위해 보유하고 있는 재고의 가치는 변동 가능성을 내포하고 있는데 변동 폭이나 확률은 불확실하다. 어느 정도 보유해야 최적일지, 재고 물량을 매입하기 위해 지불해야 할 가격, 또 매도할 때 청구할 가격은 어떨지도 불확실하다. 딜러로서는 헤징을 용이하게 해주는 투기거래자와 거래해 위험을 줄일 수 있는데, 이처럼 위험을 회피함으로써 차입금을 계속 활용할 수 있다. 보험사와 마찬가지로 일부 대형 헤지펀드는 수익을 얻는 대가로 딜러와 거래에 따르는 위험을 기꺼이 감수한다. 딜러들은 대개 펀드를 운용하기 위해 금융상품 재고를 유지하기 때문에 결국 투기거래자는 딜러에게 상품을 구매한다. 딜러는 금융상품을 매수하는 투기꾼에게 비용을 청구한다.

가치에 투자하기보다는 스프레드를 포착하는 편이 비교적 안전하다. 그런데 딜러는 가치투자보다는 스프레드를 포착하는 안전한 활동에 주력하면서 재고 가치 변동에서 오는 영향을 차단할 수 있다. 은행과 공급업체는 가격 변동을 방어할 능력이 있는 딜러들에게 기꺼이 더 많은 차입금을 제공한다. 종종 딜러들은 상당히 많은 물량을 취급하고 수익성이 매우 큰 사업에 손을 대기도 하는데 재고 위험을 줄일 수 없다면 불가능했을 일이다. 대형 헤지펀드가 시장에서 활발하게 움직이면 딜러의 위험 단위당 보상뿐 아니라 총수익도 개선된다.

분해자와 트레이더

생물이 죽으면서 생기는 잔해물은 분해자들에게 자원이 된다. 가장 흔한 분해자로 박테리아, 곰팡이, 벌레, 진드기, 달팽이, 까마귀, 하이에나가 있다. 대다수 생태계에서 분해를 전문으로 하는 종의 수는 생산자와 소비자 단계에 관여하는 종의 수보다 현격하게 많다. 생태학자들은 분해자의 행동에 찬사를 보낸다. 예를 들어 열정이 넘쳤던 다윈은 집 근처에서 지렁이가 30년마다 약 18센티미터 깊이의 토양층을 새로 형성한다는 사실을 발견했다.

브로커들은 시장 생태계에서 분해자 역할을 한다. 브로커는 주문을

빅터 니더호퍼의 투기 교실

소화할 수 있는 크기로 쪼갠다. 브로커 분해자는 주문 진행 단계에 따라 크게 세 범주로 나뉜다. 고객에게 주문을 받는 증권사 브로커, 주문을 소화하는 장내 트레이더, 기업 파산 전후에 시장에 유통되고 있는 사체(死體), 즉 계약을 재활용하는 파산 전문가가 있다.

증권사가 전문으로 하는 일은 개인 고객과 헤저(hedger)를 시장에 소개하고 거래소에 있는 다른 가격 할인 에이전트들(reducing agents)에게 주문을 전달하는 것이다. 1995년 개별 주식에 대한 중개 수수료 총액은 50억 달러로 추정된다. 대다수 증권사는 수수료를 받는 대가로 계속 유입되는 시장 정보를 고객에게 제공하고, 브로커는 24시간 거래소에 접근해 거래를 수행하거나 정규 거래 시간 외에 발생하는 시장 안팎 동향을 추적한다. 나는 특히 꾸준히 성과 상위권을 유지하는 회사가 어디인지, 증권사 애널리스트들이 전망하는 특정 종목이나 업종에 관한 수급 추정치가 얼마인지 눈여겨본다. 이런 정보를 들여다보면 내가 길을 잘못 들었을 때 손실이 난 이유를 규명하는 데 도움이 된다.

주요 분해자 집단인 상품거래소 회원은 일단 주문이 장내로 전달되면 주문을 소화한다. 미국에서만 5,000명이 넘는다. 큰손 장내 트레이더들은 BMW를 타고 롤렉스 금통을 차고 요트를 사고 1년에 챙기는 돈만 수천만 달러라는 소문이 하도 무성하다 보니 정말 그런가 싶다. 표 15-4에서 제시한 회원권 가치를 보면 돈방석에 앉을 수도 있다는 사실이 입증된다.

브로커가 받는 보수는 대부분 매수매도 스프레드에서 나온다. 시카고상업거래소(CME)와 시카고상품거래소(CBOT)가 보고한 바에 따르면 1996년 하루에 약 100만 건 계약이 이루어진다. 미국에 있는 모든 거래소에서 총거래량이 일일 300만 건이라고 가정하고 이 중 3분의 1은 일반 대중과 회원 간에, 나머지는 회원과 회원 간에 이뤄지는 것으로 추정하자. 상품 거래의 평균 스프레드는 대략 S&P 10분의 1포인트 또는 계약당 50달러다. 여기에서 절반을 수수료로 가져간다. 1년 거래일

표 15-4. 거래소별 회원권 가격

거래소	회원 수	1996년 중반 회원권 가격* (달러)
시카고상업거래소(CME)	625	60만
시카고상품거래소(CBOT)	3,661	60만
뉴욕상품거래소(NYMEX)	816	40만
뉴욕증권거래소(NYSE)	1,366	120만

* 매수매도 스프레드 중앙값

을 250일로 보면 수수료는 다음과 같다.

300만 × 1/3 × 250 × 25달러 = 연간 62억 5,000만 달러

이 수치는 외환 딜러, 국채전문딜러, 헤지펀드가 가져가는 몫의 절반 수준이다.

1996년 중반 현재 시카고상업거래소의 회원권 가격은 불과 1년 전 고점 대비 약 40% 하락했다. 십중팔구 수수료가 빠른 속도로 감소하고 있다.

장내 트레이더가 수익을 챙겼다는 것은 반대편에서 대중이 슬리피지로 손실을 봤다는 뜻이다. 그런데 두 집단 사이에 존재하는 이런 자금 흐름은 가격에 내재된 악마 같은 속성 탓에 더욱 힘을 받는다. 가격이 가능한 최악의 수준으로 치달을 때 대중의 활동은 최고조에 달한다. 대중이 가장 격렬하게 매도할 때 가격은 최저 수준으로 이동하고, 대중이 가장 격렬하게 매수할 때 가격은 최고 수준으로 이동한다. 이런 현상이 얼마나 다반사로 일어나는지 소름 끼칠 정도다. 게다가 가격은 툭하면 올바른 포지션을 취한 트레이더들을 겁줘서 쫓아내는 방향으로 행보한다. 그런데 겁에 질린 트레이더들이 허둥지둥 청산하자마자 가격은 그제야 쏠쏠한 수익을 창출할 수 있는 수준으로 이동하곤 한다.

이런 경향을 종합해 보면 할인 에이전트들이 매수매도 스프레드를 초과하는 액수를 주머니에 챙기는 이유가 드러난다. 대중은 이렇게 입은 손실을 슬리피지로 인식한다.

게다가 여느 무리와 마찬가지로 가격 할인 에이전트들 역시 타인을 희생양 삼아 수익을 추구하는 기량을 계속 갈고닦는다. 적어도 1660년부터 여러 주문을 모아 한 번에 거래하는 폭탄 매매(bagging trades), 이미 거래가 진행되고 있는 다른 거래자의 정보를 빼내 먼저 거래하는 새치기 매매(front-running), 다른 거래자들이 설정한 손절가까지 고의로 가격을 조정하는 손절가 악용 매매(running stops), 지나치게 넓은 스프레드(excessive spreads) 등에 관한 책이 나왔다.

일부 분해자는 생명이 없는 물체를 재활용하는 데 만족하지 않는다. 끈적끈끈이버섯과 균근 같은 특정 균류는 생명체 위에 자란다. 웅대한 설계 속에 각각의 생물이 제 역할을 수행하는 방식은 효율적이며 분업화돼 있다. 이런 모습을 보다 보면 아름답기까지 하다. 하지만 내가 두 눈 시퍼렇게 뜨고 살아 있는 동안에는 상대가 내 돈과 몸을 뜯어 먹도록 냐두지 않을 참이다.

1995년 3월 엔/달러 환율이 폭락하면서 내가 엄청난 손실을 보자 이전에는 나한테 고맙다고 조아리던 사람들이 나를 먹잇감 취급했다. 사무실에서, 그리고 전화기 너머에서 다양한 유기체들이 내 몸을 뜯어 먹으려고 달려들었다. 먼저 친구들이 전화를 걸어 내가 곤경에 처했다는 소문이 떠돈다며 입방아를 찧었다. 브로커들도 전화해서 증거금을 더 내라고 요구했다. 보유 포지션이 최저점에 도달하자, 그러니까 최악의 순간이 되자 눈 깜짝할 새 손실을 입었는데 브로커는 장부상 손실을 즉각 메꾸라며 득달같이 다그쳤다. 브로커들이 줄줄이 전화를 걸어 현재 내 재정 상태를 검토하고 신용한도를 떨어뜨렸다. 마침내 거래 은행에서 전화해 우려를 표명하고 미상환 대출 잔고를 몽땅 상환하라고 요구했다. 얼마 지나지 않아 그들은 신용한도를 50% 줄였다. 내가 아직 살아 있는데도 독수리들이 빙빙 선회하고 온몸에는 구더기가 바글바글 했다.

시장이 하락하자 자금력이 약한 고객들은 전화를 걸어 따졌다. "어쩔 작정입니까? 손절 수준을 어디에 설정했죠?" "스트레스가 장난 아니네 요." 나는 동생 로이에게 이렇게 물었다. "정신 사나워서, 원. 너도 이랬 니?" "나로 말하자면, 사람들이 내 사무실에 와서 포지션이 어떻게 되 나 지켜봤다니까." 로이가 대답했다.

시장에서 도륙이 한창일 때 대표적인 주간지에서 업계를 취재하고 싶다며 전화했다. 잡지사에서는 기사를 내보내기 전에 내가 파산했 다는 소문이 사실인지 확인하고 싶어 했다. 나는 회사 운용 자산에서 50% 손실을 입었지만 버틸 수 있다고 설득하면서 16개월 내리 수익성 이 좋았고 손실이 난 건 기껏 한 달뿐이라고 말했다. "할렘 글로브트로 터스(묘기 농구단)도 25년에 한 번은 집니다." 이렇게 말하면서 공감대를 이끌어내도록 말투에도 신경 썼다. 어쨌든 주간지는 기사를 실었다. 10주 동안 회사는 벼랑 끝에 대롱대롱 매달려 있었다. 우리 회사와 거 래하는 청산은행이 그 기사를 보고 낌새를 챈 모양이었다. 청산은행이 회사 신용도를 끌어내렸을 때는 그야말로 목숨이 간당간당했다.

사형수들이 일과 하나를 마치고 다른 일과를 위해 열 맞춰 이동하면 죄수들이 일제히 외친다. "죽은 목숨들 행차시오." 대학살 당시 로이터, 텔러레이트, 인터넷에서도 이 구호가 귓가에 맴돌았다.

8년 동안 패배를 기록하지 않은 체스 달인 카파블랑카는 1924년 뉴 욕국제대회에서 리처드 레티(Richard Reti)에게 졌다. 머리를 한 대 얻어 맞은 듯 사방에 침묵이 흐르다가 열광적인 박수갈채가 쏟아졌다. "곧 대륙에 있는 모든 체스 선수가 이 소식을 접했다. 그 짧은 순간 레티는 왕이었다. 체스 선수에게 그 순간은 전장에서 승리를 거머쥔 장군만큼 이나 감격스러운 순간이다." 대회 기록지는 이렇게 찬사를 보냈다. 그 러나 카파블랑카는 곧 회복해 대회 나머지 기간에 무패 행진을 이어갔다. 나 역시 3월 참패에서 반등했는데, 3월 말에는 손실분을 겨우 3%까지 줄였고 이후 12개월 동안 60% 넘게 성과를 올렸다.

내가 보기에 투기거래자 폴 드로사는 소로스와 어깨를 나란히 한다고 해도 손색이 없는 인물이다. 그런데 드로사도 손실이 어마어마했다. 1995년 6월 드로사가 운용하는 자금은 1995년 1월 고점 대비 60% 감소하며 바닥을 찍었다. "지난 5년 동안 친구들, 파트너들에게 몇억 달러를 벌어줬지만 아무도 연락하지 않았죠. 그런데 거기서 5분의 1 정도 떨어지자마자 전국에 있는 신문사, 언론이 하나같이 지면에 대문짝만하게 도배를 하더군요. 전에 내가 벌 때는 어디 있었답니까?" 드로사는 나한테 보낸 편지에서 이렇게 토로했다.

나는 의리를 지키는 친구다. 드로사가 풀이 죽어 지내자 나는 드로사가 운용하는 펀드에 투자했다. 그것도 펀드 자산 총액의 20%에 해당하는 금액을 단번에 넣었는데 7월이 되자 펀드는 반등했다. 드로사는 US 오픈 골프대회에서 뛰고 있는 친구를 따라갔다가 용기를 얻었다고 말했다. 친구는 아마추어 자격으로 참가했는데 몇 홀 연속 보기를 범한 것도 모자라 파4홀에서 첫 번째 티샷이 오른쪽으로 벗어났다. 여분의 공으로 다시 쳐야 하나 싶을 정도로 티샷이 엉망이었다. (관중과 골프협회 관계자의 도움으로) 공을 겨우 찾았지만 우뚝 솟은 나무가 벽처럼 가로막고 있는 데다 공이 시네콕 힐스 러프에 깊숙이 묻혀 있었다. 실수한 골퍼를 벌하는 러프인 셈이다.

아무튼 낭패를 당했지만 아마추어 선수는 반격에 나섰다! 샌드웨지를 잡고 우격다짐으로 나무를 넘겼고 3번 우드로 그린 앞쪽 프린지에 공을 올렸다. 그런 다음 칩샷으로 공을 그대로 홀에 넣어 기적처럼 파로 막았다. 이 선수는 기개와 참을성이 있었고 운도 조금 따라준 덕분에 어찌어찌 몇 타 만회했고 세계에서 가장 어렵다는 골프 대회에서 71타를 기록했다. 선두권에 불과 몇 타 뒤지는 훌륭한 기록이었다.

다행히도 스쿼시는 다섯 게임 중 세 게임을 이기면 월계관을 차지할 수 있다. 내가 첫 게임을 지면 종종 상대측 응원단이 기뻐 날뛰며 응원하는 소리가 들린다. 성과 상위 트레이더들이 어떤 분기에서 손실을 입으면 들리는 소리와 하등 다를 바가 없다. 그런데 경기가 끝날 무렵이면 응원단은 인상을 찌푸리고 이마에 주름을 잡고 고개를 흔들며 이렇게 중얼거렸다. "니더호퍼라면 아주 신물이 나."

독수리, 까마귀, 벌레가 채소나 동물계에 갇힌 영양분과 미네랄을 재활용하는 속도를 보면 장엄함마저 느껴지는 한편 으스스할 정도로 효율적이다. 재활용 사슬의 구조를 알고 있기 때문에 나는 잡아먹히기 전에 내뺄 수 있도록 대비하려고 애쓴다. 사형수 대열에 서서 행진할 일을 애초에 만들지 않는 게 좋으니까.

하지만 빛나는 이력에도 불구하고 한 번은 '사형선고'를 받았다. 1987년 주식시장 붕괴에 따른 여진이 아직 남아 있을 때였다. 나는 채권 선물을 보유한 상태에서 채권을 공매도했다. 그런데 채권이 연일 상종가를 치며 마감하는 바람에 선물 계약으로 현금 포지션 손실을 상쇄할 수가 없었다. 7년 동안 수백억 달러를 거래해 온 우수 고객이었지만, 거래처인 투자은행은 즉시 환매하지 않으면 파산 절차와 자산 압류 절차를 밟겠다며 내게 으름장을 놓았다.

이 투자은행은 명성이 자자한 상장기업이었다. 아무튼 하루 이틀 뒤에 겨우 갚기는 했다. 하지만 부아가 나서 계좌 이체로 송금하는 대신 수표를 끊어 보냈다. 계좌를 취급하는 영업직 여사원에게 나중에 들은 이야기로는 은행장이 나를 거래처에서 퇴출하도록 지시했다는 것이다. 이후 은행장이 여러 번 바뀌었다. 그리고 지난 8년간 영업팀에서 계좌 개설을 권하는 전화를 수없이 받았다. 그러면 나는 이렇게 충고한다. "블랙리스트를 확인하는 게 좋을 겁니다. 나는 잘나신 그쪽 무리에 낄 수가 없답니다."

규칙과 규정

겉보기에 연관성이 없는 듯한 현상도 시장 생태계 모델에 비추어 보면 연관관계가 뚜렷이 드러난다. 증거금 요건은 선물거래라는 바퀴가 계속 돌아가도록 하는 데 중요한 역할을 한다. 증거금 요건이 상대적으로 낮으면 선물거래로 순식간에 떼돈을 벌기도 하고 순식간에 막대한 돈을 날리기도 한다. 주식시장의 최저 증거금 요건은 현재 50%다. 다양한 상품시장에서 증거금 요건은 일반적으로 2%에서 10% 범위에 있다. 증거금은 다양한 독립 상품거래소와 청산회사에서 설정하며, 상품선물거래위원회(CFTC)와 미국선물업협회(NFA)의 감독을 받는다.

특정 시장에서 증거금 요건을 결정하려면 솔로몬(Solomon)의 지혜가 필요하다. 거래소의 생존을 보장할 수 있는 수준이 되도록 계산해야 한다. 대중이 들어와서 충분한 속도로 거래를 해야 관계망 작동에 필요한 수수료가 나온다. 따라서 증거금은 대중이 시장에 들어와서 이런 역할을 할 수 있을 정도로 충분히 낮아야 한다. 또한 대중이 패배를 인정하고 "당장 포지션을 청산해 줘요!"라고 외치면 거래소 회원들은 슬리피지를 이용해 수익을 챙길 수 있다. 슬리피지는 수익을 낳는 또 다른 황금거위다.

거래소들은 아슬아슬하게 줄타기를 한다. 증거금이 너무 높으면 새로운 선수가 시스템에 들어오지 못한다. 또 증거금이 너무 낮으면 선수는 오버트레이딩의 유혹에 빠진다. 오버트레이딩을 하다 보면 파산하기 십상이므로 다시 게임에 복귀하지 못한다.

증거금을 1%로 설정했다고 하자. 이 경우 가격이 1%만 움직여도 밑천이 두 배로 불어나거나 알거지가 된다. 하루 도박치고는 너무 위험이 크다. 하루 동안에 일어난 가격 변동으로 미청산 포지션의 가치가 뚝뚝 떨어지고 증거금도 쪼그라들면 평생 모은 돈이 허공에 날아간다. 이런 일을 겪고 나면 웬만한 고객이라면 다시 10만 달러를 마련해서 어찌해 보겠다는 생각은 품지 않는다.

증거금은 또한 고객의 악성 부채에서 회원을 보호하는 중요한 역할을 한다. 업계로서는 불운한 경험이지만 깡통계좌만 남은 고객이 아무런 조치도, 처벌도 없이 곱게 빠져나가는 경우가 왕왕 있다. 정말 지독한 경우를 제외하고는 회원사에서 빚쟁이를 상대로 법적 조치를 취해봐야 별 소득이 없기 때문이다. 가격 변동 폭 제한과 시세평가에 따른 증거금 조정은 고객들이 게임을 계속하고 상황이 통제 불능이 되기 전에 회원이 고객 때문에 입은 손해를 만회할 수 있도록 해준다.

주식시장에 참여하는 대중에게 요구되는 최소 50% 증거금에는 몇 가지 장점이 있다. 그중 하나를 꼽자면 주식 투자자가 주식을 장기 보유하게 만든다는 것이다. 뉴욕증권거래소 주식의 연간 평균 회전율은 100%에 못 미친다. 기관은 일반 개인 투자자보다 평균 회전율이 더 높아 보인다. 증거금 소진, 도박꾼의 파산, 오버트레이딩, 부화뇌동 심리, 브로커의 각종 술책, 이 밖에도 수많은 요인이 선물시장과 외환거래시장에서 대중을 산 채로 잡아먹는다. 그러나 50% 증거금 규정이 있으면 이런 요인들이 미치는 영향이 훨씬 줄어든다.

매매를 계속하려면

그 밖에 거래소 규정들은 대중이 역할을 질서 있게 수행하도록 고안된 규칙들이다. 예를 들어 대다수 거래소는 참가자들끼리 직접 자산을 사고파는 교차 거래(cross trade)를 금지하고 있다. 모든 거래는 거래소 회원이 한쪽 당사자가 되어야 한다. 이 제도가 있기에 일반 참가자는 매수매도 스프레드를 지불하게 된다. 이 규정이 적용되지 않는 한 가지 예외는 오사카증권거래소(Osaka Stock Exchange)에서 거래되는 닛케이 주식시장 개장 시와 마감 시 계약이다. 이 시간대에는 교차 거래가 허용되는데 의무 사항인 최소 수수료가 비싸서 매수매도 스프레드보다 비용이 더 많이 든다. 종래부터 주식시장에서는 일반 투자자가 개장에 다른 투자자와 시가에 거래할 수 있도록 허용해 왔다. 다른 투자자에 비해 거래량이 적으면 나는 언제나 개장에 맞춰 시가에 개별 종목을 거래한다.

트레이더들이 첫날부터 학습하는 유명한 지침이 있는데 그중 일부는 오늘날 관점에서 재조명되고 수정되고 있다. 규칙 제1호 "손절가를 활용해 손실을 제한하라." 손실은 뼈아프지만 빈털터리가 되는 것보다는 훨씬 덜 아프다는 취지다. 이 규칙에서 파생된 다양한 변종으로는 "상승세에 베팅한 황소도 돈을 벌고, 하락세에 베팅한 곰도 돈을 벌지만, 돼지는 탐욕을 부리다 도살된다" "손실은 짧게 끊어라" "추세와 싸우지 말라" "항상 시장과 발맞춰 매매하라" 등이 있다. 이런 규칙들이 정말 그 자체로 값어치가 있는지는 모르겠다. 하지만 브로커 입장에서는 고객이 손절가를 활용하면 회전율이 올라가므로 수익이 늘어나고, 고객이 알거지가 되는 일이 없으므로 채무상환 불이행에 따른 손실도 줄어든다.

손절가 활용은 어느 정도 상식에 부합하는 측면이 있다. 또한 장내 에이전트들은 가격을 손절가 수준으로 이동시켜 돈을 벌 수 있다. 손절가에 걸려 자동으로 청산되면 손실은 미리 결정된 '허용 가능한 수준'으로 제한되며, 브로커는 고객이 신용 위험으로 작용하는 사태를 막을 수 있다.

나는 한 번도 손절가를 이용해 본 적이 없다. 심지어 나 자신을 구제하는 수단으로도 손절가를 활용하지 않았다. 고정된 규칙을 정해놓고 청산하면 대적들에게 너무 유리하게 작용하기 때문이다. 손절은 마치 상대가 좋은 샷을 연속으로 날리면 경기에서 자동으로 기권패하는 꼴이다. 손절가 설정을 대체할 수 있는 적절한 대안은 재앙이 닥치지 않을 만큼 위험 비율을 낮춰서 거래하는 것이다.

대중은 상승에 베팅한다

대중은 매매 시 상승에 베팅하는 심리적 성향을 가지고 있다. 특히 시장에 새로 들어오는 사람일수록 이런 성향이 있는데, 이들 중 대다수가 매수를 선호한다. 왜 이런 경향을 보이는지가 학계에서 논쟁거리다. 인간에게는 희망을 품고 미래를 낙관적으로 보려는 끈질긴 성향이 있는데, 학계 일각에서는 희망이라는 감정 때문에 가격 상승에 대한 기대 심리가 작용한다고 본다.

그러나 매수 포지션을 편애하는 원인이 '소유' 성향의 작용이라고 보는 시각도 가능하다. 주식시장에서 공매도는 여러 가지 걸리적거리는 게 많은 거래다. 차입 비용에 주식을 갚을 때 대여 주식의 배당금까지 지급해야 하며 거래가 적은 주식은 대여하기도 어렵다. 더 중요한 문제는 아마추어 투자자가 주식을 공매도한다는 개념에 익숙해지기 어렵다는 사실이다. 소유하지도 않은 것을 판다는 것이 어딘지 불길할 뿐 아니라 이해하기도 어렵다. 장외시장(OTC)에는 '공매도 타도 클럽'이 있는데 이들은 스스로를 악에 대항하는 정의로운 십자군으로 자부한다. 이런 클럽이 존재한다는 것은 공매도를 백안시하는 정서적 편견이 존재한다는 사실을 입증한다.

황금빛 롤러코스터

1979년 말부터 1980년까지 시장 시스템의 역학관계에 끔찍한 일이 일어났다. 금값과 은값이 계속 뛰었다. 금은 온스당 300달러에서 800달러로 거침없이 상승했고, 은은 온스당 5달러에서 50달러로 펄펄 날았다. 인플레이션에 열광하는 사람들, 귀금속 자산을 좋아하는 사람들, 그리고 재난에서 살아남는 것이 목표인 생존주의자들 모두 제철을 맞았다(그리고 특정 출판물에서 이들은 여전히 흔적처럼 살아 있다). 하지만 장내 트레이더들에게는 끔찍한 소식이었다. 가격이 너무 빨리 올라서 수익을 내거나 공매도를 청산할 기회가 영영 오지 않았다.

위험 회피 수단으로 금과 은을 보유한 사람들 역시 낭패를 당했다. 실물 금을 보유하는 사람은 금속을 가공하거나 판매하는 과정에서 대개 헤징 수단으로 선물 계약을 매도한다. 선물 가격이 불리하게 움직이면 증거금을 더 지불해야 하지만 실물 상품을 보유했다고 해서 그에 상응해 계좌 잔고가 불어나지는 않는다. 설상가상으로 많은 헤징 거래자는 선물 매도 포지션의 대상이 되는 실물 재고를 인도할 수 없는 형태로 보유한다.

1995년 7월, 헨리 재러키(Henry Jarecki) 박사와 함께 저녁을 먹었다. 재러키 박사는 1980년 금과 은의 가격 급등 당시 전 세계에서 두세 번째로 손꼽히는 큰손 헤저(hedger)였다. 박사는 가격 급등 기간에 헤징 거래를 유지하는 데만 하루에 추가 증거금으로 1,000만 달러나 내야 했다고 말했다(다행히도 위기가 최고조에 달했을 때 사업에 굶주린 은행가와 우연히 만나서 문제가 해결되었다). 알고 보니 박사의 장모가 브라이튼 비치에서 오래 살았고 우리 아버지와도 친한 사이였다. 우리는 식당에서 박사의 장모에게 전화했다. "오, 그래, 경찰관 아티. 대단한 사람이었지. 아주 똑똑하고. 금발에 테니스를 멋지게 쳤어. 교수가 됐고. 자식이 셋 있었는데 하나가 상품 도박꾼이 됐어."

헤징 거래자는 보통 돈을 차입할 수 있었기 때문에 가격 급등에도 살아남았지만, 많은 거래소 회원은 사정이 달랐다. 시카고상업거래소와 뉴욕상품거래소에서 일부 회원은 정상적인 시장 조성 과정에서 떠맡은 은 공매도 포지션이 수억 달러 적자를 기록하면서 파산에 직면했다. 시카고상업거래소와 뉴욕상품거래소는 헌트 일가의 시장 조작으로 가격이 급등했다고 보고 어느 날 공매도 환매 거래 외에는 금과 은 선물을 더 이상 살 수 없다고 선언했고 마침내 강세는 꺾였다. 은 선물을 '신규' 매수하는 행위가 불법이 된 셈이다. 상승에 베팅하는 투자자는 이 상황이 난감했다. 시장이 균형을 유지하려면 대개는 매수와 매도 행위 모두 필요하다.

매수 금지령 직후 은값이 폭락하면서 연일 '하한가'로 장이 열리고 금값도 동반 하락했다. 거래소 회원들은 죽다 살아났다. 헌트 일가는 제 손으로 무덤을 판 꼴이 되었다. 보유한 은 포지션에서 엄청난 손실을 입었을 뿐만 아니라 시장 조작과 포지션 한도 위반으로 기소되었다. 헌트 일가는 결국 4억 달러를 지불하라는 판결을 받았다. 이 사태가 미친 영향은 또 있다. 금속에서 입은 손실로 타격이 컸던 탓에 15년도 더 지난 지금도 투자자들은 상처를 핥으며 추스르고 있다. 하루 5만 건의 계약을 거래하던 시카고 금속시장은 이제 사실상 존재하지 않는다. 은값은 전고점 대비 7% 하락했다. 그리고 금값은 온스당 약 390달러에서 맥을 못 추고 있는데 몇 년에 한 번씩 20달러 정도 오르거나 떨어진다.

그런데 흥미로운 반전이 있었다. 얄궂게도 뉴욕상품거래소와 이 거래소 이사회 임원들은 양측 당사자로부터 모두 고발당했다. 매수 포지션을 보유한 측은 거래소가 매수를 금지했다며 소송을 제기했다. 공매도 포지션을 보유한 측은 거래소가 신속하게 조치를 취하지 않았다며 소송을 제기했다. 나는 은 공매도를 보유하고 있었기 때문에 가격이 급등하는 난리 통에 수백만 달러를 날렸다. 합의금으로 3분의 1 정도는 내 몫으로 돌려받을 자격이 있었을 텐데, 진절머리가 나서 사건이 있고 약 7년 후 기록을 모조리 버렸고 증거로 대체할 만한 자료도 찾을 수 없었다. 엎친 데 덮친 격으로 파산 신청을 한 회계사들도 기록을 분실했다. 투기거래를 하면서 큰 손실을 입는다면 기록을 오래오래 보관하는 것이 좋다. 사태가 어떤 식으로 해결될지 모르기 때문이다.

역사는 반복되는 경향이 있다. 1993년 가을, 런던금속거래소(LME)에서 구리 가격이 상승했다. 일본에서 손꼽히는 어느 대형 트레이딩회사가 가격 상승을 지휘했다는 소문이 돌았다. 거래소 딴에는 지혜를 짜내 해결책을 내놓았는데 구리 근월물 선물 계약 가격이 다음 원월물 선물 계약 가격을 초과할 수 있는 범위를 제한했다. 런던금속거래소 의장인 데이비드 킹(David King)은 이 전략에 대해 질문을 받자 짜증스럽게 대답했다. "누군가를 보호하자는 조치가 아닙니다. 분명 런던금속거래소 계약이 세계 기준 가격으로 활용되기 때문에 우리는 가격이 예측 수준과 일치하도록 가능한 한 보장해야 할 의무가 있습니다."

1996년 5월까지는 이 설명이 타당해 보였다. 당시 구리는 파운드당 1.30달러에 거래되고 있었다. 하지만 덩치가 큰 몇몇 육식동물은 수급 상황에 비추어 볼 때 이 가격이 정상이 아니라고 판단했다. 이들이 공매도에 나서면서 스미토모사가 악질 트레이더 하마나카 때문에 26억 달러의 손실을 입었다는 사실이 드러났고, 다음 달 구리 가격은 40% 폭락했다. 몇 달 전 스미토모 회장은 하마나카 씨(미스터 코퍼)를 "내가 만난 사람 중 가장 정직한 사람"이라고 언급한 바 있었다. 이 사달을 계기로 개혁안, 즉 증거금을 올리는 등 개혁 조치가 나왔지만 업계에서는 증거금 인상으로 거래가 마비될 수도 있다며 우려하고 있다.

경쟁 배제

대다수 생태학 교재는 포식자와 먹이 수 변동을 결정하는 요인들을 핵심 내용으로 다루고 있다. 개체수, 성장률과 환경의 수용 능력이 서로 미치는 영향을 규명할 때 연립 미분 방정식을 활용하는데, 이때는 흔히 도식법을 이용한다. 도식법에서 도출된 한 가지 결론을 경쟁 배제의 원칙이라고 부른다. 비슷한 유형인 두 종은 같은 틈새를 차지할 수 없으며, 완전경쟁 관계인 두 종은 공존할 수 없다. 한 실험실에서 함께 배양된 초파리나 짚신벌레는 이 원칙을 입증하고 있다. 시카고상품거래소 금시장과 뉴욕상품거래소 금시장, 또는 시카고상품거래소 주식선물과 국제화폐시장 주식선물처럼 완전경쟁 관계인 두 시장이 공존할 수 없다는 사실은 경험으로 확인되고 있다.

방정식에서 매개변수를 살짝 조정하면 언제나 그에 맞추어 결론이 도출된다. 틈새를 따로 나누어 두 종을 분리하면 공존이 가능하다. 흔한 예로 아프리카 세렝게티에서 나뭇잎을 먹는 기린과 풀을 먹는 누가 공존한다는 사실을 꼽을 수 있다. 시장에서는 틈새들이 너무 전문화되어 있어서 제대로 설명하려면 책 한 권 분량이 필요하다. 전 세계에서 계약 규모가 가장 큰 시카고상품거래소의 미국 장기국채와 국제화폐 시장의 유로달러 선물은 서로 불과 7블록 거리에서 거래된다. 미국 장기국채는 30년 만기로 발행되며 유로달러 선물은 3개월 만기로 발행되므로 금리도 전자는 30년 단위, 후자는 3개월 단위로 결정된다. 하지만 둘 다 하루 24시간 긴밀한 상관관계를 보이며 한 틱, 한 틱 움직인다. 따라서 두 계약의 가격 동향을 면밀히 분석하면 수익을 창출할 적절한 틈새를 찾을 수 있다. 시장 생태계의 틈새를 보여주는 실례로 손색이 없다.

이런 원칙들, 그리고 이에 상응하는 사례를 분석한 연구 결과를 보면 몇 가지 근본적인 질문이 떠오른다. 예를 들어 식물과 동물의 관계가 분포와 풍부도를 결정하는 방식은? 그런 구조가 계속 균형을 유지하면서 굴러가고 지속되며 시장에서 자멸하지 않도록 방지하는 것은 무엇인가? 하지만 굳이 정교한 모델을 개발하려고 애쓰지 않아도 명백하게 드러나는 구조가 있다. 피라미드 상위 단계가 활동하고 성장하려면 하위에서 토대를 이루는 생산자 유기체들이 끊임없이 새로운 물질이나 돈을 수혈해야 한다. 그러면 상위 단계에서는 활동과 성장에 따른 대가를 지불한다.

피라미드에서 어떤 위치에 있든 최소한 순 유출자금과 같은 수준으로 자금이 유입되지 않으면 시장 참여자는 버틸 수 없다. 게다가 참여자들이 부지런히 거래할 수 있는 물리적 환경을 유지하려면 막대한 비용이 든다.

대중은 새로운 에너지를 제공해야 하는 기초 생산자다. 쓰러진 사람들로 생산량에 공백이 생기면 새로운 구성원들이 계속 들어와 공백을 메운다. 매년 대중이 기여하는 몫에서 시스템 운영비용뿐만 아니라 피라미드 더 높은 자리에서 가져가는 수익이 발생한다. 그러나 소비자(은행, 헤지펀드, 증권사)도 욕심을 부리면 안 된다. 소비자는 새로 진입하는 대중 참여자가 다시 채울 수 있는 분량보다 더 많은 자원을 가져갈 수 없다. 그렇지 않으면 시스템 자체에서 먹이 공급이 줄고 먹이가 줄면 경쟁은 과열되고 과열 경쟁에 발목이 잡히면 시스템이 제대로 돌아가지 않는다. 이렇게 되면 극단적인 경우 멸종으로 이어질 수도 있다. 따라서 이런 그물망이 으레 그렇듯 시장이라는 그물망에서 포식자와 먹이 사이에는 끈끈한 공통의 이해관계가 존재한다.

항상성 기능

그렇다면 이해관계의 조화는 어떻게 유지되는가? 생명체에는 질서 있는 상태를 유지하기 위한 장치가 있다. 이는 모든 생명체에 공통된 특징으로, 이런 경향을 항상성이라고 한다. 체계이론에서는 이를 음의 피드백이라고 부른다. 윌리엄 벡이 쓴 《Life(생명)》를 비롯해 많은 표준 생물학 교재가 수백 페이지를 할애해 항상성과 음의 피드백 기제를 설명하고 있다. 생명의 생화학적 기반, 세포 기반, 유기체 및 개체군 생물학에 쏟는 관심만큼이나 이 주제를 깊이 있게 다룬다. 저자들은 살아 있는 유기체의 모든 기능이 환경의 영향을 약화하는 기능을 수행한다는 점을 보여준다. 더욱이 환경 변화에 영향을 받지 않더라도 시스템은 항상성을 유지하는 방향으로 작동해야 한다.

신진대사는 영양소를 쓸 수 있는 에너지, 즉 생명 활동의 밑바탕이 되는 재료로 바꾼다. 배설 기관은 신진대사 과정에서 나오는 불필요한 부산물을 유용한 재료에서 분리하고 유용한 재료는 계속 보유한다. 이로써 현 상태, 특히 화학 조성이 현 상태 그대로 보존된다. 죽음을 맞이하면 이런 항상성 기제는 더 이상 작동하지 않는다. 항상성 개념은 생물학에서 아주 중요한 핵심 개념이다. 항상성은 생물학적 구조의 모든 측면에 스며들어 있다.[10]

면역 체계는 외부 미생물의 침입을 무력하게 만드는 방어기제다. 배설 시스템이 존재하는 목적은 신체의 화학적 균형을 교란할 수 있는 노폐물을 제거하는 것이다. 시장에서는 거래소 관계자와 상품선물거래위원회, 미국선물업협회 같은 상품 규제 기관이 백혈구와 유사한 기능을 제공해 백혈구가 죽일 수 있는 이물질을 찾고 식별한다(시장 참가자들이 이물질이라는 얘기는 아니다).

인간이 하는 흔한 항상성 행동이 체온 조절이다. 일상적인 인간 활동에 적합한 최적 체온은 37도인데 체온이 37도 이상으로 상승하면 피부에 있는 감각기관이 이를 감지하고 뇌에 체온이 상승했다는 신호를 보낸다. 뇌가 이 정보를 효과기(effectors)에 전달하면 효과기는 피부로 가는 혈류를 증가시킨다. 이 과정에서 땀이 나온다. 땀이 증발하면서 열이 소실되면 체온이 낮아진다. 체온이 일정 지점 이하로 떨어지면 이와 유사한 기제가 발동하는데, 이번에는 혈류량이 감소하고 몸이 떨린다. 이런 신체 활동은 열을 발생시켜 체온을 올린다.

시장에서는 다른 시장의 가격 행보가 체온 역할을 한다. 다른 시장의 가격 변동은 음의 피드백을 제공해 마뜩잖은 가격을 균형 수준으로 되돌린다. 그런데 가격을 추종하는 무리 때문에 상황은 복잡해진다. 가격이 균형 수준에서 일정 폭 이동하면 이들은 균형에서 이탈하는 방향으로 투기 포지션을 취할 가능성이 높다. 이것이 양의 피드백을 제공해 가격은 이전 수준에서 더 멀리 이탈한다. 이런 피드백으로 수급 상황에 비해 지나치게 높거나 낮은 수준까지 가격이 이동한다. 이때 삐걱거리는 시장을 균형 상태로 이끄는 것은 다른 시장의 행보다. 문제는 사건이 벌어진 이튿날 아침이 밝기 전에는 균형 수준이 어디인지 아무도 모른다는 점이다.

앨런 그린스펀 연준 의장과 웨인 에인절(Wayne Angell) 전 연준 이사는 금이 보내는 신호를 십분 활용했다. 금값이 과도하게 오르면 연준은 인플레이션 온도를 낮추기 위해 제동장치를 세게 밟을 때가 되었다고 판단한다.

나는 1992년 뉴욕상품거래소 연례 만찬에 참석했는데 그 자리에서 당시 이사였던 에인절[이후 연준을 떠나 먹거리가 더 많은 투자은행 베어스턴스 (Bear Stearns)로 옮김]이 금값을 두고 청중을 떠보았다. 에인절은 금값이 350달러를 돌파할 때마다 중앙은행으로서는 금을 매도해 금값을 낮은 수준에 계속 묶어두고 싶은 마음이 굴뚝같지만, 금이 시장에서 하는 항상성 기능이 망가질까 봐 포기했다고 말했다(뜨거운 박수갈채). 행사 참석자는 1,000명 남짓이었다. 그런데 에인절이 그 사람들 밥줄을 죄다 끊어놓을 수도 있는 발언을 하며 반응을 떠보는데도 사방에서 에인절에게 굽실대기 바빴다. 연준은 물론이고 각종 미 정부기관이 업계에 엄청난 영향력을 행사하고 있다는 증거였다.

요즘 소로스는 투기꾼들 때문에 시장이 불안해질 수 있다는 견해를 기회 있을 때마다 피력한다. 그러면서 투기꾼들의 활동을 규제하기 위해 새로운 '세계 기구'를 창설하자고 요청한다. 이 문제는《금융의 연금술(The Alchemy of Finance)》에서 처음 언급했는데, 소로스는 이 책에서 자신이 경험한 양의 피드백 사례를 나열하고 있다. 양의 피드백이란 가격 이탈 관련 정보가 다른 반응을 촉발해 불에 기름을 끼얹듯 가격이 계속 정상 수준에서 이탈하는 과정이다.

양의 피드백은 실제로 일어나는 현상이다. 예를 들어 리처드 도킨스 (Richard Dawkins)는《눈먼 시계공(The Blind Watchmaker)》에서 한 챕터를 할애해 변형된 양의 피드백을 통해 공작 꼬리가 진화한 과정을 보여주면서 다툼, 세계 분쟁, 자연에서 일어나는 온갖 파열을 다룬다. 암컷이 큰 꼬리를 선호하기 때문에 꼬리가 큰 수컷이 번식에 성공할 확률이 높다. 생식 측면에서 큰 꼬리를 선호하는 경향이 암수 양성의 유전자 풀에 반영되기 시작하면서 큰 꼬리를 소유하는 특징이 널리 퍼지게 되었다. "실용성이라는 측면에서는 꼬리를 더 짧게 만드는 쪽을 선택(더 오래 날 수 있음)하고 생식 측면에서는 더 길게 만드는 쪽을 선택"하는데 평균 길이는 '이 둘 사이의 타협'이다.[11]

인체 내부에는 이런저런 항상성 기제가 있지만 체온이 37도에서 너무 멀어지면 균형 조정 과정이 깨진다. 예를 들어 체온이 40.5도보다 높아지면 신진대사가 빨라진다. 신진대사가 빨라지면 더 열이 나는데, 몸이 스스로를 식히는 능력보다 이 과정이 더 빨리 진행되면 열사병과 죽음으로 이어질 수도 있다. 나는 이런 이유 때문에 아이들이 기포가 나오는 욕조에 들어가면 몇 분 후에 나오게 한다. 마찬가지로 체온이 낮으면 신진대사가 느려져 체온이 더 떨어지므로 저체온증으로 사망할 수 있다.

가격이 평형에서 벗어나는 행보를 보일 때 추세 추종 펀드가 방어 조치로 손절가를 활용하고 거기에 옵션 위험을 회피하려는 딜러들까지 가세하면 평형 상태에서 이탈하는 가격 행보는 일시적으로 더 힘을 받기도 한다. 그러나 신체가 항상성을 유지하는 무수한 음의 피드백 활동에 의해 체계가 잡히듯, 시장은 조화를 이루려는 다른 시장의 영향에 의해 균형을 이룬다. 투기거래자는 이런 관계를 관찰하고 직간접으로 가격 행보를 활용해 시장을 적절한 수준으로 되돌린다. 투기거래자가 이런 활동으로 손실을 보는 경향이 있다면, 투기거래자는 번성하거나 번식하지 못할 것이다.

항상성 또는 음의 피드백이 모든 자연 생태계와 인간 생태계를 지배하는 데는 이유가 있다. 대다수 생물은 최적의 수준 또는 그 언저리에서 기능한다. 만약 규제가 이 범위 내에서 제어된다면 그런 규제는 무척 유용하다. 시장과 역발상 투자자 또는 시장과 가치투자자의 상호작용은 시장의 항상성을 유지하는 중요한 동력이다. 초국가적 기관을 통해 시장에 개입하려는 사람들은 다윈의 숭고한 사상을 곰곰이 생각해 보자.

그러므로 상상력을 발휘해서 다른 종보다 더 유리하도록 어느 한 종에게 우위를 부여하는 작업을 시도해 보자. 십중팔구 어떻게 해야 할지 도무지 감을 잡기가 힘들 것이다. 이를 통해 모든 유기체의 상호관계에 대해 우리가 얼마나 무지한지 확신하게 된다. 우리가 무지하다는 사실은 인식하기 어렵다. 하지만 어려운 만큼 우리가 무지하다는 사실을 인식할 필요가 있다.[12]

"재무장관이 일냈군."

갈무리하며

Victor Niederhoffer

The Education of A

SPECULATOR

생태계를 헤아려 보라. 내가 상대해야 할 녀석은 어디에 살고 있는가? 녀석은 무엇을 먹는가? 느린 미끼에 잘 반응하는가, 아니면 빠른 미끼에 잘 반응하는가? 언제나 리듬을 고려하라. 빠르게 또는 느리게 흐르는 물살에 보조를 맞춰 움직여라.

모든 것이 얼키설키 엮여 있다. 좋은 결과를 얻으려면 언어, 과학, 경제, 문학, 종교, 예술에 관심을 기울여라. 《햄릿(Hamlet)》을 기억하라. "인간이 낚시 미끼로 쓰는 벌레가 왕을 뜯어 먹은 녀석일지도 모르죠. 물고기가 왕을 뜯어 먹은 벌레를 삼키고 그 물고기를 또 인간이 먹을지도 모른다는 말씀."

만약 내 실력이 어느 정도인지 알아야겠다면 대회나 시합에 참가하라. 하지만 명심하라. 대회나 시합에 적합한 기술은 평소에 일어나는 소동에서 이기는 기술과는 차원이 다르다. 승자는 잃을 것이 없으므로 당신이나 나나 평소 적절하다고 생각하는 것보다 훨씬 큰 위험을 감수한다.

무엇보다 역발상을 시도하라. 일단 월척을 낚으면 같은 장소에서 또 낚을 확률은 희박하다. 제일 좋은 물고기는 깊은 물에서 헤엄치며 모든 물고기가 같은 미끼를 물지도 않는다.

세상만사 날씨의 영향을 받지 않는 것이 없다. 보름달이 뜨면 가장 손쉽게 낚아 올릴 수 있는 녀석들이 종종 지근거리에 있다. 바람은 친구지만 종종 바람의 방향으로 게임의 양상이 바뀌고 사냥감의 반응도 달라진다.

가장 약한 사냥감이 가장 잡기 쉽다. 전쟁터에서 뒤처지는 녀석이 보이면 엄청난 월척을 낚아 올릴 채비를 갖추라.

침착하라. 감정을 억제하라. 큰 소리를 내면 집중력이 흐트러지고 물고기에게 내 위치를 들킬 수도 있다. 월척을 갖고 집으로 돌아가 잘한 행위는 무엇이었으며 잘못한 행위는 무엇이었는지 되짚어 본 뒤 승리를 만끽하라.

체계적으로 접근하라. 통하는 방법은 무엇인지, 안 통하는 방법은 무엇인지 계속 기록하라. 이 기록을 분석하면 어떻게 바꿔야 성공할 가능성이 제일 높은지 알 수 있다. 특히 수확이 초라하면 무언가 바꿔야 한다. 미끼를 바꾸는 등 다른 방법을 시도해 보라.

하지만 게임에는 나보다 나은 사람이 많다는 사실을 알고 겸손한 자세로 전설적인 대가들에게 배우려고 노력하라. 수많은 위대한 인물이 '합리적인' 가격에 세미나를 제공해 지혜를 기꺼이 공유하고 있다. 주기는 항상 변한다. 오전에 승리로 이끈 기술은 정오나 마감 때 승리하는 기술과 다르다.

이런 지침서를 읽을 때면 우선 낙심이 된다. 맙소사! 누가 선수를 쳤어. 내가 최고의 혜안으로 꿰뚫어본다고 생각했는데 이미 다른 사람이 통찰했고, 책으로 나와 동네 서점에서도 구할 수 있다니. 벌써 세상에 쫙 깔렸다고.

그런데 나중에 알고 보니 이 글은 투기시장에 관한 지혜가 아니라 물고기를 잡는 가장 좋은 방법, 즉 낚시질에 관한 조언이었다. 낚시 기술과 물고기는 투기거래자에게도 교훈이 되는 듯하다.

우리 회사에서 통계 분야 컨설턴트를 맡고 있는 스티브 스티글러가 연구 보고서를 보냈다. 다름 아니라 '큰입배스의 낚시 취약도가 유전될 가능성(Heritability of Angling Vulnerability in Large Mouth Bass)'에 관한 보고서였다. 텍사스 주정부에서 수행한 연구로, 어딘지 골턴의 향기가 나는 그런 보고서였다. 스티글러는 이 보고서가 투기거래자로 성장하는

데 나한테 도움이 되리라 생각했다. 이미 알아차렸겠지만 추세 추종자들이 몇 달 연거푸 돈을 벌었다고 해도 나중에도 같은 결과를 얻는다는 보장이 없다. 이 물고기 실험은 시사하는 바가 크다.

스티브가 보낸 보고서에는 인공 미끼로 세 번 이상 잡힌 배스(따라서 취약한 집단 출신으로 간주됨. 그림 16-1에서 옅은 색 막대로 표시)와 한 번도 잡히지 않은 배스(그림 16-1에서 짙은 색 막대로 표시된 경계심이 강한 집단)를 분리했다. 두 집단에게 산란을 허용하자 취약한 부모의 자손은 경계심 강한 부모의 자손에 비해 잡히는 빈도가 두 배 높았다. 연구는 다음과 같은 결론으로 마무리된다.

포획 후 방류하는 낚시터, 장애인을 위한 도시 어부 프로그램처럼 많이 잡는 것, 즉 어획량을 극대화하는 것이 바람직한 곳에서는 낚시에 취약한 큰입배스를 풀어놓는 것이 분명히 유익하다.[1]

그림 16-1. 큰입배스 낚시 취약도

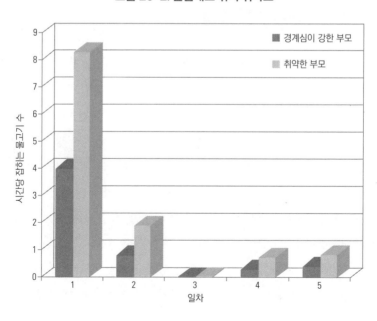

그림 16-2. 월스트리에서 낚시하는 대담한 어부

이처럼 주정부가 복지 차원에서 개입하는 것을 폄하할 생각은 추호도 없지만, 나는 의회 의원들에게 편지를 써서 법안 통과를 요구할 참이다. 나처럼 취약한 부모를 둔 희생자들에게 보상하는 법안 말이다.

브라이튼에서 있었던 흥정

마틴 할아버지는 흥정이라면 영 재주가 없었다. 어느 정도인가 하면 하마터면 브루클린 다리를 살 뻔했다. 할아버지는 가업으로 과일가게를 운영하고 있었는데 '그랜드센트럴 개발청'에서 직원 두 명이 극비 제안이라며 할아버지에게 접근했다. 그랜드센트럴터미널 경영진이 안내소를 폐쇄하기로 결정했다고 했다. 손님이 물으면 매표원들이 대답하면 되는데 귀한 자리를 안내소로 내줄 필요가 없지 않은가? 아무튼 시민들이 항의하는 사태를 방지하기 위해 주말 동안 조용히 바꾼다고 했다. 현금 2만 5,000달러만 예치하면 공간 사용권은 니더호퍼 차지라고 했다. 매일 가게에 몰려올 배고픈 통근자 무리를 생각해 보라. 다행히도 할아버지 가족은 중개수수료만 물었고 사기는 당하지 않았다.

빅터 니더호퍼의 투기 교실

그림 16-3. 사기에 휘말린 터미널 과일 가판대

　"호구는 시시각각 태어난다"는 명제를 입증하듯, 사기꾼들은 더 비싼 값, 그러니까 10만 달러를 쾌척하겠다는 고객도 찾아냈다! 홀랑 잘도 속아 넘어간다. 청과업에 종사하는 형제 둘은 평생 모은 돈을 건네고 다음 날 그랜드센트럴 역에 모습을 드러냈다. 그러자 볼썽사나운 소동이 벌어졌다. 형제는 천도복숭아, 상추, 마늘, 토마토 따위를 진열할 선반을 만들려고 목재와 도구를 손에 들고 왔다. 그다음은 예정된 수순이었다. 경찰이 형제를 억지로 끌어내야 했다. 속았다는 사실을 인정하기란 쉽지 않다. 그 후로도 형제는 몇 년째 매일 나타나서는 종주먹을 들이대고 안내소에 있는 직원들에게 고함을 질렀다. 형제는 외지인들이 자주 찾는 명물이 되었고 통근자들에게는 오며 가며 즐기는 구경거리가 되었다.

형편없는 협상가라면 할아버지와 아버지는 오십보백보였다. 우리는 휴스턴가와 러들로가 모퉁이에 있는 세계 최대 델리숍인 카츠델리(Katz's Delicatessen)에 자주 갔다. 경찰관은 식당, 커피숍 같은 곳에서 '가장 선호하는 고객'이었는데 경찰관이 가게에 들어오면 치안 유지에 도움이 되기 때문이다. 은퇴한 경찰관 루비(Ruby)가 계산대를 관리했는데 손님이 경찰이면 영수증에 표시하는 금액을 조정했다.

어느 날 아버지와 나, 아버지 동료 밀티(Miltie)가 같이 카츠델리에서 밥을 먹었다. 밀티는 푸짐하게 먹고는 돈을 내지 않고 루비 바로 앞을 쓱 지나갔다. 밀티는 추가로 프랑크 소시지 스물네 개와 파스트라미 450그램도 포장했다. 밀티가 문 앞에 이르자 루비가 더 주겠다며 붙잡는다. "이봐 밀티, 한국에 있는 아들 몫으로 살라미도 가져가."

아버지와 내가 밀티를 따라가며 루비에게 계산서를 건넨다. "뭐 먹었어?" 루비가 묻는다. "콘비프 샌드위치 두 개, 감자튀김, 콜라 하나, 커피 한 잔이요. 아주 맛있던데요. 감자튀김도 맛있고 따뜻했고요."

"2달러 80센트네."

"2달러 80센트?" 아버지가 못 믿겠다는 듯이 밀티가 옆구리에 끼고 있는 살라미를 가리키며 묻는다.

루비가 대답한다. "아, 미안하네. 자네가 맞아. 커피를 깜박했군. 2달러 90센트네."

아버지는 사업에는 도통 소질이 없었다. 아버지도 잘 알고 있었다.

시장은 뒤죽박죽 어수선하기 마련인데 아버지한테는 그런 면이 성가시기 짝이 없다. 아버지는 물건값을 놓고 흥정한 역사가 없다. 값을 얼마를 부르든 그냥 지불했고 따지지 않았다. 만약 제품에 하자가 있거나 식사가 만족스럽지 못하면 '구매자 주의 원칙'을 내세웠다. 즉 사는 사람이 주의 깊게 확인했어야 한다면서 "어쩌겠어. 내가 샀잖아. 이제 알았으니 다음부터 저 가게에 얼씬도 안 하면 돼"라고 말했다.

유감이지만 나도 아버지를 닮아서 쭈뼛거리며 선뜻 물어보지를 못한다. 내가 이처럼 차마 깎아달라는 말을 못 하고 주저했던 이유는 아버지처럼 흥정을 금기시하거나 고상한 뜻이 있어서가 아니라 젊은 시절 여자에게 데이트 신청을 했을 때처럼 거절하는 말을 듣는 게 두려워서였다. 성인이 되고 나서도 한참 동안 이런 약점을 극복하지 못했다. 떠올리기 괴로운 기억이지만 말을 못 하고 입을 꾹 닫았다가 1,500만 달러를 날렸다. 1965년 사업을 막 시작했을 때, 동업자들이 수익 분배를 어떻게 할지 물었다. 내가 유일한 상근직이니 90%는 가져갈 자격도 있고 가져갈 수 있다고 생각했지만 요구하기가 부끄러웠다. 그래서 겨우 이렇게 제안했다. "똑같이 나누는 게 어때?"

지금은 어떤 일이든 흥정한다는 원칙을 세워두고 있다. 내 경우 사업에서 협상할 때와 개인으로 소비할 때, 두 가지 인격으로 사는 것이 잘 안 된다. 따라서 개인 영역에서 흥정하는 연습을 해서 사업에서 완벽하게 써먹어야 한다. 만약 투기거래자가 흥정으로 최선의 거래를 이끌어낼 수 없다면, 신뢰할 수 있는 친구에게 맡기라고 조언하고 싶다.

많은 상인에게는 흥정이 살아가는 한 가지 방식이다. 부르는 가격이 바뀌지 않는다는 생각 자체가 상인들에게는 얼토당토않은 소리다. 소비자와 공급자 사이에 상호 유익한 거래가 여러 차례 이어지면 이를 토대로 사업이 굴러간다. 원하는 바를 말하고 현재 내가 가진 자원에 견주어 이득(가격)이 어느 정도인지 가늠하는 행위는 지극히 정상이다. 요즘 나는 이렇게 한다. 상인에게 값을 물어보고 상인이 대답하기 무섭게 '질문'을 추가한다.

"예산을 좀 초과하네요. 현금 구매나 대량 구매하면 에누리해 주나요?" 급할 때는 단도직입으로 묻는다. "이 물건 제일 저렴한 도매가가 얼마죠?" 사람이 선량해 보이면 짐짓 처량한 표정으로 쳐다보며 이렇게 속삭인다. "이봐요. 우린 한배를 탔어요. 얼마면 됩니까?" 가끔 이런 말이 입에서 술술 나오면 웃음을 참을 수가 없다. 나는 소매가에서 평균 50% 정도 에누리를 받고 있으며 주인이 운영하는 업장에서 10%에 못 미치는 할인가로는 단 한 번도 물건을 구매하지 않았다. 이렇게 흥정하다 보면 사업에 대비해 연습이 된다. 살아남으려면 스프레드를 좁혀달라고 요청하고 관철해야 한다. 바라건대 내가 다음 고객을 위한 길을 닦아서, 미래 고객들이 순진한 봉 취급을 안 받았으면 한다. 무엇보다도 상인 입장에서나 내 입장에서나 게임을 망치지 않았다는 게 뿌듯하다.

시장가를 물어볼 때 내가 으레 하는 일이 있다. 바로 거래하기 한참 전에 여러 딜러에게 연락해 시장이 어느 방향으로 기울고 있는지 확인하는 것이다. 안타깝게도 정보에도 수확체감의 법칙이 적용된다. 만약 자동차를 사는데 제일 싼 차를 찾고 있다면, 딜러가 제시하는 가격들이 수렴하는 지점이 있다. 세 번째 딜러에게 연락할 때쯤이면 매수매도 스프레드를 좁히려고 해도 딱히 소득이 없다. 세 번째 딜러에게 전화할 때면 나는 딜러와 유도 대결을 각오한다. 딜러들은 일단 내가 어느 쪽으로 기울고 있는지 알면 나와 반대 방향의 주문을 낸다.

나는 그렇게 하도록 내버려 둔다. 만약 지금 매도할 생각이라면, 딜러의 주문서에 매수 지정가주문을 내고, 매수할 생각이라면 매도 지정가주문을 낸다. 이를테면 현재 채권 가격이 101.08이고 101.31에 매도할 생각이라면 101.01에 매수 주문을 낸다. 그리고 이렇게 덧붙인다. "무슨 꿍꿍이인지 알려고 하지 마."

딜러들은 고객이 보내는 신호를 보고 다음 행보를 예측하는 데는 귀신인데, 이런 딜러들의 솜씨를 나한테 유리하도록 역이용하는 것이다. 그런 다음 여러 딜러에게 동시에 전화를 걸어 시장가격을 알아본다. 딜러 한 명이 제안한 매수 가격이 어떤 경쟁 가격보다 나아도 스프레드가 너무 넓으면 절대 수용하지 않고 호가 스프레드를 좁혀달라고 요청한다. 마지막으로 수많은 호가 중에서 최선을 선택한다. 이 과정이 약 2초 정도 걸린다. 티끌 모아 태산이다. 이런 사소한 것들이 모여 승리를 얻게 된다. 이 과정을 통해 각 거래에서 채권 액면가의 0.01%를 추가로 절약하는데 이 금액이 1년 총수익의 적어도 50%에 해당한다.

우리 시대에 닥친 공황

이 책을 담당하고 있는 편집자가 골머리를 싸매며 따가운 질책을 쏟아내는 바람에 글을 다시 다듬고 있을 때였다. 또 한 번 공황이 월가를 휩쓸었다. 역사상 이런 경우가 있었나 싶게 공황이 온다고 미리부터 설레발이 요란스러웠다. 폭락 사태 이전인 7월 초에 이미 잡지들은 차례로 주식시장 공황을 예상하는 기사를 실으며 폭락장을 예견했다. 잡지에 이런 기사가 실리면 매수 전략을 꺼내야 한다는 신호다.

종가 기준으로 10% 폭락은 아니었지만 1996년 7월 16일 화요일 거래소 사방에서는 "10% 하락!"이라는 외침이 울려 퍼졌다. 이날 하루 동안 뉴욕증권거래소에서만 6억 8,800만 주가 거래되면서 주식 역사상 신기록을 세우기도 했다. 폭락장이 이어지고 S&P지수는 불과 10거래일 전인 7월 1일 종가 675.88에서 11% 하락해 601.25로 떨어지면서 바닥을 쳤다. 같은 날 나스닥지수는 고점인 1,065.33에서 57.08포인트 하락한 1,008.25로, 라운드 넘버인 1,000 바로 위에 아슬아슬하게 턱걸이했고, 5월 31일 종가 대비 19%나 밑돌았다.

끔찍했던 45분 동안 S&P 선물은 625에서 610.25로 곤두박질쳤다. 7월 1일 종가 대비 10.4% 폭락한 것이다. 어떤 가격에도 개별 보통주를 사들일 매수세가 없자, 기술주에 주로 투자하는 뮤추얼펀드가 유동성을 확보하기 위해 지수선물을 매도했기 때문이다. 예전에는 단주 공매도 세력이 매도세 과다를 나타내는 지표였으나, 이제는 정교하고 물정에 밝다고 하는 뮤추얼펀드가 그 지표가 되었다.

해외 증권거래소들도 덩달아 타격을 받았다. 오스트레일리아와 태국은 8개월 저점을 경신했고, 화요일에는 거의 모든 나라에서 최소 2% 하락했다. 뉴욕에서는 토네이도가 아직 시작도 하지 않았다. 이 토네이도가 공황으로 발전하지 않았다면 제시 리버모어는 결코 파산하지 않았으리라.

토네이도가 맹렬히 회전하면서 깔때기 모양 회오리가 생기면 닭들이 산 채로 털이 뽑힌다고 한다. 1996년 7월 16일, 주식시장에 불어닥친 토네이도와 그 여파로 기술주 주주들 역시 털이 뽑히는 신세가 되었다. 오후 1시 30분까지 아메리카온라인(America Online), 어센드(Ascend), 아이오메가 같은 수많은 기술업계 거성이 개장 대비 10~20% 하락했고, 깔때기가 발생한 당일에만 상승 마감했다. 모틀리풀이 총애하는 아이오메가가 대표적으로, 이날 하루 20% 하락한 19⅛을 기록했다. 휴대용 컴퓨터와 휴대용 모뎀을 사용하는 모틀리풀 채팅 회선 사용자들이 거센 폭풍 속에서 침착하자며 악전고투했지만 7주 전 고점에서 63% 폭락하며 하락세가 이어졌다. 특히 토네이도가 부는데 물량을 많이 보유하고 있는 누군가가 계속 버티라고 꼬드기면 언제나 의도가 의심스럽다. 뮤추얼펀드도 롤러코스터를 타고 아찔하게 추락했다. 대형 펀드들은 당황한 투자자를 진정시키려고 24시간 비상 전화응대팀을 꾸렸다. 주식형펀드 상환은 기록적인 수준에 이르렀다.

소용돌이가 한창일 때 나는 한 시간 만에 어물어물 자산의 15%를 날렸다. '침착해'라고 충고하는 동료도 없었다. 내가 곤욕을 치른다는 소문이 월가에 퍼졌다. 추가 증거금을 요구하는 브로커들을 향해 나는 이렇게 중얼거렸다. "당신들도 나만큼 힘들겠지." 다우존스지수가 한 시간 만에 200포인트 상승하자 나는 본전을 건지는 수준에서 필사적으로 포지션을 정리했다. 걸핏하면 감당 못 할 일에 뛰어드는 사람들이 늘 그렇듯 허둥지둥 본전을 건졌다. 그런데 매도하자 다우존스지수는 다시 50포인트 껑충 뛰었다.

회오리가 한바탕 휩쓸고 간 후 주요 신문은 화요일 시장을 대학살, 살인, 피바다, 도살, 참패, 블랙홀, 끝 모를 추락, 수그러들지 않는 재앙이라며 떠들었다. 그러면서 입에 담기도 힘든 과거 공황들과 비교했다. 그러나 〈뉴욕타임스〉 같은 신문에서는 1929년 10월 28일과 1987년 10월 19일에 일어난 무참한 파국과, 1996년 7월 16일 화요일에 발생한 딸꾹질이 어떻게 다른지 조명하려고 노력을 기울였다. 〈뉴욕타임스〉 증시 논평은 정교하고 유용하기로 정평이 나 있는데 다행히 지금도 꾸준히 지면에 증시 논평을 싣고 있다.

여느 때처럼 힘 있는 기관에서는 자신들 덕에 참사를 피했다며 자화자찬했다. 신문에서는 "서킷 브레이커(주가 급등락 시 주식 매매를 일시 정지하는 제도 - 옮긴이)가 놀라서 줄행랑치는 군중의 폭주에 제동을 걸었다"며 자랑했다. 그러나 반대로 주가가 S&P 선물시장이 30분간 가격 제한폭을 동결하는 기점인 다우 30포인트에 가까워지자, 자금력이 달리는 주식 보유자들이 장 마감 전에 허겁지겁 매도에 나서면서 낙폭을 더욱 키웠다. 반면 시장에서는 하락 흐름이 멈췄다. 주가가 하락하는 사이 단기채 수익률은 0.2% 하락했다. 애초 기준금리 인상이 예견되면서 시장이 하락했으므로 결국 기준금리 인상은 무산되었다. 장기채 금리가 7% 아래로 떨어지자 나 같은 투기꾼들이 앞다퉈 사들였다. 같은 날 몇 분 뒤 다우존스지수는 상승했다.

캔들스틱 분석과 처벌

매일 저녁, 도쿄에 있는 세련된 바에서 아름다운 40세 여성이 카펫이 깔린 대리석 계단을 내려온다. 여자가 빙긋 웃으며 밑에 있는 손님들에게 손을 흔들자 손님들이 요란하게 웃으며 여자를 맞이한다. 그리고 이렇게 외친다. "안 돼, 끔찍해! 저리 가! 멈춰!" 여자가 마지막 계단을 내려오자 남자들은 한 손으로 자기 음부를 잡은 채 다른 손을 휘저으며 여자를 쫓아낸다.

매력적인 일본 여성 '도시코 상'이 술집에 들어오면 밤마다 이런 소동이 벌어진다. 여자의 전남편은 저명한 국회의원이었는데 남편이 아리따운 게이샤와 바람을 피웠다. 여자는 이 사실을 눈치채고는 남편의 생식기를 잘라낸 다음 일본의 전형적인 의례대로 초절임했다. 감옥에서 5년 복역하고 나온 뒤 여자는 유명인사가 되었고 도쿄 나이트클럽 안주인으로 성공했다.

의례를 중시하는 습성은 일본의 기술적 분석 업계에도 여실히 드러난다. 일본인들은 캔들스틱 분석이라고 부르는 차트 작성법을 개발했다. 캔들스틱은 수직선(음영)과 직사각형 막대(봉)로 구성되는데 수직선은 일 중 고점과 저점, 봉은 일 중 시가와 종가를 보여준다. 종가가 시가보다 낮으면 검은색 봉, 그 반대면 하얀색 봉이다. 캔들스틱 패턴 이름으로는 흰 꽃(White Blossom), 금성(Evening Star), 교수형(Hanging Man), 임신부(Pregnant Woman), 도지(Doji, 시가와 종가가 같거나 비슷함을 의미하는 핵심 패턴) 등이 있다.

캔들스틱 분석 기법에는 단점이 많지만 그중 가장 뚜렷하게 드러나는 결함은 시각 측면이다. 종종 추세처럼 보이는 행보는 단순히 위장 행보일 가능성이 더 높다. 특히 자금력이 달리는 투자자들한테서 힘들게 번 엔화를 갈취하기 위한 위장 행보일 확률이 높다. 둘째, 이 기법을 활용했을 때 어떤 결과가 나오는지 정량적 연구가 이루어지지 않았기 때문에 차트에서 사실상 아무 결론이나 도출할 수 있다. 차트로 모든 현상이 설명되지만, 차트로 입증되는 건 아무것도 없다.

더욱이 캔들스틱 차트에는 두 가지 단점이 더 있다. 패턴 대다수가 세 가지 이상 이벤트가 결합되어야 한다. 각 이벤트가 일어날 확률이 4분의 1이라면 특정 날짜에 이 패턴을 찾을 확률은 64분의 1이다.

빅터 니더호퍼의 투기 교실

1~2년 관측해 체계적으로 분석한다 해도 합리적 의미에서 현재와 연관성을 논하기에는 빈도가 부족하다. 또 다른 독특한 문제는 많은 경우 패턴을 다양하게 해석할 수 있다는 점이다. 어떤 사람에게는 금성 패턴처럼 보이지만 누구는 도지로 분류할 수도 있다.

채권이 1포인트 하락하자 1993년 10월 22일 유명 펜싱 선수인 노밀이 사무실에 들어왔다. 노밀은 채권 차트가 검정도지스타(Black Doji Star) 패턴이었기 때문에 충분히 가격 하락을 예측할 수 있었다고 큰 소리로 떠들었다. 노밀에게 잘못 생각하고 있다고 지적해야 할 것 같았다. 얼마 지나 노밀이 또 사무실에 왔다. 하지만 이때는 트레이더들이 대비하고 있었다. "다메, 다메(だめ, 일본어로 '안 돼'라는 뜻 - 옮긴이)! 도지 설교는 그만!" 시장이 크게 움직이면 노밀은 곰곰 생각한 후에 또다시 와서 장광설을 늘어놓을 게 뻔하다.

로바골라

투기에서 가장 일반적인 현상 중 하나는 요란스레 역대급 고점 또는 저점으로 향하는 시장이다. 이런 사례가 어찌나 흔한지 일일이 열거할 수 없을 정도다. 은값은 1980년 5달러에서 50달러로 폭등했고, 1995년 엔/달러 환율은 105에서 80으로 폭락했으며, 1994년 커피는 80센트에서 2.65달러로 폭등, 1973년에는 콩이 부셸당 4달러에서 12달러로 폭등했다. 문뜩 떠오르는 사건들만 이 정도로 모두 두 달에서 넉 달 사이에 일어났다. 시장이 이처럼 격렬하게 움직이면 활력을 얻은 투기 물결이 도도하게 흐르며 큰손들은 수억 달러를 벌고, 이후 몇 년 동안 이따금 대중도 폭발적인 관심을 보인다. 큰손들이 그처럼 쉽게 버는 돈, 그 돈을 눈곱만큼이라도 대중이 거머쥘 수 있다면 얼마나 좋을까. 그러나 대규모 탈출, 거품, '내 그럴 줄 알았다'는 말이 난무하면 나는 비탄과 우울감에 젖어 만사가 귀찮아진다. 이 몸으로 말할 것 같으면 엉뚱한 포지션을 취하는 바람에 반대편에서 돈벼락을 맞는 자들에게 유동성과 돈을 갖다 바치고 내 명을 재촉할 가능성이 크다. 설상가상, 왕창 돈을 날리고 강제로 포지션을 청산당한 후에는 피할 수 없는 일이 일어나고야 만다. 시장에서 쫓겨나자마자 덩치 큰 황소가 움직이듯 오르던 가격은 거의 같은 속도로, 정확히 같은 경로를 따라 미끄러진다.

나는 다짐했다. 내가 저지른 실수를 되짚어 보고 새로운 관점에서 체계적으로 시장 행보에 대처하겠다고. 파국 이론, 유전 알고리즘, 카오스 이론부터 푸리에 분석, 비선형 미분 방정식, 신경망에 이르기까지 고등수학 논문을 죄다 뒤졌다. 하지만 다 관두고 싶었다. 과거 사례를 되돌아보며 분석할 때는 이 기법들이 적절했지만, 시장을 예측하는 기준이 되느냐고 물으면 할 말이 없었기 때문이다. 그러다 마침내 아프리카 출신 19세기 철학자의 지혜에서 만병통치약을 발견했다.

서기 70년 헤롯 성전이 파괴된 후 유대인들은 가나안 땅에서 쫓겨났고, 다수는 북아프리카 해안을 떠돌게 되었다. 이후 수 세기 동안 유대인은 남쪽으로 이동하다가 사하라 사막 오아시스 주변에 거주하게 되었다. 이 중 일부는 다오메이라는 나라에 정착했는데 현재 가나와 나이지리아 사이에 있는 베냉에 해당하는 지역이다.

열대우림 속에는 이 부족이 거주하는 마을이 있었다. 그런데 마을 주변에는 '온도 부시(Ondo Bush)'라고 하는 끔찍한 땅이 빙 둘러싸고 있었다. 온도 부시에는 1.5미터 높이 덤불이 빽빽하게 자라고 여름이면 기온이 섭씨 46도를 넘었다. 그리고 1년 중 석 달은 주야장천 비가 내렸다. 코끼리, 표범, 사자, 파충류, 유인원 무리가 오두막을 부수고 걸리적거리는 건 사람이건 뭐건 찢어발기면서 인정사정없이 마을을 습격하고 약탈했다. 주민들은 파충류와 해로운 야생동물, 홍수를 피하기 위해 대나무 줄기로 4.5미터 높이 말뚝을 박고 그 위에 코코넛 섬유로 만든 오두막을 얹어 살았다.

이 정보가 서방에 알려지게 된 경위는 그 자체로 하나의 이야깃거리다. 마을에서 지략이 뛰어났던 한 소년이 연안에 정박한 스코틀랜드 기선에 올랐다가 우연찮게 밀항하게 된 이야기다. 당시 소년은 열 살 안팎이었는데 친구들과 함께 도깨비 같은 괴상한 기선을 둘러보려고 카누를 저어 갔다. 마음씨 좋은 선원들은 소년들이 배를 구경하도록 허락했다. 주인공 소년은 기관실에서 화부들이 보일러에 불 때는 광경을 바라보고 있었다. 그런데 그때 선장이 닻을 올리라고 명령했다. 친구들은 카누로 헤엄쳐 가려고 배 밖으로 뛰어내렸다가 삽시간에 상어에게 잡아먹혔다. 선창에 나온 소년은 친구들이 어떤 일을 당했는지 목격했다. 혼자가 된 소년은 겁에 질린 채 어쩔 줄 몰랐다. 그리고 알 수 없는 운명에 몸을 맡겼다. 에든버러까지 오게 된 소년은 영국식 교육을 받았다. 그 후 마침내 고향 다오메이로 금의환향했고, 자신의 경험을 바탕으로 특별한 회고록 《LoBagola: An African Savage's Own Story(로바골라: 어느 아프리카 야만인의 이야기)》를 썼다. 1930년에 출판된 이 책의 서문에 이 사연이 실렸다.

책 앞부분에서 로바골라는 마을 사람들이 약탈하는 원숭이와 코끼리에 맞서 어떻게 마을을 지켰는지 자세히 설명한다. 마을 사람들은 원숭이들이 수 킬로미터 떨어져 있을 때도 원숭이 무리가 왔음을 미리 알 수 있었다. 무리가 큰 소리로 떠들어대면 그 소리가 경고음 역할을 했기 때문이다. 그 정도 거리면 원숭이가 오는 데 몇 시간 걸린다. 소리가 들리면 남자와 소년 10여 명이 독을 바른 창으로 무장한 채 나무에 앉아 기다렸다. 우두머리 원숭이를 죽이려는 참인데 녀석은 무리를 이끄는 '어머니 원숭이' 뒤에 바짝 따라 걸어가므로 분명히 알아볼 수 있었다. 우두머리만 죽이면 나머지는 몸을 돌려 우르르 내뺐다. 그러나 우두머리를 죽이지 못하면 마을은 초토화되고 심각한 부상이나 죽음을 면할 사람은 거의 없게 된다.

코끼리는 녀석들이 지나가는 길에서 벗어나기만 하면 겁낼 게 별로 없었다. 녀석들은 50마리에서 100마리 정도 무리를 지어 이동했는데

그림 16-4. 로바골라, 움직일 때를 기다리다

방어하기가 쉬웠다. 마을 사람들은 구덩이를 파고 대나무와 관목으로 덮어서 녀석들을 잡은 다음 죽여서 상아를 손에 넣었다. 그런데 이따금 코끼리들이 '난동'을 부렸는데 그럴 때면 무엇으로도 막을 수 없었다. 정신없이 마구 난동을 피울 때면 몇 마리가 함정에 빠져도, 잠복하고 있는 사람들에게 공격을 당해도 조금도 개의치 않고 지나는 길에 있는 것은 모조리 짓밟고 뿌리 뽑고 파괴했다. 한 방향으로 지나가면서 난동을 벌이면 하루가 됐건 일주일이 됐건 한 달 후가 됐건 녀석들은 반드시 같은 길로 또 돌아왔다. 따라서 마을 주민들은 상아를 얻으려면 어디에 함정을 파야 하는지 알 수 있었다.

해마다 한두 상품이 전례가 없는 고점이나 저점으로 이동하면서 지나는 길에 있는 사람들을 죄다 짓이기고 나면 사방에 불쌍한 사람들의 잔해가 널브러진다. 그러면 독수리들이 와서 잔해를 쪼아 먹는다. 더구나 이런 사건은 난데없이 갑작스레 일어나기 때문에 더욱 치명적인데 내가 발을 담그고 있는 세상에서는 이런 사태가 재앙을 일으키는 가장 큰 원인이다. 나는 유례없는 가격 변동과 관련된 문제를 분석하면서 작업명을 '로바골라 분석'이라고 명명했다. 적당한 규모로 포지션을 잡고 있다가 한 번만이라도 이런 가격 움직임에 편승했다면 누구도 꿈꾸지 못한 부를 거머쥐었을 텐데 말이다.

거래하려고 수화기를 들면 수화기 너머로 객장 소음이 들린다. 원숭이들이 꺅꺅거리는 소리가 들리면 나는 잠시 거래를 멈춘다. 만약 야구 경기에서 7회 초가 끝난 뒤 쉬는 시간에 들리는 소음 같으면, 위험이 임박하지 않았으므로 거래해도 괜찮다. 코끼리들이 기세등등 짓밟는 소리가 들리면 잠시 손을 놓고 쉬면서 폭풍의 눈인 깔때기가 지나갈 때까지 기다리려고 애쓴다. 어떤 힘도 코끼리의 엄청난 무게를 견딜 수 없다. 녀석들이 미쳐 날뛸 때, 그리고 후폭풍이 몰아칠 때는 넘어지지 않게 균형을 잡는 게 먼저다. 코끼리들이 지나간 후 흔들리던 대지가 잠잠해지고 코를 찌르는 악취가 걷히면 조심스럽게 높은 데서 내려와 기회가 있는지 주위를 둘러본다. 코끼리들이 한 지역을 폐허로 만들고 나면 종종 다른 종이 잔해를 주워 먹으려고 내려오기 때문이다. 남은 것 중에 건질 만한 게 꽤 있을지도 모른다. 나는 이 지혜를 로바골라 분석에 활용하는 차원을 넘어서 특정 통화의 채권시장과 상품시장에서 써먹는다.

내가 운용하는 펀드는 1994년 최고의 펀드에 올랐다. 언론에서 문지방이 닳도록 찾아왔다. 황홀했던 한 달 동안 〈비즈니스위크〉 〈내셔널 인카이어러〉 〈파이낸셜 트레이더〉 〈월스트리트저널〉에 내 사진이 실렸다. 기자들이 성공 비결을 물으면 나는 로바골라 분석이라며 비밀을 공개했다. 한번은 나를 다룬 〈월스트리트저널〉 기사에 내 사진 대신 로바골라의 사진(동료들이 언론에 제공했음)이 실렸다. 짐 로리가 알려주었는데 기분이 좋았다. 로리는 사진을 보고 배꼽을 잡고 웃었는데 그렇게 정신없이 깔깔거리는 모습은 생전 처음이었다.

그런데 문제가 있다. 각각의 움직임은 미쳐 날뛰다 같은 경로를 따라 퇴각하는 것처럼 보이지만 매번 돌아서서 다시 원래 공격했던 방향으로 간다. 이런 역동작은 여러 차례 나타난다. 즉 왔던 길로 돌아가는 듯하지만 사실은 시늉일 뿐이다. 그리고 몇 가지 다른 움직임은 너무 급작스럽게 시작돼 상한이나 하한까지 움직이므로 난동이 끝나기 전에는 따라잡기가 불가능하다.

현시점에서는 이렇게 대처해야 한다. 상품시장에 '난동'이 발생하지만, 난동에서 체계적 전략으로 수익을 취할 방법은 없어 보인다. 그럼에도 로바골라가 관찰한 바와 같이, 미쳐 날뛰는 코끼리에 대해 한 가지 확실한 것은 녀석들이 언젠가 같은 경로로 또 온다는 사실이다. 아프리카 원주민은 참을성이 있다. 원주민은 녀석들이 다시 올 길을 알고 그곳에 덫을 놓는다.

상품의 가치평가

장사치들 중에는 이윤만 남는다면 어떤 상황이든 어떤 일이든, 물불 가리지 않는 유형이 있다. 이런 인물은 성격 스펙트럼에서 재수 옴 붙은 사람과 부동산 마케터 사이에 있다. 누구나 이런 유형을 쓸데없이 자주 마주치게 되는데 이런 사람을 만나면 눈 뜨고 코 베이게 된다.

아버지는 이런 장사치한테 자주 지붕 자재를 샀는데, 비만 오면 지붕이 자재와 함께 쓸려나갔다. 많은 지붕 자재 판매상이 레버리지를 이용하는 상품이나 나스닥 주식도 매수를 권하는 것 같다. 이런 장사치들은 포트로더데일이나 샌디에이고 같은 리조트가 있는 동네에 많은데, 꼭 가족과 저녁 식사를 하거나 연인과 달콤한 시간을 보낼 때 전화를 건다. 나는 이런 역겨운 작자들한테 기꺼이 주식을 산다. 컴퓨터 화면에 알림이 뜰 만큼 어제 가격, 지난해 장부가액, 뮤추얼펀드 평균 성과 등 이전 기준에 비추어 할인 폭이 크기만 하다면 말이다.

따져보지도 않고 덜컥덜컥 사는 것도 병이다. 이 병을 제일 지독하게 앓는 환자가 나라고 생각했다. 그런데 나보다 더 위중한 환자가 있었다. 바로 핑커턴(Pinkerton)이다. 핑커턴은 마이어 리벤(Meyer Liben)이 쓴, 유쾌하지만 뇌리를 떠나지 않는 이야기 〈핑커턴: 마법에 걸린 섬들(Pinkerton: The Enchanted Isles)〉에 나오는 주인공이다.

핑커턴은 불황에 허덕이는 문구업계에서 중개업을 하지만 실은 취급하지 않는 상품이 없다. 얼룩이 묻은 카드형 메모지, 잘못 새긴 고무 스탬프, 색 바랜 노트, 접착제 없는 봉투, 소수점 이하 두 자리만 나오는 우편 저울 따위도 거래한다. 핑커턴은 미래에 대한 개념이 전혀 없이 그때그때 주먹구구로 사업을 운영한다. 재고를 보유하지 않았고 판매가 확정되기 전까지는 절대로 구매하지 않는다. 나처럼 무엇이든 팔려고 하면 사주는 시장이 있다고 믿었다. 사업 원칙이라고는 오로지 두 가지뿐이다. 하나는 가격이 맞아야 한다는 것이고, 다른 하나는 살 사람이 있어야 한다는 것이다. 말하자면 자기 손에 있는 제품을 가져갈 사람, 그러니까 자기보다 더 멍청한 바보가 있어야 한다.

결국 핑커턴은 사업 방식을 바꾼다. 다른 분야에서 일하는 보수적인 사업가와 수익성 있는 협업관계를 맺는다. 고품질, 고가치 상품을 취급하는 이 사업가는 신용, 고객 만족, 그리고 재구매율을 최우선으로 여기며 사업을 운영하게 된다. 핑커턴처럼 나 역시 펀더멘털을 깡그리 무시한 채 사기도 하고 팔기도 한다. 도쿄에서 쌀값이 떨어지면 나는 미니애폴리스에서 밀을 판다. 메뚜기와 목화씨바구미가 농작물을 덮치든 말든 알 바 아니다. 홍콩 주가가 사흘 연속 하락하면 런던에서 구리를 산다. 자동차 공장들이 곧 총파업에 들어가든 말든, 창고에 구리가 넘쳐나든 말든 상관없다. 통계 분석에 기반한 시장 상호관계 전략이 결국엔 이기리라 믿는다.

내 접근 방식에 문제가 있다는 것을 알지만, 내가 생각하는 신호를 따르고 있다. 그러나 핑커턴처럼 나 역시 다른 방식을 갈망하고 있다. 컴퓨터에서 뱉는 덧없는 기술분석 용어보다는 펀더멘털, 즉 가치 기반 접근 방식을 활용하고 싶다. 데이비드 드레먼이나 워런 버핏이 주창하는 이런 방식은 장부가치 또는 매출 대비 가격이 최저 사분위보다 낮을 때 주식을 사서 최고 사분위 가격이 되면 주식을 판다. 알고 보니 이 전략에 따른 초과수익 대부분이 1970년대와 1980년대에 실현되었다. 그리고 가치투자가 우월하다는 연구 못지않게, 주가수익배수(PER)가 매우 높은 성장기업이 최고의 성과를 낸다는 연구도 많다.

내가 할 수 있는 일이 적어도 한 가지는 있다. 즉 펀더멘털에 충실하면 된다. 경기순환과 사이클, 내부자 거래, 단주(100주 미만으로 매매되는 주식 - 옮긴이) 공매도, 그리고 가격에 영향을 미치는 수백만 가지 기술적 요소를 기반으로 하는 매수는 이제 나한테는 해당되지 않는다. 자식들을 위해서는 가사 도우미를 쓰겠지만 주식이라면 이제 기술적이고 복잡한 전략 도우미는 쓰지 않을 작정이다. 주식에 관한 한 나는 철두철미 펀더멘털리스트다. 재무상태표와 손익계산서는 나한테 두 쪽짜리 성경이나 마찬가지다. 투자자 심리, 시장 심리는 잊자.

아무튼 붙잡고 있을 방향타는 있어야 한다. 적어도 주식거래에서는. 그래서 나는 어찌 됐건 가치에 집중하려고 애쓰고 있다. 어떤 회사 주식이 연매출의 30배에 해당하는 가격에 거래되고 평가가치가 20억 달러인데 은행에서 단돈 100만 달러도 빌리지 못한다고 하자. 그리고 주

빅터 니더호퍼의 투기 교실

가를 부양하려고 인터넷에서 종횡무진하는 사기꾼들이 없으면 파산할 가능성이 매우 높다고 하자. 그러면 느낌이 싸하다. 하지만 일이 계획대로 되지 않고 틀어질 경우에 내가 보유한 포트폴리오에 무게중심을 잡아줄 과학적 안전장치를 추가하려면 검증이 필요하다.

지난 15년 동안 〈밸류라인〉은 장부가치 대비 주가 할인 폭이 가장 큰 회사들의 목록을 매주 발표해 왔다. 이 목록에는 가치주 관련 정보가 실시간 제공되므로 참고나 검증이 가능하다. 재무상태나 성장 잠재력에 따라 1집단에서 5집단까지 매기는 종목 순위에는 거래비용과 주가 정보 발표일 같은 골칫거리가 꽤 있는데 가상 포트폴리오에는 이런 문제가 없다(랭킹 시스템 자체는 세계 정상급으로 기록적인 성과를 내고 있는 데 반해 〈밸류라인〉 뮤추얼펀드 성과는 지지부진하다. 나는 이런 괴리가 위에 언급한 문제들 탓은 아닐까 우려하고 있다). 검증을 위해 기간을 지난 10년으로 잡고 해마다 마지막에 발행된 〈밸류라인〉에서 주가순자산배수(PBR)가 가장 낮은 30개 종목을 표본으로 취했다. 그런 다음 해당 주식의 향후 1년 수익률을 계산해 S&P 수익률과 비교했다. 결과는 표 16-1에서 보듯 혼재해 있었다. 10년 중 6년 동안은 가치주 성과가 S&P 수익률보다 저조

표 16-1. 장부가치 대비 주가 할인 폭이 가장 큰 기업들의 주가 성과

연도	평균 주가 변동 폭	S&P지수 변동 폭
1986	-3%	15%
1987	0	2
1988	39	13
1989	11	27
1990	-39	-7
1991	20	27
1992	47	4
1993	20	7
1994	6	-2
1995	18	34

했다. 가치주에 100달러를 투자했다면 기간 말에는 250달러로 불어났지만 S&P에 투자했더라면 280달러를 쥘 수 있었다.

다행히도 핑커턴처럼 나 역시 가치주를 사고팔 때 전체 자금의 5%만 투입한다. 수치 등 각종 데이터와 지표에 따라 선물을 거래하는 이 까다로운 사업을 통해 적어도 생활비를 대고 자식들을 좋은 학교에 보냈다. 그런데 가치주를 샀다가 파산할까 두렵다. 가치주는 서류상으로는 좋아 보이지만, 이런 '투매 상품'이 팔리지 않을 경우에 대비해 의지하고 신뢰할 만한 수익 프로그램이 있어야 한다.

중국 소방 훈련

내가 한 번도 진 적이 없는 경기가 중국 월볼이다. 공이 벽에 부딪히기 전에 땅에 먼저 닿아야 한다는 것을 제외하고는 경기는 일반 월볼처럼 진행된다. 대다수 서양 학생에게 중국은 콘크리트 아래 어딘가에 있는 먼 땅이었기 때문에 '중국' 월볼이라는 이름이 붙었다. 이 경기는 뉴욕에서 계속 살아남았고 브라이튼 환경에서는 장점이 있었다. 벽에서 떨어지는 공의 속도가 일반 월볼보다 훨씬 느려서 보도와 벽 사이에 2.3미터 정도 공간이 절약되었기 때문이다.

중국 월볼을 보면 시장 행보에 대해 깨닫는 게 많다. 중국 월볼식 거래에는 지정가주문이 좋은 전술이지만 일반 월볼식 거래에는 시장가주문이 안성맞춤이다. 빠르게 움직이는 목표를 직접 겨냥하는 시장가주문은 종종 되튀는 속도도 빠르다. 그러면 시작도 하기 전에 경기가 끝난다. 진행 속도를 늦추고 상대방의 날카로운 기세를 무디게 하려고 나는 지정가주문을 사용한다. 그렇게 빨리 이기지는 못하지만, 손실 역시 훨씬 느리게 찾아온다. 일반 월볼에 비해 중국 월볼에서 공이 머무는 시간이 훨씬 길듯 내 자본 역시 장수를 누린다.

10대 시절에는 중국 월볼 대신 중국 소방 훈련에 빠졌다. 브라이튼에서는 10대가 합법적으로 차를 쓸 권리를 주장할 수 있는 날이 드물었다. 대부분은 한밤중에 몰래 벌벌 떨면서 부모님 차고에서 차를 빼냈다. 잡히면 한 달 이상 외출 금지라는 끔찍한 처벌이 기다리고 있었다. 운이 좋아서 차를 빼내면 소년들이 우르르 몰려와 차에 탔다. 불량 청소년들이 선택한 게임은 중국 소방 훈련이었다. 신호등에 걸려 차가 멈추면 모두 번개같이 차에서 내려 지구 반대편 중국까지 뛰어갔다가, 즉 차 주위를 한 바퀴 돌다가 파란불이 들어오거나 중국 황실 경찰관이 와서 장난을 멈추기 전에 다시 차에 탔다.

중요한 발표가 있으면 전자거래시장에서는 인터넷 채팅방에 상주하는 괴짜들이 실성한 듯 허둥지둥 몰려와 지정가주문을 바꾸고 서로 쥐어뜯고 난리가 나는데 어쩐지 이 모습이 떠오른다. 청소년들이 중국 소방 훈련이라는 놀이 전통을 이어가듯 훨씬 어리석고 해로운 성인용 놀이가 투기시장에 있을 줄 그때는 까맣게 몰랐다.

1996년 증권거래위원회는 보고서에서 나스닥시장의 스프레드에 관해 언급했다. 보고서에 따르면 나스닥시장 스프레드가 뉴욕증권거래소와 아메리카증권거래소에 상장된 유가증권보다 네 배 정도 크다. 이처럼 스프레드가 크기 때문에 나는 나스닥 주식을 거래하지 않는다. 지금쯤 독자들도 파악했겠지만 수수료는 차치하고 시장에 진입하고 나가는 데만 2%를 내준다는 것 자체가 나한테는 상극이고 딱 질색이다. 통상 나한테 유리한 스프레드를 포착하기 위해 중국식 지정가주문을 넣는데 이런 수법이 나스닥 주식에는 통하지 않는다. 나스닥시장에서는 딜러들보다 더 좋은 가격을 제시해도 일반인의 지정가주문은 우선순위에서 딜러의 매수매도 주문에 밀리기 때문이다.

이처럼 넓은 스프레드가 어떻게 유지되는지 이제는 많은 사람이 알게 되었다. 거래가 가장 활발한 종목을 제외하면 표준이 되는 스프레드는 ½포인트다. 그런데 만약 딜러가 감히 ⅛포인트 또는 ¼포인트 스프레드를 게시하는 날이면 온갖 괴롭힘에 시달렸다. 꼬마들 장난이나 놀이에서 '중국'이라는 단어에는 이런저런 폄하나 비난이 들어 있는데, 스프레드가 좁은 시장을 보통 중국 시장이라고 부른다. 중국 시장을 연 딜러는 아이들 장난전화와 다를 바 없는 익명의 전화로 굴욕을 당했다. 증권거래위원회가 녹음했다고 하는 어떤 사례를 보면 익명으로 전화를 건 사람이 "짐짓 중국 억양을 꾸며 잡채와 무구가이판 등등 중국 음식을 주문했는데, 이는 시장 조성자들 사이에 '중국 시장'을 만들지 않는다는 합의가 있음을 암시하고 있다."2

무구가이판은 중국 요리에 문외한인 서양인들이 주로 주문하는 음식 중 하나다. 내가 알기로는 무구가이판이 많이 팔리는 곳이 브라이튼 비치다. 우리 가족은 드물게 외식할 여유가 생기면 무구가이판을 주문하곤 했다. 그러므로 이름을 밝히지 않고 전화를 건 사람은 소싯적 내 친구들처럼 영원히 철들지 않는 소년임에 틀림없다. 톰 소여(Tom Sawyer)처럼 말이다. 나스닥처럼 큰 시장, 종종 뉴욕증권거래소보다 더 규모가 크다고 하는 이 시장에서 그런 전통이 활개 치도록 놔뒀다는 것이 개탄스럽다. 하지만 게임에서 대중은 방관자 역할밖에 할 수 있는 게 없었으니 어쩌면 사필귀정이다.

아버지의 마지막 게임

나는 짬이 나면 아버지와 체커를 두었다. 부자지간 갈등과 다툼은 역사가 유구하다. 아버지와 나 역시 전투를 시작했지만 전쟁터는 더할 나위 없이 화기애애한 체커판이었다. 틀이 어느 정도 잡혀 있는 포석 단계에서는 대화가 술술 풀렸다. 아버지와 35년 동안 대국을 했지만 단한 번도 이기지 못했다. 1980년 12월 28일, 우리는 마지막 대국을 가졌다. 대국 막바지에 아버지는 이렇게 말했다. "행마가 훌륭하구나." 세월이 흘러 내가 해결책을 찾은 덕분이다. 내가 말을 희생시키면 아버지는 말을 먹을 수밖에 없다. 그리고 내가 다음 행마를 하면 아버지는 자신의 말에 막혀 움직일 수 없게 된다. 체커에서는 마지막으로 움직이는 사람이 이긴다.

"좋아, 드디어 날 이겼군. 몸속 세포들이 꽉 막힌 것처럼 보드판에서 옴짝달싹 못 하겠네. 이젠 고수 다 됐어."

아버지를 상대로 처음 이겼지만, 몇 주 후에 아버지는 고분고분하지 않는 세포들에 질식돼 돌아가셨다(아버지는 7년째 치명적인 림프종과 싸우고 있었다). 뒤늦게 깨달았지만 아버지는 여러 수 앞서 마지막을 미리 정해놓고 미리 정해놓은 대로 최후를 향해 행마했다. 내 실력으로 이긴 게 아니라 아버지가 당신의 기량으로 처음이자 마지막으로 나한테 승리를 안겨주었다. 아버지 인생에서 가장 빈틈없고 철저히 계산된 게임이었다.

몇 주 후 메모리얼병원에서 아버지와 함께 앉아 있었다. 새벽 4시에 일어나서는 나를 쳐다보더니 이렇게 말했다. "네가 이 시간에 여기 있다니, 내가 정말 갈 때가 됐나 보다. 네가 얼마나 병원을 싫어하는데."

"아버지, 아버지한테 병원에서 전염병이 잔뜩 옮았다고 해도 저는 여전히 아버지를 사랑해요. 마지막인 것 같으세요?"

"나는 그 누구보다 살아야 할 이유가 많았단다. 제자들을 가르치고 멋진 가족과 함께 사는 가장 행복한 사람이었어. 후회는 없어. 옳은 일만 했으니까. 이제 마지막 조언을 남길 때가 됐구나. 온갖 기술적 분석에서 나온 수치가 전쟁, 선거, 화산 같은 기초 여건들을 고려할 수 있다고 확신하니? 나는 가난한 부랑자 시체를 바워리가에 있는 시체 안치실로 수없이 날랐다. 주검이 된 부랑자들은 〈모닝 텔레그래프(Morning Telegraph)〉를 통해서 기술적 분석 관련 수치라면 모르는 게 없었어. 네가 투자자 통계 연구소와 컴퓨스탯 파일에서 수집한 통계보다 아는 게 많았지."

나는 언젠가 조지 소로스에게 시장의 간사한 흉계를 알고 있다고 장담했다. 겉으로는 자신만만했지만 허세였고 속으로는 떨고 있었다. 그때와 마찬가지 심정으로 나는 이렇게 대답했다. "아버지, 걱정 마세요. 시장은 제 손바닥 안에 있어요. 뛰어봤자 벼룩이죠."

"그래. 할 수 있다고 하면 넌 뭐든지 해낼 거야. 믿는다. 처자식을 잘 돌보거라. 잘 지내고." 1분 뒤 아버지는 부탁했다. 내가 알기로는 생전 처음 하는 부탁이었다. "비키, 부탁 하나만 들어줘. 나가서 얼음 좀 갖다줘." 그게 마지막이었다. 여덟 시간 후에 돌아가셨다.

아버지가 돌아가시자 내 삶은 밑바닥부터 흔들렸다. 얼마 지나지 않아 아내, 집, 재산, 매일 하던 애들 뒤치다꺼리, 사업 파트너, 고기와 가금류, 트로피와 라켓, 모두 손을 놓아버렸다. 그리고 5년 동안 매일 아버지를 생각하며 울었다. 이윽고 이만하면 오래 슬퍼하고 희생했다는 생각이 들었고 차츰 추슬렀다. 좋은 친구들, 타고난 활력, 그리고 음악에 대한 사랑 덕분에 버틸 수 있었다.

톰 위즈웰과 보드게임도 다시 시작했다. 그리고 연애 시절로 돌아가 아내와 데이트도 했다. 로버트 슈레이드와 피아노를 연주했다. 슈레이드는 아버지와 인품이 꼭 닮은 신사였다. 조지 소로스에게 수양아들이나 다름없는 존재가 되었고 테니스, 체스, 그리고 투기가 우리 두 사람을 단단히 묶어놓았다. 이후 인생의 전선을 다시 꾸렸다. 사랑하는 사람이 죽으면 허물어지는 사람도 있지만 아버지가 남긴 유산 덕분에 나는 전보다 한층 높은 곳으로 갈 수 있었다.

자식에게 기량에 대해 조언할 때마다 아버지를 생각한다. 특히 아버지를 떠올리면서 올바르게 행동하고 승리는 머릿속에서 지워버리라고 타이른다. 그리고 아무리 작고 하찮아 보여도 고귀하고 사심 없는 행위에 대해 들을 때면 아버지가 생각난다. 아버지는 인품이 빼어나셨고 무엇보다 모범이 되는 아버지였다. 아버지처럼 되고 싶다. 운이 좋다면 말이다. 아버지는 종종 이렇게 말하셨다. "비키, 필요할 때 난 항상 네 곁에 있었어, 그렇지?" 내가 사랑하는 사람들도 내가 그런 사람이라고 말해주었으면 좋겠다.

빅터 니더호퍼의 투기 교실

아버지가 돌아가시자 많은 이가 말했다. 자신들에게도 아버지나 다름없는 분이었다고. 내가 아는 사람 중에서 아버지만큼 정이 많은 사람은 없었고 아버지처럼 주변에서 사랑을 듬뿍 받은 사람도 드물었다. 세상이 조금만 더 자애로웠다면 아버지가 그렇게 일찍 돌아가시지는 않았으리라. 아버지가 남긴 유산은 타인을 존중하면서 현명하고 창조적인 인생을 사는 방법, 애정을 기울이는 방법을 끊임없이 깨우쳐 준다. 아버지가 한평생 이룬 것들이 크고 작은 온갖 모양으로 온 세상에 퍼져 있다. 아버지가 남긴 본보기와 정신이 인생을 더욱 풍성하게 만드는 영향력으로 남아 아버지가 영원히 산다는 사실이 위안이 된다.

베팅 쪼개기

도박꾼이라면 다 비슷하겠지만 베팅업자들이 조자룡 헌 칼 휘두르듯 써먹는 수법이 있다. 바로 어느 쪽이 이기든 결과에 상관없이 수익을 챙기는 쪼개기 베팅이다. 이렇게 양쪽에 베팅을 분산하면 돈을 벌 확률을 높일 수 있다. 나보다 나이도 훨씬 많고 힘도 센 선수와 패들볼을 칠 때면 부키는 종종 쪼개기를 활용했다. 내가 경기 초반에 뒤처질 때까지 기다리곤 했다. "겨우 열한 살이야." 관중이 훨씬 강하고 경험도 많은 상대에 맞서 내가 코트에 서는 것조차 불가능하다고 생각하는 순간 부키는 10 대 1 배당률로 나에게 100달러를 건다. 처음에는 내가 일방적으로 밀리지만 곧 열세를 만회한다. 내가 일어서서 앵글 서브를 치면서 연속 10점을 딴다. 동정심이 발동한 군중이 꼬마를 응원하면 부키는 조용히 다시 끼어든다. 부키는 1 대 1 배당률로 상대에게 550달러를 건다. 최종 결과가 어느 쪽이든 부키는 450달러를 챙길 수 있다.

시장에서 고군분투하면서 나 역시 비슷한 처지에 놓인다. 시장이 크게 출렁인다. 기존 포지션을 청산하고 반대 포지션을 취한다. 항상 너무 성급하다. 삽시간에 증거금이 절반이나 줄어든다. 내가 포지션을 두 배로 늘리면 보통 가격이 나한테 유리한 방향으로 움직여 돈벼락을 맞는다. 고객들은 말한다. "하루만 더 기다리면 자네가 세상 돈을 다 쓸어 담을 거야."

부키와 45년 동안 함께한 후 지금은 다른 사람이 일을 봐주고 있는데 이 사람도 쪼개기 베팅을 활용한다. 바로 우리 회사 마케팅 부장이다. 한번은 다른 트레이딩업체 사장과 담소를 나누다가 마케팅 이야기가 나왔다. 나는 칼라(Callah)를 칭찬하면서 마케팅이라면 칼라가 척척 처리하기 때문에 든든하다고 말했다. 사장이 잠시 놀란 눈으로 바라보더니 이렇게 말했다. "재미있군요. 그 사람 우리 회사에서도 마케팅을 총괄하고 있어요." 칼라는 마치 모자를 50개나 갖춰두고 상황에 따라 모자를 바꿔 쓰는 듯했다. 우리는 신출귀몰하고 다재다능한 능력을 기리는 의미에서 칼라에게 '모자(Hats)'라는 별명을 붙여주었다.

그림 16-5는 한 장내 트레이더가 하루를 시작하면서 어떤 모자를 쓸지 고민하며 모자를 고르는 모습이다. 노동자가 쓰는 모자도 있고 사업가가 쓰는 모자, 군인이 쓰는 모자도 있다. 우리는 '모자'와 소통할 때면 빠짐없이 이 그림을 로고처럼 사용한다. 이 상황을 객관적인 관점에서 볼 수 있는 전형적인 일화를 소개하겠다. 파트너 한 명이 전화를 계속 붙잡고 있다. 무슨 문제인지 물어본다. "아내가 화가 났네요. 모자가 아내 사무실에서 나갈 생각을 안 한대요." 아내는 자산배분 전문가 밑에서 일하는데 모자가 아내 사무실을 임시 회의실로 쓰면서 다른 트레이더가 제공하는 서비스를 홍보하며 권하고 있었다. 당시 우리가 내놓는 상품마다 불티나게 팔렸기 때문에 우리는 모자가 마케팅 활동에 열심이라고 생각했다.

그런데 한 업계 간행물을 통해 진실을 알게 되었다. 우리 회사가 비틀거릴 경우에 대비해 '모자'는 경쟁사를 위해 상당한 금액을 모금하느라 분주했다. 내가 이기든 지든 돈을 따도록 쪼개기 베팅을 해놓고 손을 비비며 좋아하던 부키 모습이 떠올랐다.

빅터 니더호퍼의 투기 교실

그림 16-5. 다양한 모자를 쓴 마케터

우습지만 나는 모자가 쓰는 꼼수와 수완에 반했다. 솔직히 말해 누구나 모자처럼 되고 싶은 마음이 한구석에 있지 않은가 말이다.

세미나 입장권은 내려놓자

전국을 돌아다니며 영업을 뛸 때면 호텔에 묵었다. 그런데 종종 '다단계' 마케팅회사 영업사원들 본거지 역할을 하는 호텔에 묵을 때가 있었다. 암웨이(Amway), 나이아가라 사이클로마사지(Niagara Cyclo-Massage) 같은 회사 말이다. 그런데 분위기가 마치 부흥회 같았다.

영업사원들은 사가(社歌)를 부르며 팔고야 말겠다는 결의를 다진다. 최근에 대박 성과를 올린 체하면서 간증하는 시간은 꼭 빠지지 않는다. 마지막으로 길이가 족히 4.5미터 되는 커다란 판매 차트가 펼쳐지고 갖가지 판매 목표 달성 경연에서 사원들이 얼마나 우승에 근접했는지 점검한다.

상품 판매 세미나에 가보면 딱 이런 분위기다. 먼저 리더가 나와서 대박이라며 구구절절 늘어놓는다. 그런 다음 떼돈 버는 방안을 착착 내놓지만 이 접근법을 어떻게 적용할지 최종 결정은 참석자들 몫이다. 다음으로 앞서 세미나에 참석했던 사람이 나와서 세미나가 만족스러웠다며 추천한다.

세미나 참석자들은 이런 생각을 정말 못 하는 걸까? 시장을 이길 수 있는 시스템이 진짜 있다면 시간 버리고 돈 버려가며 그런 경이로운 비결을 팔겠는가 말이다. 아니면 어떤 천재가 있어서 돈을 받고 비밀을 공유한다 해도, 그 비밀이 널리 퍼질 때쯤이면 구닥다리가 돼 효용 가치가 없어진다. 왜냐하면 사이클은 끊임없이 변하기 때문이다. 혹은 이전에 세미나에 참석한 사람들이 성공했다고 간증하면서 사후 과잉 확신 편향에 사로잡혀 있다는 사실을 정말 모르는 걸까? 또는 참석자들이 성공 사례만 이야기하고 실패는 은근슬쩍 뭉개는 선택적 편향에 치우쳐 있다는 사실을 정말 모르는 걸까?

흥정의 고수

어빙 레델 같은 사람을 사업 멘토로 모셨으니 내가 운이 억세게 좋았나 보다. 레델은 여러 가지 면에서 걸출한 사람이었는데 특히 흥정이라면 견줄 사람이 없었다. 그런데 레델이 어느 때보다 반짝반짝 빛나던 순간이 있었으니 세금 감면을 놓고 흥정했던 사건이다. 레델은 뉴욕 도심 근처 공터에 부과된 세금을 감면해 달라고 요청했는데 부자 동네에 사는 선출직 의원과 관료 들은 레델의 요청을 거부했다. 투기를 막으려면 개발되지 않은 땅에 높은 세율로 세금을 매겨야 한다는 논리였다.

이후 마을 나리들은 이런 일을 목도하게 된다. 동네에서 가장 고급스러운 건물 옆에 낡은 미니버스가 떡하니 주차된다. 깔끔하게 손질된 거

빅터 니더호퍼의 투기 교실

리에 승객들이 내리는데 주변과 어울리지 않는 부조화가 뚜렷하게 부각된다. 승객 한 명을 제외하고 성인 남자들은 옷차림새가 하나같이 똑같다. 검은 바지 위에 검정 정장 재킷을 입고 구불구불한 곱슬머리가 관자놀이부터 길게 늘어져 있다. 수염은 가슴까지 내려와 하얀 셔츠 위로 흘러내리고, 머리에는 조그만 검정 모자나 챙이 넓은 검은 중절모가 얹혀 있다. 맨 앞에 있는 어떤 남자가 육분의, 삼각대, 줄자, 측량 기록지를 들고 서 있다. 남자는 머리가 벗어진 신사에게 말을 건다. 키가 훌쩍 큰 신사는 운동복을 입고 있는데 돈깨나 있어 보인다.

"좋았어. 여름에 크라운 하이츠가 푹푹 찌면 여기가 멋진 휴양지가 되겠군. 우리 50~60명 휴양지로 딱이겠어." 육분의를 든 사람이 말했다.

"그럼요. 아주 멋진 휴양지죠." 키 큰 신사가 우렁찬 목소리로 대답했다. 사람들이 일제히 마을 광장을 향해 행진했다. 검은 모자를 쓴 남자 하나가 고급 식료품점에 들어가더니 진열된 쿠키와 코티지치즈가 유대교 율법에 맞는 코셔(kosher)식인지 물었다.

거리 곳곳에서 커튼이 조심스럽게 걷히고, 가로형 블라인드는 살짝 틈이 벌어지고, 참나무를 댄 현관문도 표 나지 않게 열린다. 시민들이 어찌 된 영문인지 보려고 긴장하며 빼꼼 밖을 내다보고 있다. 상인들은 문밖으로 몸을 내민다. 불안해진 아내들은 몇 킬로미터 떨어진 사무실 책상에 앉아 있는 남편에게 전화를 건다.

오래지 않아 온 동네가 알게 되었다. 레델이 브루클린 크라운 하이츠에 있는 정통 유대교 종파에 이 땅을 기부하기로 결정한 것이다. 유대교인들은 이곳을 예배와 공부를 위한 여름 휴양지로 쓸 참이었다.

신기하게도 일주일 뒤 레델은 의원 대표단에게 연락을 받았다. "세금 감면 요청을 재고했고, 검토 결과 이번 사례가 어느 정도 장점이 있다고 판단했습니다." 레델은 대답했다. "다행이네요. 진작에 그렇게 나오셨으면 유대인을 위한 휴양 시설을 만든다며 이 조용한 유대인 공동체를 들쑤셔 놓을 생각은 안 했을 텐데 말입니다."

해결책이 나왔다. 레델은 유대교 회중에게 상당한 액수를 기부했고 지역 의원들은 세금을 깎아주었다. 어쨌든 투기꾼이라고 다 그렇게 나쁜 사람은 아닐지도 모르겠다.

산통 중에 매매하다

나는 24시간 내내 가격을 확인해야 직성이 풀린다. 포지션을 취하고 잠시 자리를 비우고 쉬면 눈 깜짝할 새 가격이 청산 수준으로 떨어지기 마련이다. 더 중요한 사실은 가격이 리듬을 타고 움직인다는 것이다. 리듬에 맞추지 않으면 일이 틀어진다. 투기 게임은 포커와 같다. 지금까지 일어난 일을 전부 끌어모아 향후 전략을 짜야 한다.

한번은 내가 선을 넘었다. 아내가 넷째 아이를 낳는 사이 분만실에 휴대용 단말기를 가져갔다. 40시간째 산고를 치르면서 아내가 고통에 몸부림치는 사이 나는 모니터를 힐끔힐끔 훔쳐보며 휴대폰으로 포지션을 청산하려고 했다. 산부인과 의사는 내가 가족들에게 계속 소식을 전하는 줄 알고 감탄했다. 그런 게 아니라는 말이 목구멍까지 차올라 하마터면 의사의 환상을 깰 뻔했다. 마침내 아내가 버럭 소리를 질렀다 (18년 만에 처음 있는 일이었다).

"염병할 기계 갖고 꺼져. 가서 돼지 옆구리살이나 거래하라고."

보 박사

뭐니 뭐니 해도 결국에는 이런 훈계가 떠오른다. "너나 잘하세요."

다른 사람들이 의지하는 소위 권위자들을 헐뜯고 공공연히 비난하면서 재미있었지만, 솔직하게 털어놓자면 나 역시 가끔은 신탁을 참조한다. 투기에서 성공이란 피할 수 없는 것을 재촉하는 과학적이고 체계적이며 경제적인 방법에 불과하다. 거기에 비밀 따위는 없다. 따라서 나만 가진 특별한 기술을 독자 여러분에게 제공하겠다고 나선다면 양심 없는 짓이다. 왜냐하면 여러분이 비법을 활용할 수 있을 때쯤에는 그 비법이라는 것도 헌신짝이 될 게 뻔하기 때문이다. 투기꾼이 저지르는 실수를 목록으로 만든다면 권위자에 대한 맹목적인 믿음에 기반을 둔 매매 전략이 상위권에 오른다.

하지만 나는 우리 회사 현자에게 크게 의존하고 있다. 현자는 파르나소스산 정상에 살지 않는다. 우리 집 지하에 있는 작은 방에 산다. 떠돌이 '보 박사' 스티브 킬리는 세계 여행자, 수의사, 전국 패들볼 챔피언, 전국 라켓볼 챔피언을 여러 차례 지냈고 샌디에이고 라켓볼 대회를 주름잡는 전국 챔피언이었다. 보 박사는 나와 30년 동안 금융업계에서 함께 일했을 뿐 아니라 인간적으로도 동지 관계였다. 비록 간접 경험이지만 보 박사가 나서는 모험이라면 빠지지 않고 함께했다.

보는 1년에 6개월은 기차를 타거나 걸어 다니며 세상을 떠돌아다녔고 6개월은 대개 우리 집에서 산다. 보는 동료 떠돌이들과 계속 연락하기 때문에 나는 항상 빈민가와 철도 주변 경제상황이 어떤지 보고를 받는다. 이렇게 떠돌다 보니 보에게는 살아남기 위한 습성이 생겼다. 다름 아니라 기차 화물을 수색하려고 '짭새'가 나타날 경우에 대비해 밤이면 늘 깨서 경계 태세에 들어가는데 이 버릇이 좀체 없어지지 않았다. 그런데 나는 얍삽하게 이 습성을 이용하고 있다. 경찰관과 경찰 자손들 사이에는 범우주적 형제애라는 불문율이 있기 때문에 우리 집에서는 걱정하지 않아도 된다고 진정시키려 하지만 보는 밤이면 집에서도 쉬지 못한다. 중앙은행이 개입하면 나는 보에게 삼십육계 줄행랑 쳐야 한다고 소리친다. 그러면 보는 내가 얼른 일본에 있는 딜러들에게 전화해 기습 공격을 피하도록 돕는다.

이쯤에서 우리가 개발한 주요 지표를 처음으로 공개하겠다. 20세기 초 철도차량 화물 적재 현황은 한때 시장을 예측하는 중요한 지표였다. 오늘날 시장 참여자들이 통화 공급과 실업률 같은 덧없는 수치에 몰두하듯이 당시에도 멍청하게 화물 적재량 통계에 열중했다. 그러나 트럭, 자동차, 비행기 등 다른 형태의 운송수단이 인기를 끌면서 철도 수치는 활용하지 않게 되었다. 아무튼 나는 보 박사와 함께 초기 통계를 개선해 나갔다.

첫째, 이 일 저 일 전전하며 화물열차에 오르는 떠돌이 노동자와 무위도식하는 부랑자는 차이가 있다. 떠돌이 노동자는 〈월스트리트저널〉을 보온용으로 쓰기 전에 한번 읽어보지만 부랑자는 그냥 보온용으로만 사용한다. 무위도식 부랑자 대비 떠돌이 노동자 비율은 취업 가능한 일자리 수가 늘어나면 바로 상승하므로 고용 상황을 보여주는 훌륭한 지표라고 할 수 있다. 떠돌이 노동자는 화물차가 도착하기까지 기다리는 시간이 길기 때문에 읽을거리가 있으면 닥치는 대로 읽는다. 따라서 떠돌이 노동자들이 모이는 다리 밑에서 발견되는 〈월스트리트저널〉 부수는 고용 상황을 보여주는 훌륭한 첫 번째 지표다.

정해진 지점을 통과하는 화물차의 수는 경제 활동을 나타내는 직접적인 지표가 된다. 1996년 2월 15일까지만 해도 이 몸 투기꾼 빅은 화물차가 잭슨빌, 덴버, 솔트레이크시티 주요 지점을 정상 속도의 두 배로 통과하고 있다는 소식을 보 박사에게 들었다. 화물차 수도 증가하고 있었다. 분명 고용 상황이 괜찮다는 신호이므로 나는 채권시장에서 공매도 포지션을 유지했다. 아니나 다를까, 2월 고용 통계에서 취업자 수는 역대 최고치에 속하는 80만 명 증가세를 보였고, 채권은 3포인트 하락했다.

화물차에서 내리면 보 박사는 빈민가에 있는 24시간 영화관에서 영화를 본다. 싸구려 여인숙에서 영화도 틀어준다고 생각하면 입장료도 괜찮은 편이다. 바닥에 나뒹구는 쓰레기를 보면 영화관에서 팝콘이 얼마나 팔리는지 알 수 있고, 입 밖에 내기 어렵지만 통로에서 벌어지는 일들을 보면 하층민이 경제적으로 어떤 상황에 놓여 있는지 분명하게 알 수 있다. 보는 영화관을 떠나면서 웃는 사람과 투덜거리는 사람 비율도 센다. 지갑이 얇은 사람은 대체로 소득이 평등하게 분배될수록 행복하다. 만약 이들이 배부른 자본가에 비해 잘 웃지 않는다면, 대개는 고용 상황이 좋지 않다는 의미다.

보 박사가 다음으로 들르는 곳은 동물병원이다. 보 박사는 정규 교육을 거쳐 수의사가 되었지만 라켓볼 때문에 포기했다. 그래도 동료 수의사들과 연락하고 지내는데 우리는 우연처럼 보이는 사건들을 통해 수익을 취한다. 사람을 대상으로 하는 의료서비스와 달리, 수의사 비용은 직장의료보험이 안 되므로 자기 돈으로 전액 지불해야 한다. 개를 대상으로 한 치과 진료는 소비자가 앞으로 경기를 어떻게 전망하는지, 삶의 질은 어느 정도인지 보여주는 매우 민감한 선행지표다. 앞으로 주머니 사정이 좋아지리라 예상하면 주인은 개에게 영양이 더 풍부한 먹이를 먹인다. 이런 먹이는 충치나 잇몸에 문제를 일으킨다. 주인은 가처분소득이 생기면 동물병원을 예약한다. 1996년 봄, 보는 동물병원 사업이 호황이라고 보고했다. 나는 이 사실을 알고 채권을 공매도했다.

수의사들을 만난 후에 보 박사는 부랑자들을 따라 '샐리'로 간다. 여기서 샐리는 고매한 국채 딜러가 아니라 구세군을 가리킨다. 구세군이 부랑자들에게 제공하는 식사에서 쇠고기와 감자 비율 또는 옷걸이에 있는 양복과 셔츠의 수를 계산해서 보 박사는 노동 부문에서 이용 가능한 물품이나 서비스에 관한 훌륭한 지표를 얻는다. 이런 점에서 교회가 운영하는 구제 시설은 정보가 가득한 창고다. 교회는 패스트푸드점에서 음식을 받는다. 어디를 가나 도넛 가게는 있다. 만약 디저트로 부랑자 1인당 도넛이 여섯 개 배정되면 긴장해야 한다. 어디에나 있는 도넛 가게가 장사가 안 된다는 뜻이기 때문이다. 말이 난 김에 말인데 급식 시설에 서 있는 줄 길이 역시 정확도가 높은 지표다. 줄이 길면 불경기를 의미한다.

교회에 딸린 구제 시설에서 예배도 보고 음식도 먹고 잠도 푹 자고 나면 보 박사는 패스트푸드점에 간다. 쓰레기통에 남아 있는 음식 양은 두 가지 측면에서 의미 있는 지표다. 우선 쓰레기통에 남아 있는 음식량은 경제 활동 수준에 따라 달라진다. 힘든 시기일수록 음식물 쓰레기양이 적다. 여기서는 쓰레기통에 버린 콜라와 빅 사이즈 컵에 남아 있는 탄산음료의 양으로 보정하는 방식을 보와 내가 개발했다는 점만 지적하고 넘어가겠다.

보와 나는 철로를 가로지르는 화물차의 종류를 특히 유심히 살핀다. 석탄 화물차가 유달리 많으면 날씨가 추워진다는 뜻이며 이는 투기거래에 광범위한 영향을 미친다. 석유 화물차로 바뀌면 에너지시장이 승승장구 활황이라는 의미다.

떠돌이 노동자들이 '이동식 주차장'이라고 부르는 자동차 운송 열차는 핵심 지표다. 자동차 운송 열차를 살펴보면 〈워즈 오토월드(Ward's AutoWorld)〉가 주간 판매 수치를 발표하기 훨씬 전에 자동차 재고가 어디로 향하는지 알 수 있을 뿐 아니라 승용차 표시 가격을 조사하면 한발 앞서 인플레이션 수치를 알 수 있다. 고용수치와 함께 물가지수는 월별로 시장을 가장 많이 움직이는 두 가지 핵심 통계다.

모든 지표가 이렇게 쉽게 해석되지는 않는다. 보가 말한다. "야적장 근처에 있는 홍등가로 돌아오니, 예전에 봤던 창녀들이 해를 거듭해 몸을 팔고 있더군. 머리가 수재급으로 좋지 않아도 지갑이 얇은 떠돌이 노동자는 경제 여건과 하룻밤 노는 가격 사이의 상관관계를 알 수 있지. 이 가격은 변동이 심하고 뻔히 보이거든. 그런데 이 지표가 어느 정도나 앞질러서 경기를 예측하는지는 잘 모르겠어."

보와 나는 무위도식 부랑자 무리의 동태를 살펴 정부 부문을 파악하는 작업도 즐긴다. 무위도식배들은 철도를 타고 전국 각 도시를 돌아다니며 네댓 곳에서 식권을 모은다. 한 사람이 사회보장번호를 몇 개씩 갖고 있으며 확인 가능한 주소(대체로 다리 밑)가 있으며, 이들을 추적하는 사회복지사보다 한두 발 앞서 있다.

식권의 표준 교환 가격은 액면가보다 50센트 싸다. 부랑자 무리가

　　　　　　　　　　　빅터 니더호퍼의 투기 교실

정부 지원이 부족하다고 느낀다면 정치인들이 '날쌘 돼지' 작전, 즉 세금을 푸는 데 인색한 정책을 쓰고 있다는 정확한 지표가 된다.

이제 부랑자 펀더멘털 지표가 드러난다. 땅에 떨어진 담배꽁초의 길이는 경제 건전성과 정비례한다. 떠돌이 노동자는 항상 버려진 꽁초를 찾는다. 그리고 부랑자가 아주 짧은 꽁초를 연이어 피워야 한다면 경제가 어렵다는 의미다. 당초 그 담배를 피운 사람이 한 푼도 낭비하지 않으려고 끝까지 담배를 피웠기 때문이다. 오해를 피하기 위해 밝히자면, 꽁초 길이에 차이가 있다는 사실에 처음으로 주목한 사람은 로즈 와일더 레인(Rose Wilder Lane)이다. 그런데 《Discovery of Freedom(자유의 발견)》에서 레인이 언급한 내용은 나라마다 버려진 꽁초 길이가 다르다는 점이었다. 한 나라 내에서 시간 경과에 따라 꽁초 길이 변화를 체계적으로 추적한 것은 보와 내가 처음이라고 믿는다.

나는 최근 브라질에서 이 이론을 적용해 수백만 달러를 벌었다. 그곳에서 우리 직원들이 바닥에 긴 꽁초가 점점 많아진다는 사실을 알아차렸고, 나는 달려들어 브라질 주식을 매수했다.

닉슨에서 시작된 연결고리

연결망은 어디에나 존재한다. 1960년 대선 선거운동 당시 연준 의장인 윌리엄 맥체스니 마틴(William McChesney Martin)은 선거 전에 긴축통화 정책을 유지해서 존 F. 케네디에게 은혜를 베푼 셈이 되었다. 긴축 전략은 항상 도전자에게 유리하기 때문이다. 리처드 닉슨(Richard Nixon) 입장에서 마틴 의장의 긴축 정책은 경기 침체와 선거 패배로 이어졌다. 이런 일련의 과정이 1970년대 시장 동향을 설명하는 데 중요한 요소가 되리라 누가 생각이나 했겠는가?

닉슨은 1972년 재선 기회가 오자 경기 침체로 선거를 망치는 그런 모험은 하지 않았다. 닉슨은 금리가 자신의 정치생명을 위협할 수준으로 오르지 않도록 아서 번스(Arthur Burns)를 연준 의장으로 지명했다. 그러나 과도하게 경기를 부양하다가는 인플레이션율이 높아지고 결국 금리 상승으로 이어진다는 것도 닉슨은 알고 있었다. 달러 가치가 이미 하방 압력을 받고 있는 상황에서 닉슨은 1971년 말 외국 중앙은행들이 달러를 금으로 교환하지 못하게 막고 국내 임금과 물가를 통제했다. 그 결과 확보된 유동성은 주식시장의 오름세를 부추기는 데 한몫했다.

동시에 외국 은행들이 달러를 매도하자 달러 가치는 하방 압력에 시달렸다. 그러자 외국 은행들은 다시 달러를 사들여 이런 추세와 싸웠다. 새로 찍어낸 달러 때문에 전 세계에서 유동성이 폭증했다. 에너지 수요와 식량 수요가 증가했다. 공교롭게도 당시는 곡물과 석유 비축량이 적었다. 인플레이션 압력은 자연스럽게 곡물 가격에까지 영향을 미쳤다. 1973년 이스라엘 전쟁으로 최종 석유 공급에 차질이 생겨 OPEC은 유가를 올릴 수 있는 절호의 기회를 맞았다.

1973년 연방준비제도이사회는 긴축 정책을 통해 피해를 되돌리려고 노력했다. 미국 주식시장은 살풍경스레 추락했다. 그런데 1930년대와 달리 이번에는 소비자 가격이 하락하지 않고 상승했다. 월말 주가를 기준으로 계산할 때, 1972년 12월 고점에서 1974년 9월 바닥에 이르기까지 인플레이션 등을 보정한 S&P500의 실질 성과는 52% 가까이 하락했다. 1929년에서 1932년 사이 낙폭인 79%만큼 나쁘지는 않았지만, 꽤 오랫동안 투자자들이 주식이라면 손사래를 치기에 충분했다.

1970년대에 접어들자 안정을 구가하던 1950년대와 1960년대와 달리 여건이 흔들렸다. 경제는 치솟는 물가상승률에 시달리고 있었다. 무식하고 무능한 데다 자기 잇속 차리기에 급급한 우리 정치 지도자들은 통화 증가를 억제하지 못했고 인플레이션이라는 괴물을 길들이지도 못했다. 인플레이션율이 높아지자 세율까지 올라갔다. 사회복지 프로그램 확대와 정부 규제로 정부 지출 비용은 늘어났고 기업 입장에서는 장기계획에서 불확실성이 커졌다. 기업들은 비용 증가분을 소비자에게 빨리 떠넘기지 못했고 이는 기업 수익성에 타격을 입혔다. 유가가 껑충 뛰면서 에너지 의존 산업은 일대 혼란에 빠졌다. 닉슨 워터게이트 사건으로 정부 역량에 대한 대중의 신뢰에 금이 갔다. 지미 카터(Jimmy Carter) 대통령은 이란 인질 사태로 내내 수모를 겪다가 대통령직에서 내려왔다.

이런 환경에서 정치를 보는 대중의 시각은 변했고 로널드 레이건(Ronald Reagan)이 대통령이 될 수 있었다. 폴 볼커(Paul Volcker) 의장 시절 연준은 긴축통화 정책으로 돈줄을 더 단단히 옥죘다. 그 결과 인플레이션은 꺾였지만 극심한 경기 침체라는 대가를 치러야 했다. 에너지 수요가 감소하면서 실질 에너지 가격은 대폭 하락하기 시작했다. 세제 개혁과 낮은 인플레이션으로 자본 소득에 대한 세금 부담은 크게 줄었다. 방위비 증대와 새로운 외교 정책으로 계속 팽창을 노리던 소련의 시도를 억누르는 데 성공했고, 소련의 경제 실패와 맞물려 공산주의 체제는 종말을 맞았다. 주가가 하락한 상황에서 수익 반등에 시간이 걸리기는 하겠지만 결국에는 평가 수준과 주가가 반전되리라 예상되었다. 인플레이션 우려가 가라앉으면 금리도 떨어질 것이다.

하지만 중대한 반전이 발생하면 사상자가 나오기 마련이다. 1970년대 후반에는 각종 물가가 상승하면서 차입국, 특히 멕시코 같은 석유 생산국이 위기를 벗어나리라 예상했다. 얼마 못 가 경기 침체, 달러 강세, 실질 유가 하락에 페소화 과대평가까지 맞물려 멕시코는 채무불이행 상태에 빠졌다. 특히 저축대부조합은 상환 기간이 길고 수익성이 낮은 대출 상품을 팔고 있었는데 다른 금융기관이나 시장에서 조합이 자금을 빌릴 때 나가는 이자 비용이 증가하면서 파산 직전에 몰렸다.

저축대부조합이 도산하지 않도록 애쓰고 규제 개혁이 실시되면서 금융 투기에 더없이 좋은 환경이 조성되었다. 1980년대 중반, 긴축통화 정책과 재정 정책을 함께 쓰면서 미국에서 자본 투자 매력도가 점점 커지자 달러 가치가 지나치게 고평가되었다.

그러자 달러 강세로 무역에 민감한 산업은 타격을 받았다. 수익성이 높아지고 주식은 저평가 상태가 되자 대규모 합병 투기 시대가 막을 열었다. 개발도상국에 대출을 해주었다가 크게 손해를 입고 뜨거운 맛을 본 은행들은 부동산 대출과 차입금 비율이 높은 인수자금 대출에 나서면서 또다시 불구덩이에 뛰어들었다. 기업 대출자를 상대로 하는 종래의 대출이 예전처럼 수요가 많거나 쏠쏠하지 않고 단기채시장에서 경쟁이 치열해졌기 때문이다. 강달러 현상으로 일본에서는 무역 흑자가 늘고 시장에 대한 확신이 커지는 한편 통화량이 급격히 증가하면서 부동산과 주가에 투기 거품이 잔뜩 끼게 되었다.

달러 가치 상승으로 미국 경제는 세계 시장에서 버거운 싸움을 하고 있었는데 그 여파로 1986년 경기가 둔화되고 인플레이션도 진정되었다. 금리가 하락하면서 주가는 상승했다. 1986년 통화 정책 완화로 유동성이 보급되었고 이는 주식시장이 고평가되는 데 한몫했다. 얼마 못 가 유동성이 인플레이션으로 이어질 기미가 보이자 결국 연준은 긴축에 나섰다. 주식시장은 면역이 된 듯 보였으나 1987년 10월 살벌할 정도로 하락하며 발목이 잡혔다. 연준은 이에 대응해 완화 정책을 취했고, 곧 언제 그랬냐는 듯 주식시장 하락은 옛말이 되었다.

새로운 세대의 투자자들이 배운 교훈은 시장 반전을 이용해 다년간에 걸친 강세장에 투자하라는 것이었다. 1970년대보다 속도는 훨씬 느려졌지만 인플레이션율은 계속 상승했고, 자제하던 연준은 다시 조치를 취할 수밖에 없었다. 세법 개정으로 부동산 거품은 꺼졌다. 그 결과 위기에 빠진 은행과 저축대부조합업계는 다시 자기자본 확보에 나섰고, 대출을 줄이거나 대출 조건을 엄격하게 적용하는 등 신용 확대를 억제했다. 연준은 1990~1991년 경기 침체 이후 인플레이션을 억누르기 위해 움직였고, 적어도 인플레이션을 통제권 안에 넣었다. 외국 기업과 경쟁에 시달리고 기업 약탈에 충격을 받은 기업들은 효율성을 높였고 수익성도 크게 개선했다.

주식 평가에 중대한 영향을 미치는 요인들은 이제 긍정 요소와 부정 요소가 뒤섞이게 되었다. 세금과 규제 관련 정치적 상황은 부시 행정부와 클린턴 행정부에서 다시 부정적으로 변했다. 그러나 소련 붕괴로 장기적으로 경기가 좋아지고 수익성이 확대되리라는 전망이 강력한 대항력으로 작용했다. 1994년 선거 결과 공화당이 의회에서 다수를 차지하면서 예산 적자, 비대한 정부, 높은 세율 문제가 해결되거나 개선되리라는 전망이 우세해졌다. 동시에 기업들이 감량경영에 나서고 수익성 개선을 위해 꾸준히 노력하면서 장기 수익 전망이 상향 조정되었다. 컴퓨터와 통신기술 분야에서 일어난 중대한 변화들로 성장 잠재력이 개선되리라는 희망에 새로운 불을 댕겼다. 낮은 단기 금리, 과거 15년간의 주식 수익률 기록, 그리고 저축을 등한시하던 베이비붐 세대에서 은퇴에 대비해 순자산을 모아야 한다는 인식이 확대되면서 뮤추얼펀드로 대거 자금이 이동했고 그 결과 1996년까지 주가는 꾸준히 상승했다.

다년간에 걸쳐 근본적인 변화가 일어나거나 인구통계학 측면에서 변화가 있으면 어느 정도 사건의 동인으로 작용하는 힘이 있다. 그러나 사회에 참여하는 중요한 개인이나 무리의 동태 역시 결과에 영향을 미칠 수 있다. 낡은 통화체제를 끝내야 한다는 압박이 있었다. 그러나 닉슨이 다른 시기에 다른 방식으로, 다른 이유로 행동했다면 결과는 달랐을지도 모른다.

미국 금융상품에 대한 규제가 없었다면 유로달러시장은 결코 성장하지 못했을 것이고 전 세계 경기부양은 그다지 뚜렷하지 않았을 것이다. 공급 여건이 그렇게 빠듯하지 않았다면, 비탄력적인 유가가 급등하지 않았을 수도 있고, 전반적으로 인플레이션 수준 역시 그만큼 심하지 않았을 것이다. 금융 규제 완화 당시 예금자 위험과 관련해 변화가 있었다면, 이후 10년 동안 많은 분야에서 양상이 달라졌을 것이다. 어디에나 연결망이 깔려 있다.

어울리는 불협화음

영국에서 강연하면서 음악과 투기는 리듬과 감정을 표현하는 언어라는 점에서 비슷하다고 말했다. 그러자 청중이 코웃음을 쳤다. "지난 1년 동안 새로운 유형의 금융 점성술사들이 인도하심을 바라며 하늘을 쳐다보고 있다." 〈런던타임스〉는 나와 내 이론을 혹평하며 이렇게 조롱했다. 헤드라인을 이렇게 뽑았다. "흔들리는 강아지 꼬리를 보고 주식을 골라야 하는가?" 헤드라인만 봐도 기사 논조를 알 수 있었다.

이들은 유려한 필체로 세월이 흘러도 변치 않는 기법, 즉 속임수를 사용해 내 손으로 무덤을 파도록 부추겼다. 기사가 나가기 전에 섹시한 기자가 전화를 걸어 홍보용 사진을 찾아달라고 부탁했다. 나는 호의적인 기사가 나오겠거니 잔뜩 기대하고 있었다. 그런데 어릿광대 같고 우스꽝스러운 내 모습을 부각하기 위해 사진을 썼다.

〈선데이비즈니스(Sunday Business)〉에 실린 캐번디시(Cavendish) 칼럼은 이렇게 보도했다. "머큐리자산운용(Mercury Asset Management, 피델리티 영국 자회사)이 그런 연관관계를 이용한다는 것은 상상할 수도 없는 일이다." 〈월스트리트저널〉은 내 견해에 대한 반응을 객관적으로 조명하면서 참석한 많은 영국인이 매몰차게 나를 비웃었다고 보도했다. 나는 브루클린 억양을 쓰는 데다 내 이론을 제시할 때는 겸양을 떨지 않는다. 그런데 성공했다고 우쭐하는 것 자체가 영국인들 성정에 맞지 않는다. 나는 관계성을 계량화한 덕분에 성공했다고 말하면서 "비록 보잘것없는 성공이긴 하지만"이라고 덧붙였다. 그런데 이 말을 맥락에서 쏙 빼서 나를 두들겨 팼다. 유럽의 금융 관련 방송들은 영국 금융계를 떠받치는 대들보 격 인물들을 인터뷰해서 내보냈다. 이 인사들은 새롭고 기이하지만 홀연히 나타났다 사라질 이 기법에 회의를 표시했다.

어쨌든 음악과 시장을 이끄는 원칙은 중심음에서 출발해 다양한 긴장을 유발하는 불협화음이 이어지다가 중력에 이끌리듯 다시 중심음

빅터 니더호퍼의 투기 교실

으로 돌아오는 것이다. 미천한 투기꾼이나 위대한 작곡가나 긴장을 해소하는 데 능숙하면 보상을 받는다.

매수세와 매도세 사이에 힘겨루기가 벌어지면 승부 결과에 호기심이 동한 사람들이 충동적으로 전장에 들어오기도 한다. 대중은 인플레이션, 혁신 또는 공급 부족에서 대박을 거머쥘 수 있다는 생각에 부리나케 매수에 나선다. 대중이 더 미친 듯이 몰려다니게 부추길 목적으로 제법 무게 있는 학술 연구가 추진되고 후원이 쏟아진다. 추세를 좇는 사람들이 가세하면 거품은 부글부글 더 높이 솟아오른다. 거품을 떠받치는 근거로 1970년대 데이터를 바탕으로 계산한 수치를 들먹이기도 하고 집단 기억에 남아 있는 이런저런 전설적 인물이 한때 거뒀다는 군침 도는 수익을 들먹이기도 한다. 그랬다고 치자. 전설적 인물이 하는 말만 믿고 달려든 개미 투자자들은 빈털터리가 되고 말았다는 이야기도 있으니 말이다.

혹독한 비난이 쏟아질 때마다, 위기에 빠질 때마다, 내 직업윤리와 방식에 의문이 제기될 때마다 내가 쓰는 전매특허 해결책이 있다. 바로 연필을 꺼내서 수치화하는 것이다. 그런 다음 나가서 결과에 따라 거래한다.

만약 내 이론이 맞는다면, 장이 열릴 때 울린 음들이 마감 때 반복되는 경향이 있을 것이다. 과학적인 방법으로 접근할 수 있는 간단하고 검증 가능한 가설처럼 보이지만 안타깝게도 오프닝 테마가 다시 반복된다는 가설에 베팅하면 돈을 번다는 결정적 증거는 내놓을 수가 없다. 주식시장에서 볼 수 있는 1월 효과는 시사하는 바가 크다(1월에 상승하면 나머지 11개월 동안 상승 가능성이 1월에 하락한 경우보다 약 1.6배 높다).

이 애매모호한 영역을 확실히 진단하기 위해 나는 세계 최대 시장인 미국 채권시장을 조사했다. 그리고 오프닝 테마가 마지막 안식처를 결정하는 경향이 있는지 살펴보았다. 분석 기간은 1990년부터 1995년까지 6년이었다. 전날 종가에서 당일 정오로 채권이 이동한 방향을 주테마로 정의했다. 정오까지 상승한 경우는 805회로, 채권 가격은 마감까지 0.04포인트 추가 상승했다. 정오까지 하락한 경우는 754회로, 이후 채권은 0.01, 0.02 정도 추가 하락했다. 이 차이는 적어도 0.06포인트에 달하는 수수료와 슬리피지를 메우지는 못하므로 비록 현격한 차이는 아니지만 내 가설을 뒷받침한다.

또한 채권이 시가로 돌아오는 횟수가 허다하다는 사실도 드러났다. 변동 없이 마감하는 경우가 한 틱 오르거나 내리면서 마감하는 경우보다 두 배 더 많았다. 이는 무작위 사건이라고 하기에는 일정한 경향성을 보인다.

브라이튼 방식

나는 평생 1만 번쯤 손에 라켓을 든 채 코트에 서서 상대와 싸웠다. 심판은 의자에 앉아 있고 군중이 지켜보는 가운데 말이다. 이 1만 번의 경험을 통해 나는 평등에 관한 두 가지 중요한 사실을 배웠다.

우선, 우리는 모두 다르다는 사실을 깨쳤다. 어떤 선수는 빠르고, 어떤 선수는 강하게 치고, 어떤 선수는 모험을 감행하고, 어떤 선수는 똑똑하고, 어떤 선수는 근육협응력이 발달했고, 어떤 선수는 열심히 노력하고, 어떤 선수는 승부욕이 강하다.

토머스 제퍼슨은 독립선언서에서 "모든 인간은 평등하게 태어났다"고 선포했다. 이때 평등이란 능력에서 평등하다는 의미가 아니라 권리나 법 앞에서 평등하다는 의미였다. 코트에서도 마찬가지지만 우리는 살면서 곳곳에 스며 있는 불평등을 경험한다.

코트에 설 때마다 상대도 나도 목표는 같다. 바로 승리다. 경기 규칙이라는 제약이 있을 뿐, 승리를 얻기 위해 활용하는 방법과 작전은 무수히 많다. 제퍼슨이 말한 '생명, 자유, 행복 추구권'을 누리고자 할 때도 마찬가지다.

그러나 대다수가 인정하듯이 인생처럼 경기에서도 다툼을 해결하고, 아슬아슬할 때 판정을 내리고, 필요할 때 규칙을 해석하려면 심판이 필요하다. 최고의 심판은 있는지 없는지 모르는 심판, 팬들이 이름을 기억하지 못하는 그런 심판이다. 심판이 너무 적극적으로 끼어들면 선수나 관중 입장에서 거슬린다. 이런 심판은 공정성을 '집행'하는 대신 오히려 방해하는 셈이다.

코트에서 내가 딴 점수의 4분의 1 이상을 상대에게 나눠준 심판은 없었다. 만약 그랬더라면 나는 틀림없이 선수 생활을 접었을 테고 상대는 경기력을 높이기 위해 애쓰지 않았을 것이다. 그리고 전반적인 게임 수준은 그저 그런 수준으로 추락할 것이다. 소득을 놓고 다투는 게임에서 내가 잘되면 종종 심판이 내가 딴 점수의 절반 이상을 소득세로 갈취하고, 내가 죽으면 나머지도 상속세로 뺏어간다. 상황이 이런데 심판은 사람들이 열심히 노력하기를 진정 기대한단 말인가?

공급 중시 경제이론이 미심쩍다면 상대가 심판을 마음대로 조종하는 경기를 몇 번 해보라.

이 세상에서 무언가를 손에 넣는 데는 두 가지 방법이 있다. 개인 간 자발적 거래를 통하는 방법이 있고, 간섭하는 심판의 허가와 명령에 따르는 방법이 있다. 국가가 생명과 재산을 보호하고 재분배를 꺼릴 때 번영이 찾아오고, 사람들은 마음껏 말하고 비판하고 만나며 게임을 즐기고 예배할 여유도 생긴다. 하지만 심판이 내가 어렵게 얻은 점수를 툭하면 상대에게 재분배하거나 규칙을 바꾸면 좋은 경기를 펼칠 마음이 싹 가신다.

나는 정치인을 전문직 조폭에 비유한다. 정치인들의 목표는 닭 털을 최대한 많이 뽑되 꽥꽥거리는 소리가 최대한 안 들리게 하는 것이다. 투기에 관한 책에서 이 무슨 생뚱맞은 소리냐고?

그렇지 않다. 나는 시장이 심하게 출렁이면 번번이 이 이론을 적용해 정치인들이 어떻게 나올지 예측한다. 예를 들어 1995년 멕시코에 구제금융을 제공한 후 민주당과 공화당은 멕시코인들 손에서 미국인들을 구해냈다며 자신들이 한 이타적 행위에 대해 한목소리로 자화자찬했다. 로스 페로(Ross Perot)는 납세자들의 돈을 허투루 쓴다며 구제금융 조치를 맹렬히 비난했다.

1996년 무렵 선출직 정치인이라면 하늘이 두 쪽 나도 듣고 싶지 않은 소리가 있었다. 바로 멕시코 페소화가 추가로 평가절하되었다는 소식이었다. 페소화 평가절하 없이 멕시코 국채는 50%에서 100%의 수익을 냈다. 나는 서둘러 마구 사들였다. 영향력 있는 정치인들이 차례로 구제금융 조치를 떠들썩하게 칭찬했고 나는 입이 귀에 걸려 지갑을 문질렀다. 평등에 대해 배운 교훈을 적용해서 내 고객은 평균 수익을 훨씬 웃도는 수익을 거머쥐었다.

내 친구 덕 케이시(Doug Casey)는 남미에 무한한 기회가 있다고 믿는다. 남미 국가들은 나락까지 갔다가 급속히 빠져나오고 있다. 내가 듣기로 스쿼시를 잘 치는 선수는 스페인 비스카야 지방 전통 공놀이로 바꿔도 금방 적응해서 즐긴다고 한다.

길었던 2분

뉴욕, 오전 8시 30분. 간밤에 한바탕 광풍이 몰아쳤다. 미국 시장이 문을 닫은 사이 뇌운이 형성되고 있었다. 독일중앙은행은 오전 8시 30분에서 9시 30분 사이에 본점에서 기자회견을 열 예정이다. 갑자기 유럽의 운명이 국가 연합체냐, 아니면 통일된 공동 시장이냐, 자유 변동환율이냐 고정환율 및 관리환율이냐, 세계 전역이 경기 침체에 빠지느냐 아니면 경기 확장기에 접어드느냐, 이 모두가 기자회견에 달려 있다.

대다수 대기업은 결론을 미리 알고 있다. 독일중앙은행이 기준금리를 인상한다는 소문이다. 하룻밤 사이에 달러가 폭락했다. 세계 채권시장은 급락하고 있고, 홍콩 증시가 4% 하락하면서 다른 아시아 증시도 따라서 시궁창에 처박혔다. 만약 그들도 독일을 따라 대출금리를 높인다면 1907년, 1929년 또는 1987년에 버금가는 공황이 닥칠지도 모른다. 아니, 화면에 곤두박질치는 그래프를 보니 그리 될지도 모르겠다.

언제나 그랬듯, 우리는 대세를 거슬러 대규모로 매수 포지션을 취했고 출혈이 컸다. 마침내 팽팽하던 긴장이 해소되었다. 헤드라인이 화면을 가로질러 깜박인다. "독일중앙은행 금리 동결." 즉시 달러는 유럽 통화 대비 2% 상승한다. 채권은 3% 오른다. 런던에서 체결된 한두 건 거래로 다우존스지수는 50포인트 올랐다. "가격이 손실제한 지점으로 향하고 있음." 전화벨이 울린다. 브로커가 추세 추종 전략을 쓰는 대형 펀드가 대규모로 매수에 나서고 있다고 말한다. 내가 제안한다. "다른 펀드들까지 나서기 전에 매수에 뛰어듭시다. 앞에 추세 전환점이 있어." "잠깐, 저게 뭐야?" 뉴스 보도 화면에 '정정' 글자가 번쩍인다. 독일중앙은행이 대출금리와 기준금리를 0.50% 인상했다.

달러는 2% 상승분을 고스란히 반납한 뒤 다시 2% 하락한다. 낭패다. 펀드도 반전되고 있다. 대형 헤지펀드들이 달러 공매도 포지션을 축적하고 있다. 세계 증시는 격분한 공룡처럼 비틀거리며 꼬리를 휘둘러 투자자들을 후려 패고 있다.

1987년 10월 그날이 다가왔고, 갠 이론과 엘리엇 파동이론 추종자들은 줄곧 증시 아마겟돈을 예언해 왔다. 첫 번째 고객이 전화했다. "설마 내 돈으로 주식을 산 건 아니겠죠?"

지중해 출신으로 고질병처럼 하락에 베팅하는 고객은 전화로 이렇게 요구했다. "S&P 풋옵션 100계약 매수하세요."

"한 달 안에 지수가 15% 하락하지 않으면 본전도 못 건져요. 스프레드에 따르는 수수료 비용만 30%예요." 내가 부르짖었다.

"가격이 얼마든 상관없어요. 시장가로 사세요. 지수가 끝도 모르고 떨어질 겁니다." 고객이 고집을 부린다.

하지만 터널 끝에 서광이 비친다. 생산자물가지수(PPI)가 공개된다.

0.1% 하락. 다행이다. PPI가 상승하리라 예상했는데 이러면 구사일생, 살아날 수 있다. 채권이 즉시 1.5% 상승한다. 나는 소리친다. "지정가 매수 주문을 넣게. 뭐라고? 볼드윈이 우리보다 먼저 1,000계약 매수에 나섰다고? 현금으로 바로 매수해."

광란의 도가니 속에서 누구 할 것 없이 죄다 전화기를 붙들고 있다. 오늘따라 어찌나 일손이 달리는지 접수원을 불러 살로몬브러더스에 전화를 걸게 하고 청소부에게 시티뱅크 전화번호를 알려준다. "서둘러요. 떠돌이를 방구석에서 꺼내요. UBS(스위스 유니언뱅크)에서 매도하면 물량을 받아야 해요." 하지만 스피커폰을 누가 치고 지나갔는지 귀청이 찢어지는 소리가 난다. 하도 정신이 없어서 브로커들이 매도 제안을 했는데 우리 대답을 제대로 들었는지 어쨌는지도 모르겠다.

"곧 실업수당 청구건수가 나오는데 그때까지 기다려야 해. 이런 날에 상황이 어떻게 돌아가는지 컴퓨터 시뮬레이션을 돌려봐. 저런, 청구건수가 줄었네. 그렇다면 약세야." 롤러코스터를 탄 기분이다. 가난뱅이에서 부자가 되었다가 다시 가난뱅이로. 이때 기회가 있다. 그러니까 지팡이를 꺼낼 때다. "컴퓨터를 확인해 봐. 목요일 PPI 발표에 맞춰 달러, 채권, 주식이 모조리 하락했는데 얼마나 영향을 미쳤지? 원유가 하락했어. 채권은 상승하고 금이 하락하겠군. 닛케이는 강세."

파트너가 말한다. "위터(Witter) 전화 연결됐어요. 큰일 났어요. 방금 증거금을 5%에서 20%로 올렸어요. 30분 안에 2,000만 달러를 마련해야 해요. 그렇지 않으면 포지션이 강제 청산되고 거래가 취소됩니다." 내가 대답한다. "로페즈 매수 포지션 가치가 얼마나 되지? 포지션 청산해. 내역은 내가 기록할게. 증거금을 맞춰야 해."

"빅터에게 알려야 해. 위험 관리 담당자니까. 그렇지, 트레이더이기도 해." 동료가 스피커폰에 대고 울부짖는다. 자산분배팀 고객 한 명이 전화를 걸었다. 고객은 우리가 자기 자산의 25%를 날렸다는 사실을 눈치챘다. "빅터, 스톱을 어디에 정해놓고 빠져나올 거예요?" 그 고객이

빅터 니더호퍼의 투기 교실

태연한 척, 그냥 궁금해서 물어보는 척하면서 묻는다.

"그런 거 없어요."

"그렇다면 포지션을 절반으로 줄이는 건 한번 고려해 볼래요?" 고객이 말한다. "다른 트레이더에게도 자금을 맡겨서 반대 포지션을 취하는 방식으로 헤징했어요. 그런데 지금 이쪽 위험 노출 수준이 한도 초과예요."

"기꺼이 포지션을 전부 청산해 드리죠. 하지만 그렇게 되면 두 번 다시 그쪽 일은 안 맡을 겁니다." 내가 대답한다.

"개XX, 우리가 간섭하면 니더호퍼가 다시는 일을 안 맡는다고 하는데." 소리 차단이 형편없는지 수화기 너머로 다 들렸다. 고객이 아첨하듯 이렇게 말한다. "지금 이 문제를 두고 중요한 일본인 고객과 임원회의를 할 예정이거든요. 결정 나는 대로 바로 연락할게요."

"거래 시간에는 전화하면 안 됩니다." 내가 따끔하게 이른다.

더 나빠질 게 있을까? 컴퓨터가 먹통이다. "손실액을 직접 계산해. 현재 엔이 얼마나 있지? 증거금을 맞추려면 얼마 내야 해? 아직 깡통은 아니지?" 화불단행(禍不單行). 골칫거리는 늘 한꺼번에 몰려온다. 첫날부터 우리에게 든든한 돈줄이자 지원군이었던 레프코(Refco)가 방금 마진콜을 보냈다. 디트머(Dittmer)가 직접 승인했다. "원유 가격이 배럴당 18달러 밑으로 떨어져 석유 보유로 확보한 증거금으로는 이제 부족합니다." 뭐라도 팔아서 현금을 확보해야 한다. 도대체 뭘? 회계 담당자가 전화를 받는다. 해리스은행(Harris Bank)에서 방금 전화했는데 채권을 받지 못했다고 한다. 이러면 하루 손실만 2만 달러다.

퀸텀펀드와 연결된 직통 전화가 울린다. "시가보다 5틱 아래인 23에 지정가주문으로 채권 1,000계약 매도하세요."

하필 이때. 차라리 죽으라고 하지. 우리가 대롱대롱 벼랑 끝에 매달려 있는데 퀸텀이 시장에 약세 신호를 보낸다. "체결은 아직인가요? 좋아요, 18에 1,000계약 더 매도하세요." 퀸텀이 요구한다.

또 주문이 들어온다. "주문 체결됐어요. 시장가에 200계약 팔았어요. 괜찮은 거래죠. 벌써 0.5포인트 수익을 챙겼네요. 어, 잠깐만요. 로이 맞죠?" "아닙니다." "아, 죄송해요. 니더호퍼 회사에 보고할 체결 내용인데 버튼을 잘못 눌렀네요."

"빅터, 5번 전화에 변호사 연결됐습니다. 이웃이 소송을 제기했대요. 혹시 집을 팔 계획이 있는지 물어보라고 하네요." 비서가 종알거린다.

컴퓨터가 웅웅거린다. "빅터, 깡통계좌." 파트너가 CD플레이어로 '장송곡'을 연주한다. 판돈을 갑절로 늘려야겠다. 전에도 이 음악을 들어보았다. 이보다 더 나쁠 수는 없다.

"〈월스트리트 누더기〉나 틀어. 호시절이 온다네. 니더호퍼 신호 보내. 1억 독일 마르크 매수해." 내가 말한다.

그런데 문제가 있다. 앞에 줄이 길다. 주문을 체결할 수 없다. 튜더 존스(Tudor Jones)가 우리보다 먼저 매수에 나섰고 우리 브로커들은 다른 큰손 고객들을 상대하느라 죄다 통화 중이다. "그렇다면 시장가 100포인트 아래에 매도 스톱을 설정해. 놈들이 스톱까지 가격을 움직이려고 하겠지. 그러면 흐름이 바뀔 거야."

수전이 들어온다. "해충방제업자한테 흰개미 있는 곳을 보여줘야 해. 그동안 아이들이 피아노 연습 끝까지 하는지 봐줄래? 피곤해 보이네. 별일 없지?"

"별일 있지. 한두 번인가 뭐."

뉴욕, 오전 8시 32분.

주석

1장 브라이튼 비치 훈련소

1. Julius and Francis Butwin, *Favorite Tales of Sholom Aleichem* (New York: Avenel, 1983), p. 1.
2. Herman Melville, *Moby Dick* (New York: Random House, 1930), p. 6.
3. Norman Rosten, "Under The Boardwalk", *The Brooklyn Reader: 30 Writers Celebrate America's Favorite Borough,* ed. Andrea Sexton and Alice Powers (New York: Harmony, 1994), p. 189.
4. Elliot Willensky, *When Brooklyn Was The World, 1920-1957* (New York: Harmony, 1986), p. 178.
5. Don Lynch, *The Titanic: An Illustrated History* (New York: Hyperion, 1992), p. 142.
6. Gerald Loeb, *The Battle for Stock Market Profits* (New York: Simon & Schuster, 1971), pp. 275-277.
7. Edwin Lefèvre, *Reminiscences of a Stock Operator* (New York: John Wiley & Sons, 1994).
8. 같은 책, pp. 186-187.
9. 이 같은 두 변수 간의 밀접한 관계를 측정하는 것이 상관계수다. 상관계수는 두 수량의 동시 변동을 측정하는 척도로, 두 수량의 공통적인 영향을 반영한다. 두 변수가 비례해 일직선으로 함께 변하면 상관계수는 1.0이고, 반비례해 일직선으로 변하면 -1.0이다. 상관관계가 0이라는 것은 두 수량 중 어느 하나도 선형 관계로써 다른 수치를 예측할 수 없다는 것을 의미한다. 우리는 골턴이 발견한 회귀계수(regression coefficient) 또한 사용하는데, 이는 두 변수의 크기 비율로써 예측하는 정규화된 상관계수다.
10. Paul Dickson, *Baseball's Greatest Quotations* (New York: Harper, 1992), p. 482.
11. René Lacoste, *Lacoste On Tennis* (New York: Morrow, 1928), p. 166.
12. John Thorn, ed., *The Armchair Book of Baseball* (New York: Macmillan, 1985), p. 241.
13. Quentin Reynolds, *I, Willie Sutton* (New York: Da Capo, 1993), p. 233.
14. Willie Sutton with Edward Linn, *Where The Money Was* (New York: Viking, 1976), pp. 96, 144.
15. Quoted in David Spanier, *Inside the Gambler's Mind* (Reno: University of Nevada Press, 1987), p. 160.

2장 공황, 그리고 재수 옴 붙은 인간

1. Scott Joplin, *Collected Works* (New York: New York Public Library, 1971), p. 181.
2. Lefèvre, pp. 113-114.
3. Forest Davis, *What Price Wall Street?* (New York: Godwin, 1932), pp. 212-238.
4. Henry Clews, *Fifty Years in Wall Street* (New York: Irving, 1908), p. 727 ff.
5. A New York Broker (John Ferguson Hume), *The Art of Investing* (New York: D. Appleton, 1888), p. 138.
6. Quoted in Matthew Hale Smith, *Twenty Years Among the Bulls and Bears* (Hartford, CT: Burr and Hyde, 1871), p. 553.
7. Henry Clews, *Twenty-Eight Years in Wall Street* (New York: Irving, 1887), p. 19.
8. Edward G. Riggs, "Wall Street, The Stock Exchange" *The Quarterly Illustrator,* I (April-June, 1893), p. 355.
9. William Worthington Fowler, *Ten Years in Wall Street* (Hartford, CT: Dustin & Co. 1870), pp. 319-320.
10. Riggs, p. 387.
11. Garet Garrett, *Where the Money Grows* (New York: Harper, 1911), p. 13.

3장 델포이 신탁과 과학

1. Joseph Fontenrose, *The Delphic Oracle* (Berkeley: University of California Press, 1978), pp. 1, 5.
2. George Rawlinson, trans., *The History of Herodotus,* Great Books, Encyclopedia Britannica (Chicago: Benton, 1988), vol. 6, pp. 21-22.
3. Frederick Poulsen, *Delphi,* trans. G. C. Richards (London: Gyldendal, 1921), p. 27.
4. William Greider, *Secret of the Temple* (Louisville, KY: Touchstone, 1987), p. 240.
5. Harry Browne, *Why the Best Laid Investment Plans Usually Go Wrong & How You Can Find Safety & Profit in an Uncertain World* (New York: Morrow, 1987), pp. 43-44.
6. Will and Ariel Durant, *The Story of Civilization,* 7, *The Age of Reason Begins* (New York: Simon & Shuster, 1961), p. 601.
7. 같은 책, pp. 586-587.
8. Quoted in William S. Beck, "The Rise of Science", in *The Realm of Science,* ed. Stanley Brown (Louisville, KY: Touchstone, 1972), I, p. 94.
9. "Fundamentals of Mathematics", *The Realm of Science,* ed. Stanley Brown (Louisville, KY: Touchstone, 1972), III.
10. Beck, p. 102.

11. Carl Sagan, "Can We Know the Universe? Reflections on a Grain of Salt", *Great Essays in Science,* ed. Martin Gardner (Buffalo, NY: Prometheus, 1994), p. 105.

12. Martin Gardner, *Science: Good, Bad and Bogus* (Buffalo, NY: Prometheus, 1989), p. 319.

13. 같은 책, p. 99.

14. Richard Gregory, ed., *The Oxford Companion to the Mind* (New York: Oxford University Press, 1987), p. 579.

15. Christopher Scott, "Paranormal Phenomena: The Problem of Pro", *The Oxford Companion to the Mind,* ed. Richard Gregory (New York: Oxford University Press, 1987), p. 579.

16. 같은 글, p. 580.

17. J. A. Wheeler, quoted in Martin Gardner, *Science: Good, Bad and Bogus* (Buffalo, NY: Prometheus, 1989), p. 191.

18. 같은 책, p. 192.

4장 손실, 회복, 추세, 날씨

1. Howie Eisenberg, "Second Place Is Some Place", *Ace,* October, pp. 22-23.

2. Lacoste, pp. 176-177.

3. Quoted in Alexander Cockburn, *Idle Passion: Chess and the Dance with Death* (New York: Plume, 1974), p. 59.

4. Elliot Aronson, *The Social Animal* (New York: Freeman, 1992), p. 148.

5. Frank Taussig, "Is Market Price Determinate?", *Quarterly Journal of Economics,* 25 (May, 1921), pp. 394-411.

6. Paul H. Cootner and Sidney S. Alexander, "Price Movements in Speculative Markets: Trends or Random Walks", *Industrial Management Review,* 2 (1961), pp. 7-26.

7. Paul H. Cootner and Sidney S. Alexander, "Stock Prices; Random versus Systematic Changes", *Industrial Management Review,* 3 (1962), pp. 24-25.

8. Thomas Tooke, *Thoughts and Details on the High and Low Prices of the Last Thirty Years* (London: John Murray, 1823), part II, p. 131.

9. *American Meteorological Journal,* 1, no. 12 (1884), p. 160.

10. 같은 책, 1, no. 4 (1885), p. 543.

11. 같은 책, 1, no. 3 (1884), pp. 77-79.

12. Alfred Cowles and Herbert E. Jones, "Some A Posteriori Probabilities in Stock Market Action", *Econometrica,* 5 (1937), p. 294.

13. Victor Niederhoffer, "*Non-Randomness in Stock Prices: A New Model of Price*

Movement", Harvard College, March 1964.

14. Victor Niederhoffer and M.F.M. Osborne, "Market Making and Reversal on the Stock Exchange", *Journal of the American Statistical Association,* 61, no. 316 (Dec. 1966), pp. 905, 908.

5장 승리와 자기 신뢰

1. Harry Cowles, *The Art of Squash Racquets* (New York: Macmillan, 1935), p. 13.
2. Jack Barnaby, *Winning Squash Racquets* (Boston: Allyn & Bacon, 1979), p. 249.
3. Dickson, *Baseball's* ..., selected quotes.
4. H. S. Wolf, *Studies in Stock Speculation* (Wells, VT: Fraser, 1924; reprinted 1966), p. 77.
5. Robert W. Colby and Thomas A. Meyers, *The Encyclopedia of Technical Market Indicators* (Burr Ridge, Illinois: Irwin Professional Publishing, 1988), pp. 508-554.
6. François Voltaire, *Candide or Optimism* (New York: Limited Editions Club, 1973), p. 123.
7. Barnaby, *Winning,* p. 152.
8. Robert Lenzner and Stephen S. Johnson, "Harvard is Knee Deep in Securities", *Forbes,* Nov. 29, 1995, p. 106.

6장 게임의 속성

1. Sholto and Reuben Percy (Thomas Byerley and Joseph Robertson), *The Percy Anecdotes* (London: for T. Boys, 1821-1823), XII, p. 111.
2. Mahlon Hoagland and Bert Dodson, *The Way Life Works* (New York: Times Books, 1995), p. 158.
3. Dante Alighieri, *The Divine Comedy,* Inferno, Canto 3, trans. Lawrence Grant White (New York: Pantheon, 1948), p. 5.
4. Hoagland and Dodson, p. 21.
5. Richard Thaler, *The Winner's Curse: Paradoxes and Anomalies of Economic Life,* (Princeton: Princeton University Press, 1992), p. 63.
6. Johan Huizinga, *Homo Ludens: A Study of the Play Elements in Culture* (Boston: Beacon, 1950), p. 1.
7. Mark Twain (Samuel L. Clemens), *The Adventures of Huckleberry Finn* (New York: Heritage, 1884).
8. John Updike, "The Pro", reprinted in *The Norton Book of Sports,* ed. George Plimpton (New York: Norton, 1992), p. 161.

9.　Peter Bjarkman, ed., *Baseball and the Game of Life* (New York: Vintage, 1971), xvii.

10.　Dickson, p. 278.

11.　같은 책, pp. 155-156.

12.　Huizinga, p. 37.

13.　같은 책, p. 5.

7장 인생 필수과목: 보드게임

1.　Quoted in John Bartlett and Justin Kaplan, eds., *Bartlett's Familiar Quotations,* 16th ed., (Boston: Little, Brown & Co., 1992), p. 505.

2.　Sholto and Reuben Percy (Thomas Byerley and Joseph Robertson), XIX, pp. 8-9.

8장 노름판에서 떼이는 돈

1.　Quoted in Anthony Holden, *Big Deal, Confessions of a Professional Poker Player* (New York: Penguin, 1990), p. 137.

2.　같은 책

3.　Fowler, p. 33 ff.

4.　Quoted in Jack D. Schwager, *The New Market Wizards* (New York: Harper, 1992), p. 208.

5.　Herbert O. Yardley, *The Education of a Poker Player* (Channel Islands: Guernsly Press, 1957).

9장 경마와 시장의 사이클

1.　Ferde Rombola, *The Book on Bookmaking* (Romford Press, 1984), p. 111.

2.　Robert Bacon, *The Secrets of Professional Turf Betting* (New York: Ameripub Co., 1975), pp. 23-27.

3.　같은 책, p. 27.

4.　같은 책, p. 29.

5.　같은 책, p. 30.

6.　같은 책, p. 33.

7.　같은 책, p. 33.

8.　같은 책, p. 34.

9.　같은 책, p. 28.

10장 속임수와 차트

1. Quoted in Amatzia Avni, *Danger in Chess* (London: Cadogan, 1994), p. 100.
2. 같은 책, p. 104.
3. J. R. Krebs and N. B. Davies, *Behavioral Ecology*, 3rd ed. (Boston: Blackwell, 1991), see chap. 6.
4. Oliver E. Williamson, "Transaction Costs Economics and Organization Theory", in Neil J. Smelser and Richard Swedberg, eds., *The Handbook of Economic Sociology* (Princeton: Princeton University Press, 1994), p. 86.
5. 같은 글, p. 81.
6. B. H. Liddell Hart, *Strategy* (New York: Meridian, 1991), p. xx.
7. Bert Hölldobler and Edward O. Wilson, *Journey to the Ants* (Cambridge: Harvard University Press, 1994), p. 123.
8. Hölldobler and Wilson, p. 125.
9. Denis Owen, *Camouflage and Mimicry* (Chicago: University of Chicago Press, 1980), pp. 139-140.

11장 치마 길이와 주가 차트

1. Ira Cobleigh, *Happiness Is a Stock That Doubles in a Year* (Bernard Geis Associates, 1968), p. 114.
2. Arthur Niederhoffer, *Behind the Shield: The Police in Urban Society* (Garden City, NY: Doubleday, 1967), p. 120.
3. Jim Melloan, "The Merry Mistress of Bonds", *Worth*, April 1996.
4. Gregory Millman, *Around the World on a Trillion Dollars a Day* (New York: Bantam, 1995), p. 42.
5. John Kenneth Galbraith, *A Short History of Financial Euphoria* (New York: Viking, 1993), p. 43.
6. Gene Marcial, *Secrets of the Street* (New York: McGraw-Hill, 1995), pp.216-217.
7. Matthew Hale Smith, p. 275.
8. Kenneth L. Fisher, *100 Minds That Made the Market* (Woodside, CA: Business Classics, 1995), p. 69.
9. William Stanley Jevons, *The Atheneum*.
10. Arthur Niederhoffer and Elaine Niederhoffer, *The Police Family* (Lexington, MA: Lexington Books, 1978), p. 87.
11. 같은 책, p. 88.

12장 수익과 무작위성: 상아탑의 민낯

1. Mary Batten, *Discovery by Chance* (New York: Funk & Wagnalls, 1968), p. vii.

2. Louis Engel and Henry R. Hecht, *How to Buy Stocks* (Boston: Little, Brown & Co., 1994), pp. 289-296.

3. Jeremy Siegel, *Stocks for the Long Run* (New York: Irwin, 1994).

4. Eugene Fama, "The Behavior of Stock Market Prices", *Journal of Business,* 38 (January 1965), pp. 34, 105. Quoted in Thaler, *The Winner's Curse,* p. 53.

5. Yale Hirsch, *Stock Trader's Almanac* (Old Tappan, NJ: The Hirsch Organization, Inc., 1993), p. 118.

6. Thaler, p. 144.

7. "What a Difference a Day Makes", *The Economist* (September 1994), p. 84.

8. Isaac Asimov, *Asimov's Annotated Gilbert and Sullivan* (New York: Doubleday, 1988), p. 79.

9. Galton, *Memories of My Life* (London: Methuen, 1908), pp. 272-273.

10. Robert Andrews, *The Columbia Dictionary of Quotations* (New York: Columbia University Press), p. 5 [Harold Bloom interview in *Criticism in Society* (ed. by Imre Salusinkski, 1987)].

13장 예의 주시해야 할 연결고리

1. Charles Darwin, *The Origin of Species and the Descent of Man* (New York: Modern Library, n.d.), p. 59.

2. W. R. Grove, *The Correlation of Physical Forces* (London: S. Highley, 1850), p. 126.

3. Lewis Thomas, *The Lives of a Cell* (New York: Bantam, 1974), p. 3.

4. Guy Murchie, *The Seven Mysteries of Life* (Boston: Houghton Mifflin, 1981), p. 362.

5. Ludwig von Mises, *Human Action: A Treatise on Economics* (Chicago: Henry Regnery, 1963), p. 392.

6. Steven Solomon, *The Confidence Game: How Unelected Central Bankers Are Governing the Changed Global Economy* (New York, Simon & Schuster, 1995), p. 372.

7. Ulanowicz, Robert, *Growth and Development, Ecosystem Phenomenology* (New York: Springer-Verlag, 1986)

8. Warwick J. McKibbin and Jeffrey D. Sachs, *Global Linkages* (Washington, DC: Brookings Institution, 1991), pp. 6-7.

9. Michael E. S. Gayed, *Intermarket Analysis and Investing* (New York: New York Institute of Finance, 1990), p. 378.

10. Henry Crosby Emery, *Speculation on the Stock and Produce Exchanges of the United States* (New York: Columbia University, 1896).

14장 악보와 수학, 그리고 주가 차트

1. Quoted in Michael Steinberg, *The Symphony* (New York: Oxford University Press, 1995), p. 216.
2. Quoted in Harold C. Schonberg, *The Lives of the Great Composers* (New York: Norton, 1981), p. 122.
3. Quoted in Christopher Wolff, *Bach, Essays on His Life and Music* (Cambridge: Harvard University Press, 1991), p. 396.
4. Deems Taylor, *Of Men and Music* (New York: Simon & Shuster, 1937), pp. 33-34.
5. Robert Prechter, *At the Crest of the Tidal Wave* (Gainsville, GA: New Classics Library, 1995), p. 67.
6. Desmond MacRae, "Catching the Wave, Elliott Style", *Financial Trader,* 3 (May 1996).
7. Quoted in Joseph Machlis, *The Environment of Music* (New York: Norton, 1977), p. 272.
8. Quoted in John Amis and Michael Rose, *Words About Music* (New York: Marlowe, 1995), p. 115.
9. Schonberg, p. 114.
10. 같은 책, p. 103.
11. Machlis, p. 9.
12. Amis and Rose, p. 17.
13. Paul Griffith and Roland DeCande, *The Heritage of Music, Classical and its Origins* (Oxford: Oxford University Press, 1990), pp. 9-10.
14. Machlis, p. 9.
15. Amis and Rose, p. 186.
16. 같은 책, p. 2.
17. Robert Andrews, *The Columbia Dictionary of Quotations* (New York: Columbia University Press, 1993), p. 613.
18. Galton, *Memories,* p. 315.
19. Steinberg, p. 29.
20. 같은 책, p. 32.
21. 같은 책.
22. 같은 책, p. 33.

빅터 니더호퍼의 투기 교실

15장 시장 생태계

1. Charles Elton, *Animal Ecology* (London: Methuen, 1971), p. 64.
2. James Medbery, *Men and Mysteries of Wall Street* (Wells, VT: Fraser, 1870), pp. 145-147.
3. F. Scott Fitzgerald, *The Great Gatsby* (New York: Simon & Shuster, 1992), p. 48.
4. Krebs, p. 3.
5. Quoted in Robert E. Rickles, *Ecology* (New York: Freeman, 1990), p. 175.
6. Ambrose Bierce, *The Devil's Dictionary* (New York: Dover Publications, 1958), p. 83.
7. Quoted in Richard Karp, "Bad Actor?", *Barron's,* July 1, 1996, p. 20.
8. 같은 글
9. George Horace Lorimer, *Letters from a Self-Made Merchant to His Son* (Toronto: Briggs, 1902), pp. 195-196.
10. William S. Beck et al., *Life* (New York: Harper, 1991), p. 14.
11. Richard Dawkins, *The Blind Watchmaker* (New York: Norton, 1987), p. 195 ff.
12. Darwin, p. 62.

갈무리하며

1. Gary Garrett, *Heritability of Angling Vulnerability of Large-Mouth Bass* (Texas Parks & Wildlife Department, December 31, 1993), pp. 1-4.
2. Floyd Norris, "At Nasdaq, Time to Repent and Grow Up", *The New York Times,* August 11, 1996, section 3, p. 1.

참고문헌

Alighieri, Dante. *The Divine Comedy,* trans. Lawrence Grant White. New York: Pantheon, 1948.

Amis, John, and Michael Rose. *Words About Music.* New York: Marlowe, 1995.

Andrews, Robert. *The Columbia Dictionary of Quotations.* New York: Columbia University Press, 1993.

Aronson, Elliot. *The Social Animal.* New York: Freeman, 1992.

Asimov, Isaac. *Asimov's Annotated Gilbert and Sullivan.* New York: Doubleday, 1988.

Atkinson, Rita, et al. *Introduction to Psychology.* New York: Harcourt, 1993.

Avni, Amatzia. *Danger in Chess.* London: Cadogan, 1994.

Bacon, Robert. *Secrets of Professional Turf Betting.* New York: Ameripub Co., 1975.

Barnaby, Jack. *Winning Squash Racquets.* Boston: Allyn & Bacon, 1979.

Bartlett, John, and Justin Kaplan, eds. *Bartlett's Familiar Quotations,* 16th ed., Boston: Little, Brown & Co., 1992.

Batten, Mary. *Discovery by Chance.* New York: Funk & Wagnalls, 1968.

Beck, William S. "The Rise of Science", *The Realm of Science.* Louisville: Touchstone, 1972.

Beck, William S., et al. *Life.* New York: Harper, 1991.

Bierce, Ambrose. *The Devil's Dictionary.* New York: Dover Publications, 1958.

Bjarkman, Peter, ed. *Baseball and the Game of Life.* New York: Vintage, 1971.

Browne, Harry. *Why the Best Laid Investment Plans Usually Go Wrong & How You Can Find Safety & Profit in an Uncertain World.* New York: Morrow, 1987.

Butwin, Julius and Francis. *Favorite Tales of Sholom Aleichem.* New York: Avenel, 1983.

Carret, Phillp L. *The Art of Speculation.* New York: Hugh Bancroft, 1930.

Churchill, Major Seton. *Betting and Gambling.* London: James Nisbet & Co., 1894.

Clews, Henry. *Fifty Years in Wall Street.* New York: Irving, 1908.

Clews, Henry. *Twenty-Eight Years in Wall Street.* New York: Irving, 1887.

Cobleigh, Ira. *Happiness is a Stock That Doubles in a Year.* Bernard Geis Assoc., 1968.

Cockburn, Alexander. *Idle Passion: Chess and the Dance with Death.* New York: Plume, 1974.

Cootner, Paul H., and Sidney S. Alexander. "Price Movements in Speculative Markets: Trends or Random Walks", *Industrial Management Review.* Vol 2. 1961.

Cootner, Paul H., and Sidney S. Alexander. "Stock Prices; Random versus Systematic Changes", *Industrial Management Review.* Vol 3. 1962.

Cowles, Harry. *The Art of Squash Racquets.* New York: Macmillan, 1935.

Darwin, Charles. *The Origin of Species and the Descent of Man.* New York: Modern Library, nd.

Davis, Forest. *What Price Wall Street?* New York: Godwin, 1932.

Dawkins, Richard. *The Blind Watchmaker.* New York: Norton, 1987.

Dickson, Paul. *Baseball's Greatest Quotations.* New York: Harper, 1992.

Durant, Will and Ariel. *The Story of Civilization, 7, The Age of Reason Begins.* New York: Simon & Shuster, 1961.

Eisenberg, Howie. "Second Place is Some Place", *Ace.* October, 1979.

Elton, Charles. *Animal Ecology.* London: Methuen, 1971.

Emery, Henry Crosby. *Speculation On the Stock and Produce Exchanges of the United States.* New York: Columbia University, 1896.

Engel, Louis, and Henry R. Hecht. *How to Buy Stock.* New York: Little, Brown & Co., 1994.

Fisher, Kenneth L. *100 Minds That Made the Market.* Woodside, CA: Business Classics, 1995.

Fitzgerald, F. Scott. *The Great Gatsby.* New York: Simon & Schuster, 1992.

Fontenrose, Joseph. *The Delphic Oracle.* Berkeley: University of California Press, 1978.

Fowler, William Worthington. *Ten Years in Wall Street.* Hartford: Dustin & Co., 1870.

Galbraith, John Kenneth. *A Short History of Financial Euphoria.* New York: Viking, 1993.

Galton, Francis. *The Art of Travel.* London: John Murray, 1883.

Galton, Francis. *Memories of My Life.* London: Methuen, 1908.

Gardner, Martin. *Science: Good, Bad and Bogus.* Buffalo, NY: Prometheus, 1989.

Garrett, Garet. *Where the Money Grows.* New York: Harper, 1911.

Gayed, Michael E. S. *Intermarket Analysis and Investing.* New York: New York Institute of Finance, 1990.

Gregory, Richard, ed. *The Oxford Companion to the Mind.* New York: Oxford University Press, 1987.

Greider, William. *Secret of the Temple.* Louisville: Touchstones, 1987.

Griffith, Paul, and Roland DeCande. *The Heritage of Music, Classical and its Origins.* Oxford: Oxford University Press, 1990.

Grove, W. R. *The Correlation of Physical Forces.* London: S. Highley, 1850.

Hart, B. H. Liddell. *Strategy.* New York: Meridian, 1991.

Hirsch, Yale. *Stock Trader's Almanac (1993).* Old Tappan, NJ: The Hirsch Organization

Inc., 1992.

Hoagland, Mahlon, and Bert Dodson. *The Way Life Works*. New York: Times Books, 1995.

Holden, Anthony. *Big Deal, Confessions of a Professional Poker Player*. New York: Penguin, 1990.

Hölldobler, Bert, and Edward O. Wilson. *Journey to the Ants*. Cambridge: Harvard University Press, 1994.

Huizinga, Johan. *Homo Ludens: A Study of the Play Elements in Culture*. Boston: Beacon, 1950.

Jarvie, Grant, and Joseph Maguire. *Sport and Leisure in Social Thought*. New York: Rutledge, 1994.

Joplin, Scott. *Collected Works*. New York: New York Public Library, 1971.

Karp, Richard. "Bad Actor?", *Barron's*. July 1, 1996.

Krebs, Charles J. *Ecology, The Experimental Analysis of Distribution and Abundance*. New York: Harper, 1994.

Krebs, J. R., and N. B. Davies. *Behavioral Ecology*, 3rd ed. Boston: Blackwell, 1991.

Lacoste, René. *Lacoste On Tennis*. New York: Morrow, 1928.

Lefèvre, Edwin. *Reminiscences of a Stock Operator*. NY: John Wiley & Sons, 1994.

Lefèvre, Edwin. *Wall Street Stories*. New York: McClure, Phillips & Co., 1901.

Lenzner, Robert, and Stephen S. Johnson. "Harvard is Knee Deep in Securities", *Forbes*, November 29, 1995.

LoBagola, Bata Kindai Amgoza Ibn. *LoBagola: An African Savage's Own Story*. New York: Alfred A. Knopf, 1930.

Loeb, Gerald. *The Battle for Stock Market Profits*. New York: Simon & Schuster, 1971.

Lorimer, George Horace. *Letters from a Self-Made Merchant to His Son*. Toronto: Briggs, 1902.

Lynch, Don. *The Titanic: An Illustrated History*. New York: Hyperion, 1992.

Lynch, Peter. *Beating the Street*. New York: Fireside, 1993.

Lynch, Peter. *One Up on Wall Street*. New York: Penguin Books, 1989.

Machlis, Joseph. *The Enjoyment of Music*. New York: Norton, 1977.

MacRae, Desmond. "Catching the Wave, Elliott Style", *Financial Trader*. May 1996.

Marcial, Gene. *Secrets of the Street*. New York: McGraw-Hill, 1995.

McKibbin, Warwick J., and Jeffrey D. Sachs. *Global Linkages*. Washington, DC: Brookings Institution, 1991.

Medbery, James. *Men and Mysteries of Wall Street*. Wells, VT: Fraser, 1870, rpt. 1968.

Melloan, Jim. "The Merry Mistress of Bonds", *Worth*, April 1996.

Melville, Herman. *Moby Dick*. New York: Random House, 1930.

Millman, Gregory. *Around the World on a Trillion Dollars a Day.* New York: Bantam, 1995.

Mosteller, Frederick, and David L. Wallace. *Inference and Disputed Authorship: The Federalist.* Reading, MA: Addison-Wesley, 1964.

Murchie, Guy. *The Seven Mysteries of Life.* Boston: Houghton Mifflin, 1981.

Nadi, Aldo. *On Fencing.* Sunrise, Florida: Laureate Press, 1943.

Newcomb, Simon. *Principles of Political Economy.* New York: Harper & Brothers, 1886.

Niederhoffer, Arthur. *Behind the Shield: The Police in Urban Society.* Garden City, NY: Doubleday, 1967.

Niederhoffer, Arthur and Elaine. *The Police Family.* Lexington, MA: Lexington Books, 1978.

Niederhoffer, Victor. *Non-Randomness in Stock Prices: A New Model of Price Movement.* Harvard College, March 1964.

Niederhoffer, Victor and M.F.M. Osborne. "Market Making and Reversal on the Stock Exchange", *Journal of the American Statistical Association.* December, 1966.

Osborne, M.F.M. "Brownian Motion in the Stock Market", *Operations Research,* vol. 7, no. 2 (March-April 1959).

Owen, Denis. *Camouflage and Mimicry.* Chicago: University of Chicago Press, 1980.

Percy, Sholto and Reuben. *The Percy Anecdotes.* London: T. Boys, 1821-1823.

Plimpton, George, ed. *The Norton Book of Sports.* New York: Norton, 1992.

Potter, Mary C. "Remembering", *An Invitation to Cognitive Science: Thinking, Vol. 3.* eds. Daniel N. Osheron and Edward E. Smith. Cambridge: NIT Press, 1990.

Poulsen, Frederick. *Delphi.* trans. G. C. Richards. London: Gyldendal, 1921.

Prechter, Robert. *At the Crest of the Tidal Wave.* Gainsville, GA: New Classics Library, 1995.

Rawlinson, George, trans., *The History of Herodotus.* Great Books, Encyclopedia Britannica, Chicago: Benton, 1988.

Reynolds, Quentin. *I, Willie Sutton.* New York: Da Capo, 1993.

Ricklefs, Robert E. *Ecology.* New York: Freeman, 1990.

Riggs, Edward G. "Wall Street, The Stock Exchange", *The Quarterly Illustrator,* I, April-June, 1893.

Rombola, Ferde. *The Book on Bookmaking.* Romford Press, 1984.

Rosenzweig, Mark R., Arnold L. Leiman, and S. Marc Breedlove. *Biological Psychology.* Sunderland, MA: Sinauer Associates, 1996.

Rosten, Norman. "Under The Boardwalk", *The Brooklyn Reader: 30 Writers Celebrate America's Favorite Borough.* eds. Andrea Sexton and Alice Powers. New York: Harmony, 1994.

Sagan, Carl. "Can We Know the Universe? Reflections on a Grain of Salt", *Great Essays in Science,* ed. Martin Gardner. Buffalo, NY: Prometheus, 1994.

Samuelson, Paul. *Foundations of Economic Analysis.* Cambridge: Harvard University Press, 1947.

Satterthwaite, Frank. *The Three-Wall Nick and Other Angles.* New York: Hold, Rinehart and Winston, 1979.

Schonberg, Harold C. *The Lives of the Great Composers.* New York: Norton, 1981.

Schwager, Jack D. *The New Market Wizards.* New York: Harper, 1992.

Scott, Christopher. "Paranormal Phenomena: The Problem of Pro", *The Oxford Companion to the Mind,* ed. Richard Gregory. New York: Oxford University Press, 1987.

Siegel, Jeremy. *Stocks for the Long Run.* New York: Irwin, 1994.

Smelser, Neil J., and Richard Swedberg, eds. *The Handbook of Economic Sociology.* Princeton: Princeton University Press, 1994.

Smith, Matthew Hale. *Twenty Years Among the Bulls and Bears.* Hartford, CT: Burr and Hyde, 1871.

Solomon, Steven. *The Confidence Game.* New York: Simon and Schuster, 1995.

Spanier, David. *Inside the Gambler's Mind.* Reno: University of Nevada Press, 1987.

Steinberg, Michael. *The Symphony.* New York: Oxford University Press, 1995.

Steinmetz, Andrew. *The Gambling Table.* London: Tinsley Brothers, 1870.

Sutton, Willie, with Edward Linn. *Where The Money Was.* New York: Viking, 1976.

Szalza, Ginger. "Roy Niederhoffer: Filtering Out the Noise for Profits", *Futures,* December 1994.

Taussig, Frank. "Is Market Price Determinate?", *Quarterly Journal of Economics,* May 1921.

Taylor, Deems. *Of Men and Music.* New York: Simon & Schuster, 1937.

Teweles, Richard J., and Frank J. Jones. *The Futures Game.* New York: McGrawHill, 1987.

Thaler, Richard. *The Winner's Curse, Paradoxes and Anomalies of Economic Life.* Princeton: Princeton University Press, 1992.

Thomas, Lewis. *The Lives of a Cell.* New York: Bantam, 1974.

Thorn, John, ed. *The Armchair Book of Baseball.* New York: Macmillan, 1985.

Tooke, Thomas. *Thoughts and Details on the High and Low Prices of the Last Thirty Years.* London: John Murray, 1823.

Twain, Mark. *The Adventures of Huckleberry Finn.* New York: Heritage, 1884.

Ulanowicz, Robert. *Growth and Development: Ecosystems Phenomenology.* New York: Springer-Verlag, 1986.

Voltaire, François. *Candide or Optimism.* New York: Limited Editions Club, 1973.

Von Mises, Ludwig. *Human Action, A Treatise on Economics.* Chicago: Henry Regnery, 1963.

Webb, Robert I. *Macroeconomic Information and Financial Trading.* Cambridge: Blackwell, 1994.

Willensky, Elliot. *When Brooklyn Was The World, 1920-1957.* New York: Harmony, 1986.

Wolf, H. S. *Studies in Stock Speculation.* Wells, VT: Fraser, 1924, rpt. 1966.

Wolff, Christopher. *Bach, Essays on His Life and Music.* Cambridge: Harvard University Press, 1991.

Wyckoff, Richard D. *Wall Street Ventures and Adventures Through Forty Years.* New York: Harper & Brothers Publishers, 1930.

Zimbardo, Philip G. and Richard J. Gerrig. *Psychology and Life.* New York: Harper Collins, 1996.

빅터 니더호퍼의 투기 교실

초판 1쇄 | 2023년 10월 20일
　　2쇄 | 2023년 11월 20일

지은이 | 빅터 니더호퍼
옮긴이 | 신가을

펴낸곳 | 액티브
펴낸이 | 김기호
편집 | 장미향, 오경희, 양은희
기획관리 | 문성조
마케팅 | 박종욱
디자인 | 채홍디자인

신고 | 2022년 5월 27일 제2022-000008호
주소 | 서울시 용산구 한강대로 295, 503호
전화 | 02-322-9792
팩스 | 0303-3445-3030
이메일 | activebooks@naver.com
블로그 | https://blog.naver.com/activebooks

ISBN | 979-11-983353-2-6 (03320)
값 | 29,000원